G Jahresabschluss einer Kapitalgesellschaft ... 328
HF 7

A Abbildung betrieblicher Werteflüsse durch das Rechnungswesen

HF 1, 2, 4, 7

1 Werteflüsse führen zur Wertschöpfung

HF 1 / AS 1.1 / ZF 10

Aufgabenbereiche des Industriebetriebes

Aufgabe eines jeden Industriebetriebes ist es, Güter (fertige Erzeugnisse) herzustellen und diese an weiterverarbeitende Betriebe oder an Groß- und Einzelhandelsbetriebe zu verkaufen. Damit ein Industrieunternehmen erfolgreich wirtschaftet, also Gewinn erzielt, ist es erforderlich,

- dass die **Unternehmensbereiche**, die die Leistungen (= fertige Erzeugnisse, Dienstleistungen, Handelswaren) zur Verfügung stellen, **gut zusammenarbeiten,**
- dass die in der Leistungserstellung **eingesetzten Faktoren** (= Arbeitskräfte, Betriebsmittel und Werkstoffe) gut **aufeinander abgestimmt** sind,
- dass ein innovatives Management auf die Herstellung solcher Erzeugnisse achtet, die **auf dem Markt Käufer finden,**
- dass die Käufer bereit sind, für diese Erzeugnisse **angemessen hohe Preise** zu zahlen, die höher sind als die bei der Herstellung eingesetzten Faktorwerte.

Beispiel

In der Metallverarbeitung Wernick GmbH werden u. a. Blechgehäuse für elektronische Geräte in unterschiedlichen Formen, Stärken und Farben hergestellt. Als innovative Produkte sollen Design-Gehäuse für Heimkinoanlagen in das Produktionsprogramm aufgenommen werden. In einem ersten Projekt ist die Herstellung von 500 Gehäusen geplant. Um diese Gehäuse zu fertigen, kauft das Unternehmen Stahlbleche in der Größe 2,0 x 3,0 m, schneidet sie in die gewünschten Größen, formt sie nach Design-Vorlagen und lackiert sie. Die fertigen Gehäuse werden an die Hanauer Elektronik-GmbH geliefert.

Um auf einem solchen Gebiet erfolgreich zu sein, müssen die **Leistungssysteme Beschaffung, Produktion und Absatz** unter der Anleitung und Führung des Managements sowie unter Begleitung der **unterstützenden Systeme Investition und Finanzierung** eng zusammenarbeiten. Sie sind dabei auf die Kooperation mit Zulieferern und Abnehmern angewiesen.

Das nachfolgende Modell (siehe folgende Seite) verdeutlicht diese Zusammenarbeit und stellt insbesondere die zwei Seiten der betrieblichen Prozesse heraus:

Güterwirtschaftliche Seite

In den **Leistungssystemen Beschaffung, Produktion und Absatz** zeigt sich die **güterwirtschaftliche Seite** der Betriebsprozesse:

Beschaffung

Die Beschaffungsabteilung sorgt dafür, dass

- **Betriebsmittel** (= Maschinen, Fahrzeuge, Werkzeuge u. a.) und **Werkstoffe** (= Stahlbleche, Kunststoffe, Lacke u. a.) in benötigter Kapazität, Qualität und Menge zur Verfügung stehen, und dass
- **Arbeitskräfte** in ausreichender Zahl und Qualifikation eingestellt werden.

Hier findet ein **mengenmäßiger** Güterzustrom in das Leistungssystem Produktion statt. Diese Gütermengen repräsentieren in Höhe ihrer Einkaufspreise **Werte.** Mit den Gütern fließen auch deren Werte in das Unternehmen. Diese Werte werden bei der Anschaffung im **Anlagevermögen** (z. B. beim Kauf eines Fahrzeugs) oder im **Umlaufvermögen** (z. B. beim Kauf von Rohstoffen) erfasst. Zusätzlich werden die Werte der Güter bei ihrer Herstellung im Leistungssystem Produktion als **wertmäßiger Input (= Kosten)** aufgeschrieben.

1 Siehe auch Band 1, HF 1, AS 1.1, Kapitel 1.2 und HF 1, AS 1.1, Kapitel 1.11.

Die Abbildung zeigt den **Wertezufluss** in das Unternehmen und die Weitergabe in das Leistungssystem **Produktion**.

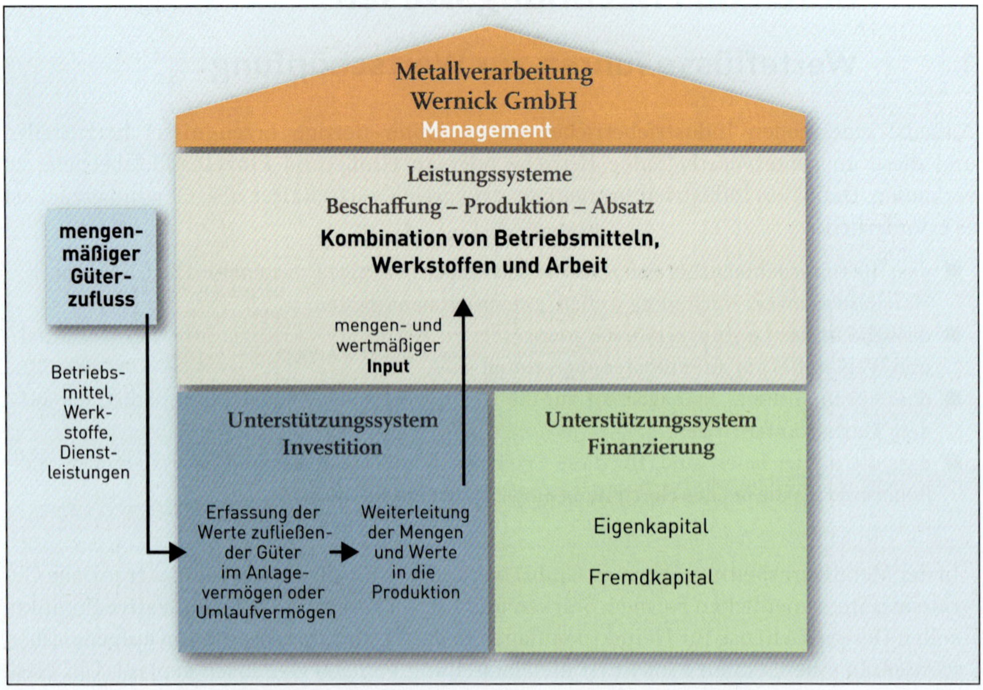

Produktion

Im **Produktionsprozess** werden die eingekauften Werkstoffe mithilfe der Arbeitskräfte und der Maschinen (z. B. Schneidemaschine, Presse, Bohrmaschine u. a.) zu fertigen Gehäusen verarbeitet. Hier kommt es entscheidend darauf an, dass die Faktoren so aufeinander abgestimmt werden, dass ein reibungsloser und effektiver Prozess abläuft.

Absatz

Letztlich ist entscheidend, dass die fertigen Erzeugnisse zu angemessenen Preisen an die weiterverarbeitenden Betriebe verkauft werden. Der **Absatzabteilung** obliegt es, alle den Markt erschließenden und erhaltenden Maßnahmen zu ergreifen, um einen erfolgreichen **Absatz** (= Verkaufsmenge) und **Umsatz** (= Verkaufswert) zu gewährleisten. Ziel des Unternehmens ist es, eine hinreichend große Menge fertiger Erzeugnisse, Handelswaren und Dienstleistungen zu angemessenen Preisen zu verkaufen.

Fertige Erzeugnisse, Handelswaren und Dienstleistungen verlassen also das Unternehmen. In Höhe ihrer Verkaufspreise repräsentieren sie einen **Wert.** Es findet also mit dem Abtransport der Erzeugnisse, Waren und Dienstleistungen ein **Werteabfluss** aus dem Unternehmen statt. Sobald die fertigen Erzeugnisse, Handelswaren und Dienstleistungen das Leistungssystem Absatz verlassen haben und den Kunden zugehen, werden ihre Werte als **wertmäßiger Output (= Umsatzerlöse)** aufgeschrieben.

In der Regel ist es so, dass der Wert der zu Marktpreisen abgesetzten Erzeugnisse, Waren und Dienstleistungen (= betriebliche Erträge/Umsatzerlöse) höher ist als der Wert der eingesetzten Faktoren (= betriebliche Aufwendungen/Kosten). Allgemein gilt:

Merke

Die Differenz aus Erlösen minus Kosten stellt den Betriebserfolg dar:
- **Umsatzerlöse > Kosten = Betriebsgewinn**
- **Umsatzerlöse < Kosten = Betriebsverlust**

Der Betriebsgewinn wird umso höher sein, je höher die Nachfrage nach den Erzeugnissen und je niedriger die Kosten der Produktionsfaktoren sind.

Die Abbildung zeigt den **Werteabfluss** aus dem Unternehmen.

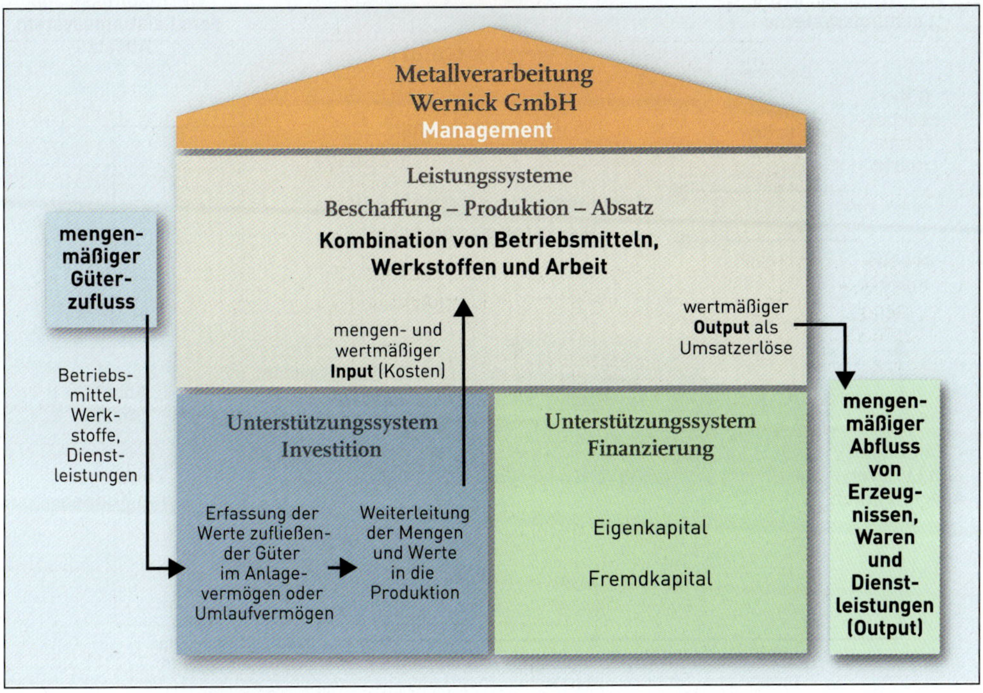

Geldwirtschaftliche Seite

In den **Unterstützungssystemen Investition und Finanzierung** zeigt sich die **geldwirtschaftliche Seite** der Betriebsprozesse:

Das Unterstützungssystem **Finanzierung** hat die Aufgabe, die für die Leistungserstellung insgesamt erforderlichen Finanzmittel in ausreichender Höhe, zu günstigen Konditionen und zur richtigen Zeit zur Verfügung zu stellen. Nur so kann der aus dem nachfolgenden Modell ersichtliche **Finanzierungs- und Investitionskreislauf** (siehe folgende Seite) in Gang gesetzt und erhalten werden:

- Für die auf den **Beschaffungsmärkten** eingekauften Werkstoffe, Betriebsmittel und Dienstleistungen sowie für die Nutzung der Arbeitskraft sind in Höhe der vereinbarten Entgelte Zahlungen zu leisten. Diese Vorgänge führen zu Geldabflüssen aus dem Investitionssystem und dem Finanzierungssystem. Diese **Geldabflüsse** werden im **Umlaufvermögen** als Kassenabgänge und Abbuchungen von Bankkonten oder im **Fremdkapital** als Verbindlichkeiten aus Lieferungen und Leistungen erfasst.
- Auf der **Absatzseite** treten **Geldzuflüsse** dadurch ein, dass Kunden die von ihnen gekauften Erzeugnisse bezahlen. Die Geldzuflüsse finden im **Umlaufvermögen** des Unternehmens in Form von Kassenzugängen, Zugängen auf den Bankkonten und/oder als Forderungen aus Lieferungen und Leistungen ihren Ausdruck. Sie beinhalten auch die erwirtschafteten Gewinne, sofern der Wert der verkauften Erzeugnisse höher ist als der Wert der eingesetzten Faktoren. Die dadurch erzielten Geldmittel stehen wiederum für den Kauf von Produktionsfaktoren zur Verfügung.
  Darüber hinaus setzt der Unternehmer z. B. zur Erneuerung, zur Verbesserung und/oder zur Erweiterung seiner Betriebsmittel auch das von Kreditinstituten zur Verfügung gestellte Fremdkapital (= Kredite) ein.

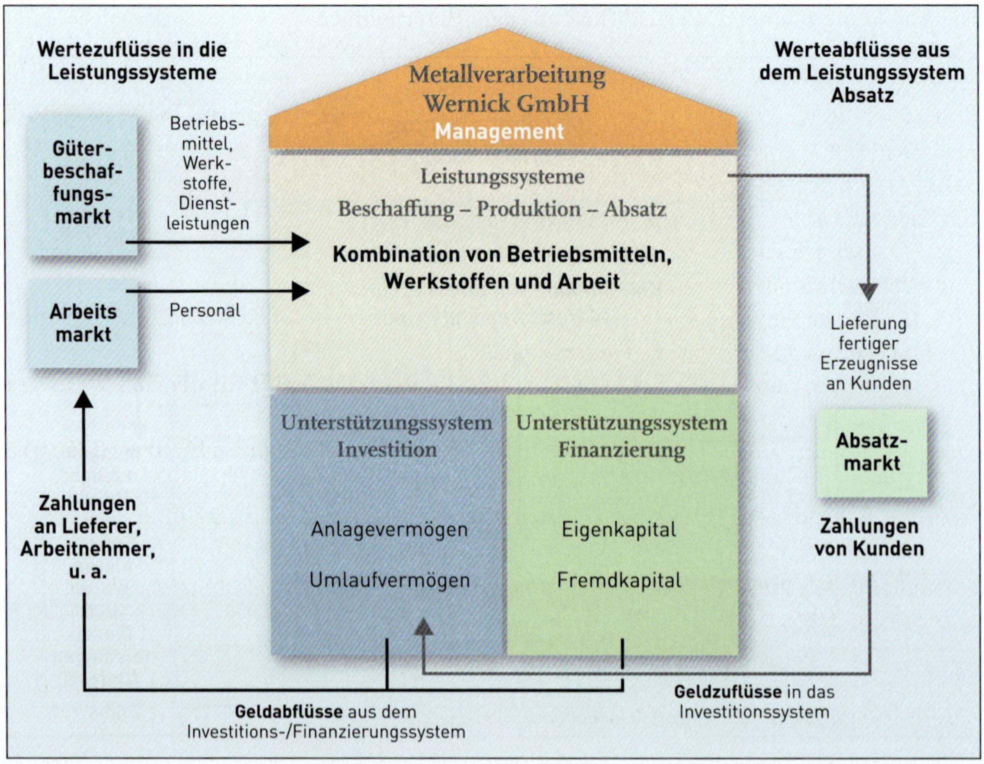

Die in den Leistungs- und Unterstützungssystemen ablaufenden Prozesse verändern das **Vermögen**, die **Schulden** und damit immer auch das **Eigenkapital** eines Unternehmens. Diese Größen sind daher für die **Erfassung in der Buchführung** von besonderer Bedeutung (vgl. insbesondere die Kapitel A.4 zu Buchen auf Bestandskonten und A.5 zu Buchen auf Erfolgskonten).

Merke

Wenn ein Unternehmen Gewinne erzielt, so ist dies ein sicheres Zeichen dafür, dass es positive Wertschöpfung betrieben hat.

Aufgabe 1

1. *Erläutern Sie, was mit „Leistungserstellung" im Unternehmen gemeint ist.*
2. *Klären Sie, was jeweils unter „Werkstoffen" und „Betriebsmitteln" zu verstehen ist.*
3. *Im Unternehmen ist es zweckmäßig, zwischen Anlagevermögen und Umlaufvermögen zu unterscheiden. Erklären Sie den Unterschied.*
4. *Begründen Sie, warum bei der Beschaffung von Werkstoffen ein Wertezufluss in das Umlaufvermögen stattfindet.*
5. *Warum müsste im Modell (siehe S. 8, oben) die Beschaffung einer Bohrmaschine mit einem Pfeil in das Subsystem Investition dargestellt werden?*
6. *Begründen Sie, wieso von „Geldabfluss" gesprochen wird, wenn es um die Bezahlung der eingekauften Werkstoffe geht.*
7. *Stellen Sie im Modell den Vorgang dar, dass das Unternehmen die Arbeitskraft von Angestellten und Arbeitern gegen Entgelt nutzt.*
8. *Klären Sie, was mit dem Begriff „Fertige Erzeugnisse" gemeint ist.*
9. *Begründen Sie, wieso beim Absatz von fertigen Erzeugnissen die Werte der verkauften Erzeugnisse als Werteabfluss aus dem Leistungsprozess verstanden werden. Denken Sie in diesem Zusammenhang daran, dass der Absatz von Erzeugnissen als so genannter „Output" aus der Leistungserstellung gilt.*
10. *Begründen Sie, wieso im Unternehmen von „Geldzufluss" gesprochen wird, wenn Kunden die von ihnen bezogenen Erzeugnisse bezahlen.*

Aufgabe 2

1. *Zeigen Sie an selbst gewählten Beispielen, wie die verschiedenen Systeme im obigen Unternehmensmodell (siehe S. 10) zusammenarbeiten.*
2. *Inwieweit ist die Aussage richtig, dass an der Leistungserstellung im Unternehmen alle Systeme beteiligt sind?*

Aufgabe 3

Ordnen Sie die nachfolgend beschriebenen Geschäftsfälle

1. *der Dokumentation von Werteflüssen oder*
2. *der Dokumentation von Geldflüssen zu:*
   a) In einer Rechnung bestätigen die Walzwerke Dessau der Wernick GmbH, Blechplatten im Werte von 30.000,00 € geliefert zu haben.
   b) Aus einem Kontoauszug geht hervor, dass die Wernick GmbH für die vom Walzwerk Dessau gelieferten Blechtafeln 30.000,00 € gezahlt hat.
   c) Die Wernick GmbH erstellt eine Rechnung an die Reisig Design GmbH über 12.450,00 € für gelieferte Gehäuse.
   d) Der Wernick GmbH liegt ein Kontoauszug vor, aus dem hervorgeht, dass Gehaltszahlungen von insgesamt 54.500,00 € an die Angestellten erfolgt sind.
   e) Ein Barzahlungsbeleg der METRO AG besagt, dass die Wernick GmbH Büromaterial für insgesamt 1.250,00 € gekauft hat.

Aufgabe 4

Ziehen Sie aus der gleichzeitigen Betrachtung des wertmäßigen Inputs und des wertmäßigen Outputs Rückschlüsse auf den Erfolg. Wir geben Ihnen folgende Lückentexte als Arbeitshilfe[1]*:*

a) Ist innerhalb einer begrenzten Abrechnungsperiode (z. B. monatlich) der Output **höher** als der Input, erzielt das Unternehmen ....

b) Ist innerhalb einer begrenzten Abrechnungsperiode (z. B. monatlich) der Output **niedriger** als der Input, erzielt das Unternehmen ....

Aufgabe 5

Ein Sachbearbeiter in der Geschäftsbuchhaltung der Wernick GmbH behauptet, dass er sowohl aus der Betrachtung des Inputs und des Outputs einerseits als auch aus der Gegenüberstellung der Geldzuflüsse und Geldabflüsse andererseits Rückschlüsse auf den **Erfolg** ziehen könne, den das Unternehmen in einer bestimmten Zeitperiode (z. B. in einem Monat) erzielt hat. Er präzisiert seine Aussage mit dem Satz:

„Wenn die Summe des Outputs in einem bestimmten Zeitraum größer ist als die Summe des Inputs, dann erzielt das Unternehmen in Höhe der Differenz einen Gewinn, und umgekehrt; also:

Output > Input = Gewinn,

Output < Input = Verlust.“

Wie ist das aber bei der Betrachtung der Geldzuflüsse und der Geldabflüsse?

Arbeitshilfe

Denken Sie sich ein Unternehmen, das seine Tätigkeit mit 100 Geldeinheiten (GE) und einem angemieteten Raum beginnt. Für den Raum ist für eine bestimmte Zeit eine Miete von 5 GE zu zahlen. Der Unternehmer kauft eine Produktionsmaschine für 40 GE und Rohstoffe für 15 GE, er beschäftigt Arbeitskräfte, die er für den Zeitraum mit 10 GE entlohnen muss. Im gleichen Zeitraum werden fertige Erzeugnisse produziert und für 55 GE an Kunden verkauft. Am Ende der Periode hat die Maschine noch einen Wert von 30 GE, und Rohstoffe im Wert von 2 GE wurden nicht in die Produktion dieser Periode eingebracht.

Hat der Unternehmer am Ende der Periode nun einen Gewinn erzielt oder hat er Verlust „gemacht“?

→

1 Bitte schreiben Sie nicht in das Lehrbuch, wenn es nicht Ihr Eigentum ist.

Um Ihr Nachdenken über diese Frage zu unterstützen, geben wir folgende Skizze als Arbeitshilfe:

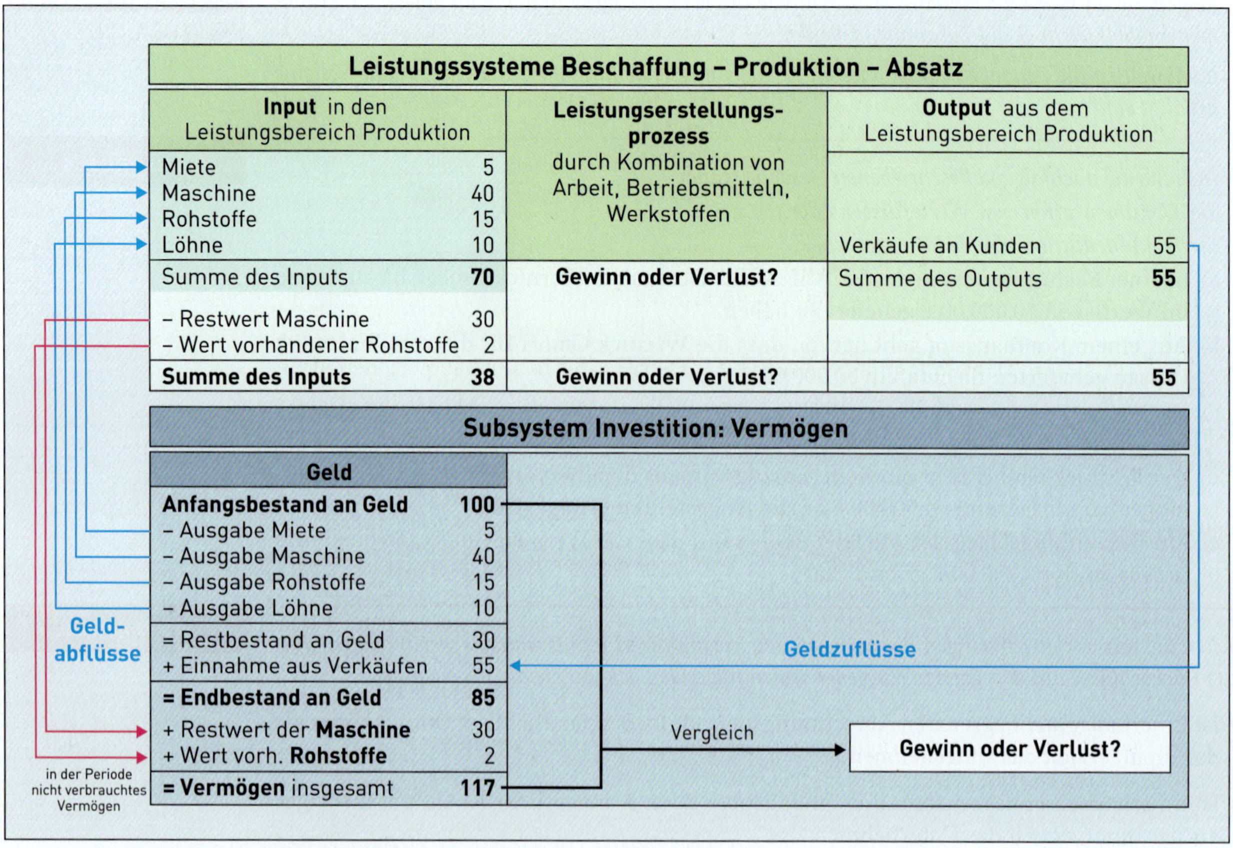

Bearbeiten Sie nun die folgenden Teilaufgaben:

a) *Verschaffen Sie sich Klarheit darüber, was in dem Beispiel wertmäßiger Input der Periode in den Leistungsbereich Produktion ist, indem Sie untersuchen, wie hoch die Beiträge der einzelnen „Komponenten" Raum, Maschine, Rohstoffe, Arbeitnehmer zur Herstellung von fertigen Erzeugnissen im Verkaufswert von 55 GE sind.*

b) *Begründen Sie anhand der obigen Darstellung, dass das Unternehmen einen Gewinn von 17 GE erzielt hat.*

c) Die Grafik verdeutlicht, dass der Erfolg nicht nur über den Vergleich von Output und Input im Leistungssystem Produktion ermittelt werden kann, sondern auch aus den Geldzuflüssen und Geldabflüssen im Vermögen unter Berücksichtigung der Vermögensveränderungen.

Formulieren Sie einen Satz, mit dem Sie möglichst präzise die Erfolgsermittlung auf der Vermögensebene beschreiben.

1.1 Innerbetriebliche Wertschöpfung

Wertschöpfung

In aller Regel sind die Kunden bereit, für die von einem Unternehmen auf dem Markt angebotenen Erzeugnisse mehr zu bezahlen, als diese Erzeugnisse aufgrund der bei der Herstellung eingesetzten Faktoren „wert“ sind. Im Unternehmen wird also durch die Leistungsprozesse ein **„Mehrwert“** erzeugt; es findet eine **Wertschöpfung** statt. Wie hoch diese Wertschöpfung ausfällt, hängt davon ab,

- welche Erzeugnismengen zu welchen Preisen in einer Abrechnungsperiode **verkauft** werden können (**= Umsatzleistungen**) und
- wie viele **Einkäufe** von anderen Unternehmen an Betriebsmitteln, Werkstoffen und Dienstleistungen dabei eingesetzt werden mussten (**= Vorleistungen**).

Beim Einkauf von Betriebsmitteln ist zu beachten, dass sie nicht in der Kaufperiode mit ihren vollen Einkaufswerten als Vorleistung angesetzt werden, sondern nur mit dem Teil ihrer Einkaufswerte, der als Wertminderung (Abschreibung, siehe Abschnitte A.6 und A.9) in der Periode gilt:

	Umsatzleistungen der Periode (vereinfacht: **Umsatzerlöse**)
–	**Vorleistungen (Einkäufe an Werkstoffen)** von anderen Unternehmen
–	**Abnutzung der Betriebsmittel** in der Periode (= Abschreibung)
=	**Innerbetriebliche Wertschöpfung**

Beispiel

Für das neue Projekt *„Design-Gehäuse“* (vgl. Beispiel auf S. 7) soll die Wertschöpfung unter folgenden Bedingungen berechnet werden:

Absatzmenge	500 Gehäuse
Verkaufspreis	220,00 €/Stück
eingekaufte Werkstoffe	100,00 €/Stück
anteilige Abnutzung der Betriebsmittel (= Abschreibung)	10.000,00 € gesamt
Umsatzleistungen	110.000,00 €
– Vorleistungen in Form von Werkstoffen	50.000,00 €
– Abnutzung der Betriebsmittel (= Abschreibung)	10.000,00 €
= **Wertschöpfung** für das Projekt *Design-Gehäuse*	**50.000,00 €**

Gesamtleistung

In die innerbetriebliche Wertschöpfung wird nicht die **Gesamtleistung** des Unternehmens eingerechnet, sondern nur die **Umsatzleistung**. Zusätzlich zu der Umsatzleistung erbringt das Unternehmen auch die

- so genannten **Lagerleistungen** (= in der Periode nicht abgesetzte fertige Erzeugnisse),
- **aktivierten Eigenleistungen** (z. B. selbst hergestellte Werkzeuge und Maschinen) sowie
- **unentgeltlichen Entnahmen** durch die Eigentümer bei Einzelunternehmen sowie bei vollhaftenden Gesellschaftern von Personengesellschaften (OHG, KG).

Diese Bestandteile der Gesamtleistung bleiben bei der Berechnung der Wertschöpfung unberücksichtigt.

Betriebsgewinn

Die innerbetriebliche Wertschöpfung ist nicht mit dem Betriebsgewinn eines Projektes oder einer Periode zu verwechseln. Der **Betriebsgewinn** ergibt sich erst, wenn die weiteren im Leistungsprozess angefallenen Kosten – vor allem die **Personalkosten** (Löhne, Gehälter, Sozialabgaben) – berücksichtigt werden.

Beispiel
Fortsetzung

Zusätzlich zu den oben genannten Vorleistungen und Abschreibungen fallen für das Projekt Kosten in Höhe von 20.000,00 € an.

Der Betriebsgewinn beträgt dann:

	Umsatzleistung	110.000,00 €
–	Vorleistungen in Form von Werkstoffen	50.000,00 €
–	Abnutzung der Betriebsmittel (= Abschreibung)	10.000,00 €
=	**Wertschöpfung** für das Projekt	**50.000,00 €**
–	Sonstige Kosten	20.000,00 €
=	**Betriebsgewinn** für das Projekt	**30.000,00 €**

Im obigen Unternehmensmodell beschreiben die **Leistungssysteme** die so genannte **innerbetriebliche Wertschöpfungskette.** Sie betrachtet die Prozesse im Unternehmen, die von den Zugängen an Betriebsmitteln, Werkstoffen und Handelswaren (= Wertezuflüsse) unter Einsatz von Arbeit bis zu den Werteabflüssen in Form von fertigen Erzeugnissen und Handelswaren an Kunden im Unternehmen geplant und durchgeführt werden. In den bisherigen Darstellungen ist diese Kette nur grob in den Leistungssystemen **Beschaffung, Produktion** und **Absatz** dargestellt. Im Folgenden werden die Leistungssysteme genauer betrachtet.

Beispiel

Die betriebliche Wertschöpfung auf der Basis von Leistungsprozessen lässt sich in ihren Hauptbereichen Beschaffung – Produktion – Absatz am ehesten dadurch gedanklich nachvollziehen, dass sie für einen **Kundenauftrag** (= Projekt) beschrieben wird:

Die Wernick GmbH hat mit der Hanauer Elektronik-GmbH folgende Vereinbarung getroffen:

- Für die Fachmesse Orgatec in Köln legt die Wernick GmbH eine Sonderserie von 500 Gehäusen auf.
- Die Hanauer Elektronik-GmbH übernimmt diese Serie zu einem Festpreis von 220,00 €/Gehäuse.

Primäre Systeme

In der Wernick GmbH wird dieses Projekt (siehe Beispiel) durch folgende **primäre Systeme** unterstützt und folgende **Prozesse** werden ausgelöst:

- **Beschaffung**
  - Lieferanten ermitteln
  - Angebote für Rohstoffe und Komponenten einholen (Preise)
  - Bestellungen für Rohstoffe und Komponenten schreiben
  - Liefertermine kontrollieren
  - Eingangsrechnungen kontrollieren

- **Planung/Entwicklung**
  - Gehäusegeometrie entwerfen/entwickeln
  - Konstruktionszeichnungen anfertigen
  - Prototyp herstellen und erproben
  - Stücklisten erstellen
  - Produktionsvoraussetzungen prüfen
  - Produktionsplan erstellen (Maschinenbelegung)
  - Bedarf an Beschaffungsabteilung melden

- **Produktion**
  - Gehäuse komplett nach Konstruktionszeichnung und Maschinenbelegungsplan fertigen
  - Gehäuse auf Stabilität und Sicherheit kontrollieren
  - Gehäuse zwischenlagern
  - Gehäuse lackieren
  - Gehäuse zwischenlagern
  - Qualitätskontrollen durchführen
  - Gehäuse an Absatzlager ausliefern

- **Absatz/Verkauf**
  - Konditionen mit Hanauer Elektronik-GmbH vereinbaren und Vertrag mit Hanauer Elektronik-GmbH abschließen
  - Liefertermine kontrollieren
  - Teillieferung an Zentrallager der Hanauer Elektronik-GmbH über Spediteure organisieren
  - Ausgangsrechnung schreiben

Unterstützende Systeme

Um sicherzustellen, dass ein solches Projekt reibungslos abgewickelt werden kann, werden die **primären Systeme** von folgenden **unterstützenden Systemen** begleitet, wobei ein unterstützendes System durchaus mehreren primären Systemen „dienen" kann.

Zu den unterstützenden Systemen gehören vor allem:

- **Zwischenlager und Absatzlager/Versand/Logistik**
  - Zwischen- und Absatzlager dienen als Puffer, um den kontinuierlichen Fertigungsablauf – insbesondere vor Engpässen – zu sichern. So werden im obigen Beispiel die Platten im Produktionsverlauf zweimal zwischengelagert, um Stauungen an den Arbeitsplätzen zu verhindern. Nach der Endprüfung werden die Gehäuse dem Absatzlager zugeführt. Diesem ist die Versandabteilung angegliedert, in der die Gehäuse vor ihrer Auslieferung mit der Empfängerkennung, den Begleitpapieren und einer schützenden Transportverpackung versehen werden. Die Versandabteilung meldet der Abteilung Absatz/Verkauf rechtzeitig die Auffüllung einer Partie (z. B. 100 Gehäuse), sodass dann von dort der Transport in das Zentrallager der Hanauer Elektronik-GmbH organisiert werden kann.

- **Marketing**
  - Die Marketingabteilung unterstützt den Absatz dadurch, dass sie Werbematerial, Funktionsbeschreibungen, Garantiebescheinigungen und/oder Servicehinweise erstellt, über die die Hanauer Elektronik-GmbH verfügen kann.

- **Geschäftsbuchhaltung**
  - Die Geschäftsbuchhaltung begleitet das Projekt, indem sie alle geldrelevanten Vorgänge aufschreibt, Zahlungstermine kontrolliert und Zahlungen leistet bzw. empfängt.

- **Betriebsbuchhaltung/Kalkulation**
  - Die Betriebsbuchhaltung/Kalkulation erstellt – ausgehend vom vereinbarten Entgelt – auf der Basis der verfügbaren Daten eine Kalkulation, die darüber Auskunft gibt, wie hoch der Stück- und Gesamtgewinn sein wird, den dieses Projekt abwirft. Das geschieht z. B. in Form der Deckungsbeitragsrechnung (vgl. Handlungsfeld 7).

→

■ **Service**

- Im Sinne der Kundenorientierung werden die obigen Aktivitäten um den Service ergänzt:
  - Die Wernick GmbH stellt ihren Kunden einen Reparatur- und Auskunftsdienst im Rahmen der Herstellerhaftung zur Verfügung.
  - Sie hat ein Servicetelefon geschaltet, über das auch die Endabnehmer Rat suchen und nach Zubehör fragen können.
  - Zudem informiert die Wernick GmbH auf ihrer Homepage über das Lieferprogramm, das Zubehör und die Neuerungen.

Aufgabe 6

Weisen Sie nach, dass die innerbetriebliche Wertschöpfung bei vorgegebenem Gewinn auch wie folgt berechnet werden kann:

	Kosten der Periode (ohne Vorleistungen)
+	**Gewinn der Periode**
=	**Wertschöpfung der Periode**

Aufgabe 7

Erstellen Sie aus den obigen Schilderungen zu den primären und unterstützenden Systemen eine Schemaübersicht über Abteilungen und Prozesse, die in die innerbetriebliche Wertschöpfungskette eingebunden sind.
Die Übersicht soll anschaulich darüber Auskunft geben, wie die einzelnen Abteilungen miteinander verzahnt sein müssen, damit ein störungsfreier Ablauf gewährleistet ist.

Als Arbeitshilfe geben wir Ihnen folgendes Schema mit[1]:

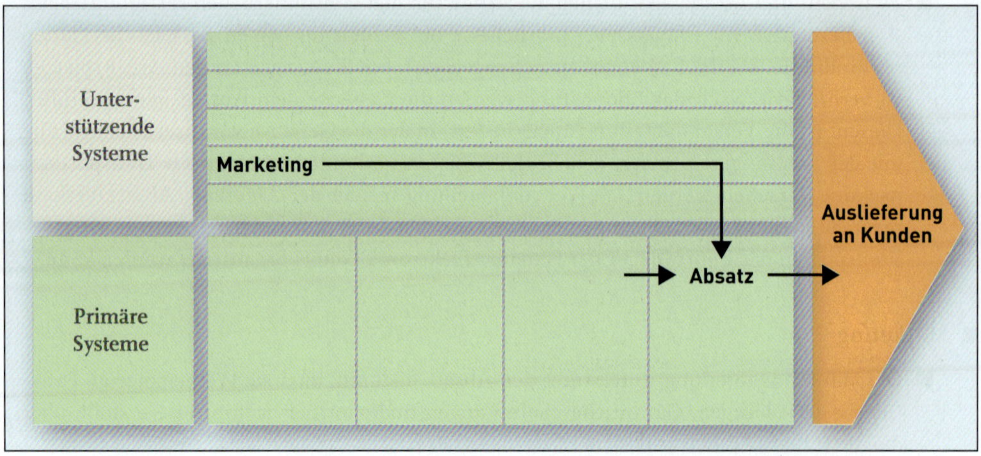

Bitte beachten Sie bei Ihrer Arbeit, dass primäre Systeme auch zeitgleich (parallel) ablaufen können und dass die unterstützenden Systeme auch auf mehrere primäre Systeme bezogen sein können.

1 Bitte schreiben Sie nicht in das Lehrbuch, wenn es nicht Ihr Eigentum ist.

1.2 Unternehmensübergreifende Wertschöpfungskette (Supply Chain)

Sind mehrere Unternehmen von der Urerzeugung bis zum Endverbraucher in einen umfassenden Produktionsprozess mit Wertschöpfungen auf jeder Stufe eingebunden, so sprechen wir von einer **kooperativen Wertschöpfungskette.**

Am Beispiel des Projektes *„Design-Gehäuse"* kann diese Wertschöpfungskette folgendes Aussehen haben:

Beispiel

Wirtschaftsstufe	Produktionsfortschritt		Produktionsfortschritt		Wertschöpfung
Urerzeugung	**Energiegewinnung**		**Roheisengewinnung**		
	UE[1]	100	UE	50	
	– VL[2]	0	– VL	0	
	WS[3]	**100**	**WS**	**50**	→ **150**
Produktion	**Stahlwerk**				
	UE aus Verkauf an Walzwerk	350			
	– Vorleistung	150			
	Wertschöpfung	**200**			→ **200**
	Walzwerk				
	UE aus Verk. an Metallverarbeitung – Zuschnitt	450			
	– Vorleistung	350			
	Wertschöpfung	**100**			→ **100**
	Metallverarbeitung – Gehäusebau				
	UE aus Verkauf an Weiterverarbeitung	680			
	– Vorleistung	450			
	Wertschöpfung	**230**			→ **230**
	Weiterverarbeitung zu elektronischen Geräten				
	UE aus Verkauf an Großhandel	950			
	– Vorleistung	680			
	Wertschöpfung	**270**			→ **270**
Handel	**Fachgroßhandel**				
	UE aus Verkauf an Einzelhandel	1.030			
	– Vorleistung	950			
	Wertschöpfung	**80**			→ **80**
	Einzelhandel				
	UE aus Verkauf an Endverbraucher	1.150			
	– Vorleistung	1.030			
	Wertschöpfung	**120**			→ **120**
					Summe 1.150

1 UE = Umsatzerlös 2 VL = Vorleistung 3 WS = Wertschöpfung

In dieser Wertschöpfungskette fließen **Werkstoffe, Vorprodukte/Fremdbauteile** und **Dienstleistungen** von der Urproduktion schrittweise zum Endverbraucher. Umgekehrt fließt **Geld** vom Endverbraucher zur Urproduktion. So gesehen hat die Wertschöpfungskette zwei Kreisläufe:

- den Wertefluss in den Leistungssystemen und
- den Geldfluss in den Unterstützungssystemen Investition und Finanzierung (siehe S. 19).

Aufgabe 8

Begründen Sie auf der Grundlage der Darstellung auf Seite 17, dass die Summe der Wertschöpfungen in allen Wirtschaftsstufen immer dem Verkaufspreis an den Endverbraucher entspricht.

Aufgabe 9

Bestätigen Sie, dass der folgende Satz richtig ist:
„Der Umsatzerlös eines vorgeschalteten Unternehmens ist in der Supply Chain gleich der Vorleistung in einem nachfolgenden Unternehmen."

Supply Chain

Die **unternehmensübergreifende Wertschöpfungskette (= Supply Chain)** ist als ein **einheitliches Leistungssystem** zu betrachten, das sich zur Aufgabe gesetzt hat, bestimmte Wirtschaftsgüter und Dienstleistungen zu einem bestimmten Zeitpunkt für einen bestimmten Verbrauchermarkt zu erstellen.

Die Arbeitsteilung und die Bindung zwischen den selbstständigen Unternehmen bestimmt dabei die Stärke und Struktur der Kette, aber auch die Abhängigkeit einzelner Unternehmen in der Kette von einem dominierenden Partner.

Beispiel

Eine starke Abhängigkeit besteht in den Zuliefererketten der Automobilindustrie:
Hier legen Automobilhersteller nicht nur Wert auf eine auf den Zeitpunkt genaue Lieferung (Just-in-time-Lieferung), sondern binden die Zulieferer oft auch räumlich an sich, um den kontinuierlichen Produktionsfluss zu sichern und Kosten zu sparen (= logistische Kopplung der Produktionsprozesse).

Optimierung der Wertschöpfungskette

Ziel ist die **Optimierung** der Wertschöpfungskette in dem Sinne, dass zwischen den verbundenen Unternehmen ein störungsfreier Werte- und Güterfluss möglich ist. Schließlich bestimmt das schwächste Glied den Erfolg oder Misserfolg der ganzen Kette.

Beispiel

Im obigen Beispiel (siehe S. 7, Projekt „Design-Gehäuse" der Wernick GmbH) kann die Verbindung zwischen dem Walzwerk und der Metallverarbeitung Wernick GmbH nicht optimal sein, da die Fertigungspläne der beiden Unternehmen nicht aufeinander abgestimmt werden können. Dazu hat das Walzwerk eine zu große Kapazität und ist auf die Lieferung großer Mengen gewalzter Bleche in bestimmten Qualitäten ausgelegt. Die Metallverarbeitung Wernick GmbH hingegen benötigt relativ geringe Mengen dünner Bleche in einfacher Qualität. Damit es dennoch nicht zu Störungen in der Produktion der Wernick GmbH und der nachfolgenden Unternehmen (u. a. Hanauer Elektronik-GmbH) kommt, ist zwischen das Walzwerk und die Metallverarbeitung Wernick GmbH ein Stahlservice-Unternehmen geschaltet, das die Bereitstellung bestimmter Blechqualitäten in bestimmten Stärken und bestimmten Zuschnitten übernimmt. Die Wernick GmbH erhält somit die erforderlichen Bleche in der gewünschten Qualität, Menge und Zeit. Sie kann termingerecht Design-Gehäuse für die Hanauer Elektronik-GmbH herstellen und liefern.

Supply-Chain-Management

In Fällen, in denen die Abstimmungen zwischen den Unternehmen nicht optimal sind, kann die Ursache in einem zu sehr betriebsbezogenen Denken der Unternehmensführungen liegen: Nicht nur die betriebsinterne Wertschöpfungskette ist zu optimieren, sondern die Wertschöpfungskette muss ganzheitlich (= systemisch) betrachtet werden. In diese Betrachtungsweise sind die Aktivitäten der vor- und nachgelagerten Unternehmen ebenso einbezogen wie die Aktivitäten im eigenen Unternehmen **(Supply-Chain-Management)**. Zur Realisierung solcher kooperativer Wertschöpfungsketten dienen zunehmend entsprechende Software-Systeme, über die sowohl Planung als auch Steuerung der Prozesse laufen.

694618

Beispiel
Fortsetzung

Abschließend wird gezeigt, wie das Beispielunternehmen Metallverarbeitung Wernick GmbH in die **kooperative Wertschöpfungskette** der **unmittelbar** vor- und nachgelagerten Unternehmen eingebunden ist (Supply-Chain-Management).

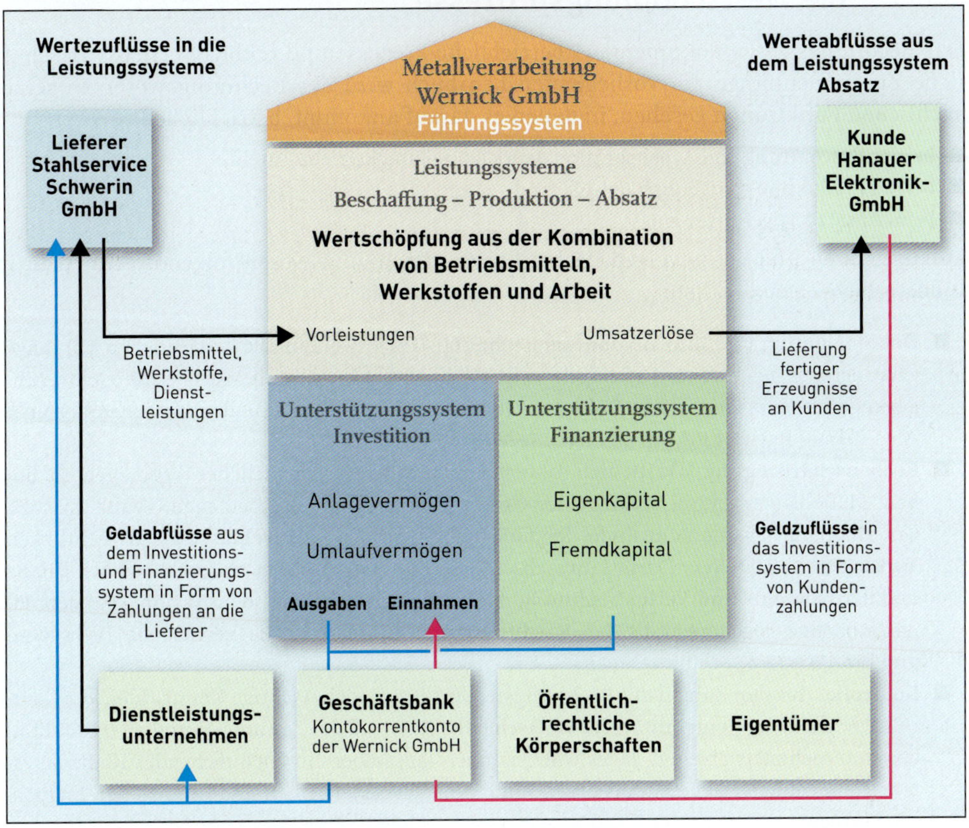

Das Projekt *„Design-Gehäuse“* verbindet die Metallverarbeitung Wernick GmbH mit den unmittelbar vor- und nachgelagerten Unternehmen wie folgt:

Als kundenorientiertes Unternehmen hat die Wernick GmbH Verbindung mit der Hanauer Elektronik-GmbH aufgenommen und den Auftrag über 500 Gehäuse mit festen Teilliefertermινen ausgehandelt. Die Hanauer Elektronik-GmbH ihrerseits hatte zuvor diesen Bedarf bei ihren Abnehmern ermittelt. Um den Auftrag termingerecht durchführen zu können, muss in der Wernick GmbH geprüft werden, ob die Produktionskapazitäten im eigenen Unternehmen ausreichen, und es müssen Produktionspläne in Ausrichtung auf die vereinbarten Teilliefertermine aufgestellt werden. Darauf aufbauend klärt der Einkaufsleiter der Wernick GmbH mit den Lieferanten (z. B. Stahlservice Schwerin GmbH) die Liefertermine für Werkstoffe und Komponenten und sichert diese vertraglich ab. Die Lagerabteilung prüft die Lagerkapazität und die Versandabteilung organisiert den Transport zur Hanauer Elektronik-GmbH. Alle Einzelpläne werden optimal aufeinander abgestimmt und die Durchführung der Pläne wird ständig kontrolliert. Soweit erforderlich, werden Sonderschichten eingerichtet, Arbeitskräfte von zurzeit weniger ausgelasteten Abteilungen abgezogen bzw. neue Arbeitskräfte eingestellt.

Aufgabe 10

Im obigen Modell ist durch einige Pfeile angedeutet, wie der Werte- und Geldfluss verläuft. Darüber hinaus gibt es eine Reihe weiterer Verbindungen. *Ihre Aufgabe ist es, solche weiteren Verbindungen zwischen der Wernick GmbH und ihren Partnern in Form von Wertezuflüssen oder Werteabflüssen bzw. Geldzuflüssen und Geldabflüssen aufzuspüren und zu erläutern.*

HF 1 / AS 1.1 / ZF 11, 12

2 Grundlagen des Rechnungswesens

2.1 Das Rechnungswesen dokumentiert die Wertschöpfungsprozesse

Das Rechnungswesen dokumentiert betriebliche Prozesse und erklärt betriebswirtschaftliche Zusammenhänge. Im vorliegenden Lehrbuch wird das Rechnungswesen in seinen **sachlichen Funktionen** gesehen, in denen es darauf ankommt, betriebliche Prozesse

- bei der **Beschaffung** von Arbeitskräften, Werkstoffen und Betriebsmitteln,
- bei der **Produktion** fertiger Erzeugnisse und
- beim **Absatz** fertiger Erzeugnisse

Aufgaben des Rechnungswesens

aufzuzeichnen und auszuwerten. Dabei hat das Rechnungswesen folgende **Aufgaben** im Industriebetrieb zu erfüllen:

- **Dokumentation und Information.** Im Rechnungswesen werden alle betrieblichen Vorgänge geordnet und nachweisbar (Belege!) aufgezeichnet, sofern sie mit Werte- und Geldveränderungen befasst sind. Diese Dokumentation dient vor allem dazu, den Unternehmer über Abläufe und Entwicklungen zu informieren.
- **Rechenschaftslegung.** Da in den Unternehmen volkswirtschaftliches Vermögen in hohem Maße bewegt wird, verlangt der Gesetzgeber im Handelsgesetzbuch (HGB), dass die Unternehmen jeweils zum Ende des Geschäftsjahres **Jahresabschlüsse** nach rechtlichen Vorschriften aufstellen. Diese Jahresabschlüsse bestehen im Wesentlichen aus der **Bilanz** und der **Gewinn- und Verlustrechnung.** Sie geben den Inhabern, den Aktionären, dem Finanzamt und gegebenenfalls den Kreditinstituten Einblick in die Vermögens-, Schulden- und Erfolgslage des Unternehmens.
- **Kontrolle.** Aus den Zahlen des Rechnungswesens lassen sich wichtige **Kennzahlen** zur Kontrolle vor allem der **Rentabilität**, der **Wirtschaftlichkeit** und der **Zahlungsfähigkeit** (Liquidität) des Unternehmens ableiten. Jedes Unternehmen muss über ein entsprechendes Kontrollsystem (Kennzahlensystem) zur „Frühwarnung" vor wirtschaftlichen und finanziellen Engpässen verfügen.
- **Planung.** Das Rechnungswesen stellt vielfältige Daten über betriebliche Prozesse zur Verfügung. Diese Daten sind die Grundlage für unternehmerische Planungen und Entscheidungen, z. B. wenn es darum geht, in neue Anlagen zu investieren und diese zu finanzieren.

Darüber hinaus soll das Rechnungswesen ein **Erklärungsmodell** dafür liefern, wie betriebliche Prozesse in ihrer zahlenmäßigen Dimension systematisch erfasst werden.

Geschäftsfälle

Grundlage der zahlenmäßigen Erfassung betrieblicher Prozesse sind **Geschäftsfälle.** Sie führen dazu, dass sich die Vermögensteile (z. B. Bankguthaben, Kassenbestand, Forderungen aus Lieferungen und Leistungen, Werkstoffbestände) und die Schulden (z. B. Darlehensschulden, Verbindlichkeiten aus Lieferungen und Leistungen) in ihrer Höhe und Zusammensetzung ständig verändern.

Beleg

Jedem Geschäftsfall **muss** ein Beleg zugrunde liegen, der über **Vorgang, Datum** und **Betrag** Auskunft gibt. Der Beleg (Rechnung, Bankauszug, Quittung u. a.) ist der **Nachweis für die Richtigkeit der Aufzeichnung** (Buchung).

Die folgende Übersicht zeigt einige typische Geschäftsfälle mit ihren Belegen:

Bereich	Geschäftsfall	Beleg
Beschaffung	Einkauf von Walzblechen	Eingangsrechnung
Fertigung	Verbrauch von Walzblechen Lohnzahlung	Materialentnahmeschein Lohnliste
Absatz	Verkauf von fertigen Erzeugnissen	Ausgangsrechnung

694620

Merke

- **In jedem Industriebetrieb lassen sich die betrieblichen Prozesse insbesondere den folgenden drei Aufgabenbereichen zuordnen:**
  - **Beschaffung von Betriebsmitteln, Werkstoffen, Arbeitskräften, Geldmitteln**
  - **Fertigung (Produktion) der Erzeugnisse**
  - **Absatz (Verkauf) der fertigen Erzeugnisse**
- **Betriebliche Prozesse werden in Geschäftsfällen dokumentiert. Geschäftsfälle verändern die Höhe und die Zusammensetzung der Vermögensteile und der Schulden.**
- **Zu jedem Geschäftsfall gehört ein Beleg als Nachweis der Buchung.**

2.2 Bereiche im Rechnungswesen

Die sehr unterschiedlichen Aufgaben des Rechnungswesens sind den folgenden **Bereichen** zugeordnet:

■ **Buchführung** ■ **Jahresabschluss** (Rechenschaftslegung)	**Externes Rechnungswesen**
■ **Kosten- und Leistungsrechnung** ■ **Statistik** ■ **Planung**	**Internes Rechnungswesen**

Buchführung

Die **Buchführung** – auch Finanz- oder Geschäftsbuchführung genannt – ist im Wesentlichen das wertmäßige Spiegelbild der Leistungs-, Finanzierungs- und Investitionsprozesse im Unternehmen für eine bestimmte Abrechnungsperiode (Monat, Quartal, Geschäftsjahr). In ihr werden auf der Grundlage von **Geschäftsfällen** (Belegen) der gesamte **Input** nach Art und Wert **(= betriebliche Aufwendungen)** und der gesamte **Output** nach Art und Wert **(= Erträge)** geordnet erfasst. Zugleich zeichnet die Buchführung alle mit dem Input und dem Output verbundenen **Wertänderungen** im Vermögen und in den Schulden auf. Sie stellt damit wichtiges Zahlenmaterial für die übrigen Bereiche des Rechnungswesens zur Verfügung.

Im Einzelnen ist sie auf folgende **Aufgaben** ausgerichtet:

Aufgaben der Buchführung

- **Feststellung des Vermögens und der Schulden** zu bestimmten Zeitpunkten (Zeitrechnung)
- **Aufzeichnung aller Veränderungen** der Vermögens- und Schuldenwerte **lückenlos und sachlich geordnet** (Dokumentation)
- **Ermittlung des Erfolgs des Unternehmens** (Gewinn oder Verlust) durch Gegenüberstellung aller Aufwendungen und Erträge
- Bereitstellung des Zahlenmaterials für die **Preiskalkulation** sowie für die **Berechnung der Wirtschaftlichkeit und Rentabilität**
- Grundlage zur **Berechnung der Steuern**
- **Beweismittel** bei Rechtsstreitigkeiten mit Kunden, Lieferanten, Banken, Behörden

Jahresabschluss (Rechenschaftslegung)

Rechtliche Vorschriften im Handelsgesetzbuch (HGB) zwingen den Kaufmann dazu, zum Ende eines jeden Geschäftsjahres seine Vermögens-, Schulden- und Erfolgslage in einem Abschluss darzulegen. Grundlage für diesen **Jahresabschluss** ist neben der Buchführung das **Inventar** (vgl. S. 28 f.). Der Jahresabschluss besteht mindestens aus der **Bilanz** und der **Gewinn- und Verlustrechnung.** Die Bilanz gibt über Höhe und Zusammensetzung des Vermögens und des Kapitals Auskunft, die Gewinn- und Verlustrechnung über Höhe und Herkunft des Erfolgs (Gewinn oder Verlust).

Externes Rechnungswesen

Da von außen auferlegte gesetzliche Vorschriften allen Kaufleuten die Art und Weise vorschreiben, wie in der Buchführung und im Jahresabschluss die Mengen und Werte festzulegen sind, werden die Bereiche Buchführung und Jahresabschluss dem **externen Rechnungswesen** zugeordnet. Das externe Rechnungswesen ist **unternehmensbezogen**, d. h., es erfasst alle im Unternehmen vorkommenden Geschäftsfälle unabhängig davon, ob sie dem Betriebszweck entstammen oder nicht.

Kosten- und Leistungsrechnung

Die **Kosten- und Leistungsrechnung** ist in Abgrenzung zur Buchführung **betriebsbezogen**, d. h., sie befasst sich nur mit den Werten, die aus dem **betrieblichen Leistungsprozess** hervorgegangen sind, also der Beschaffung von Werkstoffen, Betriebsmitteln, Arbeitskräften usw., der eigentlichen Produktion und dem Absatz der Erzeugnisse (betriebsbezogene Stück- und Zeitrechnung). Sie ist auf die Ermittlung des **Betriebsergebnisses** (= Betriebsgewinn oder Betriebsverlust) ausgerichtet. Um ihren unterschiedlichen Zielen (z. B. Ermittlung des Betriebsergebnisses, Kalkulation der Verkaufspreise, Kontrolle der Kosten und Leistungen, Kundenorientierung) gerecht werden zu können, verwendet sie jeweils unterschiedliche Kostenrechnungssysteme. Deren Ergebnisse sind wiederum die Grundlage für vertiefte Einblicke in die Betriebs- und Marktsituation (z. B. Kontrolle der Rentabilität und der Wirtschaftlichkeit, Bestimmung von Preisuntergrenzen und Gewinnschwellen u. a.).

Statistik

Die betriebliche **Statistik** bereitet die Zahlen der Buchführung sowie der Kosten- und Leistungsrechnung für bestimmte Zwecke auf und wertet sie aus. Sie gibt damit den Unternehmern/Managern das Zahlenmaterial an die Hand, das sie benötigen, um das betriebliche Geschehen mit den gesetzten Zielen abzustimmen und Entscheidungen vorzubereiten (zu planen) bzw. zu treffen. Ihr wesentliches Merkmal sind **Vergleichsrechnungen** (Zeitvergleiche, Betriebsvergleiche).

Planungsrechnung als Vorausrechnung

Planungsrechnungen basieren auf den Werten der Buchführung, der Kosten- und Leistungsrechnung sowie der Statistik. Diese Werte verwendet die **Planungsrechnung** für eine vorausschauende Betrachtung (z. B. Aussagen zur Kosten-, Preis-, Absatzentwicklung, zum Lebenszyklus einzelner Produkte, zu Marktveränderungen). Je nach Planungsvorhaben sind Einzel- oder Teilpläne erforderlich (Kapitalbedarfsplan, Finanzierungsplan, Beschaffungsplan, Absatzplan, Produktionsplan).

Internes Rechnungswesen

Die zuvor genannten Bereiche (Kosten- und Leistungsrechnung, Statistik, Planung) beschränken sich auf die im Unternehmen verfügbaren Daten, soweit sie dem Leistungsprozess entstammen. Sie werden nach intern festgelegten Zweckmäßigkeiten aufbereitet und ausgewertet, unterliegen also keinen äußeren Vorgaben. Daher werden diese Bereiche dem **internen Rechnungswesen** zugeordnet.

Controlling

Die zahlreichen Planungs- und Kontrollaufgaben des Rechnungswesens werden zunehmend durch das **Controlling** wahrgenommen. Controlling ist dabei keineswegs mit Kontrolle gleichzusetzen. Vielmehr leitet sich der Begriff „Controlling" aus dem Englischen „to control" ab, das mit „steuern" übersetzt werden kann.

Controller nutzen insbesondere die Werte und die Instrumente des internen, aber auch des externen Rechnungswesens, um der Unternehmensleitung ein umfassendes Informationssystem zur Überwachung des Betriebsgeschehens und der Gewinnung von Unterlagen zur Unternehmenssteuerung bereitzustellen. Durch das Controlling wird das Rechnungswesen so zu einem echten **Führungs- und Kontrollinstrument**.

Die vielseitigen Controlling-Instrumente (z. B. Berichtswesen, Budgetierung, Soll-Ist-Vergleiche, Kennzahlen) legen es nahe, einige der zuvor geschilderten Bereiche des internen Rechnungswesens, nämlich Statistik und Planungsrechnung, dem Controlling zuzuordnen.

694622

2.3 Gesetzliche Grundlagen der Buchführung

Buchführungspflicht
§ 238 [1] HGB
§ 140 AO

Die Buchführung erfasst aufgrund von Belegen alle Ausgaben und Einnahmen, Aufwendungen und Erträge des Unternehmens, ermittelt daraus den **Gewinn oder Verlust des Geschäftsjahres** und schafft damit wichtige **Grundlagen für unternehmerische Entscheidungen** und die zu zahlenden **Steuern.** Eine **ordnungsmäßige** Buchführung dient zugleich der Information und dem **Schutz der Gläubiger** des Unternehmens. Das **Handelsgesetzbuch** (vgl. § 238 [1] HGB im Kapitel I.2) und die **Abgabenordnung** (§ 140 AO) verpflichten daher den Kaufmann zur Buchführung.

§ 241a HGB

Die Vorschriften zur **Buchführungspflicht** betreffen den Kaufmann, der im Handelsregister eingetragen ist. **Befreit von der Buchführungspflicht des § 238 [1] HGB sind Einzelkaufleute (e. K., e. Kfm., e. Kffr.),** die in **zwei** aufeinander folgenden Geschäftsjahren **nicht mehr** als jeweils **600.000,00 € Jahresumsatz** und jeweils **60.000,00 € Jahresgewinn** erzielen (§ 241a HGB). Sie dürfen den Gewinn bzw. Verlust des Geschäftsjahres durch einfache **Einnahmenüberschussrechnung** (Betriebseinnahmen – Betriebsausgaben) ermitteln.

§ 141 AO

Neben der o. g. steuerrechtlichen Buchführungspflicht nach § 140 AO sind nach § 141 AO auch **Nichtkaufleute** (z. B. Kleingewerbetreibende) zur Buchführung verpflichtet, wenn deren **Jahresumsatz 600.000,00 €** oder **Jahresgewinn 60.000,00 € im Wirtschaftsjahr übersteigt.**

Merke

- **Im Handelsregister eingetragene Einzelkaufleute, Personengesellschaften (OHG, KG)[1] und Kapitalgesellschaften (AG, KGaA, GmbH)[2] unterliegen der Buchführungspflicht nach § 238 [1] HGB und § 140 AO.**
- **Die Schwellenwerte „Jahresumsatz" und/oder „Jahresgewinn" sind nach § 241a HGB und § 141 AO von besonderer Bedeutung.**

Rechnungslegungsvorschriften nach HGB

Die handelsrechtlichen Vorschriften über die **Buchführung** und den **Jahresabschluss** enthält das **„Dritte Buch"** im Handelsgesetzbuch in **sechs Abschnitten:**

- Der **1. Abschnitt (§§ 238–263 HGB)**[3] enthält Vorschriften, die auf **alle Kaufleute** anzuwenden sind. Zu diesen **grundlegenden Vorschriften** zählen die Buchführungspflicht, die Führung von Handelsbüchern, das Inventar, die Pflicht zur Aufstellung des Jahresabschlusses (Bilanz und Gewinn- und Verlustrechnung), die Bewertung der Vermögensteile und Schulden sowie die Aufbewahrung von Buchführungsunterlagen u. a. m.
- Der **2. Abschnitt (§§ 264–335c HGB)**[3] beinhaltet ergänzende Vorschriften für **Kapitalgesellschaften und haftungsbeschränkte Personenhandelsgesellschaften**[4], insbesondere über die **Gliederung, Prüfung und Veröffentlichung des Jahresabschlusses.**
- Der **3. Abschnitt (§§ 386–339 HGB)** enthält ergänzende Vorschriften für **eingetragene Genossenschaften.**
- Der **4. Abschnitt (§§ 340–341y HGB)** umfasst ergänzende Vorschriften für **Unternehmen bestimmter Geschäftszweige** (Banken, Versicherungen, Rohstoffsektor u. a.).
- Der **5. und 6. Abschnitt (§§ 342–342e HGB)** beinhaltet Vorschriften über die Anerkennung und die Aufgaben **privater Institutionen der Rechnungslegung.**

Rechtsformspezifische Vorschriften

Rechtsformspezifische Vorschriften der jeweiligen Unternehmensform sind im **Aktiengesetz** (AktG), **GmbH-Gesetz** (GmbHG) und **Genossenschaftsgesetz** (GenG) enthalten.

Steuerrechtliche Vorschriften

Steuerrechtliche Vorschriften über die Buchführung enthalten die **Abgabenordnung** (AO), das **Einkommensteuergesetz** (EStG), **Körperschaftsteuergesetz** (KStG), **Umsatzsteuergesetz** (UStG) sowie die entsprechenden **Durchführungsverordnungen** (EStDV, KStDV, UStDV), **Richtlinien** (EStR, KStR) und **Erlasse** (z. B. Umsatzsteueranwendungserlass [UStAE]).

1 Offene Handelsgesellschaft, Kommanditgesellschaft
2 Aktiengesellschaft, Kommanditgesellschaft auf Aktien, Gesellschaft mit beschränkter Haftung
3 Siehe HGB-Rechnungslegungsvorschriften, S. 440 ff.
4 Zum Beispiel GmbH & Co. KG

2.4 Ordnungsmäßigkeit der Buchführung

Ordnungsgemäße Buchführung

Die Buchführung gilt als ordnungsgemäß, wenn sie so beschaffen ist, dass sie einem sachverständigen Dritten (Steuerberater, Betriebsprüfer des Finanzamtes) in angemessener Zeit einen **Überblick** über die **Geschäftsfälle** und die **Lage des Unternehmens** vermitteln kann (§ 238 HGB, § 145 AO).

GoB

Die Buchführung muss deshalb **allgemein anerkannten** und **sachgerechten Normen** entsprechen, und zwar den **„Grundsätzen ordnungsmäßiger Buchführung" (GoB).**

Quellen der GoB

Quellen der GoB sind vor allem Wissenschaft und Praxis, die Rechtsprechung sowie Empfehlungen der Wirtschaftsverbände. Zahlreiche Grundsätze haben ihren Niederschlag in handels- und steuerrechtlichen Vorschriften gefunden.

Aufgabe der GoB

Aufgabe der GoB ist es, Unternehmenseigner sowie Gläubiger des Unternehmens vor falschen Informationen und Verlusten zu schützen.

Die wichtigsten Grundsätze ordnungsmäßiger Buchführung (GoB)

- **Die Buchführung muss klar und übersichtlich sein:**
  - Sachgerechte und überschaubare Organisation der Buchführung (§ 238 [1] HGB, § 145 [1] AO).
  - Verwendung einer lebenden Sprache sowie eindeutige Bedeutung von Abkürzungen, Ziffern, Buchstaben oder Symbolen (§ 239 [1] HGB, § 146 [3] AO).
  - Übersichtliche Gliederung des Jahresabschlusses (§§ 243 [2], 266, 275 HGB).
  - Keine Verrechnung zwischen Vermögenswerten und Schulden sowie zwischen Aufwendungen und Erträgen (§ 246 [2] HGB).
  - Buchungen dürfen nicht so verändert werden, dass der ursprüngliche Inhalt nicht mehr feststellbar ist (§ 239 [3] HGB, § 146 [4] AO).
- **Ordnungsmäßige Erfassung aller Geschäftsfälle.**
  Die Geschäftsfälle sind **fortlaufend und vollständig, richtig und zeitgerecht** sowie **sachlich geordnet** zu buchen, damit sie leicht überprüfbar sind (§ 239 [2] HGB, § 146 [1] AO). Kasseneinnahmen und -ausgaben sind täglich aufzuzeichnen (§ 146 [1] AO).
- **Keine Buchung ohne Beleg (Belegprinzip).**
  Sämtliche Buchungen müssen anhand der Belege jederzeit nachprüfbar sein. Die Belege müssen fortlaufend nummeriert und geordnet aufbewahrt werden (§ 257 [1] HGB)
- **Ordnungsmäßige Aufbewahrung der Buchführungsunterlagen.**
  Alle Buchungsbelege, Buchungsprogramme, Konten, Bücher, Inventare, Eröffnungsbilanzen sowie Jahresabschlüsse einschließlich Anhang und Lagebericht sind zehn Jahre geordnet aufzubewahren. Die Aufbewahrungsfrist beginnt mit dem Schluss des Kalenderjahrs (§ 257 [4f.] HGB, § 147 [3f.] AO).
  Mit Ausnahme der Eröffnungsbilanz und des Jahresabschlusses können alle Buchführungsunterlagen auf einem Bildträger (Mikrofilm) oder auf anderen Datenträgern aufbewahrt werden. Die gespeicherten Daten müssen **jederzeit** durch Bildschirm oder Ausdruck **lesbar** gemacht werden können (§§ 239 [4], 257 [3] HGB, § 147 [2] AO).

Merke | **Nur eine ordnungsmäßige Buchführung besitzt Beweiskraft (§§ 258 f. HGB).**

Verstöße gegen die GoB

Verstöße gegen die GoB sowie die handels- und steuerrechtlichen Vorschriften können eine **Schätzung der Besteuerungsgrundlagen** (Umsatz, Gewinn) durch die Finanzbehörden zur Folge haben (§ 162 AO). Mit **Freiheitsstrafe** oder mit **Geldstrafe** wird bestraft, wer Jahresabschlüsse unrichtig wiedergibt oder verschleiert (§ 331 HGB, § 370 AO). Im Insolvenzfall können Verstöße gegen die GoB Strafverfolgung (Freiheitsstrafe) nach sich ziehen (§ 283 StGB).

Aufgabe 11

1. *Erläutern Sie die grundlegenden Aufgabenbereiche (Funktionen) eines Industriebetriebes.*
2. *Welche Aufgaben zählen im Einzelnen zum Funktionsbereich „Beschaffung"?*
3. Geschäftsleitung, Lagerung und Verwaltung sind weitere wichtige Funktionsbereiche eines Unternehmens. *Ordnen Sie*
   a) der Geschäftsleitung,
   b) der Verwaltung und
   c) der Lagerung
   jeweils einige bedeutsame Tätigkeiten zu.
4. Die Elektrowerke AG hat einen Auftrag zur Lieferung von 1 200 Kühlschränken XZ 250 erhalten.
   a) Beschreiben Sie die durch den Auftrag bedingten Arbeitsabläufe.
   b) Unter welcher grundlegenden Bedingung würden Sie den Auftrag nur annehmen? Begründen Sie Ihre Entscheidung.
   c) Nennen Sie Geschäftsfälle, die sich durch die Erledigung des Auftrags in den Bereichen Beschaffung, Fertigung und Absatz ergeben.

Aufgabe 12

1. *Nennen Sie mindestens drei wichtige Aufgaben der Buchführung eines Industriebetriebes.*
2. *Worin unterscheiden sich im Wesentlichen Industrie- und Handelsunternehmen?*
3. *Welche Unterschiede bestehen zwischen Industrie- und Handwerksbetrieben?*
4. *Nennen Sie mindestens vier Geschäftsfälle mit den entsprechenden Belegen.*
5. *Was bedeutet der wichtigste Grundsatz der Buchführung: „Keine Buchung ohne Beleg!"?*
6. *Aus welchen Bereichen besteht das gesamte industrielle Rechnungswesen?*
7. *Welche Bedeutung hat die Finanz- oder Geschäftsbuchführung für die übrigen drei Bereiche des Rechnungswesens?*

Aufgabe 13

Erläutern Sie die Auswirkung der folgenden Geschäftsfälle auf Höhe und Zusammensetzung des Vermögens und der Schulden des Unternehmens:

1. Aufnahme eines Darlehens bei unserer Hausbank.
2. Kauf eines Lkw gegen Bankscheck.
3. Einkauf von Werkstoffen auf Ziel (Zahlungsziel: 30 Tage).
4. Die Tageseinnahmen der Geschäftskasse werden bei der Hausbank eingezahlt.
5. Wir begleichen die Lieferantenrechnung (Geschäftsfall 3) durch Banküberweisung.
6. Teilrückzahlung (Tilgungsrate) des Darlehens durch Banküberweisung.
7. Ein Kunde, an den wir aufgrund einer Lieferung von Erzeugnissen eine Forderung haben, begleicht diese durch Banküberweisung.

Aufgabe 14

1. *Erläutern Sie die Buchführungspflicht nach Handels- und Steuerrecht.*
2. *Stellen Sie fest, ob der Schlossermeister Eisenhart buchführungspflichtig ist, wenn er in einem bestimmten Geschäftsjahr bei einem Umsatz von 595.000,00 € einen Gewinn von 60.500,00 € erzielt.*

Aufgabe 15

1. *Unter welcher Voraussetzung gilt eine Buchführung als ordnungsmäßig?*
2. *Nennen Sie wichtige Grundsätze ordnungsmäßiger Buchführung.*
3. Eine Finanz- oder Geschäftsbuchführung kann
   a) formelle und
   b) materielle Mängel aufweisen.
   Nennen Sie zu a) und b) jeweils ein Beispiel.
4. *Welche Folgen können schwerwiegende materielle Mängel einer Buchführung haben?*

HF 1 / AS 1.1 / ZF 13

3 Inventur, Inventar und Bilanz

3.1 Inventur

Feststellen des Vermögens und der Schulden

Nach **§ 240 HGB sowie §§ 140, 141 AO** ist der Kaufmann verpflichtet, **Vermögen** und **Schulden** seines Unternehmens festzustellen, und zwar

- bei **Gründung** oder **Übernahme** eines Unternehmens,
- für den **Schluss eines jeden Geschäftsjahres** (in der Regel zum 31. Dezember),
- bei **Auflösung** oder **Veräußerung** seines Unternehmens.

Die hierzu erforderliche Tätigkeit nennt man **Inventur** (lat. invenire = vorfinden).

Inventur

Die Inventur, auch **Bestandsaufnahme** genannt, erstreckt sich auf **alle Vermögensteile und alle Schulden** des Unternehmens, die jeweils **einzeln** nach ihrer **Art** (Bezeichnung), **Menge** (Stückzahl, Gewicht, Länge u. a.) und **Wert** zu einem bestimmten Zeitpunkt (Stichtag) zu erfassen sind. Sie dient auch der **Überprüfung der Buchführung**, weil Differenzen zwischen dem tatsächlichen Istbestand laut Inventur und dem buchmäßigen Sollbestand laut Finanzbuchhaltung ersichtlich werden und korrigiert werden können (Inventurdifferenzen).

Merke

Inventur ist die mengen- und wertmäßige Bestandsaufnahme aller Vermögensteile und Schulden eines Unternehmens zu einem bestimmten Zeitpunkt.

Arten der Inventur

Nach der Art ihrer Durchführung unterscheidet man

- **körperliche Inventur** und
- **Buchinventur**.

Körperliche Inventur

Die körperliche Inventur ist die **mengenmäßige Aufnahme** aller körperlichen Vermögensgegenstände (z. B. Technische Anlagen und Maschinen, Fahrzeuge, Betriebs- und Geschäftsausstattung, Bestände an Werkstoffen und Erzeugnissen, Barmittel) durch **Zählen**, **Messen**, **Wiegen** und notfalls durch **Schätzen mit nachfolgender Bewertung** der Mengen in Euro.

Buchinventur

Die Buchinventur erstreckt sich auf alle **nicht körperlichen** Vermögensteile und Schulden. Forderungen, Bankguthaben sowie alle Arten von Schulden sind **wertmäßig** aufgrund der buchhalterischen **Aufzeichnungen und Belege** (z. B. Kontoauszüge) festzustellen und nachzuweisen. Im Rahmen dieser **buchmäßigen Bestandsaufnahme** werden häufig auch Saldenbestätigungen bei Kunden und Lieferanten eingeholt.

Anlagenverzeichnis

Die jährliche körperliche Bestandsaufnahme des **beweglichen** Anlagevermögens (Maschinen, Fahrzeuge u. a.) entfällt, wenn ein **Anlagenverzeichnis** laufend geführt wird (Anlagenbuchführung). Für jeden Anlagegegenstand muss ein gesonderter Datensatz oder eine **Anlagenkarte** mit folgenden Angaben vorhanden sein: Bezeichnung, Tag der Anschaffung, Anschaffungswert, Nutzungsdauer, jährliche Abschreibung, Tag des Abgangs u. a. (R 5.4 [4] Einkommensteuerrichtlinien [EStR]).

Vorbereitung und Durchführung der Inventur

Die körperliche (mengenmäßige) Inventur des Vorratsvermögens (Werkstoffe, Handelswaren, Erzeugnisse) bedarf vor allem einer sorgfältigen Vorbereitung und Durchführung. Zunächst wird ein **Inventurleiter** ernannt. Der Inventurleiter erstellt einen genauen **Aufnahmeplan**. Dieser Aufnahmeplan legt die einzelnen **Inventurbereiche** sowie die **personelle Besetzung** der Aufnahmegruppen, die **Aufnahmevordrucke und -richtlinien**, die Hilfsmittel (z. B. mobile Datenerfassungsgeräte/Barcodescanner) und den **Zeitpunkt der Inventur** fest. Bestimmte Aufsichtspersonen müssen durch **Stichproben** die Bestandsaufnahme überprüfen.

Merke

- **Körperliche Inventur:** **mengen- und wertmäßige Bestandsaufnahme**
- **Buchinventur:** **nur wertmäßige Bestandsaufnahme aufgrund von Aufzeichnungen und Belegen**

3.2 Inventurverfahren für das Vorratsvermögen

Die Bestandsaufnahme der Vorräte an Werkstoffen, Erzeugnissen und Waren ist in der Regel mit erheblichem Arbeitsaufwand verbunden. Der Gesetzgeber erlaubt deshalb folgende Verfahren zur **Vereinfachung der Inventur** der Lagervorräte (§ 241 HGB, R 5.3 EStR):

Inventurvereinfachungsverfahren

- **Bei der Stichtagsinventur** muss die **mengenmäßige** Bestandsaufnahme der Vorräte nicht am Abschlussstichtag (z. B. 31. Dez.) erfolgen. Sie muss aber **zeitnah** innerhalb einer **Frist von zehn Tagen vor oder nach dem Abschlussstichtag** durchgeführt werden. Zugänge und Abgänge zwischen dem Aufnahmetag und dem Abschlussstichtag werden anhand von Belegen **mengen- und wertmäßig** auf den 31. Dez. **fortgeschrieben bzw. zurückgerechnet. Nachteile**: Die Stichtagsinventur führt zu einem großen Arbeitsanfall innerhalb weniger Tage, der oft Betriebsunterbrechungen zur Folge hat.

Stichtagsinventur = zeitnahe körperliche Bestandsaufnahme

- **Die vor- bzw. nachverlegte Inventur** stellt gegenüber der Stichtagsinventur bereits eine wesentliche Erleichterung dar. Die **körperliche** Bestandsaufnahme erfolgt an einem beliebigen Tag innerhalb der letzten **drei Monate vor oder der ersten zwei Monate nach dem Abschlussstichtag.** Die einzelnen Artikel dürfen zu unterschiedlichen Zeitpunkten aufgenommen werden. Der am Tag der Inventur ermittelte Bestand wird **nur wertmäßig** (nicht mengenmäßig!) auf den Abschlussstichtag fortgeschrieben oder zurückgerechnet:

Verlegte Inventur = vor- bzw. nachverlegte körperliche Bestandsaufnahme

Wertfortschreibung	Wertrückrechnung
Wert am Tag der Inventur (z. B. 15. Okt.)	Wert am Tag der Inventur (z. B. 28. Febr.)
+ Wert der Zugänge vom 15. Okt. – 31. Dez.	– Wert der Zugänge vom 1. Jan. – 28. Febr.
– Wert der Abgänge vom 15. Okt. – 31. Dez.	+ Wert der Abgänge vom 1. Jan. – 28. Febr.
= **Wert am Abschlussstichtag (31. Dez.)**	= **Wert am Abschlussstichtag (31. Dez.)**

- **Die permanente Inventur** ermöglicht es, den am Abschlussstichtag vorhandenen Bestand des Vorratsvermögens nach Art, Menge und Wert auch ohne gleichzeitige körperliche Bestandsaufnahme festzustellen. Der Bestand für den Abschlussstichtag kann in diesem Fall nach Art und Menge der **Lagerbuchführung oder** der **Lagerkartei** entnommen werden. Für jeden einzelnen Artikel werden alle Mengenbewegungen (Zu- und Abgänge) laufend buchmäßig erfasst. In jedem Geschäftsjahr muss **mindestens einmal** – der Zeitpunkt ist beliebig! – durch **körperliche Bestandsaufnahme** geprüft werden, ob der in der Lagerbuchführung ausgewiesene Buch- bzw. Soll-Bestand des Vorratsvermögens mit dem tatsächlich vorhandenen Bestand (Ist-Bestand) übereinstimmt. Tag und Ergebnis der körperlichen Inventur sind in der Lagerbuchführung zu vermerken. Die Inventuraufzeichnungen müssen unterschrieben werden.

  Die permanente Inventur ist ein rationelles und aussagefähiges Inventurverfahren, das der Unternehmensleitung **täglich**, vor allem beim Einsatz von Datenverarbeitungsanlagen, **wichtige Daten** über die Bestandsbewegungen liefert. Ihr besonderer Vorzug liegt darin, dass die körperliche Bestandsaufnahme der einzelnen Gruppen des Vorratsvermögens zu beliebigen Zeitpunkten durchgeführt werden kann.

  Bei vollautomatisch gesteuerten Lagersystemen (z. B. Hochregallager) kann eine **Einlagerungsinventur** die körperliche Inventur ersetzen, wenn eine zuverlässige Fortschreibung der Lagerbuchführung entsprechend der automatischen Lagersteuerung gewährleistet ist.

Permanente Inventur = laufende Inventur anhand der Lagerbuchführung

- Der Lagerbestand nach Art, Menge und Wert kann auch mithilfe **anerkannter** mathematisch-statistischer Verfahren (z. B. Mittelwertschätzung) aufgrund von Stichproben ermittelt werden. Dabei werden die als **Stichprobe** ausgewählten Lagerpositionen zunächst körperlich aufgenommen und bewertet. Das **Stichprobenergebnis** wird sodann auf den Gesamtinventurwert der Lagervorräte **hochgerechnet**. Die Stichprobeninventur gilt als zuverlässiges, Zeit und Kosten sparendes Hilfsverfahren der Inventur.

Stichprobeninventur mithilfe mathematisch-statistischer Methoden

3.3 Inventar

Die mithilfe der Inventur ermittelten **Bestände der einzelnen Vermögensposten und Schulden** werden in einem besonderen **Bestandsverzeichnis (= Inventar)** zusammengefasst.

Das Inventar besteht aus **drei Teilen:**

A. Vermögen	B. Schulden	C. Reinvermögen = Eigenkapital

Das **Vermögen** gliedert sich in **Anlage-** und **Umlaufvermögen.**

Anlagevermögen

Das Anlagevermögen bildet die **Grundlage der Betriebsbereitschaft.** Deshalb gehören dazu alle Vermögensposten, die dem Unternehmen **langfristig** dienen, wie z. B.:

- **Immaterielle Vermögensgegenstände**, z. B. gewerbliche Schutzrechte, Lizenzen
- **Grundstücke und Gebäude**
- **Technische Anlagen und Maschinen**
- **Fahrzeuge** (Fuhrpark)
- **Betriebs- und Geschäftsausstattung (BGA)**, z. B. Werkstatt- und Büroeinrichtung

Umlaufvermögen

Das Umlaufvermögen umfasst alle Vermögensposten, die sich **kurzfristig** in ihrer Höhe **verändern**, weil sie sich ständig **„im Umlauf"** befinden: **Werkstoffe** werden eingekauft und dann zu **Fertigerzeugnissen** verarbeitet. Werden Fertigerzeugnisse mit einem Zahlungsziel verkauft, entstehen im Unternehmen **Forderungen aus Lieferungen und Leistungen (a. LL).** Begleichen die Kunden ihre Rechnungen durch Banküberweisung, vermindert sich der Forderungsbestand, wobei sich zugleich das **Bankguthaben** erhöht, das wiederum zum Kauf von Werkstoffen verwendet werden kann. **Zum Umlaufvermögen rechnen vor allem folgende Posten:**

- **Rohstoffe**, die den Hauptbestandteil des Erzeugnisses bilden, z. B. Stahlblech, Holz
- **Vorprodukte/Fremdbauteile** als fertig bezogene Einbauteile
- **Hilfsstoffe** als Nebenbestandteile des Erzeugnisses, z. B. Farben, Klebstoffe, Schrauben
- **Betriebsstoffe**, die nicht direkt in das Erzeugnis eingehen, z. B. Schmieröle, Brennstoffe
- **Unfertige Erzeugnisse**, also Erzeugnisse, die sich noch in der Fertigung befinden
- **Fertige Erzeugnisse**, also Erzeugnisse, die zum Verkauf bereitliegen
- **Forderungen aus Lieferungen und Leistungen** (a. LL)
- **Bankguthaben**
- **Kassenbestand (Bargeld)**

Anordnung der Vermögensposten

Die Vermögensposten werden im Inventar **nach steigender Flüssigkeit** (Liquidität) geordnet, also nach dem Grad, wie schnell sie in Geld umgesetzt werden können. So sind die weniger „flüssigen" (liquiden) Posten, wie z. B. Grundstücke, im Inventar zuerst und die bereits liquiden Mittel, wie Bankguthaben und Bargeld, zuletzt aufzuführen.

Anordnung der Schulden

Die Schulden (Verbindlichkeiten) werden im Inventar nach ihrer **Fälligkeit** geordnet:

- **Langfristige Verbindlichkeiten**, wie z. B. Hypotheken- und Darlehensschulden
- **Kurzfristige Verbindlichkeiten**, wie z. B. Verbindlichkeiten a. LL, Mietschulden

Fremdkapital

Die Verbindlichkeiten stellen das im Unternehmen arbeitende **Fremdkapital** dar.

Eigenkapital

Das Eigenkapital oder **Reinvermögen** des Unternehmens ergibt sich, indem man die Schulden vom Vermögen abzieht:

> Summe des Vermögens – Summe der Schulden = Eigenkapital.

In einer GmbH enthält das Eigenkapital das von den Gesellschaftern **gezeichnete Kapital**, die **Gewinnrücklagen** und den **Jahresüberschuss.**

Merke

- **Das Inventar weist zu einem bestimmten Tag (Stichtag) alle Vermögensposten und Schulden eines Unternehmens nach Art, Menge und Wert aus.**
- **Das Vermögen wird in Anlage- und Umlaufvermögen gegliedert, wobei die Vermögensposten nach steigender Flüssigkeit geordnet werden.**
- **Die Schulden bzw. Verbindlichkeiten werden nach ihrer Fälligkeit geordnet.**

694628

Inventar

der Metallverarbeitung Wernick GmbH, Leverkusen, für den 31. Dezember 20..

	€	€
A. Vermögen		
I. Anlagevermögen[1]		
1. Grundstücke und Gebäude lt. Anlagenverzeichnis AV 1		
Unbebaute Grundstücke, Hansastraße 50 – 52	250.000,00	
Bebaute Grundstücke, Hansastraße 10 – 48	805.000,00	
Betriebsgebäude	5.104.000,00	
Verwaltungsgebäude	2.251.000,00	8.410.000,00
2. Technische Anlagen und Maschinen lt. Anlagenverzeichnis AV 2		2.703.000,00
3. Fuhrpark lt. Anlagenverzeichnis AV 3		427.000,00
4. Betriebs- und Geschäftsausstattung lt. Anlagenverzeichnis AV 4		460.000,00
II. Umlaufvermögen[1]		
1. Rohstoffe lt. Inventurliste IL 1		2.405.000,00
2. Hilfsstoffe lt. Inventurliste IL 2		824.000,00
3. Betriebsstoffe lt. Inventurliste IL 3		154.000,00
4. Unfertige Erzeugnisse lt. Inventurliste IL 4		628.000,00
5. Fertige Erzeugnisse		
3920 Stahlblechgehäuse G1 120,00 €	470.400,00	
4550 Stahlblechgehäuse G2 160,00 €	728.000,00	
3880 Stahlblechgehäuse G3 220,00 €	853.600,00	2.052.000,00
6. Forderungen a. LL lt. Kundenverzeichnis		
Schnickmann OHG, Köln	452.000,00	
Hamm KG, Mainz	279.000,00	
Elektronik-GmbH, Hanau	263.000,00	994.000,00
7. Bankguthaben lt. Kontoauszügen, Kontrollmitteilungen		
Sparkasse Leverkusen	590.000,00	
Deutsche Bank, Leverkusen	326.000,00	916.000,00
8. Kassenbestand lt. Zählliste		27.000,00
Summe des Vermögens		**20.000.000,00**
B. Schulden		
1. Hypothekendarlehen der Sparkasse Leverkusen lt. Kontoauszug		4.106.000,00
2. Darlehen der Deutschen Bank, Köln lt. Kontoauszug		1.204.000,00
3. Verbindlichkeiten a. LL lt. Lieferantenverzeichnis		
Heyn GmbH, Münster	457.000,00	
Stahlservice GmbH, Schwerin	233.000,00	690.000,00
Summe der Schulden		**6.000.000,00**
C. Ermittlung des Eigenkapitals (Reinvermögen)[2]		
Summe des Vermögens		20.000.000,00
– Summe der Schulden		6.000.000,00
= **Eigenkapital**		**14.000.000,00**

Aufbewahrung des Inventars

Inventare sind **zehn Jahre** geordnet aufzubewahren (§ 257 [4] HGB, § 147 [3] AO). Die Aufbewahrung kann auch auf einem **Bildträger** (Mikrofilm) oder auf einem anderen **Datenträger** (CD-ROM, DVD u. a.) erfolgen, wenn sichergestellt ist, dass die Wiedergabe oder die Daten jederzeit lesbar gemacht werden können (§ 239 [4], 257 [3] HGB, § 147 [2] AO).

Merke

- **Inventur = Bestandsaufnahme, Inventar = Bestandsverzeichnis.**
- **Das Inventar ist Grundlage eines ordnungsgemäßen Jahresabschlusses.**

1 Siehe Band 1, HF 6, AS 6.1, Kapitel 1.2
2 Siehe hierzu Erläuterungen auf Seite 35.

Aufgabe 16

a) Ordnen Sie die Vermögensposten 1–17 im Bereich des Anlagevermögens (I) und des Umlaufvermögens (II) nach steigender Flüssigkeit:

1. Bankguthaben
2. Technische Anlagen (TA) und Maschinen
3. Rohstoffe
4. Kassenbestand
5. Gebäude
6. Fertige Erzeugnisse
7. Fuhrpark
8. Forderungen aus Lieferungen und Leistungen (a. LL)
9. Hilfsstoffe
10. Vorprodukte/Fremdbauteile (Fertigteile von Zulieferern)
11. Wertpapiere als langfristige Anlage
12. Betriebs- und Geschäftsausstattung
13. Grundstücke
14. Unfertige Erzeugnisse
15. Maschinelle Anlagen (Fließband)
16. Betriebsstoffe

b) Ordnen Sie die folgenden Verbindlichkeiten nach ihrer Laufzeit (Fälligkeit):

1. Verbindlichkeiten aus Lieferungen und Leistungen (a. LL)
2. Hypothekenschulden
3. Verbindlichkeiten gegenüber Finanzbehörden
4. Darlehensschulden

Aufgabe 17

Nennen Sie Beispiele für

a) Rohstoffe,
b) Fremdbauteile (Fertigteile),
c) Hilfsstoffe und
d) Betriebsstoffe

in einer Büromöbelfabrik.

Aufgaben 18, 19

Die Textilwerke U. Brandt GmbH, Wuppertal, stellten zum 31. Dezember 01[1] (Aufgabe 18) und zum 31. Dezember 02[1] (Aufgabe 19) folgende Inventurwerte fest:

	18	19
Grundstücke und Gebäude:		
Bebaute Grundstücke, Grünstraße 8–22	500.000,00	400.000,00
Betriebsgebäude	3.300.000,00	3.324.000,00
Verwaltungsgebäude	1.200.000,00	1.176.000,00
Technische Anlagen und Maschinen lt. Anlagenverzeichnis 1	2.654.000,00	3.264.000,00
Werkzeuge lt. Anlagenverzeichnis 2	336.000,00	285.000,00
Fuhrpark: 1 Lkw	223.000,00	178.400,00
3 Pkw	127.000,00	101.600,00
Betriebs- und Geschäftsausstattung lt. Inventurliste 1	480.000,00	384.000,00
Rohstoffe lt. Inventurliste 2	2.052.000,00	2.486.000,00
Hilfsstoffe lt. Inventurliste 3	188.000,00	194.000,00
Betriebsstoffe lt. Inventurliste 4	43.000,00	48.000,00
Unfertige Erzeugnisse lt. Inventurliste 5	469.000,00	324.000,00
Fertige Erzeugnisse lt. Inventurliste 6	2.081.000,00	2.362.000,00
Forderungen a. LL: F. Schmelz e. K., Tübingen	528.000,00	728.000,00
R. Tauber OHG, Frankfurt	335.000,00	615.000,00
Postbankguthaben	189.000,00	294.000,00
Bankguthaben bei der Commerzbank Wuppertal	1.267.000,00	1.310.000,00
Kasse (Barbestand)	28.000,00	26.000,00
Hypothekenschulden: Sparkasse Wuppertal	2.805.000,00	2.524.500,00
Darlehensschulden: Sparkasse Wuppertal	1.603.000,00	1.202.250,00
Handelsbank Düsseldorf	1.207.000,00	905.250,00
Verbindlichkeiten a. LL lt. Kundenverzeichnis	785.000,00	1.368.000,00

1. *Erstellen Sie die Inventare der beiden aufeinander folgenden Geschäftsjahre.*
2. *Vergleichen Sie die beiden Inventare und erklären Sie die Veränderungen im Anlage- und Umlaufvermögen, in den Schulden und im Eigenkapital.*

1 In diesem Lehrbuch bedeuten die Ziffern „00“ = Vorjahr, „01“ = 1. Jahr, „02“ = 2. Jahr usw.

Aufgaben 20, 21

Die Maschinenfabrik W. Pätzold GmbH, Köln, stellte zum 31. Dezember 01 (Aufgabe 20) und zum 31. Dezember 02 (Aufgabe 21) folgende Inventurwerte fest:

	20	21
Grundstücke und Gebäude:		
Bebaute Grundstücke, Steinstraße 18–32	350.000,00	300.000,00
Verwaltungsgebäude	3.150.000,00	3.125.000,00
Betriebsgebäude	4.900.000,00	4.802.000,00
Rohstoffe lt. Inventurliste 1	734.000,00	562.000,00
Hilfs- und Betriebsstoffe lt. Inventurliste 2	416.000,00	424.000,00
Fertige Erzeugnisse lt. Inventurliste 4	486.000,00	786.000,00
Technische Anlagen und Maschinen lt. Anlagenverzeichnis 1	2.615.000,00	3.562.000,00
Werkzeuge lt. Anlagenverzeichnis 2	537.000,00	494.000,00
Forderungen a. LL lt. Kundenverzeichnis	350.000,00	567.000,00
Kassenbestand	48.000,00	39.000,00
Fuhrpark lt. Anlagenverzeichnis 3	375.000,00	314.000,00
Betriebs- und Geschäftsausstattung lt. Anlagenverzeichnis 4	366.000,00	445.000,00
Unfertige Erzeugnisse lt. Inventurliste 3	233.000,00	315.000,00
Bankguthaben bei der Deutschen Bank, Köln	731.000,00	842.000,00
bei der Sparkasse KölnBonn	514.000,00	423.000,00
Verbindlichkeiten a. LL lt. Lieferantenverzeichnis	486.000,00	671.000,00
Hypothekenschulden	4.140.000,00	3.900.000,00
Darlehensschulden: Deutsche Bank, Köln	920.000,00	864.000,00
Sparkasse KölnBonn	654.000,00	515.000,00

1. *Gliedern Sie die Vermögensteile nach der Liquidität und die Schulden nach der Fälligkeit.*
2. *Erstellen Sie die Inventare der beiden aufeinander folgenden Geschäftsjahre.*
3. *Vergleichen Sie die beiden Inventare und erklären Sie die Veränderungen im Anlage- und Umlaufvermögen, in den Schulden und im Eigenkapital.*

Aufgabe 22

Ermitteln Sie im Rahmen der zeitlich verlegten Inventur durch Wertfortschreibung bzw. Wertrückrechnung jeweils den Vorratsbestand an Profileisen U 642 zum Abschlussstichtag (31. Dezember):

a) Bestand am Tag der Inventur (1. Oktober): 32.800,00 €; Wert der Zugänge vom 1. Oktober bis 31. Dezember: 58.300,00 €. Wert der Abgänge in die Fertigung (Verbrauch) vom 1. Oktober bis 31. Dezember: 76.300,00 €.

b) Bestand am Aufnahmetag (20. Februar): 43.600,00 €; Wert der Abgänge vom 1. Januar bis 20. Februar: 22.800,00 €; Wert der Zugänge vom 1. Januar bis 20. Februar: 15.200,00 €.

Aufgabe 23

1. *Nach welchen Gesetzen ist der Unternehmer zur Buchführung und zu regelmäßigen Jahresabschlüssen verpflichtet?*
2. Die Buchführung muss den „Grundsätzen ordnungsmäßiger Buchführung“ (GoB) entsprechen. *Erläutern Sie die Quellen der GoB.*
3. *Unterscheiden Sie zwischen Inventur und Inventar.*
4. *Worin unterscheiden sich Anlage- und Umlaufvermögen?*
5. *Was versteht man unter körperlicher Bestandsaufnahme?*
6. Die körperliche Inventur erfolgt durch Zählen, Messen, Wiegen und gegebenenfalls Schätzen. *Nennen Sie jeweils ein Beispiel.*
7. *Welche Bestände können nur aufgrund von Belegen oder Aufzeichnungen, also durch eine „Buchinventur“, festgestellt werden?*
8. *Wie lange sind a) Inventare und b) Belege aufzubewahren?*
9. *Worin sehen Sie die Nachteile der Stichtagsinventur?*
10. *Welche Vorteile hat die permanente Inventur?*
11. *Unterscheiden Sie zwischen vorverlegter Inventur und nachverlegter Inventur.*

3.4 Bilanz

Inventar

Das Inventar ist eine ausführliche Aufstellung der einzelnen Vermögensteile und Schulden nach Art, Menge und Wert, das ganze Bände umfassen kann. Dadurch verliert es erheblich an Übersichtlichkeit.

Bilanz

§ 242 HGB verlangt daher außer der regelmäßigen Aufstellung des Inventars noch eine **kurz gefasste Übersicht**, die es ermöglicht, geradezu mit einem Blick das **Verhältnis zwischen Vermögen und Schulden** des Unternehmens zu überschauen. Eine solche Übersicht ist die **Bilanz.**

Aktiva und Passiva

Die Bilanz ist eine Kurzfassung des Inventars in Kontenform. Sie enthält auf der linken Seite die Vermögensteile, auf der rechten Seite die Schulden bzw. Verbindlichkeiten (Fremdkapital) und das **Eigenkapital**[1]. Beide Seiten der Bilanz (ital. bilancia = Waage) weisen die **gleichen Summen** aus. **Aktiva** heißen die Vermögenswerte, **Passiva** die Kapitalwerte. Aktiva werden nach der Flüssigkeit und Passiva nach der Fälligkeit geordnet.

Beispiel

Aus dem Inventar auf Seite 29 ergibt sich folgende **Bilanz:**

Aktiva **Bilanz Metallverarbeitung Wernick GmbH zum 31. Dezember 20..** Passiva

Aktiva		Passiva	
I. Anlagevermögen		**I. Eigenkapital**[1]	14.000.000,00
1. Grundst. und Gebäude...	8.410.000,00		
2. TA und Maschinen	2.703.000,00	**II. Schulden** (Fremdkapital)	
3. Fuhrpark	427.000,00	1. Hypothekenschulden	4.106.000,00
4. Betriebs- und Geschäftsausstattung ...	460.000,00	2. Darlehen	1.204.000,00
		3. Verbindlichk. a. LL	690.000,00
II. Umlaufvermögen			
1. Rohstoffe..................	2.405.000,00		
2. Hilfsstoffe	824.000,00		
3. Betriebsstoffe	154.000,00		
4. Unfertige Erzeugnisse ...	628.000,00		
5. Fertige Erzeugnisse	2.052.000,00		
6. Forderungen a. LL	994.000,00		
7. Bankguthaben	916.000,00		
8. Kassenbestand	27.000,00		
	20.000.000,00		**20.000.000,00**

Leverkusen, 10. Januar 20.. *Peter Wernick*

Merke

- **Die Bilanz ist eine kurz gefasste Gegenüberstellung von Vermögen (Aktiva) und Kapital (Passiva) in Kontenform.**
- **Grundlage für die Aufstellung der Bilanz ist das Inventar.**
- **Die Bilanz muss klar und übersichtlich gegliedert sein (§ 243 [2] HGB). Anlage- und Umlaufvermögen, Eigenkapital und Verbindlichkeiten sind gesondert auszuweisen und aufzugliedern (§§ 247, 266 HGB siehe Anhang).**
  - **Vermögensposten (Aktiva): Ordnung nach der Flüssigkeit**
  - **Kapitalposten (Passiva): Ordnung nach der Fälligkeit**
- **Der Jahresabschluss (Bilanz und Gewinn- und Verlustrechnung) ist vom Unternehmer (Gesellschafter oder Vorstandsmitglieder) unter Angabe des Datums persönlich zu unterzeichnen (§ 245 HGB).**

1 Siehe hierzu die Erläuterungen auf S. 35.

694632

3.5 Aussagewert der Bilanz

Inhalt der Bilanz

Die Bilanz lässt auf einen Blick erkennen, woher das Kapital stammt und wo es im Einzelnen angelegt (investiert) worden ist:

Aktiva	Bilanz		Passiva
Vermögensformen		**Vermögensquellen**	
Vermögens- oder Aktivseite zeigt die **Formen** des Vermögens:		**Kapital- oder Passivseite** zeigt die **Herkunft** des Vermögens:	
I. Anlagevermögen	12.000.000,00	I. Eigenkapital	14.000.000,00
II. Umlaufvermögen	8.000.000,00	II. Fremdkapital	6.000.000,00
Vermögen	20.000.000,00 =	Kapital	20.000.000,00
Wo ist das Kapital angelegt?		**Woher stammt das Kapital?**	
Investierung		**Finanzierung**	

Merke

- **Die Passivseite der Bilanz gibt Auskunft über die Herkunft der finanziellen Mittel. Sie zeigt also die Mittelherkunft oder Finanzierung.**
- **Die Aktivseite weist dagegen die Anlage bzw. Verwendung des Kapitals aus. Sie gibt also Auskunft über die Mittelverwendung oder Investierung.**

Aussagewert der Bilanz

Die oben dargestellte Kurzfassung der Bilanz zeigt bereits deutlich die **Zusammensetzung (Struktur) des Kapitals und des Vermögens** in Euro-Beträgen. Man erkennt, dass das Unternehmen überwiegend mit eigenen Mitteln arbeitet. Der Unternehmer bewahrt damit seine Unabhängigkeit gegenüber seinen Gläubigern. Außerdem ist die Zinsbelastung durch fremde Mittel nicht zu hoch. Die solide Ausstattung des Unternehmens mit Kapital (die Finanzierung) kommt auch dadurch zum Ausdruck, dass nicht nur das gesamte Anlagevermögen, sondern auch ein Teil des Umlaufvermögens mit Eigenkapital beschafft (finanziert) worden ist. Ausgedrückt wird dies im Verhältnis von Eigenkapital zu Anlagevermögen.

Bilanzstruktur

Die Bilanzstruktur wird noch aussagefähiger, wenn man sie **in Gliederungszahlen** (%) darstellt.[1] Dadurch werden folgende **Verhältnisse** überschaubarer:

AV : UV ↓ EK : AV ↓ EK : FK ↓

Aktiva	Bilanzstruktur				Passiva
Vermögensstruktur	€	%	**Kapitalstruktur**	€	%
Anlagevermögen (AV)	12.000.000,00	60 %	Eigenkapital (EK)	14.000.000,00	70 %
Umlaufvermögen (UV)	8.000.000,00	40 %	Fremdkapital (FK)	6.000.000,00	30 %
Gesamtvermögen	20.000.000,00	100 %	Gesamtkapital	20.000.000,00	100 %

Merke

- **Die Bilanz ist eine kurz gefasste Gegenüberstellung von:**
  - **Vermögensformen und Vermögensquellen,**
  - **Mittelverwendung und Mittelherkunft,**
  - **Investierung und Finanzierung.**
- **Die Bilanzstruktur zeigt deutlich den Vermögens- und Kapitalaufbau.**

1 Siehe auch Kapitel G. 4, Auswertung des Jahresabschlusses.

Rechnerische Gleichheit

Die rechnerische Gleichheit beider Bilanzseiten, also von Aktiva und Passiva bzw. Vermögen und Kapital, kann auch in Gleichungen ausgedrückt werden:

Bilanzgleichungen				
Aktiva	=	Passiva		
Vermögen	=	Kapital		
Vermögen	=	Eigenkapital	+	Fremdkapital
Eigenkapital	=	Vermögen	–	Fremdkapital
Fremdkapital	=	Vermögen	–	Eigenkapital

3.6 Vergleich zwischen Inventar und Bilanz

Die Inventur ist die Voraussetzung für die Aufstellung des Inventars. Das Inventar bildet die Grundlage für die Erstellung der Bilanz:

Inventur
↓
Inventar
↓
Bilanz

Erstellen von Inventar und Bilanz

Inventar und Bilanz sind aufzustellen:

- bei **Gründung** oder **Übernahme** eines Unternehmens,
- regelmäßig zum **Schluss des Geschäftsjahres**,
- bei **Veräußerung** oder **Auflösung** des Unternehmens.

Inventar und Bilanz zeigen beide den Stand des Vermögens und des Kapitals eines Unternehmens. Sie unterscheiden sich in der Art der Darstellung und üblicherweise auch im **Inhalt**:

Unterschiede in der Art der Darstellung

Inventar	Bilanz
■ **Ausführliche** Darstellung der einzelnen Vermögens- und Schuldenwerte ■ Angabe der Mengen, Einzelwerte **und** Gesamtwerte ■ Darstellung des Vermögens und des Kapitals **untereinander: Staffelform**	■ **Kurz gefasste** überschaubare Darstellung des Vermögens und des Kapitals ■ **Nur** Angabe der **Gesamtwerte** der einzelnen Bilanzposten ■ Darstellung des Vermögens und des Kapitals **nebeneinander: Kontenform**

Unterschiede im Inhalt

Inhaltlich unterscheiden sich Inventar und Bilanz dadurch, dass im Inventar i. d. R. keine zeitlichen Abgrenzungen der Aufwendungen und Erträge, keine Rückstellungen und keine latenten Steuern aufgeführt sind. Auch werden in der Bilanz Wertveränderungen berücksichtigt, die zwar im alten Jahr verursacht, aber erst nach Aufstellung des Inventars wirksam geworden sind.

Merke

- **Inventar und Bilanz sind nach § 257 [4] HGB bzw. § 147 [3] AO zehn Jahre aufzubewahren.**
- **Den Jahresabschluss (Bilanz und Gewinn- und Verlustrechnung) unterzeichnen (§ 245 HGB):**
  - **bei der Einzelunternehmung: .... Inhaber persönlich,**
  - **bei der Offenen Handelsgesellschaft (OHG): .... alle Gesellschafter,**
  - **bei der Kommanditgesellschaft (KG): .... alle persönlich haftenden Gesellschafter,**
  - **bei der Aktiengesellschaft (AG): .... alle Mitglieder des Vorstandes,**
  - **bei der Kommanditgesellschaft auf Aktien (KGaA): .... alle persönlich haftenden geschäftsführenden Gesellschafter,**
  - **bei der Gesellschaft mit beschränkter Haftung (GmbH): .. alle Geschäftsführer.**

694634

3.7 Erfolgsermittlung durch Eigenkapitalvergleich

Eigenkapital

Das in der Bilanz ausgewiesene Eigenkapital ist zunächst eine rechnerische Größe: Wird vom gesamten Vermögen der Wert subtrahiert, der von „Fremden" (z. B. Lieferanten, Kreditinstituten) finanziert worden ist, dann bleibt zwangsläufig der Wert übrig, den der oder die Eigentümer des Unternehmens selbst an Vermögensgegenständen in das Unternehmen eingebracht haben.

Darüber hinaus lässt die Höhe des Eigenkapitals einen Rückschluss darauf zu, wie sicher (oder unsicher) das Unternehmen finanziert ist (siehe Eigenkapitalquote).

Und schließlich gibt die Höhe des Eigenkapitals darüber Auskunft, welche Rückzahlungsverpflichtungen das Unternehmen gegenüber seinen Eigentümern z. B. im Fall der Auflösung des Unternehmens hat, auch wenn das Eigenkapital dem Unternehmen unbefristet und zinslos zur Verfügung gestellt ist.

Zusammensetzung des Eigenkapitals

Je nach der Eigentümerstruktur ist die Zusammensetzung des Eigenkapitals unterschiedlich:

- In **Einzelunternehmen** (e. Kfm./e. Kffr.) und **Offenen Handelsgesellschaften** (OHG) haften die Eigentümer für die Schulden des Unternehmens unbeschränkt – also auch mit ihrem privaten Vermögen. Andererseits bestreiten sie aus den Überschüssen des Unternehmens ihren Lebensunterhalt und können also dem Unternehmen Geld und andere Vermögensgegenstände für den privaten Ge- und Verbrauch entnehmen. Der **Jahresüberschuss** des Unternehmens wird demnach unmittelbar dem **Eigenkapital**(-konto) **zugeschrieben**, wie andererseits ein **Jahresfehlbetrag** vom **Eigenkapital abgezogen** wird.
- In **Kapitalgesellschaften** (z. B. GmbH, AG) beschränkt sich die Haftung der Eigentümer (= Gesellschafter, Aktionäre) auf das **gezeichnete Kapital**, das in seiner Höhe nur durch Beschluss der Eigentümer verändert werden kann. Aus dem Jahresüberschuss bilden diese Unternehmen gesetzlich vorgeschriebene oder freiwillige **Rücklagen** (= Gewinnrücklagen), die abgesondert vom gezeichneten Kapital erfasst werden. Sofern ein **Jahresüberschuss** noch nicht verteilt ist (z. B. durch Beschluss der Hauptversammlung als Rücklage), wird er ebenfalls gesondert aufgeschrieben. Ein Jahresfehlbetrag ist entsprechend als Negativposten kenntlich zu machen. Das Eigenkapital der Kapitalgesellschaften setzt sich also mindestens aus folgenden Posten zusammen:

Gezeichnetes Kapital + Rücklagen + Jahresüberschuss/– Jahresfehlbetrag = Eigenkapital

Erfolg des Unternehmens

Auf der Grundlage der Bilanz lässt sich auf einfache Weise der **Erfolg des Unternehmens**, also der **Gewinn oder Verlust** des Geschäftsjahres, ermitteln. Dies geschieht durch **Eigenkapitalvergleich**, der dem „Betriebsvermögensvergleich" nach § 4 [1] EStG entspricht.

Erfolgsermittlung durch Eigenkapitalvergleich

Man vergleicht zunächst das Eigenkapital vom Ende eines Geschäftsjahres mit dem vom Schluss des vorangegangenen Geschäftsjahres. Hat sich das **Eigenkapital erhöht**, ist das positiv zu sehen und lässt grundsätzlich auf einen im Geschäftsjahr erzielten **Gewinn** schließen. Eine **Verminderung des Eigenkapitals** deutet dagegen grundsätzlich auf einen **Verlust** hin.

Beispiel

Die Metallverarbeitung Wernick GmbH weist in ihrem Inventar auf Seite 29 zum Schluss des Geschäftsjahres 02 ein Eigenkapital von 14.000.000,00 € aus. Zum Schluss des vorangegangenen Geschäftsjahres 01 betrug das Eigenkapital 12.200.000,00 €.

Eigenkapital zum 31. Dezember 02	14.000.000,00 €
– Eigenkapital zum 31. Dezember 01	12.200.000,00 €
= **Erhöhung des Eigenkapitals**	**1.800.000,00 €**

→

Verzinsung des Eigenkapitals

Setzt man den Jahresgewinn ins Verhältnis zum durchschnittlichen Eigenkapital [(= Anfangseigenkapital + Endeigenkapital) : 2], erhält man die Verzinsung (Rentabilität) des im Unternehmen arbeitenden Eigenkapitals. Ein Vergleich des Ergebnisses mit einer anderen langfristigen Kapitalanlage, z. B. in Form von festverzinslichen Wertpapieren (2 % bis 5 %), zeigt, ob sich der Einsatz des Eigenkapitals gelohnt hat.

$$\text{Durchschnittliches Eigenkapital} = \frac{12.200.000{,}00\ € + 14.000.000{,}00\ €}{2} = 13.100.000{,}00\ €$$

13.100.000,00 €	Eigenkapital	≙	100 %
1.800.000,00 €	Gewinn	≙	x %

$$x\ \% = \frac{1.800.000{,}00\ € \cdot 100\ \%}{13.100.000{,}00\ €} = 0{,}1374 = 13{,}74\ \%$$

$$\text{Rentabilität des Eigenkapitals} = \frac{\text{Jahresgewinn}}{\text{durchschnittliches Eigenkapital}}$$

Eigenkapitalquote

Die Eigenkapitalquote, also das prozentuale Verhältnis des Eigenkapitals zum Gesamtkapital, beträgt laut Bilanz auf Seite 33:

$$\text{Eigenkapitalquote} = \frac{\text{Eigenkapital}}{\text{Gesamtkapital}} = \frac{14.000.000{,}00\ €}{20.000.000{,}00\ €} = 0{,}70 = 70\ \%$$

Aufgabe 24

Die Textilfabrik F. Schnell GmbH, Hamburg, weist im Inventar zum 31. Dezember 02 ein Eigenkapital in Höhe von 480.000,00 € aus. Am 31. Dezember 01 betrug das Eigenkapital 450.000,00 €.

Wie hoch ist der Gewinn des Unternehmens zum 31. Dezember 02?
Bestimmen Sie die Rentabilität des Eigenkapitals.

Aufgabe 25

Das Inventar der Metallverarbeitung Wernick GmbH (vgl. S. 29) weist ein Eigenkapital von 14.000.000,00 € aus. Am Ende des darauf folgenden Geschäftsjahres ergibt sich aus dem Inventar ein Eigenkapital von 14.850.000,00 €.

a) *Wie hoch ist der Gewinn des Geschäftsjahres? Ermitteln Sie die Rentabilität des Eigenkapitals.*

b) *Wie hoch ist der Verlust, wenn das Eigenkapital statt 14.850.000,00 € lediglich 13.500.000,00 € beträgt?*

Aufgaben 26, 27

Die Maschinenfabrik Klaus Barth GmbH, Leverkusen, hat am Anfang des Geschäftsjahres ein Eigenkapital von 590.000,00 € (680.000,00 €). Am Ende des Geschäftsjahres betragen lt. Inventur die Vermögensteile 870.000,00 € (985.000,00 €), die Schulden 210.000,00 € (150.000,00 €).

a) *Ermitteln Sie den Erfolg des Unternehmens durch Eigenkapitalvergleich.*

b) *Ermitteln Sie die Rentabilität des Eigenkapitals.*

Aufgaben 28, 29

Beachten Sie die Gliederung der Bilanz auf Seite 32.

Stellen Sie nach folgenden Angaben die Bilanz für die Elektromotorenfabrik Rolf Röhrig GmbH, Frankfurt (Main), zum 31. Dezember . . auf.

	28	29
Technische Anlagen und Maschinen	1.300.000,00	1.150.000,00
Betriebs- und Geschäftsausstattung	380.000,00	350.000,00
Rohstoffe	450.000,00	550.000,00
Fertige Erzeugnisse	100.000,00	250.000,00
Forderungen a. LL	220.000,00	350.000,00
Bankguthaben	300.000,00	320.000,00
Kassenbestand	50.000,00	30.000,00
Darlehensschulden	500.000,00	800.000,00
Verbindlichkeiten a. LL	200.000,00	400.000,00

1. *Mit welchem Gesamtkapital, Eigenkapital und Fremdkapital arbeitet die Unternehmung?*
2. *Wie beurteilen Sie das Verhältnis der eigenen zu den fremden Mitteln?*
3. *Reichten die eigenen Mittel zur Beschaffung (Finanzierung) des Anlagevermögens aus?*

Aufgaben 30, 31

Stellen Sie nach folgenden Angaben die Bilanz für die Metallwarenfabrik Gerd Badicke GmbH, Leverkusen, zum 31. Dezember . . auf. Ordnen Sie die Vermögens- und Kapitalposten.

	30	31
Rohstoffe	850.000,00	1.200.000,00
Verbindlichkeiten a. LL	500.000,00	900.000,00
Kassenbestand	50.000,00	40.000,00
Forderungen a. LL	400.000,00	700.000,00
Grundstücke und Gebäude	3.200.000,00	3.000.000,00
Darlehensschulden	700.000,00	1.500.000,00
Technische Anlagen und Maschinen	1.100.000,00	900.000,00
Hypothekenschulden	1.600.000,00	2.100.000,00
Fuhrpark	220.000,00	250.000,00
Betriebs- und Geschäftsausstattung	280.000,00	350.000,00
Hilfsstoffe	450.000,00	650.000,00
Betriebsstoffe	100.000,00	200.000,00
Bankguthaben	800.000,00	960.000,00
Fertige Erzeugnisse	450.000,00	750.000,00

Beantworten Sie die gleichen Fragen wie zu den Aufgaben 28/29.

Aufgabe 32

Stellen Sie die Bilanzen aufgrund der Inventare (Aufgaben 18 und 19) der Textilwerke U. Brandt GmbH, Wuppertal, zum 31. Dezember . . auf.

Aufgabe 33

Die Bilanzen der Maschinenfabrik W. Pätzold GmbH, Köln, sind aufgrund der Inventare (Aufgaben 20 und 21) zum 31. Dezember . . aufzustellen.

Aufgabe 34

1. *Stellen Sie für die Bilanzen der Aufgaben 28 bis 33 jeweils die Bilanzstruktur dar, indem Sie den Prozentanteil des Eigen- und Fremdkapitals sowie des Anlage- und Umlaufvermögens an der Bilanzsumme (= 100 %) ermitteln (vgl. auch Muster auf S. 33 unten).*
2. *Beurteilen Sie vor allem das Verhältnis der eigenen zu den fremden Mitteln.*
3. *Wie viel Eigenkapital verbleibt nach Deckung (= Finanzierung) des Anlagevermögens noch für die Deckung des Umlaufvermögens?*

HF 1 / AS 1.1 / ZF 14, 15

4 Buchen auf Bestandskonten

4.1 Wertveränderungen bei Bilanzposten

Bilanz

Bilanz bedeutet **Waage**.

Jeder Geschäftsfall hat Auswirkungen auf mindestens zwei Posten in der Bilanz. Auch wenn Geschäftsfälle nicht in der Bilanz dargestellt werden, können wir mithilfe von Geschäftsfällen **vier Möglichkeiten der Bilanzveränderung** unterscheiden:

Aktivtausch

❶ Aktivtausch, d. h., der Geschäftsfall betrifft **nur die Aktivseite** der Bilanz. Die Bilanzsumme ändert sich somit nicht:

Kauf einer EDV-Anlage gegen Banküberweisung für 2.000,00 €	**Geschäftsausstattung** +	**Bankguthaben** −

Passivtausch

❷ Passivtausch, d. h., der Geschäftsfall wirkt sich **nur auf der Passivseite** aus. Daher ändert sich die Bilanzsumme nicht:

Eine kurzfristige Lieferantenschuld wird in eine Aufnahme eines Darlehens umgewandelt: 3.000,00 € (Umschuldung).	**Verbindlichk.** −	**Darlehen** +

Aktiv-Passivmehrung

❸ Aktiv-Passivmehrung, d. h., der Geschäftsfall betrifft **beide Seiten** der Bilanz. Der Erhöhung eines Aktivpostens steht auch die Erhöhung eines Passivpostens gegenüber. Die Bilanzsummen nehmen auf beiden Seiten um den gleichen Betrag zu. Die Bilanzgleichung bleibt somit gewahrt.

Kauf von Rohstoffen auf Ziel[1] (Verbindlichkeit) für 4.000,00 €	**Rohstoffe** +	**Verbindlichk.** +

Aktiv-Passivminderung

❹ Aktiv-Passivminderung; auch hier betrifft der Geschäftsfall **beide Seiten** der Bilanz. Der Verminderung eines Aktivpostens entspricht die Verminderung eines Passivpostens. Die Bilanzgleichung bleibt durch Abnahme der Bilanzsumme auf beiden Seiten gewahrt.

Begleichung einer bereits gebuchten Lieferantenrechnung über 1.500,00 € durch Banküberweisung	**Bankguthaben** −	**Verbindlichk.** −

Aktiva **Bilanz** Passiva

	BGA	Rohstoffe	Bankguthaben	Summe	Summe	Eigenkapital	Darlehensschulden	Verbindlichkeiten
	50.000,00	20.000,00	5.000,00	= 75.000,00	75.000,00 =	51.000,00	15.000,00	9.000,00
❶	52.000,00	20.000,00	3.000,00	= 75.000,00	75.000,00 =	51.000,00	15.000,00	9.000,00
❷	52.000,00	20.000,00	3.000,00	= 75.000,00	75.000,00 =	51.000,00	18.000,00	6.000,00
❸	52.000,00	24.000,00	3.000,00	= 79.000,00	79.000,00 =	51.000,00	18.000,00	10.000,00
❹	52.000,00	24.000,00	1.500,00	= 77.500,00	77.500,00 =	51.000,00	18.000,00	8.500,00

1 Zielkäufe und Zielverkäufe sind Geschäftsfälle, bei denen ein Zahlungsziel gewährt wird, z. B. „zahlbar innerhalb von 30 Tagen". Bei dem Lieferanten entsteht dadurch eine Forderung, bei dem Kunden eine Verbindlichkeit.

694638

Merke

Jeder Geschäftsfall wirkt sich auf mindestens zwei Posten der Bilanz aus.

Möglich sind:

- **Aktivtausch:** **Tauschvorgang auf der Aktivseite**
- **Passivtausch:** **Tauschvorgang auf der Passivseite**
- **Aktiv-Passivmehrung:** **Erhöhung auf beiden Bilanzseiten**
- **Aktiv-Passivminderung:** **Verminderung auf beiden Bilanzseiten**

Bei allen vier Möglichkeiten der Wertveränderungen bleibt das Gleichgewicht der Bilanzseiten (Bilanzgleichung) erhalten. Es verändert sich lediglich der zahlenmäßige Inhalt bestimmter Bilanzposten.

Bei jedem Geschäftsfall sind folgende Fragen zu beantworten:

1. **Welche Posten der Bilanz werden berührt?**
2. **Handelt es sich um Aktiv- oder/und Passivposten der Bilanz?**
3. **Wie wirkt sich der Geschäftsfall auf die Bilanzposten aus?**
4. **Um welche der vier Arten der Bilanzveränderung handelt es sich?**

Aufgabe 35

Aktiva: Grundstücke und Gebäude 480.000,00 €, Technische Anlagen und Maschinen 130.000,00 €, Rohstoffe 50.000,00 €, Forderungen a. LL 25.000,00 €, Bank 30.000,00 €, Kasse 5.000,00 €.

Passiva: Eigenkapital 671.000,00 €, Darlehensschulden 20.000,00 €, Verbindlichkeiten a. LL 29.000,00 €.

Beantworten Sie sich für die folgenden Geschäftsfälle zuerst die oben genannten vier Fragen. Buchen Sie danach in der Bilanzwaage. Was stellen Sie beim Eigenkapital fest?

1.	Kauf einer Maschine gegen Bankscheck	18.000,00
2.	Kauf von Rohstoffen auf Ziel (= Kredit des Lieferanten) lt. Eingangsrechnung	9.000,00
3.	Begleichen der gebuchten Lieferantenrechnung durch Banküberweisung	9.000,00
4.	Kunde begleicht eine gebuchte Rechnung (unsere Forderung) bar	650,00
5.	Eine kurzfristige Lieferantenschuld wird in eine langfristige Darlehensschuld umgewandelt	6.000,00
6.	Kunde begleicht unsere gebuchte Rechnung durch Banküberweisung	3.500,00
7.	Unsere Bareinzahlung auf unser Bankkonto	2.000,00
8.	Teilrückzahlung unserer Darlehensschuld durch Banküberweisung	2.000,00

Aufgabe 36

Aktiva: TA und Maschinen 490.000,00 €, Fuhrpark 40.000,00 €, Rohstoffe 42.000,00 €, Forderungen a. LL 15.000,00 €, Kasse 6.000,00 €, Bank 28.000,00 €.

Passiva: Eigenkapital ?, Darlehen 30.000,00 €, Verbindlichkeiten a. LL 20.000,00 €.

Beantworten Sie zunächst zu jedem Geschäftsfall die oben genannten vier Fragen. Buchen Sie die Änderungen der Bilanzwerte und erstellen Sie anschließend eine ordnungsmäßige Schlussbilanz.

1.	Buchen der Eingangsrechnung für Zieleinkauf von Rohstoffen	1.700,00
2.	Unsere Banküberweisung für Lieferantenrechnung (Fall 1)	1.700,00
3.	Verkauf einer gebrauchten Maschine bar für	2.500,00
4.	Kauf von Rohstoffen gegen Bankscheck für	4.500,00
5.	Begleichen einer gebuchten Lieferantenrechnung durch Banküberweisung	5.500,00
6.	Unser Kunde begleicht unsere gebuchte Rechnung durch Banküberweisung	3.400,00
7.	Tilgung einer Darlehensschuld durch Banküberweisung	8.000,00

4.2 Einrichten der Bestandskonten

Jeder Geschäftsfall wirkt sich auf mindestens zwei Posten der Bilanz aus. In der Praxis ist es aber nicht möglich, die Veränderungen der Aktiv- und Passivposten ständig in einer Bilanz vorzunehmen. Man benötigt eine genaue und übersichtliche

Einzelabrechnung jedes Bilanzpostens (= Konto).

Deshalb richtet man für jeden Vermögens- und Kapitalposten ein Konto ein. Nach den Seiten der Bilanz unterscheidet man

- **Aktivkonten = Vermögenskonten,**
- **Passivkonten = Kapitalkonten.**

Bestandskonten

Aktiv- und Passivkonten weisen im Einzelnen die **Bestände an Vermögen und Kapital** des Unternehmens aus und erfassen die **Veränderungen** dieser Bestände aufgrund der Geschäftsfälle. Sie stellen daher Bestandskonten dar. Man spricht von **aktiven und passiven Bestandskonten.** Die linke Seite des Kontos wird mit **„Soll"** (S), die rechte Seite mit **„Haben"** (H) bezeichnet.

Eröffnungsbilanz

Aktiva		Passiva	
TA u. Masch.	500.000,00	Eigenkapital	600.000,00
Rohstoffe	120.000,00	Darlehensschulden	150.000,00
Bankguth.	180.000,00	Verbindlichkeiten a. LL	50.000,00
	800.000,00		800.000,00

Aktivkonten

S	TA und Maschinen	H
AB 500.000,00		

S	Rohstoffe	H
AB 120.000,00		

S	Bankguthaben	H
AB 180.000,00		

Passivkonten

S	Eigenkapital	H
		AB 600.000,00

S	Darlehensschulden	H
		AB 150.000,00

S	Verbindlichkeiten a. LL	H
		AB 50.000,00

Links stehen die **Aktivkonten.** Bei ihnen stehen die **Anfangsbestände** auf der **Soll-Seite** des Kontos.

Rechts stehen die **Passivkonten.** Bei ihnen stehen die **Anfangsbestände** auf der **Haben-Seite** des Kontos.

Soll	Aktivkonto Haben
AB	– Abgänge
+ Zugänge	SB

Soll	Passivkonto Haben
– Abgänge	AB
SB	+ Zugänge

Merke

- **Die Zugänge stehen auf der Seite der Anfangsbestände (AB), weil sie diese Bestände erhöhen.**
- **Die Abgänge stehen jeweils auf der entgegengesetzten Seite.**
- **Saldiert man nun die Abgänge mit den Beträgen der Gegenseite, erhält man als Saldo den Schlussbestand (SB), sodass jedes Konto am Ende auf beiden Seiten (Soll und Haben) mit gleicher Summe abschließt.**
- **Aktiv- und Passivkonten sind Bestandskonten.**

Kontenbestand

Aus den Eintragungen auf einem Konto lässt sich jederzeit (z. B. zum Monatsende) der jeweilige Kontenbestand (= Buchbestand, Saldo) feststellen, indem man

❶ die wertmäßig stärkere Seite addiert (hier: Soll 2.520,00 €),

❷ diese Summe auf die wertmäßig **schwächere** Seite überträgt (hier: Haben),

❸ **den Saldo** als Unterschiedsbetrag zwischen Soll und Haben (= Schlussbestand) durch Nebenrechnung ermittelt (hier: 1.213,00 €) und auf der **schwächeren** Seite einträgt.[1]

Soll (Einnahmen) — **Kassenkonto** — **Haben** (Ausgaben)

Datum	Text	€	Datum	Text	€
1. Jan.	Anfangsbestand	1.550,00	5. Jan.	Zahlung an H. Steinbring	850,00
5. Jan.	Bankabhebung	300,00	21. Jan.	Postwertzeichen	120,00
16. Jan.	Zahlung von H. Krüger	260,00	26. Jan.	Bürobedarf	165,00
20. Jan.	Zahlung von Harlinghausen	220,00	28. Jan.	Zeitungsinserat	172,00
29. Jan.	Barverkauf	190,00	31. Jan.	Schlussbestand (Saldo) ❷	1.213,00
	❶	2.520,00		❸	2.520,00
1. Febr.	Saldovortrag	1.213,00			

Aufgabe 37

Führen Sie ein Kassenkonto vom 25. bis 31. Januar.

25. Jan.	Anfangsbestand	2.855,00
25. Jan.	Barzahlung eines Kunden	220,00
26. Jan.	Barzahlung an einen Lieferanten	380,00
26. Jan.	Zahlung für eine Zeitungsanzeige	120,00
27. Jan.	Bezahlung der Rechnung für Büromaterial	180,00
28. Jan.	Abhebung von der Bank	2.800,00
28. Jan.	Gehaltsabschlagszahlungen	1.620,00
29. Jan.	Zahlung für Postwertzeichen	144,00
29. Jan.	Zahlung für Bahn- und Hausfracht	65,00
30. Jan.	Zahlung an Fensterputzer	280,00
31. Jan.	Mieteinnahme	1.500,00
31. Jan.	Zahlung für Lohnabschläge	2.900,00

Das Kassenkonto ist abzuschließen. Wie hoch ist der Schlussbestand (Saldo)?

Aufgabe 38

Führen Sie das Konto „Verbindlichkeiten a. LL" vom 1. bis 6. Februar.

1. Febr.	Anfangsbestand (Saldovortrag)	16.200,00
2. Febr.	Eingangsrechnung: Zielkauf von Rohstoffen	11.100,00
3. Febr.	Wir begleichen eine Rechnung unseres Lieferanten, Banküberweisung	2.250,00
4. Febr.	Eingangsrechnung: Zielkauf von Rohstoffen	3.450,00
5. Febr.	Wir begleichen eine Lieferantenrechnung durch Banküberweisung von	980,00
6. Febr.	Wir begleichen eine gebuchte Lieferantenrechnung mit Bankscheck	2.300,00

Das Konto ist abzuschließen. Wie hoch ist der Schlussbestand (Saldo) am 6. Februar?

Aufgabe 39

1. *Nennen Sie jeweils einen Geschäftsfall für eine der vier möglichen Wertveränderungen in der Bilanz und erläutern Sie die Auswirkung auf die Bilanzsumme.*
2. *Auf welcher Seite des Kontos „Forderungen a. LL" werden Zugänge (Mehrungen) und auf welcher Seite werden Abgänge (Minderungen) gebucht?*
3. *Auf welcher Seite bucht man bei Darlehensschulden jeweils die Zugänge und die Abgänge?*

1 Der Schlussbestand (Saldo) ist mit dem Bestand laut Inventur abzugleichen (s. S. 329).

4.3 Buchung von Geschäftsfällen und Abschluss der Bestandskonten

Eröffnung der Aktiv- und Passivkonten

Die zum Abschluss eines Geschäftsjahres erstellte Bilanz heißt **Schlussbilanz**. Sie ist zugleich die **Eröffnungsbilanz** des folgenden Geschäftsjahres und somit Grundlage für die Eröffnung der Aktiv- und Passivkonten. Für jeden Bilanzposten wird das entsprechende Bestandskonto eingerichtet und der **Anfangsbestand** vorgetragen, und zwar bei Aktivkonten im Soll und bei Passivkonten im Haben.

Die folgenden fünf Geschäftsfälle werden auf den entsprechenden Bestandskonten gebucht, wobei jeder Soll-Buchung eine betragsmäßig **gleich hohe** Haben-Buchung auf einem anderen Konto gegenübersteht. Dabei ist jeweils das Gegenkonto anzugeben. Diesen **laufenden** Buchungen müssen entsprechende **Belege** (z. B. Rechnungen) zugrunde liegen.

Vor jeder Buchung sind folgende Überlegungen anzustellen:

1. **Welche Konten werden durch den Geschäftsfall berührt?**
2. **Sind es Aktiv- oder Passivkonten?**
3. **Liegt ein Zugang (+) oder Abgang (–) auf dem jeweiligen Konto vor?**
4. **Sind etwa auf beiden Konten Zugänge oder Abgänge zu buchen?**
5. **Auf welcher Kontenseite ist demnach jeweils zu buchen?**

			Buchung
❶	Kauf einer EDV-Anlage gegen Banküberweisung: 20.000,00 € Rechnungsbetrag.		
	Die Geschäftsausstattung erhöht sich: Das Bankguthaben vermindert sich:	**Aktivkonto:** **Aktivkonto:**	**Soll** **Haben**
❷	Zieleinkauf von Rohstoffen für 15.000,00 € lt. Eingangsrechnung		
	Der Rohstoffbestand nimmt zu: Die Verbindlichkeiten a. LL nehmen auch zu:	**Aktivkonto:** **Passivkonto:**	**Soll** **Haben**
❸	Ein Kunde begleicht eine bereits gebuchte Rechnung durch Banküberweisung über 14.000,00 €.		
	Das Bankguthaben nimmt zu: Der Bestand an Forderungen a. LL nimmt ab:	**Aktivkonto:** **Aktivkonto:**	**Soll** **Haben**
❹	Begleichen einer bereits gebuchten Lieferantenrechnung durch Banküberweisung: 3.000,00 €.		
	Die Verbindlichkeiten a. LL nehmen ab: Das Bankguthaben nimmt ab:	**Passivkonto:** **Aktivkonto:**	**Soll** **Haben**
❺	Eine Lieferantenverbindlichkeit über 18.000,00 € wird vereinbarungsgemäß in eine Darlehensschuld umgewandelt.		
	Die Verbindlichkeiten a. LL nehmen ab: Die Darlehensschulden erhöhen sich:	**Passivkonto:** **Passivkonto:**	**Soll** **Haben**

Erklären Sie anhand der oben genannten fünf Geschäftsfälle, welche Art der Wertveränderung in der Bilanz vorliegt. Nennen Sie auch jeweils die Auswirkung auf die Bilanzsumme.

Merke

- **Jeder Geschäftsfall wird doppelt gebucht, und zwar zuerst im Soll und danach im Haben.**
- **Bei der Buchung in den Konten wird jeweils das Gegenkonto angegeben.**

Abschluss der Bestandskonten

Sind alle Geschäftsfälle bis zum Jahresende gebucht, wird für jedes Aktiv- und Passivkonto der Schlussbestand ermittelt. Dieser ist mit dem Ergebnis der Inventur abzustimmen. Eine Abweichung zwischen dem tatsächlich im Unternehmen vorhandenen **Istbestand** (Inventurwert) und dem **Sollbestand** der Finanzbuchhaltung (Schlussbestand des Kontos) führt zu einer Berichtigung des Bestandskontos durch Buchung der **Inventurdifferenz**[1]. Die ggf. berichtigten Schlussbestände der Bestandskonten werden in die Schlussbilanz übernommen, und zwar stehen die Schlussbestände der Aktivkonten auf der Aktivseite und die Schlussbestände der Passivkonten auf der Passivseite. Die **Schlussbilanz stimmt wertmäßig mit** dem aufgrund der Inventur aufgestellten **Inventar überein** und zeigt somit ebenfalls die im Unternehmen vorhandenen Vermögenswerte und Schulden.

Eröffnungsbilanz

Aktiva		Passiva	
Betriebs- u. Geschäftsausstattg.	270.000,00	Eigenkapital	320.000,00
Rohstoffe	60.000,00	Darlehensschulden	102.000,00
Forderungen a. LL	85.000,00	Verbindlichkeiten a. LL	68.000,00
Bank	75.000,00		
	490.000,00		490.000,00

S Betriebs- und Geschäftsausstattung H

S			H
AB	270.000,00	SB	290.000,00
❶ Bank	20.000,00		
	290.000,00		290.000,00

S Rohstoffe H

S			H
AB	60.000,00	SB	75.000,00
❷ Verb.	15.000,00		
	75.000,00		75.000,00

S Forderungen a. LL H

S			H
AB	85.000,00	❸ Bank	14.000,00
		SB	71.000,00
	85.000,00		85.000,00

S Bank H

S			H
AB	75.000,00	❶ BGA	20.000,00
❸ Ford.	14.000,00	❹ Verb.	3.000,00
		SB	66.000,00
	89.000,00		89.000,00

S Eigenkapital H

S			H
SB	320.000,00	AB	320.000,00
	320.000,00		320.000,00

S Darlehensschulden H

S			H
SB	120.000,00	AB	102.000,00
		❺ Verb.	18.000,00
	120.000,00		120.000,00

S Verbindlichkeiten a. LL H

S			H
❹ Bank	3.000,00	AB	68.000,00
❺ Darl.	18.000,00	❷ R-St.	15.000,00
SB	62.000,00		
	83.000,00		83.000,00

Schlussbilanz

Aktiva		Passiva	
Betriebs- u. Geschäftsausstattg.	290.000,00 ←	→ Eigenkapital	320.000,00
Rohstoffe	75.000,00 ←	→ Darlehensschulden	120.000,00
Forderungen a. LL	71.000,00 ←	→ Verbindlichkeiten a. LL	62.000,00
Bank	66.000,00 ←		
	502.000,00		502.000,00

1 Siehe S. 329 f.

Von der Eröffnungsbilanz über die Bestandskonten zur Schlussbilanz

Reihenfolge der Buchungsarbeiten:

1. **Eröffnungsbilanz aufstellen**
2. **Anfangsbestände auf Aktiv- und Passivkonten vortragen**
3. **Geschäftsfälle auf den entsprechenden Bestandskonten buchen**
4. **Schlussbestände (Salden) auf den Aktiv- und Passivkonten ermitteln, mit den Inventurwerten abstimmen und bei Abweichungen um Inventurdifferenzen korrigieren**
5. **Konten abschließen**
6. **Schlussbilanz aufstellen**

Belegabkürzungen

ER = Eingangsrechnung	**KA = Kontoauszug**	**ME = Materialentnahmeschein**
AR = Ausgangsrechnung	**KB = Kassenbeleg (z. B. Quittung)**	

Aufgabe 40

Anfangsbestände

Grundstücke und Gebäude	310.000,00	Bank	55.000,00
Technische Anlagen und Maschinen	170.000,00	Kasse	5.000,00
Rohstoffe	30.000,00	Darlehensschulden	20.000,00
Forderungen a. LL	35.000,00	Verbindlichkeiten a. LL	46.000,00
		Eigenkapital	?

Geschäftsfälle

1.	Begleichen der bereits gebuchten Eingangsrechnung 402 durch Banküberweisung	11.300,00
2.	Kauf von Rohstoffen auf Ziel lt. Eingangsrechnung 414	7.200,00
3.	Tilgung der Darlehensschuld durch Überweisung lt. Kontoauszug	5.000,00
4.	Kunde überweist den bereits gebuchten Rechnungsbetrag auf unser Bankkonto	5.200,00
5.	Bareinzahlung auf Bankkonto lt. Kontoauszug	2.200,00

Abschlussangabe: Die Schlussbestände auf den Konten stimmen mit der Inventur überein.

Führen Sie die Buchungsarbeiten durch und stellen Sie die Schlussbilanz auf.

Aufgabe 41

Anfangsbestände

Technische Anlagen und Maschinen	170.000,00	Bank	36.000,00
Betriebs- und Geschäftsaustattung	75.000,00	Kasse	4.500,00
Rohstoffe	22.000,00	Darlehensschulden	24.000,00
Forderungen a. LL	19.000,00	Verbindlichkeiten a. LL	20.000,00
		Eigenkapital	?

Geschäftsfälle

1.	ER 422: Eingangsrechnung für Rohstoffe	2.300,00
2.	KA 120: Kauf einer EDV-Anlage gegen Bankscheck	8.500,00
3.	KA 121: Tilgung einer Darlehensschuld mit Bankscheck	5.000,00
4.	KA 122: Überweisung unseres Kunden zum Rechnungsausgleich	3.400,00
5.	ER 423: Kauf einer Fertigungsmaschine auf Ziel	12.000,00
6.	KA 123: Ausgleich einer Lieferantenrechnung durch Banküberweisung	4.300,00
7.	KA 124: Verkauf einer nicht mehr benötigten Maschine gegen Bankscheck	2.400,00

Abschlussangabe: Die Schlussbestände auf den Konten entsprechen den Inventurwerten.

Führen Sie die Buchungsarbeiten durch und stellen Sie die Schlussbilanz auf.

Aufgabe 42

1. *Warum müssen die Schlussbestände auf den Aktiv- und Passivkonten mit den Inventurwerten abgestimmt werden?*
2. *Begründen Sie, dass Aktiv- und Passivkonten als Bestandskonten gelten.*
3. *Was versteht man unter einem Saldo? Wie ermittelt man ihn in Bestandskonten?*
4. *Vervollständigen Sie jeweils das aktive bzw. passive Bestandskonto:*

a)

Soll	? Haben
?	Abgänge
?	?

b)

Soll	? Haben
?	?
?	Zugänge

Aufgabe 43

Nennen Sie jeweils den Geschäftsfall zu den Buchungen im folgenden Konto:

Soll	Bank		Haben
Anfangsbestand	150.000,00	2. Darlehensschulden	12.600,00
1. Forderungen a. LL	23.000,00	3. Kasse	5.400,00
4. BGA	4.600,00	5. Verbindlichkeiten a. LL	6.700,00
6. Darlehensschulden	120.000,00	Schlussbestand	272.900,00
	297.600,00		297.600,00

Aufgabe 44

Nennen Sie jeweils den Geschäftsfall zu den Buchungen im folgenden Konto:

Soll	Verbindlichkeiten a. LL		Haben
3. Darlehensschulden	60.000,00	AB	207.000,00
4. Postbank	10.350,00	1. Hilfsstoffe	5.700,00
SB	156.150,00	2. BGA	13.800,00
	226.500,00		226.500,00

Aufgabe 45

Erläutern Sie den Zusammenhang zwischen den Buchungen 1. und 2. im folgenden Konto:

Soll	Verbindlichkeiten a. LL		Haben
2. BGA	23.000,00	AB	138.000,00
		1. BGA	23.000,00

Aufgabe 46

Anfangsbestände

TA und Maschinen	262.000,00	Postbankguthaben	400,00
BGA	81.000,00	Bankguthaben	39.000,00
Rohstoffe	22.000,00	Darlehensschulden	27.000,00
Forderungen a. LL	26.000,00	Verbindlichkeiten a. LL	40.000,00
Kasse	4.500,00	Eigenkapital	?

Geschäftsfälle

1. KA 141: Ausgleich der Lieferantenrechnung ER 418 durch Banküberweisung	3.200,00
2. ER 432: Eingangsrechnung für Rohstoffe	9.500,00
3. KA 142: Kunde überweist Rechnungsbetrag auf unser Postbankkonto	1.750,00
4. KA 143: Überweisung vom Postbankkonto auf Bankkonto	1.900,00
5. KA 144: Rechnungsausgleich des Kunden auf unser Bankkonto	2.150,00
6. KA 145: Tilgung einer Darlehensschuld mit Bankscheck	4.000,00
7. KB 82: Verkauf eines nicht mehr benötigten Kopiergerätes bar	250,00
8. KA 146: Bareinzahlung auf Bankkonto	2.400,00

Abschlussangabe

Die Buchbestände der Aktiv- und Passivkonten stimmen mit den Inventurwerten überein.
Buchen Sie die Geschäftsfälle und erstellen Sie die Schlussbilanz.

4.4 Buchungssatz

4.4.1 Einfacher Buchungssatz

Ordnungsgemäße Buchführung

Eine Buchführung gilt als **ordnungsgemäß**, wenn sich **„die Geschäftsfälle [...] in ihrer Entstehung und Abwicklung verfolgen lassen"** (§ 238 [1] HGB). Deshalb muss jeder Buchung zunächst ein **Beleg** als Nachweis für die Richtigkeit zugrunde liegen. Darüber hinaus sind alle Buchungen nicht nur sachlich, sondern auch zeitlich (chronologisch) zu ordnen.

Sachliche Ordnung

Die **sachliche** Ordnung der Buchungen erfolgt durch Erfassung der Geschäftsfälle auf **Sachkonten.** So werden beispielsweise alle Bargeschäfte auf dem Sachkonto „Kasse" und alle Rohstoffeinkäufe auf dem Sachkonto „Rohstoffe" erfasst. Die Sachkonten bilden das wichtigste „Buch" der Buchführung: das **„Hauptbuch"**.

Zeitliche Ordnung

Die **zeitliche** Ordnung der Buchungen erfolgt im **„Grundbuch"**, das auch **„Tagebuch"** oder **„Journal"** (frz. jour = Tag) genannt wird. Hier werden die Geschäftsfälle in chronologischer Reihenfolge in Form von

Buchungsanweisungen bzw. **Buchungssätzen**

erfasst, die kurz das jeweilige Konto mit der Soll- und Haben-Buchung nennen. Das **Grundbuch** bildet damit die **Grundlage** für die Buchungen auf den entsprechenden **Sachkonten des Hauptbuches.**

Beispiel

Rohstoffeinkauf aufgrund der folgenden Eingangsrechnung:

Vereinigte Holzwerke GmbH
Meißen

Holzwerke GmbH · Postfach 12 15 · 01662 Meißen

Telefon 03521 54234
Tefefax 03521 55238

Steuer-Nr. 065 213 45678
USt-IdNr. DE 156 387 298

E-Mail
service@Holzwerke-meissen-wvd.com

Internet
www.holzwerke-meissen-wvd.com

Büromöbelwerke
Werner Peters GmbH
Stauffenbergallee 22 - 30
01099 Dresden

Konto	Soll	Haben
Rohstoffe	37.500,00	
Verbindl. a. LL.		37.500,00

Gebucht: ..-12-17 / J 58 Dt

ER 407

..-12-15

Rechnung Nr. 45 688 - Ihre Bestellung vom 30. Nov. ..

Wir lieferten am 12. Dezember .. frachtfrei:

500 Platten Nussbau furnier SP 28 37.500,00 €[1]

Zahlungsbedingungen: Der Rechnungsbetrag ist ohne Abzug spätestens in 30 Tagen zu zahlen.

Volksbank Meißen, Konto 60 345, BLZ 850 950 04

IBAN: DE19 8509 5004 0000 0603 45 BIC: GENODEF1MEI

Buchungssatz

Der Buchungssatz gibt die Sachkonten an, auf denen im Soll bzw. Haben zu buchen ist. Er nennt **zuerst** das Konto, in dem im **Soll** gebucht wird, und **danach** das Konto mit der **Haben-**Buchung. Beide Konten werden durch das Wort **„an"** verbunden. Außer dem **Buchungssatz** werden noch **Buchungsdatum, Kurzbezeichnung und Nummer des jeweiligen Belegs** in das Grundbuch eingetragen.

1 Die Umsatzsteuer wird in den Belegen aus methodischen Gründen erst nach Behandlung des Abschnitts 8.3 (siehe S. 77 f.) ausgewiesen.

Beispiel

Grundbuch

Datum	Beleg	Buchungssatz	Soll	Haben
..-12-17	ER 407	**Rohstoffe** an **Verbindlichkeiten a. LL**	37.500,00	 37.500,00

Hauptbuch

Im Hauptbuch erfolgt nun die Eintragung der Buchung auf den **Sachkonten**:

Soll	Rohstoffe	Haben
Verb. a. LL	37.500,00	

Soll	Verbindlichkeiten a. LL	Haben
	Rohstoffe	37.500,00

Vorkontierung der Belege

Bevor die Buchungen im Grund- und Hauptbuch erfolgen, werden die Belege mithilfe eines **Buchungsstempels** vorkontiert, der jeweils die Konten und den Betrag im Soll und Haben nennt. Datum, Journalseite und Namenszeichen des Buchhalters bestätigen die Durchführung der Buchung im Grund- und Hauptbuch (siehe Beispiel auf S. 46).

Merke

- **Keine Buchung ohne Beleg!**
- **Der Buchungssatz nennt die Buchung auf den Konten in der Reihenfolge Soll-Konto an Haben-Konto.**
- **Zur Bildung des Buchungssatzes beantwortet man fünf Fragen (siehe S. 42).**
- **Das Grundbuch erfasst die Buchungen in zeitlicher Reihenfolge. Das Hauptbuch übernimmt die sachliche Ordnung der Buchungen auf den Sachkonten.**

Aufgabe 47

In der Finanzbuchhaltung der Büromöbelwerke Werner Peters GmbH sind am 12. Dezember .. folgende Geschäftsfälle im Grundbuch zu erfassen. *Tragen Sie Buchungsdatum, Beleg und Buchungssatz ein:*

1.	Barverkauf eines gebrauchten Personal Computers lt. KB 412	450,00
2.	Barabhebung vom Bankkonto lt. KA 210	5.800,00
3.	Zielkauf von Rohstoffen lt. ER 469	14.600,00
4.	Umwandlung einer Lieferantenschuld in eine Darlehensschuld lt. Brief (BR) 46	13.500,00
5.	Kunde überweist lt. KA 211 fälligen Rechnungsbetrag auf unser Bankkonto	400,00
6.	Barkauf von Hilfsstoffen lt. KB 413	800,00
7.	Eingangsrechnung (ER 470) für Betriebsstoffe	3.600,00
8.	Kauf einer Maschine für den Produktionsbetrieb auf Ziel lt. ER 471	34.700,00
9.	Postbanküberweisung auf Bankkonto lt. KA 212	1.900,00
10.	Begleichen einer fälligen Eingangsrechnung lt. KA 213 durch Banküberweisung	1.800,00
11.	Bareinzahlung auf Bankkonto lt. KA 214	2.800,00
12.	Kunde begleicht lt. KA 215 eine fällige Rechnung (AR 447) durch Überweisung	2.400,00
13.	Kauf eines Kopiergerätes lt. KA 216 gegen Bankscheck	2.850,00
14.	Lt. KA 217 Überweisung an Lieferanten zum Ausgleich von ER 468	600,00
15.	Aufnahme eines Hypothekendarlehens bei der Sparkasse lt. KA 218	14.000,00
16.	Kauf eines Baugrundstücks gegen Bankscheck lt. KA 219	166.000,00
17.	Lt. KB 414 Barverkauf eines gebrauchten Geschäftswagens	4.100,00
18.	Lt. KA 220 Tilgung einer Darlehensschuld durch Banküberweisung	12.000,00
19.	Kunde sandte uns lt. KA 221 einen Bankscheck zum Ausgleich von AR 451	12.600,00

Aufgabe 48

Welche Geschäftsfälle liegen folgenden Buchungssätzen zugrunde?

1. Fuhrpark an Bank 30.000,00
2. Verbindlichkeiten a. LL an Bank 5.000,00
3. Bank an Kasse 8.500,00
4. Rohstoffe an Verbindlichkeiten a. LL 11.400,00
5. Kasse an Bank 2.500,00
6. Postbank an Forderungen a. LL 3.800,00
7. Kasse an Betriebs- und Geschäftsausstattung 1.200,00
8. Bank an Darlehensschulden 40.000,00
9. Betriebs- und Geschäftsausstattung an Bank 2.300,00
10. Bank an Postbank 5.400,00
11. Bank an Forderungen a. LL 6.700,00
12. Darlehensschulden an Bank 3.800,00

Aufgabe 49

Nennen Sie jeweils den Geschäftsfall und den Buchungssatz zu den Buchungen im folgenden Bankkonto:

Soll		Bank	Haben
AB	24.000,00	2. Kasse	6.000,00
1. Forderungen a. LL	4.500,00	3. Verbindlichkeiten a. LL	5.300,00
4. Darlehensschulden	50.000,00	5. Hypothekenschulden	6.700,00
6. BGA	1.500,00	SB	62.000,00
	80.000,00		80.000,00

Aufgabe 50

Kontieren Sie für die Küchentechnik-Werke Karl Wirtz GmbH den folgenden Beleg:

Quittung Nr. KB 481

Netto € ______ ct ______

+ ___ % USt € ______ ct ______

Gesamt € 580 ct 00

Gesamtbetrag € in Worten fünfhundertachtzig ______ Cent wie oben

(Im Gesamtbetrag sind ______ % Umsatzsteuer enthalten)

von Küchentechnik-Werke Karl Wirtz GmbH

für Büroschrank EJ 417

richtig erhalten zu haben, bestätigt

Ort Leverkusen Datum 18. Dez. ..

Buchungsvermerke | Stempel/Unterschrift des Empfängers

Bürobedarf Fink
Leverkusen • Heidelberg
Steuer-Nr. 065 223 15432

i. V. Schneider

Konto	Soll	Haben

Gebucht:

Aufgabe 51

Kontieren Sie die folgenden Belege für die Küchentechnik-Werke Karl Wirtz GmbH:

Udo Steffens e. Kfm. ELEKTROZUBEHÖRHANDEL

Udo Steffens e. Kfm., Postfach 12 80, 46483 Wesel

ER 498

Küchentechnik-Werke
Karl Wirtz e. K.
Röntgenstr. 44
51373 Leverkusen

Eingang: ..-12-15

Ihre Bestellung vom	Unser Auftrag Nr.	Zeit der Leistung	Datum
..-12-02	K 4 089 IV	..-12-12	..-12-13

Rechnung Nr. 2 312 K

Artikel-Nr.	Gegenstand	Menge Stück	Stückpreis €	Gesamtpreis €
TS 12	Thermostat	30	8,00	240,00
W 24	Elektromotor	150	82,00	12.300,00
				12.540,00[1]

Konto | Soll | Haben
Gebucht:

Telefon 0281 4869
Fax 0281 4875
USt-IdNr.: DE 456 377 212
E-Mail service@elektrosteffens-wvd.de
Internet www.elektrosteffens-wvd.de
Steuer-Nr. 065 387 62449

Deutsche Bank, Wesel
Konto-Nr. 486 222
BLZ 350 700 30
IBAN: DE74 1456 7855 0000 4862 22
BIC: DEUTDEDE356

Postbank Köln
Konto-Nr. 124 45-501
BLZ 370 100 50
IBAN: DE49 3701 0050 0012 4455 01
BIC: PBNKDEFF370

Kontoauszug — Sparkasse Leverkusen

Konto-Nr.	Datum	Ausz.-Nr.	Blatt	Buchungstag	PN-Nr.	Wert	Umsatz
218 435 717	..-12-27	158	1				

	Buchungstag	PN-Nr.	Wert	Umsatz
ÜBERWEISUNG ELEKTROZUBEHÖR UDO STEFFENS E. KFM. 46483 WESEL RE NR. 2 312 K VOM 13. DEZ. ..	12-22	8744	12-22	12.540,00 S

Konto | Soll | Haben
Gebucht:

KÜCHENTECHNIK-WERKE
KARL WIRTZ E. K.
RÖNTGENSTRASSE 44
51373 LEVERKUSEN

Alter Saldo: H 117.560,00 EUR
Neuer Saldo: H 105.020,00 EUR

1 Aus methodischen Gründen bleibt die Umsatzsteuer noch unberücksichtigt.

4.4.2 Zusammengesetzter Buchungssatz

Bisher wurden durch die Geschäftsfälle jeweils **nur zwei Konten angerufen**. Es handelte sich um **einfache** Buchungssätze.

Zusammengesetzte Buchungssätze

Zusammengesetzte Buchungssätze entstehen, wenn durch einen Geschäftsfall **mehr als zwei Konten** berührt werden. Dabei muss die Summe der Soll-Buchungen stets mit der Summe der Haben-Buchungen übereinstimmen.

Beispiel 1

Begleichung der Rechnung unseres Lieferanten (ER 66) über 3.000,00 € durch Banküberweisung 2.600,00 € (KA 44) und Postbanküberweisung 400,00 € (KA 45).

Buchung: Soll: **Verbindlichkeiten a. LL**
Haben: **Bank, Postbank**

Grundbuch

Datum	Beleg	Buchungssatz	Soll	Haben
..-06-20	ER 66	**Verbindlichkeiten a. LL**	3.000,00	
	KA 44	an **Bank**		2.600,00
	KA 45	an **Postbank**		400,00

Buchung auf den Konten des Hauptbuches:

S	Verbindlichkeiten a. LL		H
Bank/ Postbank	3.000,00	AB	12.000,00

S	Bank		H
AB	14.000,00	Verbindlk.	2.600,00

S	Postbank		H
AB	800,00	Verbindlk.	400,00

Beispiel 2

Ein Kunde begleicht eine Rechnung (AR 1401) über 1.000,00 €, und zwar mit Bankscheck (KA 46) über 700,00 € und bar 300,00 € (KB 86).

Buchung: Soll: **Bank, Kasse**
Haben: **Forderungen a. LL**

Grundbuch

Datum	Beleg	Buchungssatz	Soll	Haben
..-06-24	KA 46	**Bank**	700,00	
	KB 86	**Kasse**	300,00	
	AR 1401	an **Forderungen a. LL**		1.000,00

Übertragen Sie die Buchung auf die Konten des Hauptbuches.

Merke

Bei einfachen und zusammengesetzten Buchungssätzen gilt stets:
Summe der Soll-Buchung(en) = Summe der Haben-Buchung(en)

694650

Aufgabe 52

Wie lauten die Buchungssätze für folgende Geschäftsfälle? Tragen Sie die Buchungssätze in das Grundbuch ein.

1. Kauf von Rohstoffen gegen bar	500,00	
auf Ziel	11.500,00	12.000,00
2. Kauf eines Baugrundstückes gegen Bankscheck	168.000,00	
gegen bar	2.000,00	170.000,00
3. Verkauf eines gebrauchten Lkw gegen bar	2.000,00	
gegen Bankscheck	14.000,00	16.000,00
4. Kunde begleicht Rechnung durch Banküberweisung	12.000,00	
bar	500,00	12.500,00
5. Kauf von Büromöbeln gegen bar	1.500,00	
gegen Bankscheck	4.000,00	5.500,00
6. Tilgung eines Hypothekendarlehens durch Banküberweisung	17.000,00	
durch Postbanküberweisung	2.000,00	
bar	1.000,00	20.000,00
7. Begleichen einer Rechnung unseres Lieferanten		
durch Banküberweisung	8.000,00	
durch Postbanküberweisung	1.000,00	
bar	500,00	9.500,00
8. Tilgung einer Darlehensschuld durch Banküberweisung	15.000,00	
durch Postbanküberweisung	1.000,00	16.000,00
9. Kauf einer EDV-Anlage gegen Postbanküberweisung	3.000,00	
gegen Banküberweisung	17.000,00	
gegen bar	1.000,00	21.000,00

Aufgabe 53

Welche Geschäftsfälle liegen folgenden Buchungssätzen zugrunde?

	Soll	Haben
1. Kasse	1.000,00	
Bank	12.000,00	
an Fuhrpark		13.000,00
2. Hilfsstoffe	8.000,00	
an Kasse		1.000,00
an Bank		7.000,00
3. BGA	4.000,00	
an Bank		3.000,00
an Postbank		1.000,00
4. Darlehensschulden	7.000,00	
an Kasse		1.000,00
an Bank		6.000,00
5. Bank	7.000,00	
Postbank	1.000,00	
Kasse	1.000,00	
an Forderungen a. LL		9.000,00
6. Technische Anlagen und Maschinen	14.000,00	
an Kasse		2.000,00
an Bank		12.000,00
7. Verbindlichkeiten a. LL	22.000,00	
an Bank		19.000,00
an Postbank		2.000,00
an Kasse		1.000,00

4.5 Eröffnungsbilanzkonto und Schlussbilanzkonto

Doppik

In der **doppelten** Buchführung steht einer Soll-Buchung stets eine Haben-Buchung in gleicher Höhe gegenüber. Dieses **Prinzip der Doppik** muss natürlich auch **für die Buchung der Anfangsbestände** der Aktiv- und Passivkonten gelten. Dazu bedarf es eines **Hilfskontos** im Hauptbuch, das die **Gegenbuchungen** für die Eröffnung der aktiven und passiven Bestandskonten aufnimmt: das **Eröffnungsbilanzkonto (EBK).**

Die Eröffnungsbuchungssätze für die aktiven und passiven Bestandskonten lauten:

- **Aktivkonten** an **Eröffnungsbilanzkonto (EBK)**
- **Eröffnungsbilanzkonto (EBK)** an **Passivkonten**

Das **Eröffnungsbilanzkonto** weist somit die Aktivposten im Haben und die Passivposten im Soll aus und ist deshalb das genaue **Spiegelbild der Eröffnungsbilanz:**

Aktiva	**Eröffnungsbilanz**	Passiva
AB der Aktivposten		AB der Passivposten

Soll	**Eröffnungsbilanzkonto**	Haben
AB der Passivposten		AB der Aktivposten

Soll	**Aktivkonto**	Haben
Anfangsbestand		

Soll	**Passivkonto**	Haben
		Anfangsbestand

Jahresabschluss

Zum Jahresschluss werden die Aktiv- und Passivkonten abgeschlossen über das Schlussbilanzkonto (SBK).

Die Abschlussbuchungssätze lauten:

- Schlussbilanzkonto (SBK) an **Aktivkonten**
- Passivkonten an Schlussbilanzkonto (SBK)

Soll	**Schlussbilanzkonto**	Haben
SB der Aktivposten		SB der Passivposten

Aktiva	**Schlussbilanz**	Passiva
Inventurwerte der Aktiva		Inventurwerte der Passiva

Merke

- **In der Schluss- und Eröffnungsbilanz heißen die Seiten „Aktiva" und „Passiva", im Eröffnungsbilanzkonto und Schlussbilanzkonto dagegen „Soll" und „Haben".**
- **Das Eröffnungsbilanzkonto ist das Hilfskonto zur Eröffnung der Aktiv- und Passivkonten.**
- **Das Schlussbilanzkonto dient dem buchhalterischen Abschluss dieser Bestandskonten.**
- **Vor dem buchhalterischen Abschluss der Bestandskonten über das Schlussbilanzkonto bedarf es der Inventur und der Abstimmung der Schlussbestände der Konten mit den Inventurwerten.**

694652

Inventur zum 31. Dezember 01
↓
Inventar zum 31. Dezember 01
↓
Schlussbilanz zum 31. Dezember 01 ist zugleich die
↓

Aktiva	**Eröffnungsbilanz zum 1. Januar 02**		Passiva
Rohstoffe	28.000,00	Eigenkapital	50.000,00
Bank	47.000,00	Verbindlichkeiten a. LL	25.000,00
	75.000,00		75.000,00
Ort, Datum			*Unterschrift*

Hauptbuch

Soll	**Eröffnungsbilanzkonto**		Haben
Eigenkapital	50.000,00	Rohstoffe	28.000,00
Verbindlichkeiten a. LL	25.000,00	Bank	47.000,00
	75.000,00		75.000,00

S	**Rohstoffe**		H
EBK	28.000,00	SBK	48.000,00
❶	20.000,00		
	48.000,00		48.000,00

S	**Eigenkapital**		H
SBK	50.000,00	EBK	50.000,00

S	**Bank**		H
EBK	47.000,00	❷	10.000,00
		SBK	37.000,00
	47.000,00		47.000,00

S	**Verbindlichkeiten a. LL**		H
❷	10.000,00	EBK	25.000,00
SBK	35.000,00	❶	20.000,00
	45.000,00		45.000,00

Soll	**Schlussbilanzkonto**		Haben
Rohstoffe	48.000,00	Eigenkapital	50.000,00
Bank	37.000,00	Verbindlichkeiten a. LL	35.000,00
	85.000,00		85.000,00

Inventur zum 31. Dezember 02
↓
Inventar zum 31. Dezember 02
mit dem Abgleich von Ist- und Buchbeständen
↓

Aktiva	**Schlussbilanz zum 31. Dezember 02**		Passiva
Rohstoffe	48.000,00	Eigenkapital	50.000,00
Bank	37.000,00	Verbindlichkeiten a. LL	35.000,00
	85.000,00		85.000,00
Ort, Datum			*Unterschrift*

1. Nennen Sie die Buchungssätze zur Eröffnung der obigen Aktiv- und Passivkonten.
2. Nennen Sie die Geschäftsfälle und Buchungssätze zu den Kontenbuchungen ❶ und ❷.
3. Wie lauten die Abschlussbuchungen der obigen Aktiv- und Passivkonten?

Merke

Die Schlussbilanz eines Geschäftsjahres ist zugleich die Eröffnungsbilanz des Folgejahres. Beide müssen inhaltlich gleich sein: Grundsatz der Bilanzidentität.

1. *Erstellen Sie zunächst die Eröffnungsbilanz (= Schlussbilanz des Vorjahres).*
2. *Eröffnen Sie danach die Bestandskonten mithilfe des Eröffnungsbilanzkontos (EBK).*
3. *Buchen Sie die Geschäftsfälle auf den jeweiligen Bestandskonten.*
4. *Schließen Sie die Bestandskonten über das Schlussbilanzkonto (SBK) ab.*
5. *Erstellen Sie eine ordnungsgemäß gegliederte Schlussbilanz.*

Aufgabe 54

Anfangsbestände

TA und Maschinen	270.000,00	Bankguthaben	32.000,00
BGA	140.000,00	Kasse	6.000,00
Rohstoffe	60.000,00	Verbindlichkeiten a. LL	48.000,00
Forderungen a. LL	35.000,00	Eigenkapital	495.000,00

Geschäftsfälle

1.	ER 408: Kauf von Rohstoffen auf Ziel	12.200,00
2.	KB 25: Barkauf eines Aktenschrankes	600,00
3.	Kunde begleicht lt. KA 82 eine fällige Rechnung mit Bankscheck	1.800,00
4.	ER 409: Zielkauf eines Stanzautomaten	11.100,00
5.	Lt. KA 83 Bareinzahlung auf Bankkonto	1.300,00
6.	Begleichen einer fälligen Rechnung eines Lieferanten lt. KB 26 bar	1.700,00
7.	Kauf von Rohstoffen lt. ER 410	4.000,00
8.	Lt. KA 84 Ausgleich einer fälligen Kundenrechnung durch Überweisung	2.400,00

Abschlussangabe: Die Schlussbestände auf den Konten entsprechen den Inventurwerten.

Aufgabe 55

Anfangsbestände

Grundstücke und Gebäude	380.000,00	Postbankguthaben	3.400,00
TA und Maschinen	290.000,00	Bankguthaben	49.000,00
BGA	130.000,00	Kasse	6.000,00
Rohstoffe	48.000,00	Darlehensschulden	178.000,00
Hilfsstoffe	14.000,00	Verbindlichkeiten a. LL	55.000,00
Forderungen a. LL	34.000,00	Eigenkapital	?

Geschäftsfälle

1.	Lt. KA 112 Aufnahme eines Darlehens bei der Bank	42.600,00
2.	Kauf von Rohstoffen lt. ER 510	4.000,00
3.	Lt. AR 156 Zielverkauf einer gebrauchten Maschine zum Buchwert	12.100,00
4.	Zielkauf von Rohstoffen lt. ER 511	2.950,00
5.	Lt. KA 113 Überweisung an Lieferanten zum Ausgleich von ER 499	8.150,00
6.	Lt. KB 93 Barkauf eines Aktenvernichters	300,00
7.	Lt. KA 114 Bareinzahlung auf Bankkonto	1.200,00
8.	Zieleinkauf von Hilfsstoffen lt. ER 512	1.200,00
9.	Lt. KA 115 Überweisung vom Postbankkonto auf Bankkonto	1.400,00
10.	Lt. KA 116 Darlehenstilgung durch Bankscheck	14.000,00
11.	Kunde begleicht lt. KA 117 fällige Rechnung durch Überweisung	4.400,00

Abschlussangabe: Die Schlussbestände auf den Konten entsprechen den Inventurwerten.

Aufgabe 56

1. *Begründen Sie, weshalb Aktiv- und Passivkonten Bestandskonten darstellen.*
2. *Unterscheiden Sie zwischen a) Grundbuch und b) Hauptbuch.*
3. *Erklären Sie den Grundsatz der Bilanzidentität.*
4. *Worin unterscheiden sich Schlussbilanz und Schlussbilanzkonto? Welcher Zusammenhang besteht zwischen beiden?*

5 Buchen auf Erfolgskonten

HF 1 / AS 1.1 / ZF 14, 15

5.1 Aufwendungen und Erträge

Die bisher auf Bestandskonten gebuchten Geschäftsfälle (vgl. Kapitel A. 4) haben die **Differenz** aus Vermögen und Schulden – also das **Eigenkapital – nicht verändert**; mit anderen Worten: Das Unternehmen hat **weder einen Gewinn** (= Mehrung des Eigenkapitals) **noch einen Verlust** (= Minderung des Eigenkapitals) ausgewiesen. Nun ist es aber Aufgabe eines Industriebetriebes, durch Einsatz von Betriebsmitteln, Werkstoffen und Arbeitskräften eigene Erzeugnisse herzustellen und diese nach Möglichkeit mit Gewinn zu verkaufen. Dabei entstehen Geschäftsfälle, die die **Differenz aus Vermögen und Schulden** – und damit das **Eigenkapital – verändern**. Zugleich spiegeln diese Geschäftsfälle den **Leistungsprozess** zahlenmäßig wider. Wirkt ein Geschäftsfall **vermindernd** auf das Eigenkapital, handelt es sich um einen **Aufwand**, wirkt er **erhöhend** auf das Eigenkapital, liegt ein **Ertrag** vor.

Beispiele

1. Werden in einem Industriebetrieb laut Materialentnahmeschein Rohstoffe im Wert von 35.000,00 € zur Verarbeitung in die Fertigung gegeben, **vermindert** sich das Rohstoffvermögen (= Eigenkapitalminderung). Zugleich findet ein wertmäßiger **Input** in den Leistungsprozess in Form eines **Rohstoffaufwands** statt.
2. Verkauft der Industriebetrieb fertige Erzeugnisse im Wert von 50.000,00 € gegen Banküberweisung an seine Kunden, so **erhöht** sich dadurch im Vermögen das Bankguthaben (= Eigenkapitalmehrung). Zugleich findet ein wertmäßiger **Output** aus dem Leistungsprozess in Form eines **Umsatzerlöses** statt.

Merke

- **Aufwendungen vermindern das Vermögen und damit nach den Bilanzgleichungen (vgl. Seite 34) auch das Eigenkapital.**
- **Aufwendungen stellen den wertmäßigen Input in den Leistungsprozess dar.**
- **Erträge erhöhen das Vermögen und damit nach den Bilanzgleichungen auch das Eigenkapital.**
- **Erträge stellen den wertmäßigen Output aus dem Leistungsprozess dar.**

Aufwands- und Ertragskonten (Erfolgskonten)

Um die Leistungsprozesse detailliert und differenziert erfassen zu können, bucht man in der Praxis die verschiedenen **Arten** von **Aufwendungen** und **Erträgen** auf gesonderten **Aufwands- und Ertragskonten**, die gemeinsam als **Erfolgskonten** bezeichnet werden. Dadurch lässt sich nachträglich feststellen, für welchen Aufwand im obigen Beispiel 35.000,00 € eingesetzt wurden oder für welchen Ertrag eine Bankgutschrift über 50.000,00 € erteilt wurde.

Im ersten Fall wird das **Aufwandskonto „Aufwendungen für Rohstoffe"** durch folgende Buchung im **Soll** belastet:

	Soll	Haben
Aufwendungen für Rohstoffe	35.000,00	
an **Rohstoffe**		35.000,00

Im zweiten Fall werden im **Ertragskonto „Umsatzerlöse für eigene Erzeugnisse"** mit der folgenden Buchung 50.000,00 € im **Haben** gebucht:

	Soll	Haben
Bank	50.000,00	
an **Umsatzerlöse für eigene Erzeugnisse**		50.000,00

Wirkung im Investitions- und Finanzierungssystem

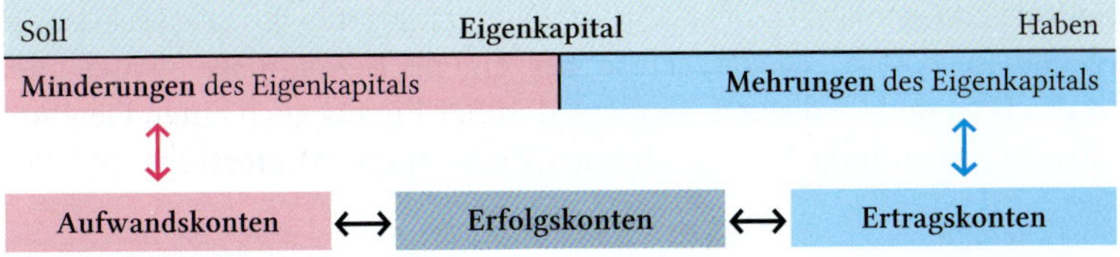

Wirkung im Leistungssystem

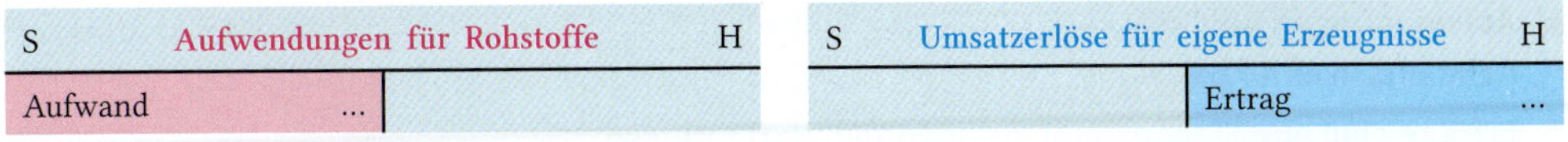

Aufwendungen

Aufwendungen entstehen, wenn dem Produktionsprozess eines Unternehmens z. B. Werkstoffe oder Dienstleistungen zugeführt und diese im Produktionsprozess **verbraucht** werden. Dies führt zur **Verminderung von Vermögensposten** (z. B. Rohstoffe, Bankguthaben) **und** damit auch zu einer **Verminderung des Eigenkapitals.** Im Industriebetrieb rechnen vor allem **folgende Aufwendungen** dazu:

Werkstoffaufwendungen

Werkstoffaufwendungen entstehen durch den Verbrauch von Roh-, Hilfs- und Betriebsstoffen, der auf **folgenden Aufwandskonten** erfasst wird:

- **Aufwendungen für Rohstoffe**
  Rohstoffe sind Werkstoffe, die den **wesentlichen Bestandteil** des fertigen Erzeugnisses bilden, z. B. Stahlblech, Stabholz, Spanplatten, Glas, Wolle, Kunstfasern, Rohöl u. a.
- **Aufwendungen für Hilfsstoffe**
  Hilfsstoffe sind Werkstoffe, die als **Nebenbestandteil** in das Erzeugnis eingehen, z. B. Lack, Leim, Schrauben, Nägel, Schweißmaterial, Säuren u. a.
- **Aufwendungen für Betriebsstoffe**
  Betriebsstoffe sind Stoffe, die nicht in das fertige Erzeugnis eingehen, z. B. Brenn- und Treibstoffe, Schmiermittel, Schleif- und Reparaturmaterial u. a.

Aufwendungen für Vorprodukte/ Fremdbauteile

Aufwendungen für Vorprodukte/Fremdbauteile entstehen durch Verbrauch der von Zulieferern bezogenen Fertigteile, z. B. Elektroartikel, Beschläge, Vorprodukte u. a.

Der Verbrauch an Werkstoffen und Fertigteilen kann auf zweifache Weise ermittelt werden:

- **Laufend mithilfe von Materialentnahmescheinen.** Bei dieser **direkten** Methode wird der Verbrauch bei der Entnahme **belegmäßig** erfasst und gebucht.
- **Nachträglich durch Inventur** am Ende der Rechnungsperiode (= **indirekte** Methode):
  Anfangsbestand + Zugänge – Schlussbestand lt. Inventur = Verbrauch

Beispiel

	Anfangsbestand an Rohstoffen	50.000,00 €	
+	Zugänge (Einkäufe, netto)	30.000,00 €	80.000,00 €
–	Schlussbestand lt. Inventur		10.000,00 €
=	**Rohstoffverbrauch**		**70.000,00 €**

Aufwendungen für Handelswaren

Hierbei handelt es sich um Artikel, die meist als Zubehör zu den eigenen Fertigerzeugnissen angeschafft und unverarbeitet verkauft werden, z. B. Fußmatten in der Kfz-Industrie.

Personalaufwand

- **Löhne** für alle Arbeiter des Industriebetriebes
- **Gehälter** für alle Angestellten
- **Gesetzliche und freiwillige Sozialaufwendungen** (siehe S. 138 ff.)

Abschreibungen

Wertminderungen des Sachanlagevermögens (z. B. durch Abnutzung) werden durch jährliche Abschreibungen auf dem Aufwandskonto **„Abschreibungen auf Sachanlagen"** erfasst.

weitere Aufwendungen

Aufwendungen für Miete, Zinsen, Werbung, Telekommunikation, Büromaterial, Betriebsteuern u. a. Für diese Aufwendungen müssen entsprechende Aufwandskonten eingerichtet werden.

Erträge

Erträge entstehen, wenn z. B. fertige Erzeugnisse oder Dienstleistungen vom Unternehmen gegen Entgelt Dritten zur Verfügung gestellt werden. Dies führt zu einer **Erhöhung von Vermögensposten** (z. B. Bankguthaben, Forderungen a. LL) **und** damit auch zu einer **Erhöhung des Eigenkapitals. Hauptertrag des Industriebetriebes** sind die Erlöse aus dem Verkauf der eigenen Erzeugnisse. Diese **„Umsatzerlöse für eigene Erzeugnisse"** sollen nicht nur die Selbstkosten der Erzeugnisse decken, sondern darüber hinaus auch einen Gewinn erbringen. Daneben fallen in einem Industriebetrieb auch **Zinserträge**, **Mieterträge** und **Provisionserträge** an.

Merke

- **Aufwendungen stellen den gesamten Eigenkapital mindernden Werteverzehr eines Unternehmens in einer bestimmten Rechnungsperiode dar.**
- **Erträge sind alle Eigenkapital erhöhenden Wertzuflüsse.**

Beispiel 1

Für die Herstellung fertiger Erzeugnisse werden laut Materialentnahmescheinen (ME) für 12.000,00 € Rohstoffe, für 2.000,00 € Hilfsstoffe, für 1.000,00 € Betriebsstoffe verbraucht.

Werkstofflager (Bestände) → **Verbrauch in der Fertigung (Aufwendungen)**

S	Rohstoffe		H
Bestände	60.000,00	AfR	12.000,00

→

S	Aufwendungen für Rohstoffe		H
Rohstoffe	12.000,00		

S	Hilfsstoffe		H
Bestände	15.000,00	AfH	2.000,00

→

S	Aufwendungen für Hilfsstoffe		H
Hilfsstoffe	2.000,00		

S	Betriebsstoffe		H
Bestände	5.000,00	AfB	1.000,00

→

S	Aufwendungen für Betriebsstoffe		H
Betriebsstoffe	1.000,00		

Buchung:

Aufwendungen für Rohstoffe	an **Rohstoffe**	12.000,00
Aufwendungen für Hilfsstoffe	an **Hilfsstoffe**	2.000,00
Aufwendungen für Betriebsstoffe	an **Betriebsstoffe**	1.000,00

Beispiel 2

Lohnzahlung 15.000,00 €, Gehaltszahlung 13.000,00 €, Mietzahlung 1.500,00 € durch Banküberweisung.

S	Löhne		H
Bank	15.000,00		

S	Gehälter		H
Bank	13.000,00		

S	Mietaufwendungen		H
Bank	1.500,00		

S	Bank		H
...	80.000,00	Diverse	29.500,00

Buchung:

Löhne	15.000,00	
Gehälter	13.000,00	
Mietaufwendungen	1.500,00	
an **Bank**		29.500,00

Beispiel 3

Im Betrieb entstehen weitere Aufwendungen: Überweisungen für Büromaterial 800,00 €, Reparaturen 300,00 €, Betriebsteuern 400,00 €.

S	Büromaterial		H
Bank	800,00		

S	Fremdinstandsetzung		H
Bank	300,00		

S	Betriebsteuern		H
Bank	400,00		

S	Bank		H
...	80.000,00	Diverse	29.500,00
			1.500,00

Buchung:

Büromaterial	800,00	
Fremdinstandsetzung	300,00	
Betriebsteuern	400,00	
an **Bank**		1.500,00

Beispiel 4

Alle im Betrieb hergestellten Erzeugnisse wurden auf Ziel verkauft. Die Ausgangsrechnungen weisen insgesamt 55.000,00 € aus.

S	Forderungen a. LL		H
Erlöse	55.000,00		

S	Umsatzerlöse für eigene Erzeugnisse		H
		Ford. a. LL	55.000,00

Buchung: **Forderungen a. LL** .... an **Umsatzerlöse für eigene Erzeugnisse** 55.000,00

Merke

- **Aufwands- und Ertragskonten = Erfolgskonten**
- **Aktiv- und Passivkonten = Bestandskonten**

Abschluss der Erfolgskonten

Aufwendungen → **Erfolg** ← Erträge

S	Aufwendungen für Rohstoffe		H
Rohstoffe	12.000,00	GuV	12.000,00

S	Aufwendungen für Hilfsstoffe		H
Hilfsstoffe	2.000,00	GuV	2.000,00

S	Aufwendungen für Betriebsstoffe		H
Betriebsstoffe	1.000,00	GuV	1.000,00

S	Löhne		H
Bank	15.000,00	GuV	15.000,00

S	Gehälter		H
Bank	13.000,00	GuV	13.000,00

S	Mietaufwendungen		H
Bank	1.500,00	GuV	1.500,00

S	Büromaterial		H
Bank	800,00	GuV	800,00

S	Fremdinstandsetzung		H
Bank	300,00	GuV	300,00

S	Betriebsteuern		H
Bank	400,00	GuV	400,00

S	Gewinn- und Verlustkonto		H
Aufwendungen für Rohstoffe	12.000,00	Umsatzerlöse	55.000,00
Aufwendungen für Hilfsstoffe	2.000,00		
Aufwendungen für Betriebsstoffe	1.000,00		
Löhne	15.000,00		
Gehälter	13.000,00		
Mietaufw.	1.500,00		
Büromaterial	800,00		
Instandsetzung	300,00		
Betriebsteuern	400,00		
EK: Gewinn	9.000,00		
	55.000,00		55.000,00

S	Umsatzerlöse für eigene Erzeugnisse		H
GuV	55.000,00	Ford. a. LL	55.000,00

S	Jahresüberschuss (Eigenkapital)		H
Eigenkapital	9.000,00	GuV: Gewinn	9.000,00

Merke

- Das Gewinn- und Verlustkonto ist das Abschlusskonto aller Erfolgskonten.
- Das GuV-Konto sammelt auf der Soll-Seite alle Aufwendungen und auf der Haben-Seite alle Erträge.
- Der Saldo im GuV-Konto ist der Gewinn oder Verlust der Rechnungsperiode, der dem Konto „Jahresüberschuss/Jahresfehlbetrag“ (Eigenkapital) zugeführt wird.
- Das Gewinn- und Verlustkonto zeigt die Quellen des Erfolges.

694658

5.2 Gewinn- und Verlustkonto als Abschlusskonto der Erfolgskonten

Feststellen des Unternehmenserfolgs

Am Ende des Geschäftsjahres müssen **Aufwendungen** und **Erträge** einander **gegenübergestellt** werden, um den **Erfolg** des Unternehmens festzustellen.

Diese Aufgabe übernimmt das **Konto „Gewinn und Verlust“** (GuV).

Alle Aufwands- und Ertragskonten werden daher über das Gewinn- und Verlustkonto abgeschlossen. Die Buchungssätze lauten:

- **GuV-Konto** an **alle Aufwandskonten**
- **alle Ertragskonten** an **GuV-Konto**

Das Gewinn- und Verlustkonto weist somit auf der Soll-Seite die gesamten **Aufwendungen** aus, auf der Haben-Seite dagegen die **Erträge**. Aus dieser Gegenüberstellung ergibt sich als **Saldo** der Erfolg des Unternehmens: ein **Gewinn oder Verlust**, je nachdem, ob die Erträge oder die Aufwendungen überwiegen:

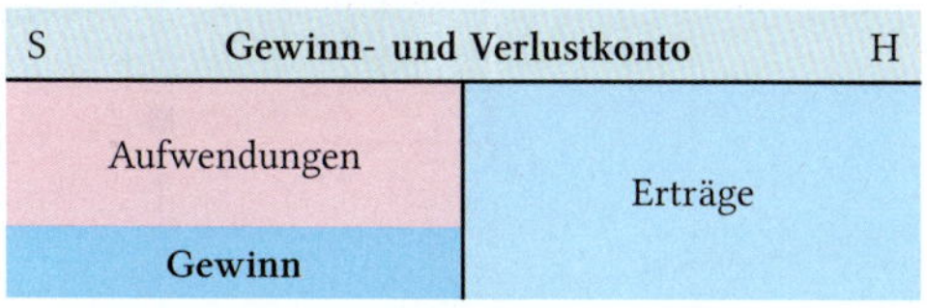

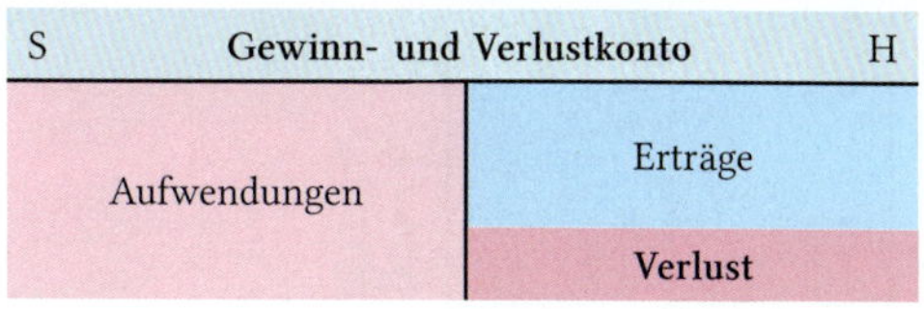

- **Erträge > Aufwendungen = Gewinn**
- **Erträge < Aufwendungen = Verlust**

Abschluss des Gewinn- und Verlustkontos

Der ermittelte Gewinn oder Verlust wird in der GmbH sodann auf das Konto „Jahresüberschuss/Jahresfehlbetrag“ übertragen. Der auf diesem Konto gebuchte Betrag ist Teil des Eigenkapitals.

Die **Abschlussbuchungen** lauten:

- bei **Gewinn: GuV-Konto** an **Konto Jahresüberschuss/Jahresfehlbetrag**
- bei **Verlust: Konto Jahresüberschuss/Jahresfehlbetrag** an **GuV-Konto**

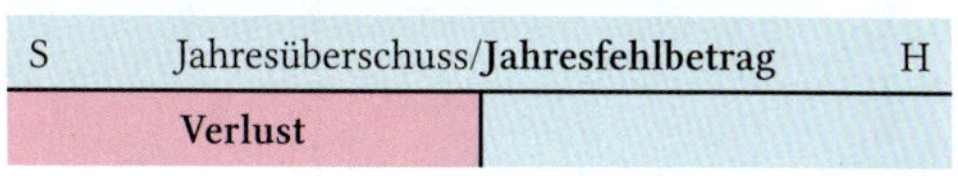

Das Konto „Jahresüberschuss/Jahresfehlbetrag“ wird über das Schlussbilanzkonto abgeschlossen.

Merke

- **Der Gewinn erhöht das Eigenkapital.**
- **Der Verlust vermindert das Eigenkapital.**

Das **GuV-Konto** ist somit ein unmittelbares **Unterkonto des Eigenkapitalkontos.**

Im Beispiel hat sich das Eigenkapital durch den Gewinn um 9.000,00 € erhöht (siehe S. 58).

Geschäftsgang mit Bestands- und Erfolgskonten

Aktivkonten — Bestandskonten — Passivkonten

S	BGA		H
EBK	380.000	SBK	380.000

S	Rohstoffe		H
EBK	120.000	AfR	265.000
V. a. LL	240.000	SBK	95.000
	360.000		360.000

S	Forderungen a. LL		H
EBK	57.000	Bank	11.500
UE	454.000	SBK	499.500
	511.000		511.000

S	Bankguthaben		H
EBK	143.000	Gehälter	120.000
Zinsertr.	2.700	Mietaufw.	15.000
Prov.-E.	23.300	SBK	45.500
F. a. LL	11.500		
	180.500		180.500

S	Gezeichnetes Kapital[1]		H
SBK	400.000	EBK	400.000

S	Jahresüberschuss/Jahresfehlbetrag		H
SBK	80.000	EBK	80.000

S	Darlehensschulden		H
SBK	231.000	EBK	231.000

S	Verbindlichkeiten a. LL		H
SBK	309.000	EBK	69.000
		Rohst.	240.000
	309.000		309.000

Soll	Schlussbilanzkonto		Haben
BGA	380.000	Gezeichnetes Kapital	400.000
Rohstoffe	95.000	Jahresüberschuss	80.000
Forderungen a. LL	499.500	Darlehensschulden	231.000
Bankguthaben	45.500	Verbindlichk. a. LL	309.000
	1.020.000		1.020.000

Aufwandskonten — Erfolgskonten — Ertragskonten

S	Aufwendungen für Rohstoffe		H
Rohst.	265.000	GuV	265.000

S	Gehälter		H
Bank	120.000	GuV	120.000

S	Mietaufwendungen		H
Bank	15.000	GuV	15.000

S	Umsatzerlöse f. eig. Erzeugnisse		H
GuV	454.000	F. a. LL	454.000

S	Zinserträge		H
GuV	2.700	Bank	2.700

S	Provisionserträge		H
GuV	23.300	Bank	23.300

Soll	Gewinn- und Verlustkonto		Haben
Aufwend. f. Rohstoffe	265.000	Umsatzerlöse	454.000
Gehälter	120.000	Zinserträge	2.700
Mietaufwend.	15.000	Provisionserträge	23.300
Jahresüberschuss	80.000		
	480.000		480.000

1 Das gezeichnete Kapital bezeichnet das von den Gesellschaftern übernommene Haftungskapital. Es wird gesondert in der Bilanz ausgewiesen. Gezeichnetes Kapital und Jahresüberschuss/Jahresfehlbetrag bilden zusammen das Eigenkapital einer Kapitalgesellschaft.

Reihenfolge der buchungstechnischen Arbeiten:

Ausgangspunkt: Schlussbilanz des Vorjahres = Eröffnungsbilanz des Folgejahres:

Schlussbilanz

Aktiva	Schlussbilanz zum 31. Dezember des Vorjahres		Passiva
BGA	380.000,00	Gezeichnetes Kapital	400.000,00
Rohstoffe	120.000,00	Darlehensschulden	231.000,00
Forderungen a. LL	57.000,00	Verbindlichkeiten a. LL	69.000,00
Bankguthaben	143.000,00		
	700.000,00		700.000,00

I. Eröffnung der Bestandskonten über Eröffnungsbilanzkonto (EBK)

1. **Eröffnung der Aktivkonten:**	BGA	an	EBK	380.000,00
	Rohstoffe	an	EBK	120.000,00
	Ford. a. LL	an	EBK	57.000,00
	Bankguthaben	an	EBK	143.000,00
2. **Eröffnung der Passivkonten:**	EBK	an	Gezeichnetes Kapital	400.000,00
	EBK	an	Darlehensschulden	231.000,00
	EBK	an	Verbindlichk. a. LL	69.000,00

Eröffnungsbilanzkonto

Soll	Eröffnungsbilanzkonto		Haben
Gezeichnetes Kapital	400.000,00	BGA	380.000,00
Darlehensschulden	231.000,00	Rohstoffe	120.000,00
Verbindlichkeiten a. LL	69.000,00	Forderungen a. LL	57.000,00
		Bankguthaben	143.000,00
	700.000,00		700.000,00

Buchung der Geschäftsfälle

II. Buchung der Geschäftsfälle in der Finanzbuchhaltung des Metallwerks M. Gruppe GmbH

1. Zieleinkauf von Breitstahlband lt. ER 01–05: 240.000,00 €
   Buchung: Rohstoffe an Verbindlichkeiten a. LL 240.000,00
2. Lt. ME 01–10 wurde Breitstahlband i. d. Fertigung gegeben: 265.000,00 €
   Buchung: Aufwendungen für Rohstoffe an Rohstoffe 265.000,00
3. Zahlung der Gehälter lt. Kontoauszug KA 01: 120.000,00 €
   Buchung: Gehälter an Bank 120.000,00
4. Zielverkauf v. Stahlblechgehäusen a. d. Tin GmbH, Ulm, lt. AR 01: 454.000,00 €
   Buchung: Forderungen a. LL an Umsatzerlöse für eig. Erzeugnisse 454.000,00
5. Zahlung der Miete für die Betriebsräume lt. KA 02: 15.000,00 €
   Buchung: Mietaufwendungen an Bank 15.000,00
6. Gutschrift der Bank für Zinsen lt. KA 03: 2.700,00 €
   Buchung: Bank an Zinserträge 2.700,00
7. Lt. KA 04 Eingang einer Vermittlungsprovision: 23.300,00 €
   Buchung: Bank an Provisionserträge 23.300,00
8. Die Weinert GmbH begleicht die AR 456 d. Vorj. lt. KA 05: 11.500,00 €
   Buchung: Bank an Forderungen a. LL 11.500,00

Abschluss der Erfolgskonten

III. Abschluss der Erfolgskonten

1. Abschluss der **Aufwandskonten:**	GuV an Aufwendungen für Rohstoffe	265.000,00
	GuV an Gehälter	120.000.00
	GuV an Mietaufwendungen	15.000,00
2. Abschluss der **Ertragskonten:**	Umsatzerlöse f. eig. Erzeugn. an GuV	454.000,00
	Zinserträge an GuV	2.700,00
	Provisionserträge an GuV	23.300,00
3. Abschluss des **GuV-Kontos:**	bei Gewinn: GuV an Jahresüberschuss	80.000,00

Abschluss der Bestandskonten

IV. Abschluss der Bestandskonten nach Abstimmung mit den Inventurergebnissen

1. Abschluss der **Aktivkonten:**	SBK an vier Aktivkonten
2. Abschluss der **Passivkonten:**	vier Passivkonten an SBK

694661

Die Kontenkreise der doppelten Buchführung

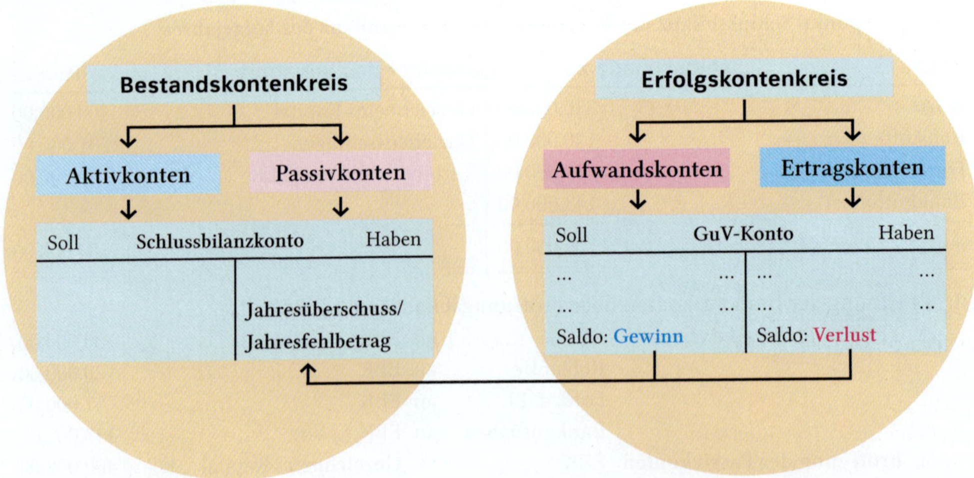

Merke

- **Bestands- und Erfolgskonten bilden in der Buchführung je einen eigenen Kontenkreis.**
- **Die Buchführung weist den Jahreserfolg auf zweifache Weise nach:**
  1. durch Gegenüberstellung der Aufwendungen und Erträge im GuV-Konto (Erfolgsquellen),
  2. durch Eigenkapitalvergleich (siehe S. 35 f.).
  Daher: Doppelte Buchführung beinhaltet doppelte Erfolgsermittlung.
- **Schlussbilanz und Gewinn- und Verlustrechnung bilden den Jahresabschluss eines Unternehmens (§ 242 [3] HGB).**

Aufgabe 57

Bilden Sie zu den folgenden Geschäftsfällen die Buchungssätze und erläutern Sie jeweils die Auswirkung auf den entsprechenden Vermögensposten und das Eigenkapital.

Bestandskonten: BGA 350.000,00 €, Rohstoffe 120.000,00 €, Hilfsstoffe 35.000,00 €, Forderungen a. LL 81.200,00 €, Bank 95.700,00 €, Kasse 6.100,00 €, Gezeichnetes Kapital 572.000,00 €, Jahresüberschuss/Jahresfehlbetrag, Verbindlichkeiten a. LL 116.000,00 €.

Erfolgskonten: Umsatzerlöse für eigene Erzeugnisse, Zinserträge, Provisionserträge, Aufwendungen für Rohstoffe, Aufwendungen für Hilfsstoffe, Löhne, Gehälter, Mietaufwendungen, Büromaterial, Werbung, Portokosten, Kosten der Telekommunikation.

1.	Kauf einer PC-Anlage lt. ER 506		12.500,00
2.	Lt. KB 210: Barkauf von Büromaterial		450,00
3.	ME 420: Abgabe von Rohstoffen in die Fertigung		45.000,00
4.	Überweisung der Löhne lt. KA 280		26.800,00
5.	Zielverkauf von eigenen Erzeugnissen lt. AR 612		67.000,00
6.	Lt. KA 281 erfolgte Gutschrift der Bank für Zinsen		250,00
7.	Lt. ME 421 wurden in der Fertigung Hilfsstoffe verbraucht		2.800,00
8.	Lt. KA 282 überweist ein Kunde den fälligen Rechnungsbetrag		8.900,00
9.	Materialeinkauf lt. ER 507: Rohstoffe	45.600,00	
	Hilfsstoffe	5.400,00	51.000,00
10.	KA 283: Gutschrift für Erhalt von Vermittlungsprovision		4.800,00
11.	KA 284: Begleichung einer fälligen Rohstoffrechnung		22.950,00
12.	Barkauf von Postwertzeichen lt. KB 211		380,00
13.	Lt. KA 285 Lastschriften der Bank für Überweisung der Lagermiete		8.700,00
	der Telekom-Rechnung		2.860,00
	der Gehälter		16.800,00
14.	ER 508: Eingang einer Rechnung über Werbeanzeigen		12.860,00

694662

Aufgabe 58

Bestands- und Erfolgskonten der Metall GmbH zum 31. Dez.	Soll	Haben
Grundstücke und Gebäude	520.000,00	15.000,00
Technische Anlagen und Maschinen	182.000,00	17.000,00
Betriebs- und Geschäftsausstattung	63.000,00	5.500,00
Rohstoffe	380.000,00	335.000,00
Hilfsstoffe	78.000,00	55.000,00
Forderungen a. LL	116.000,00	29.000,00
Bank	824.000,00	623.000,00
Gezeichnetes Kapital	–	635.000,00
Jahresüberschuss/Jahresfehlbetrag	–	–
Verbindlichkeiten a. LL	229.000,00	507.000,00
Umsatzerlöse für eigene Erzeugnisse	–	858.400,00
Mieterträge	–	42.000,00
Zinserträge	–	4.700,00
Aufwendungen für Rohstoffe	335.000,00	–
Aufwendungen für Hilfsstoffe	55.000,00	–
Löhne und Gehälter	326.000,00	–
Portokosten	4.200,00	–
Kosten der Telekommunikation	8.600,00	–
Büromaterial	5.800,00	–
Abschlusskonten: GuV und SBK	3.126.600,00	3.126.600,00

1. *Richten Sie die obigen Konten mit den Soll- und Haben-Summen ein.*
2. *Schließen Sie zunächst die Erfolgskonten über das GuV-Konto ab und übertragen Sie den ermittelten Gewinn oder Verlust auf das Konto Jahresüberschuss/Jahresfehlbetrag (Buchungssatz?).*
3. *Schließen Sie die Bestandskonten zum SBK ab.*
4. *Ermitteln Sie die Verzinsung (Rentabilität) des Eigenkapitals, indem Sie den Gewinn zum durchschnittlichen Eigenkapital ins Verhältnis setzen.*

Aufgabe 59

Nennen Sie die Buchungssätze für die folgenden Belege der Textilwerke GmbH:

Beleg 1

Material-Entnahmeschein Nr.: 11 350 — **Textilwerke GmbH**

Rohstoffe [X] Hilfsstoffe [ ]

Datum: ..-01-15 Kostenstelle: Zuschneiderei 3

Artikel-Nr.	Menge	Einheit	Bezeichnung	€/Einheit	Summe
486	800	m	Frottee L	4,00	3.200,00
487	600	m	Walk-Frottee	6,00	3.600,00
				Buchhaltung	6.800,00

ausgestellt: Zimmer ausgegeben: Koch

Beleg 2

Quittung Nr. KB 132

Netto € ____ ct ____
+ ___ % USt € ____ ct ____
Gesamt € 270 ct 00

Gesamtbetrag € in Worten: zweihundertsiebzig ____ Cent wie oben
(Im Gesamtbetrag sind ____ % Umsatzsteuer enthalten)
von Textilwerke GmbH
für Reparatur des Kopiergerätes
richtig erhalten zu haben, bestätigt
Ort Stuttgart Datum 21. Febr. ..
Buchungsvermerke | Stempel/Unterschrift des Empfängers

Elektronik GmbH
Kaisersbacher Str. 12
70374 Stuttgart
Steuer-Nr. 065 321 99953

Beleg 3

€uro-Überweisung
LBBW Landesbank Baden-Württemberg
Nur für Überweisungen in Deutschland, in andere EU-/EWR-Staaten und in die Schweiz in Euro.
Bitte Meldepflicht gemäß Außenwirtschaftsverordnung beachten!

Angaben zum Begünstigten: Name, Vorname/Firma (max. 27 Stellen, bei maschineller Beschriftung max. 35 Stellen): Meinerz OHG, Stuttgart
IBAN: DE26600501010032356751
BIC des Kreditinstituts (8 oder 11 Stellen): SOLADEST600
Betrag: Euro, Cent: 6500,00
Kunden-Referenznummer - Verwendungszweck, ggf. Name und Anschrift des Überweisenden - (nur für Begünstigten): Lagermiete für März..
noch Verwendungszweck (insgesamt max. 2 Zeilen à 27 Stellen, bei maschineller Beschriftung max. 2 Zeilen à 35 Stellen):
Angaben zum Kontoinhaber: Name, Vorname/Firma, Ort (max. 27 Stellen, keine Straßen- oder Postfachangaben): Textilwerke GmbH, Stuttgart
IBAN: DE14600501010072354432 16
Datum: ..-02-23 Unterschrift(en): ppa. Herzberg
€URO-ÜBERWEISUNG (SEPA)

Aufgabe 60

Die Textilwerke GmbH ermittelt den Verbrauch an Nähgarn monatlich durch Inventur. Der Durchschnittspreis je Rolle beträgt 25,00 €.

1. *Ermitteln Sie anhand der folgenden Lagerkarte den Werkstoffverbrauch im Monat Januar.*
2. *Nennen Sie den Buchungssatz.*[1]

Lagerkarte — **Textilwerke GmbH**

Artikel-Nr.: 0568 — **Mindestbestand:** 200 Stück
Artikel-Bez.: Nähgarnrollen — **Höchstbestand:** 500 Stück

Datum	Beleg	Bestand in Stück	Zugang in Stück
..-01-01	Vortrag (AB)	250	–
..-01-12	Lieferschein L 425	–	150
..-01-18	Lieferschein L 431	–	180
..-01-28	Lieferschein L 488	–	300
..-01-31	Inventurliste (SB)	280	–

Aufgabe 61

Die Kleinmöbelfabrik Hanna Schnell e. Kffr. erstellt Computertische und verarbeitet Spanplatten und Stahlrohre als Rohstoffe, Leim und Schrauben als Hilfsstoffe.

Richten Sie die Konten mit ihren Soll-/Haben-Summen ein:	Soll	Haben
Rohstoffe	350.000,00	220.000,00
Hilfsstoffe	60.000,00	45.000,00
Betriebsstoffe	42.000,00	31.000,00
Forderungen a. LL	799.000,00	610.000,00
Bankguthaben	850.000,00	595.000,00
Eigenkapital	–	850.000,00
Verbindlichkeiten a. LL	218.000,00	297.000,00
Aufwendungen für Rohstoffe	220.000,00	–
Aufwendungen für Hilfsstoffe	45.000,00	–
Aufwendungen für Betriebsstoffe	31.000,00	–
Löhne	285.000,00	–
Gehälter	198.000,00	–
Mietaufwendungen	160.000,00	–
Umsatzerlöse für eigene Erzeugnisse	–	610.000,00

Buchen Sie auf den Bestands- und Erfolgskonten die folgenden Geschäftsfälle:

1. Eingangsrechnungen (ER) für
   Spanplatten 72.000,00
   Leim 2.000,00
2. Materialentnahmescheine (ME) für
   Spanplatten 80.000,00
   Schrauben 4.000,00
   Treibstoffe 2.000,00
3. Lastschriften der Bank für
   Lohnzahlungen 16.000,00
   Gehälter 8.000,00
   Miete 12.000,00
4. Ausgangsrechnungen (AR): Zielverkäufe von Computertischen 590.000,00

a) *Schließen Sie die Erfolgskonten über das GuV-Konto ab, ermitteln und buchen Sie den Gewinn. Der Gewinn wird hier direkt das Konto „Eigenkapital“ gebucht.*
b) *Schließen Sie danach die Bestandskonten über das Schlussbilanzkonto ab.*
c) *Haben sich Produktion und Absatz der Computertische „gelohnt“? Vergleichen Sie den Gewinn mit dem Eigenkapital (AB), ermitteln und beurteilen Sie die Verzinsung (Rentabilität).*

1 Siehe auch Band 1, HF 2, AS 2.2, Kapitel 1.

694664

Beachten Sie die Reihenfolge der Buchungsarbeiten:

1. *Richten Sie die Bestands- und Erfolgskonten ein.*
2. *Eröffnen Sie die Bestandskonten über das Eröffnungsbilanzkonto (EBK).*
3. *Bilden Sie zu den Geschäftsfällen die Buchungssätze (Grundbuch).*
4. *Übertragen Sie die Buchungen auf die Bestands- und Erfolgskonten (Hauptbuch).*
5. *Schließen Sie die Erfolgskonten über das GuV-Konto ab und übertragen Sie den Gewinn oder Verlust auf das Konto Jahresüberschuss/Jahresfehlbetrag.*
6. *Erst zum Schluss werden alle Bestandskonten zum Schlussbilanzkonto (SBK) abgeschlossen, sofern die Inventur keine Abweichungen zwischen Buch- und Istbeständen ergibt.*

Aufgabe 62

Bestandskonten: Rohstoffe 60.000,00 €, Hilfsstoffe 16.000,00 €, Betriebsstoffe 8.000,00 €, Forderungen a. LL 14.000,00 €, Bank 20.000,00 €, Kasse 10.000,00 €, Gezeichnetes Kapital 128.000,00 €, Jahresüberschuss/Jahresfehlbetrag, Schlussbilanzkonto.

Erfolgskonten: Aufwendungen für Rohstoffe, Aufwendungen für Hilfsstoffe, Aufwendungen für Betriebsstoffe, Löhne, Gehälter, Betriebsteuern, Werbeaufwendungen, Umsatzerlöse für eigene Erzeugnisse, Zinserträge, GuV-Konto.

Geschäftsfälle

1. Verbrauch von Hilfsstoffen lt. Materialentnahmeschein (ME) 101	1.300,00
2. Verbrauch von Rohstoffen für die Herstellung lt. ME 102	14.000,00
3. Verbrauch von Betriebsstoffen für die Herstellung lt. ME 103	1.300,00
4. Betriebsteuern wurden lt. KA 10 durch Überweisung beglichen	1.800,00
5. Fertigungslöhne wurden lt. KA 11 überwiesen	9.000,00
6. Lt. KA 12 erfolgte Gehaltszahlung durch Überweisung	2.400,00
7. Begleichen einer Werbeanzeige lt. KA 13 durch Bankscheck	250,00
8. Verkauf aller hergestellten Erzeugnisse auf Ziel lt. AR 10	47.300,00
9. Lt. KA 14 erfolgte eine Gutschrift für Zinsen	400,00

Abschlussangabe: Die Salden der Bestandskonten entsprechen der Inventur.

Auswertung: *Wie hoch sind die gesamten Aufwendungen der Rechnungsperiode und welche Erträge stehen diesen Aufwendungen gegenüber? Wie hoch ist das Ergebnis und wie wirkt es sich auf das Eigenkapital aus?*

Aufgabe 63

Bestandskonten: Betriebs- und Geschäftsausstattung 200.000,00 €, Rohstoffe 82.000,00 €, Hilfsstoffe 24.000,00 €, Betriebsstoffe 12.000,00 €, Forderungen a. LL 13.000,00 €, Bankguthaben 23.000,00 €, Kasse 7.000,00 €, Gezeichnetes Kapital 346.000,00 €, Jahresüberschuss/Jahresfehlbetrag, Verbindlichkeiten a. LL 15.000,00 €, Schlussbilanzkonto.

Erfolgskonten: Aufwendungen für Rohstoffe, Aufwendungen für Hilfsstoffe, Aufwendungen für Betriebsstoffe, Löhne, Fremdinstandsetzung, Büromaterial, Umsatzerlöse für eigene Erzeugnisse, Provisionserträge, GuV-Konto.

Geschäftsfälle

1. Eingangsrechnung für Rohstoffe: ER 10	13.500,00
2. Verbrauch von Rohstoffen für die Herstellung lt. ME 104	14.100,00
3. Lohnzahlung erfolgte lt. KA 15 durch Überweisung	6.200,00
4. Zielverkauf von eigenen Erzeugnissen lt. AR 11	12.400,00
5. Begleichen einer Rechnung (ER 8) über Reparaturkosten (Bank)	350,00
6. Barzahlung für Büromaterial lt. KB 11	250,00
7. Verbrauch von Betriebsstoffen lt. ME 105	1.400,00
8. Verbrauch von Hilfsstoffen lt. ME 106	1.900,00
9. Kunden begleichen lt. KA 16 fällige Rechnungen durch Überweisung	9.500,00
10. Verkauf aller eigenen Erzeugnisse auf Ziel lt. AR 12	35.900,00
11. Lt. KA 17 erhielten wir Provision durch Überweisung	3.500,00

Abschlussangabe: Die Salden der Bestandskonten entsprechen der Inventur.

Auswertung: *Wie hoch ist der Erfolg und wie wirkt er sich auf das Eigenkapital aus?*

Aufgabe 64

Anfangsbestände

Techn. Anlagen und Maschinen	150.000,00	Bankguthaben	25.000,00
Rohstoffe	60.000,00	Kasse	3.000,00
Hilfsstoffe	30.000,00	Gezeichnetes Kapital	200.000,00
Betriebsstoffe	15.000,00	Darlehensschulden	60.000,00
Forderungen a. LL	10.000,00	Verbindlichkeiten a. LL	33.000,00

Bestandskonten

Technische Anlagen und Maschinen, Rohstoffe, Hilfsstoffe, Betriebsstoffe, Forderungen a. LL, Bank, Kasse, Darlehensschulden, Verbindlichkeiten a. LL, Gezeichnetes Kapital, Jahresüberschuss/Jahresfehlbetrag, Schlussbilanzkonto.

Erfolgskonten

Aufwendungen für Rohstoffe, Aufwendungen für Hilfsstoffe, Aufwendungen für Betriebsstoffe, Löhne, Gehälter, Büromaterial, Werbeaufwendungen, Mietaufwendungen, Fremdinstandsetzung, Kosten der Telekommunikation, Umsatzerlöse für eigene Erzeugnisse, Zinserträge, GuV-Konto.

Geschäftsfälle

1. Zieleinkauf von Rohstoffen lt. ER 179	4.500,00
von Hilfsstoffen lt. ER 180	1.500,00
von Betriebsstoffen lt. ER 181	1.200,00
2. Barkauf von Büromaterial lt. KB 88	250,00
3. Überweisung für Maschinenreparatur lt. KA 121	400,00
4. Verkauf von eigenen Erzeugnissen	
auf Ziel lt. AR 210	19.500,00
gegen Barzahlung lt. KB 89	700,00
5. Lt. KA 122 Überweisung für	
Löhne	8.700,00
Gehälter	4.300,00
6. Lt. KA 123 Überweisung von Kunden für fällige Rechnungen	9.500,00
7. KA 124: Unsere Überweisung für	
Miete	1.800,00
Telekommunikationskosten	350,00
Werbeanzeigen	780,00
Ausgleich einer fälligen Lieferantenrechnung	4.520,00
8. Verkauf aller eigenen Erzeugnisse auf Ziel lt. AR 211	38.000,00
9. Bank schreibt uns lt. KA 125 Zinsen gut	600,00

Abschlussangaben

Im vorliegenden Industriebetrieb wird der Materialverbrauch durch Inventur ermittelt. Die Schlussbestände betragen lt. Inventur für

Rohstoffe	28.000,00
Hilfsstoffe	22.700,00
Betriebsstoffe	11.600,00

Buchen Sie zunächst jeweils den Endbestand und ermitteln und buchen Sie danach den Verbrauch an Rohstoffen, Hilfsstoffen und Betriebsstoffen (vgl. S. 56).

Auswertung

1. Nennen Sie die Auswirkung des Erfolges (des Ergebnisses) auf das Eigenkapital.
2. Worauf führen Sie den Verlust in der Aufgabe zurück?
3. Ermitteln Sie auch den Erfolg durch Kapitalvergleich, indem Sie das Eigenkapital der Eröffnungsbilanz mit dem der Schlussbilanz vergleichen.
4. Begründen Sie, dass ein hoher Gewinn das oberste Unternehmungsziel ist.

Aufgabe 65

Anfangsbestände

TA und Maschinen	420.000,00	Bankguthaben	125.000,00
BGA	210.000,00	Kasse	700,00
Rohstoffe	89.000,00	Gezeichnetes Kapital	577.000,00
Hilfsstoffe	12.500,00	Darlehensschulden	260.000,00
Betriebsstoffe	2.800,00	Verbindlichkeiten a. LL	69.000,00
Forderungen a. LL	46.000,00		

Bestandskonten

TA und Maschinen, BGA, Rohstoffe, Hilfsstoffe, Betriebsstoffe, Forderungen a. LL, Kasse, Bank, Gezeichnetes Kapital, Jahresüberschuss/Jahresfehlbetrag, Darlehensschulden, Verbindlichkeiten a. LL, Schlussbilanzkonto.

Erfolgskonten

Umsatzerlöse für eigene Erzeugnisse, Provisionserträge, Aufwendungen für Rohstoffe, Aufwendungen für Hilfsstoffe, Aufwendungen für Betriebsstoffe, Löhne, Gehälter, Mietaufwendungen, Kosten der Telekommunikation, Zinsaufwendungen, Versicherungsbeiträge, GuV-Konto.

Geschäftsfälle

1. Eingangsrechnungen	für Rohstoffe	65.000,00	
	für Hilfsstoffe	12.000,00	
	für Betriebsstoffe	8.500,00	85.500,00
2. Ausgangsrechnung für den Verkauf eigener Erzeugnisse	auf Ziel	123.000,00	
	gegen Bankscheck	7.500,00	130.500,00
3. Kontoauszug: Lastschriften	für Löhne	18.600,00	
	für Gehälter	12.400,00	
	für Darlehenszinsen	6.800,00	
	für Telekommunikation	2.500,00	
	für Haftpflichtversicherung	2.700,00	43.000,00
4. Materialentnahmescheine	für Rohstoffe	72.000,00	
	für Hilfsstoffe	5.800,00	
	für Betriebsstoffe	2.300,00	80.100,00
5. Kontoauszug: Gutschriften	für Überweisungen von Kunden	88.600,00	
	von Provisionen	2.300,00	90.900,00
6. Kontoauszug: Lastschriften	für Überweisungen an Lieferanten zum Ausgleich von Lieferantenrechnungen	82.600,00	
	an Vermieter für Miete von Lagerräumen	6.700,00	89.300,00
7. Ausgangsrechnung: Verkauf von eigenen Erzeugnissen			62.000,00

Abschlussangabe

Die Salden der Bestandskonten entsprechen der Inventur.

Auswertung

1. *Wie hoch sind die Aufwendungen des Industriebetriebes und welche Erträge stehen ihnen gegenüber?*
2. *Ermitteln Sie die Rentabilität des Eigenkapitals, indem Sie den Gewinn dem durchschnittlichen Eigenkapital gegenüberstellen.*

HF 7 / AS 7.1 / ZF 3

6 Einführung in die Abschreibung der Sachanlagen

6.1 Ursachen, Buchung und Wirkung der Abschreibung

Sachanlagen

Das **Anlagevermögen** ist dazu bestimmt, dem Unternehmen **langfristig** zu dienen. Bei **abnutzbaren Anlagegütern** (z. B. Gebäude, Maschinen, Computer) ist die Nutzungsdauer jedoch begrenzt. Der Wert dieser **Sachanlagen** mindert sich durch

- **Nutzung** (Gebrauch),
- **natürlichen Verschleiß,**
- **technischen Fortschritt** und
- **außergewöhnliche Ereignisse.**

Diese Wertminderungen werden in der Regel zum Jahresabschluss als **Aufwand** auf dem Konto

Abschreibungen auf Sachanlagen (SA)

erfasst.[1] Statt Abschreibung heißt es im Steuerrecht „Absetzung für Abnutzung“ **(AfA).**

Beispiel

Die Anschaffungskosten einer Maschine, die eine Nutzungsdauer von zehn Jahren hat, betragen 120.000,00 €. Die Maschine kann somit **jährlich gleich bleibend (linear)** mit 12.000,00 € (120.000,00 € : 10) abgeschrieben werden. Dadurch vermindert sich der Gewinn des Unternehmens um 12.000,00 €.

S	Techn. Anlagen und Maschinen		H
AB	120.000,00	Abschr.	12.000,00
		SBK	108.000,00

S	Abschreibungen auf Sachanlagen		H
TA und Maschinen	12.000,00	GuV-Konto	12.000,00

S	Schlussbilanzkonto		H
TA und Maschinen	108.000,00		

S	GuV-Konto		H
...	200.000,00	...	250.000,00
Abschr.	12.000,00		
Gewinn	?		

Buchungen:				
1.	Abschreibungen auf SA	an	TA und Maschinen	12.000,00
2.	GuV-Konto	an	Abschreibungen auf SA	12.000,00
3.	Schlussbilanzkonto	an	TA und Maschinen	108.000,00

Merke

- **Die Wertminderung der Anlagegüter wird durch Abschreibungen erfasst.**
- **Durch die Abschreibung werden die Anschaffungskosten eines Anlagegutes auf seine Nutzungsdauer (Jahre) verteilt.**
- **Abschreibungen mindern als Aufwand den Gewinn und somit auch die gewinnabhängigen Steuern, wie z. B. die Körperschaft- und die Einkommensteuer.**

Abschreibungen

In der Kalkulation der Verkaufspreise der Erzeugnisse werden die **Abschreibungen als Kosten** eingesetzt. **Über die Umsatzerlöse fließen** die einkalkulierten **Abschreibungsbeträge** in Form von liquiden Mitteln (Geld) in das Unternehmen **zurück**. Diese Mittel stehen nun wiederum für **Anschaffungen (Investitionen)** im Sachanlagevermögen zur Verfügung. Das Unternehmen finanziert somit die Anschaffung von Sachanlagegütern in erster Linie aus **Abschreibungsrückflüssen**. Die Abschreibung stellt deshalb ein bedeutendes **Mittel der Finanzierung** dar.

Abschreibungskreislauf

Abschreibungen bewegen sich in einem Kreislauf. Aus dem Anlagevermögen fließen sie über die Umsatzerlöse in das Umlaufvermögen (Bank) und von dort durch Neuanschaffungen in das Anlagevermögen zurück.

Merke

Über Abschreibungen werden Investitionen in Sachanlagen finanziert.

1 Siehe ausführliche Behandlung der Abschreibungen auf Sachanlagen auf S. 86 ff. und S. 168 ff.

694668

6.2 Berechnung der Abschreibung

Jährlicher Abschreibungsbetrag

Der jährliche Abschreibungsbetrag wird in der Regel aufgrund **handelsrechtlicher** Vorschriften nach der linearen oder degressiven Methode berechnet. In unserem Ausgangsbeispiel soll die Maschine jeweils zum Jahresschluss **linear mit 10 %** der Anschaffungskosten bzw. **degressiv mit 25 %** vom jeweiligen Buchwert (Restwert) abgeschrieben werden. Im ersten Fall ergeben sich jährlich **gleich bleibende** und im zweiten **fallende** Abschreibungsbeträge. Durch die Abschreibung verringert sich jährlich der Buch- bzw. Restwert des Anlagegutes:

Beispiel

Lineare Abschreibung	Ermittlung des Buchwertes	Degressive Abschreibung
120.000,00 €	Anschaffungswert	120.000,00 €
– 12.000,00 €	– Abschreibung am Ende des 1. Jahres	– 30.000,00 €
= 108.000,00 €	= Buchwert am Ende des 1. Jahres	= 90.000,00 €
– 12.000,00 €	– Abschreibung am Ende des 2. Jahres	– 22.500,00 €
= 96.000,00 €	= Buchwert am Ende des 2. Jahres	= 67.500,00 €
10 % Abschreibung von den **Anschaffungskosten**	*Führen Sie das Beispiel zu Ende.*	**25 % Abschreibung** vom **Buchwert**

Lineare Abschreibung

Bei der linearen Abschreibung erfolgt die Abschreibung in jedem Jahr der Nutzung von den **Anschaffungskosten** des Anlagegutes. Die **Abschreibungsbeträge** sind daher **gleich hoch.** Nach Ablauf der Nutzungsdauer ist der Buchwert gleich null. Sollte sich das Anlagegut danach weiterhin im Betrieb befinden, ist es mit einem **Erinnerungswert von 1,00 €** im Anlagekonto auszuweisen. Im Beispiel wären dann am Ende des 10. Jahres nur 11.999,00 € abzuschreiben.

$$\textbf{Abschreibungsbetrag} = \frac{\textbf{Anschaffungskosten}}{\textbf{Nutzungsjahre}} = \frac{\textbf{120.000,00 €}}{\textbf{10 Jahre}} = \textbf{12.000,00 €/Jahr}$$

$$\textbf{Abschreibungssatz} = \frac{\textbf{1}}{\textbf{Nutzungsjahre}} = \frac{\textbf{1}}{\textbf{10 Jahre}} = \textbf{0,1/Jahr} = \textbf{10 \%/Jahr}$$

Degressive Abschreibung

Bei der degressiven Abschreibung wird die Abschreibung nur im ersten Nutzungsjahr von den Anschaffungskosten vorgenommen, in den folgenden Jahren dagegen vom jeweiligen **Buch- oder Restwert.** Dadurch ergeben sich **jährlich fallende Abschreibungsbeträge.** Bei der degressiven Abschreibung wird der Nullwert des Anlagegutes nach Ablauf der Nutzungsdauer nie erreicht. Der **Abschreibungssatz** sollte daher bei degressiver Abschreibung **höher** sein als bei linearer Abschreibung, wodurch insbesondere auch einer **Wertminderung durch technischen Fortschritt** (z. B. Modellwechsel) Rechnung getragen wird.

Steuerrechtliche Regelung

Handelsrechtlich sind beide Abschreibungsmethoden zugelassen. Im **Steuerrecht** ist die degressive Abschreibung abgeschafft worden. Abnutzbare Anlagegüter, die im Jahr 2008 oder ab 2011 angeschafft wurden, müssen daher für die **Steuerbilanz** linear abgeschrieben werden. Auf Anschaffungen aus den Jahren vor 2008 sowie 2009 und 2010 dürfen auch für steuerliche Zwecke weiter degressive Abschreibungen verrechnet werden, wobei je nach Zugangsjahr unterschiedliche Prozentsätze und Höchstbeträge zulässig sind (siehe S. 169).

Merke

- **Handelsrechtlich dürfen abnutzbare Anlagegüter über ihre Nutzungsdauer linear oder degressiv abgeschrieben werden.**
- **Steuerrechtlich ist für Zugänge von beweglichen Wirtschaftsgütern in 2008 und ab 2011 die degressive Abschreibungsmethode abgeschafft, sodass linear abgeschrieben werden muss.**
- **Abschreibungsgrundlage sind die Anschaffungs- bzw. Herstellungskosten.**

Beispiele

Nutzungsdauer (Jahre) von Anlagegütern lt. AfA-Tabelle:

1. Betriebliche Gebäude	25–33	6. Büromöbel	13
2. Krananlagen	14–21	7. Großrechner	7
3. Be- und Verarbeitungsmaschinen	5–16	8. Personalcomputer	3
4. Lastkraftwagen	9[1]	9. Drucker, Scanner u. a.	3
5. Personenwagen	6[1]	10. Registrierkassen	6

Ermitteln Sie die entsprechenden Abschreibungssätze (in Prozent).

Aufgabe 66

Die Anschaffungskosten einer Maschine, die am 3. Januar 2010 angeschafft wurde, belaufen sich auf 200.000,00 €. Die Nutzungsdauer beträgt zehn Jahre.

a) *Ermitteln Sie bei linearer Abschreibung jeweils den Abschreibungsbetrag und -satz.*
b) *Welcher Abschreibungssatz ist steuerlich für die degressive Abschreibung anzuwenden?*
c) *Stellen Sie die Abschreibungsbeträge bei linearer und degressiver Abschreibung wenigstens für die ersten vier Jahre in einer Tabelle gegenüber und ermitteln Sie für jedes Jahr den Buch- bzw. Restwert.*
d) *Buchen Sie für das 1. Jahr die Abschreibung auf Maschinen (lineare Abschreibung). Richten Sie folgende Konten ein: TA und Maschinen, Abschreibungen auf Sachanlagen, GuV-Konto, Schlussbilanzkonto.*
e) *Wie hätte sich der Maschinenkauf in 2016 steuerlich ausgewirkt?*

Aufgabe 67

Es sind folgende Konten einzurichten:

Technische Anlagen und Maschinen 290.000,00 €, BGA 120.000,00 €, Abschreibungen auf Sachanlagen, GuV-Konto, Schlussbilanzkonto.

a) *Buchen Sie die Abschreibungen auf Maschinen 58.000,00 €, auf BGA 12.000,00 €.*
b) *Schließen Sie die Bestandskonten und das Konto Abschreibungen auf Sachanlagen ab und stellen Sie danach das Schlussbilanzkonto auf.*

Aufgabe 68

Folgende Konten sind einzurichten:

TA und Maschinen 220.000,00 €, Fuhrpark 140.000,00 €, BGA 90.000,00 €, Abschreibungen auf Sachanlagen, GuV-Konto, Schlussbilanzkonto.

Lt. Inventur sind folgende Schlussbestände vorhanden:

TA und Maschinen 196.000,00 €, Fuhrpark 113.000,00 €, BGA 81.000,00 €.

Buchen Sie die Abschreibungen und schließen Sie diese Konten ab.

Aufgabe 69

Anfangsbestände

TA und Maschinen 90.000,00 €, Fuhrpark 50.000,00 €, BGA 25.000,00 €, Rohstoffe 31.000,00 €, Hilfsstoffe 3.500,00 €, Betriebsstoffe 2.500,00 €, Forderungen a. LL 9.000,00 €, Bank 28.000,00 €, Kasse 6.000,00 €, Verbindlichkeiten a. LL 14.000,00 €, Darlehensschulden 10.000,00 €, Gezeichnetes Kapital + Jahresüberschuss/Jahresfehlbetrag 221.000,00 €.

Bestandskonten

TA und Maschinen, Fuhrpark, BGA, Rohstoffe, Hilfsstoffe, Betriebsstoffe, Forderungen a. LL, Bank, Kasse, Verbindlichkeiten a. LL, Darlehensschulden, Gezeichnetes Kapital + Jahresüberschuss/Jahresfehlbetrag, Schlussbilanzkonto.

Erfolgskonten

Aufwendungen für Rohstoffe, Aufwendungen für Hilfsstoffe, Aufwendungen für Betriebsstoffe, Löhne, Betriebsteuern, Abschreibungen auf Sachanlagen, Umsatzerlöse für eigene Erzeugnisse, GuV-Konto.

Geschäftsfälle

1. Lt. KA Überweisung eines Kunden zum Ausgleich einer Rechnung	1.200,00
2. Materialentnahmescheine für die Herstellung der Erzeugnisse:	
Rohstoffe	13.000,00
Betriebsstoffe	1.600,00
3. Lt. KA Überweisung an einen Lieferanten zum Ausgleich einer Rechnung	3.300,00
4. Kauf von Rohstoffen auf Ziel lt. ER	2.850,00

1 Bei besonders starker Belastung ist eine Verkürzung der Nutzungsdauer möglich.

694670

5. Lt. KA Überweisung für Gewerbesteuer[1] 750,00
6. Lt. KA Überweisung für Löhne 5.100,00
7. Lt. KA Teilrückzahlung eines Darlehens durch Überweisung 3.500,00
8. Verkauf aller fertigen Erzeugnisse auf Ziel lt. AR 72.700,00

Abschlussangaben

1. Abschreibungen: 20 % auf TA und Maschinen; Fuhrpark: 10.000,00 €; BGA: 2.500,00 €.
2. Endbestand an Hilfsstoffen lt. Inventur 1.700,00
   Der Verbrauch an Hilfsstoffen ist noch zu ermitteln und zu buchen.
3. Keine Bestände an eigenen Erzeugnissen.

Auswertung

1. *Wie hoch sind die Aufwendungen der Abrechnungsperiode?*
2. *Welche Erträge stehen diesen Aufwendungen gegenüber?*
3. *Wie hoch ist demnach der Erfolg (Gewinn oder Verlust)?*
4. *Weisen Sie den Erfolg auch durch Kapitalvergleich (Betriebsvermögensvergleich) nach, indem Sie das Eigenkapital der Schlussbilanz mit dem der Eröffnungsbilanz vergleichen.*

Aufgabe 70

Anfangsbestände

TA und Maschinen 120.000,00 €, Fuhrpark 40.000,00 €, BGA 30.000,00 €, Rohstoffe 16.000,00 €, Hilfsstoffe 5.000,00 €, Betriebsstoffe 3.000,00 €, Forderungen a. LL 10.000,00 €, Bank 28.000,00 €, Kasse 8.000,00 €, Verbindlichkeiten a. LL 18.000,00 €, Darlehensschulden 20.000,00 €, Gezeichnetes Kapital + Jahresüberschuss/Jahresfehlbetrag 222.000,00 €.

Kontenplan

Wie in Aufgabe 69, zusätzlich Konto „Gehälter“.

Geschäftsfälle

1. Lt. ME Verbrauch von Rohstoffen 3.100,00
   Hilfsstoffen 800,00
   Betriebsstoffen 700,00
2. Lt. KA Kauf einer Maschine gegen Bankscheck 5.000,00
3. Lt. KA Aufnahme eines Darlehens bei der Bank 45.000,00
4. Lt. KA Zahlung der Löhne durch Überweisung 4.100,00
5. Lt. KA Banküberweisung eines Kunden zum Ausgleich einer Rechnung 2.950,00
6. Lt. KA Bankeinzug für Kraftfahrzeugsteuer 900,00
7. Zieleinkauf von Hilfsstoffen lt. ER 6.100,00
8. Zieleinkauf von Rohstoffen lt. ER 13.400,00
9. Lt. KA Gehaltszahlung durch Überweisung 2.500,00
10. Verkauf aller fertigen Erzeugnisse, davon
    gegen Bankscheck 5.500,00
    auf Ziel lt. AR 48.800,00

Abschlussangaben

1. Abschreibungen: TA und Maschinen 5.000,00 €, Fuhrpark 6.000,00 €, BGA 2.000,00 €.
2. Keine Bestände an eigenen Erzeugnissen.

Aufgabe 71

1. *Unterscheiden Sie zwischen linearer und degressiver Abschreibung.*
2. *Erläutern Sie die Gewinnauswirkung bei beiden Abschreibungsmethoden im Jahr der Anschaffung des Vermögensgegenstandes.*
3. *Welchen besonderen Vorteil hat die degressive Abschreibung?*
4. *Erläutern Sie den Kreislauf der Abschreibung.*
5. *Inwiefern ist die Abschreibung ein bedeutendes Mittel der Finanzierung?*
6. *Nennen Sie Beispiele für Rohstoffe und Hilfsstoffe.*

1 Siehe Fußnote auf S. 91.

HF 2 / AS 2.2 / ZF 6

7 Aufwandsorientierte Erfassung der Werkstoffeinkäufe

Bisher haben wir die **Werkstoffeinkäufe** aufgrund der Eingangsrechnung **auf den Bestandskonten** Roh-, Hilfs- und Betriebsstoffe u. a. gebucht, also **bestandsorientiert erfasst.** Der **Verbrauch** an Roh-, Hilfs- und Betriebsstoffen wurde anhand von **Materialentnahmescheinen** oder durch **Inventur** ermittelt und auf die entsprechenden **Aufwandskonten** für Roh-, Hilfs- und Betriebsstoffe **umgebucht:**

S Rohstoffe	H
Anfangsbestand	Rohstoffverbrauch
Einkäufe von Rohstoffen	Schlussbestand

→

S Aufwendungen für Rohstoffe	H
Rohstoffverbrauch	GuV-Konto

Just-in-time-Fertigung

Zur Einsparung von Lagerkosten lassen bestimmte Industriebetriebe Werkstoffe erst dann anliefern, wenn sie in der Fertigung benötigt werden (**„Just-in-time-Fertigung“**).[1] In diesem Fall ist es sinnvoll, den **Werkstoffeinkauf direkt als Aufwand** auf den entsprechenden Aufwandskonten für Roh-, Hilfs- und Betriebsstoffe zu buchen, also **sofort aufwandsorientiert zu erfassen.** Somit weisen die **Werkstoffbestandskonten** der Roh-, Hilfs- und Betriebsstoffe jeweils nur noch den **Anfangsbestand**, den **Schlussbestand lt. Inventur** sowie gegebenenfalls **als Saldo die Veränderung des Anfangsbestandes** aus:

S Rohstoffe	H
Anfangsbestand	Schlussbestand
Bestands**mehrung**	

S Rohstoffe	H
Anfangsbestand	Schlussbestand
	Bestands**minderung**

Bestandsveränderung

Die **Bestandsveränderung** weist im obigen Rohstoffbestandskonto entweder eine **Mehrung oder Minderung** des Anfangsbestandes aus, je nachdem, ob der Schlussbestand lt. Inventur größer oder kleiner als der Anfangsbestand ist. Im Falle einer **Bestandsmehrung** wurden im Abrechnungszeitraum mehr Rohstoffe eingekauft als verbraucht. Bei einer **Bestandsminderung** mussten dagegen zusätzlich Rohstoffe aus dem Lagerbestand des Vorjahres in die Fertigung gegeben werden.

Ermittlung des tatsächlichen Werkstoffverbrauchs

Um den tatsächlichen Rohstoffverbrauch auf dem Konto „Aufwendungen für Rohstoffe“ **ermitteln zu können,** muss man die **Bestandsveränderung** des Rohstoffbestandskontos **auf das Rohstoffaufwandskonto umbuchen:**

Umbuchung der Bestandsmehrung

S Rohstoffe	H
Anfangsbestand	Schlussbestand
Bestands**mehrung**	

↓

S Aufwendungen für Rohstoffe	H
Einkauf von Rohstoffen	Bestands**mehrung**
	Saldo = **Verbrauch** von Rohstoffen → GuV

Buchung: Rohstoffe an **Aufw. f. Rohst.**

Umbuchung der Bestandsminderung

S Rohstoffe	H
Anfangsbestand	Schlussbestand
	Bestands**minderung**

↓

S Aufwendungen für Rohstoffe	H
Einkauf von Rohstoffen	**Saldo** = **Verbrauch** von Rohstoffen → GuV
Bestands**minderung**	

Buchung: Aufw. f. Rohst. an **Rohstoffe**

1 Siehe auch Band 1, HF 2, AS 2.1, Kapitel 1.2 und HF 2, AS 2.2, Kapitel 1.6.

Beispiel 1

Bestandsmehrung

Zu Beginn des Geschäftsjahres beträgt der Lagerbestand an Rohstoffen 100.000,00 €. Während des Geschäftsjahres wurden Rohstoffe im Nettowert von 200.000,00 € eingekauft. Zum Schluss des Geschäftsjahres beträgt der Bestand an Rohstoffen lt. Inventur 120.000,00 €.

Buchung des Anfangsbestandes an Rohstoffen:
❶ **Rohstoffe** .... an **Eröffnungsbilanzkonto** **100.000,00**

Buchung des Rohstoffeinkaufs direkt als Aufwand:
❷ **Aufwendungen für Rohstoffe** ...... an **Verbindlichkeiten a. LL** **200.000,00**

Buchung des Schlussbestandes an Rohstoffen:
❸ **Schlussbilanzkonto** .... an **Rohstoffe** **120.000,00**

Umbuchung der Bestandsveränderung (Mehrbestand):
❹ **Rohstoffe** .... an **Aufwendungen für Rohstoffe** **20.000,00**

Abschluss des Kontos „Aufwendungen für Rohstoffe“:
❺ **GuV-Konto** .... an **Aufwendungen für Rohstoffe** **180.000,00**

S	Rohstoffe		H
❶ AB	100.000,00	❸ SB	120.000,00
❹	20.000,00		

S	Aufwendungen für Rohstoffe		H
❷	200.000,00	❹	20.000,00
		❺ GuV	180.000,00

S	Schlussbilanzkonto		H
❸	120.000,00		

S	GuV-Konto		H
❺	180.000,00		

Beispiel 2

Bestandsminderung

Die Angaben des 1. Beispiels werden bis auf den Schlussbestand an Rohstoffen, der jetzt 60.000,00 € betragen soll, übernommen.

S	Rohstoffe		H
❶ AB	100.000,00	❸ SB	60.000,00
		❹	40.000,00

S	Aufwendungen für Rohstoffe		H
❷	200.000,00	❺ GuV	240.000,00
❹	40.000,00		

S	Schlussbilanzkonto		H
❸	60.000,00		

S	GuV-Konto		H
❺	240.000,00		

Nennen Sie selbst jeweils den Buchungssatz für die Erfassung des Schlussbestandes an Rohstoffen ❸*, die Umbuchung des Minderbestandes an Rohstoffen* ❹ *sowie den Abschluss des Kontos „Aufwendungen für Rohstoffe“* ❺.

In der Praxis wird der Einkauf von Werkstoffen entweder auf Konten der Kontenklasse 2 (bestandsorientiert) oder als sofortiger Verbrauch auf Konten der Kontenklasse 6 (aufwandsorientiert) erfasst. Deshalb werden hier beide Buchungsverfahren dargestellt (vgl. S. 57 f.).

Merke

Werden die Werkstoffeinkäufe direkt als Aufwand erfasst, ergibt sich der tatsächliche Werkstoffverbrauch auf den Aufwandskonten erst nach Berücksichtigung der Bestandsveränderungen auf den Werkstoffbestandskonten.

Wert der Werkstoffeinkäufe	**Wert der Werkstoffeinkäufe**
– Mehrbestand an Werkstoffen	**+ Minderbestand an Werkstoffen**
= Werkstoffverbrauch	**= Werkstoffverbrauch**

Aufgabe 72

In der Maschinenbau GmbH wird der Werkstoffeinkauf direkt auf den entsprechenden Aufwandskonten erfasst. Während des Geschäftsjahres wurden für insgesamt 450.000,00 € Rohstoffe und für 50.000,00 € Hilfsstoffe auf Ziel eingekauft.

Zu Beginn des Geschäftsjahres betrug der Bestand an Rohstoffen 70.000,00 € und an Hilfsstoffen 30.000,00 €. Zum Schluss des Geschäftsjahres ergab die Inventur einen Rohstoffbestand von 120.000,00 € und einen Hilfsstoffbestand von 10.000,00 €.

1. *Richten Sie folgende Konten ein:*
   Rohstoffe, Hilfsstoffe, Aufwendungen für Rohstoffe, Aufwendungen für Hilfsstoffe, Verbindlichkeiten a. LL, Eröffnungsbilanzkonto, Schlussbilanzkonto, Gewinn- und Verlustkonto.
2. *Nennen Sie jeweils den Buchungssatz und buchen Sie auf den entsprechenden Konten*
   a) den Anfangsbestand an Roh- und Hilfsstoffen,
   b) den Einkauf von Roh- und Hilfsstoffen direkt als Aufwand,
   c) den Schlussbestand an Roh- und Hilfsstoffen lt. Inventur,
   d) die jeweilige Bestandsveränderung bei Rohstoffen und Hilfsstoffen,
   e) den Abschluss der Konten „Aufwendungen für Rohstoffe“ und „Aufwendungen für Hilfsstoffe“.

Aufgabe 73

Die Metall GmbH erfasst in ihrer Buchhaltung die Werkstoffeinkäufe verbrauchs- bzw. fertigungssynchron.
Bilden Sie die Buchungssätze, buchen Sie auf Konten und schließen Sie die Konten ab.

Richten Sie folgende Konten ein:	Soll	Haben
Rohstoffe	150.000,00	–
Hilfsstoffe	20.000,00	–
Betriebsstoffe	10.000,00	–
Aufwendungen für Rohstoffe	280.000,00	–
Aufwendungen für Hilfsstoffe	60.000,00	–
Aufwendungen für Betriebsstoffe	15.000,00	–
Verbindlichkeiten a. LL	250.000,00	300.000,00
Schlussbilanzkonto	–	–
Gewinn- und Verlustkonto	–	–

Buchen Sie die folgenden Geschäftsfälle:

1. Eingangsrechnungen (ER) für Rohstoffe 70.000,00
   Hilfsstoffe 25.000,00
   Betriebsstoffe 12.000,00
2. Schlussbestände lt. Inventur: Rohstoffe 50.000,00
   Hilfsstoffe 25.000,00
   Betriebsstoffe 4.000,00

Wie hoch ist der jeweilige Verbrauch an Roh-, Hilfs- und Betriebsstoffen?

Aufgabe 74

1. *Entscheiden Sie (+ bzw. –):*
   a) Werkstoffverbrauch = Werkstoffeinkauf ? Mehrbestand an Werkstoffen
   b) Werkstoffverbrauch = Werkstoffeinkauf ? Minderbestand an Werkstoffen
2. *Welche betriebswirtschaftlichen Vorteile hat die fertigungssynchrone Anlieferung der Werkstoffe (Just-in-time-Verfahren)[1]?*
3. *Welche Kosten der Vorrats- bzw. Lagerhaltung können im Einzelnen eingespart werden?*
4. *Worin sehen Sie buchhalterisch den Vorteil, die Werkstoffeinkäufe direkt als Aufwand auf den entsprechenden Aufwandskonten zu erfassen?*
5. *Welche Nachteile hat die buchhalterische Erfassung der Werkstoffeinkäufe auf Aufwandskonten?*

1 Siehe auch Band 1, HF 2, AS 2.2, Kapitel 1.6.

694674

8 Umsatzsteuer beim Einkauf und Verkauf

HF 2 / AS 2.2 / ZF 7
HF 4 / AS 4.2 / ZF 14

8.1 Wesen der Umsatzsteuer (Mehrwertsteuer)

Mehrwert

Viele zum Verkauf angebotene Waren legen meist einen langen Weg zurück: vom Betrieb der Urerzeugung über Betriebe der Weiterverarbeitung, des Groß- und Einzelhandels bis zum Endverbraucher. Menschen und Kapital schaffen **auf jeder Stufe** dieses Warenwegs „mehr Wert". Diesen **Mehrwert**, der sich jeweils aus der **Differenz zwischen Verkaufs- und Einkaufspreis** der Ware ergibt, besteuert der Staat mit der **„Mehrwertsteuer"**, deren Grundlage das **Umsatzsteuergesetz** ist. Die Mehrwertsteuer heißt deshalb auch offiziell **Umsatzsteuer**. Der **allgemeine** Umsatzsteuersatz beträgt **19 %**, der **ermäßigte**, z. B. für Lebensmittel und Bücher, **7 %**.

Beispiel

Eine Wohnzimmerschrankwand, die in einem Möbeleinzelhandelsgeschäft an einen Privatkunden für **11.900,00 €** (10.000,00 € **Warenwert** + 1.900,00 € **Umsatzsteuer**) verkauft wurde, legt in der Regel vier Umsatzstufen zurück:

Der Forstbetrieb mit angeschlossenem Sägewerk liefert das Holz an die Möbelwerke, die daraus die Schrankwand herstellen und an den Möbelgroßhändler verkaufen, der wiederum das Möbeleinzelhandelsgeschäft beliefert.

Von dem **auf jeder Umsatzstufe** entstandenen **Mehrwert** werden **19 % Umsatzsteuer** berechnet und als **Zahllast** an das Finanzamt abgeführt. Das sind für alle vier Umsatzstufen **insgesamt 1.900,00 € Umsatzsteuer**, also genau der Betrag, den der **Privatkunde als Endverbraucher** an Umsatzsteuer **zu tragen und zu zahlen** hat:

Umsatzstufen	Einkaufspreis lt. ER	Verkaufspreis lt. AR	Mehrwert	Zahllast: 19 % USt vom Mehrwert
Forstbetrieb ↓	0,00 €	2.000,00 €	**2.000,00 €**	**380,00 € USt**
Möbelwerke ↓	2.000,00 €	6.500,00 €	**4.500,00 €**	**855,00 € USt**
Möbelgroßhandel ↓	6.500,00 €	8.000,00 €	**1.500,00 €**	**285,00 € USt**
Möbeleinzelhandel	8.000,00 €	10.000,00 €	**2.000,00 €**	**380,00 € USt**
Privatkunde zahlt an Einzelhandel:		11.900,00 €	= 10.000,00 €	+ 1.900,00 € USt

Die Umsatzsteuer, die auf jeder Stufe des Warenwegs an das Finanzamt abgeführt wird, **belastet nicht die Unternehmen**, sondern, wie das Beispiel zeigt, **allein den Privatkunden**, der die Rechnung des Möbeleinzelhändlers einschließlich der Umsatzsteuer im **Preis von 11.900,00 €** bezahlt. Der Einzelhändler vereinnahmt die Umsatzsteuer im Namen des Finanzamtes und führt sie entsprechend ab.

Merke

- **Auf jeder Stufe des Warenwegs entsteht ein Mehrwert.**
- **Nettoverkaufspreis > Nettoeinkaufspreis = Mehrwert**
- **Jeder Unternehmer hat zwar die Umsatzsteuer von seiner Mehrwertschöpfung als Zahllast an das Finanzamt abzuführen, sie belastet ihn jedoch nicht.**
- **Die Umsatzsteuer wird ausschließlich vom Privatkunden getragen.**

8.2 Ermittlung der Zahllast aus Umsatzsteuer und Vorsteuer

Umsatzsteuer-Zahllast

Wenn die Umsatzsteuer auf allen Rechnungen offen ausgewiesen wird, kann die an das Finanzamt abzuführende **Umsatzsteuer-Zahllast auf jeder Stufe des Warenwegs** sehr **schnell ermittelt** werden, wie das folgende Beispiel zeigt:

Beispiel

Der Forstbetrieb Hölzer KG verkauft an die Möbelwerke W. Kurz GmbH Eichenholz aufgrund der nebenstehenden Ausgangsrechnung:

Ausgangsrechnung des Forstbetriebs Hölzer:	
Eichenholz, netto	2.000,00 €
+ 19 % Umsatzsteuer	380,00 €
Rechnungsbetrag	2.380,00 €

Die Möbelwerke W. Kurz GmbH verkaufen die aus Eichenholz hergestellte Wohnzimmerschrankwand an den Möbelgroßhandel Schnell aufgrund der AR:

Ausgangsrechnung der Möbelwerke W. Kurz GmbH:	
Wohnzimmerschrankwand S 404, netto	6.500,00 €
+ 19 % Umsatzsteuer	1.235,00 €
Rechnungsbetrag	7.735,00 €

Die **Warenlieferung** des Forstbetriebs an die Möbelwerke **unterliegt nach § 1 Umsatzsteuergesetz der Umsatzsteuer.** Der Forstbetrieb **schuldet** dem Finanzamt somit 380,00 € **Umsatzsteuer**, die er aber von den Möbelwerken zurückhaben will. Deshalb ist der Lieferant der Ware gesetzlich verpflichtet, die **Umsatzsteuer** in der **Ausgangsrechnung** neben dem Warenwert (Nettowert) **gesondert auszuweisen.**

Die Ausgangsrechnung des Forstbetriebs ist zugleich die **Eingangsrechnung** der Möbelwerke. Die in der Eingangsrechnung genannte Umsatzsteuer (380,00 €) dürfen die Möbelwerke als **Vorsteuer** von der aufgrund ihrer Ausgangsrechnung geschuldeten Umsatzsteuer (1.235,00 €) abziehen. **Die Vorsteuer**, also die Umsatzsteuer auf Eingangsrechnungen, **stellt** damit eine **Forderung gegenüber dem Finanzamt dar.**

Aus der Differenz zwischen den Umsatzsteuerschulden aufgrund der Ausgangsrechnungen **und den Vorsteuern** aufgrund der Eingangsrechnungen ergibt sich die an das Finanzamt abzuführende **Umsatzsteuer-Zahllast**, sofern die Schulden das Vorsteuerguthaben überwiegen. Die Umsatzsteuer-Zahllast ist dem Finanzamt in Form einer **Umsatzsteuervoranmeldung** grundsätzlich **vierteljährlich** und bei einer Vorjahres-Umsatzsteuer von mehr als 7.500,00 € **monatlich online** mitzuteilen (§ 18 [2] UStG). Vereinfacht ergibt sich für das Beispiel der Möbelwerke Folgendes:

Umsatzsteuerverbindlichkeiten aufgrund der Ausgangsrechnung	1.235,00 €
– Vorsteuerguthaben aufgrund der Eingangsrechnung	380,00 €
= **Umsatzsteuer-Zahllast**	**855,00 €**

Durch den Abzug der Vorsteuer erreicht man, dass jeweils **nur der Mehrwert besteuert wird**, wie ein Vergleich mit der Tabelle auf Seite 75 zeigt. Die **Möbelwerke** werden durch die Umsatzsteuer **nicht belastet.** Sie vereinnahmen vom Großhandel 1.235,00 € Umsatzsteuer, von der sie 380,00 € Vorsteuer an den Forstbetrieb Hölzer und 855,00 € Zahllast an das Finanzamt abführen. Gleiches gilt für den Möbelgroß- und -einzelhandel.

Merke

- **Die Umsatzsteuerbeträge auf Ausgangsrechnungen sind Verbindlichkeiten gegenüber dem Finanzamt.**
- **Die Umsatzsteuerbeträge auf Eingangsrechnungen sind Vorsteuern, die Forderungen gegenüber dem Finanzamt darstellen.**
- **Die Zahllast wird meist monatlich ermittelt und bis zum 10. des Folgemonats abgeführt: Umsatzsteuer aus AR > Vorsteuer aus ER = Zahllast**
- **Nur Unternehmen und Selbstständige sind zum Vorsteuerabzug berechtigt.**

694676

8.3 Die Umsatzsteuer – ein durchlaufender Posten der Unternehmen

Umsatzsteuer

Der Umsatzsteuer unterliegen nach § 1 UStG alle **Lieferungen und Leistungen**, die im **Inland** gegen **Entgelt** von einem **Unternehmen** erbracht werden. Auch **unentgeltliche Entnahmen** von Sachgütern und sonstigen Leistungen des Unternehmens durch den Unternehmer (z. B. für Privatzwecke) sind umsatzsteuerpflichtig. **Der gewerbliche Erwerb von Gütern aus EU-Mitgliedstaaten** gegen Entgelt, der sog. **„Innergemeinschaftliche Erwerb"**, unterliegt ebenfalls der **deutschen Umsatzsteuer.** Während der **Export in Nicht-EU-Staaten**, in sog. Drittländer (z. B. Schweiz), **von der Umsatzsteuer befreit** ist, ist für den **Import** aus diesen Staaten **Einfuhrumsatzsteuer** zu zahlen.

Durchlaufender Posten

Wie die Grunderwerbsteuer und die Versicherungsteuer zählt auch die **Umsatzsteuer** in der verwaltungsrechtlichen Einteilung der Steuern zu den **Verkehrsteuern**, die rechtliche oder wirtschaftliche Vorgänge besteuern, wie z. B. die Lieferung einer Ware oder den Erwerb eines Grundstücks. Von ihrer Wirkung aus müsste man die **Umsatzsteuer** eigentlich zu den **Verbrauchsteuern** rechnen, weil sie den **Verbrauch der privaten Haushalte belastet**, wie z. B. die Tabaksteuer, Mineralölsteuer, Biersteuer. **Für alle Unternehmen und Selbstständige** (Industrie- und Handelsunternehmen, Handwerker, Notare, Anwälte, Handelsvertreter u. a.) ist die **Umsatzsteuer** lediglich ein **durchlaufender Posten**, da sie die ihren Kunden in Rechnung gestellte Umsatzsteuer im Namen des Finanzamtes vereinnahmen, sie als Vorsteuer an ihre Vorlieferanten und als Zahllast an das Finanzamt abführen. Damit das korrekt geschieht und für das Finanzamt nachprüfbar wird, gibt es die gesetzliche Vorschrift, die **Umsatzsteuer** auf allen Ausgangsrechnungen **offen auszuweisen.**

Diese Zusammenhänge werden noch einmal in unserem Umsatzstufenbeispiel verdeutlicht:

Beispiel

Umsatzstufen	Ausgangsrechnung/ Eingangsrechnung		Umsatzsteuer	Vorsteuer	Zahllast
Forstbetrieb	Nettopreis	2.000,00 €			
	+ 19 % USt	380,00 €	380,00 €	0,00 €	**380,00 €**
	Bruttopreis	2.380,00 €			
Möbelwerke	Nettopreis	6.500,00 €			
	+ 19 % USt	1.235,00 €	1.235,00 €	380,00 €	**855,00 €**
	Bruttopreis	7.735,00 €			
Großhandel	Nettopreis	8.000,00 €			
	+ 19 % USt	1.520,00 €	1.520,00 €	1.235,00 €	**285,00 €**
	Bruttopreis	9.520,00 €			
Einzelhandel	Nettopreis	10.000,00 €			
	+ 19 % USt	1.900,00 €	1.900,00 €	1.520,00 €	**380,00 €**
	Bruttopreis	11.900,00 €			
Privatkunde	**bezahlt brutto**	**11.900,00 €**	**5.035,00 €**	**3.135,00 €**	**1.900,00 €**
		Probe:	**Schuld**	**– Forderung =**	**Zahllast**

Umsatzsteuer-Jahreserklärung

Die aufgrund der **Umsatzsteuervoranmeldungen** abgeführten Zahllasten stellen lediglich **Vorauszahlungen** an das Finanzamt dar. Deshalb ist für das abgelaufene Geschäftsjahr online noch eine **Umsatzsteuer-Jahreserklärung** zu erstellen, die zusammen mit der Einkommen- bzw. Körperschaftsteuererklärung **bis zum 31. Mai des Folgejahres** beim Finanzamt einzureichen ist.

Vorsteuerüberhang

Sind die Vorsteuern eines Monats, Quartals oder Jahres **höher** als die Umsatzsteuer, erstattet das Finanzamt diesen **Vorsteuerüberhang** durch Überweisung.

Beispiel

Die Umsatzsteuervoranmeldung der Möbelwerke Werner Kurz W. Kurz GmbH weist zum 31. März folgende Zahlen aus:

	Umsatzsteuer	112.000,00 €
–	Vorsteuer	136.000,00 €
=	**Vorsteuerguthaben** zum 31. März	**24.000,00 €**

Merke

- **Bemessungsgrundlage der Umsatzsteuer ist das Entgelt[1], also der Nettopreis der bezogenen Lieferung oder Leistung zuzüglich aller Nebenkosten.**
- **Die Umsatzsteuer ist auf allen Ausgangsrechnungen gesondert auszuweisen, sofern diese auf Unternehmen oder Selbstständige ausgestellt sind.**
- **Bei Kleinbetragsrechnungen bis zu 150,00 € einschl. USt (z. B. Tankstellenbeleg) genügt die Angabe des Steuersatzes für die im Bruttobetrag enthaltene Umsatzsteuer.**
- **Die Umsatzsteuervoranmeldung ist grundsätzlich vierteljährlich und bei einer Vorjahres-Umsatzsteuer von mehr als 7.500,00 € monatlich online beim Finanzamt einzureichen.**
- **Für jedes Geschäftsjahr ist eine Umsatzsteuer-Jahreserklärung abzugeben.**
- **Ein Vorsteuerüberhang (Vorsteuer > Umsatzsteuer) wird vom Finanzamt erstattet.**
- **Bei Unternehmen und Selbstständigen ist die Umsatzsteuer ein durchlaufender Posten.**

8.4 Buchung der Umsatzsteuer im Einkaufs- und Verkaufsbereich

8.4.1 Buchung beim Einkauf von Rohstoffen u. a.

Umsatzsteuer im Einkauf

Der Einkauf von Roh-, Hilfs- und Betriebsstoffen sowie von Fertigteilen und Handelswaren wird aufgrund von Eingangsrechnungen (ER) gebucht. Sie weisen den Nettowert des bezogenen Materials und die darauf entfallende Umsatzsteuer gesondert aus. In unserem Stufenbeispiel auf Seite 77 erhalten die Möbelwerke W. Kurz GmbH für die Lieferung von Eichenholz vom Forstbetrieb Hölzer folgende Rechnung:

Eingangsrechnung der Möbelwerke W. Kurz GmbH:

	Eichenholz, netto	2.000,00 €
+	19 % Umsatzsteuer	380,00 €
	Rechnungsbetrag	**2.380,00 €**

Aktivkonto Vorsteuer

Die in der **Eingangsrechnung** ausgewiesene Umsatzsteuer – die sog. **Vorsteuer** – begründet für die Möbelwerke eine **Forderung gegenüber dem Finanzamt**; daher wird die beim **Einkauf** der Rohstoffe in Rechnung gestellte Vorsteuer zunächst im

Aktivkonto „Vorsteuer"

auf der Soll-Seite gebucht. Im Konto „Aufwendungen für Rohstoffe" wird im Soll nur der Nettobetrag erfasst. Der Rechnungsbetrag wird auf dem Konto „Verbindlichkeiten a. LL" im Haben gebucht.

Der Buchungssatz aufgrund der **Eingangsrechnung** lautet:

Aufwendungen für Rohstoffe	2.000,00	
Vorsteuer	380,00	
an **Verbindlichkeiten a. LL**		2.380,00

1 Nach § 10 UStG ist Entgelt alles, was der Leistungsempfänger aufwendet, um die Leistung zu erhalten, jedoch abzüglich der Umsatzsteuer.

S	Aufwendungen für Rohstoffe		H
Verb. a. LL	2.000,00		

S	Vorsteuer		H
Verb. a. LL	380,00		

S	Verbindlichkeiten a. LL		H
		AfR/ Vorsteuer	2.380,00

Merke

Die Umsatzsteuer in der Eingangsrechnung ist die Vorsteuer. Das Konto „Vorsteuer" ist ein Aktivkonto. Es weist ein Guthaben, d. h. eine Forderung gegenüber dem Finanzamt aus.

8.4.2 Buchung beim Verkauf von eigenen Erzeugnissen

Umsatzsteuer im Verkauf

Der Verkauf von eigenen Erzeugnissen wird aufgrund einer Ausgangsrechnung (AR) gebucht. Sie weist den **Nettopreis** der Erzeugnisse und die darauf entfallende **Umsatzsteuer** gesondert aus. In unserem Beispiel erstellen die Möbelwerke Kurz aus Eichenholz Wohnzimmerschrankwände und verkaufen eine davon an den Möbelgroßhandel Schnell auf Ziel (Nettopreis 6.500,00 €). Die Möbelwerke W. Kurz GmbH schicken dem Möbelgroßhändler folgende Rechnung:

Ausgangsrechnung der Möbelwerke W. Kurz GmbH:

	Wohnzimmerschrankwand S 404, netto	6.500,00 €
+	19 % Umsatzsteuer	1.235,00 €
	Rechnungsbetrag	**7.735,00 €**

Passivkonto Umsatzsteuer

Die Möbelwerke W. Kurz GmbH belasten den Großhändler Schnell auf dem Konto „Forderungen a. LL" mit dem Rechnungsbetrag von 7.735,00 €, denn der Möbelgroßhändler ist verpflichtet, den Möbelwerken den Nettowert des Erzeugnisses und deren Umsatzsteuerverbindlichkeiten aus dieser Lieferung zu bezahlen. Das Konto „Umsatzerlöse für eigene Erzeugnisse" übernimmt im Haben den Nettopreis von 6.500,00 €. Die darauf entfallende Umsatzsteuer, also die Umsatzsteuer aus dem **Verkauf** der Erzeugnisse, wird dem Finanzamt auf dem

Passivkonto „Umsatzsteuer"

im Haben gutgeschrieben.

Der Buchungssatz aufgrund der **Ausgangsrechnung** lautet:

	Soll	Haben
Forderungen a. LL	7.735,00	
an **Umsatzerlöse für eigene Erzeugnisse**		6.500,00
an **Umsatzsteuer**		1.235,00

S	Forderungen a. LL		H
Umsatzerlöse/ USt	7.735,00		

S	Umsatzerlöse für eigene Erzeugnisse		H
		Ford. a. LL	6.500,00

S	Umsatzsteuer		H
		Ford. a. LL	1.235,00

Merke

Das Konto „Umsatzsteuer" ist ein Passivkonto. Es weist Umsatzsteuerverbindlichkeiten gegenüber dem Finanzamt aus.

8.4.3 Vorsteuerabzug und Ermittlung der Zahllast

Ermittlung der Zahllast

Mit dem Verkauf der Wohnzimmerschrankwand an den Möbelgroßhandel Schnell entsteht für die Möbelwerke Kurz zunächst eine **Umsatzsteuerschuld** in Höhe von 1.235,00 € gegenüber dem Finanzamt. Die Möbelwerke haben jedoch durch die beim Einkauf der Rohstoffe geleistete Vorsteuer ein **Guthaben**, d. h. eine Forderung an das Finanzamt in Höhe von 380,00 €. Sie brauchen also nur noch den **Unterschiedsbetrag** zwischen der Umsatzsteuer beim Verkauf und der Umsatzsteuer beim Einkauf (= Vorsteuer) an das Finanzamt zu zahlen **(= Zahllast)**:

	Umsatzsteuerverbindlichkeit aus dem Verkauf	1.235,00 €
–	Vorsteuerguthaben aus dem Einkauf	380,00 €
=	Zahllast	855,00 €

Die Zahllast in Höhe von 855,00 € entspricht somit 19 % der eigenen Mehrwertschöpfung (19 % von 4.500,00 € = 855,00 €).

Zum Schluss des Umsatzsteuervoranmeldungszeitraums[1] ist der Saldo des Kontos „Vorsteuer" (= sonstige Forderung) auf das Konto „Umsatzsteuer" (= sonstige Verbindlichkeit) zu übertragen, um die Zahllast buchhalterisch zu ermitteln:

Buchung: Umsatzsteuer .... an Vorsteuer 380,00

S	Vorsteuer		H
Verb. a. LL	380,00	Saldo	380,00

→

S	Umsatzsteuer		H
VSt	380,00	Ford. a. LL	1.235,00
Zahllast	855,00		

Überweisung der Zahllast

Nach dieser Umbuchung weist nun der Saldo des Kontos „Umsatzsteuer" die Zahllast aus, die **spätestens bis zum 10. des folgenden Monats** an das Finanzamt abzuführen ist:

Buchung: Umsatzsteuer .... an Bank 855,00

S	Bank		H
...	25.000,00	USt	855,00

←

S	Umsatzsteuer		H
VSt	380,00	Ford. a. LL	1.235,00
Bank	855,00		
	1.235,00		1.235,00

Merke

- **Zur buchhalterischen Ermittlung der Zahllast wird das Konto „Vorsteuer" über das Konto „Umsatzsteuer" abgeschlossen.**
- **Nach der Verrechnung zeigt der Saldo auf dem Konto „Umsatzsteuer" den an das Finanzamt abzuführenden Betrag: die Zahllast.**

Bei einem Steuersatz von 19 % entspricht der Rechnungs- oder Bruttobetrag stets 119 %: Warennettobetrag (= 100 %) + 19 % Umsatzsteuer. Aus dem Bruttobetrag lässt sich der Anteil der Umsatzsteuer wie folgt herausrechnen:

119 % ≙ Bruttobetrag
19 % ≙ x

$$\text{Steueranteil in €} = \frac{\text{Bruttobetrag in €} \cdot 19\,\%}{119\,\%}$$

1 Siehe S. 76 und 78.

694680

8.5 Bilanzierung der Zahllast und des Vorsteuerüberhangs

Passivierung der Zahllast

Zum 31. Dezember ist die Zahllast des Monats Dezember als **„Sonstige Verbindlichkeit“ in die Schlussbilanz** einzusetzen, also zu **passivieren**.

S	Vorsteuer		H
...	120.000,00	USt	120.000,00

S	Schlussbilanzkonto		H
		USt-Z	20.000,00

S	Umsatzsteuer		H
VSt	120.000,00	...	140.000,00
SBK	20.000,00		
	140.000,00		140.000,00

Buchungen zum 31. Dezember:

❶	Umsatzsteuer	an Vorsteuer	120.000,00
❷	Umsatzsteuer	an Schlussbilanzkonto	20.000,00

Aktivierung des Vorsteuerüberhangs

Entsprechend ist ein Vorsteuerüberhang zum 31. Dezember als **„Sonstige Forderung“ in der Schlussbilanz** auszuweisen, also zu **aktivieren.** In diesem Fall ist das Konto „Umsatzsteuer“ über das Konto „Vorsteuer“ abzuschließen.

S	Vorsteuer		H
...	80.000,00	USt	50.000,00
		SBK	30.000,00
	80.000,00		80.000,00

S	Umsatzsteuer		H
VSt	50.000,00	...	50.000,00

S	Schlussbilanzkonto		H
VSt	30.000,00		

Buchungen zum 31. Dezember:

❶	Umsatzsteuer	an Vorsteuer	50.000,00
❷	Schlussbilanzkonto	an Vorsteuer	30.000,00

Merke

Zum Bilanzstichtag (31. Dezember) ist in der Schlussbilanz
- **die Zahllast als „Sonstige Verbindlichkeit“ auszuweisen (zu passivieren),**
- **ein Vorsteuerüberhang als „Sonstige Forderung“ zu aktivieren.**

Aufgabe 75

Ein Unternehmen der Grundstoffindustrie verkauft an einen Industriebetrieb Rohstoffe im Wert von 2.000,00 € netto. Der Industriebetrieb erstellt aus den Rohstoffen fertige Erzeugnisse und verkauft diese für 6.000,00 € an den Großhandel. Der Großhandel veräußert diese Waren an den Einzelhandel für 7.600,00 €. Der Einzelhandel setzt die Waren an verschiedene Konsumenten für 11.000,00 € ab. Die Preise sind Nettopreise, allgemeiner Steuersatz.

Erstellen Sie ein Stufenschema (siehe S. 77), das den Rechnungsbetrag, die Umsatzsteuer beim Verkauf, die Vorsteuer und die Zahllast enthält. Buchen Sie auf jeder Stufe.

Aufgabe 76

Ein Industrieunternehmen hat im Monat Oktober insgesamt Umsatzerlöse von netto 50.000,00 € und Einkäufe von Rohstoffen von netto 30.000,00 € getätigt. Allgemeiner Steuersatz.

Konten: Aufwendungen für Rohstoffe, Vorsteuer, Verbindlichkeiten a. LL, Umsatzerlöse für eigene Erzeugnisse, Umsatzsteuer, Forderungen a. LL, Bank (Anfangsbestand 10.000,00 €).

1. *Buchen Sie die a) Umsatzerlöse, b) Rohstoffeinkäufe, c) Ermittlung der Zahllast (31. Oktober).*
2. *Bis wann ist die Zahllast an das Finanzamt zu überweisen? Buchen Sie die Überweisung.*

Aufgabe 77

Buchen Sie den folgenden Beleg

1. als Ausgangsrechnung im Forstbetrieb Hölzer KG und
2. als Eingangsrechnung in den Möbelwerken W. Kurz GmbH:

Forstbetrieb Hölzer KG, Gewerbestraße 40 – 52, 86131 Augsburg

Forstbetrieb Hölzer KG
www.hoelzer-wvd.com

Möbelwerke
Werner Kurz GmbH
Industriestraße 30 – 36
70565 Stuttgart

Telefon 0821 286929-0
Telefax 0821 286929-31
E-Mail vertrieb@hoelzer-wvd.com

Steuer-Nr. 065 435 45768
USt-IdNr. DE 223 441 678

EINGEGANGEN ..-05-15

..-05-10

Rechnung 39 456

Ihre Bestellung vom 30. April ..

Wir lieferten am 8. Mai .. auf Ihre Rechnung und Gefahr
40 Eichenholzpaneele

je 50,00 € netto	2.000,00 €
+ 19 % Umsatzsteuer	380,00 €
	2.380,00 €

Zahlungsbedingungen: 30 Tage netto Kasse
Dresdner Bank, Augsburg, Konto 345 678 90, BLZ 720 800 01
IBAN: DE58 7208 0001 0034 5678 90 BIC: DRBADE51MIC

Aufgabe 78

In den Möbelwerken W. Kurz GmbH liegen folgende Belege zur Buchung vor:

Beleg 1

Netto € 570 ct 00
+ 19 % USt € 108 ct 30
Gesamt € 678 ct 30
Nr. KB 287

Gesamtbetrag € in Worten sechshundertachtundsiebzig Cent wie oben
(Im Gesamtbetrag sind 19 % Umsatzsteuer enthalten)
von Möbelwerke W. Kurz e. K.
für Reparaturarbeiten an der Heizungsanlage
richtig erhalten zu haben, bestätigt
Ort Dresden Datum ..-12-30
Buchungsvermerke
Stempel/Unterschrift des Empfängers
Hilmar Gunst e. Kfm.
Sanitär und Heizung
Sonnenhof 15
70378 Stuttgart
Steuer-Nr. 065 321 45739
Gunst

Beleg 2

TANK - RAST
S. Gunkel GmbH
Sollingstrasse 54
70469 STUTTGART
Steuer-Nr.
065 292 34560

* SÄULEN-NR. 10 9
* Diesel
* Liter 85,05 x 1,129 EUR
TOTAL 96,02

Im Gesamtbetrag sind
19 % Umsatzsteuer
enthalten.

.....-12-29 14:32

VIELEN DANK
GUTE FAHRT!

Nennen Sie zu den Belegen 1 und 2 jeweils den Buchungssatz.

Aufgabe 79

1. *Bilden Sie zu folgenden Geschäftsfällen die Buchungssätze und buchen Sie auf den Konten:*

   Aufwendungen für Rohstoffe, Vorsteuer, Verbindlichkeiten a. LL, Forderungen a. LL, Umsatzerlöse für eigene Erzeugnisse, Umsatzsteuer, Bankguthaben (AB 200.000,00 €).

a)

Auszug aus ER 407:	Rohstoffe, netto	50.000,00 €
	+ 19 % Umsatzsteuer	9.500,00 €
	Rechnungsbetrag	59.500,00 €

b)

Auszug aus AR 354:	Eigene Erzeugnisse, netto	70.000,00 €
	+ 19 % Umsatzsteuer	13.300,00 €
	Rechnungsbetrag	83.300,00 €

2. *Ermitteln Sie buchhalterisch die Zahllast und nennen Sie den Buchungssatz.*
3. *Nennen Sie den Buchungssatz für die Überweisung der Zahllast zum 10. des Folgemonats.*
4. *Buchen Sie auf den entsprechenden Konten.*

Aufgabe 80

Bilden Sie zu den Geschäftsfällen der Möbelwerke W. Kurz GmbH die Buchungssätze:

1. Einkauf von Buchenholz lt. ER 234, netto	30.000,00	
+ Umsatzsteuer	5.700,00	35.700,00
2. ER 235: Reparatur des Lkw, netto	2.400,00	
+ Umsatzsteuer	456,00	2.856,00
3. Verkauf von Büroschränken lt. AR 345, netto	45.000,00	
+ Umsatzsteuer	8.550,00	53.550,00
4. AR 346: Verkauf von Schreibtischen gegen Bankscheck, netto	12.000,00	
+ Umsatzsteuer	2.280,00	14.280,00
5. ER 236: Kauf eines Farbplotters, netto	900,00	
+ Umsatzsteuer	171,00	1.071,00
6. ER 237: Dachreparatur am Betriebsgebäude, netto	15.600,00	
+ Umsatzsteuer	2.964,00	18.564,00
7. ER 238: Kauf eines Kleintransporters, netto	36.500,00	
+ Umsatzsteuer	6.935,00	43.435,00
8. ER 239: Kauf von Lack, netto	450,00	
+ Umsatzsteuer	85,50	535,50

Aufgabe 81

Die Möbelwerke W. Kurz GmbH haben lt. ER 123 Büromaterial für brutto 285,60 €, also einschließlich 19 % Umsatzsteuer, gegen Barzahlung erworben.

Ermitteln Sie aus dem Bruttopreis (= 119 %)

1. die darin enthaltene Umsatzsteuer (= 19 %) und
2. den Nettopreis (= 100 %).

Aufgabe 82

Die Möbelwerke W. Kurz GmbH haben in der Buchhandlung Brand das Fachbuch „Die Umsatzbesteuerung im innergemeinschaftlichen Warenverkehr“ für brutto 42,80 € gegen Barzahlung erworben. Der Beleg enthält den Hinweis: „Im Betrag sind 7 % Umsatzsteuer enthalten.“

Ermitteln Sie aus dem Bruttobetrag

1. den Nettowert und
2. die Umsatzsteuer.

Aufgabe 83

Zum 31. Dezember weisen die Konten „Vorsteuer" und „Umsatzsteuer" folgende Beträge aus:

S	Vorsteuer		H
...	330.000,00	...	300.000,00

S	Umsatzsteuer		H
...	620.000,00	...	700.000,00

1. Schließen Sie die Konten ab. Richten Sie dazu das Schlussbilanzkonto ein.

2. Nennen Sie die Buchungssätze.

3. Was sagt Ihnen der Saldo zum 31. Dezember?

Aufgabe 84

Die nachstehenden Konten weisen zum 31. Dezember folgende Summen aus:

S	Vorsteuer		H
...	550.000,00	...	460.000,00

S	Umsatzsteuer		H
...	830.000,00	...	870.000,00

1. Schließen Sie die obigen Konten ab. Richten Sie dazu das Schlussbilanzkonto ein.

2. Nennen Sie die Buchungssätze.

3. Was sagt Ihnen der Saldo zum 31. Dezember?

Aufgabe 85

Ergänzen Sie die folgenden Aussagen:

1. Die Umsatzsteuer ist nur vom ... zu tragen. Sie belastet das ... nicht.
2. Nur Unternehmen und Personen, die umsatzsteuerpflichtige Lieferungen und Leistungen im ... gegen ... im Rahmen des Unternehmens erbringen, sind zum Abzug der ... berechtigt.
3. Die Vorsteuer stellt eine ... gegenüber dem Finanzamt dar. Die Umsatzsteuer ist dagegen eine ... gegenüber dem Finanzamt.
4. Die Zahllast wird in der Regel ... ermittelt und bis zum ... des ... an das Finanzamt überwiesen.
5. Die Zahllast des Monats Dezember ist in der Schlussbilanz zu ... . Ein Vorsteuerüberhang ist zum 31. Dezember zu ... .
6. Mehrwert ist der ... zwischen dem Nettoverkaufs- und Nettoeinkaufspreis. Durch den Vorsteuerabzug wird erreicht, dass auf jeder Stufe des Warenwegs nur der ... dieser Stufe besteuert wird.
7. In Rechnungen an ... ist die Umsatzsteuer ... auszuweisen. Die Rechnungen enthalten den ... , die ... und den ... .
8. In Kleinbetragsrechnungen bis ... € (einschließlich Umsatzsteuer) genügt die Angabe des im Rechnungsbetrag enthaltenen ... .

Aufgabe 86

Ordnen Sie die Begriffe „Zahllast", „Vorsteuerüberhang", „Aktivierung" und „Passivierung" entsprechend zu.

1. Umsatzsteuer des Monats Dezember > Vorsteuer des Monats Dezember
2. Umsatzsteuer des Monats Dezember < Vorsteuer des Monats Dezember

Aufgabe 87

Im Dezember hatten die Möbelwerke W. Kurz GmbH folgende Umsätze: Verkäufe von eigenen Erzeugnissen netto 600.000,00 €, Einkäufe von Roh-, Hilfs- und Betriebsstoffen u. a. netto 800.000,00 €, allgemeiner Steuersatz.

1. Richten Sie die erforderlichen Konten ein.

2. Buchen Sie die Vorgänge summarisch und nennen Sie die entsprechenden Buchungssätze.

3. Warum ergibt sich zum 31. Dezember keine Zahllast?

4. Wohin gelangt der Vorsteuerüberhang beim Jahresabschluss? Buchen Sie.

5. Inwiefern stellt die Vorsteuer eine Forderung gegenüber dem Finanzamt dar? Begründen Sie.

694684

Aufgabe 88

Anfangsbestände

TA und Maschinen	230.000,00	Forderungen a. LL	44.000,00
BGA	90.000,00	Bankguthaben	40.000,00
Rohstoffe	62.000,00	Kasse	6.000,00
Hilfsstoffe	42.000,00	Verbindlichkeiten a. LL	43.000,00
Betriebsstoffe	15.000,00	Eigenkapital	?

Kontenplan

Eröffnungsbilanzkonto, TA und Maschinen, BGA, Rohstoffe, Hilfsstoffe, Betriebsstoffe, Forderungen a. LL, Vorsteuer, Bank, Kasse, Verbindlichkeiten a. LL, Umsatzsteuer, Aufwendungen für Rohstoffe, Aufwendungen für Hilfsstoffe, Aufwendungen für Betriebsstoffe, Löhne, Werbeaufwendungen, Portokosten, Büromaterial, Fremdinstandsetzung, Abschreibungen auf Sachanlagen, Umsatzerlöse für eigene Erzeugnisse, Gewinn- und Verlustkonto, Gezeichnetes Kapital + Jahresüberschuss/Jahresfehlbetrag, Schlussbilanzkonto.

Geschäftsfälle

1.	Zieleinkauf von Rohstoffen lt. ER 22–29, netto	9.600,00	
	+ Umsatzsteuer	1.824,00	11.424,00
2.	Barkauf von Büromaterial lt. KB 5, Nettopreis	280,00	
	+ Umsatzsteuer	53,20	333,20
3.	KA 52: Überweisung der Löhne		8.500,00
4.	KA 53: Überweisung für unsere Werbeanzeigen, Nettopreis		800,00
	+ Umsatzsteuer	152,00	952,00
5.	Zielverkäufe von eigenen Erzeugnissen lt. AR 35–40, netto	25.000,00	
	+ Umsatzsteuer	4.750,00	29.750,00
6.	Barzahlung für Maschinenreparatur lt. KB 6, Nettopreis	700,00	
	+ Umsatzsteuer	133,00	833,00
7.	Zieleinkauf von Betriebsstoffen lt. ER 30–34, netto	4.500,00	
	+ Umsatzsteuer	855,00	5.355,00
8.	KA 54: Überweisungen von Kunden, Rechnungsbeträge		18.564,00
9.	Zielverkäufe von eigenen Erzeugnissen lt. AR 41–48, netto	42.000,00	
	+ Umsatzsteuer	7.980,00	49.980,00
10.	KB 7: Kauf von Postwertzeichen, bar		550,00

Abschlussangaben

1. Abschreibungen auf TA und Maschinen		5.000,00 €
auf BGA		1.400,00 €
2. Schlussbestände lt. Inventur:	Rohstoffe	39.600,00
	Hilfsstoffe	35.800,00
	Betriebsstoffe	17.000,00

3. Ermittlung und Passivierung der Umsatzsteuer-Zahllast.

9 Lineare Abschreibung der Sachanlagen

9.1 Ermittlung der Anschaffungskosten

Beispiel

Die Metallverarbeitung Wernick GmbH erwirbt am 5. Januar einen Lkw aufgrund nebenstehender **Rechnung:**

Wie hoch sind die Anschaffungskosten des Lkw?

	Lkw HS 404, netto		**140.600,00**
+	Sonderzubehör	8.100,00	
+	Überführungskosten	850,00	
+	Zulassungskosten	450,00	**9.400,00**
			150.000,00
+	19 % Umsatzsteuer		**28.500,00**
=	Rechnungsbetrag		**178.500,00**

Sachanlagen

Zu den **Sachanlagen** eines Unternehmens zählen vor allem Grundstücke, Gebäude, Technische Anlagen und Maschinen, Betriebs- und Geschäftsausstattung, Fuhrpark u. a. Wie alle anderen Vermögensgegenstände (z. B. Rohstoffe) sind auch die Sachanlagen **zum Zeitpunkt ihrer Anschaffung** zu ihren **Anschaffungskosten** zu **aktivieren**, d. h. auf der Soll-Seite des entsprechenden Aktivkontos zu buchen.

Anschaffungskosten

Zu den Anschaffungskosten eines Anlagegutes **rechnen nach § 255 [1] HGB** außer dem **Kaufpreis** (netto) auch die **Nebenkosten** (netto), die anfallen, um den Vermögensgegenstand zu erwerben und in Betrieb zu nehmen, wie z. B. Bezugs- und Montagekosten, Zulassungsgebühren, Notarkosten und Grunderwerbsteuer beim Erwerb eines Grundstücks u. a. m., soweit sie dem Anlagegut einzeln zugeordnet werden können. Die Umsatzsteuer zählt nicht zu den Anschaffungskosten, wenn sie als Vorsteuer voll abzugsfähig ist. **Nachträgliche Preisnachlässe**, z. B. aufgrund von Mängelrügen und Skonto, **mindern die Anschaffungskosten.**

Beispiel

	Anschaffungspreis (netto)	140.600,00 €
+	Anschaffungsnebenkosten (netto)	9.400,00 €
–	Anschaffungspreisminderungen (netto), z. B. Skonto[1]	–
=	**Anschaffungskosten**	**150.000,00 €**

Buchungssatz:

Fuhrpark	150.000,00	
Vorsteuer	28.500,00	
an **Verbindlichkeiten a. LL**		178.500,00

S	Fuhrpark		H
Verb. a. LL	150.000,00		

S	Verbindlichkeiten a. LL		H
		Fuhrp./VSt	178.500,00

S	Vorsteuer		H
Verb. a. LL	28.500,00		

9.2 Notwendigkeit der Sachanlagenabschreibung

Wertminderung der Sachanlagen

Sachanlagen sind dazu bestimmt, dem Unternehmen langfristig zu dienen. Im Gegensatz zu den **nicht abnutzbaren** Sachanlagen (z. B. Grundstücke) verringert sich der Anschaffungswert der **abnutzbaren** Sachanlagen (z. B. o. g. Lkw) ständig.

1 Siehe S. 125 f.

Die **Wertminderung der Sachanlagen** ist technisch oder wirtschaftlich bedingt. Die **technische Entwertung** tritt während des Gebrauchs durch **Abnutzung** oder durch **Natureinflüsse** (z. B. Verrosten) ein. Die **wirtschaftliche Wertminderung** ergibt sich beispielsweise durch **technischen Fortschritt** (das Anlagegut ist technisch überholt), **Preissenkung** am Markt oder durch **höhere Gewalt** (z. B. Brandschaden).

Abnutzbare Sachanlagen sind in ihrer **Nutzung zeitlich begrenzt.** Für jedes Anlagegut muss daher die **betriebsgewöhnliche Nutzungsdauer** bestimmt werden. Man versteht darunter die **Zeitspanne,** in der es **wirtschaftlich sinnvoll** ist, das Anlagegut im Betrieb zu nutzen. Davon ist die Lebensdauer des Anlagegutes zu unterscheiden. **Steuerliche Abschreibungstabellen**[1] weisen die Nutzungsdauer der Anlagegüter aus:

Branchenneutrale Anlagegüter (Auszug)	Nutzungsdauer in Jahren	Lineare Abschreibung
Betriebsgebäude	25 – 33	4 – 3,03 %
Krananlagen	14 – 21	7,14 – 4,76 %
Be- und Verarbeitungsmaschinen	5 – 16	20 – 6,25 %
Pkw	6[2]	16,67 %
Lkw	9[2]	11,11 %
Büromöbel	13	7,69 %
Großrechner	7	14,28 %
Personal Computer	3	33,33 %
Drucker, Scanner u. a.	3	33,33 %

9.3 Berechnung und Buchung der jährlichen Abschreibung

Beispiel

Der oben genannte Lkw hat eine betriebsgewöhnliche Nutzungsdauer von acht Jahren. Er soll in jährlich gleichen (linearen) Beträgen abgeschrieben werden. **Wie berechnet man den jährlichen (linearen) Abschreibungsbetrag, den Abschreibungssatz in Prozent sowie den Buch- bzw. Restwert des Lastkraftwagens?**

$$\textbf{Abschreibungsbetrag} = \frac{\textbf{Anschaffungskosten}}{\textbf{Nutzungsjahre}} = \frac{\textbf{150.000,00 €}}{\textbf{8 Jahre}} = \textbf{18.750,00 €/Jahr}$$

$$\textbf{Abschreibungssatz} = \frac{\textbf{1}}{\textbf{Nutzungsjahre}} = \frac{\textbf{1}}{\textbf{8 Jahre}} = \textbf{0,125} = \textbf{12,5 \%/Jahr}$$

Ermittlung des Buchwertes bei linearer Abschreibung	12,5 % Abschreibung von den Anschaffungskosten
Anschaffungskosten	150.000,00 €
– Abschreibung zum 31. Dez. (1. Jahr)	**18.750,00 €**
= Buchwert zum 31. Dez. (1. Jahr)	131.250,00 €
– Abschreibung zum 31. Dez. (2. Jahr)	**18.750,00 €**
= Buchwert zum 31. Dez. (2. Jahr)	112.500,00 €
– Abschreibung zum 31. Dez. (3. Jahr)	**18.750,00 €**
= Buchwert zum 31. Dez. (3. Jahr)	93.750,00 €
– Abschreibung zum 31. Dez. (4. Jahr)	**18.750,00 €**
= Buchwert zum 31. Dez. (4. Jahr)	75.000,00 €
– Abschreibung zum 31. Dez. (5. Jahr)	**18.750,00 €**
= Buchwert zum 31. Dez. (5. Jahr)	56.250,00 €
– Abschreibung zum 31. Dez. (6. Jahr)	**18.750,00 €**
= Buchwert zum 31. Dez. (6. Jahr)	37.500,00 €
– Abschreibung zum 31. Dez. (7. Jahr)	**18.750,00 €**
= Buchwert zum 31. Dez. (7. Jahr)	18.750,00 €
– Abschreibung zum 31. Dez. (8. Jahr)	**18.750,00 €**
= Restbuchwert zum 31. Dez. (8. Jahr)	**0,00 €**

1 Das Steuerrecht spricht von Absetzung für Abnutzung, kurz AfA.

2 Bei besonders starker Belastung ist eine Verkürzung der Nutzungsdauer möglich.

Lineare Abschreibung

Die Tabelle zeigt, dass die **Abschreibung** in jedem Nutzungsjahr gleich (linear) ist. Deshalb wird am Ende der Nutzungsdauer der **Nullwert** erreicht. Wird der Lkw weiterhin genutzt, können im letzten Jahr nur 18.749,00 € abgeschrieben werden, um den Lkw dann noch mit einem **Erinnerungswert** von 1,00 € auszuweisen. Die **Abschreibung** abnutzbarer Anlagegüter wird als Aufwand auf dem Konto „**Abschreibungen auf Sachanlagen (SA)**" erfasst.

Durch die lineare Abschreibung werden die **Anschaffungskosten** eines Anlagegutes **planmäßig** als Aufwand **auf seine Nutzungsjahre verteilt** (§ 253 [3] HGB). Deshalb wird jedes Nutzungsjahr mit dem gleichen Abschreibungsbetrag in der **GuV-Rechnung** belastet.

Buchung der Abschreibung zum 31. Dezember des ersten Nutzungsjahres:

	Soll	Haben
❶ **Abschreibungen auf Sachanlagen (SA)**	**18.750,00**	
an **Fuhrpark**		**18.750,00**
❷ **Gewinn- und Verlustkonto**	**18.750,00**	
an **Abschreibungen auf Sachanlagen (SA)**		**18.750,00**
❸ **Schlussbilanzkonto**	**131.250,00**	
an **Fuhrpark**		**131.250,00**

Nach Buchung der Abschreibung weist das Konto „Fuhrpark" den **Lkw-Restwert** aus:

S	Fuhrpark		H
Verb. a. LL	150.000,00	❶ Abschr.	18.750,00
		❸ SBK	131.250,00

S	Schlussbilanzkonto		H
❸ Fuhrp.	131.250,00		

S	Abschreibungen auf SA		H
❶ Fuhrp.	18.750,00	❷ GuV	18.750,00

S	Gewinn- und Verlustkonto		H
Aufwdg.	300.000,00	Erträge	400.000,00
❷ Abschr.	18.750,00		
Gewinn	?		

Der **Abschreibungsaufwand mindert den Gewinn und** damit **die Steuerlast** des Unternehmers bzw. des Unternehmens (z. B. die Einkommensteuer oder die Körperschaftsteuer). **Wie hoch ist im vorstehenden Beispiel der Gewinn mit und ohne Berücksichtigung der Abschreibung?**

Anlagenverzeichnis

Für die buchhalterische Verwaltung des vielfältigen Sachanlagevermögens muss eine **Anlagenbuchhaltung als Nebenbuchhaltung** eingerichtet werden. Das geschieht in Form eines **Anlagenverzeichnisses**, in dem für jeden Sachanlagegegenstand ein gesonderter **Datensatz** oder eine **Anlagenkarte mit folgenden Angaben** zu führen ist (siehe auch S. 26):

Inventarnummer, Kontonummer in der Hauptbuchhaltung, Bezeichnung der Sachanlage, Anschaffungszeitpunkt, Anschaffungskosten, betriebsgewöhnliche Nutzungsdauer, Abschreibungsbetrag, Buchwert. Auf der Rückseite der Anlagenkarte werden zusätzlich vermerkt: Lieferant der Sachanlage, Garantie, Instandsetzungen, Versicherungswert u. a. m.

Konto-/Inventar-Nr.	**Bezeichnung der Anlage**	**Standort (Kostenstelle)**
0840/41	Lkw HS 404	Versandlager
Anschaffungszeitpunkt	**Anschaffungskosten**	**Instandhaltungen**
. .-01-05	150.000,00 €	–
Nutzungsjahre: 8	**Jährlicher Abschreibungsbetrag: 18.750,00 €**	

Datum	**Zugang**	**Abschreibung (linear)**	**Buchwert (Restwert)**
. .-01-05	150.000,00 €	–	–
. .-12-31	–	18.750,00 €	131.250,00 €
usw.			

Die Datensätze oder die Anlagenkarten werden im Anlagenverzeichnis **nach Sachanlagekonten geordnet.** Zum Jahresschluss wird die **Summe der Abschreibungen jeder Anlagengruppe** (Gebäude, TA und Maschinen, BGA, Fuhrpark u. a.) aus den entsprechenden Datensätzen oder Anlagenkarten des Anlagenverzeichnisses sowie die **Gesamtabschreibung aller Sachanlagen** ermittelt.

Die **Buchung** der Abschreibung kann dann **in einem zusammengesetzten Buchungssatz** vorgenommen werden: **Abschreibungen auf SA an Gebäude, TA und Maschinen, BGA u. a.**

Ein ordnungsmäßiges **Anlagenverzeichnis ersetzt die körperliche Inventur** der Sachanlagen. Die Buchwerte der Sachanlagegruppen können **direkt in das Inventar und das Schlussbilanzkonto übertragen** werden.

9.4 Die Bedeutung der Abschreibung

In der **Gewinn- und Verlustrechnung** sind **Abschreibungen Aufwand**, der den Gewinn und damit die Gewinnsteuern (z. B. Einkommensteuer oder Körperschaftsteuer) mindert. In der **Kalkulation der Verkaufspreise** der Erzeugnisse werden Abschreibungen als **Kosten** eingesetzt. **Über die Umsatzerlöse fließen die einkalkulierten Abschreibungen in Form von liquiden Mitteln zurück,** sofern die Verkaufspreise die Selbstkosten decken. **Abschreibungsrückflüsse** stehen somit zur **Finanzierung der Ersatzbeschaffungen** zur Verfügung.

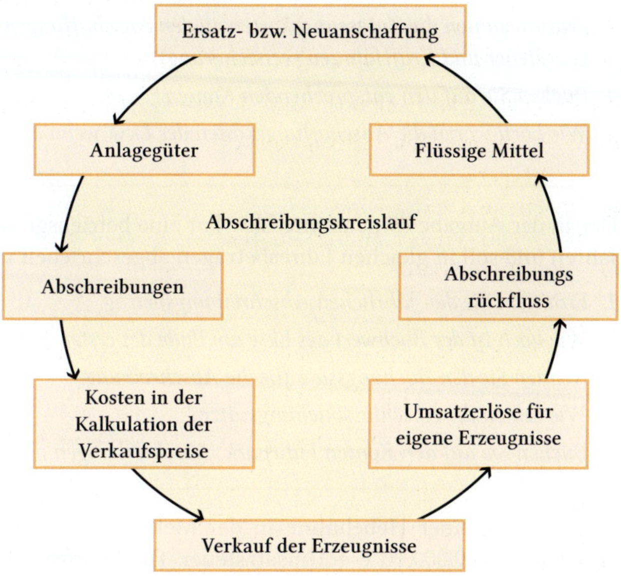

Merke

- **Vermögensgegenstände sind zum Zeitpunkt ihres Erwerbs mit ihren tatsächlichen Anschaffungskosten zu erfassen (zu aktivieren). Dazu zählen nach § 255 [1] HGB:**

	Anschaffungspreis (netto):	**Einkaufspreis ohne Umsatzsteuer**
–	**Preisminderungen (netto):**	**z. B. Skonti, nachträgliche Preisnachlässe**
+	**Nebenkosten (netto):**	**z. B. Bezugs-, Montage-, Notariatskosten, Gebühren, Grunderwerbsteuer, Umbaukosten u. a.**
=	**Anschaffungskosten (aktivierungspflichtig)**	

- **Wertminderungen der Sachanlagen können technische (z. B. Abnutzung) oder wirtschaftliche (z. B. Preisverfall durch technischen Fortschritt) Ursachen haben. Sie werden zum Jahresschluss durch Abschreibungen erfasst.**
- **Abnutzbare Sachanlagen sind in ihrer Nutzung zeitlich begrenzt. Sie werden deshalb planmäßig, d. h. nach ihrer Nutzungsdauer, abgeschrieben. Bei linearer Abschreibung sind die jährlichen Abschreibungsbeträge gleich hoch. Außergewöhnliche Wertminderungen (z. B. Brandschaden) bedingen eine außerplanmäßige Abschreibung.**
- **Bei linearer Abschreibung werden die Anschaffungskosten einer Sachanlage in gleichen Beträgen auf die einzelnen Nutzungsjahre als Aufwand verteilt. Vorteil: Die Gewinn- und Verlustrechnungen der Nutzungsjahre werden gleichmäßig belastet.**
- **Abschreibungen sind ein bedeutendes Mittel der Finanzierung. Als Aufwand mindern sie den Gewinn und somit die gewinnabhängigen Steuern (z. B. Einkommensteuer, Körperschaftsteuer, Gewerbesteuer[1]) und die Gewinnausschüttung. Über die Umsatzerlöse fließen die als Kosten in die Verkaufspreise einkalkulierten Abschreibungen in Form liquider Mittel in das Unternehmen zurück.**
- **Das Anlagenverzeichnis ergänzt und erläutert als Nebenbuchhaltung die Sachanlagekonten. Es ist Voraussetzung für eine rationelle Sammelabschreibung und befreit von der körperlichen Bestandsaufnahme der Sachanlagen.**

1 Siehe Fußnote auf S. 91.

Aufgabe 89

Der Metallverarbeitung Wernick GmbH wurde die Anschaffung eines Lkw zum Preis von 133.070,00 € netto + Umsatzsteuer sowie das Aufbringen der üblichen Werbeaufschrift[1] auf dem Lkw für 5.000,00 € + Umsatzsteuer in Rechnung gestellt. Die Zulassungsgebühren werden mit 80,00 € und die Nummernschilder mit 50,00 € + Umsatzsteuer bar bezahlt.

1. *Ermitteln Sie die Anschaffungskosten des Lkw.*
2. *Warum zählen die Zulassungskosten zu den Anschaffungsnebenkosten, nicht aber die Kraftfahrzeugsteuer und Kraftfahrzeugversicherung?*
3. *Buchen Sie auf den entsprechenden Konten.*
4. *Wie hoch wären die Anschaffungskosten des Lkw, wenn der Lieferant 2 % Skonto gewährt hätte?*

Aufgabe 90

Der in der Aufgabe 89 genannte Lkw hat eine betriebsgewöhnliche Nutzungsdauer von neun Jahren und soll in gleichen Jahresbeträgen abgeschrieben werden.

1. *Ermitteln Sie den jährlichen Abschreibungsbetrag.*
2. *Wie hoch ist der Buchwert des Lkw am Ende des ersten Nutzungsjahres?*
3. *Nennen Sie den Buchungssatz für die Abschreibung.*
4. *Wie lauten die Abschlussbuchungssätze?*
5. *Buchen Sie auf den Konten Fuhrpark, Abschreibungen auf SA, GuV, SBK.*

Aufgabe 91

Anschaffung einer Hebebühne in der Metallverarbeitung Wernick GmbH. Die Rechnung lautet über 160.000,00 € + Umsatzsteuer. Die Transportkosten werden vom Spediteur mit 5.000,00 € + Umsatzsteuer in Rechnung gestellt. Für Installationsarbeiten werden 25.000,00 € + Umsatzsteuer berechnet. Die TÜV-Gebühr wird mit Bankscheck beglichen: 500,00 € + Umsatzsteuer.

1. *Ermitteln Sie die Anschaffungskosten der Hebebühne.*
2. *Nennen Sie die Buchungssätze und buchen Sie auf den Konten Technische Anlagen und Maschinen, Vorsteuer, Bank, Verbindlichkeiten a. LL.*

Aufgabe 92

Die Hebebühne in Aufgabe 91 hat eine Nutzungsdauer von 20 Jahren.

1. *Berechnen Sie die jährliche Abschreibung bei gleichen Abschreibungsbeträgen.*
2. *Nennen Sie den Buchungssatz für die Abschreibung am Ende des ersten Nutzungsjahres.*
3. *Buchen Sie die Abschreibung auf Konten und schließen Sie diese ab.*
4. *Wie hoch ist der Buchwert der Hebebühne nach fünf Nutzungsjahren?*

Aufgabe 93

Die Anschaffungskosten einer Verpackungsanlage betragen 400.000,00 €, die Nutzungsdauer wird auf zehn Jahre geschätzt.

1. *Ermitteln Sie bei linearer Abschreibung jeweils den Abschreibungsbetrag und Abschreibungssatz.*
2. *Erstellen Sie die Abschreibungstabelle.*
3. *Buchen Sie für das erste Jahr die Abschreibung. Richten Sie dazu folgende Konten ein: Technische Anlagen und Maschinen, Abschreibungen auf Sachanlagen, Schlussbilanzkonto, GuV-Konto.*

Aufgabe 94

Folgende Konten sind einzurichten: Technische Anlagen und Maschinen 340.000,00 €, Betriebs- und Geschäftsausstattung 120.000,00 €, Fuhrpark 180.000,00 €, Abschreibungen auf Sachanlagen, GuV-Konto, Schlussbilanzkonto.

---

1 Werbeaufschriften gehören nicht zu den Anschaffungskosten, sondern werden als Betriebsausgabe (6870 Werbung) gebucht (vgl. FG München, 10.05.2006 – 1 K 5521/04).

694690

Buchen Sie die Abschreibungen, wenn lt. Inventur folgende Schlussbestände vorhanden sind: Technische Anlagen und Maschinen 306.000,00 €, Betriebs- und Geschäftsausstattung 108.000,00 €, Fuhrpark 146.000,00 €.

Führen Sie den Abschluss der Konten durch.

Aufgabe 95

Anfangsbestände: TA und Maschinen 120.000,00 €, Betriebs- und Geschäftsausstattung 35.000,00 €, Fuhrpark 30.000,00 €, Rohstoffe 44.000,00 €, Forderungen a. LL 9.000,00 €, Bank 48.000,00 €, Kasse 8.000,00 €, Verbindlichkeiten a. LL 24.000,00 €, Darlehensschulden 30.000,00 €, Gezeichnetes Kapital + Jahresüberschuss/Jahresfehlbetrag 240.000,00 €.

Bestandskonten: TA und Maschinen, Betriebs- und Geschäftsausstattung, Fuhrpark, Rohstoffe, Forderungen a. LL, Bank, Kasse, Verbindlichkeiten a. LL, Darlehensschulden, Gezeichnetes Kapital + Jahresüberschuss/Jahresfehlbetrag, Umsatzsteuer, Vorsteuer, Schlussbilanzkonto.

Erfolgskonten: Aufwendungen für Rohstoffe, Löhne, Betriebliche Steuern, Abschreibungen auf Sachanlagen, Umsatzerlöse für eigene Erzeugnisse, Gewinn- und Verlustkonto.

Geschäftsfälle	€
1. Kauf von Rohstoffen auf Ziel lt. ER 410, netto	3.800,00
+ Umsatzsteuer	722,00
2. Banküberweisung eines Kunden zum Ausgleich von AR 313	3.200,00
3. Banküberweisung an einen Lieferanten zum Ausgleich von ER 409	3.300,00
4. Banküberweisung für Gewerbesteuer[1] lt. Bankauszug KA 42	950,00
5. Lohnzahlung durch Banküberweisung lt. KA 43	4.100,00
6. KA 44: Teilrückzahlung eines Darlehens durch Banküberweisung	3.500,00
7. AR 316: Verkauf von eigenen Erzeugnissen auf Ziel, netto	68.200,00
+ Umsatzsteuer	12.958,00
8. Verbrauch von Rohstoffen lt. ME 25	32.350,00

Abschlussangabe: Abschreibungen: TA und Maschinen 12.000,00 €, BGA 2.500,00 €, Fuhrpark 3.000,00 €.

Aufgabe 96

Ergänzen Sie die folgenden Aussagen in Ihrem Arbeitsheft:

1. In der Erfolgsrechnung eines Unternehmens stellen Abschreibungen auf Sachanlagen ... dar, die den ... vermindern oder den ... erhöhen.
2. Durch ... Abschreibungen werden die Ausgaben für die Anschaffungskosten auf die ... als ... verteilt, wodurch die Erfolgsrechnungen der einzelnen ... ... belastet werden.
3. Planmäßige Abschreibung bedeutet Abschreibung nach der ... der Sachanlage.
4. Abschreibungen auf Sachanlagen haben ... und/oder ... Ursachen.
5. Außergewöhnliche Wertminderungen bedürfen einer ... Abschreibung.
6. AfA bedeutet: ... für ....
7. Das Anlagenverzeichnis ist eine ... buchhaltung, die die ... konten der Hauptbuchhaltung erläutert. Es ... die ... Inventur der Sachanlagen.
8. Abschreibungen vermindern den Bestand in den Sachanlagekonten und im Konto .... Diese Art der Wertveränderung heißt Aktiv-Passiv ....

Aufgabe 97

1. *Wie wirken sich Abschreibungen auf die Sachanlagekonten und damit das Eigenkapital aus?*
2. Abschreibungen sind ein bedeutendes Mittel der Finanzierung. *Begründen Sie die Aussage.*

1 Beachten Sie: Die Gewerbesteuer muss handelsrechtlich als Aufwand gebucht werden (§ 242 [2] HGB) und mindert damit den Gewinn der Handelsbilanz. Zur Ermittlung des steuerpflichtigen Gewinns muss aber die Gewerbesteuer, die keine Betriebsausgabe ist (§ 4 [5b] EStG), außerhalb der Buchführung dem handelsrechtlichen Gewinn wieder hinzugerechnet werden.

10 Organisation der Buchführung

10.1 Schulkontenrahmen Nordrhein-Westfalen

10.1.1 Aufgaben und Aufbau des Schulkontenrahmens

Die Konten der Buchführung bilden zugleich die **zahlenmäßige Grundlage für die Planungen und Entscheidungen** der Unternehmensleitung. Dazu sind **wichtige Bilanz-, Aufwands- und Ertragsposten** durch Vergleich mit den Zahlen früherer Geschäftsjahre **(Zeitvergleich)** sowie mit branchengleichen Betrieben **(Betriebsvergleich)** betriebswirtschaftlich **auszuwerten.** Die Buchführung mit ihren zahlreichen Konten bedarf daher einer bestimmten **Ordnung**, die die **Konten** des Unternehmens und der branchengleichen Betriebe nicht nur **systematisch und detailliert sowie EDV-gerecht gliedert**, sondern vor allem auch **einheitlich benennt.**

Der Kontenrahmen ist ein solches **Kontenordnungssystem.** Es gibt Kontenrahmen für den Groß- und Außenhandel, den Einzelhandel und für die Industrie, für das Handwerk, für Banken und Versicherungen. Außerdem gibt es für Ausbildungszwecke einen **„Schulkontenrahmen"**[1], der in seinem Aufbau grundlegend dem **„Industriekontenrahmen"** (IKR) entspricht. Die Anwendung des Kontenrahmens ist für die Unternehmen nicht verbindlich, sondern lediglich eine **Empfehlung** der Wirtschaftsverbände.

10 Kontenklassen

Der Schulkontenrahmen ist wie alle Kontenrahmen nach dem **dekadischen System** (Zehnersystem) aufgebaut. Die Konten werden zunächst eingeteilt in

10 Klassen von 0 bis 9,

wobei die **Klassen 0 bis 8** der **Finanz- bzw. Geschäftsbuchhaltung (= Rechnungskreis I)** vorbehalten sind. Die **Klasse 9** kann für eine **kontenmäßige Darstellung der Kosten- und Leistungsrechnung (= Rechnungskreis II)** genutzt werden, sofern sie nicht – wie **in der Praxis** üblich – **tabellarisch** durchgeführt wird.

Rechnungskreis I und II

Die beiden Hauptbereiche des Rechnungswesens bilden jeweils einen eigenen Kontenkreis. Der Schulkontenrahmen ist deshalb kontenmäßig ein echtes **Zweikreissystem.**

	Kontenklasse		Inhalt der Kontenklasse
Finanzbuchhaltung	Bestandskonten	0	Immaterielle Vermögensgegenstände und Sachanlagen
		1	Finanzanlagen
		2	Umlaufvermögen und aktive Rechnungsabgrenzung
		3	Eigenkapital und Rückstellungen
		4	Verbindlichkeiten und passive Rechnungsabgrenzung
	Erfolgskonten	5	Erträge
		6	Betriebliche Aufwendungen
		7	Weitere Aufwendungen
		8	Ergebnisrechnung (Eröffnungs- und Abschlusskonten)
KLR		9	Kosten- und Leistungsrechnung (KLR)

Merke

Die Finanzbuchhaltung (Rechnungskreis I) und die Kosten- und Leistungsrechnung (Rechnungskreis II) bilden jeweils einen in sich geschlossenen Kontenkreis. Die beiden Zweige des Rechnungswesens werden somit klar getrennt.

1 Siehe Anlage im Anhang des Lehrbuches.

Gliederung der Konten nach dem Jahresabschluss

Bilanz und Gewinn- und Verlustrechnung bilden den Jahresabschluss der Finanzbuchhaltung. Um die **Abschlussarbeiten zu vereinfachen**, wurden die Konten im Kontenrahmen auf den Jahresabschluss ausgerichtet. **In Reihenfolge und Bezeichnung der Posten entsprechen die Konten der**

- **Gliederung der Bilanz** im § 266 HGB[1] und der
- **Gliederung der Gewinn- und Verlustrechnung** im § 275 HGB[1].

Bilanz und Gewinn- und Verlustrechnung lassen sich nach Abstimmung mit den Inventurwerten **direkt aus** den Salden der **Bestands- und Erfolgskonten** der Finanzbuchhaltung erstellen:

Soll	**8010 Schlussbilanzkonto**		Haben
Kontenklasse	**Aktiva**	**Passiva**	**Kontenklasse**
0	Immaterielle Vermögensgegenstände Sachanlagen	Gezeichnetes Kapital Gewinnrücklagen Jahresüberschuss/ Jahresfehlbetrag Rückstellungen	3
1	Finanzanlagen	Verbindlichkeiten Passive Rechnungsabgrenzung	4
2	Umlaufvermögen Aktive Rechnungsabgrenzung		

Soll	**8020 Gewinn- und Verlustkonto**		Haben
Kontenklasse	**Aufwendungen**	**Erträge**	**Kontenklasse**
6	Betriebliche Aufwendungen	Erträge	5
7	Weitere Aufwendungen		

Die Abschlussbuchungssätze lauten somit für die

Bestandskonten:	**8010 Schlussbilanzkonto** an **Aktivkonten** der Klassen 0, 1 und 2
	Passivkonten der Klassen 3 und 4 an **8010 Schlussbilanzkonto**
Erfolgskonten:	**Ertragskonten** der Klasse 5 an **8020 Gewinn- und Verlustkonto**
	8020 Gewinn- und Verlustkonto an **Aufwandskonten** der Klassen 6 und 7

Merke

Der abschlussorientierte Schulkontenrahmen, also die Ausrichtung der Konten auf die Bilanz und Gewinn- und Verlustrechnung, führt zu einer wesentlichen Vereinfachung der Abschlussarbeiten und damit zu einer rationellen Erstellung des Jahresabschlusses.

1 Vgl. §§ 266, 275 HGB auf der Rückseite des Schulkontenrahmens im Anhang des Lehrbuches.

10.1.2 Erläuterung der Kontenklassen 0 bis 8

Klasse 0

Immaterielle Vermögensgegenstände und Sachanlagen

Die Kontenklasse 0 enthält v. a. die **Sachanlagen** (Kontengruppen 05 bis 09), die die Betriebsbereitschaft herstellen, wie Grundstücke, Gebäude, technische Anlagen und Maschinen, Betriebs- und Geschäftsausstattung u. a. Die Kontengruppen 02 und 03 erfassen **immaterielle Anlagewerte** (Lizenzen, Konzessionen, Geschäfts- oder Firmenwert).

Klasse 1

Finanzanlagen

Hier werden die **langfristigen Finanzanlagen** eines Unternehmens erfasst, wie z. B. **Kapitalbeteiligungen** an anderen Unternehmen, **langfristige Ausleihungen** sowie **Wertpapiere**, die als **langfristige Kapitalanlage** angeschafft wurden.

Klasse 2

Umlaufvermögen und aktive Rechnungsabgrenzung

Diese Klasse enthält die Bestandskonten für **Roh-, Hilfs- und Betriebsstoffe, unfertige und fertige Erzeugnisse** sowie **Handelswaren**, die **Forderungen a. LL**, die **Vorsteuer**, als **kurzfristige Anlage** erworbene **Wertpapiere** sowie die **flüssigen Mittel** (Kasse u. a.). Die **aktive Rechnungsabgrenzung** dient der **periodengerechten** Abgrenzung des Jahreserfolges.

Klasse 3

Eigenkapital und Rückstellungen

Die Klasse 3 enthält die **Eigenkapitalkonten** der Einzelunternehmen und Personengesellschaften (OHG, KG) sowie der Kapitalgesellschaften (KGaA, AG, GmbH). Das **Privatkonto** wird als Unterkonto den Eigenkapitalkonten der Personenunternehmen zugeordnet. **Rücklagen** werden in Form der **Kapital- und Gewinnrücklagen** in der Klasse 3 erfasst und offen in der Bilanz der **Kapitalgesellschaft** – getrennt vom „Gezeichneten Kapital" – ausgewiesen. Gewinnrücklagen entstehen durch Einbehaltung von Teilen des Gewinns, Kapitalrücklagen durch Zuzahlung der Gesellschafter der Kapitalgesellschaft. Verbindlichkeiten, deren Höhe oder Fälligkeit zum Bilanzstichtag noch nicht feststehen, werden in der Klasse 3 als **Rückstellungen** geführt: Pensions-, Steuer- und sonstige Rückstellungen.

Klasse 4

Verbindlichkeiten und passive Rechnungsabgrenzung

In der Kontenklasse 4 werden **alle kurz- und langfristigen Verbindlichkeiten** gegenüber Banken, Lieferanten, Finanzamt u. a. sowie die **passive Rechnungsabgrenzung** erfasst.

Klasse 5

Erträge

Die **Kontengruppen 50, 51 und 54** enthalten die **eigentlichen betrieblichen Erträge** der Unternehmen: Die **Umsatzerlöse für eigene Erzeugnisse und Handelswaren** werden einschließlich der **Unterkonten** z. B. für Miet-, Provisions-, Lizenzerträge[1] in der Klasse 5 erfasst. Die Kontengruppe 54 enthält die Konten der **„sonstigen" betrieblichen Erträge**, wie Erträge aus Anlagenabgängen, der Auflösung von Rückstellungen, abgeschriebenen Forderungen und unentgeltliche Entnahmen durch den Unternehmer u. a. In den übrigen Kontengruppen werden sowohl Erträge aus Beteiligungen als auch **Zinserträge** berücksichtigt.

Klasse 6

Betriebliche Aufwendungen

Vor allem: **Aufwendungen für Roh-, Hilfs- und Betriebsstoffe und Handelswaren, Personalaufwand, Abschreibungen und diverse „Sonstige betriebliche Aufwendungen".**

Klasse 7

Weitere Aufwendungen

Die Klasse 7 enthält insbesondere **alle Steuern und Zinsen.**

Klasse 8

Ergebnisrechnung

Die Klasse 8 dient vor allem der Eröffnung und dem Abschluss der Konten:
8000 Eröffnungsbilanzkonto **8010 Schlussbilanzkonto** **8020 GuV-Konto**

Merke **Die Klassen 0 bis 8 enthalten die Konten der Finanzbuchhaltung (RK I).**

1 Die Bezeichnung „Erträge" wurde trotz der durch das BilRUG bedingten Zuordnung zu den Umsatzerlösen (siehe S. 393) aus Gründen der Kontinuität zunächst beibehalten.

10.1.3 Kontenrahmen und Kontenplan

Im Kontenrahmen lässt sich jede der **zehn Kontenklassen (ein**stellige Ziffer) in **zehn Kontengruppen (zwei**stellige Ziffer), jede Kontengruppe in **zehn Kontenarten (drei**stellige Ziffer) und jede Kontenart in **zehn Kontenunterarten (vier**stellige Ziffer) untergliedern.

Beispiel

Aus der Kontennummer „2801" erkennt man die

Kontenklasse:	2	Umlaufvermögen und ARA	**Kontenrahmen**
Kontengruppe:	28	Flüssige Mittel	
Kontenart:	280	Guthaben bei Kreditinstituten	
Kontenunterart:	2800	Kreissparkasse	**Kontenplan**
	2801	Deutsche Bank	

Kontenplan

Der **Kontenrahmen** bildet die **einheitliche Grundordnung** für die Aufstellung **betriebsindividueller Kontenpläne** der Unternehmen eines Wirtschaftszweiges. **Aus dem Kontenrahmen** entwickelt jedes Unternehmen seinen **eigenen Kontenplan**, der auf seine besonderen Belange (Branche, Struktur, Größe, Rechtsform) ausgerichtet ist. So lässt sich im Kontenplan eine weitere Untergliederung der Kontenarten in Kontenunterarten entsprechend den Bedürfnissen des Unternehmens vornehmen. Der Kontenplan enthält somit nur die im Unternehmen geführten Konten.

Vereinfachung der Buchungsarbeit

Der Kontenplan vereinfacht die Buchungen in den Konten, da die Kontenbezeichnungen durch Kontennummern ersetzt werden.

Beispiel

Geschäftsfall:	Die Metallverarbeitung Wernick GmbH kauft Metallplatten lt. ER 441	4.200,00 €
	+ 19 % Umsatzsteuer	798,00 €
	Rechnungsbetrag	4.998,00 €

Buchungssatz:	**statt:**		**Aufwendungen für Rohstoffe**	4.200,00	
			Vorsteuer	798,00	
		an	**Verbindlichkeiten**		4.998,00
	nunmehr kurz:		**6000**	4.200,00	
			2600	798,00	
		an	**4400**		4.998,00

EDV-Kontenrahmen

Soll der Schulkontenrahmen – wie in diesem Buch beabsichtigt – zugleich auch in der EDV-Buchführung verwendet werden, ist jedes **Sachkonto** (= Hauptbuchkonto) in der Regel mit einer **vierstelligen** Kontenziffer zu versehen. **Personenkonten** (Kunden- und Lieferantenkonten) haben stets **fünfstellige** Kontenziffern.

Merke

- **Der Kontenrahmen bildet für alle Unternehmen eines Wirtschaftszweiges die einheitliche Grundordnung für die Gliederung und Bezeichnung der Konten. Der Kontenrahmen ermöglicht damit**
  - **eine Vereinfachung und Vereinheitlichung der Buchungs- und Abschlussarbeiten sowie**
  - **Zeit- und Betriebsvergleiche zur Überwachung der Wirtschaftlichkeit.**
- **Der Kontenplan enthält nur die im Unternehmen geführten Konten.**

Aufgabe 98

Nennen Sie jeweils den Geschäftsfall der folgenden Buchungen auf dem Bankkonto:

Soll		2800 Bank	Haben
1. 8000	86.000,00	5. 4400	18.400,00
2. 2880	5.000,00	6. 4800	12.300,00
3. 4250	25.000,00	7. 6300	24.300,00
4. 2400	12.000,00	8. 8010	73.000,00
	128.000,00		128.000,00

Aufgabe 99

Anfangsbestände

0700 TA und Maschinen	250.000,00	2800 Bank	28.000,00
2000 Rohstoffe	40.000,00	2880 Kasse	6.000,00
2020 Hilfsstoffe	12.000,00	4230 Darlehensschulden	83.000,00
2030 Betriebsstoffe	8.000,00	4400 Verbindlichkeiten a. LL	25.000,00
2400 Forderungen a. LL	17.000,00	3000 Gezeichnetes Kapital	?

Kontenplan

0700, 2000, 2020, 2030, 2400, 2600, 2800, 2880, 3000, 3400, 4230, 4400, 4800, 5000, 5420, 6000, 6020, 6030, 6140, 6160, 6200, 6520, 6700, 7000, 7510, 8000, 8010, 8020.

Geschäftsfälle

1.	Unsere Überweisung der Geschäftsmiete lt. KA 1	3.800,00
2.	Verkauf von eigenen Erzeugnissen lt. AR 605 frei Haus	26.700,00
	+ Umsatzsteuer	5.073,00
3.	Ausgangsfracht hierauf bar lt. KB 1, Nettofracht	1.400,00
	+ Umsatzsteuer	266,00
4.	Zieleinkauf von Rohstoffen lt. ER 807, netto	15.000,00
	+ Umsatzsteuer	2.850,00
5.	Überweisung von Kunden zum Ausgleich von AR 601 – 604 lt. KA 2	12.852,00
6.	Lt. KA 3 Lastschrift der Bank für Darlehenszinsen	2.200,00
7.	Verkauf von eigenen Erzeugnissen lt. AR 606 ab Werk, netto	18.600,00
	+ Umsatzsteuer	3.534,00
8.	KA 4: Überweisung für Fertigungslöhne lt. Lohnliste	11.700,00
9.	Überweisung der Gewerbesteuer[1] lt. KA 5	2.100,00
10.	Einkauf von Hilfsstoffen lt. ER 808, netto	3.500,00
	+ Umsatzsteuer	665,00
11.	KA 6: Unsere Überweisung für Maschinenreparatur, netto	600,00
	+ Umsatzsteuer	114,00

Abschlussangaben

1. Schlussbestände lt. Inventur:	Rohstoffe	40.200,00
	Hilfsstoffe	7.000,00
	Betriebsstoffe	7.000,00
2. Abschreibungen auf	TA und Maschinen	6.400,00

Bilden Sie die Buchungssätze und buchen Sie auf Konten.

1 Siehe Fußnote auf S. 91.

Aufgabe 100

Anfangsbestände

0700 TA und Maschinen	242.000,00	2880 Kasse	5.800,00
0800 BGA	88.000,00	3000 Gezeichnetes Kapital	479.800,00
2000 Rohstoffe	160.000,00	4250 Hypothekenschulden	150.000,00
2020 Hilfsstoffe	20.000,00	4400 Verbindlichkeiten a. LL	112.600,00
2400 Forderungen a. LL	98.000,00	4800 Umsatzsteuer	13.400,00
2800 Bankguthaben	142.000,00		

Kontenplan

0700, 0800, 2000, 2020, 2400, 2600, 2800, 2880, 3000, 3400, 4250, 4400, 4800, 5000, 5420, 5710, 6000, 6020, 6160, 6300, 6520, 6700, 6820, 6870, 7510, 8000, 8010, 8020.

Geschäftsfälle

1. KA 1: Überweisung der Umsatzsteuer-Zahllast	13.400,00
2. KA 2: Banklastschrift für Darlehenstilgung	22.000,00
3. KA 3: Unsere Überweisung für Miete: Produktionshalle	16.500,00
4. Rohstoffeinkäufe lt. ER 79–83, brutto	29.155,00
5. KB 1: Barzahlung der Heizungsreparatur, brutto	595,00
6. Verkäufe von eigenen Erzeugnissen lt. AR 97–103, brutto	232.050,00
7. KA 4: Überweisung der Gehälter	11.400,00
8. KA 5: Bezahlung von Werbeanzeigen durch Bankscheck, brutto	2.082,50
9. KB 3: Barzahlung der Wertmarken für Frankiermaschine	1.200,00
10. KA 6: Überweisung von Kunden zum Ausgleich von AR 95–96	14.280,00
11. KA 7: Lastschrift der Bank für Hypothekenzinsen	2.400,00
12. KA 8: Zinsgutschrift der Bank	2.300,00

Abschlussangaben

1. Abschreibungen: TA und Maschinen: 11.000,00 €, BGA: 6.000,00 €.
2. Schlussbestände lt. Inventur: Rohstoffe ... 112.200,00
   Hilfsstoffe ... 7.800,00
3. Die Buchwerte der übrigen Bestandskonten entsprechen der Inventur.

Auswertung

Ermitteln Sie die Verzinsung (Rentabilität) des Eigenkapitals, indem Sie den Gewinn zum durchschnittlichen Eigenkapital ins Verhältnis setzen.

Aufgabe 101

1. *Worin unterscheiden sich Kontenrahmen und Kontenplan?*
2. *Unterscheiden Sie im Kontenrahmen und Kontenplan zwischen Kontenklasse, Kontengruppe, Kontenart und Kontenunterart.*
3. *Begründen Sie die Notwendigkeit eines Kontenrahmens.*
4. *Welches Prinzip liegt dem Aufbau des Schulkontenrahmens zugrunde?*
5. *Vergleichen Sie die Kontenklassen und Kontengruppen des Schulkontenrahmens mit den Posten der Bilanz (§ 266 HGB) und der GuV-Rechnung (§ 275 HGB) (siehe Anhang des Lehrbuches).*
6. *Welche Kontenklassen werden im Kontenrahmen*
   a) der Finanzbuchhaltung und
   b) der Kosten- und Leistungsrechnung zugeordnet?
7. *Begründen Sie das „Zweikreissystem" im Kontenrahmen.*

10.2 Die Belegorganisation

10.2.1 Bedeutung und Arten der Belege

Die Richtigkeit der Buchungen kann nur anhand der Belege überprüft werden. Deshalb muss jeder Buchung ein entsprechender Beleg zugrunde liegen. Der wichtigste **Grundsatz ordnungsmäßiger Buchführung** (§ 238 [2] HGB) lautet deshalb:

Merke **Keine Buchung ohne Beleg!**

Nach der Herkunft der Belege unterscheidet man zwischen **externen** Belegen (= Fremdbelege) und **internen** Belegen (= Eigenbelege).

Belegarten

Externe Belege (Fremdbelege) werden von Außenstehenden ausgestellt.	**Interne Belege (Eigenbelege)** werden im Unternehmen ausgestellt.
Beispiele: ■ Eingangsrechnungen ■ Quittungen ■ Gutschriftsanzeige des Lieferanten für Werkstoffrücksendung und nachträglichen Preisnachlass ■ Begleitbriefe zu erhaltenen Schecks ■ Erhaltene sonstige Geschäftsbriefe über z. B. nachträgliche Belastungen ■ Bankbelege (z. B. Kontoauszüge, Kontrollmitteilungen u. a.) ■ Postbelege (z. B. Quittungen über Einzahlungen, Versand u. a.)	Beispiele: ■ Kopien von Ausgangsrechnungen ■ Quittungsdurchschriften ■ Durchschrift der Gutschriftsanzeige an Kunden für Rücksendung von Erzeugnissen und nachträglichen Preisnachlass ■ Durchschriften von Begleitbriefen zu weitergegebenen Schecks ■ Durchschriften von abgesandten sonstigen Geschäftsbriefen ■ Lohn- und Gehaltslisten ■ Belege über Privatentnahmen bei Einzelunternehmen und Personengesellschaften ■ Belege über Storno- und Umbuchungen sowie Abschlussbuchungen

Einzelbelege
Sammelbelege

Nach der Anzahl der in den Belegen erfassten Geschäftsfälle können Einzelbelege und Sammelbelege unterschieden werden. Während der Einzelbeleg für einen Geschäftsfall erstellt wird (z. B. Gutschriftsanzeige, Quittung), beinhaltet ein Sammelbeleg mehrere gleichartige Geschäftsfälle (z. B. Lohn- und Gehaltsliste).

Ersatzbelege

Ersatzbelege sind auszustellen, wenn ein **Originalbeleg abhanden gekommen** ist oder ein Fremdbeleg nicht zu erhalten war. Bei verloren gegangenen Fremdbelegen wird man in der Regel eine Abschrift erbitten. Fehlen z. B. über eine Taxifahrt oder von auswärts geführte Ferngespräche die erforderlichen Belege, so ist ein Ersatzbeleg zu erstellen, der **Zeitpunkt, Grund und Höhe der Ausgabe** enthält.

10.2.2 Bearbeitung der Belege

Folgende Arbeitsstufen umfasst die Bearbeitung der Belege in der Buchhaltung:

- **Vorbereitung** der Belege zur Buchung
- **Buchung** der Belege im Grund- und Hauptbuch
- **Ablage** und Aufbewahrung der Belege

Vorbereitung der Belege

Die sorgfältige Vorbereitung der Belege ist unerlässliche Voraussetzung ordnungsmäßiger Buchführung. Dazu gehören:

- **Überprüfung der Belege** auf ihre **sachliche und rechnerische Richtigkeit.**
- **Bestimmung des Buchungsbeleges.** Gehören zu einem Geschäftsfall mehrere Belege (z. B. bei Banküberweisungen: Überweisungsvordruck und Kontoauszug), muss vorab bestimmt werden, welcher Beleg als Buchungsunterlage verwendet werden soll, um mehrfache Buchungen zu vermeiden.
- **Ordnen der Belege nach Belegarten (Belegsortierung)** als **Voraussetzung für Sammelbuchungen** und eine ordnungsmäßige Ablage und **Aufbewahrung** der Belege:
  - Ausgangsrechnungen
  - Gutschriften an Kunden
  - Eingangsrechnungen
  - Gutschriften von Lieferanten
  - Lohn- und Gehaltslisten
  - Bankbelege (z. B. Kontoauszüge)
  - Postbelege
  - Kassenbelege
  - Sonstige Belege
- **Fortlaufende Nummerierung** der Belege innerhalb jeder Belegart.
- **Vorkontierung der Belege**, indem die Buchungssätze mithilfe eines Kontierungsstempels auf den Belegen oder gesondert auf einem Kontierungsformular angegeben werden.

Belegvermerk

Jede Buchung im Grund- und Hauptbuch enthält den Hinweis auf die **Belegart und die Belegnummer.** Dieser **Belegvermerk** (z. B. AR 15) stellt sicher, dass zu jeder Buchung der zugehörige Beleg sofort auffindbar ist. Umgekehrt muss nach jeder Buchung der **Buchungsvermerk auf dem Beleg** eingetragen werden, der die Journalseite, das Buchungsdatum sowie das Zeichen des Buchhalters angibt. Durch diese **wechselseitigen Hinweise** wird der **Beleg zum Bindeglied** zwischen Geschäftsfall und Buchung.

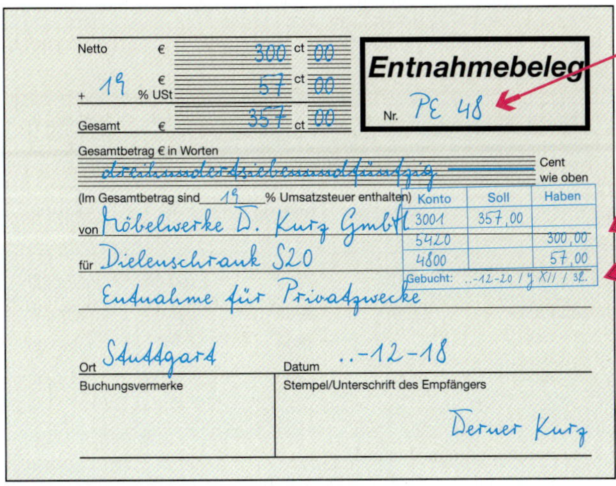

Netto € 300 ct 00
+ 19 % USt € 57 ct 00
Gesamt € 357 ct 00

Entnahmebeleg
Nr. PE 48

Gesamtbetrag € in Worten: dreihundertsiebenundfünfzig — Cent wie oben
(Im Gesamtbetrag sind 19 % Umsatzsteuer enthalten)

Konto	Soll	Haben
3001	357,00	
5420		300,00
4800		57,00

Gebucht: ..-12-20 / J XII / 3 R.

von Möbelwerke D. Kurz GmbH
für Dielenschrank S20
Entnahme für Privatzwecke

Ort Stuttgart Datum ..-12-18
Buchungsvermerke
Stempel/Unterschrift des Empfängers: Werner Kurz

Belegvermerk:
KB = Kassenbeleg
48 = Belegnummer

Vorkontierung

Buchungsvermerk:
J XII/3 = Eintragung im Grundbuch (Journal) für Dezember auf Seite 3
R = Kurzzeichen des Buchhalters

Belegaufbewahrung

Nach der Buchung müssen die Belege sorgfältig abgelegt und **zehn Jahre** aufbewahrt werden, **gerechnet vom Schluss des Kalenderjahres**, in dem der Beleg entstanden ist (§ 257 [4] HGB, § 147 [3] AO). **Für jede** Belegart werden in der Regel **Ordner** angelegt, in denen die Belege nach fortlaufender Nummer abgeheftet sind. Bei einer **Mikrofilmablage** oder der **Speicherung auf Datenträgern** muss die jederzeitige Wiedergabe der mikroverfilmten oder eingescannten Belege bzw. der gespeicherten Daten sichergestellt sein (vgl. S. 24). In **elektronischer Form empfangene Belege** müssen ebenso wie die in der elektronischen Buchführung erzeugten Daten und Dokumente grundsätzlich im Ursprungsformat aufbewahrt werden.

Merke

Die Belegorganisation ist die Grundlage ordnungsmäßiger Buchführung.

10.3 Die Bücher der Finanzbuchhaltung

Die Buchungen müssen **jederzeit nachprüfbar** sein. Sie sind deshalb jeweils

- in **zeitlicher Reihenfolge** zu erfassen,
- nach **sachlichen Gesichtspunkten** zu ordnen und
- gegebenenfalls **durch Nebenaufzeichnungen zu erläutern.**

Diese Ordnung der Buchungen erfolgt in bestimmten **„Büchern"** der Buchführung.

10.3.1 Das Grundbuch

Grundbuch (Journal)

Im Grundbuch (Journal) werden die Buchungen in **zeitlicher (chronologischer) Reihenfolge** erfasst. Im Einzelnen nimmt das Grundbuch folgende Buchungen auf:

1. **Eröffnungsbuchungen über EBK**
2. **Laufende Buchungen** aufgrund der vorkontierten Belege
3. **Vorbereitende Abschlussbuchungen**, die auch **Umbuchungen** genannt werden:
   - Buchung der Abschreibungen
   - Abschluss der Unterkonten (z. B. Skonti)
   - Verrechnung der Vor- und Umsatzsteuer
4. **Abschlussbuchungen**
   - Abschluss der **Erfolgskonten** über das GuV-Konto
   - Abschluss des **GuV-Kontos** über das Konto „Jahresüberschuss/Jahresfehlbetrag"
   - Abschluss der **Bestandskonten** über das Schlussbilanzkonto

Wichtige Daten sind im Grundbuch bzw. Journal auszuweisen: Belegdatum, Belegvermerk, Buchungstext, Kontierung und der Buchungsbetrag:

Journal		Monat November ..				Seite ...
Datum	Beleg	Buchungstext	Kontierung		Betrag in €	
			Soll	Haben	Soll	Haben
12. Nov. ..		Übertrag von Seite ...			...	...
12. Nov. ..	KA 158	Überweisung an Vits KG	4400	2800	4.760,00	4.760,00
13. Nov. ..	AR 896	Verkauf an Holzen OHG	2400	5000	7.140,00	6.000,00
				4800		1.140,00
14. Nov. ..	KA 159	Überweisung von Decker	2800	2400	2.856,00	2.856,00
...	...	...				
...	...	...				

Bedeutung des Grundbuches

Die chronologischen Aufzeichnungen im Journal ermöglichen es, jeden einzelnen Geschäftsvorfall während der Aufbewahrungsfristen schnell bis zum Beleg zurückzuverfolgen und damit nachzuweisen.

Buchungsverfahren

Jede Grundbuchung muss auf dem entsprechenden **Sachkonto des Hauptbuchs** und gegebenenfalls auf dem Konto eines **Nebenbuchs** (Lagerbuchführung, Kunden- und Lieferantenkonten u. a.) erfasst werden. Im Rahmen der EDV-Buchführung erfolgen die Buchungen auf den Sachkonten des Hauptbuchs gleichzeitig automatisch mit der Eingabe im Grundbuch.

10.3.2 Das Hauptbuch

Sachliche Ordnung

Aus dem Grundbuch lässt sich der Stand der einzelnen Vermögensteile und Schulden nicht erkennen. Deshalb müssen die Geschäftsfälle noch in **sachlicher** Ordnung auf entsprechenden **Sachkonten** gebucht werden, z. B. alle Gehaltszahlungen auf einem Konto „Gehälter", alle Bargeschäfte auf einem Kassenkonto u. a. Die Sachkonten stellen wegen ihrer Bedeutung für die Buchführung das **Hauptbuch** dar. Sie werden auf losen Formblättern oder EDV-mäßig geführt.

Sachkonten

Die Sachkonten sind die **im Kontenplan** des Betriebes **verzeichneten Bestands- und Erfolgskonten.** Ihr Abschluss führt über das Gewinn- und Verlustkonto und das Schlussbilanzkonto zur **Gewinn- und Verlustrechnung** und **Bilanz.** Bei jeder Buchung auf einem Sachkonto müssen ähnlich wie im Grundbuch vermerkt werden: Datum, Belegvermerk, Buchungstext, Gegenkonto, Betrag im Soll und im Haben:

Konto: 2800 Bank					
Beleg-datum	Beleg-vermerk	Buchungstext	Gegen-konto	Betrag in €	
				Soll	Haben
12. Nov. ..	KA 158	Überweisung an Vits KG	4400	–	4.760,00
14. Nov. ..	KA 159	Überweisung von Decker	2400	2.856,00	–
...	...	...			
...	...	...			

Zusammenhang zwischen Belegen, Grund- und Hauptbuch

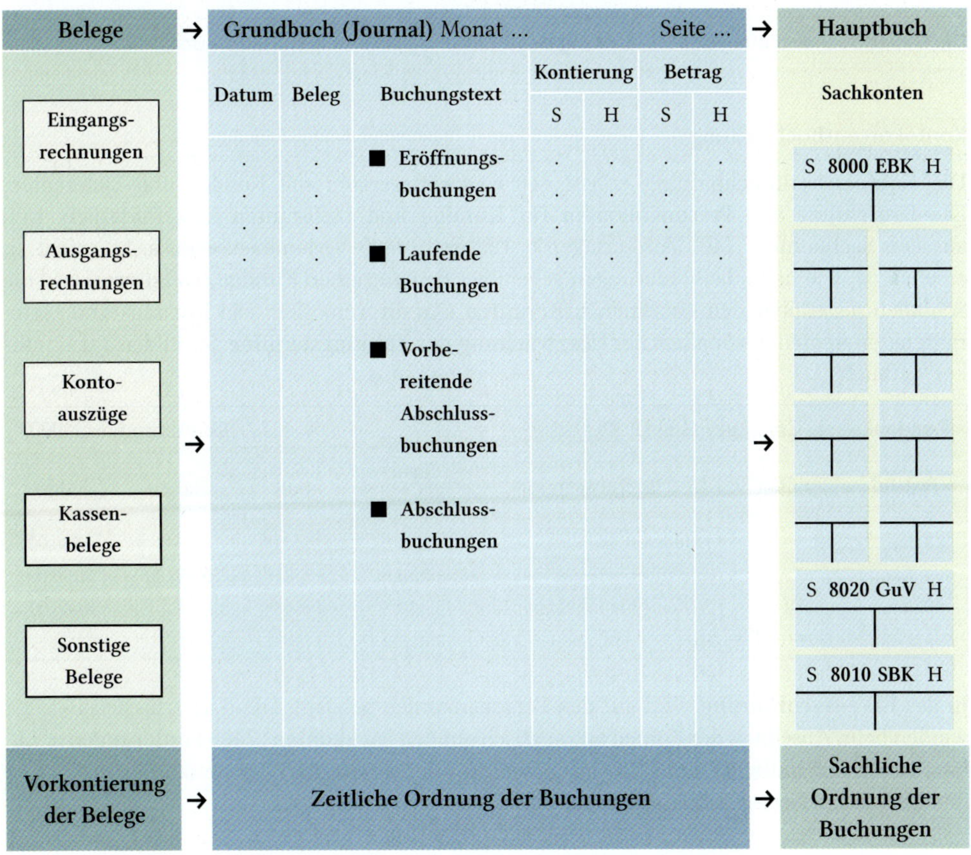

Merke

- **Das Grundbuch (Journal) erfasst die Geschäftsfälle in zeitlicher Reihenfolge.**
- **Das Hauptbuch erfasst die Geschäftsfälle in sachlicher Ordnung auf Sachkonten.**

10.3.3 Die Nebenbücher im Überblick

Bestimmte Sachkonten des Hauptbuches müssen **näher erläutert** werden, um **wichtige Einzelheiten** zu erfahren. Das geschieht in entsprechenden **Nebenbüchern.**

Sachkonten	Nebenbücher
Forderungen a. LL, Verbindlichkeiten a. LL	**Kontokorrentbuch** erfasst den unbaren Geschäftsverkehr mit jedem einzelnen Kunden und Lieferanten.
Bestandskonten für Roh-, Hilfs- und Betriebsstoffe, unfertige und fertige Erzeugnisse sowie Handelswaren	**Lagerbuchführung** oder **Lagerkartei** erfasst für jede einzelne Werkstoff- und Warenart Zugänge und Abgänge und ermittelt jederzeit (permanent) den Buchbestand; siehe S. 64.
Löhne und Gehälter	**Lohn-/Gehaltsbuchhaltung** Für jeden Arbeitnehmer wird ein Lohn- bzw. Gehaltskonto geführt; siehe S. 138 f.
Anlagekonten	**Anlagenverzeichnis** Für jeden Anlagegegenstand gibt es einen Datensatz oder eine Anlagenkarte mit Bezeichnung, Tag der Anschaffung, Anschaffungskosten, Nutzungsdauer, Abschreibung und Buchwert zum Abschlussstichtag; siehe S. 164.

Merke **Die Nebenbücher dienen der Erläuterung bestimmter Sachkonten im Hauptbuch.**

Kontokorrentbuchhaltung

Kunden- und Lieferantenkonten

Die Kontokorrentbuchhaltung erfasst den Geschäftsverkehr mit Kunden und Lieferanten. Die Einrichtung von **Personenkonten für Kunden und Lieferanten** ist erforderlich, weil aus den Sachkonten „2400 Forderungen a. LL" und „4400 Verbindlichkeiten a. LL" nicht zu ersehen ist, wie hoch die Forderungen gegenüber den einzelnen **Kunden (Debitoren)** und die Schulden gegenüber den einzelnen **Lieferanten (Kreditoren)** sind. Die Kunden- und Lieferantenkonten dienen vor allem der **Überwachung der Zahlungstermine**. Sie bilden das Kontokorrentbuch[1].

Kundenkonto: Computer GmbH, Rostock — **Kontonummer:** 10001

Datum	Beleg	Buchungstext	Journalseite	Soll	Haben	Saldo
2. Jan. ..	–	Saldovortrag	J 1	4.760,00	–	4.760,00
4. Jan. ..	KA 1	Banküberweisung	J 1	–	3.570,00	1.190,00
12. Jan. ..	AR 38	Verkauf Artikel-Nr. 567	J 3	2.856,00	–	4.046,00
...	...	...				

In der **EDV-Buchführung** wird auf den Personenkonten gebucht. Die dort erfassten Beträge werden beim Abschluss der Konten automatisch auf den **Sachkonten „2400 Forderungen a. LL" bzw. „4400 Verbindlichkeiten a. LL" ausgewiesen.** Die **Summe der Personenkonten** ergibt also den **Bestand des entsprechenden Sachkontos.**

1 ital.: conto corrente = laufende Rechnung

Sachkonten sind in der Regel vierstellig, **Personenkonten fünfstellig.**

Debitoren:	10000–59999	z. B. 10000 Kunde A,	10001 Kunde B, usw.
Kreditoren:	60000–99999	z. B. 60000 Lieferant A,	60001 Lieferant B, usw.

Kundenkonten erhalten z. B. an der **fünften** Stelle (die EDV-Anlage liest die Kennziffern von rechts nach links) die **Kennziffern 1 bis 5, Lieferantenkonten** die Ziffern **6 bis 9.**

Beispiel

In der Metallverarbeitung Wernick GmbH weisen die Saldenlisten der Kunden- und Lieferantenkonten sowie die Sachkonten 2400 und 4400 zum 31. Dezember folgende Zahlen aus:

Konto-Nr.	Kunden	Salden
10001	Elektrogroßhandel Hein e.K.	115.000,00
10002	PC-Center MC	86.250,00
10003	SB-Elektromarkt	165.000,00
	Saldensumme	366.250,00

Konto-Nr.	Lieferanten	Salden
60001	Walzwerke GmbH	135.000,00
60002	Eisengroßhandel GmbH	247.250,00
60003	Lackwerke OHG	143.750,00
	Saldensumme	526.000,00

2400 Forderungen a. LL				
Datum	Beleg	Text	Soll	Haben
31. Dez.	–	...	2.875.000,00	2.508.750,00
		Saldo	–	366.250,00
			2.875.000,00	2.875.000,00

4400 Verbindlichkeiten a. LL				
Datum	Beleg	Text	Soll	Haben
31. Dez.	–	...	1.889.000,00	2.415.000,00
		Saldo	526.000,00	–
			2.415.000,00	2.415.000,00

Merke

Die Saldensumme der Kundenkonten (Debitoren) und Lieferantenkonten (Kreditoren) im Kontokorrentbuch muss jeweils mit dem Saldo des Sachkontos „2400 Forderungen a. LL" bzw. „4400 Verbindlichkeiten a. LL" im Hauptbuch übereinstimmen.

Aufgabe 102

In der Finanzbuchhaltung der Metallverarbeitung Wernick GmbH weisen die **Kundenkonten** Elektrogroßhandel Hein e. K. und PC-Center MC folgende **offene Posten**, also noch nicht bezahlte Rechnungen, aus:

S	10001 Elektrogroßhandel Hein e. K.	H
AR 407	23.800,00	
AR 409	11.900,00	

S	10002 PC-Center MC	H
AR 408	35.700,00	
AR 410	5.950,00	

Richten Sie außer den Kundenkonten noch folgende Sachkonten ein: 2400 Forderungen a. LL (AB 77.350,00 €), 2800 Bank (AB 109.500,00 €), 4800 Umsatzsteuer, 5000 Umsatzerlöse für eigene Erzeugnisse.

Buchen Sie die folgenden Geschäftsfälle auf den Sachkonten und nehmen Sie zugleich die entsprechenden Eintragungen auf den Kundenkonten vor:

1.	Kunde Elektrogroßhandel Hein e. K. begleicht AR 407 lt. KA 12		23.800,00
2.	Verkauf von 200 PC-Gehäusen PC-G 44 lt. AR 411 an das PC-Center MC, netto	50.000,00	
	+ Umsatzsteuer	9.500,00	59.500,00
3.	PC-Center MC begleicht lt. KA 13 die fällige AR 408		35.700,00
4.	Verkauf von 150 Gehäusen G 45 an den Elektrogroßhandel Hein e. K. lt. AR 412, netto	15.000,00	
	+ Umsatzsteuer	2.850,00	17.850,00

1. Ermitteln Sie die Salden der Kundenkonten und stellen Sie diese in einer Saldenliste „Debitoren" zusammen.

2. Ermitteln Sie den Saldo im Sachkonto „2400 Forderungen a. LL" und stimmen Sie diesen mit der Summe der Salden der Debitoren-Saldenliste ab.

Aufgabe 103

Die **Lieferantenkonten** Walzwerke GmbH und Eisengroßhandel GmbH der Metallverarbeitung Wernick GmbH weisen folgende **offene Posten** aus:

S	60001 Walzwerke GmbH		H
		ER 580	29.750,00
		ER 582	14.280,00

S	60002 Eisengroßhandel GmbH		H
		ER 581	47.600,00
		ER 583	20.230,00

Richten Sie noch folgende Sachkonten ein:

2600 Vorsteuer, 2800 Bank (AB 167.000,00 €), 4400 Verbindlichkeiten a. LL (AB 111.860,00 €), 6000 Aufwendungen für Rohstoffe.

Buchen Sie die folgenden Geschäftsfälle auf den erforderlichen Sachkonten und ergänzen Sie entsprechend die beiden Lieferantenkonten:

1. ER 580 wird bei Fälligkeit beglichen. KA 45		29.750,00
2. Einkauf von Metallblech MB 200 lt. ER 584		
bei Eisengroßhandel GmbH, netto	44.000,00	
+ Umsatzsteuer	8.360,00	52.360,00
3. Ausgleich von ER 581 lt. KA 46	47.600,00	
4. Einkauf von Metallplatten MP 405 bei		
Walzwerke GmbH lt. ER 585, netto	8.500,00	
+ Umsatzsteuer	1.615,00	10.115,00

1. *Ermitteln Sie die Salden der Lieferantenkonten und des Kontos „4400 Verbindlichkeiten a. LL".*
2. *Erstellen Sie die Kreditoren-Saldenliste und nehmen Sie die Abstimmung mit dem Sachkonto 4400 vor.*

Aufgabe 104

1. *Erläutern Sie Aufgaben und Bedeutung der Bücher der Buchführung:*
   a) Grundbuch,
   b) Hauptbuch,
   c) Nebenbücher.
2. *Inwiefern ist der Beleg Bindeglied zwischen Geschäftsfall und Buchung?*
3. Belege lassen sich nach ihrer Entstehung in
   a) Fremd- bzw. externe Belege und
   b) Eigen- bzw. interne Belege
   unterscheiden. *Nennen Sie Beispiele.*
4. *Nennen Sie die Aufbewahrungsfrist für Geschäftsbelege, die Bücher der Buchführung, das Inventar und die Bilanz.*
5. *Von welchem Zeitpunkt an beginnt die Aufbewahrungsfrist?*
6. *Welche Möglichkeiten der Belegaufbewahrung bestehen?*

Aufgabe 105

Geschäftsgang mit Grund-, Haupt-, Kontokorrentbuch

1. *Richten Sie die Sachkonten ein und tragen Sie die Beträge der Summenbilanz vor.*
2. *Richten Sie die Personenkonten ein und tragen Sie die Soll- und Haben-Beträge vor.*
3. *Buchen Sie die Geschäftsfälle für Dezember auf den entsprechenden Konten.*
4. *Erstellen Sie zum 31. Dezember die Saldenlisten der Personenkonten und stimmen Sie diese mit den Sachkonten „2400 Forderungen a. LL" und „4400 Verbindlichkeiten a. LL" ab.*
5. *Führen Sie den kontenmäßigen Jahresabschluss im Hauptbuch durch.*
6. *Erstellen Sie eine ordnungsmäßig gegliederte Bilanz.*

Belegabkürzungen: AR (Ausgangsrechnung), ER (Eingangsrechnung), KA (Kontoauszug), KB (Kassenbeleg), SB (Sonstige Belege).

Kundenkonten der Maschinenfabrik Werner Stark GmbH		Soll	Haben
10000	F. Walter e. Kffr., Leverkusen	344.500,00	322.400,00
10001	Kühn KG, Köln	241.250,00	221.400,00
10002	R. Schulze e. Kfm., Bergheim	225.000,00	175.580,00
Summe		810.750,00	719.380,00

Lieferantenkonten der Maschinenfabrik Werner Stark GmbH		Soll	Haben
60000	M. Blau e. K., Rheine	189.400,00	224.600,00
60001	S. Schneider e. K., Emsdetten	180.200,00	215.800,00
60002	Weber GmbH, Soest	155.400,00	184.480,00
Summe		525.000,00	624.880,00

Sachkonten der Maschinenfabrik Werner Stark GmbH		Soll	Haben
0700	Technische Anlagen und Maschinen	156.000,00	8.500,00
0800	Betriebs- und Geschäftsausstattung	62.000,00	4.500,00
2000	Rohstoffe	189.000,00	–
2400	Forderungen a. LL	810.750,00	719.380,00
2600	Vorsteuer	99.586,50	83.640,00
2800	Bank	782.220,00	646.070,00
2850	Postbankguthaben	109.343,00	28.100,00
2880	Kasse	28.940,00	21.150,00
3000	Gezeichnetes Kapital	–	400.000,00
3240	Gewinnrücklage	–	29.000,00
3400	Jahresüberschuss/Jahresfehlbetrag	–	–
4400	Verbindlichkeiten a. LL	525.000,00	624.880,00
4800	Umsatzsteuer	91.048,00	150.907,50
5000	Umsatzerlöse für eigene Erzeugnisse	–	780.150,00
6000	Aufwendungen für Rohstoffe	460.000,00	–
62–64	Personalkosten	102.000,00	–
6520	Abschreibungen auf Sachanlagen	–	–
6700	Mietaufwendungen	45.070.00	–
6800	Aufwendungen für Kommunikation	35.320,00	–
8010	Schlussbilanzkonto	–	–
8020	Gewinn- und Verlustkonto	–	–
Summen zum 17. Dezember		3.496.277,50	3.496.277,50

Geschäftsfälle ab 18. Dezember bis 31. Dezember ..

Datum	**Beleg**	**Buchungstext**	**€**
18. Dez.	AR 949	Verkauf von eigenen Erzeugnissen an F. Walter, brutto	10.472,00
19. Dez.	ER 468	Rohstoffeinkauf bei M. Blau, brutto	14.637,00
20. Dez.	KA 91	Überweisung von Kühn KG	13.685,00
		Überweisung an S. Schneider	23.205,00
21. Dez.	KB 248	Barkauf von Postwertzeichen	650,00
23. Dez.	ER 469	Rohstoffeinkauf bei Weber GmbH, brutto	14.042,00
28. Dez.	AR 950	Verkauf von eigenen Erzeugnissen an R. Schulze, brutto	18.564,00
29. Dez.	KA 92	Überweisung von R. Schulze	28.560,00
		Überweisung der Telekommunikationsgebühren, netto	1.200,00
30. Dez.	KB 250	Barkauf von Büromaterial, brutto	535,50
31. Dez.	KB 251	Barverkäufe von eigenen Erzeugnissen, brutto	6.664,00

Abschlussangaben

31. Dez.	SB 116	Abschreibungen auf 0700: 5.200,00 €; auf 0800: 2.400,00 €.	
31. Dez.	SB 117	Inventurbestand an Rohstoffen	168.000,00
31. Dez.	Inventar	Buchbestände = Inventurbestände	

HF 1.1 / AS 1.1 / ZF 15

B Beleggeschäftsgang 1

Aufgabe 106

Die **Textilwerke Edgar Tuch GmbH**, Parkstraße 44, 90409 Nürnberg, Bankverbindungen: Sparkasse Nürnberg: IBAN DE04 7605 0101 0218 4357 17, BIC SSKNDE77; Commerzbank Nürnberg: IBAN DE72 7604 0061 0998 7968 50, BIC COBADEFF, haben sich auf die Herstellung von Frotteeartikeln und Decken spezialisiert. In ihrer **Finanzbuchhaltung** werden folgende **Bücher** geführt:

- **Grundbuch** (Journal) für die laufenden Buchungen, die vorbereitenden Abschlussbuchungen und die Abschlussbuchungen.
- **Hauptbuch** für die Sachkonten: Bestandskonten, Erfolgskonten, Abschlusskonten.
- **Kontokorrentbuch** für die Personenkonten: Kundenkonten, Lieferantenkonten.

I. Die Sachkonten der Textilwerke E. Tuch GmbH weisen zum 27. Dez. .. folgende Salden aus:

Kontenplan und vorläufige Saldenbilanz	Soll	Haben
0700 Technische Anlagen und Maschinen	886.900,00	–
0800 Betriebs- und Geschäftsausstattung	278.000,00	–
2000 Rohstoffe	120.000,00	–
2020 Hilfsstoffe	28.000,00	–
2030 Betriebsstoffe	48.000,00	–
2400 Forderungen aus Lieferungen und Leistungen	74.018,00	–
2600 Vorsteuer	61.200,00	–
2810 Sparkasse	312.975,00	–
2840 Commerzbank	112.100,00	–
2880 Kasse	21.000,00	–
3000 Gezeichnetes Kapital	–	800.000,00
3240 Gewinnrücklagen	–	35.000,00
3400 Jahresüberschuss/Jahresfehlbetrag	–	–
4230 Darlehensschulden	–	342.930,00
4400 Verbindlichkeiten aus Lieferungen und Leistungen	–	104.363,00
4800 Umsatzsteuer	–	267.900,00
5000 Umsatzerlöse für eigene Erzeugnisse	–	1.400.000,00
5430 Andere sonstige betriebliche Erträge	–	18.000,00
5710 Zinserträge	–	42.000,00
6000 Aufwendungen für Rohstoffe	540.000,00	–
6020 Aufwendungen für Hilfsstoffe	60.000,00	–
6030 Aufwendungen für Betriebsstoffe	15.000,00	–
6160 Fremdinstandsetzung	88.000,00	–
6200 Löhne	186.000,00	–
6300 Gehälter	145.000,00	–
6520 Abschreibungen auf Sachanlagen	–	–
6820 Portokosten	3.600,00	–
6830 Kosten der Telekommunikation	6.400,00	–
6850 Reisekosten	2.000,00	–
7510 Zinsaufwendungen	22.000,00	–
Abschlusskonten: 8010 SBK, 8020 GuV	3.010.193,00	3.010.193,00

6946106

II. Die Personenkonten weisen die folgenden offenen Posten und Salden aus:

Kundenkonten (Debitoren)		**Offene Posten – Kunden**			
Konto-Nr.	**Kunden**	**Datum**	**Rechnungs-Nr.**	**Betrag**	**Salden**
10000	Hartmann KG Saalestraße 16 39126 Magdeburg	..-12-04 ..-12-06	4563 4565	12.614,00 5.236,00	17.850,00
10001	Kaufring GmbH Bendstraße 10 52066 Aachen	..-12-02 ..-12-04 ..-12-07	4558 4564 4566	1.844,50 8.151,50 2.201,50	12.197,50
10002	Holzmann OHG Amselweg 14 67063 Ludwigshafen	..-12-03 ..-12-04	4560 4562	892,50 34.807,50	35.700,00
10003	Wolfgang Kunde e. Kfm. Hauptstraße 7 06132 Halle	..-12-02 ..-12-03 ..-12-10	4559 4561 4567	2.142,00 1.130,50 4.998,00	8.270,50
Saldensumme der Kundenkonten (Abstimmung mit Konto 2400)					**74.018,00**

Lieferantenkonten (Kreditoren)		**Offene Posten – Lieferanten**			
Konto-Nr.	**Lieferanten**	**Datum**	**Rechnungs-Nr.**	**Betrag**	**Salden**
60000	Velox GmbH Postfach 67 11 20 22359 Hamburg	..-12-18	24502	43.911,00	43.911,00
60001	Schneider KG Am Wiesenrain 16 75181 Pforzheim	..-12-03 ..-12-17	14678 14701	3.094,00 26.418,00	29.512,00
60002	Garne GmbH Kantstraße 22 19063 Schwerin	..-12-09 ..-12-15	1496 1528	6.842,50 24.097,50	30.940,00
60003	Offermann OHG Industriestraße 200 90765 Fürth	–	–	–	–
60004	Walter Schreiber e. K. Ring 12 65779 Kelkheim	–	–	–	–
Saldensumme der Lieferanten (Abstimmung mit Konto 4400)					**104.363,00**

III. Die Belege 1–19 stellen die Geschäftsfälle der Textilwerke E. Tuch GmbH vom 28. Dezember bis 31. Dezember dar.

IV. Abschlussangaben aufgrund der Inventur (siehe Belege 20–22)

1. Abschreibungen auf TA und Maschinen 110.000,00 €; auf Betriebs- und Geschäftsausstattung 30.000,00 €.
2. Inventurbestände: Rohstoffe 151.050,00 €; Hilfsstoffe 22.375,00 €; Betriebsstoffe 22.000,00 €.
3. Die Kasse hat lt. Inventur einen Bestand von 20.440,00 €. Das Kassenkonto weist einen Buchbestand von 20.380,00 € aus. Die Differenz konnte nicht aufgeklärt werden.
4. Im Übrigen stimmen alle Buchbestände mit den Inventurwerten überein.

V. Aufgaben

1. *Führen Sie die **Vorkontierung der Belege** auf einem Grundbuchblatt durch.*
2. *Buchen Sie auf den Sach- und Personenkonten.*
3. *Weisen Sie im Gewinn- und Verlustkonto den Jahreserfolg aus.*
4. *Erstellen Sie die ordnungsgemäß gegliederte Bilanz.*

Belegbuchung 1

Velox Webwaren GmbH

Velox GmbH, Postfach 67 11 20, 22359 Hamburg

Eingang: ..-12-28

Textilwerke
Edgar Tuch e. K.
Parkstraße 44
90409 Nürnberg

Konto	Soll	Haben
Gebucht:		

Ihre Bestellung Nr./Tag/Zeich.	Unsere Auftrags-Nr./Zeich.	Zeit der Leistung/Liefertag	Datum
..-12-23	WR 10 012 y	..-12-26	..-12-27

Rechnung Nr. 24 589

Wir sandten für Ihre Rechnung und auf Ihre Gefahr:

Zeichen und Nr.	Gegenstand	Menge und Einheit	Preis je Einheit €	Betrag €
St 44	Baumwolle "Velox"	1 000	3,00	3.000,00
KM 27	Satin "Royal"	500	4,50	2.250,00
EH 14	Lamahaar "Rekord"	880	25,00	22.000,00
				27.250,00
	+ 19 % Umsatzsteuer			5.177,50
				32.427,50

Telefon 040 246829
Fax 040 486820

Steuer-Nr. 065 211 87680
USt-IdNr. DE 872 646 918

Bankkonto
HypoVereinsbank Hamburg
Kto.-Nr. 6 091 123, BLZ 200 300 00
IBAN: DE71 2003 0000 0006 0911 23
BIC: HYVEDEMM300

E-Mail webwaren.gmbh@velox-wvd.de

Internet www.velox-wvd.de

Belegbuchung 2

Quittung Nr. KB 476

Netto € —— ct ——
+ —— % USt € —— ct ——
Gesamt € 280 ct 00

Gesamtbetrag € in Worten
zweihundertachtzig —————— Cent wie oben

(Im Gesamtbetrag sind —— % Umsatzsteuer enthalten)

von Geschäftskasse

für Geschäftsreisespesenvorschuss

Konto	Soll	Haben
Gebucht:		

richtig erhalten zu haben, bestätigt

Ort Nürnberg Datum 28. Dez. ..

Buchungsvermerke

Stempel/Unterschrift des Empfängers
E. Tuch

6946108

Belegbuchung 3

Edgar Tuch e. K. TEXTILWERKE

Textilwerke E. Tuch e. K., Parkstr. 44, 90409 Nürnberg

Textil-Großhandel
Hartmann KG
Saalestr. 16
39126 Magdeburg

Konto	Soll	Haben

Gebucht:

Unsere Auftrags-Nr. 20 336
Lieferschein-Nr. 20 586
Versanddatum: ..-12-28
Versandart: LKW
Verpackungsart: Kartons
USt-IdNr.: DE 463 569 847

Bitte bei Zahlung angeben:
Rechnungs-Nr. 4 568
Rechnungsdatum: ..-12-28

Ihr Zeichen/Bestellung Nr. vom: WA/4 896/..-12-18
Kunden-Nr.: 10 000

Rechnung

Position	Sachnummer	Bezeichnung der Lieferung/Leistung	Menge und Einheit	Preis je Einheit	Betrag €
L	4 842	Badetücher "Luxor"	840	10,00	8.400,00
K	2 245	Saunamäntel "S"	620	22,50	13.950,00
H	3 451	Lama-Decken	80	50,00	4.000,00
					26.350,00
		+ 19 % Umsatzsteuer			5.006,50
					31.356,50

Zahlbar rein netto innerhalb von 20 Tagen. Skontoabzug ist nicht zulässig.

Geschäftsräume
Parkstraße 44
90409 Nürnberg
Steuer-Nr. 065 382 76551

Telefon 0911 56356
Telefax 0911 44481
E-Mail textilwerke@tuch-wvd.de
Internet www.tuch-wvd.de

Sparkasse Nürnberg
Konto-Nr. 218 435 717
BLZ 760 501 01
IBAN: DE04 7605 0101 0218 4357 17
BIC: SSKNDE77

Commerzbank Nürnberg
Konto-Nr. 0998 796 850
BLZ: 760 400 61
IBAN: DE72 7604 0061 0998 7968 50
BIC: COBADEFF

Belegbuchung 4

Deutsche Post AG
90403 Nürnberg
82062580 ..-12-29

KB 478

7204
Postwertzeichen ohne Zuschlag
*340,00 EUR A

Bruttoumsatz *340,00 EUR
mehrwertsteuerbefreit A
Nettoumsatz A *340,00 EUR

Steuernummer der Deutschen
Post AG: 5205/5777/1510

Vielen Dank für Ihren Besuch.
Ihre Deutsche Post AG

Konto	Soll	Haben

Gebucht:

Belegbuchung 5

Kontoauszug — Sparkasse Nürnberg

Konto-Nr.	Datum	Ausz.-Nr.	Blatt	Buchungstag	PN-Nr.	Wert	Umsatz
218 435 717	..-12-27	66	1				
GUTSCHRIFT HARTMANN KG, MAGDEBURG RE 4 565 VOM 6. DEZ. .. (KONTO 10 000)				12-27	0678	12-27	5.236,00 H

Konto	Soll	Haben

Gebucht:

TEXTILWERKE
E. TUCH E. K.
PARKSTR. 44
90409 NÜRNBERG

Alter Saldo: H 312.975,00 EUR
Neuer Saldo: H 318.211,00 EUR

Belegbuchungen 6 und 7

Kontoauszug — Sparkasse Nürnberg

Konto-Nr.	Datum	Ausz.-Nr.	Blatt	Buchungstag	PN-Nr.	Wert	Umsatz
218 435 717	..-12-28	67	1				
ÜBERWEISUNG **(Belegbuchung 9)** SCHNEIDER KG, PFORZHEIM RE 14 678 VOM 3. DEZ. .. (KONTO 60 001)				12-27	0677	12-27	3.094,00 S
EINZAHLUNG **(Belegbuchung 10)**				12-27	0679	12-27	6.500,00 H

Konto	Soll	Haben
Gebucht:		

Konto	Soll	Haben
Gebucht:		

TEXTILWERKE
E. TUCH E. K.
PARKSTR. 44
90409 NÜRNBERG

Alter Saldo: H 318.211,00 EUR
Neuer Saldo: H 321.617,00 EUR

zu Belegbuchung 7

Sparkasse Nürnberg

Empfangsbescheinigung
über Bar-Einzahlung auf eigenes Konto

Kontonummer	Kontoinhaber
218 435 717	Textilwerke E. Tuch e. K.

Betrag: Euro, Cent: 6.500,00------

..-12-27 6.500,00
Sparkasse Nürnberg

Für den Einzahlungstag und den Betrag ist der Maschinendruck maßgebend.

Belegbuchung 8

Ernst Offermann & Sohn OHG

Transporte
Heizöle Kohlen

Ernst Offermann & Sohn OHG, Industriestr. 200, 90765 Fürth

Eingang: ..-12-30

Industriestraße 200 · Telefon 0911 51799 · Telefax 0911 53529
90765 Fürth
Steuer-Nr. 065 553 84217

Textilwerke
E. Tuch e. K.
Parkstraße 44
90409 Nürnberg

Konto	Soll	Haben
Gebucht:		

Rechnungs-Nr.	Rechnungsdatum
12 954	..-12-29

Rechnung

Lieferdatum	Bezeichnung	Menge	ME	E-Preis	Betrag
..-12-27	Heizöl EL	9 150	l	0,40	3.660,00

Warenwert	Bruttobetrag	USt	USt €	Rechnungsbetrag
3.660,00		19 %	695,40	4.355,40 €

Zahlbar innerhalb 14 Tagen nach Rechnungseingang ohne Skontoabzug. Die gelieferte Ware bleibt bis zur vollständigen Bezahlung unser Eigentum. Gerichtsstand für beide Teile ist Fürth.

Bankverbindungen:
Vereinigte Sparkasse Fürth, Nr. 218 211 936, BLZ 762 500 00
IBAN: DE10 7625 0110 0218 2119 36
BIC: BYLADEM1SFU

Raiffeisen-Volksbank Fürth, Nr. 724 320, BLZ 762 604 51
IBAN: DE10 7626 0451 0000 7243 20
BIC: GENODEF1FUE

6946110

Belegbuchung 9

Deutsche Telekom AG
90426 Nürnberg

DV 12 0,55

Textilwerke
Edgar Tuch e. K.
Parkstr. 44
90409 Nürnberg

Datum ..-12-21
Seite 1 von 4

Kundennummer 298 100 9725
Rechnungsnummer 913 685 3071
Buchungskonto 476 020 3885

Haben Sie noch Fragen zu Ihrer Rechnung? www.telekom.de/rechnungshilfe

Telefon 0800 33 01000

Ihre Rechnung für Dezember 20..

Die Leistungen im Überblick (Summen)		**Beträge (Euro)**
Monatliche Beträge		33,36
Nutzungsabhängige Beträge		485,82
Beträge anderer Anbieter		4,24
Summe der oben angeführten Beträge		**523,42**
Umsatzsteuer 19 % auf ...	523,42 Euro	99,45
Rechnungsbetrag		622,87

Der Rechnungsbetrag wird nicht vor dem 7. Tag nach Zugang der Rechnung von Ihrem Konto IBAN DE64 7601 0085 0998 7968 50, PBNKDEFF760 abgebucht.

Auf einen Blick alles Wichtige -
mehr Details sehen Sie auf der Rückseite dieser Rechnung.

Kontoauszug zu Belegbuchung 9

COMMERZBANK
Nürnberg

Kontoauszug

Konto-Nr. 0998 796 850 **Datum** ..-12-27 **Ausz.-Nr.** 213 **Blatt** 1

Text	Buchungstag	PN-Nr.	Wert	Umsatz/€
Fernmelderechnung Lastschrift	12-27	0114	12-28	622,87 S

Konto	Soll	Haben

Gebucht:

Alter Saldo/€ 28.100,00 H
Neuer Saldo/€ 27.477,13 H

Textilwerke
E. Tuch e. K.
Parkstraße 44
90409 Nürnberg

BIC: COBADEFF
IBAN: DE72 7604 0061 0998 7968 50

Belegbuchung 10

Herstellung von Frottee-Stoffen

Franz Schneider KG

Franz Schneider KG, Am Wiesenrain 16, 75181 Pforzheim

Textilwerke
Edgar Tuch e. K.
Parkstraße 44
90409 Nürnberg

Eingang: ..-12-31

Konto	Soll	Haben

Gebucht:

Ihre Bestellung vom	Unser Auftrag Nr.	Zeit der Leistung	Datum
..-12-21	K 4 789 IV	..-12-27	..-12-30

Rechnung Nr. 14 723

Wir sandten für Ihre Rechnung auf Ihre Gefahr:

Artikel Nr.	Gegenstand	Menge/Stück	Stückpreis €	Gesamtpreis €
TS 12	Frottee-Stoff 1,80	1 200 m	4,00	4.800,00
W 26	Walk-Frottee 1,50	400 m	6,00	2.400,00
				7.200,00
	+ 19 % Umsatzsteuer			1.368,00
				8.568,00

Steuer-Nr. 065 888 56145
USt-IdNr. DE 345 276 116
E-Mail: franz.schneider@schneider-wvd.de
Internet: www.schneider-wvd.de

Telefon 07231 4869
Telefax 07231 35275

Bankkonto 1 759 312
Commerzbank Pforzheim
BLZ 666 400 35
IBAN: DE41 6664 0035 0001 7593 12
BIC: COBADEFF

Postbank
Stuttgart 124 45-701
BLZ 600 100 70
IBAN: DE12 6001 0070 0012 4457 01
BIC: PBNKDEFF600

Belegbuchung 11

W. SCHREIBER E. K.
BÜRO EINRICHTUNGEN

Walter Schreiber e. K. • Büroeinrichtungen • Kantstraße 12 • 70193 Stuttgart

Textilwerke
Edgar Tuch e. K.
Parkstraße 44
90409 Nürnberg

EINGEGANGEN ..-12-31

Steuer-Nr. 065 326 18189
USt-IdNr. DE 876 765 654

Ihr Zeichen/Ihre Bestellung vom	Unser Auftrag Nr./Zeichen	Zeit der Leistung	Datum
..-12-21	US 8 012	..-12-27	..-12-30

Rechnung Nr. 679

Wir sandten für Ihre Rechnung und auf Ihre Gefahr:

Zeichen/Nr.	Gegenstand	Menge/Einheit	Preis je Einheit €	Betrag €
ST 43	Schreibtisch, Eiche 156/76 mit 6 Schubfächern	2	805,00	1.610,00
	+ 19 % Umsatzsteuer			305,90
				1.915,90

Konto	Soll	Haben

Gebucht:

Telefon
0711 34625-0
Telefax
0711 32158

E-Mail
vertrieb@schreiber-wvd.de
Internet
www.schreiber-wvd.de

Geschäftszeit
08:30–18:30 Uhr

Postbank Stuttgart
Konto 4012 52-705
BLZ 600 100 70
IBAN: DE14 6001 0070 0401 2527 05
BIC: PBNKDEFF600

6946112

Belegbuchung 12

Netto	€ 370	ct 00	
+ 19 % USt	€ 70	ct 30	
Gesamt	€ 440	ct 30	

Quittung

Nr. KB 479

Gesamtbetrag € in Worten

vierhundertvierzig ——— Cent wie oben

(Im Gesamtbetrag sind 19 % Umsatzsteuer enthalten)

von Textilwerke Tuch GmbH

für Reparaturarbeiten der Zuschneidemaschine

richtig erhalten zu haben, bestätigt

Konto	Soll	Haben

Gebucht:

Ort Erlangen Datum 30. Dez. ..

Buchungsvermerke

Stempel/Unterschrift des Empfängers

Hartmut Götz e. Kfm.
Feinmechanik-Meisterbetrieb
Sonnenstraße 15
91058 Erlangen
Steuer-Nr. 065 123 05228

Götz

Belegbuchung 13

COMMERZBANK
Nürnberg

Kontoauszug

Konto-Nr. 0998 796 850 **Datum** ..-12-30 **Ausz.-Nr.** 214 **Blatt** 1

Text	Buchungstag	PN-Nr.	Wert	Umsatz/€
Überweisung Garne GmbH, Schwerin Re 1 496 vom 9. Dez. .. (Konto 60 002)	12-30	0114	12-30	6.842,50 S

Konto	Soll	Haben

Gebucht:

Alter Saldo/€ 27.477,13 H

Neuer Saldo/€ 20.634,63 H

Textilwerke
E. Tuch e. K.
Parkstraße 44
90409 Nürnberg

BIC: COBADEFF
IBAN: DE72 7604 0061 0998 7968 50

Belegbuchungen 14 und 15

COMMERZBANK
Nürnberg

Kontoauszug

Konto-Nr. 0998 796 850 **Datum** ..-12-30 **Ausz.-Nr.** 215 **Blatt** 1

Text	Buchungstag	PN-Nr.	Wert	Umsatz/€
Gutschrift Wolfgang Kunde e. K., Halle **(Belegbuchung 18)** Re 4 567 vom 10. Dez. .. (Konto 10 003)	12-30	0114	12-30	4.998,00 H
Gutschrift Kaufring GmbH, Aachen **(Belegbuchung 19)** Re 4 564 vom 4. Dez. .. (Konto 10 001)	12-30	0114	12-30	8.151,50 H

Konto	Soll	Haben

Gebucht:

Konto	Soll	Haben

Gebucht:

Alter Saldo/€ 20.634,63 H

Neuer Saldo/€ 33.784,13 H

Textilwerke
E. Tuch e. K.
Parkstraße 44
90409 Nürnberg

BIC: COBADEFF
IBAN: DE72 7604 0061 0998 7968 50

Belegbuchung 16

Edgar Tuch e. K. TEXTILWERKE

Textilwerke E. Tuch e. K., Parkstr. 44, 90409 Nürnberg

Textil-Großhandel
Holzmann OHG
Amselweg 14
67063 Ludwigshafen

Konto	Soll	Haben

Gebucht:

Unsere Auftrags-Nr. 20 337
Lieferschein-Nr. 20 587
Versanddatum: ..-12-29
Versandart: LKW
Verpackungsart: Original
USt-IdNr.: DE 463 569 847

Bitte bei Zahlung angeben:
Rechnungs-Nr. 4 569
Rechnungsdatum: ..-12-30

Ihr Zeichen/Bestellung Nr. vom: LZ/2 112/..-12-27
Kunden-Nr.: 10 002

Rechnung

Position	Sachnummer	Bezeichnung der Lieferung/ Leistung	Menge und Einheit	Preis je Einheit	Betrag €
KS	5 634	Bademäntel 100 % Bw	600	40,00	24.000,00
GT	4 321	Badetücher 50/70	900	5,00	4.500,00
					28.500,00
		+ 19 % Umsatzsteuer			5.415,00
					33.915,00

Zahlbar rein netto innerhalb von 20 Tagen. Skontoabzug ist nicht zulässig.

Geschäftsräume
Parkstraße 44
90409 Nürnberg
Steuer-Nr. 065 382 76551

Telefon 0911 56356
Telefax 0911 44481
E-Mail textilwerke@tuch-wvd.de
Internet www.tuch-wvd.de

Sparkasse Nürnberg
Konto-Nr. 218 435 717
BLZ 760 501 01
IBAN: DE04 7605 0101 0218 4357 17
BIC: SSKNDE77

Commerzbank Nürnberg
Konto-Nr. 0998 796 850
BLZ: 760 400 61
IBAN: DE72 7604 0061 0998 7968 50
BIC: COBADEFF

Belegbuchung 17

Kontoauszug — Sparkasse Nürnberg

Konto-Nr.	Datum	Ausz.-Nr.	Blatt	Buchungstag	PN-Nr.	Wert	Umsatz
218 435 717	..-12-30	68	1				

	Buchungstag	PN-Nr.	Wert	Umsatz
GUTSCHRIFT KAUFRING GMBH, AACHEN RE 4 566 VOM 7. DEZ. .. (KONTO 10 001)	12-29	0678	12-29	2.201,50 H

Konto	Soll	Haben

Gebucht:

TEXTILWERKE
E. TUCH E. K.
PARKSTR. 44
90409 NÜRNBERG

Alter Saldo: H 321.617,00 EUR
Neuer Saldo: H 323.818,50 EUR

6946114

Belegbuchungen 18 und 19

Empfangsbestätigung

760 501 01

Sparkasse Nürnberg

..-12-28 E. Tuch

Datum — Unterschrift für nachstehenden Auftrag

Ziehen Sie zu Gunsten des unten angegebenen Kontos die beigefügten Schecks ein. Die Gutschrift erfolgt Eingang vorbehalten.

	Scheck-Nummer	IBAN des Ausstellers	BIC des bezogenen Instituts	Betrag
1	3 460 413	DE33 8005 3762 0000 1049 83 Wolfgang Kunde	NOLADE21HAL	2.142,00
2	6 823 777	DE85 5457 0094 0006 6701 82 Holzmann OHG	DEUTDESM545	892,50
3				
4				

Bitte alle Schecks mit dem Vermerk >Nur zur Verrechnung< versehen.

Stückzahl: 2

Gesamtbetrag: Euro, Cent: 3.034,50----------------

Kontoinhaber: Name, Vorname/Firma (max. 27 Stellen): Textilwerke Tuch e. K.

Konto-Nr. des Inhabers: 218 435 717

Sparkasse Nürnberg

Clüs

Stempel und Unterschriften der Sparkasse/Landesbank

– Durchschrift für den Einreicher –

Kontoauszug zu den Belegbuchungen 18 bis 19

Kontoauszug — **Stadtsparkasse Nürnberg**

Konto-Nr.	Datum	Ausz.-Nr.	Blatt	Buchungstag	PN-Nr.	Wert	Umsatz
218 435 717	..-12-31	69	1				
SCHECKEINLIEFERUNG				12-31	0685	12-28	3.034,50 H

Konto	Soll	Haben

Gebucht:

Konto	Soll	Haben

Gebucht:

TEXTILWERKE
E. TUCH GMBH
PARKSTR. 44
90409 NÜRNBERG

Alter Saldo: H 323.818,50 EUR

Neuer Saldo: H 326.853,00 EUR

Belegbuchung 20

Buchungsanweisung Datum: ..-12-31 **Beleg-Nr.:**

Betreff: Abschreibungen auf Sachanlagen

Gebucht:
Datum:

Buchungstext	Soll		Haben	
	Konto	Betrag	Konto	Betrag
- Technische Anlagen und Maschinen				
- Betriebs- und Geschäftsausstattung				

Belegbuchung 21

Buchungsanweisung Datum: ..-12-31 **Beleg-Nr.:**

Betreff: Schlussbestände lt. Inventur

Gebucht:
Datum:

Buchungstext	Soll		Haben	
	Konto	Betrag	Konto	Betrag
- Rohstoffe				
- Hilfsstoffe				
- Betriebsstoffe				

Belegbuchung 22

Buchungsanweisung Datum: ..-12-31 **Beleg-Nr.:**

Betreff: Umbuchungen/Vorbereitende Abschlussbuchungen

Gebucht:
Datum:

Buchungstext	Soll		Haben	
	Konto	Betrag	Konto	Betrag
- Kassendifferenz				
- Vorsteuerverrechnung				

6946116

C Dokumentation betrieblicher Werteströme

HF 2, 4, 5, 7

1 Beschaffungsbereich

HF 2 / AS 2.2 / ZF 6, 7, 8

1.1 Bezugskosten

Beim **Werkstoffeinkauf** fallen oft noch Nebenkosten an, die bis zur Verfügung über die Werkstoffe im eigenen Lager entstehen. Zu diesen Bezugskosten zählen vor allem

- **Verpackungskosten** ■ **Transportkosten** ■ **Versicherungskosten** ■ **Einfuhrzölle u. a.**

Die Bezugskosten erhöhen den Anschaffungspreis der eingekauften Werkstoffe und müssen deshalb auch nach § 255 [1] HGB dem Anschaffungspreis hinzugerechnet werden. Bei aufwandsorientierter Erfassung der Werkstoffe werden die Bezugskosten entweder

- **direkt** auf den **Werkstoff-Aufwandskonten 6000, 6020 und 6030**[1] oder
- zunächst auf deren **Unterkonten „Bezugskosten"** gebucht: **6001, 6021 und 6031.**

Die gesonderte Erfassung der Bezugskosten auf Unterkonten ermöglicht die **Überwachung der Wirtschaftlichkeit** dieser Kosten und zugleich eine aussagefähige **Bezugskalkulation.**

Bezugskalkulation

Beispiel

Für den Kauf von Rohstoffen weist die Eingangsrechnung ER 456 Folgendes aus:

	Rohstoffe	44.000,00 €	
+	Verpackungs- und Transportkosten	2.000,00 €	46.000,00 €
+	19 % Umsatzsteuer		8.740,00 €
	Rechnungsbetrag		**54.740,00 €**

Buchung: ❶ **6000 Aufw. f. Rohstoffe** . **44.000,00**
6001 Bezugskosten **2.000,00**
2600 Vorsteuer .... **8.740,00** an **4400 Verbindlichk. a. LL** .. **54.740,00**

Die Umbuchung der Bezugskosten auf das entsprechende Aufwandskonto erfolgt in der Regel **monatlich.** Die Aufwandskonten der Werkstoffe weisen danach die nach § 255 [1] HGB vorgeschriebenen **Anschaffungskosten (= Bezugspreise)** aus.

Buchung: ❷ **6000 Aufw. f. Rohstoffe** ...... an **6001 Bezugskosten** **2.000,00**

S	6000 Aufwendungen für Rohstoffe	H
❶ 44.000,00		
❷ 2.000,00		

S	6001 Bezugskosten	H
❶ 2.000,00		❷ 2.000,00

S	2600 Vorsteuer	H
❶ 8.740,00		

S	4400 Verbindlichkeiten a. LL	H
		❶ 54.740,00

	Anschaffungspreis	44.000,00 €
+	Anschaffungsnebenkosten	2.000,00 €
=	**Anschaffungskosten**	**46.000,00 €**

Wirtschaftlichkeit der Anschaffung[2]

$$= \frac{\text{Bezugskosten}}{\text{Anschaffungskosten}} = 0{,}0435 = 4{,}35\ \%$$

Merke

- **Alle Wirtschaftsgüter sind bei Erwerb zu Anschaffungskosten zu aktivieren:**

	Anschaffungspreis	**(Listenpreis abzüglich Sofortrabatt)**
–	**Anschaffungspreisminderungen**	**(nachträgliche Preisnachlässe, Skonti u. a.)**
+	**Anschaffungsnebenkosten**	**(Bezugskosten, Montagekosten u. a.)**
=	**Anschaffungskosten (§ 255 [1] HGB)**	

- **Rabatte, die bereits bei Rechnungslegung gewährt werden, wie z. B. Mengen-, Sonder- und Wiederverkäuferrabatte, werden buchhalterisch nicht gesondert erfasst. Gebucht wird direkt der um diese Sonderrabatte gekürzte Rechnungsnettobetrag.**

1 Bei bestandsorientierter Erfassung der Werkstoffeinkäufe wird auf Bestandskonten der Klasse 2 gebucht.
2 Die Wirtschaftlichkeitszahl ist mit einer branchenüblichen Vergleichszahl zu vergleichen.

Aufgabe 107

1. *Richten Sie in der Metallverarbeitung Wernick GmbH die Konten 2600, 4400, 6000 und 6001 ein und buchen Sie die Rechnungen a) und b) unter jeweiliger Nennung des Buchungssatzes auf Konten.*
2. *Weisen Sie durch Umbuchung die Anschaffungskosten des Stahlblechs nach.*
3. *Ermitteln Sie den prozentualen Anteil der Bezugskosten am Anschaffungspreis (Wirtschaftlichkeit).*

a) Auszug aus ER 412: Eingangsrechnung über Rohstoffe

	Listenpreis: 12 t Stahlblech XT je 1.250,00 €	15.000,00 €
–	10 % Sonderrabatt	1.500,00 €
	netto	13.500,00 €
+	19 % Umsatzsteuer	2.565,00 €
	Rechnungsbetrag	16.065,00 €

b) Auszug aus ER 413: Speditionsrechnung zu a)

	Verladekosten und Entladekosten	450,00 €
	Transportkosten	1.300,00 €
	Versicherung	250,00 €
	netto	2.000,00 €
+	19 % Umsatzsteuer	380,00 €
	Rechnungsbetrag	2.380,00 €

Aufgabe 108

1. *Buchen Sie für die Möbelwerke W. Kurz GmbH die folgenden Rechnungen auf den erforderlichen Konten und nehmen Sie danach die entsprechenden Umbuchungen vor. Nennen Sie auch jeweils den Buchungssatz.*
2. *Ermitteln Sie für beide Artikel jeweils die Anschaffungskosten insgesamt und je Stück.*

a) ER 380:		2 000 Profilleisten je 17,50 €	?
	–	20 % Mengenrabatt	?
	+	Verpackungs- und Transportkosten	850,00
	+	Transportversicherung	80,00
	+	Umsatzsteuer	?
b) ER 381:		800 kg Holzleim je 5,00 €	?
	+	Frachtkosten	400,00
	+	Umsatzsteuer	?

Aufgabe 109

Die Eingangsrechnung ER 1234 über 4.400,00 € Rohstoffwert, 100,00 € Fracht und 855,00 € Umsatzsteuer wurde wie folgt gebucht:

6000 Aufwendungen für Rohstoffe	4.400,00	
6001 Bezugskosten	100,00	
4800 Umsatzsteuer	855,00	
an 4400 Verbindlichkeiten a. LL		5.355,00

Erstellen Sie einen Beleg für die Berichtigung der Falschbuchung und nennen Sie die Korrekturbuchung (Stornobuchung).

Aufgabe 110

Kontenauszug der Büromöbelwerke GmbH	Soll	Haben
2000 Rohstoffe	120.000,00	–
2020 Hilfsstoffe	25.000,00	–
2600 Vorsteuer	65.000,00	50.000,00
2800 Bank	730.000,00	555.000,00
4400 Verbindlichkeiten a. LL	570.000,00	650.000,00
4800 Umsatzsteuer	60.000,00	70.000,00
6000 Aufwendungen für Rohstoffe	450.000,00	–
6001 Bezugskosten für Rohstoffe	22.500,00	–
6020 Aufwendungen für Hilfsstoffe	98.000,00	–
6021 Bezugskosten für Hilfsstoffe	8.500,00	–

Geschäftsfälle

1. ER 489 für Stahlrohre SZ 345, netto	65.000,00	
+ Verpackung	500,00	
+ Transportversicherung	200,00	
+ Bahnfracht	800,00	66.500,00
+ Umsatzsteuer		12.635,00
Rechnungsbetrag		79.135,00
2. Hausfracht für ER 489 gegen Bankscheck, netto	250,00	
+ Umsatzsteuer	47,50	297,50
3. ER 490 für Farben, netto	2.500,00	
+ Lkw-Fracht	200,00	
+ Umsatzsteuer	513,00	3.213,00

Schlussbestände: Rohstoffe: 140.000,00 €; Hilfsstoffe: 10.000,00 €.

Abschlusskonten: 8010 SBK und 8020 GuV.

1. *Buchen Sie die Geschäftsfälle 1 bis 3. Schließen Sie die Konten ab.*
2. *Wie hoch sind die Anschaffungskosten der Rohstoffe und Hilfsstoffe?*
3. *Ermitteln Sie jeweils den Prozentanteil der Bezugskosten an den entsprechenden Anschaffungspreisen der Rohstoffe und Hilfsstoffe.*
4. *Erläutern Sie den Saldo aus den Steuerkonten.*
5. *Weshalb zählt die Vorsteuer nicht zu den Anschaffungskosten?*

Aufgabe 111

Das Metallwerk Thomas Berg GmbH erhält für die Anschaffung von zwei PCs die folgende Rechnung:

PC-ONLINE GMBH • Pestalozzistraße 44 • 70563 Stuttgart

PC ONLINE GMBH Stuttgart

Thomas Berg e. K.
Metallwerk
Industriestraße 22 - 28
70565 Stuttgart

Ihr Auftrag vom ..-10-23

Datum ..-11-12

Rechnung 21 544/..

Wir lieferten Ihnen am 10. Nov. .. durch unseren LKW, unfrei:

2 Personalcomputer ONLINE-Pentium, komplett mit Bildschirm und Drucker, wie angeboten, zum Nettopreis von je 1.500,00 €	3.000,00 €
+ anteilige Frachtkosten	150,00 €
	3.150,00 €
+ 19 % Umsatzsteuer	598,50 €
	3.748,50 €

Die Rechnung ist innerhalb von 20 Tagen mit 1 % Skonto oder nach 40 Tagen ohne Abzug zu bezahlen.

Bankverbindung: Postbank Stuttgart, Konto 1136 42-701, BLZ 600 100 70 Steuer-Nr. 065 456 78901
IBAN: DE98 6001 0070 0113 6427 01 BIC: PBNKDEFF

1. *Buchen Sie die Eingangsrechnung für das Metallwerk Berg GmbH.*
2. *Warum erübrigt sich im vorliegenden Fall die Einrichtung eines Bezugskostenkontos?*
3. *Wie hoch sind die Anschaffungskosten für die PCs?*

1.2 Rücksendung von Werkstoffen an den Lieferanten[1]

Vorsteuerberichtigung

Bemessungsgrundlage der Umsatzsteuer ist der auf Eingangsrechnungen ausgewiesene **Nettobetrag** der eingekauften Werkstoffe. Bei einer **Rücksendung** mangelhafter Werkstoffe **an den Lieferanten ändert sich nachträglich** auch die Bemessungsgrundlage der Umsatzsteuer und damit auch **die bereits gebuchte Vorsteuer.**

Werden Werkstoffe an den Lieferanten zurückgesandt, weil sie falsch oder mit Mängeln behaftet geliefert wurden, vermindert sich nicht nur deren Aufwand im Haben des betreffenden Werkstoffaufwandskontos, sondern zugleich auch **anteilig die Vorsteuer** im Haben des Vorsteuerkontos. Die Verbindlichkeiten a. LL verringern sich im Soll um den Gesamtbetrag der Gutschriftsanzeige des Lieferanten.

Beispiel

1. Kauf von Rohstoffen auf Ziel in der Wernick GmbH lt. ER 413:

	Rohstoffe, netto	4.000,00 €
+	19 % Umsatzsteuer	760,00 €
	Rechnungsbetrag	**4.760,00 €**

2. Nach Erhalt der Lieferung wurde festgestellt, dass ein Teil der Rohstoffe beschädigt ist, der zurückgeschickt wird. Vom Lieferanten erhält die Wernick GmbH folgende **Gutschriftsanzeige:**

	Nettowert der zurückgesandten Rohstoffe	800,00 €
+	19 % Umsatzsteuer	152,00 €
	Gutschrift (brutto)	**952,00 €**

Buchung aufgrund der Eingangsrechnung:

❶	6000 Aufw. für Rohstoffe	4.000,00		
	2600 Vorsteuer	760,00	an 4400 Verbindlichkeiten a. LL	4.760,00

Buchung der Rücksendung aufgrund der Gutschriftsanzeige des Lieferanten:

❷	4400 Verbindlichkeiten a. LL	952,00	an 6000 Aufw. für Rohstoffe	800,00
			an 2600 Vorsteuer	152,00

S	6000 Aufwendungen für Rohstoffe		H
❶	4.000,00	❷	800,00

S	2600 Vorsteuer		H
❶	760,00	❷	152,00

S	4400 Verbindlichkeiten a. LL		H
❷	952,00	❶	4.760,00

Merke

Bei Rücksendungen an die Lieferanten ist die Vorsteuer anteilig zu berichtigen.

Rücksendungen von Sonderverpackung

Werden beim Kauf von Werkstoffen Behälter oder Fässer in Rechnung gestellt, so können diese in der Regel gegen eine entsprechende **Gutschrift** zurückgeschickt werden. In diesem Fall sind die Konten „Bezugskosten“ und „Vorsteuer“ auf ihrer Haben-Seite entsprechend zu berichtigen, während das Konto „Verbindlichkeiten a. LL“ mit dem Gesamtbetrag im Soll zu entlasten ist.

Merke

Gutschriften für die Rücksendung von Werkstoffen und Sonderverpackungen vermindern nachträglich die USt-Bemessungsgrundlage und damit anteilig die gebuchte Vorsteuer.

1 Siehe auch Band 1, HF 4, AS 4.2, Kapitel 2.3.

Aufgabe 112

Buchen Sie auf den Konten 2600, 4400, 6000 und 6001 die folgenden Geschäftsfälle. Nennen Sie auch jeweils den Buchungssatz.

1. ER 234 für Rohstoffe, Listenpreis netto	18.000,00
– 20 % Mengenrabatt	?
+ Umsatzsteuer	?
2. Eingangsfracht lt. Speditionsrechnung, netto	800,00
+ Umsatzsteuer	152,00
3. Gutschrift des Lieferanten für Rücksendung beschädigter Rohstoffe (ER 234), netto	2.500,00
+ Umsatzsteuer	475,00

Aufgabe 113

Die Metallverarbeitung Wernick GmbH hat am 10. April von den Walzwerken Sauerland AG vier Tonnen Stahlblech S 2003 zum Listenpreis von 1.500,00 €/t unter Abzug von 10 % Mengenrabatt bezogen.

1. *Erstellen Sie die Rechnung bei 19 % Umsatzsteuer.*
2. *Nennen Sie den Buchungssatz und buchen Sie in der (Metallverarbeitung) Wernick GmbH.*

Aufgabe 114

In der Fertigung der Metallverarbeitung Wernick GmbH wurde festgestellt, dass eine Tonne des Stahlblechs (siehe Aufgabe 113) einen versteckten Mangel aufweist. Die Lieferfirma Sauerland AG erteilt nach Mängelrüge eine Gutschrift über die Rücksendung der beanstandeten Werkstoffe.

1. *Erstellen Sie die Gutschriftsanzeige rechnerisch.*
2. *Nennen Sie den Buchungssatz und buchen Sie in der (Metallverarbeitung) Wernick GmbH.*

Aufgabe 115

Buchen Sie folgende Geschäftsfälle:

1. ER 405: Kauf von Hilfsstoffen, netto 2.600,00 € + Umsatzsteuer	?
2. Beschädigte Hilfsstoffe (siehe Fall 1) werden an den Lieferanten zurückgeschickt, und zwar im Nettowert von	750,00
3. Rücksendung mangelhafter Rohstoffe an den Lieferanten, Listenpreis 8.600,00 € – 10 % Rabatt + Umsatzsteuer	?
4. ER 406: Kauf von Rohstoffen, Listenpreis	15.800,00
– 20 % Rabatt	?
+ Lkw-Fracht	350,00
+ Umsatzsteuer	?

Aufgabe 116

Bei Überprüfung der Rohstofflieferung (siehe Fall 4 der Aufgabe 115) wurde festgestellt, dass Rohstoffe zum Listenpreis von 2.500,00 € beschädigt sind. Nach Rücksendung der fehlerhaften Werkstoffe erhält der Kunde die Gutschriftsanzeige des Lieferanten.

1. *Erstellen Sie die Gutschriftsanzeige.*
2. *Wie bucht der Kunde?*

Aufgabe 117

1. Auszug aus ER 567:

Kauf von 20 Fässern Schmieröl, netto	3.000,00	
20 Fässer je 40,00 €, netto	800,00	3.800,00
+ 19 % Umsatzsteuer		722,00
Rechnungsbetrag		4.522,00

2. Auszug aus Gutschriftsanzeige des Lieferanten für zurückgesandte Fässer:

25 % Gutschrift von 800,00 € berechnete Leihverpackung, netto	200,00
+ 19 % Umsatzsteuer	38,00
Gutschrift, brutto	238,00

Nennen Sie die Buchungssätze zu 1. und 2. und buchen Sie auf den entsprechenden Konten.

1.3 Nachträgliche Preisnachlässe im Beschaffungsbereich

Nachlässe, die uns **nachträglich von Lieferanten** in Form von

- **Preisnachlässen aufgrund von Mängelrügen,**
- **Boni bzw. Treue- oder Umsatzrabatten** und
- **Skonti**

gewährt werden, **mindern den Anschaffungs- bzw. Einkaufspreis** der bezogenen Werkstoffe **und** damit auch die darauf entfallende **Vorsteuer.**

Zur besseren Übersicht und für Zwecke der Kalkulation sowie der Umsatzsteuerverprobung werden die vom Lieferanten erhaltenen Nachlässe auf einem **Unterkonto** des betreffenden Werkstoffaufwandskontos erfasst:

6000 Aufwendungen für Rohstoffe	6020 Aufwendungen für Hilfsstoffe	6030 Aufwendungen für Betriebsstoffe
6002 Nachlässe	6022 Nachlässe	6032 Nachlässe

Zum Monats- oder Jahresschluss werden die **Unterkonten über** die entsprechenden **Aufwandskonten abgeschlossen,** die danach die **Anschaffungskosten** der betreffenden Werkstoffe ausweisen.

Beispiel

Ein Lieferant, von dem die Wernick GmbH lt. ER 688 Rohstoffe zum Nettopreis von 3.000,00 € + 570,00 € Umsatzsteuer = 3.570,00 € bezogen hat, gewährt uns aufgrund unserer Mängelrüge einen Preisnachlass von 20 %. Die **Gutschriftsanzeige** des Lieferanten lautet:

	20 % Nachlass von 3.000,00 € netto	600,00 €
+	19 % Umsatzsteuer	114,00 €
	Gutschrift für Preisnachlass, brutto	**714,00 €**

Nettoverfahren

Aufgrund der **Gutschriftsanzeige des Lieferanten** kann der **Preisnachlass direkt netto bei sofortiger Vorsteuerberichtigung** gebucht werden. Deshalb wird dieses Buchungsverfahren auch „Nettoverfahren" genannt:

Buchung aufgrund der Eingangsrechnung:

❶ **6000 Aufw. f. Rohstoffe**	**3.000,00**			
2600 Vorsteuer	**570,00**	an	**4400 Verbindlichkeiten a. LL**	**3.570,00**

Nettobuchung des Preisnachlasses aufgrund der Gutschriftsanzeige:

❷ **4400 Verbindlichkeiten a. LL**	**714,00**	an	**6002 Nachlässe für Rohstoffe**	**600,00**
		an	**2600 Vorsteuer**	**114,00**

Umbuchung am Ende der Rechnungsperiode:

❸ **6002 Nachlässe für Rohstoffe**		an	**6000 Aufw. f. Rohstoffe**	**600,00**

S	6000 Aufwendungen für Rohstoffe		H
❶	3.000,00	❸	600,00

S	6002 Nachlässe für Rohstoffe		H
❸	600,00	❷	600,00

S	2600 Vorsteuer		H
❶	570,00	❷	114,00

S	4400 Verbindlichkeiten a. LL		H
❷	714,00	❶	3.570,00

	Anschaffungspreis	3.000,00 €
–	Preisminderung	600,00 €
=	**Anschaffungskosten**	**2.400,00 €**

Bruttoverfahren

Wird der **Nachlass zunächst brutto,** also einschließlich der Umsatzsteuer, gebucht und die **Vorsteuerberichtigung erst am Ende des Umsatzsteuervoranmeldungszeitraums** vorgenommen, spricht man vom Bruttobuchungsverfahren:

Buchungen beim Bruttoverfahren:

❶ 4400 Verbindlichkeiten a. LL .... an 6002 Nachlässe für Rohstoffe 714,00

Ermittlung der Vorsteuerberichtigung aus dem Bruttonachlass am Monatsende:

119 % ≙ 714,00 €
19 % ≙ x €

$$x = \frac{714{,}00\ € \cdot 19}{119} = 114{,}00\ €$$

❷ 6002 Nachlässe für Rohstoffe .... an 2600 Vorsteuer 114,00

S	6002 Nachlässe für Rohstoffe		H
❷	114,00	❶	714,00

S	4400 Verbindlichkeiten a. LL		H
❶	714,00	6000, 2600	3.570,00

S	2600 Vorsteuer		H
4400	570,00	❷	114,00

In der EDV-gestützten Finanzbuchhaltung erfolgt die **Errechnung und Buchung der Steuerberichtigung** nach Eingabe des Bruttonachlasses **automatisch.**

Merke

- **Preisnachlässe werden nachträglich aufgrund einer Mängelrüge oder als Bonus und Skonto gewährt.**
- **Nachlässe des Lieferanten mindern die Anschaffungskosten der Werkstoffe.**
- **Bei Nettobuchung der Nachlässe wird die Steuer jeweils sofort, bei Bruttobuchung dagegen erst am Ende des Monats summarisch berichtigt und gebucht.**

Aufgabe 118

Die Fertigbau GmbH hat für die Erstellung einer Lagerhalle vier Stahlträger von der Stahlhandel GmbH bezogen. Die Eingangsrechnung ER 678 weist Folgendes aus:

4 Stahlträger ST 5000 zu je 2.700,00 €, netto	10.800,00 €
+ 19 % Umsatzsteuer	2.052,00 €
Rechnungsbetrag	12.852,00 €

Bei Montagebeginn wurde festgestellt, dass der Schutzanstrich bei einem Stahlträger fehlerhaft ist. Die Lieferfirma gewährt auf diesen Träger einen nachträglichen Preisnachlass von 20 %.

1. *Erstellen Sie die Gutschriftsanzeige der Lieferfirma. Nennen Sie alle Buchungssätze.*
2. *Buchen Sie Eingangsrechnung und Gutschriftsanzeige auf den Konten der Fertigbau GmbH.*

Aufgabe 119

Nennen Sie die Buchungssätze zu folgenden Geschäftsfällen:

1. Zieleinkauf von Rohstoffen lt. ER 409, Rechnungsbetrag		59.500,00
2. Lieferant (ER 409) gewährt nachträglich Preisnachlass wegen Mängelrüge, netto		850,00
3. Zielverkauf von eigenen Erzeugnissen lt. AR 789, netto	45.000,00	
+ Umsatzsteuer	8.550,00	53.550,00
4. Rohstofflieferant gewährt uns einen Bonus, brutto		2.915,50
5. Rücksendung beschädigter Hilfsstoffe an den Lieferanten, netto		1.200,00

Aufgabe 120

Buchen Sie die folgenden Geschäftsfälle auf den Konten 2600, 4400, 6020, 6021 und 6022:

1. Zieleinkauf von Hilfsstoffen lt. ER 456. Der Listeneinkaufspreis beträgt 18.000,00 €. Der Lieferant gewährt einen Mengenrabatt von 8 %. Für Transport und Verpackung berechnet er 300,00 €. Umsatzsteuer: 19 %. *Erstellen Sie die Rechnung und buchen Sie.*
2. Beschädigte Hilfsstoffe (Fall 1) werden zurückgeschickt: Hilfsstoffwert 2.500,00 € netto. *Erstellen Sie die Gutschrift und buchen Sie aus der Sicht des Kunden.*
3. Auf den Restbetrag gewährt der Lieferant aus Kulanz noch nachträglich einen Preisnachlass von 10 %. *Erstellen Sie eine neue Gutschriftsanzeige und buchen Sie. Wie hoch ist der Überweisungsbetrag an den Lieferanten?*

Aufgabe 121

Auszug aus der Summenbilanz der Fertigbau GmbH	Soll	Haben
2000 Rohstoffe	120.000,00	–
2020 Hilfsstoffe	25.000,00	–
6000 Aufwendungen für Rohstoffe	450.000,00	–
6001 Bezugskosten	24.000,00	–
6002 Nachlässe	–	12.000,00
6020 Aufwendungen für Hilfsstoffe	65.000,00	–
6021 Bezugskosten	6.000,00	–
6022 Nachlässe	–	1.600,00
8010 Schlussbilanzkonto	–	–
8020 Gewinn- und Verlustkonto	–	–

Richten Sie die obigen Konten ein und führen Sie den Abschluss durch.
Schlussbestände lt. Inventur: 78.800,00 € Rohstoffe, 22.600,00 € Hilfsstoffe.

Aufgabe 122

Anfangsbestände

0700 TA und Maschinen	450.000,00	2800 Bankguthaben	129.900,00
0800 BGA	221.000,00	2880 Kasse	12.800,00
2000 Rohstoffe	234.000,00	3000 Gezeichnetes Kapital	600.000,00
2020 Hilfsstoffe	67.800,00	4230 Darlehensschulden	383.250,00
2400 Forderungen a. LL	40.250,00	4400 Verbindlichk. a. LL	172.500,00

Kontenplan: 0700, 0800, 2000, 2020, 2400, 2600, 2800, 2880, 3000, 3400, 4230, 4400, 4800, 5000, 5420, 6000, 6001, 6002, 6020, 6021, 6160, 6200, 6300, 6520, 6800, 7510, 8000, 8010, 8020.

Geschäftsfälle

1. ER 201: Zielkauf von Rohstoffen, Listenpreis ab Werk	55.600,00	
– 5 % Mengenrabatt	2.780,00	
+ Frachtkosten	880,00	
+ Umsatzsteuer	10.203,00	63.903,00
2. ER 202: Maschinenreparatur, netto	1.800,00	
+ Umsatzsteuer	342,00	2.142,00
3. KB 89: Barkauf von Büromaterial, netto	450,00	
+ Umsatzsteuer	85,50	535,50
4. AR 209: Zielverkauf von eigenen Erzeugnissen, netto		125.000,00
+ Umsatzsteuer	23.750,00	148.750,00
5. Lieferant (Fall 1: ER 201) gewährt Preisnachlass wegen Mängelrüge, brutto		6.545,00
6. ER 203: Zielkauf von Hilfsstoffen	6.200,00	
+ Transportkosten	300,00	
+ Umsatzsteuer	1.235,00	7.735,00
7. KA 123: Banküberweisung von Kunden		89.250,00
8. Lieferantengutschrift auf ER 203: Rücksendung beschädigter Hilfsstoffe (Fall 7), brutto		1.785,00
9. KA 124: Lastschrift für Gehaltsüberweisungen	12.800,00	
Lohnüberweisungen	15.200,00	
Darlehenszinsen	6.000,00	
Darlehenstilgung	5.000,00	39.000,00
10. ER 204: Kauf einer EDV-Anlage, brutto		10.115,00

Abschlussangaben: Inventurbestände: Rohstoffe ... 254.200,00
Hilfsstoffe ... 52.000,00
Abschreibungen: 0700: 15.000,00 €; 0800: 6.000,00 €.

1.4 Nachlässe in Form von Lieferantenskonti[1]

Bedeutung des Skontos

Rechnungen werden in der Regel innerhalb einer bestimmten Zahlungsfrist unter Abzug von Skonto beglichen. Der Skonto ist eine **Zinsvergütung für vorzeitige Zahlung**. Er enthält aber auch eine **Prämie für die Ersparung von Risiko und Aufwand**, die mit Zielverkäufen verbunden sind.

Beispiel

Auszug aus ER 4235:	Rohstoffe, netto	10.000,00 €
	+ 19 % Umsatzsteuer	1.900,00 €
	Rechnungsbetrag	**11.900,00 €**

Zahlungsbedingungen: Die Rechnung ist zahlbar innerhalb von 10 Tagen mit 2 % **Skonto** (= 238,00 €) oder in 30 Tagen ohne Abzug.

Lohnt sich die vorzeitige Zahlung der Rechnung unter Abzug von Skonto?

0. Tag	10. Tag	30. Tag
10 Tage	20 Tage	
← Zahlung mit Skontoabzug →	← Zahlung des vollen Rechnungsbetrags ohne Skontoabzug = Kreditgewährung des Lieferanten →	

Zur Beantwortung der oben gestellten Frage muss der **Skontosatz in einen effektiven Zinssatz umgerechnet werden**, und zwar alternativ als Überschlagslösung mithilfe des Dreisatzes oder genau mithilfe der Zinsformel.

Bei der Überschlagslösung werden der tatsächliche Zahlungsbetrag und der Skontoabzug in Euro nicht berücksichtigt, sondern nur der **Skontosatz und** die **Kreditzeit**:

20 Tage ≙ 2 % Skonto
360 Tage ≙ p % Skonto

$$p\,\% = \frac{2\,\% \cdot 360 \text{ Tage}}{20 \text{ Tage}} = 0{,}36 = 36\,\%$$

Der auf **ein Jahr** umgerechnete Skontosatz beträgt 36 %.

Die genaue Lösung mithilfe der Zinsformel berücksichtigt den Skontoabzug in Euro (238,00 €) und die tatsächliche Zahlung von 11.662,00 € (11.900,00 € – 238,00 €):

$$p\,\% = \frac{Z \cdot 360}{K \cdot t} = \frac{238{,}00\,€ \cdot 360 \text{ Tage}}{11.662{,}00\,€ \cdot 20 \text{ Tage}} = 0{,}3673 = 36{,}73\,\%$$

Die Berechnungen belegen, dass es wirtschaftlich sinnvoll ist, Rechnungen vorzeitig mit Skontoabzug zu begleichen:

Auszug aus ER 4235:	Rohstoffe, netto	10.000,00 €
	+ 19 % Umsatzsteuer	1.900,00 €
	Bruttorechnungsbetrag	11.900,00 €
	– **2 % Skonto von 11.900,00 €**	**238,00 €**
	Überweisungsbetrag	**11.662,00 €**

Ermittlung der Vorsteuerberichtigung und des Nettoskontobetrages:

119 % Skonto ≙ 238,00 €
19 % Vorsteuer ≙ x €

$$x\,€ = \frac{238{,}00\,€ \cdot 19\,\%}{119\,\%} = \frac{238{,}00\,€ \cdot 0{,}19}{1{,}19} = 38{,}00\,€$$

238,00 € Bruttoskonto – 38,00 € Vorsteuerberichtigung = 200,00 € Nettoskonto

Nettobuchung

Der vom Lieferanten gewährte **Nettoskonto** in Höhe von 200,00 € wird bei **sofortiger Vorsteuerberichtigung** zunächst im Haben des Unterkontos **„6002 Nachlässe“** erfasst und zum

1 Siehe auch Band 1, HF 2, AS 2.2, Kapitel 4.3.2

Monats- oder Jahresschluss auf das zugehörige Aufwandskonto **„6000 Aufwendungen für Rohstoffe" umgebucht**, das danach die **Anschaffungskosten** der bezogenen Rohstoffe mit 9.800,00 € ausweist:

❶ **Buchung aufgrund der ER 4235:** *Nennen Sie den Buchungssatz.*

❷ **Buchung des Rechnungsausgleichs (Nettoverfahren):**

		Soll	Haben
	4400 Verbindlichkeiten a. LL	**11.900,00**	
an	**6002 Nachlässe**		**200,00**
an	**2600 Vorsteuer**		**38,00**
an	**2800 Bank**		**11.662,00**

❸ **Umbuchung: 6002 Nachlässe** ... an **6000 Aufw. für Rohstoffe** ... **200,00**

S	6000 Aufwendungen für Rohstoffe		H
❶	10.000,00	❸	200,00

S	6002 Nachlässe		H
❸	200,00	❷	200,00

S	2600 Vorsteuer		H
❶	1.900,00	❷	38,00

S	2800 Bank		H
		❷	11.662,00

S	4400 Verbindlichkeiten a. LL		H
❷	11.900,00	❶	11.900,00

	Anschaffungspreis	10.000,00 €
–	Lieferantenkonto, netto	200,00 €
=	**Anschaffungskosten**	**9.800,00 €**

Bruttobuchung

Beim **Bruttoverfahren** wird der **Skonto** zunächst **brutto**, also einschließlich Steueranteil, auf dem Konto **„6002 Nachlässe"** erfasst. Erst zum Schluss des Umsatzsteuervoranmeldungszeitraumes wird die **Vorsteuer summarisch berichtigt:**

❷ **Bruttobuchung:**

			Soll	Haben
4400 Verbindlichk. a. LL	**11.900,00**	an	**6002 Nachlässe**	**238,00**
		an	**2800 Bank**	**11.662,00**

❸ **Vorsteuerberichtigung:**

6002 Nachlässe ... an **2600 Vorsteuer** ... **38,00**

❹ **Umbuchung:**

6002 Nachlässe ... an **6000 Aufw. für Rohstoffe** ... **200,00**

S	6000 Aufwendungen für Rohstoffe		H
❶	10.000,00	❹	200,00

S	6002 Nachlässe		H
❸	38,00	❷	238,00
❹	200,00		

S	2600 Vorsteuer		H
❶	1.900,00	❸	38,00

S	2800 Bank		H
		❷	11.662,00

S	4400 Verbindlichkeiten a. LL		H
❷	11.900,00	❶	11.900,00

Merke

- **Lieferantenskonti werden in der Regel brutto, also mit Steueranteil, auf dem Konto „Nachlässe" erfasst und monatlich auf das betreffende Werkstoffaufwandskonto umgebucht. Zuvor ist die Vorsteuer zu berichtigen:**

$$\text{Steuerberichtigungsbetrag} = \frac{\text{Bruttoskontobetrag} \cdot 19\ \%}{119\ \%}$$

- **Bei EDV-gestützter Buchführung wird der Skontobetrag brutto eingegeben (Bruttobuchungsverfahren). Die Vorsteuerberichtigung erfolgt automatisch.**

Aufgabe 123

Die Eingangsrechnung 8857 über 2.975,00 € (Rohstoffwert 2.500,00 € + 475,00 € USt) wird unter Abzug von 2 % Skonto durch Banküberweisung an den Lieferanten beglichen.

Konten: 2600, 2800 (AB 85.000,00 €), 4400, 6000, 6002.

1. *Buchen Sie den Eingang der Rohstoffe aufgrund der ER 8857.*
2. *Ermitteln Sie die Steuerberichtigung und buchen Sie beim Rechnungsausgleich den Skonto a) netto und b) brutto. Nennen Sie auch jeweils die Buchungssätze.*

Aufgabe 124

Auszug aus der vorläufigen Summenbilanz	Soll	Haben
2600 Vorsteuer	52.500,00	48.350,00
4800 Umsatzsteuer	72.150,00	83.450,00
6002 Nachlässe (brutto)	?	3.808,00

1. *Ermitteln Sie am Monatsende die Steuerberichtigung und buchen Sie.*
2. *Ermitteln Sie nach der Berichtigungsbuchung die Umsatzsteuer-Zahllast.*

Aufgabe 125

Auszug aus der Saldenbilanz der Fertigbau GmbH	Soll	Haben
2000 Rohstoffe	450.000,00	–
2020 Hilfsstoffe	80.000,00	–
2600 Vorsteuer	25.000,00	–
2800 Bank	45.000,00	–
4400 Verbindlichkeiten a. LL	–	120.000,00
6000 Aufwendungen für Rohstoffe	320.000,00	–
6001 Bezugskosten für Rohstoffe	15.000,00	–
6002 Nachlässe für Rohstoffe	–	12.000,00
6020 Aufwendungen für Hilfsstoffe	95.000,00	–
6021 Bezugskosten für Hilfsstoffe	4.000,00	–
6022 Nachlässe für Hilfsstoffe	–	5.000,00
Abschlusskonten: 8010 und 8020		

Schlussbestände lt. Inventur

Rohstoffe 150.000,00 €; Hilfsstoffe 100.000,00 €

1. *Buchen Sie noch folgende Geschäftsfälle:*
   a) Einkauf von Hilfsstoffen lt. ER 456: 25.000,00 € + USt
   b) Nachträglicher Preisnachlass des Lieferanten auf ER 456: 10 %
   c) Rücksendungen beanstandeter Rohstoffe an den Lieferanten: 5.000,00 € netto
   d) Ausgleich der ER 456 (1. a und b) durch Banküberweisung abzüglich 2 % Skonto.
2. *Welche betriebswirtschaftlichen Vorteile hat die aufwandsorientierte Anlieferung der Werkstoffe („just in time")?*
3. a) Werkstoffverbrauch = Werkstoffeinkauf ? Mehrbestand an Werkstoffen
   b) Werkstoffverbrauch = Werkstoffeinkauf ? Minderbestand an Werkstoffen

Aufgabe 126

In einem Geschäftsjahr beträgt der Rohstoffverbrauch 600.000,00 €.

Ermitteln Sie den Rohstoffeinkauf, wenn zum 31. Dezember 1. ein Mehrbestand an Rohstoffen in Höhe von 150.000,00 € und 2. ein Minderbestand an Rohstoffen über 100.000,00 € vorliegen.

Aufgabe 127

Nennen Sie jeweils die Auswirkung auf den Rohstofflagerschlussbestand:

1. Einkaufsmenge = Verbrauchsmenge
2. Einkaufsmenge > Verbrauchsmenge
3. Einkaufsmenge < Verbrauchsmenge

HF 4 / AS 4.2 / ZF 13, 14

2 Absatzbereich

2.1 Erfassung der Umsatzerlöse und Vertriebskosten[1]

Hauptertrag bzw. wichtigste Leistung des Industriebetriebes bilden die Erlöse aus dem Verkauf der eigenen Erzeugnisse, die auf dem Konto

5000 Umsatzerlöse für eigene Erzeugnisse

erfasst werden.

Bezieht der Industriebetrieb auch **Handelswaren**[2], die ohne weitere Be- oder Verarbeitung **als Zubehör zu den eigenen Erzeugnissen** verkauft werden, so sind die Erlöse gesondert auf folgendem Ertragskonto auszuweisen:

5100 Umsatzerlöse für Waren.

Die Gliederung der Umsatzerlöse nach Erzeugnis- und bei Handelswaren nach Artikelgruppen vermittelt eine aussagefähige **Übersicht über den Anteil** der einzelnen Erzeugnisgruppen bzw. Artikel **am Monats-, Quartals- oder Jahresumsatz.** Unter Berücksichtigung der **Selbstkosten** der einzelnen Erzeugnisgruppen und Artikel lässt sich schnell der **Gewinn/Verlust je Erzeugnis- oder Artikelgruppe** ersehen:

Beispiel

In der Metallverarbeitung Wernick GmbH werden Stahlbehälter je nach Abmessung und Verwendung in drei Erzeugnisgruppen produziert und verkauft. Das Rechnungswesen stellt für Januar folgende Zahlen zur Verfügung:

	5010 Umsatzerlöse für Stahlbehälter SB 01	5020 Umsatzerlöse für Stahlbehälter SB 02	5030 Umsatzerlöse für Stahlbehälter SB 03	Gesamtrechnung
Umsatzerlöse	84.000,00	92.000,00	64.000,00	240.000,00
– Selbstkosten	73.920,00	78.200,00	69.400,00	221.520,00
= Gewinn/Verlust	**10.080,00**	**13.800,00**	**– 5.400,00**	**18.480,00**

1. *Ermitteln Sie den Prozentanteil der Erzeugnisgruppen*
   a) *am Gesamtumsatz,*
   b) *an den gesamten Selbstkosten und*
   c) *am Gesamtgewinn.*
2. *Erläutern Sie die Ergebnisse und machen Sie Verbesserungsvorschläge.*

Vertriebskosten

Während bei der Beschaffung von Werkstoffen und Handelswaren Bezugskosten anfallen, entstehen beim Absatz der eigenen Erzeugnisse und Handelswaren Vertriebskosten, die in der **Kontenklasse 6** erfasst werden:

- **6040 Aufwendungen für Verpackungsmaterial**
- **6140 Frachten und Fremdlager** (zuzüglich Versicherungen u. a.)
- **6150 Vertriebsprovisionen**

Verpackungsmaterial (z. B. Kartons, Wellpappe, Verpackungsfolien) ist bei vielen Erzeugnissen und Waren zunächst einmal erforderlich, um diese in einen **verkaufsreifen** Zustand zu versetzen. Diese Art von Verpackung geht über das **Konto „6040 Aufwendungen für Verpackungsmaterial" als Kosten in die Kalkulation** der Verkaufspreise ein. Das für den **Transport der Güter** benötigte Verpackungsmaterial wird ebenfalls auf dem vorgenannten Konto erfasst und in der Regel an den **Kunden weiterbelastet.** Dazu gehören auch Spezialverpackungen, die z. B. see- und tropenfest sind. **In Rechnung gestellte Verpackungskosten** werden buchhalterisch als **Umsatzerlöse** ausgewiesen.

1 Siehe auch Band 1, HF 2, AS 2.2, Kapitel 4.3.
2 Der Einkauf von Handelswaren wird auf dem Konto „6060 Aufwendungen für Waren" erfasst.

6946128

Fracht- und Lagerkosten in einem Fremdlager entstehen, wenn die Lieferung der eigenen Erzeugnisse und Handelswaren vereinbarungsgemäß „ab Werk“ erfolgt. Übernehmen Speditionsunternehmen den Transport und die Lagerung der Güter, sind die Kosten auf dem Konto **„6140 Frachten und Fremdlager“** zu erfassen. Die Fracht- und Fremdlagerkosten fallen für jede Sendung in genau bestimmbarer Höhe an, auch bei Zustellung mit eigenen Fahrzeugen des Lieferanten. Sie werden in der Ausgangsrechnung gesondert ausgewiesen und buchhalterisch als **Umsatzerlöse** erfasst. Auf dem Konto „6140 Frachten und Fremdlager“ wird auch die Transportversicherung gebucht.

Vertriebsprovisionen fallen in Industriebetrieben an, wenn Aufträge durch Handelsvertreter vermittelt worden sind. Sie werden auf dem Konto **„6150 Vertriebsprovisionen“** erfasst und gehen als **Kosten** in die **Preiskalkulation** ein.

Warenschulden sind Holschulden

Der Käufer hat grundsätzlich alle Vertriebskosten zu tragen, sofern nichts anderes vereinbart wurde. Dem **Kunden in Rechnung gestellte Vertriebskosten sind** buchhalterisch und umsatzsteuerlich **Bestandteil der Umsatzerlöse** und unterliegen damit in der Ausgangsrechnung der **Umsatzsteuer**. Somit ist die erforderliche **Umsatzsteuerverprobung** sichergestellt.

Beispiel

❶ Für die Fracht der an einen Kunden ab Werk gelieferten Erzeugnisse begleicht die Wernick GmbH die Speditionsrechnung durch Bankscheck:

Frachtkosten einschließlich Ver- und Entladung	1.800,00 €
+ 19 % Umsatzsteuer	342,00 €
Rechnungsbetrag	**2.142,00 €**

❷ Die Ausgangsrechnung AR 3456 der Wernick GmbH lautet:

50 Stahlbehälter je 425,00 €	21.250,00 €
+ verauslagte Frachtkosten	1.800,00 €
	23.050,00 €
+ 19 % Umsatzsteuer	4.379,50 €
Rechnungsbetrag	27.429,50 €

Buchungen:

	Soll	Haben
❶ **6140 Frachten und Fremdlager**	1.800,00	
2600 Vorsteuer	342,00	
an **2800 Bank**		2.142,00
❷ **2400 Forderungen a. LL**	27.429,50	
an **5000 Umsatzerlöse für eigene Erzeugnisse**		23.050,00
an **4800 Umsatzsteuer**		4.379,50

S	6140 Frachten und Fremdlager	H
❶ 1.800,00		

S	2400 Forderungen a. LL	H
❷ 27.429,50		

S	2600 Vorsteuer	H
❶ 342,00		

S	5000 Umsatzerlöse f. eigene Erzeugnisse	H
		❷ 23.050,00

S	2800 Bank	H
		❶ 2.142,00

S	4800 Umsatzsteuer	H
		❷ 4.379,50

Merke

- **Die Umsatzerlöskonten für eigene Erzeugnisse und Handelswaren lassen sich nach Erzeugnis- bzw. Artikelgruppen gliedern.**
- **Dem Kunden in Rechnung gestellte Vertriebskosten werden wegen der umsatzsteuerlichen Verprobung als Umsatzerlöse behandelt und entsprechend gebucht.**

Aufgabe 128

Nennen Sie die Buchungssätze zu folgenden Geschäftsfällen:

1. Ausgangsrechnung 4567: Nettowert	14.500,00	
+ Transportversicherung	500,00	
+ Umsatzsteuer	2.850,00	17.850,00
2. ER 2345: Verpackungsmaterialkauf für den Versand	7.500,00	
+ Umsatzsteuer	1.425,00	8.925,00
3. ER 2347: Unser Handelsvertreter stellt uns an Verkaufsprovisionen in Rechnung, netto	4.500,00	
+ Umsatzsteuer	855,00	5.355,00
4. ER 2348: Spediteur berechnet für Lieferung an Kunden (siehe Fall 1), netto	650,00	
+ Umsatzsteuer	123,50	773,50

Aufgabe 129

a) Barzahlung der Ausgangsfracht für AR 607: netto 350,00 € + 66,50 € Umsatzsteuer.

b)

Auszug aus AR 607 der Stahlwerke AG

7 t Stahl TX, Nettowert		7.650,00 €
Verpackungskosten	200,00 €	
Verladekosten	150,00 €	
Fracht	350,00 €	700,00 €
		8.350,00 €
+ 19 % Umsatzsteuer		1.586,50 €
Rechnungsbetrag		9.936,50 €

1. *Buchen Sie aus der Sicht des Lieferanten.*
2. *Wie hoch sind die Umsatzerlöse?*

Aufgabe 130

a) Die Aufgabe 129 b) ist als Rohstoffrechnung beim Kunden zu buchen.

b) Der Kunde zahlt die Hausfracht bar: 250,00 € netto + 47,50 € Umsatzsteuer.

1. *Wie lauten die Buchungssätze für die Fälle a) und b)?*
2. *Ermitteln Sie die Anschaffungskosten der Rohstoffe.*

Aufgabe 131

Auszug aus AR 608 der Chemiewerke GmbH

10 Behälter Chlor zu je 250,00 €	2.500,00 €	
abzüglich 20 % Rabatt	500,00 €	2.000,00 €
Transportversicherung	80,00 €	
Fracht	220,00 €	300,00 €
		2.300,00 €
+ 19 % Umsatzsteuer		437,00 €
Rechnungsbetrag		2.737,00 €

1. *Buchen Sie den Vorgang für den Verkäufer und erläutern Sie die Höhe und Zusammensetzung der Umsatzerlöse.*
2. *Buchen Sie die Aufgabe als Eingangsrechnung für Hilfsstoffe beim Kunden.*

Aufgabe 132

Erläutern Sie den Grundsatz „Warenschulden sind Holschulden“ aus der Sicht des Verkäufers und schildern Sie die buchhalterischen Auswirkungen, wenn der Verkäufer Vertriebskosten in der Ausgangsrechnung geltend macht.

2.2 Gutschriften an Kunden aufgrund von Rücksendungen

Gutschriftsanzeige

Senden Kunden Erzeugnisse oder Waren zurück, die falsch oder mit Mängeln behaftet geliefert wurden, wird der bereits gebuchte Zielverkauf eigener Erzeugnisse oder Waren entsprechend rückgängig gemacht. Die **Rückbuchung erfolgt aufgrund der dem Kunden zugesandten Gutschriftsanzeige.**

Beispiel

Ein Kunde, dem die Wernick GmbH lt. AR 765 eigene Erzeugnisse für 5.000,00 € netto + 950,00 € Umsatzsteuer auf Ziel verkauft hatten, sendet beschädigte Erzeugnisse zurück. Die **Gutschriftsanzeige** an den Kunden lautet:

	Nettowert der zurückgeschickten Erzeugnisse	600,00 €
+	19 % Umsatzsteuer	114,00 €
	Gutschrift	**714,00 €**

Buchung aufgrund der Ausgangsrechnung:

❶	**2400 Forderungen a. LL**	5.950,00	
	an **5000 Umsatzerlöse für eigene Erzeugnisse**		5.000,00
	an **4800 Umsatzsteuer**		950,00

Buchung der Rücksendung durch den Kunden aufgrund der Gutschriftsanzeige:

❷	**5000 Umsatzerlöse für eigene Erzeugnisse**	600,00	
	4800 Umsatzsteuer	114,00	
	an **2400 Forderungen a. LL**		714,00

S	2400 Forderungen a. LL		H
❶	5.950,00	❷	714,00

S	5000 Umsatzerlöse f. eigene Erzeugnisse		H
❷	600,00	❶	5.000,00

S	4800 Umsatzsteuer		H
❷	114,00	❶	950,00

Merke

Senden Kunden beanstandete Erzeugnisse und Waren zurück, führt das zu einer entsprechenden Rückbuchung auf den Konten Umsatzerlöse, Umsatzsteuer und Forderungen.

Aufgabe 133

Kontenplanauszug: 2400, 2600, 4400, 4800, 5000, 5100, 6000, 6001, 6060, 6061.

Ermitteln Sie für die folgenden Geschäftsfälle jeweils den Rechnungs- bzw. Gutschriftsbetrag, nennen Sie den Buchungssatz und buchen Sie auf den entsprechenden Konten.

1.	ER 2356 für Rohstoffe: Listenpreis	20.000,00
	Gewährter Mengenrabatt	20 %
	+ Umsatzsteuer	?
2.	Eingangsfracht (Fall 1) lt. Speditionsrechnung, netto	800,00
	+ Umsatzsteuer	152,00
3.	Rücksendung beschädigter Rohstoffe (ER 2356), Nettowert	5.000,00
	+ Umsatzsteuer	950,00
4.	AR 3456: Verkauf von eigenen Erzeugnissen, Listenpreis	40.000,00
	Gewährter Wiederverkäuferrabatt	25 %
	+ Umsatzsteuer	?
5.	Kunde (AR 3456) sendet uns beschädigte Erzeugnisse zurück, Nettowert	4.000,00
6.	ER 2357: Kauf von Handelswaren, netto	14.600,00
	Verpackung, netto	400,00
7.	AR 3457: Verkauf von Handelswaren, Listenpreis	2.500,00
	Gewährter Mengenrabatt	10 %
	+ Umsatzsteuer	?
8.	Kunde (AR 3457) erhält Gutschrift wegen Falschlieferung, netto	1.300,00

2.3 Nachträgliche Preisnachlässe im Absatzbereich

Preisnachlässe, die den Kunden aufgrund von **Mängelrügen, Boni** und **Skonti nachträglich** gewährt werden, **schmälern die Umsatzerlöse.**

Zur besseren Übersicht und für Zwecke der Kalkulation und Umsatzsteuerverprobung werden sie aber nicht direkt im Soll des betreffenden Umsatzerlöskontos gebucht, sondern zunächst auf einem besonderen **Unterkonto „Erlösberichtigungen“**:

5000 Umsatzerlöse für eigene Erzeugnisse	**5100 Umsatzerlöse für Waren**
5001 Erlösberichtigungen für eig. Erzeugnisse	**5101 Erlösberichtigungen für Waren**

Umbuchung

Beim Monats- oder Jahresabschluss werden die **Unterkonten** im Rahmen der vorbereitenden Abschlussbuchungen **über das entsprechende Erlöskonto** abgeschlossen.

Preisnachlass aufgrund einer Mängelrüge

Gelegentlich kommt es vor, dass ein geliefertes Erzeugnis z. B. in der Qualität oder in der Ausführung **nicht** den vertraglichen Vereinbarungen entspricht. In diesem Fall liegt ein Mangel vor, der den Käufer veranlassen wird, das Erzeugnis zwar zu behalten, aber vom Lieferanten **einen Preisnachlass zu fordern**. Die vom Lieferanten daraufhin erteilte **Gutschrift mindert** nachträglich **die Umsatzerlöse** und damit auch die Bemessungsgrundlage der Umsatzsteuer, was eine **Berichtigung der Umsatzsteuer** erforderlich macht.

Beispiel

Die Wernick GmbH gewährt einem Kunden, an den lt. AR 812 eigene Erzeugnisse für 10.000,00 € netto + 1.900,00 € Umsatzsteuer = 11.900,00 € verkauft wurden, aufgrund seiner Mängelrüge nachträglich einen Preisnachlass von 20 %. Die **Gutschriftsanzeige** lautet:

	20 % Preisnachlass von 10.000,00 € netto	2.000,00 €
+	19 % Umsatzsteuer	380,00 €
	Bruttogutschrift	**2.380,00 €**

Die Buchungen für 1. den Zielverkauf lt. AR 812, 2. den nachträglich gewährten Preisnachlass und 3. den Abschluss des Kontos „5001 Erlösberichtigungen für eigene Erzeugnisse“ lauten folgendermaßen:

Buchung aufgrund der Ausgangsrechnung:

	Soll	Haben
❶ **2400 Forderungen a. LL**	**11.900,00**	
an **5000 Umsatzerlöse für eigene Erzeugnisse**		**10.000,00**
an **4800 Umsatzsteuer**		**1.900,00**

Nettobuchung des dem Kunden gewährten Preisnachlasses:

	Soll	Haben
❷ **5001 Erlösberichtigungen für eigene Erzeugnisse**	**2.000,00**	
4800 Umsatzsteuer	**380,00**	
an **2400 Forderungen a. LL**		**2.380,00**

Umbuchung am Ende der Rechnungsperiode:

	Soll	Haben
❸ **5000 Umsatzerlöse f. e. E.** an **5001 Erlösberichtigungen f. e. E.**	**2.000,00**	

S	2400 Forderungen a. LL		H
❶	11.900,00	❷	2.380,00

S	5000 Umsatzerlöse f. eigene Erzeugnisse		H
❸	2.000,00	❶	10.000,00

S	5001 Erlösberichtigungen f. eig. Erzeugn.		H
❷	2.000,00	❸	2.000,00

S	4800 Umsatzsteuer		H
❷	380,00	❶	1.900,00

	Umsatzerlöse	10.000,00 €
–	Preisminderung	2.000,00 €
=	**Berichtigte Erlöse**	**8.000,00 €**

Kundenskonti

Die Kundenskonti können wie die Lieferantenkonti nach dem **Nettoverfahren** (sofortige USt-Berichtigung) oder nach dem **Bruttoverfahren** (spätere USt-Berichtigung) gebucht werden. In der **EDV-Buchführung** wird – wie bereits weiter oben behandelt – der Bruttoskontobetrag eingegeben, wobei das Programm dann die Steuerberichtigung automatisch errechnet und direkt bucht.

Beispiel

Die Wernick GmbH hat lt. AR 813 Handelswaren für 15.000,00 € + 2.850,00 € USt = 17.850,00 € an einen Kunden verkauft. Der Kunde begleicht vereinbarungsgemäß den Rechnungsbetrag durch Banküberweisung unter Abzug von 2 % Skonto.

	Waren, netto	15.000,00 €
+	19 % Umsatzsteuer	2.850,00 €
=	Bruttorechnungsbetrag	17.850,00 €
–	**2 % Skonto**	**357,00 €**
=	**Überweisungsbetrag**	**17.493,00 €**

Steuerberichtigung

$$= \frac{\text{Bruttoskonto} \cdot 19\,\%}{119\,\%}$$

$$= \frac{357{,}00 \cdot 0{,}19}{1{,}19} = \mathbf{57{,}00\ €}$$

Der **Bruttoskontobetrag (357,00 €)** ist in den **USt-Anteil (57,00 €)** und den **Erlösanteil** (357,00 € – 57,00 € = **300,00 €**) **aufzuteilen.**

Nettobuchungsverfahren

❶ **Buchung der AR 813:** *Nennen Sie den Buchungssatz.*

Nettobuchung:

❷ **2800 Bank**	17.493,00	
5101 Erlösberichtigungen f. W.	300,00	
4800 Umsatzsteuer	57,00	
an **2400 Forderungen a. LL**		17.850,00

Umbuchung am Ende der Rechnungsperiode:

❸ **5100 Umsatzerlöse für Waren** an **5101 Erlösberichtigungen f. W.** … 300,00

S	2400 Forderungen a. LL		H
❶	17.850,00	❷	17.850,00

S	5100 Umsatzerlöse für Waren		H
❸	300,00	❶	15.000,00

S	4800 Umsatzsteuer		H
❷	57,00	❶	2.850,00

S	2800 Bank		H
❷	17.493,00		

S	5101 Erlösberichtigungen für Waren		H
❷	300,00	❸	300,00

	Umsatzerlöse	15.000,00 €
–	Kundenskonti, netto	300,00 €
=	**Berichtigte Erlöse**	**14.700,00 €**

Bruttobuchungsverfahren

Buchung des Zahlungseingangs:

❷ **2800 Bank**	17.493,00	
5101 Erlösberichtigungen f. W.	357,00	
an **2400 Forderungen a. LL**		17.850,00

USt-Berichtigungsbuchung zum Schluss des Umsatzsteuervoranmeldungszeitraums:

❸ **4800 Umsatzsteuer** an **5101 Erlösberichtigungen f. W.** … 57,00

S	5101 Erlösberichtigungen für Waren				H
❷	2400	357,00	❸	4800	57,00
			❹	5100	300,00

S	4800 Umsatzsteuer				H
❸	5101	57,00	❷	2400	2.850,00

Merke

- **Preisnachlässe aufgrund von Mängelrügen, Kundenboni und Kundenskonti mindern nachträglich die Umsatzerlöse und Umsatzsteuer.**
- **Kundenskonti mindern die Erlöse, Lieferantenskonti die Anschaffungskosten.**
- **Die Umsatzsteuer-Zahllast kann am Ende des USt-Voranmeldungszeitraumes erst nach Vornahme der anteiligen Berichtigungen auf den Steuerkonten ermittelt werden.**

S 2600 Vorsteuer	H
Vorsteuerbeträge aufgrund von Eingangsrechnungen	**Berichtigungen** – Rücksendungen an Lieferanten, – Preisnachlässe von Lieferanten, – Lieferantenboni, – Lieferantenskonti

S 4800 Umsatzsteuer	H
Berichtigungen – Rücksendungen von Kunden, – Preisnachlässe an Kunden, – Kundenboni, – Kundenskonti	**Umsatzsteuerbeträge** aufgrund von Ausgangsrechnungen

Aufgabe 134

Die Eingangsrechnung 2853 über 3.570,00 € (Rohstoffwert 3.000,00 € + 570,00 € Umsatzsteuer) wird unter Abzug von 2 % Skonto durch Banküberweisung an den Lieferanten beglichen.

Konten: 2600, 2800 (AB 85.000,00 €), 4400, 6000, 6002.

1. *Buchen Sie den Eingang der Rohstoffe aufgrund der ER 2853.*
2. *Buchen Sie beim Rechnungsausgleich den Skonto*
   a) netto und
   b) brutto.
3. *Ermitteln und buchen Sie die Steuerberichtigung beim Bruttoverfahren.*
4. *Wie lauten die entsprechenden Buchungen beim Lieferanten?*

Aufgabe 135

Der Kunde begleicht unsere Ausgangsrechnung 4459 über 17.850,00 € (Erzeugniswert 15.000,00 € + 2.850,00 € Umsatzsteuer) abzüglich 2 % Skonto durch Postbanküberweisung.

Konten: 2400, 2850, 4800, 5000, 5001.

1. *Buchen Sie den Verkauf der eigenen Erzeugnisse aufgrund der AR 4459.*
2. *Buchen Sie den Skonto beim Zahlungseingang*
   a) netto und
   b) brutto.
3. *Buchen Sie die Steuerberichtigung beim Bruttoverfahren.*
4. *Nennen Sie die entsprechenden Buchungen zu 1. und 2. auch beim Kunden.*

Aufgabe 136

Auszug aus der vorläufigen Summenbilanz	Soll	Haben
2600 Vorsteuer	52.500,00	48.350,00
4800 Umsatzsteuer	72.150,00	83.450,00
5001 Erlösberichtigungen (einschl. Umsatzsteuer)	2.975,00	?
6002 Nachlässe (einschl. Umsatzsteuer)	?	3.808,00

1. *Ermitteln Sie am Monatsende die Steuerberichtigungen und buchen Sie.*
2. *Ermitteln Sie nach den Berichtigungsbuchungen die Umsatzsteuer-Zahllast.*

Aufgabe 137

Gutschrift über eine Umsatzvergütung von 3 % auf den Handelswarenumsatz des 2. Halbjahres in Höhe von 350.000,00 € netto.

1. *Erstellen Sie die Gutschriftsanzeige.*
2. *Wie bucht*
   a) der Lieferant und
   b) der Kunde?
3. *Erläutern Sie die Auswirkung der Boni im Ein- und Verkaufsbereich.*

6946134

Aufgabe 138

Buchen Sie die folgenden Geschäftsfälle auf den Konten 2400, 2600, 4400, 4800, 5000, 5001, 6000, 6002 und ermitteln Sie jeweils die erforderlichen Steuerberichtigungen.

1. Zieleinkauf von Rohstoffen, Nettowert lt. ER 567: 5.800,00 €.
2. Rücksendung beschädigter Rohstoffe an Lieferanten (ER 567): Nettowert 1.800,00 €.
3. Auf die übrigen Rohstoffe (ER 567) gewährt der Lieferant 20 % Nachlass.
4. Zielverkauf von eigenen Erzeugnissen, Nettowert lt. AR 859: 6.000,00 €.
5. Kunde sendet beschädigte Erzeugnisse (AR 859) zurück: 2.000,00 € netto.
6. Kunde (AR 859) erhält im Übrigen noch einen Preisnachlass von brutto 238,00 €.

Aufgabe 139

In der Finanzbuchhaltung der Möbelfabrik Breuer GmbH haben Sie den nebenstehenden Beleg zu buchen:

Möbelfabrik Breuer GmbH · Karlstraße 44 · 51379 Leverkusen

BREUER GmbH Möbelfabrik

Möbelfachgeschäft
Werner Theuer e. Kfm.
Am Gierlichshof 15
51381 Leverkusen

Konto | Soll | Haben | Gebucht:

Ihr Zeichen, Ihre Nachricht vom ..-12-20 — Datum ..-12-28

Rechnung Nr. 1 315

Sehr geehrte Damen und Herren,

aufgrund Ihrer Beanstandung schreiben wir Ihnen gut:

10 % von 10.000,00 € Warenwert	
lt. o. g. Rechnung	1.000,00 €
+ 19 % Umsatzsteuer	190,00 €
	1.190,00 €

Mit freundlichen Grüßen

Möbelfabrik Jörg Breuer e. K.

i. A. Schreiner

Steuer-Nr. 065 262 44119

Aufgabe 140

Buchen Sie den nebenstehenden Beleg in der Finanzbuchhaltung der Möbelfabrik Breuer GmbH.

Max KAISER KG
Herstellung von Spanplatten

Möbelfabrik
Breuer GmbH
Karlstraße 44
51379 Leverkusen

Konto | Soll | Haben | Gebucht:

Ihr Zeichen, Ihre Nachricht ..-12-16 — Datum ..-12-30

Rechnung Nr. 8 765

Eingang: ..-12-31

Sehr geehrter Herr Breuer,

auf die von Ihnen zu Recht beanstandete Spanplattenlieferung vom 15. Dez. .. erhalten Sie nachträglich einen

Preisnachlass von netto	600,00 €
+ 19 % Umsatzsteuer	114,00 €
	714,00 €

Wir bitten um gleich lautende Buchung.

Mit freundlichen Grüßen

Max Kaiser KG

ppa. W. Herrhausen

Steuer-Nr. 065 362 87653

Aufgabe 141

Buchen Sie die Belege der Aufgaben 139 und 140 in den Buchhaltungen von Werner Theuer und Max Kaiser.

Aufgabe 142

Kontenplan und vorläufige Saldenbilanz	Soll	Haben
0700 TA und Maschinen	199.000,00	–
0800 Betriebs- und Geschäftsausstattung	85.000,00	–
2000 Rohstoffe	80.000,00	–
2400 Forderungen a. LL	155.426,00	–
2600 Vorsteuer	179.898,00	–
2800 Bank	158.380,00	–
3000 Gezeichnetes Kapital	–	300.000,00
3400 Jahresüberschuss/Jahresfehlbetrag	–	–
4400 Verbindlichkeiten a. LL	–	104.410,00
4800 Umsatzsteuer	–	277.894,00
5000 Umsatzerlöse für eigene Erzeugnisse	–	1.535.000,00
5001 Erlösberichtigungen	72.400,00	–
6000 Aufwendungen für Rohstoffe	919.200,00	–
6001 Bezugskosten	18.800,00	–
6002 Nachlässe	–	31.200,00
7800 Diverse Aufwendungen	380.400,00	–
Weitere Konten: 6520, 8010 und 8020.	2.248.504,00	2.248.504,00

Geschäftsfälle

1. Banküberweisungen von Kunden:		
Rechnungsbeträge	33.320,00	
– Skonto (2 %)	666,40	32.653,60
2. Gutschriftsanzeige an Kunden für Bonus:		
2,5 % von 480.000,00 € Jahres-Nettoumsatz	12.000,00	
+ Umsatzsteuer	2.280,00	14.280,00
3. Die Eingangsrechnung ER 1406, Rohstoffwert	22.500,00	
+ Umsatzsteuer	4.275,00	26.775,00
wurde versehentlich als Ausgangsrechnung gebucht. *Stornieren Sie die Falschbuchung.*		
4. Buchen Sie die Eingangsrechnung 1406.		
5. AR 1450–1460 für eigene Erzeugnisse, netto	78.600,00	
+ Transportkosten	3.400,00	
+ Umsatzsteuer	15.580,00	97.580,00
6. Banküberweisungen an Lieferanten: Rechnungsbeträge	29.750,00	
– Skonto (2 %)	595,00	29.155,00
7. Kunde erhält Preisnachlass wegen Mängelrüge, brutto		595,00
8. Rohstofflieferant schreibt uns Bonus gut:		
3 % auf den Umsatz von 680.000,00 €	20.400,00	
+ Umsatzsteuer	3.876,00	24.276,00
9. Rücksendung beschädigter Rohstoffe an Lieferanten,		
Nettowert	3.500,00	
+ Umsatzsteuer	665,00	4.165,00

Abschlussangaben:
1. Schlussbestand an Rohstoffen lt. Inventur 60.000,00
2. Abschreibungen auf 0700: 14.000,00 €; auf 0800: 6.000,00 €.

Auswertung

1. *Ermitteln und beurteilen Sie die Rentabilität (Verzinsung) des Eigenkapitals in %, indem Sie den Jahresüberschuss zum Gezeichneten Kapital in Beziehung setzen.*
2. *Wie beurteilen Sie das Verhältnis zwischen Eigenkapital und Fremdkapital?*
3. *Welche Vermögensteile sind durch eigene Mittel (Eigenkapital) gedeckt?*

6946136

Aufgabe 143

Anfangsbestände

0700 TA und Maschinen	400.000,00	2800 Bankguthaben	68.000,00
0800 BGA	60.000,00	2880 Kasse	3.000,00
2000 Rohstoffe	50.000,00	3000 Gezeichnetes Kapital	430.000,00
2020 Hilfsstoffe	20.000,00	4230 Darlehensschulden	145.000,00
2400 Forderungen a. LL	29.000,00	4400 Verbindlichkeiten a. LL	55.000,00

Kontenplan

0700, 0800, 2000, 2020, 2400, 2600, 2800, 2880, 3000, 3400, 4230, 4400, 4800, 5000, 5001, 5710, 6000, 6001, 6002, 6020, 6021, 6022, 6200, 6520, 6700, 8000, 8010, 8020.

Geschäftsfälle

1. ER 621–624 über Rohstoffe	30.000,00	
ER 625–626 über Hilfsstoffe	10.000,00	
+ Umsatzsteuer	7.600,00	47.600,00
2. Barzahlung der Bezugskosten für Rohstoffe	1.200,00	
für Hilfsstoffe	800,00	
+ Umsatzsteuer	380,00	2.380,00
3. Banküberweisung von Kunden, Rechnungsbetrag	5.950,00	
– 2 % Skonto (brutto)	119,00	5.831,00
4. Gutschrift für Rücksendung beschädigter Rohstoffe, brutto		952,00
5. Banküberweisung an Rohstofflieferer, Rechnungsbetrag	`11.900,00	
– 2 % Skonto (brutto)	238,00	11.662,00
6. Gutschrift des Hilfsstofflieferers wegen Mängelrüge, brutto		1.785,00
7. Zinsgutschrift der Bank	600,00	
8. Banküberweisung der Löhne		6.300,00
9. AR 728–736 über unsere Erzeugnisse	65.000,00	
+ Umsatzsteuer	12.350,00	77.350,00
10. Bonusgutschrift des Rohstofflieferanten, brutto		1.190,00
11. Unsere Banküberweisung für Miete der Betriebsstätte		8.000,00
12. Banklastschrift für Darlehenstilgung		4.000,00

Abschlussangaben

1. Abschreibungen auf 0700: 10.000,00 €; auf 0800: 5.000,00 €.
2. Schlussbestände lt. Inventur: Rohstoffe 60.000,00 €, Hilfsstoffe 8.000,00 €.

Aufgabe 144

1. Begründen Sie, dass bei Rücksendungen und Nachlässen jeweils die Umsatzsteuer bzw. Vorsteuer zu berichtigen ist.

2. Wie wirken sich Boni, Skonti und Preisnachlässe aufgrund von Mängelrügen
a) im Beschaffungsbereich und
b) im Absatzbereich aus?

3. Warum ist es sinnvoll, Nachlässe im Beschaffungs- und Absatzbereich auf entsprechenden Unterkonten zu erfassen?

4. Welche Nachlässe bewirken
a) eine Anschaffungskostenminderung und
b) eine Gewinnminderung?

5. Was versteht man bei der Skontobuchung unter
a) Nettoverfahren und
b) Bruttoverfahren?

6. Welchen Vorteil hat die EDV-Buchführung im Hinblick auf die Skontobuchungen?

HF 5 / AS 5.2 / ZF 1, 2, 4

3 Lohn- und Gehaltsabrechnung

Abzüge

Der Arbeitgeber ist gesetzlich verpflichtet, vom Bruttoverdienst der Arbeitnehmer

- die **Lohnsteuer**, den **Solidaritätszuschlag** und die **Kirchensteuer** sowie
- den **Anteil der Arbeitnehmer** an der gesetzlichen **Kranken-**, **Pflege-**, **Renten-** und **Arbeitslosenversicherung (= 50 % + Zuschläge)**[1]

einzubehalten. Nach Abzug der o. g. Posten ergibt sich der **Nettoverdienst** des Arbeitnehmers:

Bruttolohn/Bruttogehalt	Abzüge
– Steuern	■ Lohnsteuer (LSt) ■ Solidaritätszuschlag (5,5 % der LSt) ■ Kirchensteuer (8 % bzw. 9 % der LSt)
– Arbeitnehmeranteil zur gesetzlichen Sozialversicherung + Zuschläge[1]	■ Krankenversicherung ■ Pflegeversicherung ■ Rentenversicherung ■ Arbeitslosenversicherung
Nettolohn/Nettogehalt = Auszahlung	

Die Sozialversicherungsbeiträge (Arbeitnehmer- **und** Arbeitgeberanteil) sind spätestens **am drittletzten Bankarbeitstag** des laufenden Monats **fällig.** Bis zu diesem Zeitpunkt muss die zuständige Krankenkasse die **Sozialbeiträge durch Bankeinzug** (Lastschriftverfahren) vereinnahmt haben. Deshalb sind die Arbeitgeber gesetzlich verpflichtet, den betreffenden Kassen die **fälligen Sozialbeiträge** rechtzeitig und papierlos, also durch **Datenübertragung** mittels spezieller Software[2], zu **melden.** Die abgebuchte SV-Vorauszahlung wird auf dem Konto **„2640 SV-Vorauszahlung“** erfasst und bei der Buchung der Löhne und Gehälter und des SV-Arbeitgeberanteils **verrechnet.**[3]

Die einbehaltenen Steuerabzüge werden auf dem Konto **„4830 FB-Verbindlichkeiten“** gebucht und **bis zum 10. des Folgemonats** an das Finanzamt **überwiesen.**[3]

3.1 Die Ermittlung der Steuerabzüge

Lohn- und Kirchensteuer

Der Lohnsteuer unterliegen alle Einkünfte aus **nicht selbstständiger Arbeit.** Sie richtet sich nach **Lohnhöhe, Steuerklasse** und möglichen **Freibeträgen** (z. B. für Behinderte). Das Existenzminimum **(Grundfreibetrag)** ist **lohnsteuerfrei:** 8.354,00 €[4] für Ledige und 16.708,00 €[4] für Verheiratete und Lebenspartner. Es gibt **sechs Lohnsteuerklassen:**

Steuerklasse	Zuordnung der Arbeitnehmer[5]
I	Nicht verheiratete, verwitwete oder geschiedene Arbeitnehmer sowie Verheiratete, die ständig getrennt leben.
II	(Alleinerziehende) Arbeitnehmer der Steuerklasse I mit mindestens einem Kind.
III	Verheiratete, nicht ständig getrennt lebende Arbeitnehmer, deren Ehegatte keinen Arbeitslohn bezieht oder die Steuerklasse V hat.
IV	Verheiratete, nicht ständig getrennt lebende Arbeitnehmer, wenn beide Arbeitslohn beziehen.
V	Verheiratete, nicht ständig getrennt lebende Ehegatten, die beide Arbeitslohn beziehen, wobei ein Ehegatte auf gemeinsamen Antrag in Steuerklasse III ist.
VI	Arbeitnehmer, die Arbeitslohn von mehreren Arbeitgebern beziehen, für den Abzug aus dem zweiten und weiteren Dienstverhältnissen.

1 Siehe S. 141.
2 Beispielsweise Lexware, LODAS (Datev)
3 Siehe S. 145.
4 Stand 2017
5 Die Klassifizierung von Verheirateten bzw. Ehegatten ist auch auf Lebenspartner und Lebenspartnerschaften anzuwenden.

6946138

Steuerpflichtiges Arbeitsentgelt

Grundsätzlich sind alle Einnahmen, die ein Arbeitnehmer aus einem Arbeitsverhältnis erzielt, lohnsteuerpflichtig.

Lohnsteuerpflichtiger Arbeitslohn	
■ Löhne und Gehälter ■ Zulagen (z. B. Schmutzzulage) ■ Zuschläge (z. B. für Überstunden)[1]	■ Urlaubsgeld ■ Weihnachtsgratifikationen ■ Beihilfen jeder Art

Solidaritätszuschlag

Zur Finanzierung der deutschen Einheit wird ein Solidaritätszuschlag in Höhe von zz. 5,5 %[2] der Lohnsteuer erhoben.

Kirchensteuer

Die Kirchensteuer ist **nicht** in allen Bundesländern **einheitlich** hoch. Sie beträgt

- in Baden-Württemberg und Bayern **8 %** und
- in den übrigen Bundesländern **9 % der Lohnsteuer**.

Kinderfreibetrag

Im Gegensatz zur Lohnsteuer wird **bei der Bemessung der Kirchensteuer und des Solidaritätszuschlages die Anzahl der Kinder berücksichtigt.** Jedes Kind wird auf der Lohnsteuerkarte mit dem Zähler 0,5 (= 306,50 € monatlicher Kinderfreibetrag einschließlich Bedarfsfreibetrag) eingetragen. Der Zähler erhöht sich auf 1,0 (= 613,00 €) bei verheirateten und nicht dauernd getrennten Arbeitnehmern.[2]

Kindergeld

Das Kindergeld wird **von der Familienkasse** der Agentur für Arbeit **ausgezahlt.** Es beträgt für das erste und das zweite Kind je 192,00 €, für das dritte Kind 198,00 € und für jedes weitere Kind je 223,00 €[2].

Elektronische Lohnsteuerkarte

Der Arbeitgeber benötigt die **Lohnsteuerabzugsmerkmale** seines Arbeitnehmers, um die Lohnsteuer und ggf. die Kirchensteuer berechnen und an das Finanzamt abführen zu können. Dabei handelt es sich um Informationen wie Steuerklasse, Anzahl der Kinder, Höhe der Freibeträge und Religionszugehörigkeit des Arbeitnehmers.

Elektronische LohnSteuer-AbzugsMerkmale (ELStAM)

Für die **Arbeitgeber** werden diese **E**lektronischen **L**ohn**St**euer**A**bzugs**M**erkmale (**ELStAM**) in einer **Datenbank der Finanzverwaltung** beim Bundeszentralamt für Steuern zur Verfügung gestellt. Der Zugriff auf die gespeicherten Daten setzt eine einmalige Registrierung des Arbeitgebers im ElsterOnline-Portal voraus. Danach können die Lohnsteuerabzugsmerkmale mit Angabe der Steuernummer des Betriebs sowie des Geburtsdatums und der steuerlichen Identifikationsnummer des Arbeitnehmers abgerufen werden.

Für **Arbeitnehmer** sind Änderungen der elektronischen Lohnsteuerabzugsmerkmale aus der Lohn- bzw. Gehaltsabrechnung ersichtlich. Außerdem können die gespeicherten Lohnsteuerabzugsmerkmale bei den Finanzämtern erfragt oder im ElsterOnline-Portal nach Authentifizierung mit der persönlichen steuerlichen Identifikationsnummer abgerufen werden. Dort ist für den Arbeitnehmer auch ersichtlich, welche Arbeitgeber seine Lohnsteuerabzugsmerkmale innerhalb der letzten zwei Jahre abgerufen haben.

Die **Änderung der Lohnsteuerabzugsmerkmale** (z. B. Steuerklassenänderung, Eintragung von Freibeträgen) muss der Arbeitnehmer seinem Finanzamt mitteilen. Anschriftenänderungen und standesamtliche Veränderungen wie Eheschließung, Geburt eines Kindes, Kircheneintrittoder Kirchenaustritt werden von den Bürgerbüros der Städte und Gemeinden an die Finanzverwaltung übermittelt, damit dort die entsprechende Änderung der persönlichen Lohnsteuerabzugsmerkmale des Arbeitnehmers erfolgen kann. Der Arbeitgeber wird durch Änderungslisten von der Finanzverwaltung darüber informiert.

1 Außer Zuschläge für Sonn-, Feiertags- und Nachtarbeit bei einem Stundenlohn bis 50,00 €, soweit sie den Grundlohn nicht um die im § 3b EStG genannten Grenzen übersteigen (z. B. 25 % für Nachtarbeit, 50% für Sonntagsarbeit usw.).
2 Stand 2017

Zu Beginn des Arbeitsverhältnisses hat der Arbeitnehmer dem Arbeitgeber sein Geburtsdatum und seine steuerliche Identifikationsnummer mitzuteilen sowie anzugeben, ob es sich um ein Hauptarbeitsverhältnis (Steuerklasse I bis V) oder ein Nebenarbeitsverhältnis (Steuerklasse VI) handelt. Der Arbeitgeber muss den Arbeitnehmer im ELStAM-Verfahren anmelden, dessen Lohnsteuerabzugsmerkmale abrufen und diese in das Lohnkonto übernehmen. **Nach Beendigung des Arbeitsverhältnisses** meldet der Arbeitgeber den Arbeitnehmer ab.

Lohnsteuer- und Sozialversicherungsabzüge

Diese Abzüge werden in der Regel **nicht mehr** aus offiziellen Lohnsteuer-/Sozialversicherungstabellen **abgelesen**, sondern **online** mithilfe von **Abgabenrechnern** oder PC-Programmen, z. B. Lexware Lohnauskunft, **individuell** für jeden Lohn/jedes Gehalt **berechnet**.

Beispiel

Der kaufmännische Angestellte Herbert Till, geb. 1976, wohnhaft An den Hülsen 30, 64380 Roßdorf, Hessen, ist verheiratet und hat ein Kind. Seine Frau bezieht keinen Arbeitslohn. Beide Ehepartner gehören der katholischen Kirche an. Lohn- und Kirchensteuer sowie der Solidaritätszuschlag ergeben sich wie folgt:[1]

Tarifgehalt nach der Gehaltstafel	2.985,00 €
Steuerklasse	III
Kinderfreibetragszahl	1,0
Lohnsteuer	188,83 €
Solidaritätszuschlag	0,00 €
Kirchensteuer	5,00 €
Steuerabzüge insgesamt	**193,83 €**

Lohnkonto

In der Lohn- und Gehaltsbuchhaltung wird **für jeden Arbeitnehmer** ein besonderes **Lohnkonto** geführt, das monatlich **folgende Daten** erfasst:

Lohn bzw. Gehalt, Zulagen, Zuschläge, Bruttoverdienst, Abzüge; Lohnsteuer, Solidaritätszuschlag, Kirchensteuer, Krankenversicherung, Pflegeversicherung, Rentenversicherung, Arbeitslosenversicherung; Vorschuss, Nettoauszahlung.

Lohn- und Gehaltsliste

Lohnabrechnungen werden in **Lohnlisten, Gehaltsabrechnungen** in **Gehaltslisten** zusammengestellt. Lohn- und Gehaltslisten bilden dann **Sammelbelege für die Buchung der Löhne und Gehälter** (siehe Aufgabe 150 auf S. 148).

Für die **schnelle Ermittlung der Steuerlast** steht unter www.abgabenrechner.de ein Werkzeug des Bundesministeriums der Finanzen zur Verfügung. Hier lässt sich unter Berücksichtigung der jeweiligen Steuerklasse, der Freibeträge und der zu berücksichtigenden Familienangehörigen **die persönliche Lohnsteuer** errechnen, ebenso wie **die Gesamtbelastung**, bei der die individuellen Sozialversicherungsbeiträge berücksichtigt werden.

Ergänzt wird diese Veröffentlichung durch die Möglichkeit, eine tatsächliche, individuelle Lohnsteuertabelle zu erstellen, in der sich die Veränderung der Steuerlast bei verändertem Einkommen verfolgen lässt.

1 Der Berechnung liegt ein Zusatzbeitragssatz der gesetzlichen Krankenversicherung von 1,1 % zugrunde (siehe S. 141).

Aufgabe 145

Im Metallwerk Matthias Hein GmbH, Stuttgart, sind sieben Angestellte beschäftigt. Die folgende Tabelle weist für den Monat Januar das jeweilige Bruttogehalt und die persönlichen Daten der Angestellten aus:

Nr.	Name	Geb.-jahr	Tarifgehalt	Familienstand	Sonstige Hinweise
1	W. Beyer	1980	2.990,00 €	verheiratet, 1,0 Kinder-Freibetrag	St.-Kl. V für Ehefrau
2	A. Fellner	1987	2.970,00 €	ledig	–
3	B. Hübner	1974	2.985,00 €	geschieden, 0,5 Kinder-Freibetrag	–
4	G. Lamper	1968	3.000,00 €	verheiratet, keine Kinder	St.-Kl. IV für Ehefrau
5	R. Schmidt	1964	2.975,00 €	ledig	–
6	J. Steiner	1958	2.995,00 €	verheiratet, keine Kinder	St.-Kl. V für Ehefrau
7	H. Winter	1956	2.980,00 €	verwitwet, keine Kinder	–

1. *Bestimmen Sie für jeden Angestellten die Lohnsteuerklasse.*
2. *Ermitteln Sie anhand von www.bmf-steuerrechner.de/ für jeden Angestellten*
   a) die Lohnsteuer, b) den Solidaritätszuschlag und c) die Kirchensteuer.
   Der Zusatzbeitragssatz für die Krankenversicherung beträgt 1,1 %.

3.2 Sozialversicherungsabzüge

Gesetzliche Sozialversicherung

Die gesetzliche Sozialversicherung besteht aus der Krankenversicherung, der Pflegeversicherung, der Rentenversicherung und der Arbeitslosenversicherung. Der **Sozialversicherungsbeitrag** für den einzelnen Arbeiter und Angestellten wird im Allgemeinen **je zur Hälfte** vom Arbeitnehmer und Arbeitgeber getragen. Der **Arbeitnehmeranteil** wird vom Bruttoverdienst **einbehalten.** Der **Arbeitgeberanteil** zum Sozialversicherungsbeitrag **ist zusätzlicher Personalaufwand**, ebenso die Beiträge zur **gesetzlichen Unfallversicherung** der Arbeitnehmer bei der Berufsgenossenschaft.

Für die Berechnung der Beiträge werden in der Regel von Jahr zu Jahr bestimmte **Beitragsprozentsätze** und **Beitragsbemessungsgrenzen** (= Höchstgrenzen) festgelegt:

Versicherungszweig	Beitragssatz in %[1]	Beitragsbemessungsgrenze[1]
■ **Krankenversicherung (KV)**	14,6 %	4.350,00 € monatlich
■ **Pflegeversicherung (PV)**	2,55 %	4.350,00 € monatlich
■ **Rentenversicherung (RV)**	18,7 %	6.350,00 € monatlich
■ **Arbeitslosenversicherung (AV)**	3,0 %	6.350,00 € monatlich

Die Beiträge zu den o. g. Sozialversicherungen werden unter Beachtung der Beitragsbemessungsgrenzen vom **Bruttoarbeitsentgelt** berechnet und vom Arbeitnehmer und Arbeitgeber mit Ausnahme der **Zuschläge** für Kranken- und Pflegeversicherung zu **gleichen** Teilen getragen[2]. Jede **Lohnberechnungssoftware** enthält entsprechende **Tabellen.**

Ab dem 1. Januar 2015 können die Krankenkassen zusätzlich zu dem allgemeinen Beitragssatz von 14,6 % einkommensabhängige Zusatzbeiträge erheben, die vom Arbeitnehmer zu tragen sind. Die Höhe der Zusatzbeiträge wird von der jeweiligen Krankenkasse individuell festgelegt. Als Richtgröße dient dabei der durchschnittliche Zusatzbeitragssatz für 2017 von 1,1 %.

Kinderlose Arbeitnehmer zwischen 23 und 64 Jahren müssen außerdem einen um 0,25 % erhöhten Beitrag zur Pflegeversicherung leisten. Der Arbeitnehmeranteil steigt dadurch von 1,275 % auf 1,525 %.

1 Stand 2017. In den neuen Bundesländern beträgt die Bemessungsgrenze für die Renten- und Arbeitslosenversicherung zz. 5.700,00 €.
2 In Sachsen wird die Pflegeversicherung von 2,55 % zu 1,775 % vom Arbeitnehmer und zu 0,775 % vom Arbeitgeber getragen.

Beispiel
Fortsetzung

Herbert Till (vgl. S. 140) ist im Außendienst eines in Hessen angesiedelten Unternehmens, der Küchengeräte GmbH, angestellt. Er bezieht ein steuerpflichtiges Bruttogehalt von 2.985,00 € je Monat. Er ist verheiratet, hat ein Kind und gehört der katholischen Religionsgemeinschaft an. Seine Frau ist nicht berufstätig. Zusätzlich zu seinem Bruttogehalt hat er im Abrechnungsmonat August ein Urlaubsgeld von 250,00 € erhalten. Seine Krankenkasse erhebt einen Zusatzbeitrag von 1,1 %.

Für den Monat August 01 erstellt sein Arbeitgeber die folgende Gehaltsabrechnung:

Gehaltsabrechnung August 01
Herbert Till, III/1,0, römisch-katholisch

Bruttogehalt	2.985,00 €	
Urlaubsgeld	250,00 €	
Steuer- und sozialversicherungspflichtiges Gehalt		**3.235,00 €**
– Lohnsteuer	240,83 €	
– Solidaritätszuschlag	0,00 €	
– Kirchensteuer (9 %)	8,68 €	
= **Steuern insgesamt**		**249,51 €**
– Krankenversicherung (7,3 %)	236,16 €	
– Zusatzbeitrag der Krankenversicherung (1,1 %)	35,58 €	
– Pflegeversicherung	41,25 €	
– Rentenversicherung	302,47 €	
– Arbeitslosenversicherung	48,53 €	
= **Sozialabgaben insgesamt**		**663,99 €**
Nettogehalt = **Auszahlungsbetrag/Überweisung**		**2.321,50 €**

Übersicht über die vom Arbeitnehmer Herbert Till und von seinem Arbeitgeber zu zahlenden Sozialversicherungsbeiträge:

Steuer- und sozialversicherungspflichtiges Gehalt 3.235,00 €	**Arbeitnehmer**		**Arbeitgeber**		**insgesamt**
Krankenversicherung einschl. Zusatzbeitrag	8,4 %	271,74 €	7,3 %	236,16 €	507,90 €
Pflegeversicherung	1,275 %	41,25 €	1,275 %	41,25 €	82,50 €
Rentenversicherung	9,35 %	302,47 €	9,35 %	302,47 €	604,94 €
Arbeitslosenversicherung	1,5 %	48,53 €	1,5 %	48,53 €	97,06 €
Summe		**663,99 €**		**628,41 €**	**1.292,40 €**

Merke

- **Arbeitnehmer sind grundsätzlich mit allen Einkünften aus nicht selbstständiger Arbeit lohnsteuer- und sozialversicherungspflichtig.**
- **Die Höhe der Lohnsteuer ist abhängig von der Höhe des Arbeitslohnes, der Steuerklasse und möglichen Freibeträgen. Kirchensteuer und Solidaritätszuschlag berücksichtigen zusätzlich die Zahl der Kinder.**
- **Zur Sozialversicherung zählen die**
  - **Krankenversicherung,**
  - **Pflegeversicherung,**
  - **Rentenversicherung und**
  - **Arbeitslosenversicherung.**
- **Für die Sozialversicherungen bestehen Beitragsbemessungsgrenzen (siehe S. 141).**
- **Mit wenigen Ausnahmen, z. B. bei dem Zusatzbeitrag zur Krankenversicherung und dem Zuschlag zur Pflegeversicherung (siehe S. 141), tragen Arbeitnehmer und Arbeitgeber die Beiträge zur Sozialversicherung zur Hälfte. Der Arbeitgeberanteil stellt zusätzlichen Aufwand des Betriebes dar.**
- **Die einzubehaltenden Sozialabgaben sowie der Arbeitgeberanteil zur Sozialversicherung müssen in voraussichtlicher Höhe spätestens bis zum drittletzten Bankarbeitstag des Monats, in dem die Beschäftigung ausgeübt wird, von der jeweiligen Krankenkasse im Lastschriftverfahren vereinnahmt werden. Vorab sind die Daten vom Arbeitgeber mittels Software an die Kasse zu übertragen (siehe S. 138).**
- **Die einbehaltenen Steuern sind bis zum 10. des Folgemonats an das Finanzamt abzuführen.**
- **Lohn- und Gehaltslisten, die die Einzelabrechnungen aller Arbeitnehmer monatlich zusammenfassen, bilden den Buchungssammelbeleg (siehe S. 148).**

Die nachfolgenden Aufgaben 146–148 sind mit einem Online-Lohnrechner-Programm, z. B. www.abgabenrechner.de, zu lösen.

Aufgabe 146

Berechnen Sie für die in Aufgabe 145, Seite 141, genannten Angestellten W. Beyer und A. Fellner die Sozialversicherungsbeiträge. Der Zusatzbeitrag zur Krankenversicherung beträgt 1,1 %.

1. *Wie viel Euro Nettogehalt werden beiden Angestellten überwiesen?*
2. *Wie viel Prozent betragen jeweils die Gesamtabzüge vom Bruttogehalt?*

Aufgabe 147

Der kaufmännische Angestellte R. Hemmerle (geb. 1969) ist in der Textilfabrik Brückner KG tätig. Sein Tarifgehalt beträgt 2.975,00 €. Er ist verheiratet und hat ein Kind. Seine Ehefrau ist nicht erwerbstätig. Für seine mehr als 10-jährige Betriebszugehörigkeit erhält Herr Hemmerle eine monatliche Treueprämie von 30,00 €.

1. *Ermitteln Sie die von Herrn Hemmerle zu zahlende Lohn- und Kirchensteuer (9 %) sowie den Solidaritätszuschlag.*
2. *Bestimmen Sie den Sozialversicherungsbeitrag für Herrn Hemmerle (Zusatzbeitrag 0,9 %).*
3. *Berechnen Sie den Prozentsatz der Gesamtabzüge vom Bruttogehalt.*
4. *Stellen Sie in einer Gehaltsabrechnung das Nettogehalt fest.*

Aufgabe 148

Das Unternehmen Schätzke GmbH beschäftigt den Angestellten A. Wagner im Außendienst. Herr Wagner ist 36 Jahre alt (St.-Kl. I/0). Sein Tarifgehalt beträgt 4.255,00 €. Zusätzlich erhält er einen steuerpflichtigen Zuschuss für Kleidung von monatlich 50,00 €. Als Sachbezug sind monatlich 195,00 € für die kostenlose Unterkunft in einer Werkswohnung anzusetzen.

Für die Berechnung der Sozialversicherungsbeiträge wird das steuerpflichtige Bruttogehalt zugrunde gelegt. Der Kirchensteuersatz beträgt 9 %; Zusatzbeitrag zur Krankenversicherung 1,1 %.

1. *Berechnen Sie das steuerpflichtige Bruttogehalt.*
2. *Ermitteln Sie das Nettogehalt und den Auszahlungsbetrag.*

Aufgabe 149

1. *Welche vertraglichen Grundlagen sind für die Gehaltsberechnung maßgeblich?*
2. *Was zählt im Einzelnen zum steuerpflichtigen Arbeitseinkommen?*
3. *Nennen Sie Beispiele für „Zulagen" und „Zuschläge".*
4. *Nennen Sie die in die Lohnsteuertabelle eingearbeiteten Freibeträge.*
5. *Welche Merkmale liegen vor, wenn ein Arbeitnehmer nach Steuerklasse III besteuert wird?*
6. *Erläutern Sie den Begriff „Beitragsbemessungsgrenze".*
7. *Welche Unterschiede bestehen zwischen dem Betrag zu einer gesetzlichen Krankenkasse (Sozialversicherung) und den Zusatzbeitrag zu einer gestezlichen Krankenkasse?*

3.3 Der Einsatz von Lohnberechnungsprogrammen

Lohnberechnung am PC

Die Lohnberechnung am PC mithilfe eines geeigneten Programms ist in Personalabteilungen der Unternehmen sowie in Steuerberaterpraxen unverzichtbar. Sie ermöglicht nicht nur eine schnelle und übersichtliche Lohn- und Gehaltsabrechnung der Mitarbeiter bzw. Klientel, sondern liefert auch aussagefähige Zahlen für die Belastung des Arbeitgebers. Alle erforderlichen **Abzugstabellen für Steuern und Sozialabgaben** (Grund-, Splitting- und Gesamtabzugstabellen) sind in das Programm **integriert** und gewähren z. B. durch Vergleich der Steuerklassen oder bei geplanten Tariferhöhungen rationelle Fallentscheidungen. Die Zahlen der Lohnbuchhaltung werden gespeichert und stehen damit dem betrieblichen Rechnungswesen für unternehmerische Entscheidungen zur Verfügung.

Die vielfältigen Lohnberechnungsprogramme unterscheiden sich weniger in der Systematik ihres Aufbaues als in der Praktikabilität ihrer Einsatzmöglichkeiten. Sie sind grundsätzlich nach dem gleichen Schema aufgebaut, wobei der **Bildschirm in zwei Bereiche** aufgeteilt ist. Im **linken** Bereich befindet sich das Fenster, in dem die persönlichen **Daten zur Lohnberechnung** des Mitarbeiters eingegeben werden, während im **rechten** Fenster nach jeder Dateneingabe sofort das jeweilige **Ergebnis der Lohnberechnung**, z. B. die errechnete Lohnsteuer, ausgewiesen wird. Die Lohnberechnung führt somit in wenigen Minuten vom Ausweis des Bruttolohnes und der einzelnen Steuer- und Sozialabgaben bis zum **Nettolohnausweis.** Mit der Speicherung wird die Lohn- bzw. Gehaltsabrechnung des Mitarbeiters ausgedruckt. Mit einem Klick auf ein bestimmtes Symbol erscheint sofort die **Gesamtbelastung des Arbeitgebers.**

Bildschirm	
Dateneingabe zur Lohnberechnung	**Ausgabe der Berechnungsergebnisse**
■ Name des Mitarbeiters	■ Bruttogehalt
■ Monat, Jahr	■ Einmalzahlungen
■ Bundesland (8 %/9 % KiSt)	■ Dienstwagen
■ Bruttogehalt	■ Gesamt-Brutto
■ weitere Zulagen, Abzüge	■ LSt, SolZ, KiSt
■ Steuerklasse, Kinder	■ KV, PV, RV, AV
■ LSt, SolZ, KiSt	■ Zuschlag zur PV
■ KV, PV, RV, AV	■ Summe der Abzüge
■ Zuschlag zur PV	■ Nettoauszahlung

3.4 Buchungen im Personalbereich

3.4.1 Buchung der Löhne und Gehälter

Bruttolöhne und **Bruttogehälter** werden monatlich erfasst im Soll der Aufwandskonten **6200 Löhne** und **6300 Gehälter**.

Die einbehaltenen Steuerabzüge (Lohn- und Kirchensteuer, Solidaritätszuschlag) werden als „Sonstige Verbindlichkeit gegenüber Finanzbehörden" auf dem Konto **„4830 FB-Verbindlichkeiten"** erfasst und bis zum **10. des Folgemonats** überwiesen.

Der einzubehaltende Arbeitnehmeranteil zur SV wird **mit** dem **Arbeitgeberanteil** der Krankenkasse **vorzeitig gemeldet** und von dieser spätestens bis zum **drittletzten** Bankarbeitstag des laufenden Monats durch **Bankeinzug** vereinnahmt (siehe auch S. 138). Diese Vorauszahlung wird auf dem Konto **„2640 SV-Vorauszahlung"** erfasst und bei der Buchung der Gehälter bzw. Löhne und des Arbeitgeberanteils jeweils **verrechnet.**

Der Arbeitgeberanteil zur SV wird als zusätzlicher Aufwand gesondert auf dem Konto **„6400 Arbeitgeberanteil zur SV"** gebucht und auf dem Verrechnungskonto **„2640 SV-Vorauszahlung"** gegengebucht.

Beispiel

Auszug aus der Gehaltsliste Monat August: Gehaltsabrechnung Herbert Till (S. 142)

Name	Steuerklasse	Bruttogehalt	Abzüge					Gesamtabzüge	Nettogehalt (Ausz.)
			LSt	SolZ	KiSt	Steuerabzüge	SV		
Till, H.	III/1,0	3.235,00	240,83	0,00	8,68	249,51	663,99	913,50	2.321,50

SV-Meldung an die Krankenkasse: 663,99 € AN-Anteil + 628,41 € AG-Anteil[1]
SV-Bankeinzug der Krankenkasse: 1.292,40 €

Buchung des Bankeinzugs der SV-Beiträge:

❶ 2640 SV-Vorauszahlung .... an 2800 Bank 1.292,40

Buchung bei Gehaltszahlung:

❷ 6300 Gehälter 3.235,00
  an 4830 FB-Verbindlichkeiten 249,51
  an 2640 SV-Vorauszahlung 663,99
  an 2800 Bank 2.321,50

Buchung des Arbeitgeberanteils zur Sozialversicherung:

❸ 6400 AG-Anteil z. SV .... an 2640 SV-Vorauszahlung 628,41

Überweisung der einbehaltenen und noch abzuführenden Steuerabzüge:

❹ 4830 FB-Verbindlichkeiten .... an 2800 Bank 249,51

S	6300 Gehälter		H
❷	3..235,00		

S	6400 Arbeitgeberanteil zur Sozialvers.		H
❸	628,41		

S	4830 FB-Verbindlichkeiten		H
❹	249,51	❷	249,51

S	2640 SV-Vorauszahlung		H
❶	1.292,40	❷	663,99
		❸	628,41

S	2800 Bank		H
		❶	1.292,40
		❷	2.321,50
		❹	249,51

	Bruttogehalt	3.235,00 €
+	Arbeitgeberanteil SV	628,41 €
=	**Personalkosten**	**3.863,41 €**

Die aufgrund von Lohn- und Gehaltspfändungen einbehaltenen Beträge werden auf der Haben-Seite des Kontos **„4890 Übrige Sonstige Verbindlichkeiten"** gebucht.

1 Siehe S. 142.

3.4.2 Buchung von Vorschusszahlungen an Mitarbeiter

Vorschüsse

Vorschüsse sind Darlehen, die Arbeitnehmern kurzfristig gewährt und bei späteren Lohn- und Gehaltszahlungen verrechnet werden. Sie werden gebucht auf dem Konto

2650 Forderungen an Mitarbeiter.

Beispiel

Der Angestellte Herbert Till erhält im Februar 01 einen Vorschuss von 1.500,00 € bar, der bei den Gehaltszahlungen monatlich mit 300,00 € einbehalten wird.

Buchung im Februar 01: 2650 Forderungen an Mitarbeiter ... an **2880 Kasse** **1.500,00**

Verrechnung des Vorschusses

	Bruttogehalt März 01	2.985,00 €
–	Lohn- und Kirchensteuer (kein Solidaritätszuschlag)	193,83 €
–	Arbeitnehmeranteil zur Sozialversicherung	612,67 €
=	Nettogehalt	2.178,50 €
–	Vorschuss	300,00 €
=	**Auszahlung** (Bank)	**1.878,50 €**
	Arbeitgeberanteil zur SV	579,84 €

Buchungen:

❶ **2640 SV-Vorauszahlung** .... an **2800 Bank** **1.192,51**

❷ **6300 Gehälter** **2.985,00**
an **2650 Forderungen an Mitarbeiter** **300,00**
an **4830 FB-Verbindlichkeiten** **193,83**
an **2640 SV-Vorauszahlung** **612,67**
an **2800 Bank** **1.878,50**

❸ **6400 AG-Anteil z. SV** .... an **2640 SV-Vorauszahlung** **579,84**

❹ **4830 FB-Verbindlichkeiten** .... an **2800 Bank** **193,83**

3.4.3 Sonstige geldliche und Sachwertbezüge

Sonstige geldliche Bezüge

Sonstige geldliche Bezüge umfassen **einmalige** Arbeitslohnzahlungen, die **zusätzlich** zum laufenden Arbeitslohn gezahlt werden. Sie **werden auf den Lohn- oder Gehaltskonten** der Arbeitnehmer **gebucht** und unterliegen der Lohnsteuer. Zu ihnen zählen u. a.:

Weihnachtsgeld, Urlaubsgeld, 13. und 14. Monatsgehalt, Gratifikationen, Jubiläumszuwendungen, Heiratsbeihilfe, Geburtsbeihilfe, sonstige Beihilfen.

Zuwendungen des Arbeitgebers zu Firmenjubiläen, Betriebsveranstaltungen sowie zu betrieblichen Fort- und Weiterbildungsmaßnahmen liegen im eigenbetrieblichen Interesse und **gehören** deshalb in der Regel **nicht zu den sonstigen Bezügen.**

Beispiel

❶ Der 25-jährige ledige Arbeiter Krause aus Hessen erhält im Juli zu seinem laufenden Lohn in Höhe von 1.760,00 € eine Erholungsbeihilfe von 200,00 €. Diese Zuwendung ist ein „sonstiger Bezug" und wird gemäß § 39b EStG als „laufender Arbeitslohn" besteuert. Abzüge: 206,95 € LSt/SolZ/KiSt, 411,11 € SV (Zusatzbeitrag zur KV 1,3 %). Der Arbeitgeberanteil zur Sozialversicherung beträgt 380,73 €.

❷ Zuschuss des Betriebes für eine Betriebsfeier: 1.500,00 € bar.

Buchungen:

❶ **2640 SV-Vorauszahlung** ...... an **2800 Bank** **791,84**
6200 Löhne **1.960,00**
an **4830 FB-Verbindlichkeiten** **206,95**
an **2640 SV-Vorauszahlung** **411,11**
an **2800 Bank** **1.341,94**
6400 Arbeitgeberanteil zur Sozialversicherung **380,73**
an **2640 SV-Vorauszahlung** **380,73**

❷ **6495 Sonstige soziale Aufwendungen** an **2880 Kasse** **1.500,00**

6946146

Gewährung von geldwerten Vorteilen

Wenn Arbeitnehmer zu ihrem Lohn oder Gehalt noch **Sachbezüge** erhalten, wie z. B. ständige private Nutzung von Dienstfahrzeugen, freie oder verbilligte Mahlzeiten und Wohnungen sowie kostenlose Überlassung von eigenen Erzeugnissen (Deputate), so **erhöhen** diese geldwerten Vorteile deren lohnsteuer- und sozialversicherungspflichtigen **Bruttobezüge.** Für den Arbeitgeber ist die Gewährung solcher geldwerten Vorteile grundsätzlich **umsatzsteuerpflichtig.**

Beispiel

Der 29 Jahre alte Angestellte Kreiber aus NRW erhält ein Bruttogehalt von 2.500,00 € und wird nach St.-Kl. III/0 besteuert. Herrn Kreiber steht kostenlos ein firmeneigener Pkw zur privaten Nutzung zur Verfügung, dessen Listeneinkaufspreis inkl. USt 23.857,00 € beträgt. Nach Steuerrecht ist diese **Nutzung als Sachbezug** mit 1 % des auf volle 100,00 € abgerundeten Bruttolistenpreises **dem Gehalt hinzuzurechnen,** also 238,00 €. Die darin enthaltene Umsatzsteuer von 38,00 € hat der Arbeitgeber an das Finanzamt abzuführen. Der Nettobetrag von 200,00 € wird auf dem Konto „5430 Andere sonstige betriebliche Erträge“ ausgewiesen.

Gehaltsabrechnung

	Bruttogehalt	2.500,00 €
+	Sachbezug (private Pkw-Nutzung)	238,00 €
=	**steuer- und sozialversicherungspflichtiges Gehalt**	2.738,00 €
–	Lohn- und Kirchensteuer sowie SolZ	149,87 €
–	Arbeitnehmeranteil zur Sozialversicherung	568,82 €
–	Sachbezug	238,00 €
=	**Auszahlung** (Bank)	**1.781,31 €**[1]

		Soll	Haben
Buchung:	**6300 Gehälter**	**2.738,00**	
	an **4830 FB-Verbindlichkeiten**		**149,87**
	an **2640 SV-Vorauszahlung**		**568,82**
	an **5430 Andere sonstige betriebliche Erträge**		**200,00**
	an **4800 Umsatzsteuer**		**38,00**
	an **2800 Bank**		**1.781,31**

Merke

Ein geldwerter Vorteil erhöht als Sachbezug das lohnsteuer- und sozialversicherungspflichtige Bruttoentgelt des Arbeitnehmers und ist grundsätzlich umsatzsteuerpflichtig.

Verrechnung erworbener Sachgüter

Erwerben Mitarbeiter Erzeugnisse oder Waren des eigenen Betriebes zum Vorzugspreis, die **mit ihrem Nettolohn oder -gehalt verrechnet** werden, sind der Nettowert der Erzeugnisse oder Waren als Umsatzerlös und die Umsatzsteuer gesondert zu buchen.

Beispiel

Herbert Till ist Angestellter der Küchengeräte GmbH. Er erhält von seinem Arbeitgeber einen Kühlschrank zum Vorzugspreis von 250,00 € netto zuzüglich 47,50 € Umsatzsteuer, der mit seinem Gehalt verrechnet wird:

	Bruttogehalt	2.985,00 €
–	Lohn- und Kirchensteuer (kein Solidaritätszuschlag)	193,83 €
–	Arbeitnehmeranteil zur Sozialversicherung	612,67 €
=	Nettogehalt	2.178,50 €
–	Erzeugniswert	250,00 €
–	Umsatzsteuer	47,50 €
=	**Auszahlung** (Bank)	**1.881,00 €**[1]

		Soll	Haben
Buchung:	**6300 Gehälter**	**2.985,00**	
	an **4830 FB-Verbindlichkeiten**		**193,83**
	an **2640 SV-Vorauszahlung**		**612,67**
	an **5000 Umsatzerlöse für eigene Erzeugnisse**		**250,00**
	an **4800 Umsatzsteuer**		**47,50**
	an **2800 Bank**		**1.881,00**

1 SV-Bankeinzug und Verrechnung eines Arbeitgeberanteils werden vorausgesetzt.

Aufgabe 150

Gehaltsliste Monat Januar

Name	Steuer-klasse	Brutto-gehalt	Abzüge					Netto-gehalt
			Lohn-steuer	Solidaritäts-zuschlag	Kirchen-steuer (9 %)	Steuer-abzüge	Sozialver-sicherung	
1. Tierjung, V.	III/2,0	3.540,00	305,66	0,00	2,74	308,40	726,59	2.505,01
2. Steinbring, W.	I	2.770,00	372,50	20,48	33,52	426,50	575,47	1.768,03
3. Walter, F.	II/0,5	3.296,00	461,66	20,23	33,11	515,00	676,50	2.104,50
		9.606,00	**1.139,82**	**40,71**	**69,37**	**1.249,90**	**1.978,56**	**6.377,54**

Der Arbeitgeberanteil zur SV beträgt 1.865,97 €. SV-Bankeinzug der Krankenkasse 3.844,53 €.

Buchen Sie auf den Konten 2640, 2800 (AB 35.000,00 €), 4830, 6300 und 6400

1. den SV-Bankeinzug,
2. die Gehaltsabrechnung lt. Gehaltsliste zum 31. Januar (Banküberweisung),
3. den Arbeitgeberanteil zur Sozialversicherung,
4. die Überweisung der einbehaltenen Steuerabzüge im Februar.

Wie hoch sind die Personalkosten des Betriebes?

Aufgabe 151

Buchen Sie auf den Konten 2640, 2650, 2800 (AB 32.000,00 €), 4830, 6200 und 6400

1. Zahlung eines Lohnvorschusses durch Banküberweisung: 4.000,00 €,
2. SV-Bankeinzug 3.200,00 €,
3. Lohnabrechnung mit Verrechnung des Vorschusses in Höhe von 250,00 € monatlich:

Brutto-löhne	LSt/SolZ/KiSt	Sozial-versicherung	Verrechneter Vorschuss	Auszahlung (Bank)	Arbeitgeber-anteil
7.800,00	860,00	1.590,00	250,00	5.100,00	1.500,00

4. Banküberweisung der einbehaltenen Steuerabzüge im Folgemonat.

Aufgabe 152

Zahlung der Gehälter durch Banküberweisung zum 31. Dezember.

Buchen Sie auf den Konten 2640, 2650 (AB 8.000,00 €), 2800 (AB 160.000,00 €), 4830, 6300, 6400, 8000, 8010 und 8020:

1. SV-Bankeinzug .... ?
2. Gehälter lt. Gehaltsliste für den Monat Dezember:
   Bruttobeträge .... 55.800,00 €
   Lohn- und Kirchensteuer sowie Solidaritätszuschlag .... 10.050,00 €
   Sozialversicherungsbeiträge der Arbeitnehmer .... 11.765,00 €
3. Verrechnung von Vorschüssen .... 2.500,00 €
4. Arbeitgeberanteil .... 11.245,00 €
5. Die einbehaltenen Steuerabzüge werden erst Anfang Januar nächsten Jahres an das Finanzamt überwiesen.

1. Nennen Sie die Buchungen bis zum Jahresabschluss.

2. Wie lauten
   a) die Eröffnungsbuchung zum 1. Januar nächsten Jahres und
   b) die Überweisungsbuchung?

3. Wie hoch sind die gesamten Personalkosten des Betriebes für Dezember?

Aufgabe 153

Zum 31. Dezember weisen die nachstehenden Konten folgende Salden aus:

2650 Forderungen an Mitarbeiter .... 16.000,00 €
4830 Sonstige Verbindlichkeiten gegenüber Finanzbehörden .... 12.600,00 €

Bilden Sie die Abschlussbuchungssätze.

Aufgabe 154

Die Miete der Arbeitnehmer für Werkswohnungen wird mit den Gehältern verrechnet. Die Nettogehälter werden durch Banküberweisung ausgezahlt:

Bruttogehälter lt. Gehaltsliste	66.300,00 €
Lohn- und Kirchensteuer sowie Solidaritätszuschlag	11.300,00 €
Sozialversicherungsbeiträge der Arbeitnehmer	12.600,00 €
des Arbeitgebers	11.950,00 €
Einbehaltene Mieten für Werkswohnungen	3.600,00 €

Ermitteln Sie den SV-Bankeinzug sowie die Nettoauszahlung und buchen Sie auf den entsprechenden Konten die Gehaltsabrechnung, den Arbeitgeberanteil zur Sozialversicherung und die Überweisung der Steuerabzüge. Konten: 2640, 2800 (50.000,00 € Bestand), 4830, 5400, 6300 und 6400.

Aufgabe 155

Bruttogehälter lt. Gehaltsliste	28.730,00 €
Abzüge: Lohn- und Kirchensteuer sowie SolZ	4.310,00 €
Arbeitnehmeranteil zur Sozialversicherung	5.680,00 €
Verrechnung von Vorschüssen	1.800,00 €
Einbehaltene Mieten für Werkswohnungen	1.750,00 €
Einbehaltene Beträge aufgrund von Gehaltspfändungen	1.450,00 €
Banküberweisung der Nettogehälter für Dez. am 30. Dezember	?
Arbeitgeberanteil zur Sozialversicherung	5.430,00 €

1. *Erstellen Sie die Gehaltsabrechnung einschließlich Arbeitgeberanteil.*
2. *Wie hoch sind die gesamten Personalkosten? Wie hoch ist der SV-Bankeinzug?*
3. *Bilden Sie die Buchungssätze.*
4. *Buchen Sie auf den Konten 2640, 2650 (12.000,00 € Bestand), 2800 (80.000,00 € Bestand), 4830, 4890, 5400, 6300 und 6400.*
5. *Wie lautet der Abschlussbuchungssatz für die einbehaltenen Steuern?*

Aufgabe 156

Bilden Sie die Buchungssätze:

1. Banküberweisung der Beiträge zur Berufsgenossenschaft: 1.200,00 €.
2. Ein Angestellter erhält einen Vorschuss durch Banküberweisung: 2.000,00 €.
3. *Beurteilen Sie:* Eine Angestellte erhält als Geburtsbeihilfe 300,00 € (Banküberweisung).
4. *Beurteilen Sie:* Einem Arbeiter wird eine Heiratsbeihilfe überwiesen: 200,00 €.

Aufgabe 157

Ein Angestellter eines Industriebetriebes aus NRW (geb. 1962, 2.850,00 € Bruttogehalt, 236,12 € Steuerabzüge [St.-Kl. III/0], SV-Abzüge Arbeitnehmer: 641,53 €, Arbeitgeberanteil: 599,84 €) nutzt das Dienstfahrzeug auch privat. Der Listenpreis des Pkw betrug einschließlich Umsatzsteuer 23.880,00 €.

1. *Berechnen Sie den monatlichen Sachbezug bzw. geldwerten Vorteil des Angestellten.*
2. *Erstellen Sie die Gehaltsabrechnung und nennen Sie die Buchungssätze (Banküberweisung).*

Aufgabe 158

Der Angestellte Stefan Stein der Textilwerke GmbH, geb. 1970, bezieht ein Bruttogehalt von 2.780,00 €. Seine Abzüge für Steuern (St.-Kl. III/0) betragen 158,76 € und für Sozialabgaben 577,55 € (Arbeitgeberanteil: 540,02 €). Bei der Gehaltsabrechnung ist ein Anzug mit 150,00 € netto zuzüglich 28,50 € Umsatzsteuer zu verrechnen, den Stefan Stein von seinem Betrieb erworben hat. Die Gehaltszahlung erfolgt als Banküberweisung.

1. *Erstellen Sie die Gehaltsabrechnung. Wie hoch ist der SV-Bankeinzug?*
2. *Buchen Sie auf den entsprechenden Konten.*
3. *Wie lautet die Buchung für den Arbeitgeberanteil zur Sozialversicherung?*
4. *Wie hoch sind die Personalkosten für den Angestellten Stefan Stein?*

Aufgabe 159

Nach einer Gehaltserhöhung beträgt das Bruttogehalt des Angestellten (Aufgabe 157) nunmehr 2.980,00 €. 269,25 € Steuerabzüge, SV-Abzüge Arbeitnehmer: 668,54 €, Arbeitgeberanteil: 625,10 €. Der geldwerte monatliche Vorteil aus der privaten Nutzung des Geschäftsfahrzeuges ist zu berücksichtigen. Darüber hinaus sind noch vom Arbeitgeber erworbene Erzeugnisse im Wert von 300,00 € netto zuzüglich 57,00 € Umsatzsteuer mit dem Gehalt zu verrechnen.

1. *Erstellen Sie die Gehaltsabrechnung. Wie hoch ist der SV-Bankeinzug?*
2. *Nennen Sie die Buchungssätze (Banküberweisung).*
3. *Buchen Sie auf den Konten 2640, 2800 (AB 9.000,00 €), 4800, 4830, 5000, 5430, 6300 und 6400.*

Aufgabe 160

Buchen Sie für das Metallwerk Thomas Berg GmbH folgende Belege:

Beleg 1

€uro-Überweisung
LB≡BW Landesbank Baden-Württemberg
Nur für Überweisungen in Deutschland, in andere EU-/EWR-Staaten und in die Schweiz in Euro.
Bitte Meldepflicht gemäß Außenwirtschaftsverordnung beachten!

Angaben zum Begünstigten: Name, Vorname/Firma (max. 27 Stellen, bei maschineller Beschriftung max. 35 Stellen)
Finanzamt Stuttgart
IBAN
DE87600501010064452080
BIC des Kreditinstituts (8 oder 11 Stellen)
SOLADEST600
Betrag: Euro, Cent
28829,00
Kunden-Referenznummer – Verwendungszweck, ggf. Name und Anschrift des Überweisenden – (nur für Begünstigten)
Steuernummer: 065 158 43218
noch Verwendungszweck (insgesamt max. 2 Zeilen à 27 Stellen, bei maschineller Beschriftung max. 2 Zeilen à 35 Stellen)
Lohnsteuer Juni ..
Angaben zum Kontoinhaber: Name, Vorname/Firma, Ort (max. 27 Stellen, keine Straßen- oder Postfachangaben)
Thomas Berg GmbH, Stuttgart
IBAN
DE14600501010072354432 16
€URO-ÜBERWEISUNG (SEPA)
Datum: ..-07-09
Unterschrift(en): Thomas Berg

Beleg 2

€uro-Überweisung
LB≡BW Landesbank Baden-Württemberg
Nur für Überweisungen in Deutschland, in andere EU-/EWR-Staaten und in die Schweiz in Euro.
Bitte Meldepflicht gemäß Außenwirtschaftsverordnung beachten!

Angaben zum Begünstigten: Name, Vorname/Firma (max. 27 Stellen, bei maschineller Beschriftung max. 35 Stellen)
Allg. Versicherung AG
IBAN
DE58600501010024376567
BIC des Kreditinstituts (8 oder 11 Stellen)
SOLADEST600
Betrag: Euro, Cent
9600,00
Kunden-Referenznummer – Verwendungszweck, ggf. Name und Anschrift des Überweisenden – (nur für Begünstigten)
Haftpflichtversicherung
noch Verwendungszweck (insgesamt max. 2 Zeilen à 27 Stellen, bei maschineller Beschriftung max. 2 Zeilen à 35 Stellen)
Nr.: HPV1234
Angaben zum Kontoinhaber: Name, Vorname/Firma, Ort (max. 27 Stellen, keine Straßen- oder Postfachangaben)
Thomas Berg e.K., Stuttgart
IBAN
DE14600501010072354432 16
€URO-ÜBERWEISUNG (SEPA)
Datum: ..-07-09
Unterschrift(en): Thomas Berg

Lohnsteueranmeldung zu Beleg 1 (Auszug)

Zeile				
12	Arbeitgeber - Anschrift der Betriebsstätte - Telefonnummer - E-Mail	16 05 Mai; 16 06 Juni X; 16 11 Nov.; 16 12 Dez.	bei jährlicher Abgabe bitte ankreuzen: 16 19 Kalenderjahr	
13	Metallwerk Thomas Berg e. K.			
14	Industriestraße 22-28			
15	70565 Stuttgart; Telefon 0711 245671-0	Berichtigte Anmeldung (falls ja, bitte eine „1" eintragen)........	10	
16	service@berg-metall-wvd.de	Zahl der Arbeitnehmer (einschl. Aushilfs- und Teilzeitkräfte)...............	86	29
			EUR	Ct
17	Summe der einzubehaltenden Lohnsteuer [1) 2)]	42	25.400	00
18	Summe der pauschalen Lohnsteuer - ohne § 37b EStG - [1)]	41	—	—
19	Summe der pauschalen Lohnsteuer nach § 37b EStG [1)]	44	—	—
20	abzüglich an Arbeitnehmer ausgezahltes Kindergeld	43	—	—
21	abzüglich Kürzungsbetrag für Besatzungsmitglieder von Handelsschiffen	33	—	—
22	Verbleiben [1)]	48	25.400	00
23	Solidaritätszuschlag [1) 2)]	49	1.397	00
24	pauschale Kirchensteuer im vereinfachten Verfahren	47	—	—
25	Evangelische Kirchensteuer - ev [1) 2)]	61	576	00
26	Römisch-Katholische Kirchensteuer - rk [1) 2)]	62	1.456	00
32	Gesamtbetrag [1)]	83	28.829	00

1) Negativen Beträgen ist ein **Minuszeichen** voranzustellen
2) Nach Abzug der im Lohnsteuer-Jahresausgleich erstatteten Beträge

Aufgabe 161

Anfangsbestände

0500 Grundstücke	180.000,00	2800 Bankguthaben	95.000,00
0510 Betriebsgebäude	420.000,00	3000 Gezeichnetes Kapital	?
0700 TA und Maschinen	160.000,00	4230 Darlehensschulden	380.000,00
0800 BGA	87.000,00	4400 Verbindlichkeiten a. LL	131.080,00
2000 Rohstoffe	200.000,00	4800 Umsatzsteuer	12.000,00
2400 Forderungen a. LL	87.000,00	4830 FB-Verbindlichkeiten	6.920,00
2650 Forderungen an Mitarbeiter	12.000,00		

Kontenplan

0500, 0510, 0700, 0800, 2000, 2400, 2600, 2640, 2650, 2800, 3000, 3400, 4230, 4400, 4800, 4830, 5000, 5710, 6000, 6200, 6300, 6400, 6420, 6520, 7510, 8000, 8010, 8020.

Geschäftsfälle

1. Angestellter erhält Gehaltsvorschuss (Banküberweisung) 2.000,00
2. Banküberweisung des Beitrags an die Berufsgenossenschaft 850,00
3. Banküberweisung der Lohn- und Kirchensteuer
   sowie des Solidaritätszuschlags 6.920,00
   der Umsatzsteuer-Zahllast .... 12.000,00 .... 18.920,00
4. SV-Bankeinzug durch gesetzliche Krankenkasse 5.265,00
5. Lohnzahlung durch Banküberweisung lt. Lohnliste:

Bruttolöhne	LSt/SolZ/KiSt	Sozialvers.	Nettolöhne	Arb.-geberanteil
5.400,00	760,00	1.100,00	3.540,00	1.045,00

6. Rohstoffeinkäufe auf Ziel lt. ER 01–09 .... 45.000,00
   + Umsatzsteuer 8.550,00
7. Zinsgutschrift der Bank 1.200,00
8. Kunde wird mit Verzugszinsen belastet 80,00
9. Banküberweisung der Gehälter lt. Gehaltsliste:

Brutto-gehälter	LSt/SolZ/KiSt	Sozial-versicherung	Verrechneter Vorschuss	Auszahlung (Bank)	Arbeitgeber-anteil
7.800,00	1.050,00	1.600,00	500,00	4.650,00	1.520,00

10. Zielverkäufe von eigenen Erzeugnissen lt. AR 01–12 .... 128.000,00
    + Umsatzsteuer 24.320,00
11. Lastschrift der Bank für Darlehenszinsen 7.200,00
12. Ein Lieferant belastet uns mit Verzugszinsen 40,00

Abschlussangaben

Schlussbestände lt. Inventur:

	Rohstoffe	225.000,00
	Betriebsgebäude	410.000,00
	TA und Maschinen	146.000,00
	BGA	80.000,00

Auswertung

Ermitteln Sie die Rentabilität des Eigenkapitals, indem Sie den Gewinn auf das Anfangskapital beziehen.

HF 1 / AS 1.1 / ZF 15

D Beleggeschäftsgang 2

Aufgabe 162

In der **Finanzbuchhaltung** der **Büromöbelwerke Werner Peters GmbH**, Stauffenbergallee 22–30, 01099 Dresden, werden folgende **Bücher** geführt:

- **Grundbuch** (Journal) für die laufenden Buchungen, die vorbereitenden Abschlussbuchungen und die Abschlussbuchungen.
- **Hauptbuch** für die Sachkonten: Bestandskonten, Erfolgskonten, Abschlusskonten.
- **Kontokorrentbuch** für die Personenkonten: Kundenkonten, Lieferantenkonten.
- **Bilanzbuch** für die Aufnahme des ordnungsmäßig gegliederten Jahresabschlusses: Jahresbilanz und Gewinn- und Verlustrechnung mit Unterschrift.

Bankverbindungen: Sparkasse Dresden, **IBAN** DE12 8505 0300 0218 3050 81, **BIC** OSDDDE81; Deutsche Bank AG Dresden, **IBAN** DE15 8707 0000 0000 0812 34, **BIC** DEUTDEDB870

Die Sachkonten weisen zum 27. Dezember .. folgende Salden aus:

Kontenplan und vorläufige Saldenbilanz	Soll	Haben
0700 Technische Anlagen und Maschinen	912.280,00	–
0800 Betriebs- und Geschäftsausstattung	230.000,00	–
2000 Rohstoffe	85.000,00	–
2020 Hilfsstoffe	12.000,00	–
2400 Forderungen a. LL	119.000,00	–
2600 Vorsteuer	71.460,00	–
2640 SV-Vorauszahlung	–	–
2650 Forderungen an Mitarbeiter	5.800,00	–
2800 Bank	291.600,00	–
2880 Kasse	41.940,00	–
3000 Gezeichnetes Kapital	–	756.000,00
3400 Jahresüberschuss/Jahresfehlbetrag	–	–
4230 Darlehensschulden	–	283.200,00
4400 Verbindlichkeiten a. LL	–	160.412,00
4800 Umsatzsteuer	–	259.768,00
4830 FB-Verbindlichkeiten	–	–
5000 Umsatzerlöse für eigene Erzeugnisse	–	1.389.800,00
5001 Erlösberichtigungen	22.600,00	–
6000 Aufwendungen für Rohstoffe	364.800,00	–
6001 Bezugskosten	12.400,00	–
6002 Nachlässe	–	8.700,00
6020 Aufwendungen für Hilfsstoffe	78.000,00	–
6160 Fremdinstandsetzung	16.600,00	–
6200 Löhne	152.000,00	–
6300 Gehälter	90.400,00	–
6400 Soziale Aufwendungen	44.600,00	–
6520 Abschreibungen auf Sachanlagen	–	–
6700 Mietaufwendungen	260.000,00	–
6750 Kosten des Geldverkehrs	300,00	–
6800 Büromaterial	5.500,00	–
6820 Portokosten	3.400,00	–
6830 Kosten der Telekommunikation	6.200,00	–
7510 Zinsaufwendungen	32.000,00	–
Abschlusskonten: 8010 SBK und 8020 GuV	2.857.880,00	2.857.880,00

6946152

Die Personenkonten weisen zum 27. Dezember .. im Einzelnen die unten stehenden **offenen Posten** (= unbezahlte Rechnungen) und **Salden** aus:

Kundenkonten (Debitoren)		**Offene Posten – Kunden**			
Konto-Nr.	**Kunden**	**Datum**	**Rechnungs-Nr.**	**Betrag**	**Salden**
10001	Karlsmann AG Sandstraße 4–10 70199 Stuttgart	..-12-10 ..-12-16 ..-12-18	1298 1305 1313	14.875,00 833,00 8.092,00	**23.800,00**
10002	Gruppe OHG Amselweg 14 76149 Karlsruhe	..-12-21 ..-12-23	1315[1] 1317[1]	11.900,00 41.650,00	**53.550,00**
10003	Heinrichs OHG Hohe Straße 44–46 21073 Hamburg	..-12-21 ..-12-23	1316[1] 1318[1]	5.950,00 11.900,00	**17.850,00**
10004	Hilgendorf KG Kölner Straße 50–54 51379 Leverkusen	..-12-12 ..-12-21	1301 1314	2.380,00 11.900,00	**14.280,00**
10005	Busch OHG Nibelungenring 10–12 04279 Leipzig	..-12-10 ..-12-17	1299 1312	2.142,00 7.378,00	**9.520,00**
Saldensumme der Kundenkonten (Abstimmung mit Konto 2400)					**119.000,00**

1 Den Firmen Gruppe OHG und Heinrichs OHG werden 2 % Skonto gewährt.

Lieferantenkonten (Kreditoren)		**Offene Posten – Lieferanten**			
Konto-Nr.	**Lieferanten**	**Datum**	**Rechnungs-Nr.**	**Betrag**	**Salden**
60001	Chromstahl GmbH Hüttenstraße 2–16 45143 Essen	..-12-23	4567	29.750,00	**29.750,00**
60002	Chem. Werke GmbH Grüner Weg 44–50 51375 Leverkusen	..-12-09 ..-12-21	5500 5567	21.870,00 19.780,00	**41.650,00**
60003	Schneider KG Neue Landstraße 10–16 30655 Hannover	..-12-15	8765	38.080,00	**38.080,00**
60004	Holzwerke GmbH Postfach 12 15 01662 Meißen	..-12-20 ..-12-23	7654[2] 7660[2]	17.850,00 33.082,00	**50.932,00**
60005	Jutta Kolberg e. Kffr. Feldstraße 48 01109 Dresden	–	–	–	–
Saldensumme der Lieferantenkonten (Abstimmung mit Konto 4400)					**160.412,00**

2 Rechnungen der Holzwerke GmbH werden mit 2 % Skonto beglichen.

Beleggeschäftsfälle

Die Belege auf den folgenden Seiten stellen die Geschäftsfälle der Büromöbelwerke Werner Peters GmbH vom 27. Dezember .. bis zum 31. Dezember .. dar. Die **Werkstoffeinkäufe** werden **direkt als Aufwand** gebucht (Just-in-time-Verfahren).

Abschlussangaben

1. Abschreibungen auf
   - Technische Anlagen und Maschinen .... 85.000,00 €
   - Betriebs- und Geschäftsausstattung .... 35.000,00 €
2. Bestandsveränderungen lt. Inventur:
   - Mehrbestand an Rohstoffen .... 25.000,00 €
   - Minderbestand an Hilfsstoffen .... 2.000,00 €
3. Im Übrigen entsprechen die Buchwerte der Inventur zum 31. Dezember .. .

Aufgaben

1. *Führen Sie die Vorkontierung der Belege zunächst nach folgendem Erfassungsschema durch:*

Soll-Konto	Beleg-nummer	Beleg-datum	Haben-Konto	Betrag	Steuerart V bzw. M	%-Satz	OP-Nr.	B-Text
...	...	...	...	...	...	...	...	...

2. *Eröffnen Sie alle Konten.*
3. *Buchen Sie alle Belege im Journal und im Hauptbuch.*
4. *Erstellen Sie die Abschlussübersicht als Probeabschluss mit allen Umbuchungen und übertragen Sie die Umbuchungen auf die Konten im Hauptbuch.*
5. *Schließen Sie alle Hauptbuchkonten ab.*
6. *Erstellen Sie die Bilanz und die Gewinn- und Verlustrechnung unter Ausweis des Jahresüberschusses.*

Belegbuchung 1

EBERHARD ZACK
Bezirks-Schornsteinfegermeister
01127 Dresden
Heidestr. 84 – Telefon 051 52809

QUITTUNG
RECHNUNG

Firma/Herrn/Frau Büromöbelwerke Werner Peters GmbH

Rauchgasanalyse	35,00
Reinigung der Zentralheizung	115,00
Dresden 27. Dez. .. — Nettobetrag	150,00
Betrag erhalten: — + 19 % Umsatzsteuer	28,50
Bruttobetrag	178,50

Konto | Soll | Haben
Gebucht:

Zack
Bezirks-Schornsteinfegermeister

KB 284

Fachgerechte Reinigung spart Heizkosten.

Anlage: Bescheinigung über das Messergebnis Steuer-Nr. 065 312 26587

Bankkonto: Deutsche Bank, Dresden Konto-Nr. 104 000 700, BLZ 870 700 00
IBAN: DE58 8707 0000 0104 0007 00 BIC: DEBADE51MIC

Belegbuchung 2

Deutsche Post AG
01307 Dresden
72052590 ..-12-29

KB 285

8152
Postwertzeichen ohne Zuschlag
*380,00 EUR A

Bruttoumsatz *380,00 EUR
mehrwertsteuerbefreit A
Nettoumsatz A *380,00 EUR

Konto | Soll | Haben
Gebucht:

Steuernummer der Deutschen
Post AG: 5205/5777/1510

Vielen Dank für Ihren Besuch.
Ihre Deutsche Post AG

Belegbuchung 3

Büromöbelwerke Werner Peters GmbH

Stauffenbergallee 22–30
01099 Dresden
Telefon 051 4401-0
Telefax 051 441012
E-Mail bueromoebelwerke@peters-wvd.de
Internet www.peters-wvd.de
USt-IdNr. DE 245 344 789
Steuer-Nr. 065 216 33685

Büromöbelwerke W. Peters GmbH, Postfach 10 15 26, 01097 Dresden

Büroausstattungsgroßhandel
Heinrichs OHG
Hohe Straße 44 - 46
21073 Hamburg

Bitte bei Zahlung angeben:

Rechnung-Nr.:	Kunden-Nr.:	Datum
1 319	10 003	..-12-27

Rechnung

Die Lieferung erfolgte am: 21. Dez. ..

Wir danken für Ihren Auftrag und berechnen Ihnen wie folgt:

Menge	Bezeichnung	Einzelpreis	Betrag in €
30	Schreibtisch ST 4 501	375,00	11.250,00
30	Anstelltisch ST 4 502	140,00	4.200,00
20	Aktenschrank SL 4 432	225,00	4.500,00
	Warenwert		19.950,00
	Umsatzsteuer 19 %		3.790,50
	Rechnungsbetrag		23.740,50

Konto | Soll | Haben
Gebucht:

Bankverbindungen:
Sparkasse Dresden, Konto-Nr. 218 305 081, BLZ 850 551 42
IBAN: DE12 8505 5142 0218 3050 81
BIC: OSDDDE81

Deutsche Bank AG, Konto-Nr. 81 234, BLZ 870 700 00
IBAN: DE15 8707 0000 0000 0812 34
BIC: DEUTDEDB870

Belegbuchung 4

Vereinigte Holzwerke GmbH Meißen

Holzwerke GmbH · Postfach 12 15 · 01662 Meißen

Büromöbelwerke
Werner Peters e. K.
Postfach 10 15 26
01097 Dresden

Eingang: ..-12-28

Ihre Bestellung Nr./ Tag/Zeich.	Unsere Auftrags-Nr./Zeich.	Zeit der Leistung/ Liefertag	Datum
..-12-23	RS 4 500 y	..-12-26	..-12-27

Rechnung Nr.
7 668
USt-IdNr. DE 156 387 298
Steuer-Nr. 065 213 45678

Wir sandten für Ihre Rechnung und auf Ihre Gefahr:

Artikel-Nr.	Gegenstand	Menge und Einheit	Preis je Einheit €	Betrag €
SP 521	Spanplatten, natur	300	40,00	12.000,00
SP 522	Spanplatten, Nussbaum	240	80,00	19.200,00
SP 528	Spanplatten, weiß	400	25,00	10.000,00
	Warenwert			41.200,00
	+ 19 % Umsatzsteuer			7.828,00
				49.028,00

Konto | Soll | Haben
Gebucht:

ahlungsbedingungen: 10 Tage 2 % Skonto
30 Tage rein netto

Telefon 03521 54234
Telefax 03521 55238

E-Mail vertrieb@holzwerke-wvd.de
Internet www.holzwerke-wvd.de

ankverbindung: Deutsche Bank Meißen, Konto-Nr. 100 869 752, BLZ 870 700 00
IBAN: DE21 8707 0000 0100 8697 52
BIC: DEUTDE8C894

Belegbuchung 5

Kontoauszug — **Sparkasse Dresden**

Konto-Nr.	Datum	Ausz.-Nr.	Blatt	Buchungstag	PN-Nr.	Wert	Umsatz
218 305 081	..-12-27	69	1				
GUTSCHRIFT				12-27	3659	12-27	5.831,00 H

HEINRICHS OHG, HAMBURG
RE 1 316 VOM 21. DEZ. .. 5.950,00
- 2 % SKONTO 119,00
(KONTO 10 003)

Konto	Soll	Haben

Gebucht:

BÜROMÖBELWERKE
WERNER PETERS E. K.
STAUFFENBERGALLEE 22 - 30
01099 DRESDEN

Alter Saldo
H 221.600,00 EUR

Neuer Saldo
H 227.431,00 EUR

Belegbuchung 6

Jutta Kolberg e. Kffr.
Büroausstattung

J. Kolberg e. Kffr. · Feldstraße 48 · 01109 Dresden

Büromöbelwerke
Werner Peters e. K.
Stauffenbergallee 22 - 30
01099 Dresden

Eingang: ..-12-28

Rechnung

Liefervermerke	Liefertag	Rechnungsdatum	Rechnungsnummer	Kunden-Nr.
Ihr Auftrag v. 23. Dez. ..	..-12-27	..-12-27	5 689	12 005

Artikel	Menge	Einzelpreis €	Betrag €
EDV-Endlospapier XZ 40	60	16,00	960,00
Ordner, gelb	100	2,40	240,00

Konto	Soll	Haben

Gebucht:

Summe	1.200,00
19 % USt	228,00
Rechnungsbetrag	1.428,00

Telefon 051 14583
Telefax 051 18296
E-Mail service@buero-kolberg-wvd.de
Internet www.buero-kolberg-wvd.de
Steuer-Nr. 065 336 22781
USt-IdNr. DE 222 867 551

Bankverbindung:
Commerzbank AG
Konto-Nr. 215 343 571
BLZ 850 400 00
IBAN: DE45 8504 0000 0215 3435 71
BIC: COBADEFF850

Belegbuchung 7

Büromöbelwerke Werner Peters GmbH

Büromöbelwerke W. Peters GmbH, Postfach 10 15 26, 01097 Dresden

Büroausstattungsgroßhandel
Heinrichs OHG
Hohe Straße 44 - 46
21073 Hamburg

Stauffenbergallee 22–30
01099 Dresden
Telefon 051 4401-0
Telefax 051 441012
E-Mail bueromoebelwerke@peters-wvd.de
Internet www.peters-wvd.de
USt-IdNr. DE 245 344 789
Steuer-Nr. 065 216 33685

Ihre Nachricht vom	Unser Zeichen	Rechnung-Nr.:	Kunden-Nr.:	Datum
..-12-27	B/K	1 318	10 003	..-12-30

Ihre Mängelrüge

Sehr geehrte Damen und Herren,

auf die von Ihnen zu Recht beanstandete Lieferung vom 23. Dez. ..
(Rechnung-Nr. 1 318) erhalten Sie nachträglich einen

Preisnachlass von netto	800,00 €
+ 19 % Umsatzsteuer	152,00 €
	952,00 €

Wir bitten um gleich lautende Buchung.

Mit freundlichen Grüßen

Büromöbelwerke
Werner Peters e. K.

ppa.

Konto	Soll	Haben

Gebucht:

Belegbuchung 8

Deutsche Telekom AG
01196 Dresden

DV 12 0,55

Büromöbelwerke
Werner Peters GmbH
Stauffenbergallee 22 – 30
01099 Dresden

Datum ..-12-22
Seite 1 von 4

Kundennummer 398 100 6725
Rechnungsnummer 913 685 3071
Buchungskonto 476 020 3775

Haben Sie noch Fragen zu Ihrer Rechnung? www.telekom.de/rechnungshilfe

Telefon 0800 33 01000

Ihre Rechnung für Dezember 20..

Die Leistungen im Überblick (Summen)		Beträge (Euro)
Monatliche Beträge		33,36
Nutzungsabhängige Beträge		937,40
Beträge anderer Anbieter		4,24
Summe der oben angeführten Beträge		**975,00**
Umsatzsteuer 19 % auf ...	975,00 Euro	185,25
Rechnungsbetrag		1.160,25

Der Rechnungsbetrag wird nicht vor dem 7. Tag nach Zugang der Rechnung von Ihrem Konto 218305081, BLZ 85055142 abgebucht.

Auf einen Blick alles Wichtige -
mehr Details sehen Sie auf der Rückseite dieser Rechnung.

Kontoauszug zu den Belegbuchungen 8 und 9

Kontoauszug **Sparkasse Dresden**

Konto-Nr.	Datum	Ausz.-Nr.	Blatt	Buchungstag	PN-Nr.	Wert	Umsatz
218 305 081	..-12-30	70	1				
ABBUCHUNG TELEKOM DEZ. ..				12-30	3211	12-28	1.160,25 S
ÜBERWEISUNG CHEMISCHE WERKE, LEVERKUSEN **(Belegbuchung 9)** RE 5500 VOM 9. DEZ. .. (KONTO 60 002)				12-30	3659	12-30	21.870,00 S

Konto	Soll	Haben
Gebucht:		

Konto	Soll	Haben
Gebucht:		

Konto	Soll	Haben
Gebucht:		

BÜROMÖBELWERKE
WERNER PETERS GMBH
STAUFFENBERGALLEE 22 - 30
01099 DRESDEN

Alter Saldo
H 227.431,00 EUR

Neuer Saldo
H 204.400,75 EUR

Belegbuchung 10

Chemische Werke GmbH

Chemische Werke GmbH, Grüner Weg 44 - 50, 51375 Leverkusen

Büromöbelwerke
Werner Peters GmbH
Stauffenbergallee 22 - 30
01099 Dresden

Eingang: ..-12-28

Konto	Soll	Haben
Gebucht:		

Auftrag vom	Lieferdatum	Rechnungsdatum	Rechnungsnummer	Kundennummer
..-12-20	..-12-22	..-12-27	5 582	14 009

Artikelbezeichnung	Menge	Einzelpreis €	Betrag €
Kleber KZ 4 000	40	110,00	4.400,00
Farbe FL 3 800	30	40,00	1.200,00
			5.600,00
		+ 19 % USt	1.064,00
		Rechnungsbetrag	6.664,00
			========

Telefon: 0214 22867-0
Telefax: 0214 22867-35
E-Mail: vertrieb@chemiwe-wvd.de
Internet: www.chemiwe-wvd.de

Bankverbindung:
Postbank Köln
Konto-Nr. 2638 45-578
BLZ 370 100 50
IBAN: DE47 3701 0050 0263 8455 78
BIC: PBNKDEFF370

USt-IdNr. DE 223 459 886
Steuer-Nr. 065 321 41138

Belegbuchung 11

J. Kolberg e. Kffr. · Feldstraße 48 · 01109 Dresden

Jutta Kolberg e. Kffr.
Büroausstattung

Büromöbelwerke
Werner Peters GmbH
Stauffenbergallee 22 - 30
01099 Dresden

Eingang: ..-12-30

Rechnung

Liefervermerke	Liefertag	Rechnungsdatum	Rechnungsnummer	Kunden-Nr.
Ihr Auftrag v. 22. Dez. ..	..-12-28	..-12-29	6 001	12 005

Artikel	Menge	Einzelpreis €	Betrag €
Epson Tower PP 200	4	1.200,00	4.800,00
Tastatur	4	125,00	500,00
Farbmonitor C 11	4	475,00	1.900,00

Konto	Soll	Haben

Gebucht:

Summe	7.200,00
19 % USt	1.368,00
Rechnungsbetrag	8.568,00

Telefon 051 14583
Telefax 051 18296
E-Mail service@buero-kolberg-wvd.de
Internet www.buero-kolberg-wvd.de
Steuer-Nr. 065 336 22781
USt-IdNr. DE 222 867 551

Bankverbindung:
Commerzbank AG
Konto-Nr. 215 343 571
BLZ 850 400 00
IBAN: DE45 8504 0000 0215 3435 71
BIC: COBADEFF850

Belegbuchungen 12 und 13

Buchungsanweisung Datum: ..-12-31 Beleg-Nr.

Betreff: Gehaltsabrechnung

Gebucht: ..-12-30
Datum: Dezember

	Buchungstext	Soll Konto	Soll Betrag	Haben Konto	Haben Betrag
12	SV-Bankeinzug .... 6.646,00 Bruttogehälter ...... 20.203,00 Abzüge: Lohn- und Kirchenst. 3.203,00 SV-Beiträge......... 3.338,00 Vorschüsse.......... 2.300,00 Auszahlung (Bank).... 11.362,00				
13	Arbeitgeberanteil.... 3.308,00				

6946160

Kontoauszug zu den Belegbuchungen 12–15 (siehe Fußnoten)

Kontoauszug — **Sparkasse Dresden**

Konto-Nr.	Datum	Ausz.-Nr.	Blatt	Buchungstag	PN-Nr.	Wert	Umsatz
218 305 081	..-12-30	71	1				
ABBUCHUNG AOK DRESDEN SV-BEITRÄGE DEZ. ..				12-30	3245	12-27	6.646,00 S
GEHÄLTER DEZ. ..				12-30	3269	12-29	11.362,00 S
DA WARTUNG[1]				12-30	3315	12-30	1.200,00 S
DA DARLEHEN[2]				12-30	3269	12-30	18.500,00 S

BÜROMÖBELWERKE
WERNER PETERS GMBH
STAUFFENBERGALLEE 22 - 30
01099 DRESDEN

Alter Saldo: H 204.400,75 EUR

Neuer Saldo: H 166.692,75 EUR

(Kontierungsstempel: Konto | Soll | Haben — Gebucht:)

Belegbuchung 16

Büromöbelwerke Werner Peters GmbH

Stauffenbergallee 22–30
01099 Dresden
Telefon 051 4401-0
Telefax 051 441012
E-Mail bueromoebelwerke@peters-wvd.de
Internet www.peters-wvd.de
USt-IdNr. DE 245 344 789
Steuer-Nr. 065 316 33685

Büromöbelwerke W. Peters GmbH, Postfach 10 15 26, 01097 Dresden

Möbelgroßhandel
Hilgendorf KG
Kölner Str. 50 - 54
51379 Leverkusen

Bitte bei Zahlung angeben:

Rechnung-Nr.:	Kunden-Nr.:	Datum
1 320	10 004	..-12-29

Rechnung

Die Lieferung erfolgte am: 27. Dez. ..

Wir danken für Ihren Auftrag und berechnen Ihnen wie folgt:

Menge	Bezeichnung	Einzelpreis	Betrag in €
2	Chefzimmer SL 405	18.200,00	36.400,00
8	Konferenztisch KS 380	1.200,00	9.600,00
64	Stuhl St 602	112,50	7.200,00
	Warenwert		53.200,00
	Umsatzsteuer 19 %		10.108,00
	Rechnungsbetrag		63.308,00

(Kontierungsstempel: Konto | Soll | Haben — Gebucht:)

Bankverbindungen:
Sparkasse Dresden, Konto-Nr. 218 305 081, BLZ 850 551 42
IBAN: DE12 8505 5142 0218 3050 81
BIC: OSDDDE81

Deutsche Bank AG, Konto-Nr. 81 234, BLZ 870 700 00
IBAN: DE15 8707 0000 0000 0812 34
BIC: DEUTDEDB870

1 Belegbuchung 14: DA = Dauerauftrag für die Wartung/Instandsetzung der technischen Anlagen
2 Belegbuchung 15: DA = Dauerauftrag für Darlehenstilgung

Belegbuchung 17

Kontoauszug **Sparkasse Dresden**

Konto-Nr.	Datum	Ausz.-Nr.	Blatt	Buchungstag	PN-Nr.	Wert	Umsatz
218 305 081	..-12-31	72	1				
GUTSCHRIFT				12-31	3315	12-31	11.662,00 H

GRUPPE OHG, KARLSRUHE
RE 1 315 VOM 21. DEZ. .. 11.900,00
- 2 % SKONTO 238,00
(KONTO 10 002)

Konto | Soll | Haben
Gebucht:

BÜROMÖBELWERKE
WERNER PETERS GMBH
STAUFFENBERGALLEE 22 - 30
01099 DRESDEN

Alter Saldo: H 166.692,75 EUR
Neuer Saldo: H 178.354,75 EUR

Belegbuchungen 18, 19 und 20

Kontoauszug **Sparkasse Dresden**

Konto-Nr.	Datum	Ausz.-Nr.	Blatt	Buchungstag	PN-Nr.	Wert	Umsatz
218 305 081	..-12-31	73	1				
ÜBERWEISUNG				12-31	3269	12-31	17.493,00 S

VEREINIGTE HOLZWERKE GMBH, MEISSEN **(Belegbuchung 18)**
RE 7 654 VOM 20. DEZ. .. 17.850,00
- 2 % SKONTO 357,00
(KONTO 60 004)

EINZAHLUNG **(Belegbuchung 19)**	12-31	3311	12-31	1.500,00 H
KONTOGEBÜHREN **(Belegbuchung 20)**	12-31	3315	12-31	72,00 S

Konto | Soll | Haben
Gebucht:

Konto | Soll | Haben
Gebucht:

Konto | Soll | Haben
Gebucht:

BÜROMÖBELWERKE
WERNER PETERS GMBH
STAUFFENBERGALLEE 22 - 30
01099 DRESDEN

Alter Saldo: H 178.354,75 EUR
Neuer Saldo: H 162.289,75 EUR

zu Belegbuchung 19

Sparkasse Dresden

Empfangsbescheinigung
über Bar-Einzahlung auf eigenes Konto

Kontonummer: 218 305 081
Kontoinhaber: Büromöbelwerke Werner Peters GmbH
Betrag: Euro, Cent: 1.500,00------

..-12-31 1.500,00
Sparkasse Dresden

Für den Einzahlungstag und den Betrag ist der Maschinendruck maßgebend.

Belegbuchung 21

Buchungsanweisung	Datum: ..-12-31			Beleg-Nr.
Betreff: Abschreibungen auf Sachanlagen lt. Anlagenkartei				Gebucht: Datum:
Buchungstext	Soll		Haben	
	Konto	Betrag	Konto	Betrag
Abschreibungen auf Sachanlagen.. - TA und Maschinen .... - Betriebs- und Geschäftsausstattung				

Belegbuchungen 22–27

	Buchungsanweisung	Datum: ..-12-31			Beleg-Nr.
	Betreff: Umbuchungen/Vorbereitende Abschlussbuchungen				Gebucht: Datum:
	Buchungstext	Soll		Haben	
		Konto	Betrag	Konto	Betrag
22	2600 Vorsteuerübertragung.........				
23	5001 Erlösberichtigungen..........				
24	6001 Bezugskosten für Rohstoffe...				
25	6002 Nachlässe für Rohstoffe......				
26	2000 Mehrbestand an Rohstoffen....				
27	2020 Minderbestand an Hilfsst.....				

HF 7 / AS 7.1 / ZF 3

E Anlagenwirtschaft

1 Anlagenbuchhaltung (Anlagenkartei)

Anlagevermögen

Zum Anlagevermögen eines Unternehmens zählen alle Vermögensgegenstände, die nach § 247 [2] HGB dazu bestimmt sind, dem Geschäftsbetrieb **dauernd** bzw. langfristig zu dienen. Es gliedert sich nach § 266 [2] HGB in **drei Hauptgruppen**[1]:

Immaterielle Vermögensgegenstände	Sachanlagen	Finanzanlagen
■ Konzessionen ■ Schutzrechte ■ Lizenzen ■ gekaufter Geschäfts- oder Firmenwert	■ Grundstücke und Gebäude ■ Technische Anlagen und Maschinen ■ Betriebs- und Geschäftsausstattung	■ Beteiligungen ■ Wertpapiere des Anlagevermögens ■ sonstige Ausleihungen

Zweck des Anlagenverzeichnisses

Die **Anlagekonten des Hauptbuches** werden **als Sammelkonten geführt**. Sie enthalten z. B. die **Anlagegruppen**: Grundstücke, Gebäude, Technische Anlagen und Maschinen, Fuhrpark, Betriebs- und Geschäftsausstattung u. a. Diese **Anlagegruppen setzen sich aus zahlreichen Einzelgegenständen und -werten zusammen**. Um bei der Vielfalt der Anlagegegenstände die **Abschreibungen** im Rahmen der Inventur zum Bilanzstichtag richtig ermitteln zu können, ist ein **Anlagenverzeichnis als Nebenbuchhaltung** erforderlich (siehe auch S. 26).

Anlagenkarte

Für jeden einzelnen Anlagegegenstand ist daher ein Datensatz oder eine besondere Anlagenkarte zu führen, die auf der Vorderseite alle wichtigen Daten (vgl. Muster) ausweist. Die Rückseite enthält meist technische Angaben über den Anlagegegenstand.

Anlagenkartei

Alle Anlagenkarten bilden zusammen die Anlagenkartei, in der sie nach den Sachkonten der Klasse 0 entsprechend geordnet sind.

Muster einer Anlagenkarteikarte

Inventar-Nr.: 418		**Bezeichnung der Anlage:** Verpackungsautomat			**Baujahr:** ..	
Anlagen-Kto.: 0700		**Kostenstelle:** Vertrieb		**Anschaffungsdatum:** ..-01-08		
Lieferant: Schneider GmbH, München				**Bestellnummer:** 3648 **Garantie:** 2 Jahre		
Voraussichtl. Nutzungsdauer: 8 Jahre			**Voraussichtlicher Schrottwert:** -			
Anschaffungskosten: 98.000,00 €			**Versicherungswert:** 100.000,00 €			
Jahr	**Abschreibungen** (linear)			**Reparaturen**		
	%satz	Betrag	Restbuchwert	Tag	Art	€
..-12-31	12,5 %	12.250,00	85.750,00			

Merke

Die Anlagenkartei erläutert und ergänzt als Nebenbuchhaltung die einzelnen Anlagekonten des Hauptbuches. Sie lässt sich auch mithilfe der EDV führen.

1 Siehe auch Bilanz gemäß § 266 HGB im Anhang des Lehrbuches und den Anlagenspiegel auf S. 181 f.

6946164

2 Anschaffung von Anlagegegenständen

Gegenstände des Anlagevermögens sind zum Zeitpunkt des Erwerbs mit ihren **Anschaffungskosten** auf dem entsprechenden Anlagekonto zu **aktivieren.** Nach § 255 [1] HGB setzen sie sich zusammen aus:

	Anschaffungspreis
+	**Anschaffungsnebenkosten**
–	**Anschaffungskostenminderungen**
=	**Anschaffungskosten**

Anschaffungspreis

Der Anschaffungspreis ist der **Nettowert** des Anlagegutes. Die Vorsteuer zählt nicht zu den Anschaffungskosten, weil sie von der Umsatzsteuer abgesetzt wird.

Anschaffungsnebenkosten

Anschaffungsnebenkosten sind alle Ausgaben und Aufwendungen, die neben dem Kaufpreis des Anlagegutes **sofort oder nachträglich anfallen, um das Anlagegut zu erwerben und in einen betriebsbereiten Zustand zu versetzen,** wie z. B.

- **Kosten** der Überführung und Zulassung **beim Kauf eines Kraftfahrzeugs;** Transport-, Fundamentierungs- und Montagekosten **bei Maschinen** u. a.
- **Kosten** der Vermittlung und Beurkundung sowie die Grunderwerbsteuer als auch Vermessungskosten **beim Erwerb von Grundstücken und Gebäuden.**

Handels- und Steuerrecht schreiben die **Aktivierung der Nebenkosten** vor, um sie **über** die **Abschreibungen** als Aufwand **auf** die gesamte **Nutzungsdauer** des Anlagegutes zu **verteilen. Die Erfolgsrechnungen** der einzelnen Nutzungsjahre werden somit **gleichmäßig belastet,** Gewinnverschiebungen treten nicht ein.

Anschaffungskostenminderungen

Anschaffungskostenminderungen sind alle **Preisnachlässe**, die beim Erwerb des Anlagegutes **sofort oder nachträglich** gewährt werden, wie **Rabatte**, **Boni** und **Skonti.**

Beispiel

Kauf eines Verpackungsautomaten auf Ziel zum Nettopreis von 94.000,00 € zuzüglich Transport- und Montagekosten in Höhe von netto 6.000,00 €. Die Umsatzsteuer beträgt lt. Rechnung 19.000,00 €. ❶

Rechnungsausgleich mit 2 % Skontoabzug durch Banküberweisung. ❷

Ermittlung der Anschaffungskosten des Verpackungsautomaten:

	Anschaffungspreis	94.000,00 €
+	**Anschaffungsnebenkosten**	6.000,00 €
		100.000,00 €
–	**Anschaffungskostenminderung:** 2 % Skonto	2.000,00 €
=	**aktivierungspflichtige Anschaffungskosten**	**98.000,00 €**

Buchung bei Anschaffung des Verpackungsautomaten lt. Eingangsrechnung:

	Soll	Haben
❶ **0700 Technische Anlagen und Maschinen**	**100.000,00**	
2600 Vorsteuer	**19.000,00**	
an **4400 Verbindlichkeiten a. LL**		**119.000,00**

Buchung beim Rechnungsausgleich:

	Soll	Haben
❷ **4400 Verbindlichkeiten a. LL**	**119.000,00**	
an **0700 TA und Maschinen** (Nettoskonto)		**2.000,00**
an 2600 Vorsteuer (Steuerberichtigung)		**380,00**
an 2800 Bank		**116.620,00**

Merke

Beim Erwerb von Anlagegütern ist der Nettoskonto auf der Haben-Seite des entsprechenden Anlagekontos als Minderung der Anschaffungskosten zu buchen.

S	0700 TA und Maschinen		H
❶	100.000,00	❷	2.000,00

S	4400 Verbindlichkeiten a. LL		H
❷	119.000,00	❶	119.000,00

S	2600 Vorsteuer		H
❶	19.000,00	❷	380,00

S	2800 Bank		H
		❷	116.620,00

Bemessungsgrundlage für die Abschreibungen (steuerrechtliche Bezeichnung: Absetzung für Abnutzung, **AfA**) bilden die aktivierungspflichtigen **Anschaffungskosten** des Anlagegutes.

Merke

- **Anlagegüter sind bei Erwerb mit den Anschaffungskosten zu bewerten.**
- **Finanzierungskosten gehören nicht zu den Anschaffungskosten.**
- **Nachlässe, die dem Anlagegut einzeln zugerechnet werden können, mindern die Anschaffungskosten und sind deshalb unmittelbar auf dem entsprechenden Anlagekonto zu buchen.**
- **Die Anschaffungskosten bilden die Bemessungsgrundlage für die Abschreibungen.**

Aufgabe 163

Kauf einer Sortieranlage zum Nettopreis von 50.000,00 € + USt; Transportkosten 2.500,00 € + USt; Montagekosten 4.500,00 € + USt.

1. *Ermitteln Sie die Anschaffungskosten des Anlagegutes.*
2. *Buchen Sie die vorstehenden Eingangsrechnungen auf den entsprechenden Konten.*

Aufgabe 164

Auf den Nettopreis der Sortieranlage (Aufgabe 163) erhält die Wernick GmbH nachträglich wegen eines versteckten Mangels einen Nachlass von 10 %.

1. *Ermitteln Sie die aktivierungspflichtigen Anschaffungskosten.*
2. *Buchen Sie den Preisnachlass.*
3. *Buchen Sie die Zahlungen (Banküberweisung).*

Aufgabe 165

Die „Fahrzeughandel GmbH“ stellt uns für den Kauf eines LKW in Rechnung: Nettopreis 84.650,00 €, Spezialaufbau 12.600,00 €, Anhängerkupplung 1.400,00 €, Überführungskosten 1.200,00 €, Zulassungskosten 150,00 €, zuzüglich USt vom Gesamtbetrag. Für eine übliche Werbeaufschrift[1] stellt eine Lackiererei 3.100,00 € netto + USt in Rechnung.

Die Kfz-Steuer über 400,00 € und die Haftpflichtversicherung mit 1.200,00 € werden durch Lastschrifteinzug bezahlt. Die erste Tankfüllung wird bar bezahlt: 200,00 € netto + USt.

1. *Ermitteln Sie die Anschaffungskosten des Lastkraftwagens.*
2 *Buchen Sie die Geschäftsfälle auf den entsprechenden Konten.*

Aufgabe 166

Die Eingangsrechnung für den Lkw aus der Aufgabe 165 wird unter Abzug von 2 % Skonto durch Banküberweisung beglichen.

1. *Ermitteln Sie die Anschaffungskosten des Lkw und buchen Sie den Rechnungsausgleich.*
2. *Begründen Sie die Buchungsweise der Nachlässe beim Erwerb von Anlagegütern.*

Aufgabe 167

Beim Kauf eines Betriebsgrundstückes zum Preis von 250.000,00 € fallen weitere Kosten an: 3,5 % Grunderwerbsteuer vom Kaufpreis, Vermessungskosten 3.800,00 € + USt, Maklergebühr 10.000,00 € + USt, Notariatskosten 2.600,00 € + USt, Kosten für die Eintragung in das Grundbuch des zuständigen Amtsgerichts 450,00 €. Für ein Entwässerungsgutachten wurden 1.500,00 € + USt in Rechnung gestellt. Für den Anschluss an den städtischen Kanal schickt die Tiefbaufirma eine Rechnung über 8.000,00 € + USt.

Für das laufende Quartal werden für das Grundstück an die Gemeinde überwiesen: Grundsteuer 750,00 €, Kanalbenutzungsgebühren 480,00 €.

1. *Entscheiden Sie, welche Kosten aktivierungspflichtige Anschaffungsnebenkosten sind.*
2. *Ermitteln Sie die Anschaffungskosten des Grundstücks und buchen Sie entsprechend.*

1 Werbeaufschriften gehören nicht zu den Anschaffungskosten, sondern werden als Betriebsausgabe (6870 Werbung) gebucht (vgl. FG München, 10.05.2006 – 1 K 5521/04).

3 Anzahlungen auf Sachanlagen und Anlagen im Bau

Anzahlungen auf Sachanlagen werden auf dem Konto

0900 Geleistete Anzahlungen auf Sachanlagen

gebucht und im Anlagevermögen der Bilanz gesondert ausgewiesen. Alle Anzahlungen sind **umsatzsteuerpflichtig**. Die Anzahlungsrechnung muss die Höhe der Anzahlung und die Umsatzsteuer ausweisen.

Beispiel

Auf eine am 10. Dezember 01 bestellte CNC-Drehmaschine, Lieferungstermin 15. März 02, Kaufpreis 450.000,00 € netto + USt, leistet die Wernick GmbH ein Drittel Anzahlung durch Banküberweisung. Die **Anzahlungsrechnung** lautet:

150.000,00 € Anzahlung + 28.500,00 € USt = 178.500,00 €

Buchung:	**0900 Geleist. Anzahlungen auf SA**	**150.000,00**			
	2600 Vorsteuer	**28.500,00**	an	**2800 Bank**	**178.500,00**

Nennen Sie den Buchungssatz für den Abschluss des Kontos 0900.

Anzahlungen auf im Bau befindliche Anlagen werden ebenfalls auf einem Anlagekonto erfasst:

0950 Anlagen im Bau.

Nach Fertigstellung wird die Anlage auf das betreffende Anlagekonto **umgebucht**. Erst von diesem Zeitpunkt an kann die Abschreibung für das Anlagegut berechnet werden. Im Bau befindliche Anlagen sind ebenfalls gesondert im Anlagevermögen der Bilanz auszuweisen (siehe auch im Anhang des Lehrbuches).

Nennen Sie den Abschlussbuchungssatz für das Konto 0950 zum 31. Dezember.

Merke

Anzahlungen auf Sachanlagen und Anlagen im Bau sind im Anlagevermögen der Bilanz gesondert auszuweisen, weil sie noch nicht der Abschreibung unterliegen.

Aufgabe 168

Für die im obigen Beispiel genannte CNC-Drehmaschine erhält die Wernick GmbH nach Lieferung der Maschine am 20. März 02 die Rechnung:

450.000,00 € netto + 85.500,00 € USt = 535.500,00 €.

Nach Verrechnung der geleisteten Anzahlung in Höhe von brutto 178.500,00 € wird der Restbetrag überwiesen.

1. Buchen Sie die Eingangsrechnung.
2. Nennen Sie den Buchungssatz zur Verrechnung der Bruttoanzahlung.
3. Nennen Sie den Buchungssatz für die Restüberweisung.
4. Buchen Sie auf den Konten 0700, 0900, 2600, 2800 und 4400.

Aufgabe 169

Auf eine in Auftrag gegebene automatische Lackieranlage zum Preis von 400.000,00 € netto + USt leistet der Käufer am 20. Dezember 01 eine Anzahlung von 25 % gegen Anzahlungsrechnung (Bank). Restzahlung erfolgt nach Lieferung am 22. März 02.

Buchen Sie 1. zum 20. Dezember 01, 2. zum 31. Dezember 01, 3. zum 22. März 02.

Aufgabe 170

Ein Industriebetrieb lässt über einen Generalunternehmer ein Lagergebäude zum Festpreis von 800.000,00 € + USt erstellen. Entsprechend dem Baufortschritt werden am 2. Dezember 100.000,00 € + USt und am 27. Dezember 200.000,00 € + USt gezahlt (Bank).

1. Buchen Sie die Abschlagszahlungen. 2. Buchen Sie zum Jahresabschluss (31. Dezember).

Aufgabe 171

Nach Fertigstellung des Gebäudes im folgenden Jahr wird der Restbetrag + USt (Aufgabe 170) überwiesen.

Buchen Sie 1. die Restzahlung und 2. die endgültige Aktivierung des Lagergebäudes.

HF 7 / AS 7.1 / ZF 3

4 Abschreibungen auf Sachanlagen

4.1 Planmäßige und außerplanmäßige Abschreibungen

Abschreibungen

Abschreibungen erfassen **Wertminderungen der Sachanlagen**, die **durch Nutzung, technischen Fortschritt, wirtschaftliche Überholung** und **außergewöhnliche Ereignisse verursacht** werden (siehe auch S. 68 f.).

Abschreibungen sind Aufwendungen, die den **Gewinn und die gewinnabhängigen Steuern mindern**, wie z. B. die Einkommen-, Körperschaft- und Gewerbesteuer.

Bei der Abschreibung von Sachanlagen muss man zunächst unterscheiden zwischen **abnutzbaren** Sachanlagen (z. B. Gebäude) und **nicht abnutzbaren** Sachanlagen (z. B. Grundstücke).

Im ersten Fall ist die **Nutzung zeitlich begrenzt**, im zweiten nicht begrenzt. Deshalb unterscheidet man auch zwischen **planmäßiger** und **außerplanmäßiger Abschreibung**.

Planmäßige Abschreibung (AfA)

Abnutzbare Sachanlagen sind nach § 253 [3] HGB planmäßig, d. h. **nach ihrer betriebsgewöhnlichen Nutzungsdauer, abzuschreiben.** Die Anschaffungs- oder Herstellungskosten werden je nach handelsrechtlicher **Abschreibungsmethode linear, degressiv** oder **nach Leistungseinheiten** auf die Nutzungsjahre verteilt. Die planmäßige Abschreibung wird gebucht auf dem Konto

6520 Abschreibungen auf Sachanlagen.

Die Anlagenkarte (vgl. S. 164) bildet den „Plan" und **weist alle wichtigen Daten des abnutzbaren Anlagegegenstandes aus:** Anschaffungskosten, Herstellungskosten (z. B. bei Gebäuden), Zeitpunkt der Anschaffung oder Herstellung, Nutzungsdauer, Abschreibungsmethode, Abschreibungssatz in Prozent, Restbuchwert je Nutzungsjahr u. a. Grundlage für die Ermittlung der Nutzungsdauer sind die **AfA-Tabellen** der Finanzverwaltung (vgl. S. 174).

Planmäßige Abschreibung im Zugangs-/Abgangsjahr

Bei abnutzbaren Sachanlagen beginnt die Abschreibung grundsätzlich **ab dem Monat der Anschaffung oder Herstellung (= zeitanteilige Abschreibung).** Bei **Abgang** von Anlagegütern durch Verkauf wird die Abschreibung ebenfalls zeitanteilig einschließlich des Monats, in dem der Abgang vollzogen wird, vorgenommen (vgl. S. 176).

Außerplanmäßige Abschreibung

Außerplanmäßige Abschreibungen müssen **bei abnutzbaren Sachanlagen** im Falle einer **außergewöhnlichen und dauernden Wertminderung neben** der **planmäßigen Abschreibung** vorgenommen werden. Bei einem Brandschaden muss beispielsweise nach § 253 [3] HGB eine **zusätzliche** außerplanmäßige Abschreibung erfolgen. **Nicht abnutzbare Anlagegegenstände** unterliegen keiner zeitlichen Nutzungsbegrenzung und können deshalb auch **nur außerplanmäßig** abgeschrieben werden, wenn eine dauerhafte Wertminderung eintritt Außerplanmäßige Abschreibungen werden erfasst auf dem Konto

6550 Außerplanmäßige Abschreibungen auf Sachanlagen.

Wertaufholungsgebot

Wenn die Gründe für eine außerplanmäßige Abschreibung nicht mehr bestehen, muss auf den höheren Wert zugeschrieben werden (§ 253 [5] HGB). Obergrenze sind die Anschaffungs- oder Herstellungskosten bzw. die fortgeführten Anschaffungs- oder Herstellungskosten.

Merke

- **Abnutzbare Sachanlagen werden planmäßig nach ihrer Nutzungsdauer abgeschrieben. Daneben müssen außerplanmäßige Abschreibungen für außergewöhnliche und dauernde Wertminderungen vorgenommen werden.**
- **Nicht abnutzbare Anlagen können nur außerplanmäßig abgeschrieben werden.**

6946168

4.2 Methoden der planmäßigen Abschreibung nach HGB

Die Berechnung der planmäßigen Abschreibung erfolgt nach folgenden **Methoden:**

- **linear,**
- **degressiv,**
- **nach Leistungseinheiten.**

4.2.1 Lineare (gleich bleibende) Abschreibung

Die **Abschreibung** erfolgt stets in einem **gleich bleibenden Prozentsatz von den Anschaffungs- oder Herstellungskosten** des Anlagegegenstandes. Die **Anschaffungskosten** (Herstellungskosten) werden somit „planmäßig" **in gleichen Beträgen auf** die **Nutzungsjahre verteilt.** Deshalb ist der Anlagegegenstand bei linearer Abschreibung am Ende der Nutzungsdauer **voll** abgeschrieben. Bei linearer Abschreibung wird also eine gleichmäßige Nutzung und Wertminderung des Anlagegegenstandes unterstellt.

Beispiel

Bei Anschaffungskosten einer Maschine von 50.000,00 € und einer Nutzungsdauer von zehn Jahren betragen der jährliche Abschreibungsbetrag 5.000,00 € und der Abschreibungssatz 10 %:

$$\text{Abschreibungsbetrag} = \frac{\text{Anschaffungskosten}}{\text{Nutzungsdauer}} \qquad \text{Abschreibungssatz} = \frac{1}{\text{Nutzungsdauer}}$$

4.2.2 Degressive Abschreibung (Buchwert-Abschreibung)

Die Abschreibung wird nur im ersten Jahr von den Anschaffungskosten des Anlagegegenstandes berechnet, in den folgenden Jahren dagegen mit einem gleich bleibenden **Prozentsatz vom jeweiligen Restbuchwert** (daher: Buchwertabschreibung). Da der Buchwert von Jahr zu Jahr kleiner wird, ergeben sich **fallende Abschreibungsbeträge.** Am Ende der Nutzungsdauer bleibt ein **Restwert.** Diese **Buchwertabschreibung** nennt man auch **geometrisch-degressive Abschreibung.**

Der degressive Abschreibungssatz muss höher sein als bei linearer Abschreibung, um nach Ablauf der Nutzungsdauer einen **möglichst niedrigen Restwert** zu erzielen. Dieser Restwert ist im letzten Nutzungsjahr mit der laufenden Jahresabschreibung abzuschreiben.

Vorteile der Buchwert-abschreibung

Die degressive Abschreibung führt **in den ersten Jahren** der Nutzung des Anlagegegenstandes zu **wesentlich höheren Abschreibungsbeträgen** als die lineare Abschreibung und bewirkt einen starken **Investitionsanreiz** (vgl. Tabelle auf S. 170). **Außergewöhnliche Wertminderungen,** bedingt durch wirtschaftliche und technische Entwicklungen, **werden** somit **stärker berücksichtigt.** Der höhere Abschreibungsaufwand bewirkt zudem eine **stärkere Minderung des steuerpflichtigen Gewinns.** Die geringeren Steuerzahlungen **erhöhen** zugleich die **Liquidität** des Unternehmens. Die degressive Abschreibungsmethode wird daher in der Praxis bevorzugt, sofern sie steuerlich zulässig ist.

Der gültige degressive Abschreibungssatz des entsprechenden Jahres gilt für die gesamte Nutzungsdauer, d. h., ein Wirtschaftsgut, das beispielsweise im Jahr 2007 angeschafft wurde, kann degressiv während der gesamten Nutzungsdauer mit 30 % abgeschrieben werden.

Entwicklung der degressiven AfA für die Steuerbilanz im Laufe der Jahre[1]:

Anschaffungs- bzw. Herstellungsjahr	Höchstprozentsatz	höchstens
2001 bis 31. Dez. 2005	20 %	das Doppelte der linearen AfA
2006 bis 31. Dez. 2007	30 %	das Dreifache der linearen AfA
2008	abgeschafft	
2009 bis 31. Dez. 2010	25 %	das Zweieinhalbfache der linearen AfA
ab 2011	abgeschafft	

1 In der Handelsbilanz kann in begründeten Fällen von diesen steuerlichen AfA-Sätzen abgewichen werden.

Wechsel der Abschreibungsmethode

Ein Wechsel von der degressiven zur linearen Abschreibung ist grundsätzlich erlaubt und zu empfehlen, damit der Anlagegegenstand am Ende seiner Nutzungsdauer voll abgeschrieben ist. **Der günstigste Zeitpunkt** des Wechsels ist gegeben, wenn der **Abschreibungsbetrag bei linearer Restabschreibung gleich** bzw. **größer** ist **als bei** fortgeführter **degressiver Abschreibung.** Das ist im folgenden Beispiel bei Anlagegütern mit einer Nutzungsdauer von zehn Jahren im 7. Jahr der Fall. Der Restbuchwert wird **in gleichen Beträgen** auf die verbleibenden Jahre verteilt:

$$\text{Abschreibungsbetrag} = \frac{\text{Restbuchwert zum Zeitpunkt des Wechsels}}{\text{Restnutzungsjahre}}$$

Beispiel

Anschaffungskosten einer Maschine 50.000,00 €, Nutzungsdauer nach AfA-Tabelle zehn Jahre. Das Anlagegut wird **linear mit 10 %** und **degressiv mit 25 %** abgeschrieben.

Die nachstehende Übersicht macht Folgendes deutlich:

1. Die **lineare Abschreibung** erreicht nach Ablauf der zehnjährigen Nutzungsdauer den **Nullwert.** Die **degressive** Buchwertabschreibung endet dagegen mit einem **Restwert** von **2.815,67 €.**
2. Deshalb empfiehlt sich **im 7. Nutzungsjahr der Übergang** von der degressiven zur linearen Abschreibung: Linearer Abschreibungsbetrag = bzw. > degressiver Abschreibungsbetrag:

Degressiver Abschreibungsbetrag	= 25 % von 8.898,92 € Buchwert	**= 2.224,73 €**
Linearer Abschreibungsbetrag	= 8.898,92 € Buchwert : 4 (Restjahre)	**= 2.224,73 €**

	Lineare Abschreibung 10 %	**Degressive Abschreibung 25 %**	**Übergang degressiv → linear**
Anschaffungskosten Abschreibungssatz: 1. Jahr	50.000,00 5.000,00	50.000,00 12.500,00	**Berechnung:**
Buchwert Abschreibungssatz: 2. Jahr	45.000,00 5.000,00	37.500,00 9.375,00	$i = \left(n - \frac{100}{p}\right) + 1$
Buchwert Abschreibungssatz: 3. Jahr	40.000,00 5.000,00	28.125,00 7.031,25	i = Übergangsjahr n = Nutzungsdauer p = Abschreibungssatz
Buchwert Abschreibungssatz: 4. Jahr	35.000,00 5.000,00	21.093,75 5.273,44	$i = \left(10 - \frac{100}{25}\right) + 1$
Buchwert Abschreibungssatz: 5. Jahr	30.000,00 5.000,00	15.820,31 3.955,08	$i = 7$
Buchwert Abschreibungssatz: 6. Jahr	25.000,00 5.000,00	11.865,23 2.966,31	
			Lineare Abschreibung
Buchwert Abschreibungssatz: 7. Jahr	20.000,00 5.000,00	8.898,92 2.224,73	8.898,92 **2.224,73**
Buchwert Abschreibungssatz: 8. Jahr	15.000,00 5.000,00	6.674,19 1.668,55	6.674,19 **2.224,73**
Buchwert Abschreibungssatz: 9. Jahr	10.000,00 5.000,00	5.005,64 1.251,41	4.449,46 **2.224,73**
Buchwert Abschreibungssatz: 10. Jahr	5.000,00 5.000,00	3.754,23 938,56	2.224,73 **2.224,73**
Restbuchwert	0,00	2.815,67	0,00

Merke

- **Bewegliche Wirtschaftsgüter des Anlagevermögens, die 2008 und ab 2011 angeschafft oder hergestellt worden sind, dürfen steuerlich nur linear abgeschrieben werden.**
- **Die degressive Abschreibung darf bei Wirtschaftsgütern, die vor 2008 oder in den Jahren 2009 und 2010 angeschafft oder hergestellt wurden, während der gesamten Nutzungsdauer mit dem im Anschaffungs- oder Herstellungsjahr gültigen Abschreibungssatz weiter fortgeführt werden.**
- **Ein Wechsel von der degressiven zur linearen Abschreibung ist erlaubt.**
- **Handelsrechtlich ist die degressive Abschreibung zulässig.**

6946170

4.2.3 Abschreibung nach Leistungseinheiten (Leistungsabschreibung)

Die Abschreibung kann bei **Anlagegegenständen, deren Leistung** in der Regel **erheblich schwankt** und deren Verschleiß dementsprechend wesentliche Unterschiede aufweist, auch **nach Maßgabe der Inanspruchnahme oder Leistung** (km, Stunden u. a.) vorgenommen werden. Diese auch **steuerrechtlich zulässige Abschreibungsmethode** kommt der technischen Abnutzung am nächsten.

Beispiel

Betragen die Anschaffungskosten eines Lkw 80.000,00 € und die voraussichtliche Gesamtleistung 200 000 km, so ergibt sich daraus ein Abschreibungsbetrag je Leistungseinheit (km) von: 80.000 : 200 000 = 0,40 €/km. Den **Jahresabschreibungsbetrag** erhält man, indem man die jährliche **Fahrtleistung, nachzuweisen durch Fahrtenbuch**, mit dem Abschreibungsbetrag von 0,40 € je km multipliziert.

1. Jahr: 40 000 km · 0,40 € = **16.000,00 € Abschreibung**	**3. Jahr:** 35 000 km · 0,40 € = **14.000,00 € Abschreibung**
2. Jahr: 60 000 km · 0,40 € = **24.000,00 € Abschreibung**	**4. Jahr:** 65 000 km · 0,40 € = **26.000,00 € Abschreibung**

Merke

Bei Anwendung der Leistungsabschreibung ist die jährliche Leistung nachzuweisen.

4.3 Geringwertige Wirtschaftsgüter (GWG)

Wirtschaftsgüter des Anlagevermögens, die **selbstständig nutzbar, bewertbar** sowie **beweglich** und **abnutzbar** sind, werden **steuerlich** als **„Geringwertige Wirtschaftsgüter"** bezeichnet, wenn ihre **Anschaffungs- bzw. Herstellungskosten** (AK bzw. HK) bestimmte **Nettowerte des § 6 [2, 2a] EStG** nicht überschreiten.[1] Bei den **„Geringwertigen Wirtschaftsgütern"** unterscheidet man grundsätzlich die folgenden beiden Wahlmöglichkeiten:

1. **GWG**, deren AK bzw. HK **410,00 € netto (ab 01.01.2018 800,00 € netto) nicht überschreiten,** können im Jahr der Anschaffung oder Herstellung **in voller Höhe als Betriebsausgabe abgesetzt** werden. Sie werden in der Regel **vorab** auf dem Konto **„0890 GWG" aktiviert**. In diesem Fall verzichtet der Unternehmer auf die Einrichtung eines GWG-Sammelpostens (s. unter 2.).

Beispiel

Kauf eines Bürowagens gegen Banküberweisung: 250,00 € netto + 47,50 € USt = 297,50 € brutto

Buchungen: ❶	**0890 GWG**	**250,00**			
	2600 Vorsteuer	**47,50**	an	**2800 Bank**	**297,50**
❷	**6540 Abschreibungen a. GWG**	**250,00**	an	**0890 GWG**	**250,00**

2. **GWG im Nettowert von über 150,00 € (ab 01.01.2018 250,00 €) bis 1.000,00 €**[2] dürfen alternativ zu 1. in einem **jährlichen Sammelposten** (Pool) **„0891 GWG-Sammelposten"** erfasst werden (Wahlrecht). „Der Sammelposten ist im Wirtschaftsjahr der Bildung und den folgenden vier Jahren mit jeweils einem Fünftel gewinnmindernd aufzulösen", d. h. mit jährlich 20 % linear abzuschreiben. **Für jedes Geschäftsjahr** ist ein **eigenes Sammelkonto** zu bilden, das nur durch Zugänge und die Jahresabschreibung verändert werden darf, nicht aber durch Abgänge (Entnahme und Verkauf). Der Verkauf eines geringwertigen Wirtschaftsgutes würde dann lediglich als Ertrag gebucht. Die Jahres-Sammelposten sind ordnungsgemäß aufzubewahren.

Beispiel

Kauf eines Laptops gegen Banküberweisung: 1.000,00 € netto + 190,00 € USt = 1.190,00 € brutto ❶. Das Konto 0891 zeigt zum Jahresschluss den Bestand von 10.000,00 €. 20 % Abschreibung. ❷

Buchungen: ❶	**0891 GWG-Sammelposten**	**1.000,00**			
	2600 Vorsteuer	**190,00**	an	**2800 Bank**	**1.190,00**
❷	**6541 Abschr. a. GWG-Sammelp.**	**2.000,00**	an	**0891 GWG-Sammelp.**	**2.000,00**

Merke

- **Die buchhalterische Erfassung der GWG richtet sich nach der Höhe der AK bzw. HK.**
- **Der je Geschäftsjahr gebildete GWG-Sammelposten ist linear in fünf Jahren abzuschreiben.**
- **Der GWG-Sammelposten darf nicht durch Entnahmen und Verkäufe verändert werden.**

1 Gesetzliche Grundlage: § 6 [2, 2a] EStG, R 6.13 [2] EStR
2 Geringwertige Wirtschaftsgüter im Nettowert bis 150,00 € (ab 01.01.2018 bis 250,00 €) werden sofort als Betriebsausgabe gebucht.

Merke

Zu den planmäßigen Abschreibungen nach HGB zählen folgende Methoden:

lineare Abschreibung	degress. Abschreibung	Leistungsabschreibung
gleich bleibende Abschreibungsbeträge	fallende Abschreibungsbeträge	schwankende Abschreibungsbeträge

Aufgabe 172

Anschaffungskosten einer Drehmaschine 220.000,00 € in 2010, Nutzungsdauer zehn Jahre.

1. *Stellen Sie in einer tabellarischen Übersicht a) die lineare Abschreibung, b) die degressive Abschreibung mit dem steuerrechtlich zulässigen Höchstsatz vergleichend gegenüber.*
2. *Nennen Sie die Vorteile a) der linearen und b) der degressiven Abschreibung.*

Aufgabe 173

Die Abschreibungsmethoden der Aufgabe 172 sind als Abschreibungskurven in einem Koordinatenkreuz (Abszisse: Nutzungsjahre; Ordinate: Abschreibungsbeträge) darzustellen.
Erläutern Sie den Verlauf der Abschreibungskurven.

Aufgabe 174

Die Anschaffungskosten eines Lkw betragen 125.000,00 €. Die Gesamtleistung wird auf 250 000 km geschätzt. Nutzungsdauer: acht Jahre.

1. *Nennen Sie die Voraussetzung für die steuerliche Anerkennung der Abschreibung nach Leistungseinheiten (Leistungsabschreibung) und ermitteln Sie die Abschreibung für:* 1. Nutzungsjahr: 48 000 km, 2. Jahr: 30 000 km, 3. Jahr: 31 000 km, 4. Jahr: 27 000 km, 5. Jahr: 32 000 km, 6. Jahr: 24 000 km, 7. Jahr: 30 000 km, 8. Jahr: 28 000 km.
2. *Stellen Sie den Verlauf der Leistungsabschreibung grafisch in einem Koordinatenkreuz dar.*
3. *Was spricht betriebswirtschaftlich für und gegen eine Abschreibung nach Maßgabe der Leistung?*

Aufgabe 175

Ein Magnetabscheider wurde am 2. Mai für 120.000,00 € angeschafft. Er hat eine Nutzungsdauer von fünf Jahren und wird linear abgeschrieben.

1. *Ermitteln Sie die zeitanteilige Abschreibung.*
2. *Wie hoch sind die fortgeführten Anschaffungskosten am Ende der einzelnen Nutzungsjahre?*

Aufgabe 176

Eine Maschine mit einer Nutzungsdauer von fünf Jahren, die linear abgeschrieben wurde, hatte zum 31. Dezember des 2. Nutzungsjahres noch einen Restbuchwert (fortgeführte Anschaffungskosten) von 60.000,00 €. Zum Jahresende wird gleichzeitig bekannt, dass in den nächsten Monaten ein verbessertes Nachfolgemodell zu einem wesentlich günstigeren Preis angeboten wird. Dadurch sinkt der Wert der Maschine auf 45.000,00 € zum 31. Dezember.

1. *Wie hoch waren die Anschaffungskosten und die bisherigen Abschreibungen?*
2. *Was empfehlen Sie dem Unternehmen?*
3. *Ermitteln Sie für die Restnutzungsdauer die Abschreibung je Jahr.*

Aufgabe 177

Eine Maschine mit Anschaffungskosten von 150.000,00 € und einer Nutzungsdauer von zehn Jahren soll unter Beachtung der steuerlichen Höchstgrenzen ab 2009 abgeschrieben werden.

1. *Welche Abschreibungsmethode empfehlen Sie dem Unternehmen? Begründen Sie.*
2. *Erstellen Sie den Abschreibungsplan für die Nutzungsdauer der Maschine.*
3. *Ist ein Wechsel von einer Abschreibungsmethode zu einer anderen steuerrechtlich möglich?*
4. *Welche Gründe sprechen für einen Wechsel von der degressiven zur linearen Abschreibung?*
5. *In welchem Jahr sollte Ihrer Meinung nach ein Wechsel vorgenommen werden?*
6. *Führen Sie den Wechsel in den Abschreibungsmethoden rechnerisch durch.*

Aufgabe 178

Kauf a) eines Kopiergerätes bzw. b) eines PC-Druckers[1] gegen Bankscheck am 2. Januar: 250,00 € + USt. *Begründen Sie jeweils Ihre Buchung 1. bei der Anschaffung und 2. zum 31. Dezember.*

Aufgabe 179

Barkauf einer Heftmaschine am 18. Juni: 159,00 € + USt. *Buchen und begründen Sie.*

Aufgabe 180

Kauf einer Hängeregistratur am 20. Mai: 500,00 € netto + 45,00 € Versandspesen + 103,55 € Umsatzsteuer. Der Rechnungsbetrag wird abzüglich 2 % Skonto durch die Bank überwiesen.
Ermitteln Sie 1. die Anschaffungskosten und 2. buchen und begründen Sie a) die Anschaffung, b) den Rechnungsausgleich, c) zum 31. Dezember die Abschreibung.

1 Siehe AfA-Tabelle S. 174.

6946172

Aufgabe 181

Ordnen Sie die folgenden Aussagen der linearen und der degressiven Abschreibung zu:

1. Der Höchstsatz der Abschreibung für Anschaffungen in 2010 ist 25 %.
2. Die Abschreibung wird jedes Jahr von den Anschaffungskosten berechnet.
3. Am Ende der Nutzungsdauer ergibt sich stets ein Restwert.
4. Der Nullwert wird am Ende der Nutzungsdauer stets erreicht.
5. Die Abschreibung wird – bis auf das erste Jahr – stets vom verminderten Buchwert berechnet.
6. Der Abschreibungsbetrag ist in jedem Nutzungsjahr gleich.
7. Es handelt sich um fallende Abschreibungsbeträge.
8. Die Abschreibungsmethode berücksichtigt insbesondere die Wertminderungen, die sich in den ersten Nutzungsjahren durch den technischen Fortschritt ergeben.

Aufgabe 182

Die Anschaffungskosten eines Lastkraftwagens des Metallwerks Thomas Berg GmbH betragen 180.000,00 €. Die Gesamtleistung wird auf 300 000 km geschätzt. Die betriebsgewöhnliche Nutzungsdauer beträgt acht Jahre.

1. *Worin sehen Sie den Vorteil einer Abschreibung nach Leistungseinheiten?*
2. *Ermitteln Sie die jährlichen Abschreibungsbeträge bei linearer Abschreibung.*
3. *Berechnen Sie die Abschreibung nach der Leistung:*
   1. Jahr: 60 000 km, 2. Jahr: 45 000 km, 3. Jahr: 50 000 km, 4. Jahr: 35 000 km, 5. Jahr: 20 000 km, 6. Jahr: 45 000 km, 7. Jahr: 25 000 km, 8. Jahr: 20 000 km.
4. *Stellen Sie im Koordinatenkreuz den Verlauf der linearen und der Leistungsabschreibung dar.*

Aufgabe 183

Ein Grundstück wurde vor fünf Jahren für 200.000,00 € erworben. Aufgrund eines Gutachtens wurde festgestellt, dass das Grundstück mit Schadstoffen belastet ist und deshalb nur noch einen Verkehrswert von 120.000,00 € hat.

1. *Mit welchem Wert ist das Grundstück zum 31. Dezember zu bewerten?*
2. *Nennen Sie die Buchung zum 31. Dezember.*

Aufgabe 184

Das Metallwerk Matthias Hein GmbH erwirbt einen Schreibtischsessel für 400,00 € + USt.

1. *Begründen Sie, dass es sich hierbei um ein Geringwertiges Wirtschaftsgut handelt.*
2. *Nennen und begründen Sie die Buchung bei Anschaffung des Sessels.*
3. *Welche Buchung ergibt sich zum 31. Dezember?*

Aufgabe 185

Anschaffung eines Aktenschranks für 575,00 € netto + Umsatzsteuer. Der Spediteur berechnet 32,50 € + Umsatzsteuer. Die Rechnung für den Aktenschrank wird unter Abzug von 2 % Skonto durch die Bank beglichen.

1. *Ermitteln Sie die Anschaffungskosten des Anlagegutes.*
2. *Nennen Sie die Buchungen bei Anschaffung des Anlagegutes.*
3. *Begründen Sie Ihre Abschreibungsentscheidung zum 31. Dezember.*
4. *Wie lautet die Buchung zum 31. Dezember?*

Aufgabe 186

Barkauf a) eines elektronischen Notizbuches für 185,00 € + Umsatzsteuer und b) eines Tisches für 160,00 € + Umsatzsteuer.

Begründen Sie Ihre Buchungen.

Aufgabe 187

Welche Antwort ist a) falsch oder b) richtig?

1. Ein Übergang von der linearen zur degressiven Abschreibung ist ab 2008 steuerlich erlaubt.
2. Am Ende der Nutzungsdauer wird nur bei degressiver Abschreibung der Nullwert erreicht.
3. Abschreibungen vermindern als Aufwand den steuerpflichtigen Gewinn.
4. Die lineare Abschreibung ist nur bei beweglichen Anlagegütern erlaubt.
5. Skonti mindern nicht die Anschaffungskosten.
6. Die Vorsteuer zählt zu den Anschaffungskosten eines Anlagegutes.
7. Die Abschreibungen werden als Kosten in die Verkaufspreise einkalkuliert.
8. Aus Abschreibungserlösen lassen sich keine Neuinvestitionen finanzieren.
9. Eine EDV-Tastatur im Anschaffungswert von 125,00 € ist ein GWG.
10. Geringwertige Wirtschaftsgüter bis 150,00 € können sofort als Aufwand gebucht werden.

Aufgabe 188

Auszug aus der AfA-Tabelle für nicht branchengebundene Anlagegüter

Anlagegegenstand	Nutzungsdauer (Jahre)	Lineare AfA (%)
Betriebs- und Verwaltungsgebäude	25–33	4– 3,03
Hochregallager	15	6,67
Pkw	6	16,67
Lkw, Sattelschlepper, Kipper	9	11,11
Be- und Verarbeitungsmaschinen	5–16	20– 6,25
Büromöbel	13	7,69
Büromaschinen und Organisationsmittel	6–10	16,67–10
Personal Computer, PC-Drucker u. a.	3	33,33

1. *Bei welchen Anlagegütern würden Sie eine degressive Buchwertabschreibung empfehlen?*
2. *Ermitteln Sie jeweils den steuerrechtlich höchstmöglichen degressiven Abschreibungssatz in %. (Legen Sie die Abschreibungsregelung für 2010 zugrunde.)*

Aufgabe 189

Ein Industriebetrieb hat vor vier Jahren ein Grundstück erworben und seitdem zu Anschaffungskosten von 150.000,00 € bilanziert. Zum 31. Dezember des laufenden Jahres ist der Tageswert (Verkehrswert) des Grundstücks a) auf 180.000,00 € gestiegen, b) auf 50.000,00 € wegen Wegfalls der Verkehrsverbindung gefallen.

1. *Begründen Sie Ihre Bewertung.*
2. *Nennen Sie gegebenenfalls auch die Buchung.*

Aufgabe 190

Eine Maschine, Anschaffungskosten 180.000,00 €, hat eine Nutzungsdauer von zehn Jahren.

1. *Erstellen Sie den tabellarischen Abschreibungsplan des Jahres 2010 für die gesamte Nutzungsdauer bei höchstzulässiger degressiver Abschreibung. (Beträge sind zu runden.)*
2. *In welchem Jahr ist ein Übergang zur linearen Abschreibung zu empfehlen?*

Aufgabe 191

Eine Maschine, Anschaffungskosten 500.000,00 €, wurde bei einer zehnjährigen Nutzungsdauer linear abgeschrieben. Die Maschine ist zum Schluss des achten Nutzungsjahres nicht mehr verwendbar. Sie hat nur noch einen Wert von 20.000,00 € und soll bald veräußert werden.

1. *Ermitteln Sie aufgrund der planmäßigen Abschreibungen den Buchwert zum 31. Dezember 08.*
2. *Wie hoch ist die außerplanmäßige Wertminderung zum gleichen Zeitpunkt?*
3. *Buchen Sie die planmäßige und außerplanmäßige Abschreibung zum 31. Dezember 08.*

Aufgabe 192

Ein Industriebetrieb schließt im Geschäftsjahr .. mit einem Gesamtverlust von 80.000,00 € ab. Geringwertige Wirtschaftsgüter wurden im laufenden Geschäftsjahr für insgesamt 25.000,00 € angeschafft und über Konto „0891 GWG-Sammelposten“ gebucht.

1. *Begründen Sie Ihre Entscheidung hinsichtlich der Bewertung der GWG zum 31. Dezember.*
2. *Erklären Sie die Voraussetzungen für die steuerrechtliche Anerkennung als GWG.*

Aufgabe 193

1. *Nennen Sie Beispiele für a) abnutzbare und b) nicht abnutzbare Anlagegüter.*
2. *Unterscheiden Sie zwischen a) planmäßiger und b) außerplanmäßiger Abschreibung.*
3. *Nennen und unterscheiden Sie die Methoden der planmäßigen Abschreibung.*
4. *Welche Abschreibungsmethode berücksichtigt die tatsächliche Abnutzung des Anlagegutes?*
5. *Bei welchen Anlagegütern ist steuerrechtlich die degressive Abschreibung erlaubt?*
6. *Kann man durch Abschreibungen Steuern sparen? Begründen Sie.*

Aufgabe 194

1. *Bei welchen Anlagegütern sind neben der planmäßigen Abschreibung auch außerplanmäßige Abschreibungen vorzunehmen?*
2. *Zu welchem Höchstwert sind a) abnutzbare und b) nicht abnutzbare Anlagegüter zum Jahresabschluss in das Inventar und die Schlussbilanz einzustellen?*
3. *Weshalb wird handelsrechtlich in der Praxis die degressive Abschreibung bevorzugt angewandt?*
4. *Nennen Sie wesentliche Unterschiede zwischen linearer und degressiver Abschreibung.*
5. *Warum können nicht abnutzbare Anlagegüter nicht planmäßig abgeschrieben werden?*
6. *Wodurch entstehen stille Reserven im Anlagevermögen?*
7. *Kann man durch Abschreibungen Ersatzinvestitionen finanzieren? Begründen Sie.*

Aufgabe 195

Kontenplan und vorläufige Saldenbilanz	Soll	Haben
0500 Unbebaute Grundstücke	280.000,00	–
0510 Bebaute Grundstücke/Betriebsgebäude	980.000,00	–
0700 Technische Anlagen und Maschinen	675.000,00	–
0800 Betriebs- und Geschäftsausstattung	280.000,00	–
0891 GWG-Sammelposten	6.000,00	–
2000 Rohstoffe	155.600,00	–
2400 Forderungen a. LL	197.635,00	–
2600 Vorsteuer	101.580,00	–
2800 Bank	158.200,00	–
2880 Kasse	6.800,00	–
3000 Gezeichnetes Kapital	–	1.300.000,00
3400 Jahresüberschuss/Jahresfehlbetrag	–	–
4250 Hypothekenschulden	–	535.150,00
4400 Verbindlichkeiten a. LL	–	230.200,00
4800 Umsatzsteuer	–	259.065,00
5000 Umsatzerlöse für eigene Erzeugnisse	–	1.375.500,00
5001 Erlösberichtigungen	12.000,00	–
5400 Mieterträge	–	22.600,00
5430 Andere sonstige betriebliche Erträge	–	14.800,00
6000 Aufwendungen für Rohstoffe	482.000,00	–
6001 Bezugskosten	3.000,00	–
6002 Nachlässe	–	18.500,00
6900 Versicherungsbeiträge	22.000,00	–
7510 Zinsaufwendungen	36.000,00	–
7800 Diverse Aufwendungen	360.000,00	–
Weitere Konten: 5200, 6520, 6541, 6550, 8010, 8020.	3.755.815,00	3.755.815,00

Abschlussangaben zum Bilanzstichtag (31. Dezember)

1. Die Anschaffung einer Heftmaschine (GWG), Anschaffungskosten 500,00 €, wurde irrtümlich über das Konto „0700 TA und Maschinen" gebucht.
2. Die Steuerberichtigungen sind noch zu ermitteln und zu buchen:
   a) Lieferantenskonti, brutto: 952,00 €;
   b) Kundenskonti, brutto: 1.428,00 €.
3. Die Gutschriftsanzeige unseres Lieferanten für fehlerhafte Rohstoffe ist noch zu buchen: 1.011,50 € brutto.
4. Ein Kunde erhält noch eine Bonus-Gutschriftsanzeige über 1.785,00 € brutto.
5. Kassenüberschuss lt. Inventur 300,00 € (Ursache ungeklärt).
6. Planmäßige Abschreibungen:
   Gebäude: 2 % von 900.000,00 € Herstellungskosten. TA und Maschinen: 168.750,00 €; BGA: 10 % von 320.000,00 € Anschaffungskosten; 20 % auf 0891 GWG-Sammelposten.
7. Außerplanmäßige Abschreibung:
   Das mit 280.000,00 € bilanzierte unbebaute Grundstück hat lt. Gutachten nur noch einen Wert von 220.000,00 €.
8. Schlussbestand lt. Inventur:
   Rohstoffe .... 170.000,00 €
   Im Übrigen entsprechen die Buchwerte der Inventur.

Ermitteln Sie die Rentabilität des Eigenkapitals.

5 Ausscheiden von Anlagegütern

Der Abgang von Anlagegütern durch Verkauf oder Entnahme[1] stellt einen **steuerpflichtigen Umsatz** dar. Grundlage für die Berechnung der Umsatzsteuer ist im Falle des Verkaufs der **Nettoverkaufspreis**, im Falle der Entnahme der **Teilwert (§ 6 [1] EStG)**, der dem **Tageswert** (Wiederbeschaffungswert) entspricht. Verkäufe und Entnahmen von Grundstücken und Gebäuden sind umsatzsteuerfrei, da der Erwerber hierfür bereits eine andere Verkehrsteuer, nämlich Grunderwerbsteuer, zu zahlen hat.

Erfolgsauswirkung

Der Buchwert des ausscheidenden Anlagegutes stimmt nur selten mit dem erzielten Nettoverkaufspreis oder mit dem Tageswert überein. In der Regel sind **Nettoverkaufspreis und Tageswert** entweder **höher oder niedriger als der Buchwert**. Im ersten Fall entsteht für das Unternehmen ein **Gewinn**, im zweiten Fall dagegen ein **Verlust**.

Ermittlung des Buchwertes

Bei einem Abgang von Anlagevermögen während der Nutzungsdauer sind planmäßige Abschreibungen im Abgangsjahr zeitanteilig vorzunehmen.[2] Möglich ist dabei sowohl der Ansatz einer vollen Monatsabschreibung[3] für den Abgangsmonat, also ein „Aufrunden", als auch ein „Abrunden" des Abgangsmonats, um diesen nicht mehr abzuschreiben. Wegen der außerdem vorzunehmenden Restbuchwertabschreibung (vgl. Beispiel unten) ergibt sich im Allgemeinen keine Auswirkung auf den Gewinn, so dass es im Ermessen des Unternehmens liegt, ob der Abgangsmonat auf- oder abgerundet wird.

Beispiel

Eine Maschine, die zum 1. Januar eines Geschäftsjahres noch einen Buchwert von 24.000,00 € hat und jährlich mit 12.000,00 € linear abgeschrieben wird, soll am 7. August des gleichen Jahres verkauft werden. Der Abgangsmonat soll abgeschrieben werden.

Wie hoch ist der Buchwert der Maschine zum Zeitpunkt des Ausscheidens?

	Buchwert der Maschine zum 1. Januar	24.000,00 €
–	Abschreibung für 8 Monate ($^8/_{12}$ von 12.000,00 €)	8.000,00 €
=	**Buchwert zum 7. August**	**16.000,00 €**

Buchung der zeitanteiligen Abschreibung:

6520 Abschreibungen auf Sachanlagen ...... an **0700 TA und Maschinen** **8.000,00**

S	0700 TA und Maschinen		H
1. Jan.	24.000,00	6520	8.000,00
		Buchwert	16.000,00

S	6520 Abschreibungen auf Sachanlagen		H
0700	8.000,00		

Merke

Scheidet ein Anlagegut während des Geschäftsjahres durch Verkauf oder Entnahme aus, muss es noch zeitanteilig abgeschrieben werden.

5.1 Verkauf von Anlagegütern

Umsatzsteuer- und EDV-gerechtes Buchen ist gegeben, wenn **umsatzsteuerpflichtige Erlöse sowie die unentgeltlichen Entnahmen** kontenmäßig **gesondert erfasst** und zugleich durch die EDV-Anlage gespeichert werden. Der Verkauf eines Anlagegutes ist deshalb über das Zwischenkonto

5440 Erlöse aus Anlagenverkäufen

zu buchen. Da die **Erlöskonten in der EDV** meist mit der **Programmfunktion „Umsatzsteuerautomatik"** ausgestattet sind, wird die Umsatzsteuer nach Eingabe des Bruttobetrages automatisch errechnet und umgebucht sowie der Nettoerlös dem **Nettoumsatzspeicher** zugeführt.

1 Entnahmen von Anlagegütern sind nur in Einzelunternehmen oder Personengesellschaften möglich.
2 Vgl. § 7 Abs. 1 Satz 4 EStG.
3 Vgl. R 7.4 Abs. 8 EStR und z. B. Beck´scher Bilanzkommentar, 10. Aufl. 2016, § 253, Anm. 228.

6946176

So lassen sich die **steuerpflichtigen Umsätze** schnell **überprüfen** (§ 22 [2] UStG) und die **Umsatzsteuervoranmeldung automatisch** erstellen.

Anlagenabgänge werden in der Praxis mit ihrem Restbuchwert über das Aufwandskonto

6979 Anlagenabgänge

gebucht und den **Erlösen aus Anlagenverkäufen** (Konto 5440) **im GuV-Konto „brutto" gegenübergestellt**, wodurch der **Gewinn oder Verlust aus Anlagenverkäufen** deutlich wird. Diese praxisgerechte Buchungsmethode nennt man **„Bruttoabschluss"**. Sie entspricht § 246 [2] HGB (siehe Fußnote auf S. 178) und ermöglicht eine schnelle **USt-Verprobung.**

Bruttoabschluss

Beispiel

Die o. g. Maschine, deren Buchwert zum Zeitpunkt des Ausscheidens aus dem Betrieb 16.000,00 € beträgt, wird gegen Bankscheck verkauft, und zwar für:

1. netto 16.000,00 € + 3.040,00 € USt = 19.040,00 € **Nettoverkaufspreis = Buchwert**

Buchung des Erlöses:

❶ 2800 Bank	19.040,00	an	5440 Erlöse aus Anlagenverkäufen	16.000,00
		an	4800 Umsatzsteuer	3.040,00

Buchung des Buchwertabganges:

❷ 6979 Anlagenabgänge	an	0700 TA und Maschinen	16.000,00

Abschluss der Konten 5440 und 6979 über 8020 GuV-Konto:

❸ 5440 Erlöse aus Anlagenverkäufen	an	8020 GuV-Konto	16.000,00
8020 GuV-Konto	an	6979 Anlagenabgänge	16.000,00

S	0700 TA und Maschinen		H
1. Jan.	24.000,00	AfA	8.000,00
		❷	16.000,00

S	2800 Bank		H
❶	19.040,00		

S	6979 Anlagenabgänge		H
❷	16.000,00	❸ 8020	16.000,00

S	5440 Erlöse aus Anlagenverkäufen		H
❸ 8020	16.000,00	❶	16.000,00

S	8020 GuV-Konto		H
❸ 6979	16.000,00	❸ 5440	16.000,00

S	4800 Umsatzsteuer		H
		❶	3.040,00

Erläutern Sie die Zahlen des GuV-Kontos.

2. netto 22.000,00 € + 4.180,00 € USt = 26.180,00 € **Nettoverkaufspreis > Buchwert**

Buchung des Erlöses:

❶ 2800 Bank	26.180,00	an	5440 Erlöse aus Anlagenverkäufen	22.000,00
		an	4800 Umsatzsteuer	4.180,00

Buchung des Buchwertabganges:

❷ 6979 Anlagenabgänge	an	0700 TA und Maschinen	16.000,00

❸ **Abschluss der Konten 5440 und 6979:** *Nennen Sie die Buchungssätze.*

S	0700 TA und Maschinen		H
1. Jan.	24.000,00	AfA	8.000,00
		❷	16.000,00

S	2800 Bank		H
❶	26.180,00		

S	6979 Anlagenabgänge		H
❷	16.000,00	❸ 8020	16.000,00

S	5440 Erlöse aus Anlagenverkäufen		H
❸ 8020	22.000,00	❶	22.000,00

S	8020 GuV-Konto		H
❸ 6979	16.000,00	❸ 5440	22.000,00

S	4800 Umsatzsteuer		H
		❶	4.180,00

Ermitteln Sie den Gewinn bzw. Verlust aus dem Anlagenabgang.

3. netto 15.000,00 € + 2.850,00 € USt = 17.850,00 € Nettoverkaufspreis < Buchwert

Buchungen:	❶ **2800 Bank** …	**17.850,00**	an **5440 Erlöse aus Anlagenverkäufen** …	**15.000,00**
			an **4800 Umsatzsteuer** …	**2.850,00**
	❷ **6979 Anlagenabgänge** …		an **0700 TA und Maschinen** …	**16.000,00**

❸ **Abschluss der Konten 5440 und 6979:** *Nennen Sie die Buchungssätze.*

S	0700 TA und Maschinen		H
1. Jan.	24.000,00	AfA	8.000,00
		❷	16.000,00

S	2800 Bank		H
❶	17.850,00		

S	6979 Anlagenabgänge		H
❷	16.000,00	❸ 8020	16.000,00

S	5440 Erlöse aus Anlagenverkäufen		H
❸ 8020	15.000,00	❶	15.000,00

S	8020 GuV-Konto		H
❸ 6979	16.000,00	❸ 5440	15.000,00

S	4800 Umsatzsteuer		H
		❶	2.850,00

Ermitteln Sie den Gewinn bzw. Verlust aus dem Anlagenabgang.

Nettomethode als ungeeignete Alternative zur praxisgerechten Bruttomethode[1]:

Die Erlöse sind zunächst wie oben bei der Bruttomethode zu buchen.

Danach:	**Fall 1: 5440** …		**an 0700** …	**16.000,00 €**
	Fall 2: 5440 …	**22.000,00 €**		
	und 5460 …	**6.000,00 €**	**an 0700** …	**16.000,00 €**
	Fall 3: 5440 …	**15.000,00 €**		
	und 6960 …	**1.000,00 €**	**an 0700** …	**16.000,00 €**

Merke

Beim Verkauf von Anlagegütern ist der steuerpflichtige Umsatz (Erlös) buchhalterisch gesondert zu erfassen (§ 22 [2] UStG).

1 Beachten Sie: Nur die Bruttomethode entspricht § 246 [2] HGB, wonach Aufwendungen nicht mit Erträgen verrechnet werden dürfen.

6946178

5.2 Inzahlungnahme von Anlagegütern

Bei Anschaffung eines neuen Anlagegutes wird oft ein gebrauchtes in Zahlung gegeben. Es ist buchhalterisch klarer, zunächst den **Kauf** des neuen Anlagegegenstandes **als Verbindlichkeit zu buchen.** Die Gutschrift über das in Zahlung gegebene Anlagegut wird dann über das Konto „4400 Verbindlichkeiten a. LL" gebucht. Der Saldo des Kontos „4400 Verbindlichkeiten a. LL" weist den zu zahlenden Restkaufpreis aus.

Beispiel

Kauf eines neuen Kleintransporters: 50.000,00 € + USt. Ein gebrauchter Pkw, der noch mit 1,00 € zu Buch steht, wird mit 2.000,00 € netto + USt in Zahlung gegeben.

Eingangsrechnung:

Kleintransporter		50.000,00 €
+ 19 % Umsatzsteuer		9.500,00 €
		59.500,00 €
– Gutschrift für Pkw, netto	2.000,00 €	
+ 19 % Umsatzsteuer	380,00 €	2.380,00 €
Restbetrag		**57.120,00 €**

Buchung der Anschaffung:[1]

❶ **0840 Fuhrpark**	**50.000,00**			
2600 Vorsteuer	**9.500,00**	an	**4400 Verbindlichkeiten a. LL**	**59.500,00**

Buchung des Rechnungsausgleichs:[1]

❷ **4400 Verbindlichk. a. LL**	**59.500,00**	an	**5440 Erlöse aus Anlagenverkäufen**	**2.000,00**
		an	**4800 Umsatzsteuer**	**380,00**
		an	**2800 Bank**	**57.120,00**

Buchung des Buchwertabgangs:

❸ **6979 Anlagenabgänge**	**1,00**	an	**0840 Fuhrpark**	**1,00**

❹ **Abschluss der Konten 5440 und 6979:** *Nennen Sie die Buchungssätze.*

S	0840 Fuhrpark		H
8000	1,00	❸	1,00
❶	50.000,00		

S	4400 Verbindlichkeiten a. LL		H
❷	59.500,00	❶	59.500,00

S	2600 Vorsteuer		H
❶	9.500,00		

S	5440 Erlöse aus Anlagenverkäufen		H
❹	2.000,00	❷	2.000,00

S	6979 Anlagenabgänge		H
❸	1,00	❹	1,00

S	4800 Umsatzsteuer		H
		❷	380,00

S	8020 GuV-Konto		H
❹	1,00	❹	2.000,00

S	2800 Bank		H
		❷	57.120,00

Merke

Gutschriften für Inzahlungnahmen sind über „Verbindlichkeiten a. LL" zu verrechnen.

1 Die Buchungen ❶ und ❷ lassen sich ohne das Konto „4400 Verbindlichkeiten a. LL" zusammenfassen.

Aufgabe 196

Ein Lkw, der zum Zeitpunkt des Ausscheidens einen Buchwert von 20.000,00 € hat, wird gegen Bankscheck verkauft für

a) 20.000,00 € + USt,

b) 25.000,00 € + USt,

c) 18.000,00 € + USt.

1. *Ermitteln Sie die Erfolgsauswirkung in den Fällen a), b) und c).*
2. *Wie hoch ist der jeweils gesondert auszuweisende steuerpflichtige Umsatz?*
3. *Nennen Sie die Buchungssätze. Buchen Sie auf den Konten 0840, 2800, 4800, 5440, 6979, 8020.*
4. *Inwiefern ist es vorteilhaft, den umsatzsteuerpflichtigen Erlös gesondert zu erfassen?*

Aufgabe 197

Eine Maschine, Anschaffungskosten 300.000,00 €, Nutzungsdauer zehn Jahre, wurde linear abgeschrieben. Sie wird am 8. November des 9. Nutzungsjahres gegen Bankscheck verkauft, und zwar

a) zum Buchwert + USt,

b) 50 % über Buchwert + USt,

c) 20 % unter Buchwert + USt.

1. *Ermitteln Sie die zeitanteilige Abschreibung und den Buchwert der Maschine zum Zeitpunkt ihres Ausscheidens aus dem Betriebsvermögen.*
2. *Buchen Sie die zeitanteilige Abschreibung.*
3. *Nennen Sie in den Fällen a), b) und c) die auszuweisenden umsatzsteuerpflichtigen Erlöse.*
4. *Wie lauten die Buchungen in den Fällen a), b) und c)?*

Aufgabe 198

Eine nicht mehr benötigte Maschine wird am 12. Oktober .. gegen Bankscheck verkauft. Nettopreis 45.000,00 € + Umsatzsteuer.
Der Buchwert der Maschine betrug am 1. Januar des gleichen Jahres 48.000,00 €. Sie wurde linear mit jährlich 10 % = 24.000,00 € abgeschrieben.

1. *Wie hoch waren die Anschaffungskosten der Maschine?*
2. *Ermitteln Sie den Buchwert der Maschine. Buchen Sie die zeitanteilige Abschreibung.*
3. *Ermitteln Sie die Erfolgsauswirkung. Nennen Sie die erforderlichen Buchungen.*

Aufgabe 199

Die in Aufgabe 198 genannte Maschine wird zunächst auf Ziel verkauft. Der Kunde überweist allerdings noch innerhalb der Skontofrist den Rechnungsbetrag abzüglich 2 % Skonto.
Buchen Sie

1. *den Zielverkauf,*
2. *den Rechnungsausgleich und*
3. *die Erfolgsauswirkung.*

Aufgabe 200

Ein Industriebetrieb kauft am 10. August vier neue Klimageräte zu netto 30.000,00 € + USt. Ein auf 1,00 € Erinnerungswert abgeschriebenes Klimagerät wird mit 400,00 € netto + USt in Zahlung gegeben. Restzahlung durch Banküberweisung.

1. *Erstellen Sie die Rechnung.*
2. *Buchen Sie die Neuanschaffung.*
3. *Buchen Sie den Rechnungsausgleich.*
4. *Nennen Sie die Buchungen für den Buchwertabgang und die Erfassung des Erfolgs.*

6946180

6 Der Anlagenspiegel (Anlagengitter) als Bestandteil des Jahresabschlusses der Kapitalgesellschaften

Mittelgroße und große Kapitalgesellschaften (siehe S. 387) sind verpflichtet, die **Entwicklung der einzelnen Posten des Anlagevermögens im Anhang des Jahresabschlusses** in einer gesonderten Aufgliederung, dem **Anlagenspiegel** oder **Anlagengitter**, darzustellen. Darin sind ausgehend von den gesamten Anschaffungs- und Herstellungskosten die Zugänge einschließlich der Zuschreibungen, Abgänge und Umbuchungen des Geschäftsjahrs sowie die Abschreibungen gesondert aufzuführen. Bei den Abschreibungen sind neben Höhe zu Beginn und Ende des Geschäftsjahrs, die im Geschäftsjahr vorgenommenen Abschreibungen, Änderungen im Zusammenhang mit Zu- und Abgängen sowie Umbuchungen anzugeben. Falls Zinsen für Fremdkapital in die Herstellungskosten einbezogen wurden (siehe S. 357), sind diese Beträge für jeden Posten des Anlagevermögens zu nennen.

Beispiel

Das Anlagenverzeichnis der Metallverarbeitung Wernick GmbH weist in dem Bilanzposten „Technische Anlagen und Maschinen" im Geschäftsjahr .. folgende Zahlen aus:

Anschaffungskosten aller technischen Anlagen und Maschinen zum 1. Jan.	4.000 T€
Anschaffung einer CNC-Drehbank im 1. Halbjahr ..: Anschaffungskosten	300 T€
Kumulierte (angesammelte) Abschreibungen bis zum 31. Dez. des Vorjahres	2.400 T€
Abschreibungen des Berichtsjahres zum 31. Dez. ..	430 T€
Buchwert zum 31. Dez. des Vorjahres	1.600 T€

Anlagenspiegel in T€ zum 31. Dezember .. (verkürzt)[1]

	Anschaffungs-/Herstellungskosten (AK/HK)					Abschreibungen					Restbuchwerte	
Anlage-posten	AK/HK 1.1.	Zugänge zu AK/HK	Abgänge zu AK/HK	Umbuchungen zu AK/HK	AK/HK 31.12.	Kumul. Abschreibungen 1.1.	Abschreibungen Gj.	Abgänge	Umbuchungen	Kumul. Abschreibungen 31.12.	Buchwert 31.12. Gj.	Buchwert 31.12. Vj.
		+	–	+/–	=		+	–	+/–	=	5–10	1–6
0	1	2	3	4	5	6	7	8	9	10	11	12
TA u. Masch.	4.000	300	–	–	4.300	2.400	430	–	–	2.830	1.470	1.600

Spalten	Erläuterung der Spalten des Anlagenspiegels
1 AK/HK 1.1.	Ausweis der ursprünglichen (historischen) Anschaffungs- bzw. Herstellungskosten aller zum 1. Januar vorhandenen Anlagegegenstände der entsprechenden Bilanzposten.
2 Zugänge zu AK/HK	Im Berichtsjahr angeschaffte bzw. hergestellte Anlagegüter bewertet zu AK/HK sowie Zuschreibungen aufgrund von Wertaufholungen, z. B. bei Korrektur einer außerplanmäßigen Abschreibung. Diese Zugänge erhöhen im nächsten Geschäftsjahr die gesamten AK/HK der Spalte 1.
3 Abgänge zu AK/HK	Anlagenabgänge durch Verkauf, Entnahmen oder Verschrottung bewertet zu AK/HK. Die Abgänge vermindern im folgenden Geschäftsjahr die gesamten AK/HK der Spalte 1.
4 Umbuchungen zu AK/HK	Umbuchungen zwischen einzelnen Posten des Anlagevermögens, z. B. von „Anlagen im Bau" zu „Gebäude".
5 AK/HK 31.12.	Summe der gesamten Anschaffungs-/Herstellungskosten am Ende des Geschäftsjahrs: Anschaffungs-/Herstellungskosten 1.1. … 4.000 T€ + Zugänge … 300 T€ – Abgänge … – +/– Umbuchungen … – **= Anschaffungs-/Herstellungskosten 31.12. … 4.300 T€**
6/10 Kumul. Abschreibungen 1.1. bzw. 31.12.	Gesamte (kumulierte) Abschreibungen der Vorjahre zu Beginn des Geschäftsjahrs (1.1.) bzw. zum Ende des Geschäftsjahrs (31.12.).
7 Abschreibungen Gj.	Summe der im Geschäftsjahr vorgenommenen Abschreibungen (GuV-Ausweis).
8 Abgänge	Verminderung der gesamten Abschreibungen durch Anlagenabgänge. Während Spalte 3 die AK/HK der Abgänge zeigt, enthält Spalte 8 die auf diese Anlagen bis zum Abgangszeitpunkt vorgenommenen Abschreibungen.
9 Umbuchungen	Abschreibungen der umgebuchten Anlagegegenstände (siehe Spalte 4).
11 Buchwert 31.12.Gj.	Bilanzansatz des abgelaufenen Geschäftsjahrs, der sich aus den AK/HK 31.12. (Spalte 5) abzüglich der kumulierten Abschreibungen 31.12 (Spalte 10) berechnet.
12 Buchwert 31.12.Vj.	Bilanzansatz des Vorjahrs, der sich aus den AK/HK 1.1. (Spalte 1) abzüglich der kumulierten Abschreibungen 1.1. (Spalte 6) ergibt.

1 Das vollständige Schema des Anlagenspiegels gemäß § 284 [3] HGB enthält der Anhang des Lehrbuchs.

Auswertung des Anlagenspiegels

Der Anlagenspiegel der Metallverarbeitung Wernick GmbH enthält wichtige Daten zur Beurteilung des Unternehmens. Er weist nicht nur die Investitionen des Berichtsjahres aus (300 T€), sondern auch die Jahresabschreibungen (430 T€). Die Anlageninvestitionen wurden mehr als voll durch Abschreibungen finanziert, wenn man unterstellt, dass die in die Verkaufspreise der Erzeugnisse einkalkulierten Abschreibungen über die Umsatzerlöse in das Unternehmen zurückgeflossen sind:

$$\text{Investitionsfinanzierung durch Abschreibungen} = \frac{\text{Jahresabschreibungen}}{\text{Anlageninvestitionen}} = 1{,}4333 = 143{,}33\,\%$$

Merke

- **Der Anlagenspiegel zeigt die Entwicklung der Bilanzposten des Anlagevermögens, und zwar von den ursprünglichen Anschaffungs-/Herstellungskosten über die Zu- und Abgänge sowie kumulierten Abschreibungen bis zum Buchwert am Schluss des Geschäftsjahres. Kapitalgesellschaften müssen ihn im Anhang ausweisen (§ 284 [3] HGB).**
- **Der Anlagenspiegel gewährt Einblick in die Abschreibungs- und Investitionspolitik des Unternehmens. Das Verhältnis Anschaffungs-/Herstellungskosten : Buchwert der Anlagen deutet auf Alter und technischen Standard hin.**

Aufgabe 201

1. Die o. g. Wernick GmbH besteht im 7. Jahr. Im Gründungsjahr wurden die „TA und Maschinen" für 4.000 T€ AK/HK erworben. Die kumulierten linearen Abschreibungen betragen am Schluss des 6. Geschäftsjahres 2.400 T€.
   Wie hoch waren die jährlichen Abschreibungen?
2. Zu Beginn des 7. Geschäftsjahres wurden in der Metallbau GmbH für 300 T€ Maschinen angeschafft.
   Mit welchem Betrag werden im Anlagenspiegel des 8. Jahres die gesamten AK/HK in Spalte 1 ausgewiesen?

Aufgabe 202

Erstellen Sie den Anlagenspiegel der Wernick GmbH für das 8. Jahr nach dem Schema auf S. 181:

1. Übernahme aus dem Vorjahr in Spalte 1: 4.000 T€ + ? = ?
2. Übernahme in Spalte 12: Buchwert des Vorjahres: ? T€.
3. Abschreibungen im 8. Geschäftsjahr: 410 T€.
4. Verkauf einer Maschine. Der Anschaffungswert betrug 200 T€. Der Buchwert zum Zeitpunkt des Verkaufs beträgt 60 T€. *Wie hoch sind die bis zum Verkauf entstandenen (kumulierten) Abschreibungen der Maschine? Tragen Sie diese in Spalte 8 "Abgänge" ein.*
5. *Ermitteln Sie die kumulierten Abschreibungen zum 31. Dez. 08. Übernehmen Sie dazu zunächst die kumulierten Abschreibungen 31.12. (Spalte 10) aus dem Schema auf S. 181 in die Spalte 6 „Kumul. Abschreibungen 1.1.".*
6. *Ermitteln Sie den Buchwert der „TA und Maschinen" zum 31. Dez. 08.*
7. *Um welchen Wert vermindern sich die AK/HK des folgenden 9. Jahres?*

Aufgabe 203

Das Anlagenverzeichnis der Textilwerke GmbH weist zu „TA und Maschinen" aus:

1. Anschaffungskosten zu Beginn des Geschäftsjahres .... 850 T€
2. Kumulierte Abschreibungen zum Schluss des Vorjahres .... 340 T€
3. Anschaffung einer Maschine im Geschäftsjahr, netto .... 250 T€
4. Abschreibungen des Geschäftsjahres .... 95 T€

Erstellen Sie den Anlagenspiegel. Finanzieren die Abschreibungen die Investition?

Aufgabe 204

Erstellen Sie für die o. g. Textilwerke den Anlagenspiegel für das Folgejahr:

1. Eine nicht mehr benötigte Stoffzuschneidemaschine wird für netto 30 T€ verkauft. Anschaffungskosten: 200 T€. Bisherige Abschreibungen: 180 T€.
2. Die Abschreibungen des Geschäftsjahres betragen 85 T€.

6946182

HF 7 / AS 7.1 / ZF 7, 8

F Kosten- und Leistungsrechnung (KLR) im Industriebetrieb

HF 7 / AS 7.1 / ZF 7

1 Aufgaben und Grundbegriffe der KLR

1.1 Zweikreissystem des Schulkontenrahmens

Hauptbereiche des industriellen Rechnungswesens

Finanzbuchhaltung sowie Kosten- und Leistungsrechnung sind die beiden Hauptbereiche des industriellen Rechnungswesens.

Die Finanzbuchhaltung (FB) im **Rechnungskreis I (RK I,** Kontenklassen 0 bis 8 des Kontenrahmens, vgl. S. 92 f.) ist die offizielle Jahresrechnung der Unternehmung. Sie ist **unternehmensbezogen** und erfasst einerseits alle Geschäftsfälle, die zu Veränderungen der Vermögens- und Schuldenposten der Unternehmung führen. Am Ende des Geschäftsjahres finden die bewerteten Vermögens- und Schuldenposten Eingang in die **Bilanz**, die somit einen Überblick über die Vermögens- und Schuldensituation ermöglicht. Zum anderen werden in der FB **alle Arten von Aufwendungen und Erträgen** einer Rechnungsperiode aufgezeichnet – ohne Rücksicht darauf, ob sie **betriebsbedingt oder betriebsfremd** sind –, sodass sie in der **Gewinn- und Verlustrechnung (GuV-Konto)** das

Gesamtergebnis der Unternehmung

ausweist:

Erträge > Aufwendungen = Gesamtgewinn,
Erträge < Aufwendungen = Gesamtverlust.

Die Kosten- und Leistungsrechnung (KLR) im **Rechnungskreis II (RK II)** ist die innerbetriebliche Planungs- und Kontrollrechnung. Sie ist **betriebsbezogen** und befasst sich mit den **Aufwendungen und Erträgen der FB, die im engen Zusammenhang mit den geplanten betrieblichen Tätigkeiten** des Industriebetriebes, also

Beschaffung[1], **Produktion**[1] und **Absatz**[1]

stehen. Die **betrieblichen Aufwendungen** – z. B. Werkstoffaufwendungen, Personalaufwendungen, Abschreibungen, Mietaufwendungen u. a. – werden **Kosten**, die **betrieblichen Erträge** – z. B. Umsatzerlöse, Mehrbestand an Erzeugnissen, Eigenleistungen – **Leistungen** genannt.

Die Gegenüberstellung der Kosten und Leistungen ergibt im RK II das Ergebnis der eigentlichen betrieblichen Tätigkeit, nämlich das

Betriebsergebnis:

Leistungen > Kosten = Betriebsgewinn,
Leistungen < Kosten = Betriebsverlust.

Aufwendungen ≠ Kosten

Das Betriebsergebnis ist in wesentlichen Teilen im Gesamtergebnis der Unternehmung enthalten, aber hinsichtlich seiner Höhe und Zusammensetzung nicht aus diesem erkennbar. Das hängt damit zusammen, dass sich die Kosten nicht nur aus den Aufwendungen der Buchführung ableiten lassen, sondern dass die Kosten- und Leistungsrechnung eigenständige Kostenansätze entwickelt, die aus betriebswirtschaftlichen Gründen sinnvoll sind. Nach Art und Höhe stellen diese Kosten (z. B. die kalkulatorischen Kosten, vgl. S. 200 f.) keine Aufwendungen dar. Das Schaubild auf Seite 213 verdeutlicht die Unterschiede.

1 Siehe auch Band 1, HF 1, BWL, Kapitel 1.11.

Wirtschaftlichkeit und Rentabilität

Erst die Kenntnis der Kosten und Leistungen ermöglicht es dem Unternehmer, das Betriebsergebnis zu ermitteln und daraus Rückschlüsse auf die Wirtschaftlichkeit und die Rentabilität der Beschaffungs-, Produktions- und Absatzprozesse im Unternehmen zu ziehen. Für die Steuerung des Unternehmens ist diese Kenntnis unverzichtbar.

Organisation der KLR

Die Kosten- und Leistungsrechnung kann kontenmäßig in der Kontenklasse 9 des Kontenrahmens durchgeführt werden. In der Praxis wird jedoch wegen der größeren Übersichtlichkeit die **tabellarische Form** (vgl. **Ergebnistabelle**, S. 194 f., **Betriebsabrechnungsbogen**, S. 228 f.) **außerhalb des Kontenrahmens** bevorzugt.

Zweikreissystem des Schulkontenrahmens

Die nachfolgende grafische Darstellung verdeutlicht die Zuordnung der Hauptbereiche des Rechnungswesens zu den Rechnungskreisen I und II. Die Verbindung zwischen ihnen – und damit den **Datenaustausch** unter ihnen – stellt die sog. **Abgrenzungsrechnung** sicher (vgl. S. 194 f.).

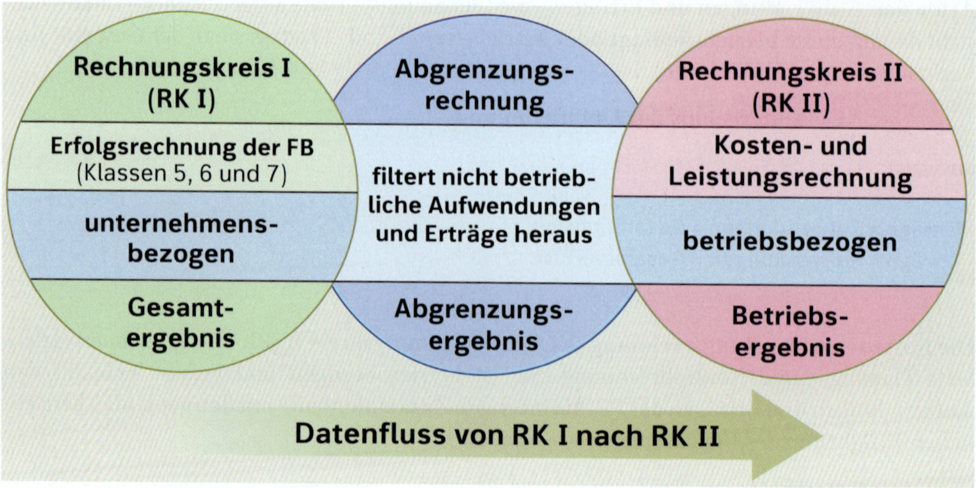

Merke

- **Der Schulkontenrahmen ist nach dem Zweikreissystem aufgebaut. Finanzbuchhaltung sowie Kosten- und Leistungsrechnung bilden je einen in sich geschlossenen Rechnungskreis.**
- **Die Verbindung zwischen den beiden Rechnungskreisen wird über die Abgrenzungsrechnung hergestellt. Sie übernimmt den Datenaustausch zwischen den Rechnungskreisen.**
- **Die Finanzbuchhaltung (FB) bildet in den Kontenklassen 0 bis 8 den Rechnungskreis I (RK I).**
- **Die Finanzbuchhaltung ist auf das gesamte Unternehmen bezogen und schließt die Ergebnisrechnung durch Gegenüberstellung aller Aufwendungen und Erträge im Gewinn- und Verlustkonto mit dem Gesamtergebnis der Unternehmung ab.**
- **Die Kosten- und Leistungsrechnung (KLR) bildet den Rechnungskreis II (RK II). Sie wird i. d. R. außerhalb des Kontenrahmens in tabellarischer Form durchgeführt.**
- **Die Kosten- und Leistungsrechnung ist auf die eigentlichen betrieblichen Tätigkeiten bezogen, erfasst alle Kosten und Leistungen einer Rechnungsperiode und ermittelt daraus das Betriebsergebnis.**
- **Die Erfassung aller Kosten und Leistungen ist die Grundlage für weiter reichende Aufgaben der KLR, so z. B. die Planung und Kontrolle der Rentabilität und der Wirtschaftlichkeit der betrieblichen Prozesse.**

1.2 Aufgaben der Kosten- und Leistungsrechnung

Die Kosten- und Leistungsrechnung verfolgt nicht nur das Ziel, die **Kosten und Leistungen einer Abrechnungsperiode** (z. B. Monat oder Geschäftsjahr) vollständig zu erfassen und daraus **das Betriebsergebnis** zu ermitteln. Sie hat darüber hinaus folgende **wichtige Aufgaben** für den Industriebetrieb zu erfüllen:

1. **Ermittlung der Selbstkosten und Leistungen einer Abrechnungsperiode.** Durch die Erfassung **aller** Kosten und Leistungen einer Abrechnungsperiode außerhalb der Finanzbuchhaltung wird die Kosten- und Leistungsrechnung zu einem hervorragenden **Instrument der kurzfristigen** (z. B. monatlichen) **betrieblichen Erfolgsermittlung** (vgl. S. 216).
2. **Ermittlung der Selbstkosten der Erzeugniseinheit.** Die Kostenrechnung ermittelt die Selbstkosten der Erzeugniseinheiten und schafft damit die **Grundlage für die Berechnung der Verkaufspreise.** Die Kenntnis der Selbstkosten gestattet dem Unternehmer die Entscheidung darüber, welcher Preis für ihn wirtschaftlich vertretbar ist (vgl. S. 271).
3. **Kontrolle der Wirtschaftlichkeit (Controlling).** Es genügt aber nicht, lediglich die Selbstkosten zu ermitteln. Sie sollen vielmehr auch beeinflusst, d. h. gesenkt werden. Die Wirtschaftlichkeit der Leistungserstellung und -verwertung muss ständig gesteigert werden, wenn der Betrieb im Wettbewerb nicht unterliegen will. **Kosten und Leistungen sind daher laufend zu planen und zu überwachen.** Die Kontrolle der Wirtschaftlichkeit zählt heute zu den wichtigsten Aufgaben der Kosten- und Leistungsrechnung.
4. **Bewertung der unfertigen und fertigen Erzeugnisse in der Jahresbilanz.** Nach den handels- und steuerrechtlichen Vorschriften sind die **Schlussbestände an unfertigen und fertigen Erzeugnissen höchstens zu Herstellungskosten** in der Jahresbilanz anzusetzen. Die genauen Herstellungskosten können aber nur mithilfe einer ordnungsgemäßen Kostenrechnung ermittelt werden.
5. **Ermittlung von Deckungsbeiträgen auf der Basis der Teilkostenrechnung.** Ausgehend von erzielbaren Umsatzerlösen kann mithilfe der Teilkostenrechnung festgestellt werden, ob ein Erzeugnis einen **ausreichenden Beitrag zur Deckung der fixen Kosten und zur Erzielung von Gewinn** leistet (vgl. S. 284 f.).
6. **Grundlage für Planungen und Entscheidungen.** Die oben genannten Aufgaben der Kosten- und Leistungsrechnung dürfen nicht isoliert betrachtet werden. Sie bilden die Grundlage für Vorhaben und Entscheidungen des Unternehmers. Bei diesen Entscheidungen werden zunehmend auch Überlegungen zu einer nachhaltigen und umweltschonenden Produktion berücksichtigt (siehe Kapitel 6 "**Öko-Bilanz**", S. 322).

Zur Erfüllung dieser Aufgaben

- werden mehrere **Kostenrechnungssysteme** eingesetzt: die
  – **Vollkostenrechnung**, – **Teilkostenrechnung**, – **Plankostenrechnung**.
- werden in der Vollkostenrechnung die **Kosten** nach
  - **Kostenarten** erfasst (Werkstoffkosten, Lohnkosten, Abschreibungen usw.),
  - **Kostenstellen** aufgeteilt (Orte der Kostenverursachung),
  - **Kostenträgern** zugerechnet (Erzeugnis, Serie, Auftrag).
- überwacht das **Controlling** die Leistungsprozesse durch Soll-Ist-Vergleiche.

Merke

Die Kosten- und Leistungsrechnung verwendet unterschiedliche Kostenrechnungssysteme, die ihrer jeweiligen Zielsetzung angepasst sind.

- **In der Vollkostenrechnung ist es zweckmäßig, drei Stufen zu unterscheiden:**
  1. **Kostenartenrechnung:** **„Welche Kosten sind entstanden?"**
  2. **Kostenstellenrechnung:** **„Wo sind die Kosten entstanden?"**
  3. **Kostenträgerrechnung:** **„Wer hat die Kosten zu tragen?"**
- **Vorstufe der KLR ist die Abgrenzungsrechnung.**

1.3 Ausgangssituation

Für die nachfolgenden Darstellungen wird als Ausgangssituation der vereinfachte und verkürzte Jahresabschluss einer Kapitalgesellschaft in Form der GmbH gewählt. Diese Ausgangssituation wird im weiteren Verlauf entsprechend der jeweiligen Problemstellung ergänzt und verändert. Am Beispiel der Kapitalgesellschaft lassen sich alle Fragen der Kosten- und Leistungsrechnung überschaubar und nachvollziehbar behandeln, ohne dass eine Übertragung der Ergebnisse auf andere Unternehmensformen erschwert würde.

Situation

Das Unternehmen Metallverarbeitung Wernick GmbH, Leverkusen, stellt als Zulieferer für Elektronik-Unternehmen Blechgehäuse in unterschiedlichen Größen und Ausführungen her. Für das abgelaufene Geschäftsjahr hat das Unternehmen das folgende vereinfachte Gewinn- und Verlustkonto sowie die unten stehende verkürzte Bilanz aufgestellt.

Soll		8020 Gewinn- und Verlustkonto			Haben
6000	Aufwendungen für Rohstoffe	2.800.000	5000	Umsatzerlöse für eigene Erzeugnisse	10.520.000
6020	Aufwendungen für Hilfsstoffe	795.000	5220	Mehrbestand an Erzeugnissen	240.000
6030	Aufwendungen für Betriebsstoffe	35.000	5431	Erträge aus Versicherungsentschädigungen	140.000
6200	Löhne	2.400.000	5440	Erlöse aus Anlagenverkäufen	65.000
6300	Gehälter	500.000	5710	Zinserträge	50.000
6400	Soziale Aufwendungen	600.000			
6520	Abschreibungen auf Sachanlagen	650.000			
6800	Büromaterial	50.000			
6870	Werbung	205.000			
6940	Sonst. betriebl. Aufwendungen	260.000			
6979	Anlagenabgänge	100.000			
70..	Betriebliche Steuern	190.000			
7460	Verluste aus Wertpapierverkäufen	40.000			
7510	Zinsaufwendungen	540.000			
Jahresüberschuss		1.850.000			
		11.015.000			**11.015.000**

Aktiva	Bilanz Wernick GmbH zum 31. Dezember 20..		Passiva
A. Anlagevermögen[1]		**A. Gezeichnetes Kapital**	9.700.000
I. Sachanlagen		Jahresüberschuss	1.850.000
1. Grundstücke/Gebäude	5.000.000	**B. Rückstellungen, kurzfristig**	120.000
2. TA und Maschinen	4.500.000	**C. Verbindlichkeiten**	
3. BGA	1.500.000	1. gg. Kreditinstituten	4.500.000
B. Umlaufvermögen[1]		2. aus Lieferungen	1.780.000
I. Vorräte		**D. Rechnungsabgrenzungsposten**	50.000
1. Roh-, Hilfs-, Betriebsstoffe	2.500.000		
2. fertige Erzeugnisse	1.200.000		
II. Forderungen a. LL	1.400.000		
III. Wertpapiere	320.000		
IV. Kasse/Bankguthaben	1.550.000		
C. Rechnungsabgrenzungsposten	30.000		
	18.000.000		**18.000.000**

Leverkusen, 18. März 20.. *Wernick*

Die nachfolgenden Betrachtungen beziehen sich auf diese Grundlagen; sie sind so strukturiert,

- dass zunächst **Aufgaben** und **Grundbegriffe** der Kosten- und Leistungsrechnung (KLR) geklärt,
- danach ausgehend von der Gewinn- und Verlustrechnung die **Kosten** als grundlegende Kategorie der KLR mithilfe der Abgrenzungsrechnung herausgearbeitet und
- darauf aufbauend bedeutsame Kostenrechnungssysteme dargestellt werden.

1 Siehe auch Band 1, BWL, HF 6, Kapitel 1.1.2

1.4 Grundbegriffe der Kosten- und Leistungsrechnung

1.4.1 Einnahmen und Ausgaben

Geldvermögen

In einem Industriebetrieb stellt die Summe des jederzeit verfügbaren Geldes, d. h. die Summe aus Kassenbestand und Guthaben bei Kreditinstituten, den **Zahlungsmittelbestand** dar. Der Zahlungsmittelbestand ist **Teil des Geldvermögens**. Das Geldvermögen wird darüber hinaus durch kurzfristige **Forderungen** und **Verbindlichkeiten** beeinflusst.

Beispiel

Aufgrund der Bilanz von Seite 186 verfügt das Unternehmen Wernick GmbH zum 31. Dezember .. über folgendes Geldvermögen:

	Zahlungsmittelbestand	1.550.000,00 €
+	kurzfristige Forderungen (einschl. Wertpapiere)	1.720.000,00 €
–	kurzfristige Verbindlichkeiten (einschl. Rückstellungen[1])	1.900.000,00 €
=	**Geldvermögen**	**1.370.000,00 €**

Wird dieses Geldvermögen durch **Geschäftsfälle** verändert, so sprechen wir von **Einnahmen und Ausgaben**.

Einnahmen

Alle Geschäftsfälle, die das **Geldvermögen erhöhen**, führen zu Einnahmen. So gehören z. B. **Bar- und Zielverkäufe von Erzeugnissen** zu einnahmewirksamen Vorgängen. Eine Kreditaufnahme bei einer Bank dagegen führt zwar zu einer Erhöhung des Zahlungsmittelbestandes, gleichzeitig erhöhen sich aber auch die Verbindlichkeiten; das Geldvermögen bleibt also gleich.

Ausgaben

Alle Geschäftsfälle, die das **Geldvermögen vermindern**, führen zu Ausgaben. Typische Ausgaben sind **Bar- und Zielkäufe von Roh-, Hilfs- und Betriebsstoffen**, nicht dagegen die Banküberweisung an einen Lieferanten.

1.4.2 Aufwendungen und Erträge

Die Begriffe „Aufwendungen" und „Erträge" lassen sich recht anschaulich über das folgende „Bild" der Güter- und Werteströme verdeutlichen:

- In den produzierenden Industriebetrieb strömen ständig Güter und Dienste, die für die Herstellung von Erzeugnissen benötigt werden (mengenmäßiger Input). Güter und Dienste repräsentieren **Werte**, die in den zugrunde liegenden Verträgen, Eingangsrechnungen und sonstigen Belegen dokumentiert sind. Diese Werte erfasst der Buchhalter als **Aufwendungen** in der Buchführung (wertmäßiger Input). Die Aufwendungen werden jeweils für eine Abrechnungsperiode zusammengefasst.
- Den produzierenden Industriebetrieb verlassen ständig fertige Erzeugnisse, die von den Kunden nachgefragt werden (mengenmäßiger Output). Fertige Erzeugnisse repräsentieren **Werte**, die in den zugrunde liegenden Verträgen und Ausgangsrechnungen dokumentiert sind. Diese Werte erfasst der Buchhalter als **Erträge** in der Buchführung (wertmäßiger Output). Die Erträge werden jeweils für eine Abrechnungsperiode zusammengefasst.
- Zufließende Güter und Dienste sowie abfließende fertige Erzeugnisse verändern über die mit ihnen verbundenen Zahlungsvorgänge laufend das Vermögen und das Fremdkapital des Industriebetriebs. Sie wirken damit erhöhend oder vermindernd auf das **Eigenkapital** ein, so wie es die folgende Aufstellung und die danach angeführten Beispiele verdeutlichen:

Eigenkapital

Das Eigenkapital eines Industriebetriebes ergibt sich, wenn vom Vermögen das Fremdkapital abgezogen wird (vgl. Zahlen der Bilanz von S. 186):

	Anlagevermögen		11.000.000,00 €
+	Vorräte		3.700.000,00 €
+	kurzfristige Forderungen		1.750.000,00 €
+	Zahlungsmittel		1.550.000,00 €
=	**Vermögen**		**18.000.000,00 €**
–	langfristiges Fremdkapital	4.500.000,00 €	
–	kurzfristiges Fremdkapital	1.950.000,00 €	
=	**Schulden**	**6.450.000,00 €**	**– 6.450.000,00 €**
=	**Eigenkapital (= Gezeichnetes Kapital + Jahresüberschuss)**		**11.550.000,00 €**

1 Vgl. hierzu Erläuterungen S. 345 f.

6946187

Folgende Geschäftsfälle führen – neben vielen anderen – zu **Aufwendungen**:

- Das Unternehmen kauft Roh-, Hilfs- und Betriebsstoffe gegen Barzahlung. Die eingekauften Roh-, Hilfs- und Betriebsstoffe stellen bei aufwandsorientierter Buchung Werteinput in den Produktionsprozess dar und werden als Aufwendungen für Roh-, Hilfs- bzw. Betriebsstoffe erfasst. Die mit dem Kauf verbundene Zahlung verringert die Zahlungsmittel (vgl. obige Aufstellung) und damit rechnerisch auch das Eigenkapital.
- Auf einen betrieblich genutzten Pkw wird eine Abschreibung vorgenommen. Die Abschreibung stellt im Produktionsprozess einen Aufwand dar. Im Anlagevermögen wirkt sich die Abschreibung als Wertminderung aus. Sie verringert damit rechnerisch auch das Eigenkapital.
- Das Unternehmen zahlt für einen aufgenommenen Kredit Zinsen. Die Zinsen stellen in der Gewinn- und Verlustrechnung Aufwendungen dar. Ihre Zahlung verringert den Zahlungsmittelbestand (vgl. obige Aufstellung) und damit rechnerisch das Eigenkapital.

Folgende Geschäftsfälle führen – neben vielen anderen – zu **Erträgen**:

- Das Unternehmen verkauft fertige Erzeugnisse gegen Rechnung. Der Wert der verkauften Erzeugnisse wird in der Buchführung als Umsatzerlös (= Werteoutput) gebucht. Der Zahlungsanspruch, den das Unternehmen gegenüber dem Kunden hat, erhöht die Forderungen und damit rechnerisch das Eigenkapital.
- Das Unternehmen unterhält bei seiner Bank ein verzinstes Guthaben. Die Zinsgutschrift der Bank wird als Ertrag gebucht; sie erhöht zugleich den Zahlungsmittelbestand und damit rechnerisch das Eigenkapital.

1.4.3 Aufwendungen – Kosten

Aufwendungen

Zur Klärung der Begriffe „Aufwendungen" und „Kosten" ziehen wir das Gewinn-und Verlustkonto von Seite 186 heran. Das GuV-Konto zeigt auf der Soll-Seite (linke Seite) die gesamten Aufwendungen des Abrechnungsjahres. Im Einzelnen ist abzulesen, wie hoch die Aufwendungen durch den Einsatz von Roh-, Hilfs- und Betriebsstoffen, durch die Beanspruchung von Diensten anderer Unternehmungen und von Mitarbeitern des eigenen Unternehmens, durch die Wertminderung der Anlagen, durch gesetzlich vorgeschriebene Abgaben und durch sonstige Vorkommnisse waren. Dabei spielt es keine Rolle, ob diese Aufwendungen für betriebliche oder nicht betriebliche Zwecke entstanden sind.

Aufwendungen bezeichnen den gesamten das Eigenkapital mindernden Werteinput im Unternehmen an Gütern, Diensten und Abgaben während einer Abrechnungsperiode.

Beispiel

Im Gewinn- und Verlustkonto der Wernick GmbH (vgl. S. 186) sind auf der Soll-Seite (ohne den Jahresüberschuss) Aufwendungen in Höhe von **9.165.000,00 €** verzeichnet.

Für die Zwecke der Kostenrechnung werden die Aufwendungen unterschieden nach

- **betrieblichen** (kalkulierbaren) **Aufwendungen = Kosten** und
- **neutralen Aufwendungen = Nichtkosten.**

Kosten

Betriebliche Aufwendungen (= Kosten) stehen in unmittelbarem Zusammenhang mit dem eigentlichen Betriebszweck. Sie erfassen die Werte der Güter, Dienste und Abgaben, die im Rahmen der **geplanten betrieblichen Leistungserstellung** (= Beschaffung und Produktion) und **Leistungsverwertung** (= Absatz) anfallen. Diese Aufwendungen werden in der Regel als **Kosten** in die Kosten- und Leistungsrechnung übernommen.

Kosten entstehen,

- wenn ein **mengenmäßiger Verbrauch** (kg, t, m, h) oder eine **gesetzliche Abgabe** vorliegen,
- die zur **Leistungserstellung und -verwertung** getätigt werden und
- die in **Geldbeträgen** bewertet sind.

6946188

Beispiel

Von den Aufwendungen des GuV-Kontos der Wernick GmbH, Leverkusen, können die folgenden grundsätzlich als **Kosten** in die KLR übernommen werden:

6000 Aufwendungen für Rohstoffe	2.800.000,00 €
6020 Aufwendungen für Hilfsstoffe	795.000,00 €
6030 Aufwendungen für Betriebsstoffe	35.000,00 €
6200 Löhne	2.400.000,00 €
6300 Gehälter	500.000,00 €
6400 Soziale Aufwendungen	600.000,00 €
6520 Abschreibungen auf Sachanlagen[1]	650.000,00 €
6800 Büromaterial	50.000,00 €
6870 Werbung	205.000,00 €
70 .. Betriebliche Steuern	190.000,00 €
7510 Zinsaufwendungen[2]	540.000,00 €
Gesamtkosten des Betriebes	**8.765.000,00 €**

Neutrale Aufwendungen

Außer den Kosten gibt es im Industriebetrieb in der Regel auch Aufwendungen, die in keinem Zusammenhang mit der Beschaffung, der Produktion und dem Absatz stehen oder dabei unregelmäßig oder in außergewöhnlicher Höhe anfallen. Sie werden als neutrale Aufwendungen bezeichnet und nicht oder nicht in der angefallenen Höhe in die Kosten- und Leistungsrechnung übernommen, da sie bei der Ermittlung des Betriebsergebnisses und der Selbstkosten der Erzeugnisse nicht berücksichtigt werden dürfen.

Neutrale Aufwendungen entstehen

- bei der **Verfolgung betriebsfremder Ziele** (z. B. Verluste aus Wertpapierverkäufen),
- durch **Verluste aus dem Abgang von Vermögensgegenständen** und durch **Verluste aus Schadensfällen**,
- aus **betrieblichen periodenfremden Vorgängen** (z. B. Nachzahlung von Löhnen und betrieblichen Steuern),
- als **außerordentliche Aufwendungen aufgrund ungewöhnlicher und selten vorkommender Geschäftsfälle** (z. B. Verluste aus der Insolvenz von Geschäftspartnern oder aus dem Verkauf von Betriebsteilen). Sie haben als sonstige betriebliche Aufwendungen neutralen Charakter.

Beispiel

Unter den Aufwendungen des GuV-Kontos der Wernick GmbH, Leverkusen, gelten die folgenden als **neutrale Aufwendungen**:

6940 Sonstige betriebliche Aufwendungen	260.000,00 €
6979 Anlagenabgänge	100.000,00 €
7460 Verluste aus Wertpapierverkäufen	40.000,00 €
Gesamte neutrale Aufwendungen	**400.000,00 €**

Erläuterung: Anlagenabgänge lassen sich nicht vermeiden und werden auch im Zusammenhang mit betrieblichen Vorgängen verursacht. Ihnen fehlt aber die für Leistungsprozesse typische **Planmäßigkeit**, sodass sie nicht als Kosten in die Kostenrechnung eingebracht werden dürfen. Ihnen stehen Erlöse aus Anlagenabgängen gegenüber (vgl. S. 191). Die **Verluste aus Wertpapierverkäufen** haben **betriebsfremden Charakter**; sie gehören damit nicht zu den Kosten. Die **sonstigen, i. d. R. außerordentlichen Aufwendungen** (z. B. aus dem Verkauf eines Teilbetriebes oder aus nicht versicherten Brandschäden) gelten grundsätzlich **als nicht kalkulierbar** und werden daher von der KLR ferngehalten.

Das **Schaubild** auf Seite 213 verdeutlicht den Zusammenhang zwischen den Aufwendungen der Finanzbuchhaltung und den Kosten der Kosten- und Leistungsrechnung.

1 Vgl. hierzu die Erläuterungen auf S. 202 f. zu „kalkulatorische Abschreibungen".
2 Vgl. hierzu die einschränkenden Erläuterungen auf den S. 196 und 205.

1.4.4 Erträge – Leistungen

Das GuV-Konto der Unternehmung Wernick GmbH (vgl. S. 186) zeigt auf der Haben-Seite (rechte Seite) die gesamten Erträge des Abrechnungsjahres. Im Einzelnen ist abzulesen, wiehoch die Erträge aus dem Verkauf und der Vermietung oder Verpachtung fertiger Erzeugnisse (= Umsatzerlöse), aus der Zunahme des Lagerbestandes (= Mehrbestand), aus Zinserträgen sowie aus dem Verkauf von Anlagegegenständen waren. Dabei spielt es keine Rolle, ob es sich um betriebliche oder neutrale Erträge handelt.

Erträge bezeichnen die gesamten das Eigenkapital erhöhenden Geschäftsfälle im Unternehmen innerhalb einer Abrechnungsperiode.

Beispiel

Im Gewinn- und Verlustkonto der Wernick GmbH sind auf der Haben-Seite Erträge in Höhe von insgesamt **11.015.000,00 €** verzeichnet.

Für die Zwecke der Kosten- und Leistungsrechnung werden die Erträge unterschieden nach

- **betrieblichen Erträgen = Leistungen** und
- **neutralen Erträgen.**

Leistungen

Leistungen (= betriebliche Erträge) sind das **Ergebnis der geplanten betrieblichen Leistungserstellung und -verwertung.** Zu den Leistungen eines Industriebetriebes zählen:

- **Absatzleistungen**, d. h. **Umsatzerlöse** aus dem Verkauf und der Vermietung und Verpachtung von eigenen Erzeugnissen, Dienstleistungen und Waren;
- **Lagerleistungen**, d. h. Herstellwert der in der Abrechnungsperiode hergestellten **Mehrbestände** an Erzeugnissen, die noch nicht abgesetzt worden sind;
- **Aktivierte Eigenleistungen**, d. h. Herstellwert der **selbst erstellten Anlagen**, die im eigenen Betrieb Verwendung finden;
- **Entnahme** von Erzeugnissen und sonstigen Leistungen in Einzelunternehmen und Personengesellschaften für private Zwecke.

Beispiel

Im Gewinn- und Verlustkonto der Wernick GmbH sind folgende Erträge **Leistungen:**

5000 Umsatzerlöse für eigene Erzeugnisse	10.520.000,00 €
5220 Mehrbestand an Erzeugnissen	240.000,00 €
Gesamtleistung des Betriebes	**10.760.000,00 €**

Neutrale Erträge

Außer den Leistungen gibt es im Industriebetrieb auch Erträge, die in **keinem Zusammenhang mit der Beschaffung, der Produktion und dem Absatz** stehen oder dabei **unregelmäßig oder in außergewöhnlicher Höhe** anfallen. Sie werden als **neutrale Erträge** bezeichnet und **von den Leistungen abgegrenzt.** Neutrale Erträge sind in den Kontengruppen „54 Sonstige betriebl. Erträge", „55/56 Erträge aus Beteiligungen und Wertpapieren" und „57 Sonstige Zinsen" enthalten.

Neutrale Erträge entstehen also

- bei der **Verfolgung betriebsfremder Ziele** (z. B. Erträge aus Versicherungsentschädigungen, Zinserträge, Erträge aus Wertpapierverkäufen),
- durch **Erträge aus dem Abgang von Vermögensgegenständen** und durch **Wertkorrekturen** (z. B. Erlöse aus Anlagenabgängen),
- aus zwar **betrieblichen, aber periodenfremden Erträgen** (z. B. Steuererstattung für vergangene Geschäftsjahre),
- als **außerordentliche Erträge aufgrund ungewöhnlicher und selten vorkommender Geschäftsfälle** (z. B. Erträge aus Gläubigerverzicht). Sie haben als sonstige betriebliche Erträge neutralen Charakter.

6946190

Beispiel

Unter den Erträgen des Gewinn- und Verlustkontos der Wernick GmbH zählen die folgenden zu den **neutralen Erträgen**:

5431 Erträge aus Versicherungsentschädigungen	140.000,00 €
5440 Erlöse aus Anlagenverkäufen	65.000,00 €
5710 Zinserträge	50.000,00 €
Gesamte neutrale Erträge	**255.000,00 €**

Erläuterung: Zinserträge haben im Industriebetrieb **betriebsfremden Charakter**; sie gehören somit grundsätzlich nicht zu den Leistungen. **Zinserträge** ergeben sich bei sehr guter Liquidität aus der vorübergehenden Geldanlage nicht benötigter Finanzmittel. Erträge aus Versicherungsentschädigungen liegen Vorgänge zu Grunde, die nicht betriebsbedingt sind, z. B. Vermögensschäden aus Unfällen. **Erlöse aus Anlagegegenständen** entstehen immer dann, wenn ganz oder teilweise abgeschriebene Anlagegegenstände gegen Entgelt veräußert werden. Liegt hierbei der Erlös über dem Buchwert, entsteht ein Ertrag, im anderen Fall ein Verlust aus Anlagenabgang. Solche Erlöse sind zwar betriebsbedingt, ihnen fehlt aber die für Leistungsprozesse typische Zweckbindung und Planmäßigkeit, sodass sie **nicht** zu den Leistungen des Betriebes gehören.

Erträge der Periode			
Neutrale Erträge	**Betriebliche** Erträge = Leistungen		
Neutrale Erträge der FB sind keine Leistungen in der KLR	Absatzleistungen	Lagerleistungen	Eigenleistungen, Entnahmen
	Leistungen der Periode		

Merke

- **Unter Aufwendungen wird der gesamte Werteinput im Unternehmen an Gütern, Diensten und Abgaben während einer Abrechnungsperiode verstanden. Aufwendungen lassen sich in betriebliche und neutrale Aufwendungen einteilen.**
- **Die mit Aufwendungen verbundenen Finanzvorgänge vermindern das Eigenkapital.**
- **Unter Erträgen versteht man den gesamten erfolgswirksamen Werteoutput im Unternehmen innerhalb einer Abrechnungsperiode. Erträge lassen sich in betriebliche und neutrale Erträge einteilen.**
- **Die mit Erträgen einhergehenden Finanzvorgänge erhöhen das Eigenkapital.**
- **Betriebliche Aufwendungen werden als Kosten, betriebliche Erträge als Leistungen bezeichnet. Unter Kosten versteht man den Teil der Aufwendungen und unter Leistungen den Teil der Erträge, der im Rahmen der geplanten betrieblichen Beschaffungs-, Produktions- und Absatzprozesse anfällt.**
- **Neutrale Aufwendungen bzw. Erträge fallen im Unternehmen als betriebsfremde, periodenfremde und außerordentliche Aufwendungen bzw. Erträge an. Sie werden nicht in die Kosten- und Leistungsrechnung übernommen.**

Aufgabe 205

In der Kosten- und Leistungsrechnung unterscheidet man zwischen Aufwendungen und Kosten.
Geben Sie ein Beispiel an für
a) Aufwendungen, die zugleich Kosten sind,
b) Aufwendungen, die keine Kosten sind.

Aufgabe 206

In der Kosten- und Leistungsrechnung unterscheidet man zwischen Erträgen und Leistungen.
Geben Sie ein Beispiel an für
a) Erträge, die zugleich Leistungen sind,
b) Erträge, die nicht zugleich Leistungen sind.

Aufgabe 207

Entscheiden Sie, ob folgende Vorgänge Einnahmen oder Ausgaben darstellen:

1. Zieleinkauf von Rohstoffen
2. Zielverkauf von fertigen Erzeugnissen
3. Bank belastet uns mit Zinsen
4. Mieter überweist die Miete für ein von uns vermietetes Gebäude
5. Lohnzahlung durch Banküberweisung

Aufgabe 208

1. *Nennen Sie die wichtigsten Aufgaben a) der Finanzbuchhaltung, b) der Kosten- und Leistungsrechnung.*
2. Die Aufwendungen und Erträge der FB können betrieblich oder neutral sein.
   a) *Nennen Sie die Unterschiede und die Auswirkungen auf die KLR.*
   b) *Geben Sie typische Beispiele mit den zugehörigen Konten für neutrale Aufwendungen und Erträge sowie für Kosten und Leistungen an.*
3. *Wie wird a) das Gesamtergebnis der Unternehmung, b) das eigentliche Betriebsergebnis errechnet?*

Verwenden Sie zur Lösung der Aufgaben 209 und 210 das folgende Schema:

Neutrale Aufwendungen/Erträge	Betriebliche Aufwendungen/Erträge

Aufgabe 209

Die Aufwendungen der Finanzbuchhaltung sind entweder betriebsbedingt oder neutral.
Ordnen Sie die folgenden Aufwandsarten nach betrieblichen und neutralen Aufwendungen:

a) Lohnzahlungen
b) Verlust aus Wertpapierverkäufen
c) Abschreibungen auf Sachanlagen
d) Brandschaden im Hilfsstofflager
e) Abschreibungen auf ein nicht betriebsnotwendiges Mietshaus
f) Verlust aus dem Verkauf einer nicht benötigten Maschine
g) Soziale Aufwendungen
h) Gehaltszahlungen
i) Instandsetzungsaufwendungen für Maschinen
j) Hoher Forderungsausfall durch Insolvenz eines Kunden
k) Nachzahlung von Betriebsteuern für vergangene Geschäftsjahre aufgrund einer Betriebsprüfung
l) Aufwendungen für Rohstoffe
m) Mietzahlung für gemietetes Lagergebäude
n) Bankeinzug der Kfz-Steuer für Betriebs-Lkw
o) Zinsaufwendungen[1]

Aufgabe 210

Auch die Erträge des Unternehmens sind entweder betriebsbedingt oder neutral.
Ordnen Sie die folgenden Ertragsarten nach betrieblichen und neutralen Erträgen:

a) Umsatzerlöse für eigene Erzeugnisse
b) Erträge aus Versicherungsentschädigungen
c) Ertrag aus dem Abgang eines Vermögensgegenstandes
d) Selbst erstellte Maschine für die Verwendung im eigenen Betrieb
e) Zinsgutschrift der Bank
f) Mehrbestand an fertigen Erzeugnissen zum Jahresabschluss
g) Umsatzerlöse für Handelswaren
h) Erträge aus Wertpapierverkäufen
i) Erträge aus Beteiligungen
j) Erstattung zu viel entrichteter Betriebsteuern für vergangene Geschäftsjahre durch das Finanzamt
k) Erträge aus der Herabsetzung von Rückstellungen[2]

1 Siehe hierzu die Erläuterungen auf den S. 196 und 205.
2 Siehe hierzu Erläuterungen auf der S. 345 f.

6946192

Aufgabe 211

Prüfen Sie folgende Aussagen auf ihre Richtigkeit:

1. Erträge aus Vermietung und Verpachtung stellen Leistungen des Betriebes dar.
2. Umsatzerlöse für Handelswaren gehören zu den außerordentlichen Erträgen.
3. Zinserträge sind den neutralen Erträgen zuzuordnen.
4. Die Aufwendungen für Roh-, Hilfs- und Betriebsstoffe stellen Kosten dar.
5. Zinsaufwendungen sind betriebliche Aufwendungen.
6. Aufwendungen für Reparaturen gehören zu den außerordentlichen Aufwendungen.
7. Der aus einem Verkehrsunfall herrührende Schaden am betrieblich genutzten Lkw muss den betrieblichen außerordentlichen Aufwendungen zugerechnet werden.
8. Steuern können sowohl neutralen als auch betrieblichen Aufwand darstellen.

Aufgabe 212

In der Buchführung eines Industriebetriebes schließen die Erfolgskonten mit folgenden Salden ab:

Umsatzerlöse für eigene Erzeugnisse	800.000,00
Zinserträge	20.000,00
Erträge aus Versicherungsentschädigungen	45.000,00
Aufwendungen für Rohstoffe	280.000,00
Aufwendungen für Hilfsstoffe	60.000,00
Löhne	350.000,00
Gehälter	90.000,00
Soziale Aufwendungen	40.000,00
Zinsaufwendungen	10.000,00
Kraftfahrzeugsteuer (für Betriebsfahrzeuge)	5.000,00
Verluste aus dem Abgang von Vermögensgegenständen	9.000,00
Aufwendungen für Büromaterial	3.000,00

1. *Ermitteln Sie im Gewinn- und Verlustkonto das Gesamtergebnis des Unternehmens.*
2. *Errichten Sie ein „Sammelkonto" für die neutralen Aufwendungen und Erträge und ein „Sammelkonto" für die betrieblichen Aufwendungen und Erträge, ordnen Sie die obigen Aufwendungen und Erträge den jeweiligen „Konten" zu und berechnen Sie das neutrale Ergebnis und das Betriebsergebnis.*

Aufgabe 213

Fassen Sie folgende Salden der Erfolgskonten eines Industriebetriebes auf dem Gewinn- und Verlustkonto zum Gesamtergebnis zusammen.

Umsatzerlöse für eigene Erzeugnisse	1.450.000,00
Erhöhung des Bestandes an fertigen Erzeugnissen (= Leistung)	40.000,00
Zinserträge	3.000,00
Erträge aus Versicherungsentschädigungen	8.000,00
Aufwendungen für Roh- und Betriebsstoffe	510.000,00
Löhne	620.000,00
Gehälter	175.000,00
Soziale Aufwendungen	95.000,00
Zinsaufwendungen	12.000,00
Betriebsteuern	34.000,00
Mietaufwendungen	15.000,00
Verluste aus dem Abgang von Anlagegegenständen	7.000,00

Berechnen Sie in einem „Sammelkonto" für die neutralen Aufwendungen und Erträge das neutrale Ergebnis sowie in einem „Sammelkonto" für die betrieblichen Aufwendungen und Erträge das Betriebsergebnis.

HF 7 / AS 7.1 / ZF 7

2 Abgrenzungsrechnung

Situation

Unternehmer Wernick ist sehr daran interessiert, das Ergebnis aus den eigentlichen betrieblichen Tätigkeiten (= Betriebsgewinn oder Betriebsverlust) zu erfahren. Aus dem Gewinn- und Verlustkonto (vgl. S. 186) kennt er bisher lediglich seinen Jahresüberschuss von 1.850.000,00 €. Diese Zahl sagt noch nichts darüber aus, wie hoch das **Betriebsergebnis** gewesen ist. Dazu muss ihm die Höhe der Kosten und Leistungen bekannt sein. Um diese Aussage zu erhalten, filtert er aus allen Aufwendungen und Erträgen des GuV-Kontos die neutralen Aufwendungen und Erträge heraus und führt sie in einer besonderen Rechnung, der **Abgrenzungsrechnung**, zusammen. So bleiben die Kosten und Leistungen übrig, die er zum **Betriebsergebnis** zusammenfasst. Als Instrument für diese Rechnungen verwendet er die **Ergebnistabelle**.

2.1 Ergebnistabelle als Hilfsmittel der Abgrenzungsrechnung

Ziel der Abgrenzungsrechnung

Die Ergebnistabelle dient dazu, die neutralen Aufwendungen und Erträge von den Kosten und Leistungen abzugrenzen. Damit erfüllt sie ein wesentliches Ziel der Abgrenzungsrechnung: Kosten und Leistungen einer Abrechnungsperiode in der Betriebsergebnisrechnung nach Kosten- und Leistungsarten gegliedert zu erfassen sowie das Betriebsergebnis auszuweisen.

Aufbau der Ergebnistabelle

Die Ergebnistabelle spiegelt das **Zweikreissystem** des Kontenrahmens (vgl. S. 92 f., S. 183) wider: In ihrem **linken Teil** mit der Überschrift **„Finanzbuchhaltung (= Rechnungskreis I)“** nimmt sie **alle Aufwands- und Ertragskonten mit ihren jeweiligen Salden** aus den Kontenklassen 5, 6 und 7 der Finanzbuchhaltung auf. Damit wird in diesem Teil der Inhalt des GuV-Kontos aus dem Rechnungskreis I (= RK I) wiedergegeben und das **Gesamtergebnis der Unternehmung ausgewiesen.** ❶

Der **rechte Teil** der Tabelle ist der **Kosten- und Leistungsrechnung (= Rechnungskreis II)** vorbehalten. Er wird unterteilt in die **Abgrenzungsrechnung** und die **Betriebsergebnisrechnung.** ❷

Die **Abgrenzungsrechnung** übernimmt aus dem linken Teil der Tabelle, dem RK I, die **neutralen Aufwendungen und Erträge.** Sie schließt mit dem **Neutralen Ergebnis** (Neutraler Gewinn oder Neutraler Verlust) ab. ❸

Die **Betriebsergebnisrechnung** übernimmt aus dem linken Teil der Tabelle **die Kosten und Leistungen** und ermittelt daraus das **Betriebsergebnis.** ❹

Durch dieses Verfahren lassen sich in einer Tabelle das Gesamtergebnis der FB sowie das Neutrale Ergebnis und das Betriebsergebnis der KLR übersichtlich darstellen. Ebenso ist es möglich, die Ergebnisse der beiden Rechnungskreise auf ihre Richtigkeit hin abzustimmen. ❺

<table>
<tr><th colspan="7">Ergebnistabelle</th></tr>
<tr><td colspan="3">❶ Finanzbuchhaltung
(= Rechnungskreis I)</td><td colspan="4">❷ Kosten- und Leistungsrechnung
(= Rechnungskreis II)</td></tr>
<tr><td colspan="3" rowspan="2">Gesamtergebnisrechnung
der FB</td><td colspan="2">❸ Abgrenzungs-
rechnung</td><td colspan="2" rowspan="2">❹ Betriebsergebnis-
rechnung</td></tr>
<tr><td colspan="2">Unternehmensbezogene
Abgrenzungen</td></tr>
<tr><td>Kontenklassen
5, 6, 7</td><td>Aufwendungen
(Klassen 6, 7)</td><td>Erträge
(Klasse 5)</td><td>neutrale
Aufwendungen</td><td>neutrale
Erträge</td><td>Kosten</td><td>Leistungen</td></tr>
<tr><td>❺ Abstimmung</td><td colspan="2">Gesamtergebnis =</td><td colspan="2">Neutrales Ergebnis
(Abgrenzungsergebnis) +</td><td colspan="2">Betriebsergebnis</td></tr>
</table>

6946194

2.1.1 Abgrenzung der neutralen Aufwendungen und Erträge von den Kosten und Leistungen (Unternehmensbezogene Abgrenzung)

Beispiel

Im Unternehmen Wernick GmbH wird aus dem Gewinn- und Verlustkonto (vgl. S. 186) für das abgelaufene Geschäftsjahr eine Ergebnistabelle erstellt, um das Neutrale Ergebnis und das Betriebsergebnis errechnen zu können. Hierbei ist jede Position des GuV-Kontos daraufhin zu untersuchen, ob sie dem Betriebszweck diente und somit als Leistung oder Kosten in die Betriebsergebnisrechnung hineingehört oder ob sie „neutral" ist und somit in die Abgrenzungsrechnung gehört.

Bei der Aufstellung der Ergebnistabelle sind folgende Vorgänge zu berücksichtigen:

1. Eine still gelegte Anlage ist im Geschäftsjahr mit 40.000,00 € abgeschrieben worden. Dieser Betrag ist in den Abschreibungen auf Sachanlagen enthalten.
2. Die GuV-Position „Betriebliche Steuern" enthält auch gezahlte Grundsteuern, von denen 2.000,00 € auf ein brach liegendes Grundstück entfallen.

Ergebnistabelle						
Finanzbuchhaltung (= RK I)			Kosten- und Leistungsrechnung (= RK II)			
Gesamtergebnisrechnung der FB			Abgrenzungsrechnung Unternehmensbezogene Abgrenzungen		Betriebsergebnis-rechnung	
Konto	Aufwendungen	Erträge	neutrale Aufwendungen	neutrale Erträge	Kosten	Leistungen
5000		10.520.000				10.520.000
5220		240.000				240.000
5400		140.000		140.000		
5440		65.000		65.000		
5710		50.000		50.000		
6000	2.800.000				2.800.000	
6020	795.000				795.000	
6030	35.000				35.000	
6200	2.400.000				2.400.000	
6300	500.000				500.000	
6400	600.000				600.000	
6520	650.000		40.000		610.000	
6800	50.000				50.000	
6870	205.000				205.000	
6940	260.000		260.000			
6979	100.000		100.000		188.000	
70 ..	190.000		2.000			
7460	40.000		40.000			
7510	540.000				540.000	
	9.165.000	11.015.000	442.000	255.000	8.723.000	10.760.000
	1.850.000			**187.000**	**2.037.000**	
	11.015.000	11.015.000	442.000	442.000	10.760.000	10.760.000
	Gesamtergebnis		**Neutrales Ergebnis**		**Betriebsergebnis**	

Abstimmung der Ergebnisse:

1. Gesamtergebnis im Rechnungskreis I		**(+) 1.850.000,00 €**
2. Neutraler Verlust	(–) 187.000,00 €	
3. Betriebsgewinn	(+) 2.037.000,00 €	
4. Gesamtergebnis im Rechnungskreis II		**(+) 1.850.000,00 €**

2.1.2 Erläuterungen zur Ergebnistabelle

Übertragung der Salden

Nachdem die **Salden aller Erfolgskonten** – in der Reihenfolge ihrer Kontennummern – in die linken Spalten der Ergebnistabelle (Aufwendungen und Erträge der FB = RK I) übernommen und zum **Gesamtergebnis** zusammengefasst worden sind, erfolgt die **Übertragung** dieser Salden in die Betriebsergebnisrechnung oder in die Abgrenzungsrechnung nach folgenden Überlegungen:

1. **In die Betriebsergebnisrechnung** werden die Salden aus dem RK I dann übertragen,
   - wenn es sich um **Erträge** handelt, die in voller Höhe **Leistungen** darstellen, oder
   - wenn es sich um **Aufwendungen** handelt, die in voller Höhe **Kosten** darstellen.

   So werden z. B. die Umsatzerlöse (Konto 5000) aus der Ertragsspalte im RK I in die Spalte „Leistungen" der Betriebsergebnisrechnung des RK II übertragen, ebenso der Mehrbestand an fertigen Erzeugnissen (Konto 5220). Die Salden der Konten 6000 bis 6400, 6800, 6870 werden aus der Aufwandsspalte im RK I in die Spalte „Kosten" der Betriebsergebnisrechnung übernommen. Nicht einheitlich sind die Auffassungen dazu, wie die Zinsaufwendungen der Finanzbuchhaltung (Konto 7510) in der Ergebnistabelle aufzuführen sind. Unstrittig ist die Auffassung, dass Zinskosten generell in die Kostenrechnung Eingang finden müssen. Strittig ist, ob die Zinsen für das dem Unternehmen zur Verfügung gestellte Fremdkapital als Zinskosten in der KLR angesetzt werden können oder ob es der Berechnung so genannter kalkulatorischer Zinsen bedarf. Im ersten Fall gelangt eine finanzwirtschaftliche Komponente in die Kostenrechnung, da die Unternehmen Fremdkapital in unterschiedlicher Höhe nutzen und entsprechend unterschiedlich hohe Zinsen zahlen. Zum Teil ließe sich die Ungleichheit dadurch beheben, dass zusätzlich zu den Fremdkapitalzinsen auch Zinsen für das eingebrachte Eigenkapital angesetzt werden – als Äquivalent für die dem Unternehmer entgangenen Zinserträge, wenn er sein Eigenkapital „fremd" angelegt hätte (= sog. Opportunitätskosten). Im anderen Fall entscheidet die betriebswirtschaftliche Komponente über die Höhe der Zinskosten: Die Zinskosten werden von dem betriebswirtschaftlich notwendigen Gesamtkapital berechnet. Nähere Ausführungen hierzu finden Sie im Kapitel „F, 2.2.2 Kalkulatorische Zinsen", Seite 205. Wir entscheiden uns an dieser Stelle dafür, in der Ergebnistabelle vorübergehend die Fremdkapitalzinsen als Kosten anzusetzen, um deren grundsätzlichen Kostencharakter zu betonen. Zu einem späteren Zeitpunkt wird die Korrektur in Form der kalkulatorischen Zinsen vorgenommen.

Zinsaufwendungen

2. **In die Abgrenzungsrechnung** werden die Salden aus dem RK I dann übertragen,
   - wenn sie in voller Höhe **neutrale Erträge oder neutrale Aufwendungen** sind.

   So gehen die Salden der Konten 5431, 5440 und 5710 in die Ertragsspalte der Abgrenzungsrechnung über und werden somit **von der Kosten- und Leistungsrechnung ferngehalten.** Entsprechend ist bei den Aufwendungen zu verfahren: Die Konten 6940, 6979 und 7460 enthalten nicht kalkulierbare (= unternehmensbezogene) Aufwendungen, die in die Aufwandsspalte der Abgrenzungsrechnung übertragen werden.
3. **Besondere Beachtung** verdienen das Konto **„6520 Abschreibungen auf Sachanlagen"** und die Kontengruppe **„70 .. Betriebliche Steuern"**: Von den bilanzmäßigen Abschreibungen in Höhe von 650.000,00 € sind zunächst 40.000,00 € als neutraler Aufwand in die Abgrenzungsrechnung einzustellen. Dieser Betrag hat mit den Abschreibungen auf das **betrieblich genutzte** Anlagevermögen nichts zu tun; er wird über den **Filter „Unternehmensbezogene Abgrenzungen"** von der Kosten- und Leistungsrechnung ferngehalten. In die Spalte „Kosten" der Betriebsergebnisrechnung ist nur der Restbetrag von 610.000,00 € einzusetzen. Entsprechend ist bei der Kontengruppe 70.. zu verfahren: Hier werden 2.000,00 € Grundsteuer auf das brach liegende Grundstück als neutraler Aufwand abgegrenzt; der Restbetrag von 188.000,00 € gilt als Kosten.
4. **Ergebnisspaltung im Rechnungskreis II.** Während das **GuV-Konto** auf Seite 186 nur das **Gesamtergebnis** der Unternehmung (= Jahresüberschuss) in Höhe von **1.850.000,00 €** ausweist, lassen sich aus der **Ergebnistabelle** auf Seite 195 zusätzlich die **Teilergebnisse**

Neutraler Verlust	(–)	**187.000,00 €**
Betriebsgewinn	(+)	**2.037.000,00 €**

6946196

ablesen. Die Ergebnistabelle macht damit in der Spalte „Betriebsergebnisrechnung" eine für die Unternehmensleitung wichtige Aussage über das Ergebnis aus der betrieblichen Tätigkeit. Im obigen Beispiel stammt der **gesamte unternehmerische Erfolg aus der betrieblichen Tätigkeit.** Die sonstigen Vorgänge, die **nichts mit planvollen betrieblichen Geschäftsfällen** zu tun haben, führen zu einem **neutralen Verlust** von 187.000,00 €.

5. **Kosten und Leistungen.** Die Ergebnistabelle verdeutlicht, dass das Produktionsergebnis der Abrechnungsperiode (= Jahr) aus **Absatzleistungen** (= 10.520.000,00 €) und **Lagerleistungen** (= Mehrbestand an fertigen Erzeugnissen 240.000,00 €) besteht. Es wurde durch den Einsatz von insgesamt 8.723.000,00 € Kosten erzielt.
6. **Wirtschaftlichkeit.** Für Herrn Wernick ist die Wirtschaftlichkeit, d. h. der **sparsame Einsatz der Betriebsmittel und Werkstoffe**, eine wichtige Kennzahl zur Beurteilung seines betrieblichen Handelns. Er berechnet diese Zahl, indem er die **Leistungen durch die Kosten dividiert:**

$$\textbf{Wirtschaftlichkeit} = \frac{\textbf{Leistungen}}{\textbf{Kosten}} = \frac{\textbf{10.760.000,00 €}}{\textbf{8.723.000,00 €}} = \textbf{1,23}$$

Diese Zahl besagt, dass für je 1,00 € eingesetzte Kosten 1,23 € Umsatzerlöse ins Unternehmen zurückgeflossen sind.

Aufgabe 214

Der Finanzbuchhaltung der Möbelfabrik Schneider GmbH, die sich auf Regalfertigung spezialisiert hat, entnehmen wir für den Monat Juni .. folgende Aufwendungen und Erträge:

5000	Umsatzerlöse für eigene Erzeugnisse	1.280.000,00
5220	Mehrbestand an fertigen Erzeugnissen	120.000,00
5431	Erträge aus Versicherungsentschädigungen	14.000,00
5490	Periodenfremde Erträge	56.000,00
5500	Erträge aus Beteiligungen	30.000,00
5710	Zinserträge	4.000,00
60 ..	Aufwendungen für Roh- und Hilfsstoffe	330.000,00
6160	Fremdinstandsetzung	3.000,00
6200	Löhne	520.000,00
6300	Gehälter	130.000,00
6400	Soziale Aufwendungen	140.000,00
6520	Abschreibungen auf Sachanlagen	60.000,00
6850	Reisekosten	12.000,00
70 ..	Betriebliche Steuern	35.000,00
7030	Kraftfahrzeugsteuer (für Betriebsfahrzeuge)	10.000,00
7460	Verluste aus Wertpapierverkäufen	16.000,00

Aufgaben für die Erstellung der Ergebnistabelle

1. *Übernehmen Sie die Aufwendungen und Erträge der Finanzbuchhaltung in die Gesamtergebnisrechnung des Rechnungskreises I der Ergebnistabelle.*
2. *Führen Sie im Rechnungskreis II die Abgrenzungsrechnung durch, indem Sie die neutralen Aufwendungen und Erträge aus der Gesamtergebnisrechnung in die Abgrenzungsrechnung übertragen.*
3. *Die betrieblichen Aufwendungen und Erträge sind entsprechend als Kosten und Leistungen in die Betriebsergebnisrechnung einzubringen. Hierbei ist zu beachten, dass von den Abschreibungen auf Sachanlagen 5.000,00 € auf still gelegte Anlagen entfallen.* Im Konto „70.. Betriebliche Steuern" sind 20.000,00 € Steuernachzahlungen für zurückliegende Perioden enthalten.
4. *Errechnen Sie*
   a) das Neutrale Ergebnis,
   b) das Betriebsergebnis,
   c) das Gesamtergebnis der Unternehmung.
5. *Stimmen Sie das Gesamtergebnis des Rechnungskreises I mit dem Gesamtergebnis des Rechnungskreises II anhand des Schemas auf Seite 195 ab.*

Aufgabe 215

In der Buchhaltung eines Industriebetriebes schließen die Erfolgskonten mit folgenden Salden ab:

5000	Umsatzerlöse für eigene Erzeugnisse	800.000,00
5431	Erträge aus Versicherungsentschädigungen	45.000,00
5710	Zinserträge	20.000,00
6000	Aufwendungen für Rohstoffe	270.000,00
6020	Aufwendungen für Hilfsstoffe	50.000,00
6200	Löhne	350.000,00
6300	Gehälter	90.000,00
6400	Soziale Aufwendungen	40.000,00
6800	Aufwendungen für Büromaterial	3.000,00
6940	Sonstige (neutrale) Aufwendungen	9.000,00
7510	Zinsaufwendungen	10.000,00
70 ..	Betriebliche Steuern	25.000,00

Aufgaben für die Erstellung der Ergebnistabelle

1. *Übernehmen Sie die Aufwendungen und Erträge der Finanzbuchhaltung in die Gesamtergebnisrechnung des Rechnungskreises I der Ergebnistabelle.*
2. *Führen Sie im Rechnungskreis II die Abgrenzungsrechnung durch, indem Sie die neutralen Aufwendungen und Erträge aus der Gesamtergebnisrechnung in die Abgrenzungsrechnung übertragen.*
3. *Die betrieblichen Aufwendungen und Erträge sind entsprechend als Kosten und Leistungen in die Betriebsergebnisrechnung einzubringen.*

Aufgabe 216

In der Buchhaltung eines Industriebetriebes schließen die Erfolgskonten mit folgenden Salden ab:

5000	Umsatzerlöse für eigene Erzeugnisse	1.450.000,00
5220	Erhöhung des Bestandes an fertigen Erzeugnissen	40.000,00
5440	Erlöse aus Anlagenverkäufen	8.000,00
5710	Zinserträge	3.000,00
60 ..	Aufwendungen für Roh- und Betriebsstoffe	510.000,00
6200	Löhne	620.000,00
6300	Gehälter	175.000,00
6400	Soziale Aufwendungen	95.000,00
6700	Mietaufwendungen	15.000,00
6979	Anlagenabgänge	7.000,00
70 ..	Betriebliche Steuern	34.000,00
7510	Zinsaufwendungen	12.000,00

Erstellen Sie die Ergebnistabelle nach den Angaben in Aufgabe 215.

Aufgabe 217

Auszug aus der Ergebnistabelle der Meyer GmbH:

5000	Umsatzerlöse für eigene Erzeugnisse	3.245.000,00
5431	Erträge aus Versicherungsentschädigungen	25.000,00
60 ..	Aufwendungen für Roh-, Hilfs- und Betriebsstoffe	1.220.000,00
62–64	Personalaufwendungen	1.550.000,00
6520	Abschreibungen auf Sachanlagevermögen	215.000,00

Stellen Sie folgenden Vorgang in der Ergebnistabelle dar:

Herr Meyer hat eine zum Betriebsvermögen gehörende Anlage still gelegt. Diese Anlage schreibt er mit 4.500,00 € ab; dieser Betrag ist in den Abschreibungen auf Sachanlagevermögen enthalten. Mit eigenen Arbeitskräften und Material aus dem Lager hat er die Anlage still legen lassen: Lohnkosten 24.000,00 €, Materialkosten 6.200,00 €.

Aufgabe 218

In der FB der Wilhelm GmbH, Kleiderfabrikation, sind für das 1. Quartal .. folgende Aufwendungen und Erträge erfasst worden:

5000	Umsatzerlöse für eigene Erzeugnisse	1.870.500,00
5100	Umsatzerlöse für Waren	200.000,00
5210	Mehrbestand an unfertigen Erzeugnissen	42.000,00
5300	Aktivierte Eigenleistungen	31.500,00
5431	Erträge aus Versicherungsentschädigungen	5.200,00
5440	Erlöse aus Anlagenverkäufen	1.900,00
5500	Erträge aus Beteiligungen	8.200,00
5710	Zinserträge	4.100,00
6000	Aufwendungen für Rohstoffe	300.000,00
6060	Aufwendungen für Waren	150.000,00
6200	Löhne	798.000,00
6300	Gehälter	401.000,00
6400	Soziale Aufwendungen	185.100,00
6520	Abschreibungen auf Sachanlagen	92.500,00
6570	Abschreibungen auf Umlaufvermögen	31.200,00
6700	Miet- und Pachtaufwendungen	4.900,00
6870	Aufwendungen für Werbung	62.200,00
6979	Anlagenabgänge	5.600,00
70 ..	Betriebliche Steuern	22.400,00

1. *Erstellen Sie die Ergebnistabelle entsprechend der Aufgabenstellung in der Aufgabe 215.*
2. *Beurteilen Sie die Erfolgslage des Unternehmens.*

Aufgabe 219

Die FB der Fabrik für Bauelemente Heinz Schnell GmbH weist für das 1. Quartal . . folgende Aufwendungen und Erträge aus:

5000	Umsatzerlöse für eigene Erzeugnisse	1.381.500,00
5220	Minderbestand an fertigen Erzeugnissen	14.200,00
5300	Aktivierte Eigenleistungen	13.700,00
5431	Erträge aus Versicherungsentschädigungen	16.300,00
5440	Erlöse aus Anlagenverkäufen	24.800,00
5500	Erträge aus Beteiligungen	30.700,00
5710	Zinserträge	7.800,00
6000	Aufwendungen für Rohstoffe	225.000,00
6150	Vertriebsprovisionen	28.500,00
6160	Fremdinstandsetzung	39.600,00
6200	Fertigungs- und Hilfslöhne	375.000,00
6300	Gehälter	410.000,00
6400	Arbeitgeberanteil zur SV	165.000,00
6420	Beiträge zur Berufsgenossenschaft	13.200,00
6440	Aufwendungen für Altersversorgung	28.400,00
6520	Abschreibungen auf Sachanlagen	42.800,00
6700	Miet- und Pachtaufwendungen	21.200,00
6870	Aufwendungen für Werbung	36.100,00
6979	Anlagenabgänge	12.200,00
70 ..	Betriebliche Steuern	8.400,00
7400	Abschreibungen auf Finanzanlagen	5.200,00
7510	Zinsaufwendungen	33.900,00

1. *Erstellen Sie die Ergebnistabelle.*
2. *Beurteilen Sie die Erfolgssituation des Unternehmens.*

2.2 Berücksichtigung kalkulatorischer Kosten in der Betriebsergebnisrechnung (Kostenrechnerische Korrekturen)

Situation

Bei der Aufstellung der Ergebnistabelle von Seite 195 ist Herrn Wernick bewusst gewesen, dass er einige der dort in der Betriebsergebnisrechnung ausgewiesenen Kosten so noch nicht in die Kostenstellen- und Kostenträgerrechnung übernehmen kann, weil sie den Anforderungen der Kostenrechnung (z. B. an eine verursachungsgerechte Kostenhöhe) nicht entsprechen. Auch hat er das Ziel einer vollständigen Kostenerfassung noch nicht erreicht; es fehlen noch jene Kosten, die überhaupt nicht als Aufwendungen in der FB erscheinen:

1. So hat Herr Wernick die Abschreibungen in der FB mit einem Wert berechnet und gebucht, der **für die Kostenrechnung ungeeignet** ist:

   Bei der Berechnung der bilanzmäßigen Abschreibungen hat er sich an die handelsrechtlichen Vorschriften gehalten, also z. B. ausgehend von den **Anschaffungskosten** abgeschrieben.

   In der KLR möchte er aus Gründen des Kostenvergleichs gleichmäßig und von den zukünftigen (höheren) **Wiederbeschaffungskosten** abschreiben, damit er demnächst in der Lage ist, aus den über die Umsatzerlöse verdienten Abschreibungen die teureren Ersatzanlagen zu beschaffen.

   Anstelle der bilanzmäßigen Abschreibungen will er also in der Betriebsergebnisrechnung **kalkulatorische Abschreibungen** als Kosten ansetzen.

2. Die Zinsaufwendungen hat Herr Wernick mit 540.000,00 € als Kosten übernommen. In diesen Aufwendungen ist aber nur die Verzinsung des tatsächlichen langfristigen Fremdkapitals enthalten. Die Verzinsung des eingesetzten Eigenkapitals fehlt unter den Kosten. Ihm steht eine Verzinsung des Eigenkapitals – vergleichbar der Verzinsung einer langfristigen Geldanlage – zu.[1]

   Anstelle der tatsächlichen Fremdkapitalzinsen will er also **kalkulatorische Zinsen vom gesamten betriebsnotwendigen Kapital** als Kosten ansetzen.

3. Um die Kalkulation der Verkaufspreise auf eine feste Grundlage zu stellen und um die Verkaufspreise über längere Zeit konstant halten zu können, will Herr Wernick den Rohstoffaufwand nicht wie bisher zu aktuellen Bezugspreisen, sondern zu **festen Verrechnungspreisen** in der KLR bewerten.

Mit dem Ansatz kalkulatorischer Kosten in der Betriebsergebnisrechnung – anstelle der entstandenen Aufwendungen aus der Finanzbuchhaltung – folgt Herr Wernick einem **wesentlichen Grundsatz der Kostenrechnung:**

In der Betriebsergebnisrechnung werden alle Kosten verursachungs- und periodengerecht in der für die Kostenrechnung geeigneten und angemessenen Höhe erfasst.

Damit ist ausgesagt, dass es dem Unternehmer grundsätzlich freigestellt ist, in welcher Höhe er die kalkulatorischen Kosten ansetzt – im Gegensatz zu den Aufwendungen in der Finanzbuchhaltung, deren Höhe sich aufgrund handelsrechtlicher Vorgaben nach den tatsächlichen Ausgaben (Anschaffungskosten/Herstellungskosten) und/oder dem nachgewiesenen Verbrauch bzw. der nachgewiesenen Wertminderung richten muss. Begrenzt wird die unternehmerische Freiheit durch den Kalkulationszweck, der darauf ausgerichtet ist, entweder kostendeckende Preise zu berechnen und beim Verkauf der Erzeugnisse zu erzielen oder danach zu fragen, welche Kosten unbedingt über die am Markt erzielbaren Preise gedeckt werden müssen und auf welche Kosten – zumindest vorübergehend – verzichtet werden kann.

1 Vgl. hierzu auch die Erläuterungen auf S. 196.

Situation
Fortsetzung

Für Herrn Wernick stellt sich die Frage, **wie** er die kalkulatorischen Kosten in der Betriebsergebnisrechnung erfassen kann, ohne das Gesamtergebnis zu verändern. Hierzu übernimmt er einen Vorschlag der IHK zur Organisation der Ergebnistabelle und fügt in der Abgrenzungsrechnung zwei zusätzliche Spalten mit der Überschrift **„Kostenrechnerische Korrekturen“** ein; die linke Spalte trägt die Bezeichnung **„betriebliche Aufwendungen“**, die rechte Spalte die Bezeichnung **„verrechnete Kosten“**. Mit diesem Vorgehen erreicht Herr Wernick, dass die kostenrechnerischen Korrekturen nicht mit den zuvor abgegrenzten neutralen Aufwendungen und Erträgen vermischt werden.

Die so gestaltete Ergebnistabelle weist in der Abgrenzungsrechnung **zwei Teilergebnisse** aus:

- das **Ergebnis aus unternehmensbezogenen Abgrenzungen**
  und
- das **Ergebnis aus kostenrechnerischen Korrekturen.**

Beide Teilergebnisse werden zusammengefasst zum

- **Neutralen Ergebnis.**

Die Ergebnistabelle der Wernick GmbH hat nunmehr folgendes Aussehen:

<table>
<tr><th colspan="9">Ergebnistabelle</th></tr>
<tr><th colspan="3">Finanzbuchhaltung (= RK I)</th><th colspan="6">Kosten- und Leistungsrechnung (= RK II)</th></tr>
<tr><th colspan="3" rowspan="2">Gesamtergebnisrechnung der FB</th><th colspan="4">Abgrenzungsrechnung</th><th colspan="2" rowspan="2">Betriebsergebnis-rechnung</th></tr>
<tr><th colspan="2">Unternehmensbezogene Abgrenzungen</th><th colspan="2">Kostenrechnerische Korrekturen</th></tr>
<tr><td>Konto</td><td>Aufwendungen</td><td>Erträge</td><td>neutrale Aufwendungen</td><td>neutrale Erträge</td><td>betriebliche Aufwendungen</td><td>verrechnete Kosten</td><td>Kosten</td><td>Leistungen</td></tr>
<tr><td></td><td></td><td></td><td></td><td></td><td></td><td></td><td></td><td></td></tr>
<tr><td></td><td></td><td></td><td colspan="2">Ergebnis aus unternehmensbezogenen Abgrenzungen</td><td colspan="2">Ergebnis aus kostenrechnerischen Korrekturen</td><td></td><td></td></tr>
<tr><td></td><td colspan="2">Gesamtergebnis =</td><td colspan="4">Neutrales Ergebnis +</td><td colspan="2">Betriebsergebnis</td></tr>
</table>

Merke

- **Die Abgrenzungsrechnung wird außerhalb der Finanzbuchhaltung tabellarisch in zwei Bereichen durchgeführt:**
  - **In einem ersten Bereich – auch unternehmensbezogene Abgrenzungen genannt – werden aus den gesamten Aufwendungen und Erträgen der FB die neutralen Aufwendungen und Erträge herausgefiltert und zum „Ergebnis aus unternehmensbezogenen Abgrenzungen“ zusammengeführt.**
  - **In einem zweiten Bereich – den kostenrechnerischen Korrekturen – werden die korrekturbedürftigen betrieblichen Aufwendungen der FB (z. B. bilanzmäßige Abschreibungen, Zinsaufwendungen) von der Kostenrechnung ferngehalten. Ihnen sind kalkulatorische Kosten aus der Kostenrechnung gegenüberzustellen. Aus den korrekturbedürftigen betrieblichen Aufwendungen und den verrechneten Kosten wird das „Ergebnis aus kostenrechnerischen Korrekturen“ errechnet.**
- **Die beiden Teilergebnisse der Abgrenzungsrechnung werden zum „Neutralen Ergebnis“ zusammengefasst.**

2.2.1 Kalkulatorische Abschreibungen

Bilanzmäßige Abschreibungen

In der Ergebnistabelle auf Seite 195 wurden die bilanzmäßigen Abschreibungen in Höhe von 610.000,00 € als Kosten angesetzt. Das ist grundsätzlich korrekt, da dieser Aufwand **betriebsbedingt** ist. Es ist allerdings zu fragen, ob dieser Aufwand dem **tatsächlichen Werteverzehr der Anlagen** entspricht und damit **verursachungsgerechte Kosten** wiedergibt. Da bilanzmäßige Abschreibungen im Rahmen **handelsrechtlicher Vorschriften nach gewinnpolitischen Zweckmäßigkeiten** vorgenommen werden, eignen sie sich **nicht** für die Kostenrechnung, in der u. a. die **gleichmäßige Belastung** jeder Abrechnungsperiode mit Kosten angestrebt wird; dies wäre in Ansätzen über die **lineare Abschreibung** möglich.

Kalkulatorische Abschreibungen als Anderskosten

In der Regel sind also die bilanzmäßigen Abschreibungen für die Kostenrechnung **ungeeignet** und werden dort mit einem **anderen Betrag** eingesetzt. Folgende **Gründe** sprechen für den unterschiedlichen Wertansatz von bilanzmäßigen und kalkulatorischen Abschreibungen:

- **Bilanzmäßig** abgeschrieben werden **alle** Wirtschaftsgüter des Anlagevermögens, unabhängig davon, ob sie dem eigentlichen Betriebszweck dienen oder nicht.
  Kalkulatorisch abgeschrieben werden dagegen **nur** solche **Anlagegüter, die betriebsnotwendig sind.** Als betriebsnotwendig gelten alle Anlagen, die **laufend** dem Betriebszweck und der Leistungserstellung und -verwertung dienen (einschließlich Reserveanlagen).
- **Bilanzabschreibungen** werden auf der Grundlage der **Anschaffungs- oder Herstellungskosten** des Anlagegutes vorgenommen.
  Kalkulatorische Abschreibungen werden dagegen von den **gestiegenen Wiederbeschaffungskosten** des Anlagegutes berechnet, um in der Zukunft so viele Abschreibungsbeträge über die zufließenden Umsatzerlöse ansammeln zu können, dass Ersatzinvestitionen möglich sind.
- **Bilanzmäßig** kann ein Anlagegut in der Finanzbuchhaltung nur bis zum Erinnerungswert von 1,00 € abgeschrieben werden.
  Kalkulatorische Abschreibungen werden dagegen so lange fortgesetzt, wie das betreffende Anlagegut noch im Betrieb verwendet wird, also unabhängig davon, ob es bilanziell bereits abgeschrieben ist oder nicht.
- Unterschiede zwischen der bilanzmäßigen und der kalkulatorischen Abschreibung bestehen auch in der Anwendung der **Abschreibungsmethoden**:
  In der Finanzbuchhaltung ist der Kaufmann gehalten, nach handelsrechtlichen Vorschriften abzuschreiben (z. B. linear oder degressiv).
  In der Kosten- und Leistungsrechnung dagegen soll möglichst die tatsächliche Wertminderung der Anlagegüter durch die kalkulatorische Abschreibung berücksichtigt werden. Jedoch ist es hinsichtlich des Kostenvergleichs notwendig, in den Abrechnungsperioden gleiche Abschreibungsbeträge zu verrechnen. Kalkulatorisch wird daher in der Regel linear abgeschrieben.

Beispiel

In der Unternehmung Wernick GmbH werden die kalkulatorischen Abschreibungen linear aufgrund folgender Zahlen berechnet:

Sachanlagen	Wiederbeschaffungskosten	Abschreibungssatz	Abschreibungsbetrag
Gebäude	2.500.000,00 €	4 %	100.000,00 €
Maschinen	4.000.000,00 €	10 %	400.000,00 €
BGA	800.000,00 €	20 %	160.000,00 €
			660.000,00 €

6946202

Erfassung der kalkulatorischen und bilanzmäßigen Abschreibung im RK II

Die kalkulatorische Abschreibung wird mit **660.000,00 €** in die Spalte **„Kosten"** der Betriebsergebnisrechnung eingesetzt und durch die

Buchung: „**Kosten**" an „**Verrechnete Kosten**"

in der Spalte **„verrechnete Kosten"** des Abgrenzungsbereichs „Kostenrechnerische Korrekturen" **erfolgswirksam „gegengebucht"**. Aus der Aufwandsspalte des Rechnungskreises I wird die bilanzmäßige Abschreibung (650.000,00 €) – nach Abfilterung der unternehmensbezogenen Abschreibung von 40.000,00 € für die still gelegte Anlage – mit **610.000,00 €** in die Spalte „betriebliche Aufwendungen" des Abgrenzungsbereichs „Kostenrechnerische Korrekturen" übertragen. Hier stehen sich nun bilanzmäßige und kalkulatorische Abschreibung gegenüber. Beide Zahlen können zum Ergebnis aus kostenrechnerischen Korrekturen verrechnet werden. In diesem Fall ergibt sich ein **Ertrag aus kostenrechnerischen Korrekturen in Höhe von 50.000,00 €.**

Ergebnistabelle								
Finanzbuchhaltung (= RK I)			Kosten- und Leistungsrechnung (= RK II)					
			Abgrenzungsrechnung					
Gesamtergebnisrechnung der FB			Unternehmensbezogene Abgrenzungen		Kostenrechnerische Korrekturen		Betriebsergebnisrechnung	
Konto	Aufwendungen	Erträge	neutrale Aufwendungen	neutrale Erträge	betriebliche Aufwendungen	verrechnete Kosten	Kosten	Leistungen
5000		660.000[1]						660.000[1]
6520	650.000 →		40.000 →		610.000	660.000 ←	660.000	
	650.000	660.000	40.000	0	610.000	660.000	660.000	660.000
	10.000			**40.000**	**50.000**			**0**
	660.000	660.000	40.000	40.000	660.000	660.000	660.000	660.000

Auf das Gesamtergebnis im RK I wirken sich die über die Umsatzerlöse „verdienten" kalkulatorischen Abschreibungen mit einem **Gewinn von 10.000,00 €** aus.

Die Abgrenzungsrechnung im RK II weist einen **Gewinn von 10.000,00 €** aus, der sich aus **40.000,00 € Verlust aus „Unternehmensbezogenen Abgrenzungen"** und **50.000,00 € Gewinn aus „Kostenrechnerischen Korrekturen"** zusammensetzt.

Das Betriebsergebnis wird durch die kalkulatorischen Abschreibungen **nicht beeinflusst**, sofern diese Abschreibungen über die Umsatzerlöse **voll** erstattet werden. Es stehen sich hier also Kosten und Leistungen in gleicher Höhe gegenüber.

Merke

- **Kalkulatorische Abschreibungen stellen Kosten dar, die die tatsächliche Wertminderung der Anlagen erfassen und in der Selbstkosten- und Betriebsergebnisrechnung verrechnet werden. Sofern sie höher als die bilanzmäßigen Abschreibungen sind und über die Marktpreise abgegolten werden, beeinflussen sie das Gesamtergebnis positiv.**
- **Bilanzmäßige Abschreibungen stellen Aufwand in der Gesamtergebnisrechnung der FB dar und werden nach handelsrechtlichen Gesichtspunkten bemessen. Sie beeinflussen die Wertansätze des Anlagevermögens in der Bilanz.**

1 über die Umsatzerlöse zurückgeflossene kalkulatorische Abschreibungen

Abschreibungskreislauf[1]

Ein wesentliches Unternehmensziel muss die **Erhaltung der Vermögenssubstanz** sein; insbesondere geht es hierbei um die Erhaltung der im Anlagevermögen ruhenden Leistungsfähigkeit. Dies wird durch die **Ersatzbeschaffung** (= Reinvestition) **verbrauchter Anlagen** erreicht. Die **Finanzierung** solcher Anlagen hat grundsätzlich aus „verdienten" Kosten **ohne Zuführung von Eigenkapital** zu erfolgen. Um dies zu erreichen, bedarf es des Ansatzes von Abschreibungen, und zwar

- in der **Finanzbuchhaltung** als **Aufwand**, um zu verhindern, dass in der Gewinn- und Verlustrechnung **ein zu hoher Gewinn ausgewiesen** und möglicherweise **ausgeschüttet** wird (= Gefahr der Substanzausschüttung),
- in der **Kosten- und Leistungsrechnung** als **Kosten**, um die Wertminderung der Anlagen zu erfassen und in die **Preisberechnung** einzubeziehen. In der Regel müssen dem Unternehmen im Preis für die Erzeugnisse **alle Kosten** zurückerstattet werden. In den Umsatzerlösen fließen also auch die Abschreibungsbeträge **(= Abschreibungsgegenwerte)** zurück und stehen in Form flüssiger Mittel für die Erneuerung von Anlagen zur Verfügung.

So ergibt sich – unter der Voraussetzung, dass die kalkulatorischen Abschreibungen vom Markt vergütet werden – folgender **Abschreibungskreislauf**:

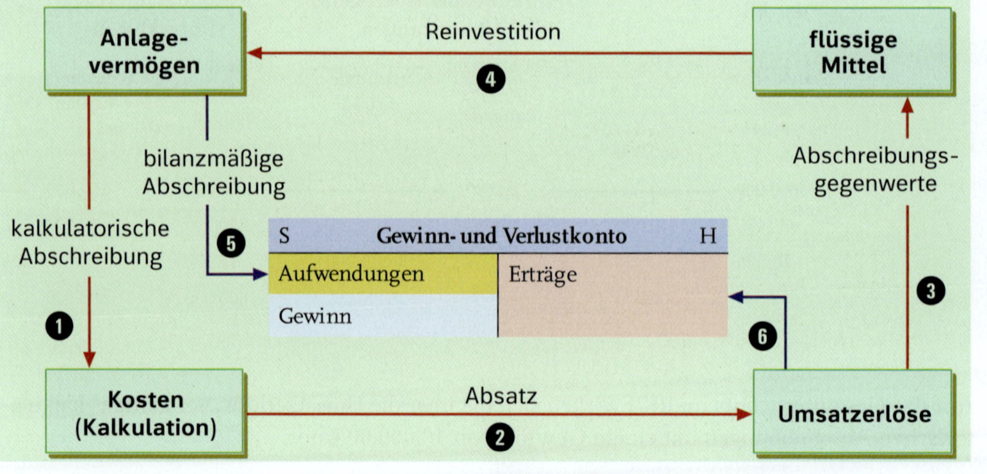

Aufgabe: Erläutern Sie den Abschreibungskreislauf ❶ bis ❻ anhand eines Zahlenbeispiels.

Finanzierung aus Abschreibungsgegenwerten

Die obige Darstellung macht deutlich, dass kein Unternehmen auf Abschreibungen als wesentliches Mittel der Finanzierung **(= Innenfinanzierung)** verzichten kann.

Bei der Finanzierungswirkung der Abschreibung lassen sich drei Fälle unterscheiden:

- **Bilanzmäßige Abschreibungen und kalkulatorische Abschreibungen stimmen überein.** In diesem Fall findet eine **Vermögensumschichtung** vom Anlagevermögen zum Umlaufvermögen statt. Auf Dauer wird die Vermögenssubstanz nur nominell erhalten.
- **Bilanzmäßige Abschreibungen sind höher als kalkulatorische Abschreibungen.** In diesem Fall führt der gebuchte Mehraufwand zu einer **verdeckten Finanzierung aus dem Gewinn.** Auf Dauer wird die Vermögenssubstanz aufgezehrt.
- **Bilanzmäßige Abschreibungen sind niedriger als kalkulatorische Abschreibungen.** In diesem Fall führt der erzielte Mehrerlös zu einer **offenen Finanzierung aus dem Gewinn.** Dem Unternehmen stehen zusätzliche Mittel zur Finanzierung zur Verfügung.

1 Siehe auch Band 1, HF 6, AS 6.1, Kapitel 4.2.3.

2.2.2 Kalkulatorische Zinsen

Zinsen vom betriebsnotwendigen Kapital

In der Ergebnistabelle auf Seite 195 hat Unternehmer Wernick die in der Finanzbuchhaltung gebuchten Fremdkapitalzinsen in Höhe von 540.000,00 € als Kosten in die Kosten- und Leistungsrechnung übernommen. Das ist grundsätzlich richtig, da die Fremdkapitalzinsen einen **betrieblichen Aufwand** darstellen. Es stellt sich aber die Frage nach der Zweckmäßigkeit dieses Kostenansatzes. Herr Wernick wird danach streben, dass ihm in den Umsatzerlösen auch eine angemessene **Verzinsung des eingesetzten Eigenkapitals** zufließt. Um das zu erreichen, werden in der Kostenrechnung Zinsen für das **gesamte bei der Leistungserstellung und -verwertung erforderliche Kapital** angesetzt. Dadurch werden alle Industriebetriebe in der Selbstkosten- und Betriebsergebnisrechnung vergleichbar gemacht, unabhängig davon, in welchem Verhältnis sie mit Eigen- und Fremdkapital ausgestattet sind. Außerdem wird die Kostenrechnung von zufälligen Schwankungen befreit, die durch die Änderungen der Zinssätze für aufgenommene Kredite entstehen.

Betriebsnotwendiges Kapital

In der Kosten- und Leistungsrechnung werden somit anstelle der tatsächlich gezahlten Zinsen **kalkulatorische Zinsen** angesetzt und verrechnet. Sie werden auf der Grundlage des **betriebsnotwendigen Kapitals** ermittelt. Der kalkulatorische Zinssatz richtet sich meist nach dem im betreffenden Zeitraum üblichen Zinssatz für langfristige Darlehen.

Beispiel

Unternehmer Wernick ermittelt auf der Grundlage seiner Bilanzen das folgende **betriebsnotwendige Kapital**, das er mit 9 %/Jahr kalkulatorisch verzinsen will:

	Anlagevermögen (nach kalkulatorischen Restwerten, ohne still gelegte Anlagen)	7.200.000,00 €
+	Umlaufvermögen (nach kalkulatorischen Mittelwerten, ohne Wertpapiere)	5.200.000,00 €
	Betriebsnotwendiges Vermögen	12.400.000,00 €
–	Abzugskapital (Lieferantenkredite[1] ohne Skontierung, Kundenanzahlungen)	900.000,00 €
=	**Betriebsnotwendiges Kapital**	**11.500.000,00 €**

Die **kalkulatorischen** Zinsen für das Jahr betragen dann:
11.500.000,00 € · 0,09 = ... **1.035.000,00 €**

Zum betriebsnotwendigen Anlagevermögen zählen nur solche Anlagegüter, die **dauernd** dem eigentlichen **Betriebszweck** dienen. Das nicht abnutzbare betriebsnotwendige Anlagevermögen (z. B. Grundstücke) wird zu **Anschaffungskosten** bewertet. Das abnutzbare betriebsnotwendige Anlagevermögen (z. B. Gebäude, Technische Anlagen/Maschinen, Betriebs- und Geschäftsausstattung) wird nicht mit Bilanzwerten angesetzt, sondern mit **kalkulatorischen Restwerten** (= Anschaffungskosten minus kalkulatorische Abschreibungen).

Nicht betriebsnotwendige Anlagen, wie z. B. brach liegende Grundstücke, stillgelegte Anlagen u. a., bleiben **außer Ansatz.**

Reserveanlagen (z. B. Reservemaschinen) gehören stets zum betriebsnotwendigen Anlagevermögen, da sie für die Aufrechterhaltung der Betriebsbereitschaft erforderlich sind.

Das betriebsnotwendige Umlaufvermögen ist nach Ausgliederung der nicht betriebsbedingten Posten (z. B. Wertpapierbestände) mit den Beträgen anzusetzen, die während des Abrechnungszeitraumes **durchschnittlich** im Umlaufvermögen gebunden sind (sog. kalkulatorische Mittelwerte).

Das Abzugskapital besteht aus Kapitalposten, die dem Unternehmen **zinslos** zur Verfügung stehen, wie z. B. Anzahlungen von Kunden, sonstige Verbindlichkeiten, Rückstellungen, Lieferantenkredite, sofern keine Skontierungsmöglichkeit hierfür besteht. Strittig ist, ob ein Abzugskapital vom betriebsnotwendigen Vermögen überhaupt subtrahiert werden sollte. Für einen Abzug spricht, dass dadurch eine doppelte Anrechnung von Zinskosten verhindert wird. So ist z. B. in Lieferantenkrediten (= Verbindlichkeiten a. LL) der Zins bereits im Warenpreis

1 Siehe auch Band 1, HF 6, AS 6.1, Kapitel 4.1.2.

enthalten und Kundenanzahlungen beinhalten eine Abzinsung – und damit einen Zinsvorteil für den Lieferanten – für eine erst später fällige Forderung. Lässt man das Abzugskapital aus der Berechnung heraus, so wird dadurch verhindert, dass die Höhe des betriebsnotwendigen Kapitals von Finanzierungsvorgängen beeinflusst wird. Wir haben uns hier entschieden, das Abzugskapital anzusetzen.

Erfassung der kalkulatorischen Zinsen in der KLR

Die kalkulatorischen Zinsen werden mit 1.035.000,00 € (vgl. Beispiel S. 205) in die Spalte **„Kosten"** der Betriebsergebnisrechnung eingesetzt und in der Spalte **„verrechnete Kosten"** der „Kostenrechnerischen Korrekturen" **gegengebucht**. Aus dem RK I werden die dort als Aufwand gebuchten Fremdkapitalzinsen (vgl. S. 195) mit 540.000,00 € in die Spalte „betriebliche Aufwendungen" der „Kostenrechnerischen Korrekturen" übertragen. Hier stehen sich Fremdkapitalzinsen und kalkulatorische Zinsen gegenüber und können zum **„Ergebnis aus kostenrechnerischen Korrekturen"** verrechnet werden. In diesem Fall ergibt sich ein neutraler Gewinn von 495.000,00 €. Er stimmt mit dem in der FB ausgewiesenen Gewinn bei **vollem Kostenersatz durch die Umsatzerlöse** überein.

Ergebnistabelle

Finanzbuchhaltung (= RK I)			Kosten- und Leistungsrechnung (= RK II)					
Gesamtergebnisrechnung der FB			Abgrenzungsrechnung				Betriebsergebnisrechnung	
			Unternehmensbezogene Abgrenzungen		Kostenrechnerische Korrekturen			
Konto	Aufwendungen	Erträge	neutrale Aufwendungen	neutrale Erträge	betriebliche Aufwendungen	verrechnete Kosten	Kosten	Leistungen
5000		1.035.000[1]						1.035.000[1]
7510	540.000 →				540.000	1.035.000 ←	1.035.000	
	540.000	1.035.000			540.000	1.035.000	1.035.000	1.035.000
	495.000				**495.000**			**0**
	1.035.000	1.035.000			1.035.000	1.035.000	1.035.000	1.035.000

Merke

- **Kalkulatorische Zinsen stellen Kosten für die Nutzung des betriebsnotwendigen Kapitals dar. Ihre Einbeziehung in die KLR ermöglicht eine gleichmäßige Belastung der Abrechnungsperioden mit Zinskosten. In den Umsatzerlösen werden die Zinsen dem Unternehmen i. d. R. vergütet.**
- **Die gezahlten Fremdkapitalzinsen stellen Aufwand in der Finanzbuchhaltung dar. In der Abgrenzungsrechnung werden sie den verrechneten kalkulatorischen Zinsen gegenübergestellt.**

Aufgabe 220

Ein Industriebetrieb verfügt über folgende betriebsnotwendige Vermögenswerte:

Anlagevermögen:	Gebäude	750.000,00
	Maschinelle Anlagen	220.000,00
	Betriebs- und Geschäftsausstattung	170.000,00
	Fuhrpark	260.000,00
Umlaufvermögen:	Vorräte	530.000,00
	Kundenforderungen	280.000,00
	Zahlungsmittel	190.000,00

Das Abzugskapital besteht aus Lieferantenkrediten in Höhe von 200.000,00 €. Der kalkulatorische Zinssatz wird mit 9 % angesetzt. Die tatsächlich gezahlten Fremdkapitalzinsen betragen im Geschäftsjahr 135.000,00 €.

1. *Ermitteln Sie das betriebsnotwendige Kapital sowie die jährlichen und monatlichen kalkulatorischen Zinsen.*
2. *Erstellen Sie die Ergebnistabelle.*

1 über die Umsatzerlöse erstattete kalkulatorische Zinsen

2.2.3 Exkurs: Kalkulatorischer Unternehmerlohn

Kalkulatorischer Unternehmerlohn als Kostenbestandteil in der Betriebsergebnisrechnung

In **Kapitalgesellschaften** beziehen die Vorstandsmitglieder (AG) und die Geschäftsführer (KGaA, GmbH) **Gehälter**, die als **Aufwand in der FB** gebucht werden und als **Kosten in die KLR** dieser Unternehmungsformen eingehen. In **Einzelunternehmungen und Personengesellschaften** (e. K., OHG, KG) dagegen erhalten die mitarbeitenden Inhaber oder Gesellschafter keine Gehälter. Ihre Arbeitsleistung wird durch den Unternehmungsgewinn abgegolten. Ein angemessener Gewinn kann aber nur dann erzielt werden, wenn zuvor **für die Arbeitskraft des Unternehmers ein entsprechender Betrag als Kosten (= Unternehmerlohn) angesetzt** und **in die Preise für die Erzeugnisse einkalkuliert** wird. Nur dann können in den Umsatzerlösen die entsprechenden Finanzmittel in das Unternehmen zurückfließen.

Kostenvergleich

Durch die Einrechnung des Unternehmerlohnes in die Kosten wird erreicht, dass Kapitalgesellschaften sowie Personengesellschaften und Einzelunternehmungen in der Selbstkosten- und Betriebsergebnisrechnung **gleichgestellt** sind.

Die Höhe des kalkulatorischen Unternehmerlohns richtet sich nach dem Gehalt eines leitenden Angestellten in **vergleichbarer** Position.

Zusatzkosten

Der kalkulatorische Unternehmerlohn wird als Kostenbestandteil in die Kosten- und Leistungsrechnung eingebracht; er darf aber nicht – wie z. B. die Gehälter leitender Angestellter – in der Finanzbuchhaltung gebucht werden, da er nicht zu Aufwendungen und Ausgaben führt. Kosten mit dieser Eigenschaft heißen Zusatzkosten (vgl. S. 213).

Beispiel

Wäre das Unternehmen Wernick eine KG und Herr Wernick Komplementär (Vollhafter), so könnte er seine Mitarbeit im Unternehmen mit einem Betrag von z. B. jährlich 300.000,00 € als Kosten in der KLR ansetzen.

Nachfolgend zeigen wir, wie dieser Betrag in die Ergebnistabelle einzubringen ist. Zur Vereinfachung der Darstellung sind nur Unternehmerlohn (300.000,00 €) und Umsatzerlöse (10.520.000,00 €) berücksichtigt.

Ergebnistabelle

Finanzbuchhaltung (= RK I)			Kosten- und Leistungsrechnung (= RK II)					
Gesamtergebnisrechnung der FB			Abgrenzungsrechnung				Betriebsergebnisrechnung	
			Unternehmensbezogene Abgrenzungen		Kostenrechnerische Korrekturen			
Konto	Aufwendungen	Erträge	neutrale Aufwendungen	neutrale Erträge	betriebliche Aufwendungen	verrechnete Kosten	Kosten	Leistungen
5000		10.520.000	→	→	→	→	→	10.520.000
U.-Lohn	–					300.000 ←	300.000	
		10.520.000			0	**300.000**	300.000	10.520.000
							10.220.000	
							10.520.000	10.520.000

Darstellung des kalkulatorischen Unternehmerlohns in der Ergebnistabelle

Der kalkulatorische Unternehmerlohn (300.000,00 €) wird zunächst in die Spalte „**Kosten**" **der Betriebsergebnisrechnung** eingesetzt. Er bildet (zusammen mit den übrigen Kosten) die Grundlage der Preiskalkulation. Im Normalfall wird er also in den Umsatzerlösen enthalten sein und in den Finanzmitteln dem Unternehmen zufließen.

Anschließend ist der Unternehmerlohn als **Ertrag** in die Spalte **„verrechnete Kosten"** des Abgrenzungsbereichs „Kostenrechnerische Korrekturen" einzusetzen. Diese Verrechnung des kalkulatorischen Unternehmerlohns in der Ergebnistabelle entspricht damit der

Buchung: „Kosten" an „Verrechnete Kosten".

Durch dieses Vorgehen ist eine **Abstimmung der Teilergebnisse im RK II mit dem Gesamtergebnis im RK I** möglich.

Ergebnisauswirkungen

Der Unternehmer entscheidet, ob und in welcher Höhe er den kalkulatorischen Unternehmerlohn als Zusatzkosten ausweist und in die Kalkulation einbringt. Weist er den Unternehmerlohn in dieser Höhe aus (300.000,00 €) und der Markt erstattet ihm in den Umsatzerlösen diese Zusatzkosten, so wirken sie sich in der **Betriebsergebnisrechnung** nicht auf das Betriebsergebnis aus.

Im **Ergebnis aus kostenrechnerischen Korrekturen** bewirkt der Unternehmerlohn dagegen durch seine Buchung in der Spalte „verrechnete Kosten" eine **Ertragserhöhung**.

Auf das **Gesamtergebnis** im RK I wirkt der in den Erlösen enthaltene Unternehmerlohn **Gewinn erhöhend**, da ihm hier kein entsprechender Aufwand gegenübersteht.

Merke

- **Bei Einzelunternehmungen und Personengesellschaften wird für die mitarbeitenden Inhaber ein angemessener Unternehmerlohn in die Selbstkosten- und Betriebsergebnisrechnung einbezogen.**
- **Hinsichtlich der Personalkosten sind diese Unternehmungsformen damit den Kapitalgesellschaften gleichgestellt.**
- **Der kalkulatorische Unternehmerlohn stellt einen echten Kostenbestandteil in der KLR dar, dem kein Aufwand und keine Ausgabe in der FB gegenüberstehen.**
- **Er wird in die Spalte „Kosten" der Betriebsergebnisrechnung der Ergebnistabelle eingesetzt und in der Spalte „verrechnete Kosten" als kostenrechnerische Korrektur (= Ertrag) „gegengebucht".**
- **Bei vollem Kostenersatz über die Umsatzerlöse hat der kalkulatorische Unternehmerlohn keinen Einfluss auf die Höhe des Betriebsergebnisses.**
- **Gesamtergebnis und Abgrenzungsergebnis werden durch ihn Gewinn erhöhend beeinflusst.**

Aufgabe 221

Es soll angenommen werden, dass das Unternehmen Wernick eine KG ist, in der Ergebnistabelle auf Seite 195 soll der Unternehmerlohn nicht berücksichtigt worden sein.

Wie würden sich die Teilergebnisse ändern, wenn ein Unternehmerlohn von 300.000,00 € eingesetzt wird und sich die Umsatzerlöse nicht verändern sollen?

Aufgabe 222

Die Unternehmung Wernick rechnet damit, dass der angesetzte Unternehmerlohn (300.000,00 €) nur zu 70 % über die Umsatzerlöse in das Unternehmen zurückfließen wird.

Welche Auswirkungen ergeben sich hieraus auf das Betriebsergebnis, das Ergebnis aus kostenrechnerischen Korrekturen und das Gesamtergebnis?

Aufgabe 223

Welche Auswirkungen auf das Gesamtergebnis, das Ergebnis aus kostenrechnerischen Korrekturen und das Betriebsergebnis hätte es, wenn der Unternehmerlohn zwar als Kosten angesetzt, aber vom Markt überhaupt nicht vergütet würde?

2.2.4 Kalkulatorische Wagnisse

Arten

Jede unternehmerische und betriebliche Tätigkeit ist mit Wagnissen oder Risiken verbunden und kann daher zu Verlusten führen. Diese Wagnisverluste lassen sich in ihrer Höhe und in ihrem zeitlichen Eintreten nicht vorhersehen. Man unterscheidet zwischen dem **allgemeinen Unternehmerwagnis** und den **Einzelwagnissen.**

Das allgemeine Unternehmerwagnis betrifft Verluste, die das Unternehmen als Ganzes gefährden. Dazu zählen Wagnisverluste, die sich insbesondere aus der gesamtwirtschaftlichen Entwicklung ergeben, wie z. B. **Beschäftigungsrückgang, plötzliche Nachfrageverschiebung, technischer Fortschritt.** Das allgemeine Unternehmerrisiko ist **kein Kostenbestandteil.** Es wird im **Betriebsgewinn abgegolten.**

Einzelwagnisse stehen dagegen im unmittelbaren Zusammenhang mit der Beschaffung, der Produktion und dem Absatz der Erzeugnisse. Da sie voraussehbar und aufgrund von **Erfahrungswerten** berechenbar sind, haben sie grundsätzlich **Kostencharakter.**

Zu den Einzelwagnissen zählen:

- **Anlagewagnis:** Verluste an Anlagegütern durch besondere Schadensfälle (Brand), Gefahr des vorzeitigen Ausfalls von Anlagen, z. B. durch technischen Fortschritt.
- **Beständewagnis:** Verluste an Vorräten durch Schwund, Verderb, Diebstahl, Veralten oder Preissenkungen.
- **Gewährleistungswagnis:** Garantieleistungen, z. B. kostenlose Ersatzlieferung, Preisnachlass wegen Mängelrüge.
- **Vertriebswagnis:** Ausfälle und Währungsverluste bei Kundenforderungen.
- **Fertigungswagnis:** Mehrkosten aufgrund von Material-, Arbeits- und Konstruktionsfehlern, Ausschuss, Nacharbeit. Das Fertigungswagnis wird häufig auch Mehrkostenwagnis genannt.
- **Entwicklungswagnis:** Verluste, die sich aus fehlgeschlagenen Entwicklungsarbeiten im Rahmen des Fertigungsprogramms ergeben.

Eingetretene Wagnisverluste

Die tatsächlichen Wagnisverluste fallen **zeitlich unregelmäßig** und in **unterschiedlicher Höhe** an und sind damit für die Kostenrechnung ungeeignet. Sie werden **als Aufwand** in der Gesamtergebnisrechnung der Finanzbuchhaltung erfasst (z. B. Konto „6930 Verluste aus Schadensfällen“).

Kalkulatorische Wagnisse

Anstelle der tatsächlich eingetretenen Wagnisverluste werden in der Kosten- und Leistungsrechnung kalkulatorische Wagniszuschläge für die betreffenden **Einzelrisiken** ermittelt und verrechnet. Die Verrechnung von konstanten kalkulatorischen Wagniszuschlägen führt zu einer **gleichmäßigen und anteiligen Belastung der Abrechnungsperioden** mit Wagniskosten und eliminiert somit die Zufallseinflüsse aus der Selbstkosten- und Betriebsergebnisrechnung.

Fremdversicherungen

Soweit die Einzelwagnisse bereits durch den Abschluss von entsprechenden Versicherungen gedeckt sind, werden in der Regel **keine** kalkulatorischen Wagniszuschläge verrechnet. In diesem Fall gelten die **Versicherungsprämien** als **Kosten.**

Merke

- **Die Verrechnung von konstanten kalkulatorischen Wagniszuschlägen trägt dazu bei, dass die Selbstkosten- und Betriebsergebnisrechnungen von Zufallsschwankungen befreit werden.**
- **Das allgemeine Unternehmerwagnis darf kalkulatorisch nicht erfasst werden.**
- **Die durch Fremdversicherungen abgedeckten Einzelwagnisse gehen i. d. R. als Kosten in die Kosten- und Leistungsrechnung ein.**

Berechnungsgrundlagen für Wagnisse

Je nach Wagnisart ist die Berechnungsgrundlage unterschiedlich:

Wagnis	Berechnungsgrundlage
■ Anlagewagnis →	■ Anschaffungskosten
■ Beständewagnis →	■ Bezugspreise der Werkstoffe
■ Gewährleistungswagnis →	■ Umsatz zu Selbstkosten
■ Vertriebswagnis →	■ Umsatz zu Selbstkosten
■ Fertigungswagnis →	■ Herstellkosten
■ Entwicklungswagnis →	■ Entwicklungskosten

Die Höhe der kalkulatorischen Wagniszuschläge richtet sich nach entsprechenden Erfahrungswerten. In der Regel wird aus den betreffenden Wagnisverlusten der letzten fünf Jahre ein **Durchschnittswert in Prozent** ermittelt.

Beispiel

Im Unternehmen Wernick GmbH betrug der Verlust an Vorräten durch Schwund, Verderb u. a. in den letzten fünf Jahren durchschnittlich 87.500,00 €.

Für den gleichen Zeitraum wurden durchschnittliche Bezugspreise von 3.500.000,00 € ermittelt.

$$\textbf{Kalkulatorischer Beständewagniszuschlag} = \frac{\textbf{Verlust}}{\textbf{Bezugspreise}}$$

$$= \frac{87.500{,}00\ €}{3.500.000{,}00\ €} = 0{,}025 = 2{,}5\ \%$$

Das bedeutet, dass auf die gekauften Vorräte 2,5 % Wagniskosten zu verrechnen sind.

Die Bezugspreise im Monat März betrugen 300.000,00 €. Der kalkulatorische Wagniszuschlag ist auf 2,5 % festgesetzt.

$$\textbf{Kalkulatorischer Wagniszuschlag} = 300.000{,}00\ € \cdot 0{,}025 = \textbf{7.500,00 €}$$

Dieser Betrag wird in der Ergebnistabelle für den Monat März unter der Spalte „Kosten“ der Betriebsergebnisrechnung erfasst und in der Spalte „Kostenrechnerische Korrekturen“ der Abgrenzungsrechnung gegengebucht. Hier stehen ihm die tatsächlichen Wagnisverluste aus der FB gegenüber (z. B. Konten 6000, 6020, 6030, 6040, 6570, 6930, 6950).

Geringfügige Verluste – wie sie im Vorratsvermögen auftreten können – werden durch die (monatliche) Inventur aufgedeckt und über das zugehörige Aufwandskonto ausgeglichen, z. B. durch die Buchung „6000 Aufwendungen für Rohstoffe an 2000 Rohstoffe“. In diesen Fällen erübrigt sich ein Wagniszuschlag.

Aufgabe 224

Wie hoch sind:

a) das jährliche Wagnis in Prozent,

b) der Wagniszuschlag für das 6. Geschäftsjahr aufgrund der Wagnisse der letzten fünf Jahre?

	eingetretene Risiken	Umsatz zu Selbstkosten
1. Jahr	15.000,00	1.200.000,00
2. Jahr	28.000,00	1.400.000,00
3. Jahr	27.000,00	1.500.000,00
4. Jahr	17.500,00	1.250.000,00
5. Jahr	37.400,00	1.700.000,00

Aufgabe 225

1. *Aus welchen Gründen werden kalkulatorische Wagnisse verrechnet?*
2. *Stellen kalkulatorische Wagniskosten Anders- oder Zusatzkosten dar?*
3. *Unterscheiden Sie zwischen Unternehmerrisiko und Einzelwagnis.*

2.2.5 Kalkulatorische Miete

Mietwert für die gemieteten Gebäude

In der Mehrzahl betreiben Einzelkaufleute und Personengesellschaften ihre Gewerbe in **gemieteten** Gebäuden. In diesem Fall werden die tatsächlich gezahlten Mieten oder Pachten als betrieblicher Aufwand auf dem Konto „6700 Mieten/Pachten" gebucht und als Kosten in die KLR übernommen.

Mietwert für die betriebseigenen Gebäude

Sofern ein Unternehmer sein Gewerbe in **betriebseigenen** Gebäuden betreibt, zahlt er keine Miete. In diesem Fall ist es aus betriebswirtschaftlicher Vergleichbarkeit heraus sinnvoll, in der Betriebsergebnisrechnung für die eigengenutzten Gebäude eine kalkulatorische Miete anzusetzen, deren Höhe sich nach dem örtlichen Mietspiegel richtet.

Dabei ist jedoch zu beachten, dass für die eigenen Gebäude Aufwendungen entstehen, die ein Mieter mit seiner Miete begleicht, z. B. Gebäudeabschreibungen, Darlehenszinsen, Grundsteuern, Grundbesitzabgaben. Mithin kann der Unternehmer in der Kostenrechnung nicht zusätzlich zu der kalkulatorischen Miete auch noch die genannten Gebäudeaufwendungen als Kosten ansetzen. Er wird also die Gebäudeaufwendungen abgrenzen und nur die kalkulatorische Miete in die Betriebsergebnisrechnung einbringen.

Beispiel

Für ein betriebseigenes Gebäude sind im Geschäftsjahr 01 folgende Aufwendungen angefallen:

Abschreibungen	18.000,00 €
Anteiliger Hausmeisterlohn	6.000,00 €
Instandhaltungen	12.000,00 €
Zinsen	4.000,00 €
Gebäudeaufwendungen insgesamt	**40.000,00 €**

Die ortsübliche Miete für dieses Gebäude beträgt monatlich 3.750,00 €.
In diesem Beispiel betragen die Kosten in der Betriebsergebnisrechnung (12 · 3.750,00 € =) 45.000,00 €. Sie sind um 5.000,00 € höher als die betrieblichen Aufwendungen in der FB. Dieser Unterschied wird in der Abgrenzungsrechnung als kostenrechnerische Korrektur mit + 5.000,00 € ausgeglichen.

Sofern wesentliche Teile der im Beispiel genannten Gebäude- und Grundstücksaufwendungen durch die kalkulatorischen Abschreibungen und die kalkulatorischen Zinsen in der KLR bereits berücksichtigt werden, entfällt in der Regel die Verrechnung einer besonderen kalkulatorischen Miete für die betriebseigenen Gebäude. Die dann noch nicht in den kalkulatorischen Kostenansätzen enthaltenen Gebäudeaufwendungen gehen als Kosten in die Betriebsergebnisrechnung ein.

Weichen die tatsächlichen Gebäudeaufwendungen nicht wesentlich von der kalkulatorischen Miete ab, wird das Unternehmen in der Regel darauf verzichten, einen kalkulatorischen Kostenansatz zu berechnen und in die KLR zu übernehmen. Stattdessen wird er mit den betrieblichen Aufwendungen als Kosten arbeiten.

Mietwert betrieblich genutzter Privaträume

Wenn ein Einzelunternehmer oder Personengesellschafter dem Betrieb unentgeltlich Privaträume zur Verfügung stellt, sollte die kalkulatorische Miete als fester Kostenbestandteil verrechnet werden. In diesem Fall setzt das Unternehmen die ortsübliche Miete als kalkulatorischen Mietwert an.

Merke

- **Für die Nutzung der betriebseigenen Gebäude wird in der Regel kein kalkulatorischer Mietwert verrechnet.**
- **Für die betriebliche Nutzung von unentgeltlich zur Verfügung gestellten Privaträumen ist ein kalkulatorischer Mietwert als Kostenbestandteil zu verrechnen.**

Aufgabe 226

In der Wernick GmbH sind im Geschäftsjahr 01 für das betriebseigene Gebäude folgende Aufwendungen angefallen:

Gebäudeabschreibung	21.000,00 €
Instandhaltungen	34.000,00 €
Zinsen des Hypothekendarlehens	6.000,00 €
Anteiliger Hausmeisterlohn	9.000,00 €

Als kalkulatorische Miete sollen 5.500,00 € monatlich (ortsübliche Miete) angesetzt werden.
Führen Sie die Abgrenzungsrechnung durch.

2.3 Kostenrechnerische Korrekturen durch Verrechnungspreise

Werkstoffkosten

Der Verbrauch an Roh-, Hilfs- und Betriebsstoffen muss in der KLR zunächst mengenmäßig festgestellt und anschließend bewertet werden. Die Werkstoffkosten sind somit das Produkt aus Verbrauchsmenge und **Anschaffungskosten oder Verrechnungspreis je Mengeneinheit.**

Bewertung zu Anschaffungskosten

Die Bewertung zu Anschaffungskosten hat den Vorteil, dass die **tatsächlichen Werkstoffkosten** in die Kostenrechnung eingehen. Nachteilig ist, dass die Anschaffungspreise der Werkstoffe im Zeitablauf starken Schwankungen am Markt unterliegen können. Dadurch werden die Werkstoffkosten für gleiche Verbrauchsmengen in den einzelnen Abrechnungsperioden unterschiedlich hoch angesetzt, sodass Kostenvergleiche nicht ohne Weiteres durchführbar sind.

Bewertung zu Verrechnungspreisen

Verrechnungspreise führen zur meist gleich bleibenden Bewertung des Werkstoffverbrauchs. Denn Verrechnungspreise sind in der Regel Durchschnittspreise, die aus den Anschaffungskosten vergangener Perioden ermittelt und gegebenenfalls der neuen Marktlage angepasst werden.

Kostenrechnerische Korrektur

Die Verrechnung des Werkstoffverbrauchs in der KLR zu konstanten Verrechnungspreisen gleicht der Verrechnung kalkulatorischer Kosten. Im Rahmen der Abgrenzungsrechnung „Kostenrechnerische Korrekturen" werden den in der FB gebuchten Werkstoffaufwendungen (bewertet zu Anschaffungskosten) die in der KLR angesetzten Werkstoffkosten zum Verrechnungspreis gegenübergestellt. Aus dem Unterschied beider Beträge ergibt sich entweder ein Aufwand (–) oder Ertrag (+) aus kostenrechnerischen Korrekturen.

Beispiel

In der KLR bewertet die Wernick GmbH den Werkstoffeinsatz (Bleche) zum Verrechnungspreis von durchschnittlich 2.100,00 € je Tonne.

Im Jahr 01 betrug der Verbrauch 1 400 t. Die Anschaffungskosten machten durchschnittlich 2.000,00 € je Tonne.

Bewertung zu Anschaffungskosten in der FB:	2.000,00 € · 1400 t = **2.800.000,00 €**
Bewertung zum Verrechnungspreis in der KLR:	2.100,00 € · 1400 t = **2.940.000,00 €**[1]

Ergebnistabelle

Finanzbuchhaltung (= RK I)			**Kosten- und Leistungsrechnung (= RK II)**					
Gesamtergebnisrechnung der FB			**Abgrenzungsrechnung**				**Betriebsergebnisrechnung**	
			Unternehmensbezogene Abgrenzungen		**Kostenrechnerische Korrekturen**			
Konto	Aufwendungen	Erträge	neutrale Aufwendungen	neutrale Erträge	betriebliche Aufwendungen	verrechnete Kosten	Kosten	Leistungen
5000		2.940.000[2] →						2.940.000[2]
6000	2.800.000 →				2.800.000	2.940.000 ←	2.940.000[1]	
	2.800.000	**2.940.000**			**2.800.000**	**2.940.000**	**2.940.000**	**2.940.000**
	140.000				**140.000**			
	2.940.000	2.940.000			2.940.000	2.940.000		

1 Diese Kosten werden im Folgenden zur Ausschaltung von Preisschwankungen in der KLR verwendet.
2 über die Umsatzerlöse zurückgeflossene Werkstoffkosten

6946212

2.4 Zusammenfassung der kalkulatorischen Kosten

Merke

- **Aufgabe der kalkulatorischen Kosten**
  Die kalkulatorischen Kosten sorgen dafür, dass bestimmte Aufwandsarten mit solchen Wertansätzen in die Kosten- und Leistungsrechnung (KLR) eingebracht werden, die den verursachungsgerechten Kosten entsprechen, auch wenn sie in der Ergebnisrechnung der Finanzbuchhaltung (FB), z. B. aus handelsrechtlichen Gründen, nicht oder in anderer Höhe angefallen sind. Dadurch wird die Kosten- und Leistungsrechnung genauer, von Schwankungen einzelner Aufwendungen (z. B. degressive Abschreibung in der Handelsbilanz) befreit und ein Kostenvergleich mit einzelnen Perioden oder branchengleichen Betrieben ist möglich.
- **Arten der kalkulatorischen Kosten**
  - **Grundkosten**
    Die meisten Aufwendungen der Finanzbuchhaltung können unverändert als Kosten übernommen werden. In diesen Fällen spricht man von aufwandsgleichen Kosten oder Grundkosten.
  - **Anderskosten**
    Einige Aufwendungen der Finanzbuchhaltung stellen zwar betrieblichen Aufwand dar, eignen sich aber in ihrer Höhe nicht für die Kostenrechnung. Sie werden deshalb mit einem anderen Wert in der KLR angesetzt, als sie in der FB gebucht wurden. Kosten dieser Art heißen Anderskosten; sie sind aufwandsungleiche Kosten. Dazu rechnen z. B. kalkulatorische Abschreibungen, kalkulatorische Zinsen auf das Fremdkapital und kalkulatorische Wagnisse.
  - **Zusatzkosten**
    Einigen Kosten der KLR liegt gar kein Aufwand in der FB zugrunde. Es handelt sich um aufwandslose Kosten (= Zusatzkosten). Sie dürfen in der FB nicht erfasst werden, da mit ihnen keine Geldausgaben verbunden sind. In der KLR werden sie dagegen als echte Kosten zusätzlich berücksichtigt. Zu ihnen zählen der kalkulatorische Unternehmerlohn bei Einzelunternehmungen und Personengesellschaften und die kalkulatorischen Zinsen auf das betriebsnotwendige Eigenkapital.
- **Durch das Einbringen der kalkulatorischen Kosten in die Betriebsergebnisrechnung bezweckt der Unternehmer die vollständige Erfassung der Kosten, um das Betriebsergebnis berechnen zu können, das ihm den „wahren" Erfolg seiner betrieblichen Tätigkeit mitteilt.**
- **Die mit den Umsatzerlösen in das Unternehmen zurückfließenden kalkulatorischen Kosten stehen als flüssige Finanzierungsmittel zur Verfügung. Sie werden durch die in der FB gebuchten Aufwendungen vor der Ausschüttung bewahrt.**

Aufwendungen der Finanzbuchhaltung		
Neutral	**Betrieblich**	
Merkmale: ■ betriebsfremd ■ periodenfremd ■ außerordentlich	Merkmal: ■ zweckgebunden	

Ein Teil der Anderskosten und die Zusatzkosten sind keine Aufwendungen in der Finanzbuchhaltung (FB).

Neutrale Aufwendungen sind keine Kosten in der Kosten- und Leistungsrechnung (KLR).

Grundkosten	Anderskosten	Zusatzkosten
Die Aufwendungen der FB sind zugleich Kosten in der KLR: **Beispiele:** ■ Rohstoffaufwand ■ Löhne ■ ...	Die Aufwendungen der FB werden in der KLR mit einem anderen – zumeist höheren – Wert angesetzt: ■ kalkulatorische Abschreibungen ■ kalkulatorische Zinsen ■ Verrechnungspreise	Für diese Kosten der KLR gibt es keine Aufwendungen in der FB: ■ kalkulatorischer Unternehmerlohn ■ kalkulatorische Zinsen auf Eigenkapital
Kosten der Kosten- und Leistungsrechnung		
Merkmal: ■ betriebsbezogen		

Aufgabe 227

Eine Fertigungsmaschine wird mit 10 % bilanzmäßig linear abgeschrieben (AK 240.000,00 €). Die kalkulatorische Abschreibung beträgt 12,5 % von den Wiederbeschaffungskosten in Höhe von 280.000,00 €. Sie wird über die Umsatzerlöse voll erstattet.

Stellen Sie den Vorgang in einer Ergebnistabelle dar.

Aufgabe 228

Die in der FB für das Jahr .. erfassten Fremdkapitalzinsen betragen aufgrund einer Zinserhöhung 112.000,00 €. Die kalkulatorischen Zinsen werden in der Kosten- und Leistungsrechnung mit 90.000,00 € verrechnet und über die Umsatzerlöse voll erstattet.

1. *Um wie viel € unterschreiten die monatlichen Zusatzkosten, die durch die Verrechnung der kalkulatorischen Zinsen entstehen, die monatlichen Fremdkapitalzinsen?*
2. *Welche Zinsen beeinflussen in welcher Höhe*
   a) *das Gesamtergebnis der Unternehmung,*
   b) *das Betriebsergebnis,*
   c) *das Neutrale Ergebnis?*

Aufgabe 229

Ein Unternehmen hat aufgrund der angespannten Wirtschaftslage im abgelaufenen Jahr seine Erzeugnisse unter Selbstkosten verkauft. Folgende Angaben aus der Finanzbuchhaltung und der Kosten- und Leistungsrechnung liegen vor:

Umsatzerlöse	949.800,00
Kosten (ohne Abschreibungen und Zinsen)	864.700,00
Bilanzmäßige Abschreibungen	27.600,00
Gezahlte Fremdkapitalzinsen	32.700,00
Kalkulatorische Abschreibungen	75.000,00
Kalkulatorische Zinsen	46.800,00

1. *Erstellen Sie die Ergebnistabelle.*
2. *Begründen Sie, warum trotz eines Betriebsverlustes ein Unternehmungsgewinn entsteht.*

Aufgabe 230

Die Ergebnistabelle zu Aufgabe 214, Seite 197, ist um folgende kostenrechnerische Korrektur zu ergänzen. Erläutern Sie die Auswirkungen auf Betriebsergebnis und Neutrales Ergebnis.

Kalkulatorische Abschreibungen auf das Sachanlagevermögen	45.000,00

Aufgabe 231

Ergänzen Sie die Ergebnistabelle von Aufgabe 218, Seite 199, um folgende kostenrechnerische Korrekturen und erläutern Sie die Auswirkungen auf Betriebsergebnis und Neutrales Ergebnis.

Rohstoffverbrauch zu Verrechnungspreisen	312.000,00
Kalkulatorische Abschreibungen auf Maschinen	96.000,00

Aufgabe 232

Ergänzen Sie die Ergebnistabelle von Aufgabe 219, Seite 199, um folgende kostenrechnerische Korrekturen und erläutern Sie die Auswirkungen auf Betriebsergebnis und Neutrales Ergebnis.

Rohstoffverbrauch zu Verrechnungspreisen	212.000,00
Kalkulatorische Abschreibungen auf Maschinen	36.000,00
Kalkulatorische Zinsen vom betriebsnotwendigen Kapital	44.000,00

6946214

Aufgabe 233

1. *Klären Sie folgenden vermeintlichen Widerspruch auf:*

   „Der erzielte Gewinn soll Arbeitsentgelt, Kapitalverzinsung und Risikoprämie für den Unternehmer enthalten. Andererseits verrechnet der Unternehmer auch noch Kosten für kalkulatorische Zinsen und kalkulatorischen Unternehmerlohn."

2. *Erläutern Sie, was unter nomineller und substanzieller Kapitalerhaltung zu verstehen ist.*

Aufgabe 234

Ermitteln Sie die kalkulatorischen Wagniszuschläge für die laufende Abrechnungsperiode:

a) Beständewagnis:	2 % vom Rohstoffverbrauch 800.000,00 €
b) Entwicklungswagnis:	3 % von 300.000,00 € Entwicklungskosten
c) Gewährleistungswagnis:	3 % der Umsatzerlöse von 4.200.000,00 €
d) Fertigungswagnis:	1 % der Herstellkosten in Höhe von 3.100.000,00 €

Aufgabe 235

Der kalkulatorische Unternehmerlohn wird in einem Industriebetrieb (Einzelunternehmung) mit monatlich 12.000,00 € angesetzt und verrechnet. Kostenersatz über die Umsatzerlöse findet statt.

1. *Zeigen Sie in der Ergebnistabelle die Auswirkungen auf*
   a) das Gesamtergebnis der Unternehmung,
   b) das Betriebsergebnis,
   c) das Neutrale Ergebnis.
2. *Erläutern Sie in einer kurzen Niederschrift, dass der kalkulatorische Unternehmerlohn Zusatzkosten darstellt und damit Einfluss auf das Gesamtergebnis der Unternehmung nimmt.*

Aufgabe 236

Die Finanzbuchhaltung der Betonwarenfabrik Klaus Barth GmbH, Stuttgart, hat für den Monat September folgende Aufwendungen und Erträge erfasst:

5000	Umsatzerlöse für eigene Erzeugnisse	1.885.000,00
5100	Umsatzerlöse für Waren	40.000,00
5220	Mehrbestand an fertigen Erzeugnissen	12.000,00
5300	Aktivierte Eigenleistungen	8.000,00
5440	Erlöse aus Anlagenverkäufen	4.000,00
5500	Erträge aus Beteiligungen	6.000,00
60 . .	Aufwendungen für Roh-, Hilfs-, Betriebsstoffe und Waren	650.000.00
6100	Aufwendungen für bezogene Leistungen	25.000,00
6200	Löhne	720.000,00
6300	Gehälter	120.000,00
6400	Soziale Aufwendungen	160.000,00
6520	Abschreibungen auf Sachanlagen	180.000,00
6930	Schadensfälle	7.000,00
6979	Anlagenabgänge	3.000,00
7510	Zinsaufwendungen	25.000,00

Angaben aus der KLR

1. Die kalkulatorischen Abschreibungen betragen monatlich	140.000,00
2. Die kalkulatorischen Zinsen sind noch für den Monat September zu ermitteln und zu verrechnen: Betriebsnotwendiges Kapital	6.000.000,00
Kalkulatorischer Zinssatz (jährlich)	8 %
3. Kalkulatorische Wagniskosten je Monat	12.000,00
4. Kalkulatorischer Mietwert für betrieblich genutzte Privaträume	2.000,00

Ermitteln Sie mithilfe der Ergebnistabelle die einzelnen Ergebnisse in den Rechnungskreisen I und II und stimmen Sie diese ab.

2.5 Erstellung und Auswertung der endgültigen Ergebnistabelle

Beispiel

Um die Kosten und Leistungen vollständig und periodengerecht zu erfassen, erstellt die Wernick GmbH auf der Basis der vorläufigen Ergebnistabelle von Seite 195 unter Einbeziehung der kalkulatorischen Kosten und des Verrechnungspreises für Rohstoffe (vgl. S. 202 bis 212) folgende endgültige Ergebnistabelle.

Ergebnistabelle								
Finanzbuchhaltung (= RK I)			**Kosten- und Leistungsrechnung (= RK II)**					
Gesamtergebnisrechnung der FB			**Abgrenzungsrechnung**				**Betriebsergebnisrechnung**	
			Unternehmensbezogene Abgrenzungen		**Kostenrechnerische Korrekturen**			
Konto	Aufwendungen	Erträge	neutrale Aufwendungen	neutrale Erträge	betriebliche Aufwendungen	verrechnete Kosten	Kosten	Leistungen
5000		10.520.000						10.520.000
5220		240.000						240.000
5400		140.000		140.000				
5440		65.000		65.000				
5710		50.000		50.000				
6000	2.800.000				2.800.000	2.940.000	2.940.000	
6020	795.000						795.000	
6030	35.000						35.000	
6200	2.400.000						2.400.000	
6300	500.000						500.000	
6400	600.000						600.000	
6520	650.000		40.000		610.000	660.000	660.000	
6800	50.000						50.000	
6870	205.000						205.000	
6940	260.000		260.000					
6979	100.000		100.000				188.000	
70 ..	190.000		2.000					
7460	40.000		40.000					
7510	540.000				540.000	1.035.000	1.035.000	
	9.165.000	11.015.000	442.000	255.000	3.950.000	4.635.000	9.408.000	10.760.000
	1.850.000			**187.000**	**685.000**		**1.352.000**	
	11.015.000	11.015.000	442.000	442.000	4.635.000	4.635.000	10.760.000	10.760.000
			Ergebnis aus unternehmensbez. Abgrenzungen		Ergebnis aus kostenrechnerischen Korrekturen			
Gesamtergebnis			**=** **Neutrales Ergebnis**				**+** **Betriebsergebnis**	

Abstimmung der Ergebnisse:

1. **Gesamtergebnis im Rechnungskreis I**		**(+) 1.850.000,00 €**
2. Verlust aus unternehmensbezogenen Abgrenzungen ...	(–) 187.000,00 €	
3. Gewinn aus kostenrechnerischen Korrekturen	(+) 685.000,00 €	
4. Betriebsgewinn	(+) 1.352.000,00 €	
5. **Gesamtergebnis im Rechnungskreis II**		**(+) 1.850.000,00 €**

2.5.1 Gesamtergebnis, Neutrales Ergebnis und Betriebsergebnis

Gesamtergebnis

Die **Teilergebnisse im RK II** (= Neutrales Ergebnis, Betriebsergebnis) zeigen die **Zusammensetzung des im RK I ausgewiesenen Gesamtergebnisses** in Höhe von 1.850.000,00 €: Dem **Verlust** aus unternehmensbezogenen Abgrenzungen (187.000,00 €) steht ein **Gewinn** aus kostenrechnerischen Korrekturen (685.000,00 €) gegenüber. Der **Neutrale Gewinn** beträgt somit 498.000,00 € und hat einen Anteil von 26,92 % am Gesamtgewinn. Der überwiegende Teil des Gesamtgewinnes (1.352.000,00 € **Betriebsgewinn**) ist aus der geplanten betrieblichen Tätigkeit erzielt worden.

Neutrales Ergebnis

Das Ergebnis aus kostenrechnerischen Korrekturen besagt, dass die Wernick GmbH **hohe kalkulatorische Wertansätze** zugrunde gelegt hat, die sich im Ergebnis aus kostenrechnerischen Korrekturen als **Ertrag** niederschlagen und hier zu einem entsprechend **hohen Überschuss über die Aufwendungen** der FB führen. Dieser Überschuss wird auch – so zeigt es das Gesamtergebnis – **voll als Gewinn verwirklicht.**

Betriebsergebnis

Das Betriebsergebnis erreicht eine **angemessene Höhe.** Das Unternehmen Wernick GmbH hat es geschafft, über die Umsatzerlöse **alle Kosten** – einschließlich der **gesamten kalkulatorischen Kosten** – zu „verdienen" und noch einen Überschuss von 1.352.000,00 € zu erwirtschaften. Da der Unternehmerlohn und die Verzinsung des Eigenkapitals in den Kosten bereits berücksichtigt wurden, kann dieser Überschuss zur **Abdeckung des allgemeinen Unternehmerrisikos** und zur **Finanzierung zukünftiger Investitionen** verwendet werden. Zudem zeigt dieser „Restgewinn", dass es dem Unternehmen bei seiner Kostensituation gelungen ist, **erfolgreich auf dem Markt** zu bestehen.

Ein negatives Betriebsergebnis (= Betriebsverlust) würde unter diesen Bedingungen lediglich besagen, dass vorrangig die kalkulatorischen Kosten nicht mehr in voller Höhe erwirtschaftet werden können; das Gesamtergebnis würde im obigen Beispiel niedriger ausfallen als das Neutrale Ergebnis.

2.5.2 Ermittlung des Durchschnittspreises und der Stückkosten mithilfe der Divisionskalkulation[1]

Im Einproduktunternehmen lassen sich Stückpreis und Stückkosten mithilfe der **Divisionskalkulation** vereinfacht ermitteln, indem man die Erlöse durch die Absatzmenge bzw. die Kosten durch die Produktionsmenge dividiert.

Stückkosten

Die in der Ergebnistabelle ausgewiesenen **Gesamtkosten** der Abrechnungsperiode gestatten die Berechnung der **durchschnittlichen Stückkosten** auf der Grundlage der **Produktionsmenge** des Geschäftsjahres.

Beispiel

Im zurückliegenden Geschäftsjahr 01 wurden im Unternehmen Wernick GmbH insgesamt 200 000 Gehäuse der gleichen Art produziert.

$$\text{durchschnittliche Stückkosten} = \frac{\text{Gesamtkosten}}{\text{Produktionsmenge}} = \frac{9.408.000{,}00\ €}{200\,000\ \text{Stück}} = 47{,}04\ €/\text{Stück}$$

Stückpreis

Der **durchschnittlich** erzielte Stückpreis wird aus den Nettoumsatzerlösen und der Absatzmenge berechnet. Aufgrund des in der Ergebnistabelle ausgewiesenen Mehrbestandes an fertigen Erzeugnissen ist die **Absatzmenge geringer als die Produktionsmenge.** Sie ist zunächst zu bestimmen; erst danach kann der Stückpreis berechnet werden:

1 Siehe auch S. 282 f.

1. **Berechnung der Absatzmenge:**

Produktionsmenge	200 000 Stück
– Lagerbestand (240.000,00 € : 47,04 €/Stck =)	5 102 Stück
= Absatzmenge	**194 898 Stück**

2. **Berechnung des Stückpreises:**

$$\textbf{durchschnittlicher Stückpreis} = \frac{\text{Nettoumsatzerlöse}}{\text{Absatzmenge}} = \frac{10.520.000{,}00\ €}{194\,898\ \text{Stück}} = 53{,}98\ €/\text{Stück}$$

Merke

- $$\textbf{Selbstkosten je Stück} = \frac{\text{Gesamtkosten der Abrechnungsperiode}}{\text{Produktionsmenge der gleichen Periode}}$$
- $$\textbf{Preis je Stück} = \frac{\text{Nettoumsatzerlöse der Rechnungsperiode}}{\text{Absatzmenge der gleichen Periode}}$$

Stückgewinn

Der Stückgewinn lässt sich berechnen:

Stückgewinn = Stückpreis – Stückkosten
53,98 €/Stück – 47,04 €/Stück = **6,94 €/Stück.**

2.5.3 Rentabilität und Wirtschaftlichkeit

Der ausgewiesene **Gesamtgewinn** kann zur Bestimmung der **Rentabilität**, d. h. zur Bestimmung der Ertragskraft des Unternehmens (= Eigenkapitalrentabilität, Umsatzrentabilität), und zur Berechnung der **Wirtschaftlichkeit** herangezogen werden.

Beispiel

Das durchschnittlich über das Jahr im Unternehmen gebundene Eigenkapital soll 10.500.000,00 € betragen.

Wie hoch ist die Verzinsung des eingesetzten Eigenkapitals?

Gesamtgewinn	1.850.000,00 €

$$\text{Eigenkapitalrentabilität} = \frac{\text{Gesamtgewinn}}{\varnothing\ \text{Eigenkapital}} = \frac{1.850.000{,}00\ €}{10.500.000{,}00\ €} = 0{,}1762 = 17{,}62\ \%$$

Im Vergleich zu einer langfristigen Geldanlage (ca. 2 %–5 %) ist die errechnete Verzinsung des Eigenkapitals sehr gut.

Beispiel

Anhand der Kennzahl der Wirtschaftlichkeit soll festgestellt werden, ob das Unternehmen Wernick GmbH **mit den eingesetzten Mitteln sparsam umgegangen** ist, ob also der **Ertrag** (= Leistungen) **in einem günstigen Verhältnis zum Aufwand** (= Kosten) steht.

$$\text{Wirtschaftlichkeit} = \frac{\text{Leistungen}}{\text{Kosten}} = \frac{10.760.000{,}00\ €}{9.408.000{,}00\ €} = 1{,}14$$

Die Wirtschaftlichkeitszahl 1,14 besagt, dass das Unternehmen für je 1,00 € Kosten Leistungen von 1,14 € geschaffen hat. Ob dies ein angemessenes Verhältnis ist, kann nur im Vergleich mehrerer Jahre oder im Vergleich mit ähnlich produzierenden Unternehmen festgestellt werden.

Aufgabe 237

Die Gewinn- und Verlustrechnung eines Industrieunternehmens weist folgende Beträge aus:

5000	Umsatzerlöse für eigene Erzeugnisse	883.000,00
5220	Mehrbestand an fertigen Erzeugnissen	32.100,00
5300	Aktivierte Eigenleistungen	37.600,00
5431	Erträge aus Versicherungsentschädigungen	15.100,00
5440	Erlöse aus Anlagenverkäufen	27.300,00
5490	Periodenfremde Erträge	21.400,00
5500	Erträge aus Beteiligungen	39.800,00
5710	Zinserträge	14.130,00
60 ..	Aufwendungen für Roh-, Hilfs- und Betriebsstoffe	143.100,00
6160	Fremdinstandsetzung	21.200,00
6200	Löhne	211.200,00
6300	Gehälter	114.300,00
6400	Soziale Aufwendungen	51.600,00
6520	Abschreibungen auf Sachanlagen	91.500,00
6900	Versicherungsbeiträge	7.200,00
6930	Verluste aus Schadensfällen	2.750,00
6950	Abschreibungen auf Forderungen	18.600,00
6979	Anlagenabgänge	8.900,00
70 ..	Betriebsteuern	24.100,00
7510	Zinsaufwendungen	1.890,00

Für die Aufstellung der Ergebnistabelle sind folgende Angaben zu berücksichtigen:

1. In den Abschreibungen auf Sachanlagen sind 10.000,00 € Abschreibungen für still gelegte Anlagen enthalten.
2. In den Betriebsteuern ist die Grundsteuer für ein brach liegendes Grundstück mit 1.500,00 € enthalten.
3. Der Werkstoffverbrauch wird wegen der schwankenden Anschaffungskosten zu festen Verrechnungspreisen angesetzt. Der so bewertete Verbrauch von Roh-, Hilfs- und Betriebsstoffen beträgt 130.000,00
4. Die kalkulatorischen Zinsen für das betriebsnotwendige Kapital betragen 19.700,00
5. Für Garantieverpflichtungen werden als kalkulatorische Wagniszuschläge in Ansatz gebracht 15.600,00
6. Die kalkulatorischen Abschreibungen auf Sachanlagen betragen 75.600,00
7. Die kalkulatorischen Abschreibungen auf Forderungen betragen 6.000,00

a) Ermitteln Sie in der Ergebnistabelle das Gesamtergebnis der Unternehmung, das Neutrale Ergebnis und das Betriebsergebnis und erläutern Sie die Teilergebnisse.

b) Werten Sie die Ergebnistabelle mithilfe folgender Angaben aus: Produktionsmenge 12 500 Stück, durchschnittlich eingesetztes Eigenkapital 2.100.000,00 €.

Aufgabe 238

Die Finanzbuchhaltung eines Industrieunternehmens schließt mit folgenden Aufwendungen und Erträgen ab:

5000	Umsatzerlöse für eigene Erzeugnisse	1.150.000,00
5100	Umsatzerlöse für Waren	220.000,00
5431	Erträge aus Versicherungsentschädigungen	7.100,00
5440	Erlöse aus Anlagenverkäufen	53.000,00
5710	Zinserträge	5.100,00
60 ..	Aufwendungen für Roh-, Hilfs- und Betriebsstoffe	195.000,00
6060	Aufwendungen für Waren	170.000,00
6200	Löhne	235.000,00
6300	Gehälter	195.000,00

6400	Soziale Aufwendungen	98.000,00
6520	Abschreibungen auf Sachanlagen	193.000,00
6700	Miet- und Pachtaufwendungen	5.600,00
6950	Abschreibungen auf Forderungen	85.000,00
6979	Anlagenabgänge	31.000,00
7510	Zinsaufwendungen	34.900,00

Die Ergebnistabelle ist aufgrund folgender Angaben aufzustellen:

1. In den Löhnen sind Lohnnachzahlungen für zurückliegende Perioden in Höhe von 20.000,00 € enthalten.
2. Die Abschreibungen auf Anlagen enthalten 10.000,00 € Abschreibungen für still gelegte Anlagen.
3. Die kalkulatorischen Abschreibungen auf Sachanlagen betragen 160.000,00
4. Als kalkulatorische Zinsen sind zu verrechnen 70.000,00
5. Die kalkulatorischen Abschreibungen auf Forderungen betragen 25.000,00

a) Führen Sie die Gesamtergebnisrechnung, die Abgrenzungsrechnung und die Betriebsergebnisrechnung in der Ergebnistabelle durch und erläutern Sie die Teilergebnisse.

b) Werten Sie die Ergebnistabelle aus: Produktions-(= Absatz-)menge 15 000 Stück, durchschnittlich gebundenes Eigenkapital 1.950.000,00 €.

Aufgabe 239

Die Gewinn- und Verlustrechnung eines Industrieunternehmens enthält für den Abrechnungsmonat Oktober folgende Aufwendungen und Erträge:

5000	Umsatzerlöse für eigene Erzeugnisse	731.000,00
5220	Mehrbestand an fertigen Erzeugnissen	34.100,00
5300	Aktivierte Eigenleistungen (zu Herstellkosten)	37.500,00
5440	Erlöse aus Anlagenverkäufen	24.600,00
5500	Erträge aus Beteiligungen	6.800,00
5710	Zinserträge	3.300,00
60 ..	Aufwendungen für Roh-, Hilfs- und Betriebsstoffe	189.600,00
6160	Fremdinstandsetzung	2.150,00
6200	Löhne	142.500,00
6300	Gehälter	163.600,00
6400	Soziale Aufwendungen	28.100,00
6520	Abschreibungen auf Sachanlagen	63.000,00
6700	Miet- und Pachtaufwendungen	11.700,00
6800	Büromaterial	5.300,00
6920	Beiträge	1.100,00
6950	Abschreibungen auf Forderungen (pauschal)	51.000,00
6979	Anlagenabgänge	17.100,00
70 ..	Betriebliche Steuern	23.900,00
7510	Zinsaufwendungen	2.200,00

Die Ergebnistabelle ist unter Beachtung folgender Vorgänge aufzustellen:

1. Unter den Gehältern sind Nachzahlungen für vergangene Perioden in Höhe von 30.000,00 € enthalten.
2. Die kalkulatorischen Abschreibungen auf Sachanlagen betragen 52.000,00
3. Die kalkulatorischen Zinsen für das betriebsnotwendige Kapital betragen .. 32.600,00

a) Erstellen Sie die Ergebnistabelle und erläutern Sie die Teilergebnisse.

b) Werten Sie die Ergebnistabelle aus: Produktionsmenge 21 500 Stück, durchschnittlich gebundenes Eigenkapital 11.500.000,00 €.

Aufgabe 240

Die Möbelfabrik Hansen OHG stellt in einem Zweigbetrieb ausschließlich Computertische für ein Versandhaus her. Für diesen Zweigbetrieb wird die Betriebsabrechnung getrennt durchgeführt. Zum Ende des Geschäftsjahres .. liegen folgende Aufwendungen und Erträge vor:

50 ..	Umsatzerlöse aus Verkauf von eigenen Erzeugnissen uns sonstigen Leistungen	1.024.000,00
5220	Mehrbestand an fertigen Erzeugnissen	96.000,00
5431	Erträge aus Versicherungsentschädigungen	20.000,00
5490	Periodenfremde Erträge	24.000,00
6000	Aufwendungen für Rohstoffe	224.000,00
6020	Aufwendungen für Hilfsstoffe	25.000,00
6030	Aufwendungen für Betriebsstoffe	8.000,00
6160	Fremdinstandsetzung	14.000,00
6200	Löhne	305.000,00
6300	Gehälter	206.000,00
6400	Soziale Aufwendungen	112.000,00
6520	Abschreibungen auf Sachanlagen	48.000,00
6600	Sonstige Personalaufwendungen	9.000,00
6850	Reisekosten	10.000,00
6930	Verluste aus Schadensfällen	5.000,00
70 ..	Betriebliche Steuern	36.000,00
7510	Zinsaufwendungen	7.000,00

Für die Aufstellung der Ergebnistabelle sind folgende Angaben zu berücksichtigen:

1. In den Umsatzerlösen sind Mieterträge in Höhe von 20.000,00 € enthalten.
2. Unter der Position „Gebäude" in der Bilanz befindet sich ein vermietetes (zum Betriebsvermögen gehörendes) Wohnhaus. Die Aufwendungen und Erträge hierfür wurden über die Finanzbuchhaltung abgewickelt und sind daher in der GuV-Rechnung enthalten. Im Einzelnen handelt es sich um folgende Posten:

Abschreibungen	9.000,00
Grundsteuer	4.000,00
Hausmeisterlohn	28.000,00
Arbeitgeberanteil zur Sozialversicherung	6.000,00
Malerarbeiten (vgl. Fremdinstandsetzung)	4.000,00

3. In der Position „Sonstige Personalaufwendungen" sind Nachzahlungen für das vergangene Geschäftsjahr enthalten 3.000,00
4. Die kalkulatorischen Zinsen sind aufgrund folgender Angaben zu berechnen:

Anlagevermögen (nach kalkulatorischen Restwerten) insgesamt	504.000,00
Kalkulatorischer Restwert des vermieteten Wohnhauses	80.000,00
Umlaufvermögen (zu Mittelwerten)	248.000,00
In den Verbindlichkeiten a. LL sind zinslose Kredite enthalten	32.000,00

   Der Zinssatz für das betriebsnotwendige Kapital beträgt 7,5 %.
5. Den kalkulatorischen Abschreibungen sind folgende Angaben zugrunde zu legen:
   Nutzungsdauer: Gebäude 25 Jahre, übriges Anlagevermögen zehn Jahre,
   Wiederbeschaffungskosten:

Gebäude	400.000,00
Maschinen	280.000,00
Andere Sachanlagen	40.000,00

6. Der kalkulatorische Unternehmerlohn wird angesetzt mit 72.000,00

a) Erstellen Sie die Ergebnistabelle und erläutern Sie die Teilergebnisse.

b) Werten Sie die Ergebnistabelle aus. Legen Sie hierfür folgende Angaben zugrunde: Durchschnittlich gebundenes Eigenkapital 520.000,00 €. Im abgelaufenen Geschäftsjahr wurden 4600 Computertische hergestellt.

HF 7 / AS 7.1 / ZF 7

3 Kostenartenrechnung (KAR)

3.1 Aufgaben der Kostenartenrechnung

Situation

Im Unternehmen Wernick GmbH sind Kosten und Leistungen für das Geschäftsjahr 01 in der Ergebnistabelle ermittelt worden (vgl. S. 216). Für Herrn Wernick stellt sich nun das Problem, die Kosten und Leistungen passend auf die jeweils in der KLR angestrebten Ziele hin zu gliedern und zusammenzufassen. Folgende Ziele der Kostenartenrechnung und Möglichkeiten der Kostengliederung kommen hierbei in Betracht:

Kriterium der Kostengliederung	Unterteilung der Kosten	Beispiele	Zweck
Gliederung nach der Verbrauchsart	**Werkstoffkosten**	Verbrauch von Roh-, Hilfs- und Betriebsstoffen, an Fremdbauteilen und Handelswaren	**Verbrauch an Produktionsfaktoren planen und kontrollieren**
	Betriebsmittelkosten	Wertminderungen an Betriebsmitteln	
	Personalkosten	Löhne, Gehälter, Lohnnebenkosten	
	Dienstleistungskosten	Versicherungsprämien, Frachtkosten, Fremdinstandhaltung, Vertriebsprovisionen, Rechts- und Beratungskosten	
	Öffentliche Abgaben	Steuern, Gebühren, Zölle	
	Umweltkosten	Kosten der Abwasserreinigung und Abfallentsorgung	
Zurechnung der Kosten zu Kostenträgern	**Einzelkosten**	Rohstoffverbrauch, zeitunabhängige Fertigungslöhne, Verpackungs- und Frachtkosten	**Kalkulationen auf Vollkostenbasis erstellen**
	Sondereinzelkosten der Fertigung	Modellkosten, Spezialwerkzeuge, Lizenzgebühren	
	Sondereinzelkosten des Vertriebs	Spezialverpackung, Vertriebsprovisionen	
	Gemeinkosten	Zeitlöhne, Gehälter, Soziale Abgaben, Abschreibungen, Mieten, Betriebliche Steuern u. a.	
Verhalten der Kosten bei Beschäftigungsänderungen	**Variable Kosten**	Rohstoffverbrauch, Akkordlöhne	**Marktorientierte Entscheidungen auf Teilkostenbasis treffen**
	Fixe Kosten	Gehälter, zeitabhängige Löhne, Abschreibungen, Versicherungsprämien, Mieten	
	Mischkosten	Telekommunikationskosten, Kosten der Geräte- und Maschinenwartung	

Gliederung der Kosten nach der Verbrauchsart

Die Gliederung der Kosten nach der Verbrauchsart bildet die Basis der systematischen Kostenermittlung. Die Kosten werden gemäß ihrer artmäßigen Zusammengehörigkeit gruppiert. Das Ergebnis dieser Systematisierung lässt erste Interpretationen hinsichtlich der Kostenstruktur im Unternehmen zu (z. B. Anlagenintensität oder Werkstoffintensität). Es kann jedoch nicht angegeben werden, wo und wofür die Kosten entstanden sind.

3.2 Zurechnung der Kosten auf die Kostenträger

Kostenträger

Die Leistungseinheiten im Industriebetrieb sind in der Regel die **fertigen und unfertigen Erzeugnisse**, aber auch ein **einzelner Auftrag** oder eine **Serie** kann eine Leistungseinheit sein. In der KLR heißen diese Leistungseinheiten **„Kostenträger"**.

Selbstkosten

Den Kostenträgern werden alle Kosten „aufgebürdet", die sie verursacht haben, sodass **kostendeckende Preise kalkuliert** werden (Selbstkosten) und durch den Verkauf der Kostenträger **alle Kosten** in Form von Umsatzerlösen wieder **in das Unternehmen zurückfließen**.

Die Zurechnung der Kosten zu den Kostenträgern erfolgt je nach **Verschiedenartigkeit der** hergestellten und angebotenen **Erzeugnisse** sowie je nach **Fertigungstyp.**

Kostenzurechnung bei Einprodukt-/Mehrproduktunternehmen

Nach der Verschiedenartigkeit der hergestellten und angebotenen Erzeugnisse ergeben sich:

- **Einproduktunternehmen**: Es wird ein Erzeugnis i. d. R. in Massenfertigung hergestellt und angeboten. Das Unternehmen verfügt also nur über einen Kostenträger.
- **Mehrproduktunternehmen**: Es werden mehrere, unterschiedliche Erzeugnisse i. d. R. in **Serien-**, **Sorten-** oder **Einzelfertigung** hergestellt und angeboten. Das Unternehmen verfügt also über mehrere Kostenträger.

Fertigungstyp Kalk.-Verfahren

Die Verschiedenartigkeit der hergestellten und angebotenen Erzeugnisse bestimmt den **Fertigungstyp**[1] und damit aus Sicht der Kostenrechnung das eingesetzte **Kalkulationsverfahren** zur Zurechnung der Kosten zu den Kostenträgern:

- **Einproduktunternehmen** mit **Massenfertigung**: Da nur ein Erzeugnis in großen Mengen hergestellt wird, erfolgt die Zurechnung der Kosten durch die **Divisionskalkulation** (vgl. S. 282).
- **Mehrproduktunternehmen** mit **Einzelfertigung**: Die Kosten – mit Ausnahme der Verwaltungskosten – können jeweils einem Erzeugnis (Projekt) zugerechnet werden.
- **Mehrproduktunternehmen** mit **Sortenfertigung**: Aufgrund der Ähnlichkeit der verwendeten Werkstoffe und des Verfahrens erfolgt eine Zurechnung der Kosten mithilfe der **Äquivalenzziffernkalkulation** zu den verschiedenen Sorten (vgl. S. 280).
- **Mehrproduktunternehmen** mit **Serienfertigung**: Es werden mehrere Erzeugnisse auf den Fertigungslinien hergestellt, die aufgrund der Verschiedenartigkeit der Herstellung unterschiedliche Kosten verursachen. Die Zurechnung der Kosten erfolgt mithilfe der **Zuschlagskalkulation**, die eine Unterscheidung zwischen Einzel- und Gemeinkosten erfordert (vgl. S. 271 f.):

Einzelkosten	Kosten, die dem jeweiligen Kostenträger direkt zugerechnet werden können.
Gemeinkosten	Kosten, die dem jeweiligen Kostenträger indirekt über Kostenstellen zugerechnet werden können.

Verhalten der Kosten bei Beschäftigungsänderungen

Teilkostenrechnung

Dem Ziel der Kostenrechnung, die Kosten so verursachungsgerecht wie möglich auf die Erzeugnisse umzulegen, entspricht die Teilkostenrechnung eher als die Vollkostenrechnung, sodass marktorientierte Entscheidungen ermöglicht werden. Bei der Teilkostenrechnung wird eine Kostenspaltung vorgenommen:

Variable Kosten	Kosten, die von den Herstellungsmengen der Erzeugnisarten beeinflusst werden (z. B. Rohstoffkosten).
Fixe Kosten	Kosten, die zeitabhängig anfallen (z. B. Abschreibungen).

Bei der Teilkostenrechnung gehen nur die variablen Kosten unmittelbar in die Preisberechnung ein. Das Unternehmen achtet darauf, dass der am Markt erzielbare Preis die variablen Kosten deutlich übersteigt (vgl. S. 285 f., 298 f.).

1 Siehe auch Band 1, HF 3, AS 3.2, Kapitel 3.

HF 7 / AS 7.1 / ZF 8

4 Vollkostenrechnung im Mehrproduktunternehmen

4.1 Fragestellungen und Zusammenhänge

Situation

Unternehmer Wernick hat die Kosten des vergangenen Geschäftsjahres vollständig erfasst und nach unterschiedlichen Gesichtspunkten gegliedert (vgl. S. 222 f.). Die Einteilung nach **Einzel- und Gemeinkosten** wird ihm bei der Klärung folgender Fragen hilfreich sein:

1. **In welchen Abteilungen des Unternehmens** (vgl. S. 225 f.) **sind Kosten entstanden? Und wie hoch sind diese Kosten?**

Sind ihm die Kosten in jeder Abteilung für einen bestimmten Zeitabschnitt (z. B. Monat) bekannt, so ist es ihm möglich, den **Kostenverbrauch** in den Abteilungen zu **kontrollieren** sowie **Zuschlagsgrundlagen für seine Kalkulation** zu erhalten.

Das Problem der Zurechnung der Kosten zu den Abteilungen löst er über die **Kostenstellenrechnung**, die sich des **Betriebsabrechnungsbogens** als Hilfsmittel bedient (vgl. Kapitel E, 4.2.2, S. 228 f.).

2. Im vergangenen Geschäftsjahr wurden im Unternehmen Wernick GmbH **drei Gehäusetypen G I, G II und G III** gefertigt, die sich in ihren Abmessungen und in ihren vormontierten Ausstattungen (Platinensockel, Schalter, Stecker) unterscheiden. Die Einzelkosten „Fertigungsmaterial" und „Fertigungslöhne" sowie die Umsatzerlöse für jeden dieser drei Gehäusetypen kann Herr Wernick aus den Aufzeichnungen der Finanzbuchhaltung (Konto „6000 Fertigungsmaterial", Konto „6200 Löhne" und Konto „5000 Umsatzerlöse für eigene Erzeugnisse") entnehmen. Er weiß aber noch nicht:

Wie hoch sind die auf jeden Gehäusetyp entfallenden anteiligen Gemeinkosten?

Mit der Klärung dieser Frage ist es ihm möglich, die **Selbstkosten** und den **Betriebserfolg für jeden Gehäusetyp** zu errechnen.

Dieses Problem löst er über die **Kostenträgerrechnung**, die sich des **Kostenträgerblattes** (BAB II) als Hilfsmittel bedient (vgl. Kapitel E, 4.4, S. 251 f.).

Übersicht über den Zusammenhang zwischen Kostenarten, Kostenstellen und Kostenträgern

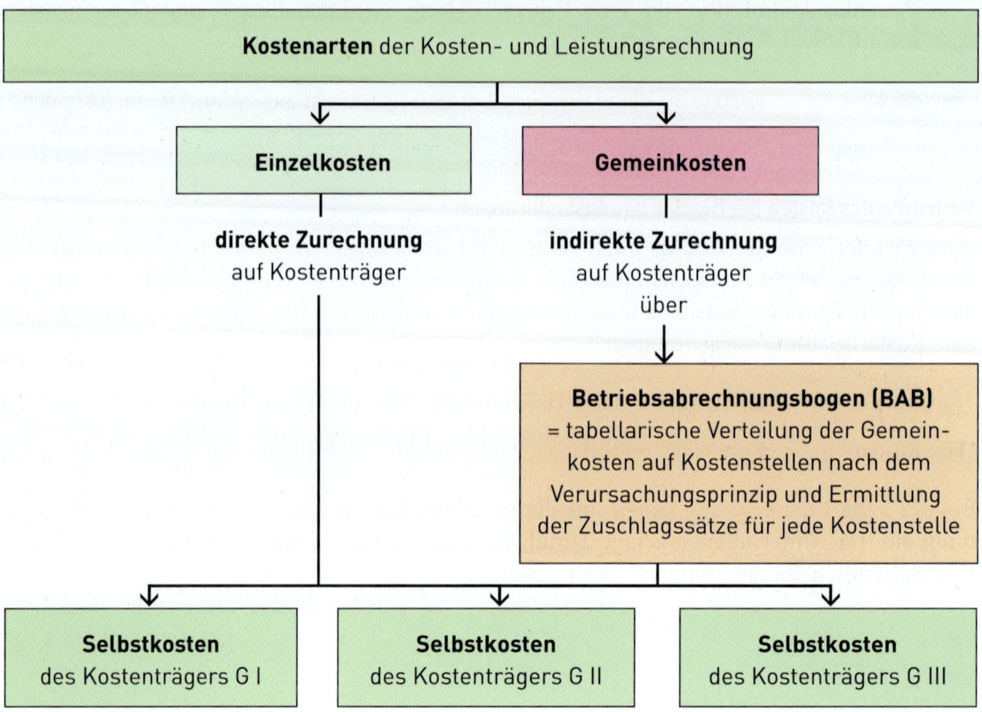

4.2 Kostenstellenrechnung in Betrieben mit Serienfertigung

Die Kostenstellenrechnung bildet nach der Kostenartenrechnung **die zweite Stufe** der KLR im Mehrproduktunternehmen mit **Serienfertigung**[1]. Sie ist erforderlich, um die Gemeinkosten nach einem in der Praxis gebräuchlichen Verfahren anteilig den Kostenträgern (vgl. S. 223) zurechnen zu können. Dies geschieht auf dem Umweg über die **Kostenstellen** (vgl. S. 224, S. 226 f.).

Die Kostenstellenrechnung ist im Einzelnen auf folgende **Aufgaben** ausgerichtet:

- **Verteilung der Gemeinkosten auf die Kostenstellen des Betriebes.** Alle Kostenarten werden aus der Ergebnistabelle in die Kostenstellenrechnung übernommen. Die **Gemeinkosten** werden nach Belegen (Kostenstellen-Einzelkosten) oder Verteilungsschlüsseln (= Kostenstellen-Gemeinkosten) anteilig und verursachungsgerecht den Abteilungen im Unternehmen (= Kostenstellen) zugewiesen, in denen sie entstanden sind. Dies geschieht tabellarisch im **Betriebsabrechnungsbogen (BAB**, vgl. S. 228 f.).
- **Errechnung von Zuschlagsprozentsätzen** für jede Hauptkostenstelle (vgl. S. 231 f.). Aus den in den Kostenstellen ermittelten Gemeinkosten und aus geeigneten Zuschlagsgrundlagen (z. B. Einzelkosten) werden für jede Hauptkostenstelle Zuschlagsprozentsätze berechnet, die für die **anteilige Zuweisung der Gemeinkosten auf die Kostenträger** erforderlich sind.
- **Kontrolle der Kosten in den Kostenstellen.** Die Kostenstellenrechnung ermöglicht im **Zeitvergleich** oder im **Vergleich mit „normierten" Kosten** (vgl. S. 253 f.) eine Kontrolle des Kostenverbrauchs in den Kostenstellen.

Beispiel

Im Unternehmen Wernick GmbH gilt folgende Aufteilung der Kostenarten in Einzel- und Gemeinkosten:

Zurechnung auf Kostenträger	Kostenarten	Zurechnungsgrundlagen (Belege)
Einzelkosten (direkte Zurechnung)	Fertigungsmaterial (Werkstoffe)	Aufzeichnungen in der FB, Materialentnahmescheine, Stücklisten und Konstruktionsunterlagen
	Fertigungslöhne	Auftragszettel, Laufzettel, Lohnlisten
	Sondereinzelkosten	Rechnungen und Auftragszettel
Gemeinkosten (indirekte Zurechnung)	Hilfs- und Betriebsstoffe	Materialentnahmescheine
	Gehälter, Hilfslöhne	Lohn- und Gehaltslisten
	Soziale Aufwendungen	Lohn- und Gehaltslisten
	Abschreibungen	Anlagenverzeichnis
	Büromaterial	Rechnungen und Verteilungsschlüssel
	Werbung	Rechnungen und Verteilungsschlüssel
	Betriebliche Steuern	Verteilungsschlüssel
	Kalkulatorische Kosten	Anlagewerte, Beschäftigtenzahlen

1 Siehe auch Band 1, HF 3, AS 3.2, Kapitel 3.3.

4.2.1 Gliederung des Unternehmens in Kostenstellen

Kostenbereiche nach Funktionen

Die Gliederung des Gesamtbetriebes in **vier Kostenbereiche**, die sich aus den **Funktionen des Betriebes** ableiten, ist die Grundlage für die Einrichtung von Kostenstellen:

I. **Materialbereich**
II. **Fertigungsbereich**
III. **Verwaltungsbereich**
IV. **Vertriebsbereich**

Kostenstellen nach Tätigkeiten

Für kleine Industriebetriebe genügt die Bildung **einer Kostenstelle für jeden Kostenbereich.** Im Allgemeinen wird jeder Kostenbereich in mehrere Kostenstellen (z. B. Abteilungen) aufgeteilt, die ihrerseits das Merkmal **einheitlicher Tätigkeit** aufweisen. Die Zahl der zu bildenden Kostenstellen je Kostenbereich hängt von der Art und Größe des Betriebes und dem angestrebten Genauigkeitsgrad der Kostenrechnung ab.

Kostenbereiche nach Funktionen	Kostenstellen nach Tätigkeiten
I. Materialbereich:	Werkstoffeinkauf, -prüfung, -verwaltung
II. Fertigungsbereich:	Fertigungsabteilungen, z. B. Mechanische Bearbeitung, Montage, Technische Betriebsleitung usw.
III. Verwaltungsbereich:	Kaufmännische Leitung, Finanzabteilung, Buchhaltung usw.
IV. Vertriebsbereich:	Werbung, Verkauf, Fertiglager, Versand usw.

Kostenstellen nach Verantwortung

Damit die Kostenstellenrechnung ihrer **Kontrollaufgabe** gerecht werden kann, ist es erforderlich, dass sich die nach einheitlichen Tätigkeitsmerkmalen gebildeten Kostenstellen **mit den Verantwortungsbereichen decken.**

Praxisgerecht ist die Zusammenfassung mehrerer Kostenstellen zu einem **Verantwortungsbereich**: Der Meister ist verantwortlich für den Kostenverbrauch in seiner Fertigungsabteilung; der Betriebsleiter ist verantwortlich für den Kostenverbrauch des Fertigungsbetriebs, der mehrere Abteilungen umfasst.

Kostenstellen

Alle **Tätigkeits- und Verantwortungsabteilungen** in einem Industriebetrieb, die eine **organisatorische Einheit** bilden und die in den Prozess der Leistungserstellung oder Leistungsverwertung eingegliedert sind, eignen sich als Kostenstellen. Je nach der Genauigkeit, mit der die Kostenstruktur eines Unternehmens aufgedeckt werden soll, sind die Kostenstellen mehr oder weniger weit aufzugliedern. Die feinste Gliederung liegt dann vor, wenn die Arbeits- oder Maschinenplätze selbst die Kostenstellen bilden. In der Regel wird ein Industrieunternehmen mit der **Gliederung nach Abteilungen** auskommen.

Erweiterung der Kostenbereiche

Die **verfeinerte** Kostenstellenrechnung unterteilt den **Fertigungsbereich** in

- **Fertigungshauptstellen**, in denen **unmittelbar am Erzeugnis** gearbeitet wird (z. B. Stanzen/Schneiden, Pressen/Biegen, Bohren/Entgraten, Lackieren/Montieren), und
- **Fertigungshilfsstellen**, die **nicht direkt** an der Herstellung beteiligt sind, sondern der Aufrechterhaltung der Produktion dienen (z. B. technische Betriebsleitung, Arbeitsvorbereitung, Konstruktionsbüro, Reparaturabteilung).

6946226

Ein **Allgemeiner Bereich** kann den Kostenbereichen **vorgeschaltet** werden. In diesem Bereich werden die Kosten gesammelt, die sich keiner der vier genannten Funktionen (Material, Fertigung, Verwaltung, Vertrieb) ausschließlich zuordnen lassen (z. B. **Energieversorgung, Sozialeinrichtungen, Fuhrpark, Werkschutz, Werkfeuerwehr**).

Kostenbereiche					
Allgemeiner Bereich	**Materialbereich**	**Fertigungsbereich**		**Verwaltungsbereich**	**Vertriebsbereich**
Allgemeine Kostenstellen	Materialstellen	Fertigungs-hilfsstellen	Fertigungs-hauptstellen	Verwaltungsstellen	Vertriebsstellen

Nach der Zugehörigkeit der Gemeinkosten zu den einzelnen Kostenbereichen unterscheidet man:

- **Materialgemeinkosten (MGK)**
  Das sind Gemeinkosten, die im Zusammenhang mit der Annahme, Lagerung, Ausgabe und Versicherung der Werkstoffe entstehen.
- **Fertigungsgemeinkosten (FGK)**
  Dazu zählen alle Gemeinkosten, die im Produktionsprozess anfallen, wie Hilfslöhne, Gehälter für Meister und technische Angestellte, Verbrauch von Strom, Gas, Wasser in der Herstellung, Hilfs- und Betriebsstoffverbrauch, soweit er die Fertigung betrifft, Abschreibungen auf Maschinen und maschinelle Anlagen usw.
- **Verwaltungsgemeinkosten (VwGK)**
  Hierzu rechnen die Kosten für die Leitung und Verwaltung des Unternehmens, z. B. Gehälter für die Geschäftsleitung und die Angestellten der Verwaltungsabteilungen, Büromaterial, Abschreibungen auf die Geschäftsausstattung.
- **Vertriebsgemeinkosten (VtGK)**
  Darunter fallen alle Gemeinkosten, die mit dem Absatz der Erzeugnisse zusammenhängen, z. B. die Kosten für die Lagerung der fertigen Erzeugnisse, für das Verkaufsbüro, die Werbung, die Verpackung und den Versand, soweit Letztere nicht für das verkaufte Erzeugnis einzeln feststellbar sind (Sondereinzelkosten des Vertriebs!).

Merke

- **Für jeden Kostenbereich ist mindestens eine Kostenstelle zu bilden.**
- **Kostenstellen sind die Stellen im Unternehmen, an denen die Gemeinkosten entstehen. Betriebsabteilungen bilden in der Regel Kostenstellen.**
- **Kostenstellen schaffen klare Verantwortungsbereiche zur Kontrolle der Wirtschaftlichkeit.**

Aufgabe 241

1. *Was sind Kostenstellen?*
2. *Welche Aufgaben hat die Kostenstellenrechnung?*
3. *Unterscheiden Sie zwischen Kostenbereichen und Kostenstellen.*
4. *Weshalb ist die Einrichtung einer Allgemeinen Kostenstelle erforderlich?*
5. *Warum ist die Einrichtung von Fertigungshaupt- und Fertigungshilfsstellen zweckmäßig?*
6. *Nennen Sie Beispiele für Allgemeine Kostenstellen.*
7. *Begründen Sie, dass Industriebetriebe mit Serienfertigung auf die Einrichtung von Kostenbereichen und Kostenstellen nicht verzichten können.*

4.2.2 Betriebsabrechnungsbogen (BAB) als Hilfsmittel der Kostenstellenrechnung

4.2.2.1 Aufbau des Betriebsabrechnungsbogens

Situation

Fortsetzung von S. 210

Im Unternehmen Wernick GmbH wird zur Verteilung der Gemeinkosten auf die Kostenstellen der folgende vereinfachte Betriebsabrechnungsbogen verwendet:

Betriebsabrechnungsbogen der Wernick GmbH, Leverkusen						
Gemeinkostenarten	Zahlen der Betriebsergebnisrechnung	Verteilungsgrundlagen	Kostenbereiche			
			I Material	II Fertigung	III Verwaltung	IV Vertrieb
Summe der Gemeinkosten						

Erläuterungen zum Betriebsabrechnungsbogen:

Der Betriebsabrechnungsbogen ist als **Tabelle** aufgebaut.

In die ersten beiden Spalten werden alle **Kostenarten** mit ihren **Bezeichnungen** und ihren **Euro-Beträgen** aus der Betriebsergebnisrechnung (vgl. S. 216) übernommen.

In der dritten Spalte wird vermerkt, wie die **Verteilung der Gemeinkosten** auf die nachfolgend aufgeführten Kostenstellen vorzunehmen ist. Diese Verteilung kann

- auf der Grundlage von **Belegen** erfolgen (z. B. Verteilung von Zeitlöhnen nach Lohnlisten). In diesem Fall kann die Kostenstelle direkt mit den von ihr verursachten Gemeinkosten belastet werden. Wir sprechen dann auch von den **direkten Kostenstellen-Gemeinkosten.**
- auf der Grundlage von **Bezugsgrößen** vorgenommen werden (z. B. Verteilung der Mietkosten nach den Raumgrößen der einzelnen Abteilungen in m^2). In diesem Fall ist eine direkte Verteilung nicht möglich, weil mehrere Kostenstellen von der Kostenart gleichzeitig betroffen sind. Wir sprechen dann von **indirekten Kostenstellen-Gemeinkosten.**
- auf der Grundlage von **Erfahrungswerten** erfolgen (z. B. Verteilung des kalkulatorischen Unternehmerlohns nach einem Verteilungsschlüssel).

In den nachfolgenden Spalten sind die **Kostenstellen** aufgeführt, die das Unternehmen eingerichtet hat. Im folgenden Beispiel sind zunächst nur die **vier Kostenbereiche** genannt. In den sich anschließenden Kapiteln werden wir den BAB schrittweise erweitern.

In der letzten **Zeile** des Betriebsabrechnungsbogens wird die Summe der Gemeinkosten für jede Kostenstelle gebildet. Diese Zahlen geben an, wie viel Euro Gemeinkosten jede Kostenstelle verursacht hat. Sie bilden im Vergleich mehrerer Monate oder Jahre die Grundlage einer **Kostenkontrolle.**

4.2.2.2 Verteilung der Gemeinkosten auf die Kostenstellen im Betriebsabrechnungsbogen

Situation

Das Unternehmen Wernick GmbH stellt Blechgehäuse in unterschiedlichen Größen und Ausstattungen her. Im abgelaufenen Geschäftsjahr wurden insgesamt 200 000 Gehäuse in drei Typen (G I, G II, G III) gefertigt. Die Produktionsanlagen werden von den Gehäusetypen unterschiedlich stark beansprucht; ebenso sind Material- und Lohnaufwand für die einzelnen Typen unterschiedlich hoch. Diese Unterschiede müssen in den Selbstkosten berücksichtigt werden. Um dies zu erreichen, stellt Herr Wernick den Betriebsabrechnungsbogen auf, in dem die **Gemeinkosten** auf vier Kostenbereiche verteilt sind, und ermittelt die **Gemeinkostenzuschlagssätze** für die nachfolgende **Selbstkostenkalkulation**.

Betriebsabrechnungsbogen
der Wernick GmbH, Leverkusen

Gemeinkostenarten	Zahlen der Betriebsergebnisrechnung[1]	Verteilungsgrundlagen	Kostenbereiche			
			I Material	II Fertigung	III Verwaltung	IV Vertrieb
Hilfsstoffaufw.	795.000,00	Entnahmescheine	–	710.000,00	–	85.000,00
Betriebsstoffaufw.	35.000,00	Entnahmescheine	–	30.000,00	3.000,00	2.000,00
Gehälter	500.000,00	Gehaltslisten	60.000,00	100.000,00	290.000,00	50.000,00
AG-Anteil/SV	600.000,00	Gehaltslisten	10.000,00	450.000,00	130.000,00	10.000,00
Kalk. Abschr.	660.000,00	Anlagenverzeichnis	40.000,00	510.000,00	70.000,00	40.000,00
Bürokosten	50.000,00	Schlüssel	–	20.000,00	30.000,00	–
Werbung	205.000,00	Rechnungen	–	30.000,00	122.000,00	53.000,00
Betriebl. Steuern	188.000,00	Anlagewerte	28.000,00	40.000,00	90.000,00	30.000,00
Kalk. Zinsen	1.035.000,00	Vermögenswerte	149.300,00	650.000,00	110.000,00	125.700,00
Summe der Gemeinkosten	**4.068.000,00**	**aufgeteilt:**	**287.300,00 MGK**	**2.540.000,00 FGK**	**845.000,00 VwGK**	**395.700,00 VtGK**

Die Verteilung der Gemeinkosten auf die Kostenstellen (hier gleich Kostenbereiche) erfolgt nach den vorgegebenen Verteilungsgrundlagen. **Hilfsstoffaufwendungen**, **Betriebsstoffaufwendungen**, **Gehälter**, **Soziale Aufwendungen** und **Werbungskosten** können aufgrund der vorliegenden Belege **direkt** den verursachenden Kostenstellen zugerechnet werden. Die übrigen Gemeinkosten werden indirekt verteilt:

Die kalkulatorischen Abschreibungen werden nach den **Wiederbeschaffungskosten (WK)** der in den Kostenstellen investierten Anlagen verteilt. Die WK sollen insgesamt 7.300.000,00 € betragen. Hiervon entfallen auf die einzelnen Kostenstellen:

Materialstelle	Fertigungsstelle	Verwaltg.-Stelle	Vertriebsstelle	WK gesamt
442.500,00 €	5.641.000,00 €	774.000,00 €	442.500,00 €	7.300.000,00 €

Insgesamt sind 660.000,00 € kalkulatorische Abschreibungen auf insgesamt 7.300.000,00 € WK zu verteilen. Auf die Kostenstelle „Material“ mit 442.500,00 € WK entfallen dann

7.300.000,00 € ~ 660.000,00 €
442.500,00 € ~ x €

$$x\,€ = \frac{660.000,00\,€ \cdot 442.500,00\,€}{7.300.000,00\,€} \approx \mathbf{40.000,00\,€}$$

Die Kostenstelle „Material“ hat also 40.000,00 € kalkulatorische Abschreibungen zu übernehmen. Nach der gleichen Rechnung lassen sich die Anteile der übrigen Kostenstellen an den kalkulatorischen Abschreibungen berechnen.

1 Vgl. S. 216.

Für die Verteilung der **Bürokosten** wurde ein interner Verteilungsschlüssel (= Verhältniszahlen) von 0 : 2 : 3 : 0 festgelegt. Die Bürokosten von insgesamt 50.000,00 € sind also auf insgesamt fünf „Anteile“ zu verteilen. Die Kostenstelle „Fertigung“ hat hiervon zwei „Anteile“ zu übernehmen, also:

$$\frac{50.000{,}00\ € \cdot 2}{5} = \mathbf{20.000{,}00\ €} \text{ anteilige Bürokosten}$$

Entsprechend hoch ist der Anteil der Kostenstelle „Verwaltung“:

$$\frac{50.000{,}00\ € \cdot 3}{5} = \mathbf{30.000{,}00\ €} \text{ anteilige Bürokosten}$$

Die Verteilung der **betrieblichen Steuern** wird nach einem intern ermittelten Verteilungsschlüssel vorgenommen, der auf investierten Anlagewerten beruht.

Aufgrund dieser Werte werden die im BAB aufgeführten Beträge ermittelt.

Die **kalkulatorischen Zinsen** werden nach dem betriebsnotwendigen Kapital (vgl. S. 205 f.) auf die Kostenstellen verteilt. Es wurde für die einzelnen Kostenstellen das folgende betriebsnotwendige Kapital ermittelt:

Materialstelle	Fertigungsstelle	Verwaltg.-Stelle	Vertriebsstelle	Kapital gesamt
1.658.900,00 €	7.222.200,00 €	1.222.200,00 €	1.396.700,00 €	11.500.000,00 €

Die kalkulatorischen Zinsen von insgesamt 1.035.000,00 € sind auf insgesamt 11.500.000,00 € betriebsnotwendiges Kapital zu verteilen.

Auf die Kostenstelle „Material“ entfallen hiervon:

11.500.000,00 € ~ 1.035.000,00 €
1.658.900,00 € ~ x €

$$x\ € = \frac{1.035.000{,}00\ € \cdot 1.658.900{,}00\ €}{11.500.000{,}00\ €} \approx \mathbf{149.300{,}00\ €}$$

Der Anteil der Kostenstelle „Fertigung“ beläuft sich auf:

11.500.000,00 € ~ 1.035.000,00 €
7.222.200,00 € ~ x €

$$x\ € = \frac{1.035.000{,}00\ € \cdot 7.222.200{,}00\ €}{11.500.000{,}00\ €} = \mathbf{649.998{,}00\ €}$$

aufger. 650.000,00 €

Die Anteile der übrigen Kostenstellen lassen sich entsprechend berechnen.

Summe der Kostenstellen-Gemeinkosten

In der letzten **Zeile** des Betriebsabrechnungsbogens werden die durch die Kostenstellen **insgesamt** verursachten Gemeinkosten ausgewiesen: 287.300,00 € Materialgemeinkosten **(MGK)**, 2.540.000,00 € Fertigungsgemeinkosten **(FGK)**, 845.000,00 € Verwaltungsgemeinkosten **(VwGK)** und 395.700,00 € Vertriebsgemeinkosten **(VtGK)**. Unterstellen wir annähernd gleiche Beschäftigung und unveränderte Verteilungsgrundlagen, so kann über diese Summen im **Zeitvergleich** der **Kostenverbrauch** in jeder Kostenstelle **kontrolliert** werden. Bei Abweichungen ist nach den Ursachen zu forschen (vgl. nähere Ausführungen auf S. 253 f.).

6946230

4.2.2.3 Berechnung der Zuschlagssätze (Ist-Zuschläge) im Betriebsabrechnungsbogen

Situation

Mit den im BAB ermittelten Kostenstellen-Gemeinkosten verfolgt Herr Wernick nicht nur die Absicht, den Kostenverbrauch in den Kostenstellen zu kontrollieren. Letztlich will er erreichen, diese Gemeinkosten den verschiedenen Erzeugnissen, die die Kostenstellen beansprucht haben, anteilig zuzurechnen. Um dieses Ziel zu erreichen, wählt er folgendes Vorgehen:

1. Er legt für die Gemeinkosten in jeder Kostenstelle eine geeignete **Zuschlagsgrundlage** fest, wobei er darauf achtet, dass zwischen der Zuschlagsgrundlage und den zu verrechnenden Stellen-Gemeinkosten eine **Abhängigkeit** besteht. Folgende Zuschlagsgrundlagen sind in der Praxis üblich:

Kostenstellen-Gemeinkosten	Zuschlagsgrundlage
Materialgemeinkosten (MGK)	Fertigungsmaterial
Fertigungsgemeinkosten (FGK)	Fertigungslöhne
Verwaltungsgemeinkosten (VwGK)	Herstellkosten des Umsatzes
Vertriebsgemeinkosten (VtGK)	Herstellkosten des Umsatzes

2. Aus den Kostenstellen-Gemeinkosten und der Zuschlagsgrundlage berechnet Herr Wernick den Kostenstellen-Zuschlagssatz.
3. Zuschlagsgrundlagen und -sätze trägt Herr Wernick in den BAB ein.

Betriebsabrechnungsbogen
der Wernick GmbH, Leverkusen

Gemeinkosten-arten	Zahlen der Betriebs-ergebnisrech-nung	Verteilungs-grundlagen	Kostenbereiche			
			I Material	II Fertigung	III Verwaltung	IV Vertrieb
Hilfsstoffaufw.	795.000,00	Entnahmescheine	–	710.000,00	–	85.000,00
Betriebsstoffaufw.	35.000,00	Entnahmescheine	–	30.000,00	3.000,00	2.000,00
Gehälter	500.000,00	Gehaltslisten	60.000,00	100.000,00	290.000,00	50.000,00
AG-Anteil/SV	600.000,00	Gehaltslisten	10.000,00	450.000,00	130.000,00	10.000,00
Kalk. Abschr.	660.000,00	Anlagenverzeichnis	40.000,00	510.000,00	70.000,00	40.000,00
Bürokosten	50.000,00	Schlüssel	–	20.000,00	30.000,00	–
Werbung	205.000,00	Rechnungen	–	30.000,00	122.000,00	53.000,00
Betriebl. Steuern	188.000,00	Anlagewerte	28.000,00	40.000,00	90.000,00	30.000,00
Kalk. Zinsen	1.035.000,00	Vermögenswerte	149.300,00	650.000,00	110.000,00	125.700,00
Summe der Gemeinkosten	**4.068.000,00**	**aufgeteilt:**	**287.300,00 MGK**	**2.540.000,00 FGK**	**845.000,00 VwGK**	**395.700,00 VtGK**
		Zuschlags-grundlagen	Fertigungs-material (FM) **2.940.000,00**	Fertigungs-löhne (FL) **2.400.000,00**	Herstellkosten des Umsatzes (HK) **7.927.300,00**[1]	
		Zuschlagssätze	**9,77 %**	**105,83 %**	**10,66 %**	**4,99 %**

Kostenstelle „Material“

Für die Materialgemeinkosten (MGK) bieten sich die **Einzelkosten** „Aufwendungen für Rohstoffe“ (= **Fertigungsmaterial**, Konto 6000) als geeignete Zuschlagsgrundlage an, wobei unterstellt wird, dass die Höhe der Materialgemeinkosten von den in der Abrechnungsperiode verbrauchten Rohstoffen abhängig ist.

1 Berechnung siehe S. 233.

Berechnung des MGK-Zuschlagssatzes

$$\text{MGK-Zuschlagssatz} = \frac{\textbf{Materialgemeinkosten}}{\textbf{Fertigungsmaterial}} = \frac{287.300{,}00\ €}{2.940.000{,}00\ €} = 0{,}0977 = 9{,}77\ \%^{1}$$

Dieser Zuschlagssatz sagt aus, dass auf den gesamten Materialeinsatz ein **anteiliger Zuschlag** für Materialgemeinkosten von 9,77 % eingerechnet werden muss, um die gesamten Materialkosten zu erhalten:

	Fertigungsmaterial (vgl. S. 216)	2.940.000,00 €
+	9,77 % Materialgemeinkosten	287.300,00 €
=	**Materialkosten** der Periode	**3.227.300,00 €**

Kostenstelle „Fertigung“

Für die Fertigungsgemeinkosten (FGK) bieten sich die **Einzelkosten Fertigungslöhne** (Konto 6200) als geeignete Zuschlagsgrundlage an, wobei unterstellt wird, dass die Höhe der Fertigungsgemeinkosten von den in der Abrechnungsperiode gezahlten Fertigungslöhnen abhängig ist.

Berechnung des FGK-Zuschlagssatzes

$$\text{FGK-Zuschlagssatz} = \frac{\textbf{Fertigungsgemeinkosten}}{\textbf{Fertigungslöhne}} = \frac{2.540.000{,}00\ €}{2.400.000{,}00\ €} = 1{,}0583 = \mathbf{105{,}83}\ \%$$

Dieser Zuschlagssatz sagt aus, dass auf die gesamten Fertigungslöhne ein **anteiliger Zuschlag für Fertigungsgemeinkosten** von 105,83 % eingerechnet werden muss, um die gesamten Fertigungskosten zu erhalten:

	Fertigungslöhne (vgl. S. 216)	2.400.000,00 €
+	105,83 % Fertigungsgemeinkosten	2.540.000,00 €
=	**Fertigungskosten** der Periode	**4.940.000,00 €**

Berechnung der Zuschlagssätze für Verwaltungs- und Vertriebsgemeinkosten

Herstellkosten als Zuschlagsgrundlage

Für die Verwaltungs- und Vertriebsgemeinkosten gelten die in einer Abrechnungsperiode angefallenen **Herstellkosten** als geeignete Zuschlagsgrundlage. Bei dieser Überlegung lässt man sich weniger von der sachlichen Logik als vielmehr von der zugrunde liegenden **Zuschlagskalkulation** leiten, die in ihrem **Aufbau der Gliederung des Betriebsabrechnungsbogens** entspricht (siehe S. 233).

Bei der Berechnung der Herstellkosten sind Bestandsveränderungen zu berücksichtigen. Sie ergeben sich, wenn Anfangs- und Endbestände an Erzeugnissen unterschiedlich sind.

Fasst man die Materialkosten und die Fertigungskosten zusammen, erhält man die im Abrechnungszeitraum entstandenen **Herstellkosten der produzierten Erzeugnisse**, die auch als

Herstellkosten der Erzeugung

bezeichnet werden. Werden die Bestandsveränderungen (Mehr- oder Minderbestand) an **unfertigen Erzeugnissen** berücksichtigt, ergeben sich die

Herstellkosten der fertigen Erzeugnisse.

Werden anschließend die Bestandsveränderungen (Mehr- oder Minderbestand) an **fertigen Erzeugnissen** berücksichtigt, ergeben sich die

Herstellkosten des Umsatzes.

1 Prozentzahl ist auf zwei Stellen gerundet.

6946232

Das Schema der Zuschlagskalkulation ist entsprechend zu erweitern (vgl. BAB auf S. 231):

Fertigungsmaterial	2.940.000,00 €	
+ Materialgemeinkosten	287.300,00 €	
= Materialkosten		**3.227.300,00 €**
Fertigungslöhne	2.400.000,00 €	
+ Fertigungsgemeinkosten	2.540.000,00 €	
= Fertigungskosten		**4.940.000,00 €**
= Herstellkosten der Erzeugung		**8.167.300,00 €**
+ Anfangsbestand unfertige Erzeugnisse	300.000,00 €	
− Endbestand unfertige Erzeugnisse	300.000,00 €	
= Herstellkosten der fertigen Erzeugnisse		**8.167.300,00 €**
+ Anfangsbestand fertige Erzeugnisse	60.000,00 €	
− Endbestand fertige Erzeugnisse	300.000,00 €	
= Herstellkosten des Umsatzes		**7.927.300,00 €**

Bestandsveränderungen

Bestandsveränderungen beeinflussen also die Höhe der Herstellkosten:

- Ist der Endbestand an unfertigen Erzeugnissen größer (kleiner) als der Anfangsbestand, hat sich der Bestand vermehrt (vermindert). Die Herstellkosten der Erzeugung sind größer (kleiner) als die Herstellkosten der fertigen Erzeugnisse.
- Ist der Endbestand an fertigen Erzeugnissen größer (kleiner) als der Anfangsbestand, hat sich der Bestand vermehrt (vermindert). Die Herstellkosten der fertigen Erzeugnisse sind größer (kleiner) als die Herstellkosten des Umsatzes.
- Bestandsveränderungen an unfertigen und fertigen Erzeugnissen können gegenläufig sein. Eine Bestandsminderung (-mehrung) an unfertigen Erzeugnissen steht einer Bestandsmehrung (-minderung) an fertigen Erzeugnissen gegenüber. Sind die Werte der jeweiligen Bestandsveränderung nicht gleich groß, führt dies in der Summe entweder zu einer Bestandsmehrung oder zu einer Bestandsminderung der Erzeugnisse.

Beispiel

In der **nachfolgenden Periode** liegen bei der Wernick GmbH Bestandsveränderungen vor.

Herstellkosten der Erzeugung		**12.632.000,00 €**
+ Anfangsbestand unfertige Erzeugnisse	300.000,00 €	
− Endbestand unfertige Erzeugnisse	900.000,00 €	
= Herstellkosten der fertigen Erzeugnisse		**12.032.000,00 €**
+ Anfangsbestand fertige Erzeugnisse	300.000,00 €	
− Endbestand fertige Erzeugnisse	100.000,00 €	
= Herstellkosten des Umsatzes		**12.232.000,00 €**

Die Herstellkosten des Umsatzes sind kleiner als die Herstellkosten der Erzeugung (Bestandsmehrung der Erzeugnisse um 400.000,00 €), da die Mehrung der unfertigen Erzeugnisse (600.000,00 €) die Minderung der fertigen Erzeugnisse (200.000,00 €) übersteigt.

Im Weiteren wird auf eine Differenzierung der Bestandsveränderungen in unfertige und fertige Erzeugnisse verzichtet. Bestandsveränderungen werden jeweils als Bestandsmehrung/-minderung der Erzeugnisse zusammenfassend angegeben.

Zuschlagsgrundlage für VtGK

Vertriebsgemeinkosten werden im Wesentlichen durch den Absatz verursacht. Die Herstellkosten des Umsatzes (= Wert der abgesetzten Erzeugnisse) sind die zu wählende Bezugsgröße.

Beispiel

Für den erweiterten BAB (siehe S. 231) ergibt sich folgender Zuschlagssatz:

$$\textbf{VtGK-Zuschlagssatz} = \frac{\textbf{Vertriebsgemeinkosten}}{\textbf{Herstellkosten des Umsatzes}} = \frac{395.700,00\ €}{7.927.300,00\ €} = \mathbf{0{,}0499 = 4{,}99\ \%}$$

Zuschlagsgrundlage für VwGK

Werden die Verwaltungsgemeinkosten hauptsächlich durch die betriebliche Leistungserstellung verursacht, sind die Herstellkosten der Erzeugung die zu wählende Bezugsgröße für die Ermittlung des Zuschlagssatzes, da diese dem Wert der in der Abrechnungsperiode hergestellten Erzeugnisse entsprechen. Da eine verursachungsgerechte Zuordnung der Verwaltungsgemeinkosten jedoch sehr schwierig ist, wird häufig unterstellt, dass sie vorwiegend durch den Absatz hervorgerufen werden. In diesem Fall stehen die Verwaltungsgemeinkosten in Abhängigkeit zu den Herstellkosten des Umsatzes.

Beispiel

Für den erweiterten BAB (siehe S. 231) ergeben sich alternativ folgende Zuschlagssätze:

Bezugsgrundlage sind die **Herstellkosten der Erzeugung**:

$$\text{VwGK-Zuschlagssatz} = \frac{\textbf{Verwaltungsgemeinkosten}}{\textbf{Herstellkosten des Erzeugung}} = \frac{845.000{,}00\ €}{8.167.300{,}00\ €} = \mathbf{0{,}1035 = 10{,}35\ \%}$$

Bezugsgrundlage sind die **Herstellkosten des Umsatzes**:

$$\text{VwGK-Zuschlagssatz} = \frac{\textbf{Verwaltungsgemeinkosten}}{\textbf{Herstellkosten des Umsatzes}} = \frac{845.000{,}00\ €}{7.927.300{,}00\ €} = \mathbf{0{,}1066 = 10{,}66\ \%}$$

Es ist zu erkennen, dass Bestandsveränderungen die Höhe des VwGK-Zuschlagssatzes beeinflussen, wenn die Herstellkosten des Umsatzes die Bezugsgröße bilden: Bestandsmehrungen (Bestandsminderungen) erhöhen (senken) den VwGK-Zuschlagssatz.

In den weiteren Ausführungen sind (der gängigen Praxis folgend) die Herstellkosten des Umsatzes die Bezugsgrundlage für die Ermittlung des VwGK-Zuschlagssatzes.

Ist-Zuschlagssätze

Die zuvor errechneten Zuschlagssätze ergeben sich aus den tatsächlich angefallenen Einzelkosten und den im BAB errechneten Kostenstellen-Gemeinkosten. Es sind sog. Ist-Zuschlagssätze. Sie können erst nach Ablauf einer Abrechnungsperiode aufgrund der in der KLR ausgewiesenen Einzel- und Gemeinkosten ermittelt werden. **Ist-Zuschlagssätze** werden daher in der Regel nur für die **Nachkalkulationen**, d. h. für Selbstkostenberechnungen nach Herstellung der Erzeugnisse verwendet.

Merke

- **Die tabellarische Kostenstellenrechnung heißt Betriebsabrechnungsbogen (BAB). Der BAB wird monatlich oder jährlich aufgestellt. Er ist senkrecht nach Gemeinkostenarten und waagerecht nach Kostenstellen gegliedert.**
- **Der einfache BAB ist nach den Kostenbereichen „Material“, „Fertigung“, „Verwaltung“ und „Vertrieb“ gegliedert.**
- **Der BAB hat folgende Aufgaben:**
  - **Übernahme der Gemeinkosten aus der Betriebsergebnisrechnung der Ergebnistabelle und Verteilung dieser Gemeinkosten aufgrund von Belegen oder nach Schlüsseln auf die Kostenstellen, in denen sie entstanden sind.**
  - **Errechnung von Zuschlagssätzen für die Kostenträgerstück- und Kostenträgerzeitrechnung. Hierbei erhält jede Kostenstelle ihre besondere Zuschlagsgrundlage, auf die die Gemeinkosten dieser Stelle bezogen werden.**
  - **Überwachung der Gemeinkosten an den Stellen ihrer Entstehung (Kostenkontrolle und Kontrolle der Wirtschaftlichkeit).**
- **Die Herstellkosten der Erzeugung und die Herstellkosten des Umsatzes unterscheiden sich durch den Mehr- oder Minderbestand an fertigen und unfertigen Erzeugnissen voneinander:**

	Herstellkosten der Erzeugung
+	**Bestandsminderungen an fertigen und unfertigen Erzeugnissen**
–	**Bestandsmehrungen an fertigen und unfertigen Erzeugnissen**
=	**Herstellkosten des Umsatzes**

4.2.2.4 Berechnung der Selbstkosten des Umsatzes

Selbstkosten des Umsatzes

Die Kostenrechnung hat auch die Aufgabe, die gesamten **Selbstkosten einer Abrechnungsperiode** auszuweisen. Die Selbstkosten ergeben sich, wenn man in die Herstellkosten des Umsatzes die **Verwaltungs- und Vertriebsgemeinkosten** laut BAB **einrechnet.**

Beispiel

Aus den Zahlen des BAB von Seite 231 lassen sich die **Selbstkosten der verkauften Erzeugnisse,** die auch **Selbstkosten des Umsatzes** genannt werden, für das abgelaufene Geschäftsjahr wie folgt berechnen **(= Gesamtkostenrechnung).**

Pos.		Kalkulationsschema		
1.		Fertigungsmaterial (FM)	2.940.000,00 €	
2.	+	Materialgemeinkosten lt. BAB (9,77 %)	287.300,00 €	
3.	=	**Materialkosten (MK) (1 + 2)**		**3.227.300,00 €**
4.		Fertigungslöhne (FL)	2.400.000,00 €	
5.	+	Fertigungsgemeinkosten lt. BAB (110 %)	2.540.000,00 €	
6.	=	**Fertigungskosten (FK) (4 + 5)**		**4.940.000,00 €**
7.	=	**Herstellkosten der Erzeugung (HK d. E.) (3 + 6)**		**8.167.300,00 €**
8.	−	Mehrbestand an fertigen Erzeugnissen		240.000,00 €
9.	=	**Herstellkosten des Umsatzes (HK d. U.)**		**7.927.300,00 €**
10.	+	Verwaltungsgemeinkosten lt. BAB (10,66 %)		845.000,00 €
11.	+	Vertriebsgemeinkosten lt. BAB (4,99 %)		395.700,00 €
12.	=	**Selbstkosten des Umsatzes (SK)**		**9.168.000,00 €**

Die Selbstkosten der Erzeugung, also die bei der **Produktion** insgesamt angefallenen Selbstkosten, betragen 9.408.000,00 € (vgl. Ergebnistabelle S. 216) und sind damit um 240.000,00 € Mehrbestand höher als die Selbstkosten des Umsatzes.

Aufgabe 242

Betriebsabrechnungsbogen eines Industrieunternehmens

Kostenarten	Kosten insgesamt	I Material	II Fertigung	III Verwaltung	IV Vertrieb
EUR	194.144,00	8.600,00	132.750,00	33.939,00	18.855,00

Einzelkosten (Angaben in EUR)	Insgesamt
Fertigungsmaterial	172.000,00
Fertigungslöhne	73.750,00

Bestandsveränderungen (Angaben in EUR)	
Unfertige Erzeugnisse	
Anfangsbestand	140.000,00
Endbestand	130.000,00

Bestandsveränderungen (Angaben in EUR)	
Fertige Erzeugnisse	
Anfangsbestand	450.000,00
Endbestand	470.000,00

1. *Ermitteln Sie die Ist-Zuschlagssätze und die Selbstkosten des Umsatzes.*
2. *Welche Auswirkungen haben 1. Bestandsmehrungen bzw. 2. Bestandsminderungen auf die Höhe*
   a) *der Herstellkosten des Umsatzes gegenüber den Herstellkosten der Erzeugung,*
   b) *der Ist-Zuschlagssätze für Verwaltungsgemeinkosten und für Vertriebsgemeinkosten,*
   c) *der Selbstkosten des Umsatzes.*

Aufgabe 243

Betriebsabrechnungsbogen

Kostenarten	Kosten insgesamt	I Material	II Fertigung	III Verwaltung	IV Vertrieb
insgesamt	276.000,00	24.500,00	168.000,00	51.000,00	32.500,00

Einzelkosten

Fertigungsmaterial 440.000,00

Fertigungslöhne 123.000,00

Bestandsveränderungen

Mehrbestand an unfertigen Erzeugnissen 40.000,00

Minderbestand an fertigen Erzeugnissen 15.000,00

1. *Ermitteln Sie die Herstellkosten des Umsatzes.*
2. *Berechnen Sie die Ist-Zuschlagssätze.*
3. *Führen Sie eine Gesamtkalkulation durch.*

Aufgabe 244

Die Betriebsergebnisrechnung eines Industriebetriebes weist für den Monat April folgende Kosten aus:

Fertigungsmaterial	49.600,00	Hilfsstoffe	11.500,00
Betriebsstoffe	2.600,00	Fertigungslöhne	61.000,00
Hilfslöhne	18.000,00	Gehälter	32.800,00
Soziale Abgaben	19.500,00	Abschreibungen	8.600,00
Betriebsteuern	4.400,00	Sonst. betriebl. Aufw.	10.700,00

Folgende Gemeinkosten wurden im Betriebsabrechnungsbogen (BAB) bereits verteilt:

Kostenart	I Material	II Fertigung	III Verwaltung	IV Vertrieb
Hilfsstoffe	200,00	10.700,00	–	600,00
Betriebsstoffe	240,00	1.820,00	360,00	180,00
Hilfslöhne	1.390,00	15.730,00	280,00	600,00
Gehälter	1.600,00	5.400,00	15.300,00	10.500,00
Soziale Abgaben	650,00	10.550,00	5.940,00	2.360,00
Sonstige Aufwendungen	1.260,00	2.240,00	5.300,00	1.900,00

Die übrigen Gemeinkosten müssen aufgrund folgender Verteilungsgrundlagen verteilt werden:

Kostenart	I Material	II Fertigung	III Verwaltung	IV Vertrieb
Abschreibungen (Anlagenwerte)	*4.000.000,00*	*6.000.000,00*	*2.000.000,00*	*1.000.000,00*
Betriebsteuern (Schlüssel)	–	3 :	1	–

1. *Berechnen Sie die Herstellkosten des Umsatzes (Minderbestand an unfertigen Erzeugnissen 4.500,00 €, Mehrbestand an fertigen Erzeugnissen 6.200,00 €).*
2. *Berechnen Sie mithilfe des BAB die vier Gemeinkostenzuschlagssätze.*
3. *Ermitteln Sie die Selbstkosten des Umsatzes für den Abrechnungszeitraum.*
4. *Wie hoch ist das Betriebsergebnis für den Abrechnungszeitraum, wenn die Umsatzerlöse 250.000,00 € betragen?*
5. *Ermitteln Sie die Selbstkosten für je einen Kostenträger A und B. Die Einzelkosten betragen für Kostenträger A: Fertigungsmaterial 100,00 €, Fertigungslöhne 50,00 €; für Kostenträger B: Fertigungsmaterial 300,00 €, Fertigungslöhne 120,00 €.*

6946236

Aufgabe 245

In die Kostenstellenrechnung eines Industriebetriebes gehen für den Monat Dezember folgende Zahlen aus der Betriebsergebnisrechnung (BER) ein:

Folgende Gemeinkosten wurden im Betriebsabrechnungsbogen (BAB) bereits verteilt:

Kostenarten	Zahlen der BER	I Material	II Fertigung	III Verwaltung	IV Vertrieb
Hilfsstoffe	162.500,00	3.500,00	145.200,00	4.500,00	9.300,00
Betriebsstoffe	17.650,00	2.800,00	9.000,00	4.200,00	1.650,00
Hilfslöhne	152.800,00	13.400,00	121.400,00	8.200,00	9.800,00
Gehälter	199.400,00	18.500,00	33.400,00	108.900,00	38.600,00
Soziale Abgaben	153.500,00	9.800,00	89.700,00	32.600,00	21.400,00
Betriebsteuern	90.500,00	–	71.600,00	18.900,00	–
Büro/Werbung	70.800,00	6.800,00	23.400,00	31.500,00	9.100,00

Die übrigen Gemeinkosten müssen aufgrund nachfolgender Daten im BAB verteilt werden:

Kostenarten	Verteilungsgrundlage	I Material	II Fertigung	III Verwaltung	IV Vertrieb
Kalk. Abschr.	Schlüssel	1	6	2	1
Kalk. Zinsen	Schlüssel	1,5	5	2	1,5
Miete	Fläche	200 m²	600 m²	120 m²	80 m²
Versicherungen	Anlagewert	*200.000,00*	*1.200.000,00*	*400.000,00*	*200.000,00*

Weitere Zahlen aus der BER:
Miete .... 120.000.00   Versicherungen 31.200.00

Kalk. Abschreibungen **je Jahr**:
Betriebsgebäude: 1,5 % der Wiederbeschaffungskosten (WBK = 2.400.000,00)
Technische Anlagen und Maschinen: 15 % von Wiederbeschaffungskosten (WBK = 1.000.000,00)
Andere Anlagen: 10 % von Wiederbeschaffungskosten (WBK = 540.000,00)

Kalk. Zinsen **je Jahr**: 6 % vom betriebsnotwendigen Kapitel (betriebsnotw. K. = 4.500.000,00)
Minderbestand an unfertigen Erzeugnissen 25.660,00
Mehrbestand an fertigen Erzeugnissen 31.405,00
Fertigungsmaterial 513.500,00
Fertigungslöhne 413.380,00

1. *Vervollständigen Sie den Betriebsabrechnungsbogen.*
2. *Berechnen Sie die Herstellkosten des Umsatzes und die Selbstkosten des Abrechnungszeitraumes.*
3. *Ermitteln Sie die vier Gemeinkostenzuschlagssätze.*

Aufgabe 246

1. *Welche Aufgaben erfüllt der Betriebsabrechnungsbogen?*
2. *Wozu dient die Errechnung von Ist-Zuschlagssätzen?*
3. *Nach welchem Gesichtspunkt werden die Zuschlagsgrundlagen für die Stellengemeinkosten ausgewählt?*
4. *Wodurch unterscheiden sich die Herstellkosten der Erzeugung von den Herstellkosten des Umsatzes?*
5. *Begründen Sie, dass eine Bestandsmehrung von den Herstellkosten der Erzeugung abzuziehen, eine Bestandsminderung zu den Herstellkosten hinzuzuzählen ist.*
6. *Welche Aufgabe erfüllt die Gesamtkostenrechnung, die für eine zurückliegende Abrechnungsperiode aufgestellt wird?*

4.3 Innerbetriebliche Leistungsverrechnung im erweiterten Betriebsabrechnungsbogen

4.3.1 Innerbetriebliche Leistungsverrechnung nach dem Stufenleiterverfahren

Beziehungen zwischen den Kostenstellen

Die innerbetriebliche Leistungsverrechnung ist immer dann erforderlich, wenn Kostenstellen in einem **internen Leistungsaustausch** stehen. Das ist vor allem dann der Fall, wenn in einem erweiterten Betriebsabrechnungsbogen allgemeine Kostenstellen und Hilfskostenstellen eingerichtet sind und diese Kostenstellen ihre Leistungen für andere Kostenstellen erbringen. Das geschieht z. B. in der Form, dass die Kostenstelle „Reparatur" eine bestimmte Leistungsmenge „Arbeitsstunden **h**" für die Kostenstelle „Fertigung" erbringt. Diese Leistungsmenge ist mit dem intern zu ermittelnden Leistungspreis **„q"** zu bewerten, um den **Wert der Leistung** (= **h · q**) bestimmen zu können. Um diesen Wert sind die Gemeinkosten (= primäre Stellenkosten) der abgebenden Kostenstelle „Reparatur" zu verringern und die Gemeinkosten der empfangenden Kostenstelle „Fertigung" zu erhöhen.

Struktur des Leistungsaustausches

Kostenstellen können ihre Leistungen **einseitig** oder **wechselseitig** austauschen.

Die Verrechnung der Leistungen gestaltet sich relativ einfach, wenn eine Kostenstelle ihre Leistungen nur **einseitig** an eine oder mehrere andere Kostenstellen abgibt, wie das in nachfolgendem BAB dargestellt ist (vgl. S. 239). Die folgenden drei Skizzen verdeutlichen diese Beziehungen:

a)

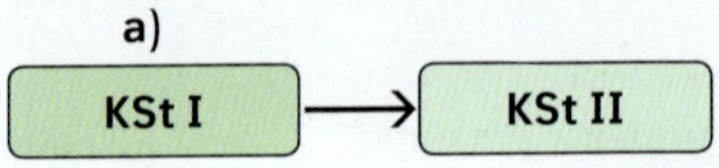

b)

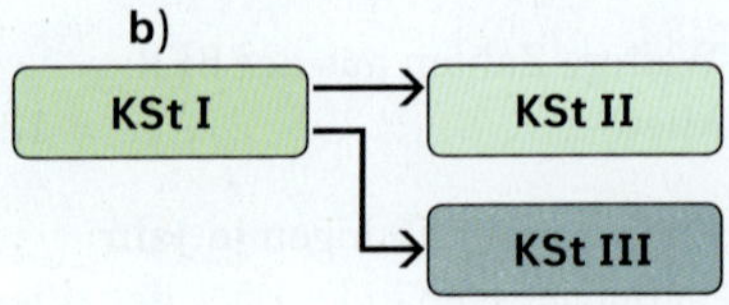

c)

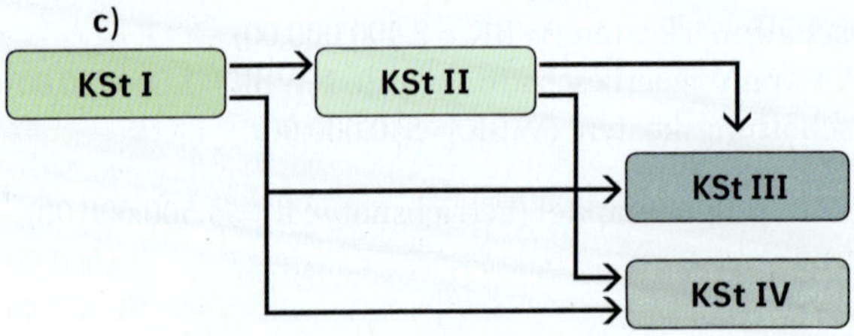

Schwieriger in der rechnerischen Umsetzung – aber dafür genauer – gestalten sich die **wechselseitigen** Leistungsabgaben mehrerer Kostenstellen:

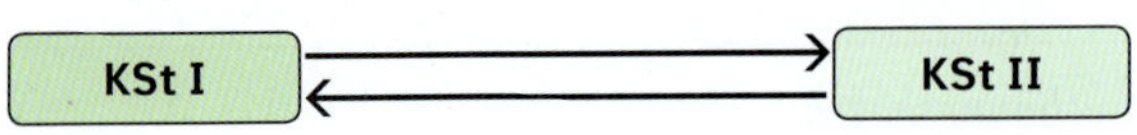

Verfahren der Leistungsverrechnung

Unter den vielfältigen Verfahren, die zur innerbetrieblichen Leistungsverrechnung angewendet werden, stellen wir im Folgenden nur zwei Verfahren vor:

- das **Stufenleiterverfahren**, das sich für die Verrechnung **einseitiger** Leistungsabgaben gut eignet. In der nachfolgenden Situation gehen wir von dem oben skizzierten **Fall c)** aus. Es wird die Leistungsverrechnung von vorgelagerten Kostenstellen (Allgemeine Kostenstelle, Hilfskostenstelle) auf nachgelagerte Kostenstellen dargestellt.
- das **Gleichungsverfahren**, das sich für die Verrechnung **wechselseitiger** Leistungsabgaben eignet. Für diesen Fall geben wir ein Beispiel und mehrere Übungen an (vgl. S. 247 f.).

6946238

Situation

In der Wernick GmbH ist man mit der Aussagefähigkeit des Betriebsabrechnungsbogens in der einfachen Form nicht zufrieden (vgl. S. 231). Zum einen weist der BAB nur einen Kostenbereich „Fertigung" aus, sodass der Gemeinkostenverbrauch einzelner Fertigungsabteilungen nicht erkennbar ist und gezielte **Kostenkontrollen** nicht möglich sind. Herr Wernick will daher die in seinem Unternehmen bestehenden Fertigungsabteilungen als **Fertigungshauptstellen (FHS**, vgl. S. 226) in den BAB einführen **(erweiterter BAB)**:

FHS I:	Stanzen/Pressen	FHS III:	Lackieren
FHS II:	Bohren/Entgraten	FHS IV:	Montieren/Verpacken

Zum anderen will Herr Wernick die Abteilung **„Arbeitsvorbereitung"** als gesonderte **Fertigungshilfsstelle (HIKS**, vgl. S. 226) im BAB führen, da diese Abteilung die Fertigungsplanung und Fertigungssteuerung für alle Fertigungshauptstellen leistet.

Zusätzlich plant er den **„Fuhrpark"** zu einer selbstständigen Kostenstelle im BAB zu machen. Da diese Abteilung für alle anderen Abteilungen im Unternehmen Dienste erbringt, wird sie im BAB als **Allgemeine Kostenstelle** (**AKS**, vgl. S. 227) geführt **(mehrstufiger BAB)**.

Der so von Herrn Wernick gestaltete (erweiterte und mehrstufige) BAB hat das nachfolgende Aussehen. In diesem BAB wurden alle Gemeinkosten nach den vorliegenden Belegen und Schlüsseln bereits auf die Kostenstellen verteilt.

Erweiterter und mehrstufiger Betriebsabrechnungsbogen mit Ist-Gemeinkosten und Ist-Zuschlägen

Gemein-kosten-arten	Zahlen der BER	❸ AKS: Fuhr-park	Material-stelle	❷ HIKS: Arbeits-vorberei-tung	❶ Fertigungshauptstellen I Stanzen/Pressen	II Bohren/Entgraten	III Lackieren	IV Montie-ren/Verp.	Verwal-tungs-stelle	Ver-triebs-stelle
Hilfsstoffe	795.000	40.000	–	20.000	210.000	150.000	160.000	130.000	–	85.000
Betriebsstoffe	35.000	15.000	–	–	5.000	4.000	4.000	3.000	2.000	2.000
Gehälter	500.000	25.000	50.000	10.000	20.000	20.000	20.000	20.000	270.000	65.000
AG-Anteil/SV	600.000	30.000	10.000	15.000	135.000	95.000	105.000	85.000	115.000	10.000
Abschreibungen	660.000	50.000	35.000	20.000	150.000	100.000	110.000	95.000	65.000	35.000
Bürokosten	50.000	2.000	4.000	1.000	3.000	2.000	2.000	2.000	30.000	4.000
Werbung	205.000	5.000	–	10.000	7.000	4.000	4.000	5.000	140.000	30.000
Steuern	188.000	10.000	28.000	–	10.000	10.000	10.000	10.000	93.000	17.000
Zinsen	1.035.000	63.000	136.000	24.000	180.000	135.000	150.000	120.000	105.000	122.000
Summe	**4.068.000**	**240.000**	263.000	**100.000**	720.000	520.000	565.000	470.000	820.000	370.000
❹ **Umlage:** Fuhrpark		→	40.000	–	40.000	20.000	20.000	–	60.000	60.000
Zwischensumme			303.000	**100.000**	760.000	540.000	585.000	470.000	880.000	430.000
❺ **Umlage:** Arbeitsvorbereitung			–	→	30.000	30.000	20.000	20.000	–	–
Stellengemeinkosten			**303.000**	–	**790.000**	**570.000**	**605.000**	**490.000**	**880.000**	**430.000**
Zuschlagsgrundlagen:										
Fertigungsmaterial			**2.940.000**							
Fertigungslöhne					**735.000**	**525.000**	**630.000**	**510.000**		
Herstellkosten des Umsatzes									**7.858.000**	
Ist-Zuschlagssätze			**10,31 %**		**107,48 %**	**108,57 %**	**96,03 %**	**96,08 %**	**11,2 %**	**5,47 %**

Erläuterungen zum obigen Betriebsabrechnungsbogen:

Fertigungshauptstellen

Im obigen BAB ist der Fertigungsbereich gegenüber dem BAB von Seite 231 nach den typischen Arbeitsvorgängen im Unternehmen Wernick GmbH in vier eigenständige Fertigungshauptstellen unterteilt worden. Dadurch hat Herr Wernick eine ausreichend tiefe Gliederung des Fertigungsprozesses erreicht, sodass aussagefähige **Kostenkontrollen im Zeitvergleich** möglich werden.

In Betrieben mit einem nach Abteilungen gegliederten Fertigungsprozess wird zweckmäßigerweise für jede Fertigungsabteilung eine besondere Kostenstelle im BAB eingerichtet, die sog. Fertigungshauptstelle. Jede Fertigungshauptstelle gilt als **selbstständige Kostenstelle mit eigener Zuschlagsgrundlage und eigenem Gemeinkostenzuschlagssatz (= erweiterter BAB).** ❶

Fertigungshilfsstelle (= HIKS)

Im vorstehenden BAB ist die Arbeitsvorbereitung als Fertigungshilfsstelle eingerichtet. Das ist zweckmäßig, weil diese Stelle Aufgaben für alle Fertigungsabteilungen übernimmt. Die in ihr gesammelten Gemeinkosten lassen sich also nicht direkt einer der Fertigungshauptstellen zuweisen.

Fertigungshilfsstellen sind den Fertigungshauptstellen vorgeordnet. Zu den Abteilungen, die Hilfsdienste für die Fertigung leisten, gehören z. B. die technische Betriebsleitung, die Arbeitsvorbereitung, das Konstruktionsbüro, die Reparaturwerkstatt, die Lehrwerkstatt. Die Fertigungshilfsstellen geben die bei ihnen erfassten Gemeinkosten nach einem intern ermittelten Verteilungsschlüssel an die Fertigungshauptstellen ab. ❷

Allgemeine Kostenstelle (= AKS)

Im vorstehenden BAB ist die Abteilung Fuhrpark als Allgemeine Kostenstelle eingerichtet. Dadurch kann Herr Wernick die durch diese Abteilung verursachten Kosten korrekt erfassen und entlastet zunächst die anderen Kostenstellen von abteilungsfremden Kosten.

Allgemeine Kostenstellen sind vorgeordnete Kostenstellen. Sie erfassen die Gemeinkosten, die das **Unternehmen insgesamt** betreffen, d. h., diese Kostenstellen leisten für alle nachgeordneten Abteilungen des Unternehmens Dienste. Die in ihnen erfassten Gemeinkosten sind also nach einem intern zu ermittelnden Verteilungsschlüssel auf alle Kostenstellen umzulegen, für die die Allgemeinen Kostenstellen Dienste erbracht haben (= betriebsinterne Kostenverrechnung). Für folgende Betriebsabteilungen können Allgemeine Kostenstellen im BAB eingerichtet werden: Sozialeinrichtungen, Werkschutz, Fuhrpark, Energieversorgung u. a. ❸

Betriebsinterne Leistungsverrechnung

Mit der Erfassung von Gemeinkosten in den Allgemeinen Kostenstellen und den Hilfskostenstellen erreicht Herr Wernick vorrangig eine Kontrolle der Kosten. **Für Kalkulationszwecke legen diese Kostenstellen ihre Gemeinkosten auf die nachgeordneten Kostenstellen um,** die von den Allgemeinen Kostenstellen und den Hilfskostenstellen Dienste empfangen haben **(= mehrstufiger BAB).** Diese Umlage geschieht nach dem Umfang der beanspruchten Dienste; sie wird im BAB nach einem verursachungsgerechten Schlüssel vorgenommen, und zwar nach dem **Stufenleiterverfahren** in der **Reihenfolge:**

Zunächst legen die Allgemeinen Kostenstellen ihre Gemeinkosten auf die nachgeordneten Kostenstellen um. ❹

Danach legen die Fertigungshilfsstellen ihre Gemeinkosten auf die Fertigungshauptstellen um. ❺

Beispiel

Im vorstehenden BAB wurden die Gemeinkosten der Allgemeinen Kostenstelle „**Fuhrpark**“ nach dem Verteilungsschlüssel 2 : 0 : 2 : 1 : 1 : 0 : 3 : 3 auf **alle** nachgeordneten **Kostenstellen** verteilt. **Danach** erfolgte die Verteilung der Gemeinkosten der Hilfskostenstelle „**Arbeitsvorbereitung**“ auf die vier nachgeordneten **Fertigungshauptstellen** nach dem Schlüssel 3 : 3 : 2 : 2.

Kontrollieren Sie die Verteilung im BAB (vgl. S. 239).

Ist-Zuschlagssätze im erweiterten BAB

Nachdem die interne Leistungsverrechnung abgeschlossen ist, zeigt der BAB die **Stellengemeinkosten** für die Materialstelle, die vier Fertigungshauptstellen sowie für die Verwaltungsstelle und die Vertriebsstelle. Zur Berechnung der Ist-Zuschlagssätze stehen diesen Stellengemeinkosten folgende **Zuschlagsgrundlagen** zur Verfügung:

Materialstelle:	**Fertigungsmaterial** gemäß Betriebsergebnisrechnung
FHS „Stanzen/Pressen“:	**Fertigungslöhne** gemäß Lohnzetteln
FHS „Bohren/Entgraten“:	**Fertigungslöhne** gemäß Lohnzetteln
FHS „Lackieren“:	**Fertigungslöhne** gemäß Lohnzetteln
FHS „Montieren/Verpacken“:	**Fertigungslöhne** gemäß Lohnzetteln
Verwaltungsstelle:	**Herstellkosten des Umsatzes** gemäß Kalkulation
Vertriebsstelle:	**Herstellkosten des Umsatzes** gemäß Kalkulation

Berechnung der Herstellkosten des Umsatzes – als Zuschlagsgrundlage für die Verwaltungs- und Vertriebsgemeinkosten – und der **Selbstkosten des Umsatzes** aus den Zahlen des erweiterten BAB (vgl. S. 239). Das nachfolgende Beispiel zeigt, wie das Kalkulationsschema der **veränderten Struktur des Betriebsabrechnungsbogens angepasst** wird.

Beispiel

Kalkulationsschema		
Fertigungsmaterial	2.940.000,00 €	
+ Materialgemeinkosten	303.000,00 €	
= **Materialkosten**		**3.243.000,00 €**
Fertigungslöhne FHS I	735.000,00 €	
+ Fertigungsgemeinkosten FHS I	790.000,00 €	
= **Fertigungskosten FHS I**		**1.525.000,00 €**
Fertigungslöhne FHS II	525.000,00 €	
+ Fertigungsgemeinkosten FHS II	570.000,00 €	
= **Fertigungskosten FHS II**		**1.095.000,00 €**
Fertigungslöhne FHS III	630.000,00 €	
+ Fertigungsgemeinkosten FHS III	605.000,00 €	
= **Fertigungskosten FHS III**		**1.235.000,00 €**
Fertigungslöhne FHS IV	510.000,00 €	
+ Fertigungsgemeinkosten FHS IV	490.000,00 €	
= **Fertigungskosten FHS IV**		**1.000.000,00 €**
= **Herstellkosten der Erzeugung**		**8.098.000,00 €**
– **Mehrbestand** an fertigen Erzeugnissen		240.000,00 €
= **Herstellkosten des Umsatzes**		**7.858.000,00 €**
+ Verwaltungsgemeinkosten		880.000,00 €
+ Vertriebsgemeinkosten		430.000,00 €
= **Selbstkosten des Umsatzes**		**9.168.000,00 €**

Auswertung: Im Vergleich zum BAB von Seite 231 zeigen die Ist-Zuschlagssätze im vorstehenden BAB zum Teil erhebliche Abweichungen. Materialstelle, Verwaltungs- und Vertriebsstelle haben mit 10,31 %, 11,2 % bzw. 5,47 % erhöhte Zuschlagssätze. Hier haben die Umlagen der Gemeinkosten aus der Allgemeinen Kostenstelle und der Fertigungshilfsstelle zu veränderten Stellengemeinkosten geführt. Besonders auffällig sind die Abweichungen im Fertigungsbereich: Gegenüber einem Gesamtzuschlagssatz von 105,83 % zeigen die Fertigungshauptstellen Zuschlagssätze zwischen 96,03 % und 108,57 %. Hier zeigt sich die **unterschiedliche Kostenstruktur** zwischen Einzelkosten (= Fertigungslöhnen) und Stellengemeinkosten in den Fertigungshauptstellen. Beispielsweise lässt sich der Zuschlagssatz von 96,03 % in der FHS „Lackieren“ so interpretieren, dass in dieser Abteilung der Anteil der Fertigungslöhne im Verhältnis zu den Gemeinkosten sehr hoch ist; d. h., diese Abteilung ist wesentlich **lohnintensiver** als z. B. die FHS „Stanzen/Pressen“ mit einem Zuschlagssatz von 107,48 %. Diese Unterschiede werden in den nachfolgenden Kalkulationen berücksichtigt (vgl. Kapitel „F, 4.6 Kostenträgerstückrechnung“, S. 271 f.).

Aufgabe 247

Die Kostenstellenrechnung eines Industriebetriebes enthält nach der Verteilung der Gemeinkosten folgende Zahlen:

Gemein-kosten-arten	Material-stelle	Fertigungshauptstellen				Ver-waltungs-stelle	Vertriebs-stelle
		Dreherei	Bohrerei	Fräserei	Montage		
insgesamt	5.200,00	57.600,00	27.500,00	22.500,00	31.500,00	79.200,00	25.200,00
Zuschlags-grund-lagen	65.000,00	48.000,00	25.000,00	18.000,00	35.000,00	Herstellkosten des Umsatzes	

1. *Errechnen Sie die Zuschlagssätze für jede Kostenstelle.*
2. *Ermitteln Sie die Selbstkosten des Abrechnungsmonats, wenn ein Minderbestand in Höhe von 24.700,00 € zu berücksichtigen ist.*

Aufgabe 248

Folgende Gemeinkosten wurden im Betriebsabrechnungsbogen (BAB) bereits verteilt:

Kostenarten	Zahlen der BER	Material-stelle	Fertigungshauptst.		Ver-waltungs-stelle	Vertriebs-stelle
			I	II		
Hilfsstoffe	12.150,00	750,00	5.000,00	6.000,00	150,00	250,00
Hilfslöhne	70.400,00	1.500,00	32.900,00	34.500,00	1.000,00	500,00
Gehälter	180.700,00	4.700,00	38.000,00	25.000,00	92.000,00	21.000,00
Abschreibungen	78.000,00	2.000,00	33.500,00	28.000,00	8.000,00	6.500,00

Die übrigen Gemeinkosten (Soziale Abgaben: 80.000,00/Steuern: 110.000,00/übrige Kosten: 24.000,00) müssen aufgrund nachfolgender Daten im BAB verteilt werden:

Kostenarten	Verteilungs-grundlage	Material-stelle	Fertigungshauptst.		Ver-waltungs-stelle	Vertriebs-stelle
			I	II		
Soziale Abgaben	Löhne/Geh.	18.094,50	126.661,50	108.567,50	162.850,50	36.189,00
Steuern	Schlüssel	2	3	2	3	1
Übrige Kosten	Schlüssel	1	2	2	3	2
Fertigungsmaterial		290.800,00			**Herstellkosten des Umsatzes**	
Fertigungslöhne			114.825,00	86.437,50		

1. *Vervollständigen Sie den BAB und errechnen Sie die Ist-Zuschlagssätze.*
2. *Bestimmen Sie die Selbstkosten des Abrechnungsmonats (Mehrbestand: 30.912,50 €).*

Aufgabe 249

1. *Aus welchem Grund ist die Aufteilung des Fertigungsbereichs in Fertigungshauptstellen zweckmäßig?*
2. *Gegen welche Grundsätze darf bei der Einrichtung der Fertigungshauptstellen nicht verstoßen werden?*
3. *Berechnen Sie die Selbstkosten des Abrechnungsmonats.*

Fertigungsmaterial	124.000,00	Materialgemeinkostenzuschlag	12 %
Fertigungslöhne I	86.500,00	Fertigungsgemeinkostenzuschlag I	110 %
Fertigungslöhne II	67.300,00	Fertigungsgemeinkostenzuschlag II	140 %
Fertigungslöhne III	78.400,00	Fertigungsgemeinkostenzuschlag III	90 %
Minderbest. unfertigen Erz.	48.000,00	Verwaltungsgemeinkostenzuschlag	24 %
Mehrbestand fertigen Erz.	83.500,00	Vertriebsgemeinkostenzuschlag	8 %

6946242

Aufgabe 250

Zur Aufstellung eines BAB werden folgende Zahlen der Betriebsergebnisrechnung der Ergebnistabelle entnommen:

Gemeinkostenarten	€	Verteilungsgrundlagen
1. Hilfsstoffaufwand	32.000,00	Rechnungen (direkt)
2. Hilfslöhne	157.000,00	Lohnlisten (direkt)
3. Soziale Aufwendungen	130.000,00	Lohn- und Gehaltslisten (direkt)
4. Instandsetzung	88.000,00	Kostenstellen (Schlüsselzahlen)
5. Reisekosten	45.000,00	Schätzung (Schlüsselzahlen)
6. Büromaterial	110.000,00	Rechnungen (direkt)
7. Gehälter	561.000,00	Gehaltslisten (direkt)
8. Betriebsteuern	36.000,00	Beschäftigtenzahl (s. u.)
9. Abschreibungen	151.500,00	Anlagenverzeichnis **(Aufteilung nach Anlagewerten, s. u.)**

Der Betrieb hat nachstehende Kostenstellen eingerichtet:

Allgemeine Kostenstellen:	I	Wasserversorgung
	II	Kraftzentrale
Hauptkostenstelle:	III	Materialstelle
Hilfskostenstelle:	IV	Fertigungshilfsstelle
Hauptkostenstellen:	V	Fertigungshauptstelle A
	VI	Fertigungshauptstelle B
	VII	Fertigungshauptstelle C
	VIII	Verwaltungsstelle
	IX	Vertriebsstelle

1. *Stellen Sie einen BAB für die neun Kostenstellen nach folgenden Angaben auf:*

Gem.-kosten-art	Kostenstellen								
	I	II	III	IV	V	VI	VII	VIII	IX
1.	4.000	5.000	4.000	2.000	5.000	6.000	3.000	1.000	2.000
2.	18.500	16.600	5.800	6.400	38.100	30.600	33.000	–	8.000
3.	7.300	5.200	11.200	7.500	10.900	18.200	21.400	23.700	24.600
4.	1 :	2 :	1 :	5 :	2 :	3 :	4 :	1 :	1
5.	3 :	2 :	1 :	2 :	1 :	2 :	2 :	1 :	1
6.	2.400	2.200	15.900	2.100	3.100	3.200	4.100	43.600	33.400
7.	34.100	24.900	54.800	34.800	52.200	76.100	89.900	93.200	101.000
8.	5 :	5 :	10 :	20 :	20 :	20 :	35 :	25 :	10
9.	*238.500*	*58.500*	*46.500*	*33.000*	*511.500*	*654.000*	*499.500*	*198.000*	*33.000*

2. *Legen Sie die Gemeinkosten der Allgemeinen Kostenstelle „Wasserversorgung" auf die anderen Kostenstellen in folgendem Verhältnis um:*
   3 : 2 : 3 : 4 : 2 : 2 : 2 : 2
   Anschließend verteilen Sie die Gemeinkosten der Allgemeinen Kostenstelle „Kraftzentrale" auf die restlichen Kostenstellen im Verhältnis:
   1 : 2 : 3 : 3 : 3 : 2 : 1
3. *Die Gemeinkosten der Fertigungshilfsstelle sind auf die drei Fertigungshauptstellen im Verhältnis 1 : 1 : 2 zu verteilen.*
4. *Errechnen Sie die Zuschlagssätze für die Gemeinkosten.*
   Fertigungsmaterial 300.000,00
   Fertigungslöhne A 150.000,00
   Fertigungslöhne B 180.000,00
   Fertigungslöhne C 200.000,00
   Bestandsveränderungen sind nicht zu berücksichtigen.

Aufgabe 251

Die Kostenartenrechnung für den Monat Juli weist folgende Kosten aus:

	Kostenarten	€
variable Kosten	1. Fertigungsmaterial	630.000,00
	2. Fertigungslöhne	480.000,00
teilfixe Kosten	3. Gemeinkostenmaterial	70.000,00
	4. Hilfslöhne	120.000,00
	5. Soziale Aufwendungen	175.000,00
	6. Strom, Gas, Wasser	30.000,00
	7. Reparaturen	80.000,00
	8. Bürokosten	60.000,00
	9. Werbung	40.000,00
fixe Kosten	10. Gehälter	180.000,00
	11. Gewerbesteuer	10.000,00
	12. Versicherungen	5.000,00
	13. Kalkulatorische Abschreibungen	95.000,00
	14. Kalkulatorische Zinsen	60.000,00

Im BAB werden folgende Kostenstellen geführt:

Allg. Kostenstellen: I Grundstücke/Gebäude; II Fuhrpark

Hauptkostenstelle: III Materialstelle

Hilfskostenstellen: IV Arbeitsvorbereitung; V Entwicklung

Hauptkostenstellen: VI Schweißerei; VII Dreherei; VIII Montage; IX Verwaltungsstelle; X Vertriebsstelle

1. *Erstellen Sie den BAB und ermitteln Sie die Zuschlagssätze:*

Kostenart	Kostenstellen									
	I	II	III	IV	V	VI	VII	VIII	IX	X
1.			630.000							
2.						220.000	160.000	100.000		
3.	–	5.000	–	–	5.000	25.000	25.000	10.000	–	–
4.	–	20.000	10.000	5.000	5.000	35.000	20.000	15.000	–	10.000
5.	5.000	15.000	10.000	10.000	20.000	40.000	20.000	10.000	40.000	5.000
6.	5.000	2.000	1.000	1.000	2.000	10.000	5.000	2.000	1.000	1.000
7.	10.000	8.000	–	–	–	32.000	25.000	3.000	–	2.000
8.	–	–	4.000	9.000	3.000	–	–	–	44.000	–
9.	–	–	–	–	–	–	–	–	–	40.000
10.	–	5.000	15.000	25.000	15.000	13.000	15.000	10.000	60.000	22.000
11.	–	–	–	–	–	–	–	–	10.000	–
12.	3 :	–	1 :	–	–	1 :	–	–	–	–
13.	3 :	1 :	1 :	–	–	5 :	4 :	2 :	2 :	1
14.	2 :	–	1 :	–	1 :	2 :	1 :	1 :	1	–

Umlage Grundstücke/Gebäude: 1 : 1 : 0 : 0 : 2 : 1 : 1 : 1 : 1
Umlage Fuhrpark: 2 : 0 : 0 : 0 : 0 : 0 : 4 : 5
Umlage Arbeitsvorbereitung: 0 : 2 : 2 : 1 : 0 : 0
Umlage Entwicklung: 4 : 4 : 3 : 0 : 0
Bestandsveränderungen sind nicht zu berücksichtigen.

2. Bei einer Monatsproduktion von 18 000 Stück konnte das Produkt zu einem Preis von 120,00 € je Stück verkauft werden.
Prüfen Sie, ob Gewinn erzielt wurde und wie hoch ggf. der Gewinn war.

3. *Auf wie viel Euro je Stück könnte der Unternehmer zur Absatzstabilisierung vorübergehend den Preis senken, wenn er*
   a) auf den Gewinn verzichtet (volle Kostendeckung),
   b) auf den Ersatz von 40 % der fixen Kosten verzichtet?

Aufgabe 252

Zur Aufstellung eines BAB werden folgende Kosten der Ergebnistabelle des Monats September entnommen:

Gemeinkostenarten	€	Verteilungsgrundlagen
1. Hilfsstoffaufwand	43.000,00	Rechnungen (direkt)
2. Hilfslöhne	184.000,00	Lohnlisten (direkt)
3. Soziale Aufwendungen	210.000,00	Lohn- und Gehaltslisten (direkt)
4. Instandsetzung	87.500,00	Rechnungen (direkt)
5. Werbung	52.000,00	Rechnungen (Schlüsselzahlen)
6. Büromaterial	94.000,00	Rechnungen (direkt)
7. Gehälter	518.000,00	Gehaltslisten (direkt)
8. Betriebsteuern	48.000,00	Beschäftigtenzahl (s. u.)
9. Mieten	28.000,00	Raumgröße in m² (s. u.)
10. Kalk. Abschreibungen	165.000,00	**Anlagenwerte** (s. u.)
11. Kalk. Zinsen	116.000,00	Investitionen

Nachstehende Kostenstellen werden geführt:

Allg. Kostenstellen: I Energie, II Fuhrpark
Hauptkostenstelle: III Materialstelle
Hilfskostenstelle: IV Fertigungshilfsstelle Werkzeugbau
Hauptkostenstellen: V Fertigungshauptstelle Dreherei, VI Fertigungshauptstelle Fräserei, VII Verwaltungsstelle, VIII Vertriebsstelle

1. *Ergänzen Sie den BAB nach folgenden Angaben:*

G.-K.-Art	BER	I	II	III	IV	V	VI	VII	VIII
1.	43.000	6.000	4.000	5.000	3.000	12.000	10.000	2.000	1.000
2.	184.000	35.000	28.000	19.000	13.000	45.000	38.000	–	6.000
3.	210.000	32.000	17.000	25.000	8.000	36.000	31.000	46.000	15.000
4.	87.500	14.000	14.000	7.000	14.000	17.500	14.000	3.500	3.500
5.	52.000	1 :	1 :	2 :	–	1 :	1 :	3 :	4
6.	94.000	9.000	8.000	7.000	5.000	12.000	11.000	24.000	18.000
7.	518.000	68.000	37.000	42.000	18.000	84.000	76.000	154.000	39.000
8.	48.000	8	8	16	16	16	16	32	16
9.	28.000	140	280	140	140	420	420	280	140
10.	165.000	*300.000*	*200.000*	*100.000*	*100.000*	*300.000*	*300.000*	*100.000*	*100.000*
11.	116.000	34.000	12.000	2.000	8.000	27.000	25.000	6.000	2.000

2. Umlage „Energie": 1 : 1 : 3 : 6 : 5 : 3 : 1
   Umlage „Fuhrpark": 4 : 2 : 3 : 2 : 5 : 6
   Die Gemeinkosten der Fertigungshilfsstelle sind im Verhältnis 3 : 2 auf die Fertigungshauptstellen Dreherei und Fräserei zu verteilen.

3. *Errechnen Sie die Zuschlagssätze für die Stellengemeinkosten:*
   Fertigungsmaterial 1.100.000,00
   Fertigungslöhne Dreherei 420.000,00
   Fertigungslöhne Fräserei 320.500,00
   Bei der Berechnung der Herstellkosten des Umsatzes sind Mehrbestände an fertigen und unfertigen Erzeugnissen von 156.000,00 € zu berücksichtigen.

4. *Bestimmen Sie die Selbstkosten der Abrechnungsperiode.*

Aufgabe 253

Im BAB eines Unternehmens soll die innerbetriebliche Leistungsverrechnung nach dem Stufenleiterverfahren zwischen zwei Hilfskostenstellen HI 1 und HI 2 sowie zwei Hauptkostenstellen HA 1 und HA 2 durchgeführt werden. Die primären Stellengemeinkosten liegen nach folgender Tabelle vor:

	HI 1	HI 2	HA 1	HA 2
Primäre Gemeinkosten	48.000,00 €	75.000,00 €	240.000,00 €	280.000,00 €

Zwischen den Kostenstellen bestehen folgende Leistungsbeziehungen in Stunden (h):

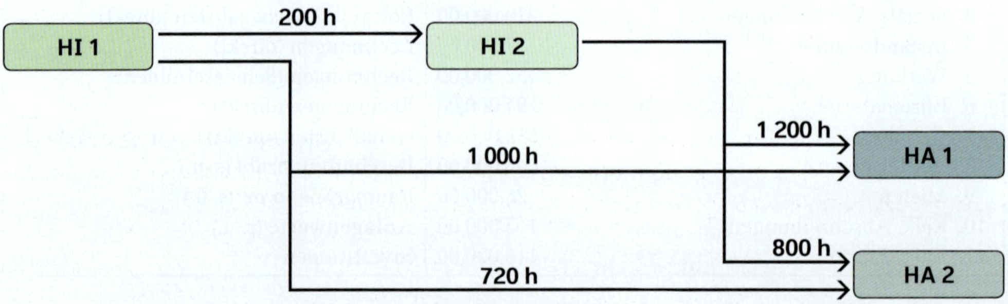

Die Gemeinkosten der Hilfskostenstellen sind entsprechend der Leistungsabgaben auf die nachgelagerten Hauptkostenstellen umzulegen.

1. *Berechnen Sie die Stellengemeinkosten für die beiden Hauptkostenstellen HA 1 und HA 2.*
2. Den beiden Hauptkostenstellen sind Einzelkosten von 391.250,00 € (HA 1) bzw. 300.000,00 € (HA 2) zugeordnet.
   Berechnen Sie die Zuschlagssätze für die beiden Hauptkostenstellen.

Aufgabe 254

Im folgenden Auszug aus dem BAB eines Unternehmens sind die primären Gemeinkosten für fünf Kostenstellen ausgewiesen:

	HI 1	HI 2	HI 3	HA 1	HA 2
Primäre Gemeinkosten	25.200,00 €	20.000,00 €	30.000,00 €	110.000,00 €	140.000,00 €

Zwischen den Kostenstellen bestehen folgende Leistungsbeziehungen in Verrechnungseinheiten (VE):

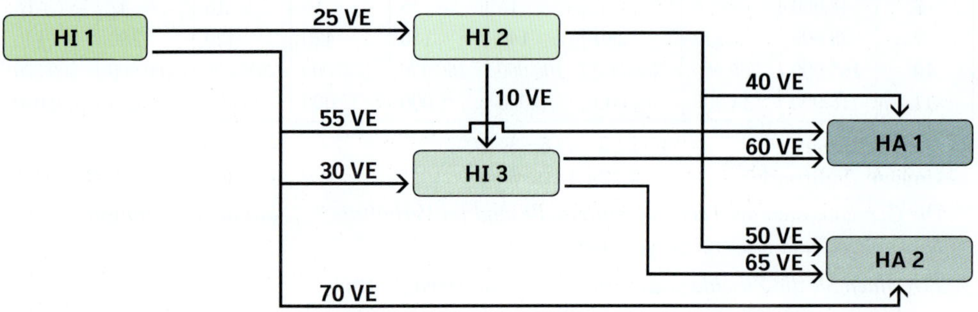

1. *Berechnen Sie die Stellengemeinkosten für die beiden Hauptkostenstellen HA 1 und HA 2.*
2. Den beiden Hauptkostenstellen sind Einzelkosten von 124.690,00 € (HA 1) bzw. 139.960,00 € (HA 2) zugeordnet.
   Berechnen Sie die Zuschlagssätze für die beiden Hauptkostenstellen.

4.3.2 Innerbetriebliche Leistungsverrechnung nach dem Gleichungsverfahren

Voraussetzungen

Das Gleichungsverfahren geht von folgenden Voraussetzungen aus:

- Die Gemeinkosten aus der Kostenartenrechnung sind auf die Kostenstellen verteilt; diese **Primärkosten** jeder Kostenstelle sind also bekannt.
- Die von den Kostenstellen abgegebenen und empfangenen **Leistungsmengen** sind bekannt.
- Die **Verrechnungspreise q** sind zu bestimmen, mit denen die abgebenden Kostenstellen ihre Leistungen bewerten.

Beispiel

Ein Unternehmen führt in seinem BAB zwei Fertigungshilfsstellen (Reparatur und Arbeitsvorbereitung) sowie zwei Fertigungshauptstellen (Mechanische Bearbeitung und Montage) mit den zugeordneten primären Gemeinkosten nach folgender Aufstellung:

	Fertigungshilfsstellen		Fertigungshauptstellen		Summe
	Reparatur (RP)	Arbeitsvorbereitung (AV)	Mechanische Bearbeitung (MB)	Montage (MT)	
Gemeinkosten	45.000,00	60.000,00	425.000,00	350.000,00	880.000,00

Die Kostenstellen haben untereinander die folgenden Arbeitsleistungen in Stunden (h) erbracht:

von \ nach	RP	AV	MB	MT	Summe
RP	0 h	150 h	1710 h	600 h	2460 h
AV	200 h	0 h	2250 h	550 h	3000 h
Summe					5460 h

Die Mengenbeziehungen in der obigen Tabelle zeigen, dass die Hilfskostenstellen wechselseitig Leistungen austauschen. Ein Eigenverbrauch innerhalb der Hilfskostenstelle findet nicht statt. Die Hauptkostenstellen tauschen untereinander keine Leistungen aus. Sie stellen auch keine Leistungen für die Hilfskostenstellen bereit. Ihre Leistungen gehen direkt in die zu fertigenden Produkte ein.

Die Hilfskostenstellen geben ihre Leistungen zu Preisen von **q1** und **q2** ab. Diese Preise sind über ein Gleichungssystem zu ermitteln, um den Werteabfluss dieser Kostenstellen errechnen zu können. Mithilfe von q1 und q2 lassen sich sodann auch die gesamten Gemeinkosten **Q3** und **Q4** in den Hauptkostenstellen feststellen.

Das zu entwickelnde Gleichungssystem erfasst auf der **linken Seite** den **Gesamtwert der Leistungszuflüsse** für jede Kostenstelle, auf der **rechten Seite** den **Gesamtwert der Leistungsabflüsse**. Für jede Kostenstelle gilt:

Merke

Gesamtwert der zufließenden Leistungen = Gesamtwert der abfließenden Leistungen.

Beispiel

Fortsetzung

Lösung:

$$\begin{array}{lrcl}
\text{RP} & 45.000 + 200 \cdot q2 & = & 2460 \cdot q1 \\
\text{AV} & 60.000 + 150 \cdot q1 & = & 3000 \cdot q2 \\
\hline
\text{MB} & 425.000 + 1710 \cdot q1 + 2250 \cdot q2 & = & Q3 \\
\text{MT} & 350.000 + 600 \cdot q1 + 550 \cdot q2 & = & Q4
\end{array}$$

Die Variablen q1 und q2 sind gesucht. Das Gleichungssystem kann also mithilfe der ersten beiden Gleichungen gelöst werden. Die gesamten Gemeinkosten für Q3 und Q4 ergeben sich dann durch Einsetzen der Werte für q1 und q2 in die 3. bzw. 4. Gleichung.

$$\begin{array}{lrcl}
\text{RP} & 2460 \cdot q1 - 200 \cdot q2 & = & 45000 \\
\text{AV} & 150 \cdot q1 - 3000 \cdot q2 & = & -60000 \\
\hline
\text{RP} & 200 \cdot q2 & = & 2460 \cdot q1 - 45000 \\
 & q2 & = & 12{,}3 \cdot q1 - 225 \\
 & & & \\
\text{AV} & 150 \cdot q1 - 3000 \cdot (12{,}3 \cdot q1 - 225) & = & -60000 \\
 & 150 \cdot q1 - 36900 \cdot q1 + 675000 & = & -60000 \\
 & -36750 \cdot q1 & = & -735000 \\
 & \mathbf{q1} & = & \mathbf{20} \\
 & \mathbf{q2} & = & \mathbf{21}
\end{array}$$

Ergebnis:

Die **Reparaturabteilung** ist mit primären Gemeinkosten von 45.000,00 € belastet gewesen und hat zusätzlich Leistungen anderer Kostenstellen von 200 · 21,00 € = 4.200,00 € empfangen. Sie hat also insgesamt Gemeinkosten von **49.200,00 €** an die Hauptkostenstellen abgegeben.

Die **Arbeitsvorbereitung** ist mit primären Gemeinkosten von 60.000,00 € belastet gewesen und hat zusätzlich Leistungen anderer Kostenstellen von 150 · 20,00 € = 3.000,00 € empfangen. Sie hat also insgesamt Gemeinkosten von **63.000,00 €** an die Hauptkostenstellen abgegeben.

Die **Mechanische Bearbeitung** ist mit primären Gemeinkosten von 425.000,00 € belastet und hat zusätzlich Leistungen anderer Kostenstellen von (1710 · 20,00 € + 2250 · 21,00 € =) **81.450,00 €** empfangen. Sie hat also insgesamt Gemeinkosten von **506.450,00 €** zu tragen.

Die **Montage** ist mit primären Gemeinkosten von 350.000,00 € belastet und hat zusätzlich Leistungen anderer Kostenstellen von (600 · 20,00 € + 550 · 21,00 € =) **23.550,00 €** empfangen. Sie hat also insgesamt Gemeinkosten von **373.550,00 €** zu tragen.

Nach der innerbetrieblichen Leistungsverrechnung ergibt sich also folgende **Verteilung** der Gemeinkosten auf die Hauptkostenstellen:

	Fertigungshilfsstellen		**Fertigungshauptstellen**		**Summe**
	Reparatur (RP)	Arbeits-vorbereitung (AV)	Mechanische Bearbeitung (MB)	Montage (MT)	
Gemein-kosten	0,00	0,00	506.450,00	373.550,00	880.000,00

Aufgabe 255

Die Wernick GmbH liefert das PC-Gehäuse MAD 100 ausschließlich an den Kunden Spirion AG. Der Verkaufspreis je Gehäuse ist mit 20,00 € ausgehandelt. Im Monat Juni 02 lieferte die Wernick GmbH 25 000 Gehäuse an die Spirion AG. Für diese Produktion entstanden nach der getrennt durchgeführten Betriebsabrechnung die folgenden Einzel- und Gemeinkosten:

Kostenarten	Gemeinkosten	Verteilung		Hilfskostenstellen		Hauptkostenstellen			
				Entwicklung	Arbeitsvorbereitung	Material	Fertigung	Verwaltung	Vertrieb
6020	15.000	Belege;	€	500	500	0	14.000	0	0
6030	4.000	A.-Std.	h	*10*	*30*	*10*	*360*	*70*	*20*
6300	100.000	Liste;	h	*20*	*90*	*20*	*470*	*170*	*30*
6400	20.000	A.-Std.	h	*20*	*90*	*10*	*570*	*70*	*40*
Abschreib.	25.000	Verm.;	€	*30.000*	*60.000*	*15.000*	*450.000*	*120.000*	*75.000*
6700	6.000	Raum;	m^2	*100*	*150*	*250*	*1 000*	*300*	*200*
Summe	170.000								
Einzelkosten						Material 104.425	Löhne 146.360		

1. *Errechnen Sie mithilfe der vorgegebenen Verteilungsschlüssel die primären Gemeinkosten für jede Kostenstelle.*

Zwischen den Kostenstellen sollen die folgenden Leistungsbeziehungen in Verrechnungseinheiten (VE) bestehen:

von \ nach	Entwicklung	Arbeitsvorbereitung	Materialstelle	Fertigungsstelle	Verwaltungsstelle	Vertriebsstelle
Entwicklung	0	2	1	4	1	2
AV	4	0	2	3	2	1

2. *Führen Sie die innerbetriebliche Leistungsverrechnung durch und geben Sie an, wie hoch die Stellengemeinkosten in den vier Hauptkostenstellen sind. Die Gemeinkosten sind jeweils auf ganze Euro zu runden.*
3. *Bestimmen Sie die Zuschlagssätze für die Hauptkostenstellen. Zuschlagsgrundlage für die Verwaltungs- und Vertriebsgemeinkosten sind die Herstellkosten der Erzeugung.*
4. *Errechnen Sie den Betriebserfolg. Bei der Berechnung der Selbstkosten sind keine Mehr- oder Minderbestände zu berücksichtigen.*

Aufgabe 256

In einem Unternehmen weisen vier aus dem Betriebsabrechnungsbogen ausgewählte Kostenstellen folgende primäre Gemeinkosten auf:

	Hilfskostenstelle 1 (HI 1)	Hilfskostenstelle 2 (HI 2)	Hauptkostenstelle 1 (HA 1)	Hauptkostenstelle 2 (HA 2)
Primäre Gemeinkosten	297.000,00 €	261.000,00 €	225.000,00 €	180.000,00 €

Die Hilfskostenstellen tauschen ihre Leistungen untereinander aus und geben sie nach Verrechnungseinheiten (VE) an die Hauptkostenstellen ab. Die folgende Skizze verdeutlicht die Mengenbeziehungen:

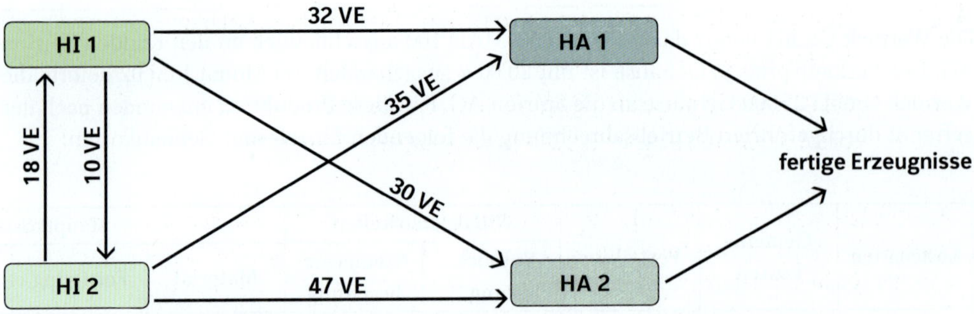

1. *Erläutern Sie die Beziehungen zwischen den Kostenstellen und legen Sie ein geeignetes Verrechnungsverfahren fest.*
2. *Führen Sie die innerbetriebliche Leistungsverrechnung durch und geben Sie an, wie hoch die Stellengemeinkosten in den beiden Hauptkostenstellen sind.*

Aufgabe 257

Ein Unternehmen führt in seinem BAB u. a. die folgenden fünf Kostenstellen mit zum Teil bereits aufgeschlüsselten Gemeinkosten. Die Hilfslöhne und die kalkulatorischen Abschreibungen sind nach den angegebenen Verteilungsschlüsseln (Beschäftigtenzahl bzw. Anlagevermögen) noch zu verteilen.

Kostenarten	Gemeinkosten	Verteilungsschlüssel	Allgemeine Kostenstellen			Hauptkostenstellen	
			Soziale Einrichtungen	Reparatur	Fuhrpark	Weberei	Färberei
diverse	440.000,00	–	20.000,00	40.000,00	80.000,00	180.000,00	120.000,00
Hilfslöhne	24.000,00	Beschäftigte	*3*	*2*	*1*	*4*	*2*
Kalk. Abschr.	40.000,00	Anl.-Verm.	*25.000,00*	*25.000,00*	*50.000,00*	*200.000,00*	*100.000,00*
Summe	**504.000,00**						

1. *Berechnen Sie die primären Stellengemeinkosten für die fünf Kostenstellen.*

Die fünf Kostenstellen stehen in folgenden Leistungsbeziehungen zueinander; die Zahlen geben den mengenmäßigen Austausch an:

von \ nach	Soziale Einrichtg.	Reparatur	Fuhrpark	Weberei	Färberei	Summe
Soz. Einrichtg.	0	10	10	50	30	100
Reparatur	0	0	10	40	30	80
Fuhrpark	10	20	0	60	30	120

2. *Erläutern Sie die Beziehungen zwischen den Kostenstellen und legen Sie ein geeignetes Verrechnungsverfahren fest.*
3. *Führen Sie die innerbetriebliche Leistungsverrechnung durch und geben Sie an, wie hoch die Stellengemeinkosten in den beiden Hauptkostenstellen sind.*

6946250

4.4 Kostenträgerzeitrechnung bei Serienfertigung (Gesamtkostenverfahren)

4.4.1 Kostenträgerblatt (BAB II) mit Istkosten als Hilfsmittel der Kostenträgerzeitrechnung

Beispiel

Aus den bisher aufgestellten BABs hat Herr Wernick eine vorläufige Kostenkontrolle ableiten und kostenstellenbezogene **Ist-Zuschlagssätze** berechnen können. Diese Ist-Zuschlagssätze verwendet er in der **Nachkalkulation** (vgl. Kapitel F, 4.6.4, S. 277 f.) und für eine nach Kostenträgern **unterteilte Berechnung der Herstellkosten, der Selbstkosten und des Betriebsergebnisses**, die sog. **Kostenträgerzeitrechnung**. Auf Basis der Vollkosten zeigt ihm diese Rechnung, wie viel Euro Kosten die Kostenträger verursacht und mit wie viel Euro sie zum Betriebserfolg beigetragen haben.

Für die Durchführung der Rechnung benötigt Herr Wernick folgende produktbezogene Angaben, die ihm aus der FB sowie aus dem Produktions- und Vertriebsbereich vorliegen. Grundlage für die nachstehende Kostenträgerzeitrechnung ist der **erweiterte BAB von Seite 239**.

	gesamt	Gehäuse G I	Gehäuse G II	Gehäuse G III
Fertigungsmaterial	2.940.000,00	1.225.000,00	750.000,00	965.000,00
Fertigungslöhne FHS I	735.000,00	321.500,00	191.400,00	222.100,00
Fertigungslöhne FHS II	525.000,00	229.700,00	136.700,00	158.600,00
Fertigungslöhne FHS III	630.000,00	275.600,00	164.100,00	190.300,00
Fertigungslöhne FHS IV	510.000,00	223.200,00	132.800,00	154.000,00
Mehrbestand an FE	240.000,00	84.785,00	18.150,00	137.065,00
Umsatzerlöse	10.520.000,00	4.696.820,00	2.384.460,00	3.438.720,00
Produktionsmenge	200 000 Stück	87 500 Stück	62 500 Stück	50 000 Stück
Absatzmenge	194 898 Stück[1]	85 698 Stück	62 115 Stück	47 085 Stück

Kostenträgerblatt (BAB II) auf Istkostenbasis[2]					
Kalkulationsschema		Istkosten insgesamt	Kostenträger		
			Geh. G I	Geh. G II	Geh. G III
	Fertigungsmaterial	2.940.000,00	1.225.000,00	750.000,00	965.000,00
+	10,31 % Materialgemeinkosten	303.000,00	126.250,00	77.296,00	99.454,00
=	**Materialkosten**	**3.243.000,00**	**1.351.250,00**	**827.296,00**	**1.064.454,00**
	Fertigungslöhne FHS I	735.000,00	321.500,00	191.400,00	222.100,00
+	107,48 % Fertigungsgemeinkosten	790.000,00	345.558,00	205.722,00	238.720,00
=	**Fertigungskosten FHS I**	**1.525.000,00**	**667.058,00**	**397.122,00**	**460.820,00**
	Fertigungslöhne FHS II	525.000,00	229.700,00	136.700,00	158.600,00
+	108,57 % Fertigungsgemeinkosten	570.000,00	249.389,00	148.417,00	172.194,00
=	**Fertigungskosten FHS II**	**1.095.000,00**	**479.089,00**	**285.117,00**	**330.794,00**
	Fertigungslöhne FHS III	630.000,00	275.600,00	164.100,00	190.300,00
+	96,03 % Fertigungsgemeinkosten	605.000,00	264.664,00	157.588,00	182.748,00
=	**Fertigungskosten FHS III**	**1.235.000,00**	**540.264,00**	**321.688,00**	**373.048,00**
	Fertigungslöhne FHS IV	510.000,00	223.200,00	132.800,00	154.000,00
+	96,08 % Fertigungsgemeinkosten	490.000,00	214.447,00	127.592,00	147.961,00
=	**Fertigungskosten FHS IV**	**1.000.000,00**	**437.647,00**	**260.392,00**	**301.961,00**
=	**Herstellkosten der Erzeugung**	**8.098.000,00**	**3.475.308,00**	**2.091.615,00**	**2.531.077,00**
–	Mehrbestand an fertigen Erzeugn.	240.000,00	84.115,00	18.190,00	137.695,00
=	**Herstellkosten des Umsatzes**	**7.858.000,00**	**3.391.193,00**	**2.073.425,00**	**2.393.382,00**
+	11,2 % Verwaltungsgemeinkosten	880.000,00	379.772,00	232.198,00	268.030,00
+	5,47 % Vertriebsgemeinkosten	430.000,00	185.570,00	113.461,00	130.969,00
=	**Selbstkosten des Umsatzes**	**9.168.000,00**	**3.956.535,00**	**2.419.084,00**	**2.792.381,00**
	Umsatzerlöse	**10.520.000,00**	**4.696.820,00**	**2.384.460,00**	**3.438.720,00**
	Betriebsergebnis	**1.352.000,00**	740.285,00	– 34.624,00	646.339,00

1 vgl. S. 285
2 Die Gemeinkosten wurden mit den nicht gerundeten Zuschlagssätzen berechnet (vgl. BAB S. 239).

Erläuterungen zum Kostenträgerblatt:

Kostenträgerzeitrechnung

Die vorstehende, nach Kostenträgern durchgeführte Herstellkosten-, Selbstkosten- und Ergebnisrechnung ist für das Unternehmen wichtig, um die **Ertragskraft** der Erzeugnisse – gemessen am Betriebserfolg und an der Wirtschaftlichkeit – beurteilen zu können. Sie heißt Kostenträger**zeit**rechnung, da sie sich auf einen bestimmten Zeitraum (z. B. Monat oder Jahr) bezieht.

Kostenträgerblatt

Hilfsmittel der Kostenträgerzeitrechnung ist das Kostenträgerblatt, das senkrecht nach dem Schema der **Zuschlagskalkulation** (vgl. S. 271) aufgebaut und waagerecht nach den Kostenträgern gegliedert ist.

Erfassung der Einzelkosten je Kostenträger

Die Einzelkosten **„Fertigungsmaterial"** und **„Fertigungslöhne"** lassen sich anhand von Belegen für jeden Gehäusetyp genau erfassen. So wird der Verbrauch an Rohstoffen aufgrund von Materialentnahmescheinen ermittelt und mit einem für die Kostenrechnung geeigneten Verrechnungspreis bewertet (vgl. S. 212). Die Fertigungslöhne lassen sich aufgrund von Auftrags- und Laufzetteln für jeden Gehäusetyp und jede Fertigungshauptstelle genau berechnen.

Anteilige Zurechnung der Gemeinkosten

Mithilfe der im BAB ausgewiesenen Ist-Zuschlagssätze und der nach Gehäusetypen ermittelten Einzelkosten lassen sich die Stellengemeinkosten anteilig auf die Gehäusetypen verteilen. Auf diese Weise ist es möglich, für jeden Kostenträger die Selbstkosten des Umsatzes zu berechnen.

Selbstkosten

Im Ergebnis zeigt die Kostenträgerzeitrechnung, wie hoch die Selbstkosten – bezogen auf die verkauften Mengen – für jeden Gehäusetyp sind. Im Beispiel ist der Mehrbestand an fertigen Erzeugnissen überwiegend beim Gehäusetyp G III angefallen. Dieser Gehäusetyp ist mit 47085 verkauften Einheiten der verkaufsschwächste Gehäusetyp.

Ergebnisrechnung

Das Kostenträgerblatt lässt sich durch die Aufnahme der Nettoumsatzerlöse aus der FB zu einer Ergebnisrechnung ausbauen. In der FB werden die Nettoumsatzerlöse für jeden Kostenträger ausgewiesen; sie können in das Kostenträgerblatt übernommen werden. Bildet man die Differenz zwischen den Selbstkosten des Umsatzes und den Nettoumsatzerlösen, erhält man das Betriebsergebnis insgesamt und für jeden Kostenträger. Damit ist das Kostenträgerblatt auch ein **Instrument zur kurzfristigen Erfolgsrechnung**. Im Beispiel zeigen sich deutliche Unterschiede im Erfolg. Gehäuse G I und G III erzielen hohe Gewinne, bei Gehäuse G II ist ein Verlust von 34.624,00 € eingetreten.

Die Ertragskraft der Gehäusetypen ergibt folgendes Bild:

	Gehäuse G I	Gehäuse G II	Gehäuse G III
Betriebserfolg in %	$\frac{740.285,00}{3.956.535,00}$ = 18,71 % Gewinn	$\frac{-34.624,00}{2.419.084,00}$ = 1,43 % Verlust	$\frac{646.339,00}{2.792.381,00}$ = 23,15 % Gewinn
Wirtschaftlichkeit	$\frac{4.696.820,00}{3.956.535,00}$ = 1,187	$\frac{2.384.460,00}{2.419.084,00}$ = 0,986	$\frac{3.438.720,00}{2.792.381,00}$ = 1,232

Wie sich Unternehmer Wernick angesichts der Verlustsituation bei Gehäuse G II entscheidet, hängt zum einen von der genauen Kostenanalyse ab (vgl. Deckungsbeitragsrechnung, S. 284 f.). Zum anderen wird die Entscheidung vom Unternehmensziel beeinflusst. Sofern es sich bei Gehäuse G II um ein neu aufgenommenes Produkt handelt, das in der Anlaufphase erhöhte Kosten verursacht hat und von dem sich Herr Wernick in der Zukunft höhere Absatzzahlen verspricht, wird er den derzeitigen Verlust hinnehmen.

6946252

4.4.2 Kostenstellenrechnung und Kostenträgerzeitrechnung auf Normalkostenbasis

Bisher werden die Kostenstellenrechnung und die Kostenträgerzeitrechnung auf der Basis der **Istkosten** (= nachträglich feststellbare tatsächliche Kosten) durchgeführt. Dieses Vorgehen ist zur Ermittlung der tatsächlich angefallenen Kosten je Kostenstelle unbedingt erforderlich. Andererseits haben die Istkosten – und damit die von ihnen abhängigen Ist-Zuschlagssätze – die Eigenschaft, dass sie von Monat zu Monat schwanken. Diese **Schwankungen** sind zurückzuführen auf:

- **Preisabweichungen.** So führen z. B. Preiserhöhungen bei Hilfs- und Betriebsstoffen oder Gehaltserhöhungen zu einer höheren Belastung der Kostenstellen mit Gemeinkosten und damit zu höheren Zuschlagssätzen. Ebenso wäre es denkbar, dass preisgünstigere Werkstoffe ein Sinken der Stellengemeinkosten und der Zuschlagssätze bewirken.
- **Beschäftigungsabweichungen.** So kann z. B. eine Produktionserhöhung zu **überhöhten** Stellengemeinkosten im Fertigungsbereich (Reparaturaufwand, Lohnzuschläge für Sonderschichten) und damit zu höheren Zuschlagssätzen beitragen. Ein Rückgang der Beschäftigung ist dagegen nicht unbedingt mit einem Sinken der Zuschlagssätze verbunden, da in diesem Fall zwar die variablen Einzelkosten (Werkstoffe, Akkordlöhne) sinken werden, nicht aber die fixen Gemeinkosten.
- **Verbrauchsabweichungen.** Es kann auch vorkommen, dass die geplanten Fertigungszeiten und Materialvorgaben über- oder unterschritten werden. Das führt zu steigenden oder fallenden Kosten und damit ebenfalls zu schwankenden Zuschlagssätzen. Während die Betriebsleiter Preis- und Beschäftigungsschwankungen nicht zu verantworten haben, sind sie bei Verbrauchsabweichungen gehalten, nach den Ursachen zu forschen.

Dadurch, dass Istkosten erst nach Abschluss des Produktionsprozesses vorliegen und dass sie Schwankungen unterworfen sind, eignen sie sich für eine **planvolle, vorausschauende Kostenrechnung** nicht. So kann Herr Wernick auf der Basis der Istkostenrechnung

- **keine zuverlässigen Kostenkontrollen** durchführen, da eine **feste Grundlage** für Vergleiche fehlt,
- **keine verbindlich festzulegenden Angebotspreise** kalkulieren, da keine für die Zukunft **konstant bleibenden Zuschlagssätze** zur Verfügung stehen.

Um also eine **zukunfts- und kontrollorientierte**, über einen längeren Zeitraum **konstante Kalkulation** aufstellen zu können, werden aus den Ist-Zuschlagssätzen vergangener Betriebsabrechnungsbögen – unter Berücksichtigung der Kostenentwicklung – **Durchschnitts-Prozentsätze** (arithmetische Mittelwerte), die sog. **Normalzuschlagssätze**, gebildet.

Beispiel

Im BAB auf Seite 239 wurde der Ist-Zuschlagssatz für die Materialgemeinkosten gerundet mit 10,3 % errechnet. In den zurückliegenden Monaten sollen die Gemeinkostenzuschläge in der Materialstelle 11,2 %, 10,9 %, 11,1 %, 10,9 %, 11,0 % und 10,3 % betragen haben. Herr Wernick legt aufgrund dieser Zahlen und der abzusehenden Kostenentwicklung für die Materialstelle folgenden **Normalzuschlagssatz** fest:

$$\frac{11{,}2\,\% + 10{,}9\,\% + 11{,}1\,\% + 10{,}9\,\% + 11{,}0\,\% + 10{,}3\,\%}{6} = \frac{65{,}4\,\%}{6} = 10{,}9\,\% \approx \mathbf{11{,}0\,\%}$$

Entsprechend verfährt Herr Wernick in den übrigen Kostenstellen und ermittelt aufgrund der Ist-Zuschlagssätze aus den Betriebsabrechnungsbögen der Vergangenheit folgende **Normalzuschlagssätze.**

Materialgemeinkosten	11,0 %	Fertigungsgemeinkosten FHS IV	96,0 %
Fertigungsgemeinkosten FHS I	108,0 %	Verwaltungsgemeinkosten	12,0 %
Fertigungsgemeinkosten FHS II	110,0 %	Vertriebsgemeinkosten	5,5 %
Fertigungsgemeinkosten FHS III	98,0 %		

Mithilfe dieser **Normalzuschlagssätze** kann Herr Wernick

- schon **im Voraus** – noch bevor alle tatsächlichen Zahlen einer abgeschlossenen Rechnungsperiode vorliegen – eine **Kostenträgerzeitrechnung** aufstellen, um den **Betriebserfolg** abzuschätzen,
- einen Abgleich mit den „Normal"zahlen vornehmen, sobald ihm die Istzahlen aus dem BAB vorliegen. Hierdurch kann er **Abweichungen** aufspüren und ggf. die Normalzuschlagssätze für die Zukunft korrigieren. Diesen Abgleich führt er im BAB in Form von **Kostenüberdeckungen** und **Kostenunterdeckungen** durch (vgl. S. 255).

Auch bei den **Einzelkostenarten** „Fertigungsmaterial" und „Fertigungslöhne" wird Herr Wernick auftretende Schwankungen ausschalten, indem er

- das **Material zu festen Verrechnungspreisen** bewertet (vgl. S. 212),
- die **Löhne mit festen Lohnsätzen** kalkuliert.

Beispiel

Der Rohstoffverbrauch (= Stahlblech einheitlicher Stärke) wird in der Kostenrechnung der Wernick GmbH zum festen Verrechnungspreis von 210,00 € je 100 kg angesetzt (vgl. S. 212). Dieser Verrechnungspreis wurde aus den Anschaffungskosten (AK) mehrerer Lieferungen als gewogener Durchschnitt berechnet:

	1. Lieferung	2. Lieferung	3. Lieferung	4. Lieferung	5. Lieferung
AK/100 kg	210,50 €	208,40 €	210,20 €	210,80 €	210,20 €
Menge in t	40	50	60	50	40

$$\frac{2.105 \cdot 40 + 2.084 \cdot 50 + 2.102 \cdot 60 + 2.108 \cdot 50 + 2.102 \cdot 40}{240} = \mathbf{2.100{,}00\ €/t} \text{ oder } = \mathbf{210{,}00\ €/100\ kg}$$

Herr Wernick setzt den Verrechnungspreis auf **210,00 €/100 kg** fest.

Kritik an der Normalkostenrechnung

Die Normalkostenrechnung erfüllt ihren Zweck dort, wo es darum geht, monatlich schwankende Ist-Zuschlagssätze für eine zukunftsorientierte Kalkulation auf eine feste Basis zu stellen. Sofern der Unternehmer das Ziel verfolgt, den Kostenverbrauch zu kontrollieren, sollte er sich vor Augen führen, dass die Normalkostenrechnung hierfür **keine** geeignete Grundlage darstellt:

- Die **Normalkostenrechnung verwendet** für ihre „genormten" Zuschlagssätze die **Istkosten der Vergangenheit**, ohne zu prüfen, inwieweit diese Vergangenheitswerte „Spiegelbilder" von Unwirtschaftlichkeiten sind. Was in der Vergangenheit an Materialvergeudung und an ungenauen Kostenaufteilungen auf die Kostenstellen passiert ist, wird nicht dadurch „geheilt", dass man Durchschnittswerte bildet. Für eine **Kostenkontrolle** ist eine **verlässliche Vergleichsbasis nötig**, die so nur die **Plankostenrechnung** liefern kann.
- Wegen der fehlenden Vergleichsbasis (= Plankosten) kann auf der Grundlage der Normalkostenrechnung auch nicht nachgeforscht werden, welche Ursache die Abweichungen zwischen Ist- und Normalkosten haben. Wer dennoch nach Ursachen forscht, wird mit großer Wahrscheinlichkeit Fehldeutungen vornehmen, die im ungünstigsten Fall die bestehenden Ungenauigkeiten vergrößern. Fraglich bleibt dann auch, ob eine Anpassung der Normalzuschlagssätze bei Kostenabweichungen die wirtschaftlich sinnvolle Maßnahme ist.
- Die Berechnung von Kostenstellen-Zuschlagssätzen – unabhängig, ob sie auf Istkosten, Normalkosten oder Plankosten basiert – unterstellt immer eine Abhängigkeit der Stellengemeinkosten von den gewählten Zuschlagsgrundlagen. Diese Unterstellung ist mehr als fraglich. Eine markt- oder kundenorientierte Kalkulation in Form der Deckungsbeitragsrechnung (vgl. S. 284 ff.) oder der Prozesskostenkalkulation löst die Kostenzurechnung der Gemeinkosten verursachungsgerechter.

6946254

4.4.3 Kostenüberdeckung und Kostenunterdeckung im BAB

Beispiel

Für den Unternehmer Wernick ist es wichtig festzustellen, ob die durch die Produktion **tatsächlich entstandenen Kosten** den in die Preise **eingerechneten** (vorkalkulierten) **Normalkosten** entsprechen. Insgesamt dürfen die Iststellengemeinkosten im BAB **nicht höher** ausfallen als die aus den **Zuschlagsgrundlagen** und den **Normalzuschlagssätzen** errechneten Normalgemeinkosten, weil dann die über die Umsatzerlöse erstatteten Normalgemeinkosten nicht mehr die tatsächlichen Kosten decken, was zu Gewinneinbußen oder sogar zu Verlusten führt. Um dies zu prüfen, ergänzt Herr Wernick den BAB (vgl. S. 239) um die Normalgemeinkosten und errechnet die Kostenüberdeckung oder Kostenunterdeckung.

Erweiterter und mehrstufiger Betriebsabrechnungsbogen mit Ist- und Normalgemeinkosten

Gemeinkostenarten	Zahlen der BER	AKS: Fuhrpark	Materialstelle	HIKS: Arbeitsvorbereitung	Fertigungshauptstellen I Stanzen/Pressen	II Bohren/Entgraten	III Lackieren	IV Montieren/Verp.	Verwaltungsstelle	Vertriebsstelle
Hilfsstoffe	795.000	40.000	–	20.000	210.000	150.000	160.000	130.000	–	85.000
Betriebsstoffe	35.000	15.000	–	–	5.000	4.000	4.000	3.000	2.000	2.000
Gehälter	500.000	25.000	50.000	10.000	20.000	20.000	20.000	20.000	270.000	65.000
AG-Anteil/SV	600.000	30.000	10.000	15.000	135.000	95.000	105.000	85.000	115.000	10.000
Abschreibungen	660.000	50.000	35.000	20.000	150.000	100.000	110.000	95.000	65.000	35.000
Bürokosten	50.000	2.000	4.000	1.000	3.000	2.000	2.000	2.000	30.000	4.000
Werbung	205.000	5.000	–	10.000	7.000	4.000	4.000	5.000	140.000	30.000
Steuern	188.000	10.000	28.000	–	10.000	10.000	10.000	10.000	93.000	17.000
Zinsen	1.035.000	63.000	136.000	24.000	180.000	135.000	150.000	120.000	105.000	122.000
Summe	4.068.000	**240.000**	263.000	**100.000**	720.000	520.000	565.000	470.000	820.000	370.000
1. Umlage: Fuhrpark		→	40.000	–	40.000	20.000	20.000	–	60.000	60.000
Zwischensumme			303.000	**100.000**	760.000	540.000	585.000	470.000	880.000	430.000
2. Umlage: Arbeitsvorbereitung			–	→	30.000	30.000	20.000	20.000	–	–
Stellengemeinkosten			303.000	–	790.000	570.000	605.000	490.000	880.000	430.000
Zuschlagsgrundlagen			FM 2.940.000	–	FL 735.000	FL 525.000	FL 630.000	FL 510.000	HK des Umsatzes 7.858.000	
Ist-Zuschlagssätze			10,31 %		107,48 %	108,57 %	96,03 %	96,08 %	11,2 %	5,47 %
Normalzuschlagssätze			11,0 %		108,0 %	110,0 %	98,0 %	96 %	12,0 %	5,5 %
Zuschlagsgrundlagen			FM 2.940.000	–	FL 735.000	FL 525.000	FL 630.000	FL 510.000	HK des Umsatzes (Normal) 7.901.700	
Normalgemeinkosten			323.400	–	793.800	577.500	617.400	489.600	948.204	434.594[1]
Kostenüberdeckung (+)			20.400		3.800	7.500	12.400	–	68.204	4.594
Kostenunterdeckung (–)			–		–	–	–	400	–	–
Kostenüberdeckung insgesamt						116.498				

Aufgabe: *Kontrollieren Sie die Berechnung der Normalherstellkosten des Umsatzes.*

Kostenüberdeckung

Bei einer Kostenüberdeckung liegen die verrechneten Normalgemeinkosten **über** den Istgemeinkosten. Im obigen BAB ist das in den Kostenstellen Materialstelle, FHS I , FHS II, FHS III, Verwaltungsstelle und Vertriebsstelle der Fall. Auffallend ist die hohe Überdeckung im Verwaltungsbereich. Hier könnte evtl. der Normalzuschlagssatz gesenkt werden.

Kostenunterdeckung

Bei einer Kostenunterdeckung werden die tatsächlich angefallenen Istkosten **nicht** durch die vorkalkulierten Normalgemeinkosten gedeckt. Im obigen BAB ist das in Kostenstelle FHS IV der Fall. Entscheidend ist, dass **insgesamt** eine Kostenüberdeckung erreicht wird.

Merke

- **Kostenüberdeckung = Normalstellengemeinkosten > Iststellengemeinkosten**
- **Kostenunterdeckung = Normalstellengemeinkosten < Iststellengemeinkosten**

1 gerundete Zahlen

4.4.4 Kostenträgerblatt (BAB II) auf Normalkostenbasis

Situation

Bisher hat Herr Wernick die **Selbstkosten** und das **Betriebsergebnis für jeden Kostenträger** auf der Grundlage der Istkosten ermittelt (vgl. Kostenträgerzeitrechnung, S. 251). Diese Rechnung konnte er erst vornehmen, nachdem ihm alle Zahlen aus dem BAB vorlagen. Mithilfe der festgelegten Normalzuschlagssätze (vgl. S. 254) und der angefallenen Einzelkosten für die abgelaufene Rechnungsperiode (Fertigungsmaterial, Fertigungslöhne) ist er nunmehr in der Lage, die Selbstkosten auf Normalkostenbasis sehr viel schneller zu ermitteln. Außerdem kann er die Selbstkostenrechnung durch Übernahme der Umsatzerlöse aus der FB und der Kostenüberdeckung/Kostenunterdeckung aus dem BAB zu einer **Ergebnisrechnung** ausbauen.

Kostenträgerblatt (BAB II) auf Normalkostenbasis

	Kalkulationsschema	Normalkosten insgesamt	Kostenträger		
			Gehäuse G I	Gehäuse G II	Gehäuse G III
	Fertigungsmaterial	2.940.000,00	1.225.000,00	750.000,00	965.000,00
+	11 % Materialgemeinkosten	323.400,00	134.750,00	82.500,00	106.150,00
=	**Materialkosten**	**3.263.400,00**	**1.359.750,00**	**832.500,00**	**1.071.150,00**
	Fertigungslöhne FHS I	735.000,00	321.500,00	191.400,00	222.100,00
+	108 % Fertigungsgemeinkosten	793.800,00	347.220,00	206.712,00	239.868,00
=	**Fertigungskosten FHS I**	**1.528.800,00**	**668.720,00**	**398.112,00**	**461.968,00**
	Fertigungslöhne FHS II	525.000,00	229.700,00	136.700,00	158.600,00
+	110 % Fertigungsgemeinkosten	577.500,00	252.670,00	150.370,00	174.460,00
=	**Fertigungskosten FHS II**	**1.102.500,00**	**482.370,00**	**287.070,00**	**333.060,00**
	Fertigungslöhne FHS III	630.000,00	275.600,00	164.100,00	190.300,00
+	98 % Fertigungsgemeinkosten	617.400,00	270.088,00	160.818,00	186.494,00
=	**Fertigungskosten FHS III**	**1.247.400,00**	**545.688,00**	**324.918,00**	**376.794,00**
	Fertigungslöhne FHS IV	510.000,00	223.200,00	132.800,00	154.000,00
+	96 % Fertigungsgemeinkosten	489.600,00	214.272,00	127.488,00	147.840,00
=	**Fertigungskosten FHS IV**	**999.600,00**	**437.472,00**	**260.288,00**	**301.840,00**
=	**Herstellkosten der Erzeugung**	**8.141.700,00**	**3.494.000,00**	**2.102.888,00**	**2.544.812,00**
–	Mehrbestand an fertigen Erzeugn.	240.000,00	84.115,00	18.190,00	137.695,00
=	**Herstellkosten des Umsatzes**	**7.901.700,00**	**3.409.885,00**	**2.084.698,00**	**2.407.117,00**
+	12 % Verwaltungsgemeinkosten	948.204,00	409.186,20	250.163,76	288.854,04
+	5,5 % Vertriebsgemeinkosten	434.593,50	187.543,68	114.658,39	132.391,44
=	**Selbstkosten des Umsatzes**	**9.284.497,50**	**4.006.614,88**	**2.449.520,15**	**2.828.362,47**
	Nettoumsatzerlöse	**10.520.000,00**	**4.696.820,00**	**2.384.460,00**	**3.438.720,00**
	Umsatzergebnis	**1.235.502,50**	**690.205,12**	**– 65.060,15**	**610.357,53**
+	**Kostenüberdeckung (lt. BAB S. 255)**	**116.498,00**[1]	–	–	–
=	**Betriebsergebnis**	**1.352.000,00**			

Auswertung des Kostenträgerblattes:

Selbstkosten

Gegenüber dem Kostenträgerblatt auf Istkostenbasis (vgl. S. 251) sind die Selbstkosten auf Normalkostenbasis durchgehend bei allen Kostenträgern **höher**. Das weist darauf hin, dass in den Normalzuschlagssätzen insgesamt Reserven enthalten sind. Verglichen mit dem aktuellen BAB sind sie so hoch angesetzt, dass die Gefahr der Kostenunterdeckung nicht gegeben ist.

Umsatzergebnis

Als Umsatzergebnis bezeichnet man die Differenz aus **Nettoumsatzerlösen** (kalkuliert zu Normalkosten) **minus Normalselbstkosten.** Es besagt, wie hoch die Überschüsse oder Fehlbeträge auf der Grundlage geplanter Normalkosten sind, die die einzelnen Kostenträger erwirtschaftet haben. Damit ist das Kostenträgerblatt ein geeignetes **Instrument zur kurzfristigen und vorläufigen Erfolgsrechnung.**

1 Kostenüberdeckung im BAB gerundet.

6946256

Die **Umsatzergebnisse** zeigen im obigen Beispiel deutliche Unterschiede innerhalb der Gehäusetypen. Gehäusetyp G I weist einen Überschuss von 690.205,12 €, Gehäusetyp G III einen Überschuss von 610.357,53 € aus, während bei Gehäusetyp G II ein Fehlbetrag von 65.060,15 € eingetreten ist. In **Umsatzergebnisraten** ausgedrückt ergibt sich folgendes Bild:

	Gehäuse G I	Gehäuse G II	Gehäuse G III
Umsatzergebnisrate in % $= \frac{\text{Umsatzergebnis}}{\text{Umsatzerlöse}}$	Umsatzgewinnrate (+) 14,7 %	Umsatzverlustrate (–) 2,73 %	Umsatzgewinnrate (+) 17,75 %

Betriebsergebnis

Im Kostenträgerblatt lässt sich das Betriebsergebnis dadurch errechnen, dass man das Umsatzergebnis um die Kostenüberdeckung oder Kostenunterdeckung aus dem BAB berichtigt; dabei ist eine Kostenüberdeckung dem Umsatzergebnis hinzuzurechnen, eine Kostenunterdeckung zu subtrahieren.

Merke

- **Umsatzergebnis + Kostenüberdeckung lt. BAB = Betriebsergebnis,**
- **Umsatzergebnis – Kostenunterdeckung lt. BAB = Betriebsergebnis.**

Im Beispiel führt die Kostenüberdeckung von 116.498,00 € zu einer Erhöhung des Betriebsergebnisses auf **1.352.000,00 €**. Das Betriebsergebnis im Kostenträgerblatt stimmt mit dem Betriebsergebnis aus der Ergebnistabelle von Seite 216 überein.

Bestandsveränderungen im Kostenträgerblatt

Im obigen Beispiel haben wir Mehrbestände an fertigen Erzeugnissen bei den einzelnen Gehäusetypen in Höhe von insgesamt 240.000,00 € unterstellt. Dieser Betrag kommt durch eine Bewertung der nicht verkauften zusätzlichen Produktion zustande. In diesem Wertansatz sind die Einzelkosten „Fertigungsmaterial" und „Fertigungslöhne" sowie anteilige Gemeinkosten – ohne kalkulatorische Kosten – enthalten. Auffallend ist, dass der Mehrbestand bei Gehäusetyp G II sehr niedrig ausfällt, was darauf schließen lässt, dass die produzierten Gehäuse fast ganz in den Verkauf gegangen sind. Zugleich erwirtschaftet dieser Gehäusetyp einen erheblichen Verlust. Ganz anders stellt sich die Situation bei Gehäusetyp G III dar: hoher Mehrbestand, zugleich hoher Gewinn.

Wir haben in diesem Beispiel keine Bestandsveränderungen bei unfertigen Erzeugnissen berücksichtigt, obwohl solche Bestandsveränderungen in der Praxis regelmäßig vorkommen: Entweder wird zum Bewertungsstichtag (Monats- oder Jahresende) nicht die Gesamtheit der in die Produktion eingegangenen Werkstoffe, Löhne und Gemeinkosten auch als fertige Erzeugnisse an das Endlager ausgeliefert, dann steckt ein „Rest" noch in der Produktion (Mehrbestand), oder es werden Gehäuse mit höheren Selbstkosten ausgeliefert, als in die Produktion eingegangen sind, dann ist der Produktionsbestand abgebaut worden (= Minderbestand). Diese Bestandsveränderungen lassen sich mithilfe der Normalzuschlagssätze im Kostenträgerblatt errechnen.

Merke

Mithilfe des Kostenträgerblattes können ermittelt werden:

- **der Anteil der verschiedenen Kostenträger an den gesamten Normalkosten der Abrechnungsperiode (= Kostenträger-Selbstkosten),**
- **der Anteil jedes einzelnen Kostenträgers am Umsatzergebnis,**
- **die Umsatzergebnisraten der Kostenträger und**
- **– unter Berücksichtigung der Kostenüberdeckung oder Kostenunterdeckung – das monatliche Betriebsergebnis (= kurzfristige Erfolgsrechnung).**

Aufgabe 258

Ein Industriebetrieb führt in seinem BAB für den Monat Januar folgende Gemeinkostenarten:

Kostenart	Zahlen der BER
Gemeinkostenmaterial	30.000,00
Aufwand für Energie	38.700,00
Gehälter	96.800,00
Soziale Aufwendungen	18.900,00
Steuern, Gebühren, Beiträge, Versicherungen	56.000,00
Verschiedene Kosten	98.000,00
Kalkulatorische Abschreibungen	(vgl. unten)
Kalkulatorische Zinsen	(vgl. unten)

Die **Einzelkosten** betragen: 6000 Fertigungsmaterial 290.000,00
6200 Fertigungslöhne 219.400,00

Im BAB werden die **Kostenstellen** I Material, II Fertigung, III Verwaltung und IV Vertrieb geführt.

Der BAB ist nach folgenden Angaben aufzustellen:

1. Aufteilung des Gemeinkostenmaterials lt. Entnahmescheine auf Kostenstelle I 300,00 €, II 27.000,00 €, III 2.000,00 €, IV 700,00 €.
2. Für die Kostenstellen wurde folgender Stromverbrauch festgestellt: I 10 000 kWh, II 47 400 kWh, III 15 000 kWh, IV 5 000 kWh.
3. Aufteilung der Gehälter: I 14.800,00 €, II 28.500,00 €, III 31.900,00 €, IV 21.600,00 €.
4. Die Sozialen Aufwendungen verteilen sich im Verhältnis 2 : 9 : 3 : 1.
5. Steuern, Gebühren, Beiträge, Versicherungen sind wie folgt zu verteilen: 1 : 15 : 6 : 3.
6. Die verschiedenen Kosten sind im Verhältnis 5 : 25 : 12 : 8 aufzuteilen.
7. Kalkulatorische Abschreibungen (jährlich):
   auf 0500 Gebäude: 25.000,00 €,
   auf 0700 Anlagen und Maschinen der Energieversorgung: 60.000,00 €,
   auf 0840 Fuhrpark: 40.000,00 €,
   auf 0860 Büromöbel und sonstige Geschäftsausstattung: 25.000,00 €.
   Die kalkulatorischen Abschreibungen sind im Verhältnis 2 : 10 : 2 : 1 aufzuteilen.
8. Kalkulatorische Zinsen (jährlich):
   7 % vom betriebsnotwendigen Kapital in Höhe von 3.000.000,00 €.
   Die kalkulatorischen Zinsen sind im Verhältnis 2 : 8 : 3 : 1 den Kostenstellen zuzurechnen.

Der Betrieb hat in den vorhergehenden Abrechnungsperioden mit folgenden Normalzuschlagssätzen kalkuliert:
I 9 %, II 110 %, III 15 %, IV 10 %.

1. *Stellen Sie den BAB für den Monat Januar auf.*
2. *Ermitteln Sie die Ist-Zuschlagssätze.*
3. *Führen Sie die Kostenrechnung mit Normalzuschlagssätzen durch.*
4. *Tragen Sie die verrechneten Normalgemeinkosten in den BAB ein und errechnen Sie die Kostenüber- oder -unterdeckungen in den einzelnen Kostenbereichen und insgesamt.*

Aufgabe 259

Erstellen Sie auf der Grundlage der Aufgabe 249, S. 232, das Kostenträgerblatt mit Normalkosten. Folgende Normalzuschlagssätze sind zu berücksichtigen:

Kostenstellen III 10 %, VI 110 %, VII 115 %, VIII 95 %, IX 11 %, X 6 %.

Errechnen Sie die Kostenüber-/-unterdeckung und beurteilen Sie die Situation.

6946258

Aufgabe 260

Die Ergebnistabelle eines Industriebetriebes weist Ende Juli folgende Zahlen aus:

Kosten und Leistungen	€
Fertigungsmaterial	400.000,00
Fertigungslöhne	280.000,00
Verschiedene Gemeinkosten	720.000,00
Unfertige Erzeugnisse: Anfangsbestand	80.000,00
Endbestand	90.000,00
Fertige Erzeugnisse: Anfangsbestand	65.000,00
Endbestand	45.000,00
Nettoumsatzerlöse	1.540.000,00

Der BAB zeigt folgende Gemeinkostenverteilung:

	Material	Fertigung	Verwaltung	Vertrieb
Gemeinkosten	42.000,00	448.000,00	161.000,00	69.000,00
Normalzuschlagssätze	10 %	150 %	20 %	5 %

1. *Stellen Sie das Kostenträgerblatt auf.* (Eine Aufteilung der Kosten auf mehrere Kostenträger ist nicht erforderlich.)
2. *Berechnen Sie die Kostenüber- oder -unterdeckung und das Betriebsergebnis des Monats.*

Aufgabe 261

Aus der Ergebnistabelle erhalten wir folgende Zahlen und Angaben:

Kosten und Leistungen	insgesamt	Anteile der Erzeugnisse	
		A	B
Fertigungsmaterial	85.000,00	52.000,00	33.000,00
Fertigungslöhne	46.000,00	34.000,00	12.000,00
Verschiedene Gemeinkosten	127.910,00	–	–
Unfertige Erzeugnisse:			
Anfangsbestand	10.000,00	6.000,00	4.000,00
Endbestand	14.000,00	9.000,00	5.000,00
Fertige Erzeugnisse:			
Anfangsbestand	16.000,00	10.000,00	6.000,00
Endbestand	22.000,00	15.000,00	7.000,00
Nettoumsatzerlöse	289.600,00	188.400,00	101.200,00

Nach dem BAB entfallen auf die Kostenbereiche folgende Ist-Gemeinkosten:

I	Material	9.640,00 €
II	Fertigung	88.450,00 €
III	Verwaltung	21.340,00 €
IV	Vertrieb	8.480,00 €

Im vergangenen Abrechnungszeitraum wurde mit folgenden Normalsätzen kalkuliert:

Materialgemeinkosten	11 %
Fertigungsgemeinkosten	200 %
Verwaltungsgemeinkosten	10 %
Vertriebsgemeinkosten	6 %

1. *Erstellen Sie das Kostenträgerblatt nach dem Muster auf Seite 256.*
2. *Stellen Sie fest, in welcher Höhe die Kostenträger A und B am Umsatzergebnis beteiligt sind.*
3. *Errechnen Sie die Kostenüber- bzw. -unterdeckungen.*
4. *Ermitteln Sie die Umsatzergebnisse und die Umsatzergebnisraten für die Erzeugnisse A und B.*
5. *Ermitteln Sie das Betriebsergebnis und nehmen Sie Stellung zum Ausmaß der Abweichung zwischen Umsatzergebnis und Betriebsergebnis.*

Aufgabe 262

Die Ergebnistabelle eines Betriebes liefert folgende Zahlen und Angaben:

Bezeichnung	insgesamt	Anteile der Erzeugnisse		
		A	B	C
Fertigungsmaterial	146.000,00	58.000,00	37.000,00	51.000,00
Fertigungslöhne	88.000,00	34.000,00	18.000,00	36.000,00
Versch. Gemeinkosten	221.060,00	–	–	–
Unfertige Erzeugnisse:				
Anfangsbestand	12.000,00	5.000,00	4.000,00	3.000,00
Endbestand	5.000,00	2.000,00	1.000,00	2.000,00
Fertige Erzeugnisse:				
Anfangsbestand	18.000,00	9.000,00	2.000,00	7.000,00
Endbestand	25.000,00	11.000,00	6.000,00	8.000,00
Nettoumsatzerlöse	434.800,00	198.600,00	144.500,00	91.700,00

Die Ist-Gemeinkosten je Kostenbereich betragen lt. BAB:

Materialgemeinkosten	15.200,00	Verwaltungsgemeinkosten	52.890,00
Fertigungsgemeinkosten	128.500,00	Vertriebsgemeinkosten	24.470,00

Der Betrieb hat mit folgenden Normalzuschlägen gerechnet:

Materialgemeinkosten	10 %	Verwaltungsgemeinkosten	15 %
Fertigungsgemeinkosten	150 %	Vertriebsgemeinkosten	5 %

1. *Stellen Sie das Kostenträgerblatt auf und erläutern Sie das Umsatzergebnis.*
2. *Berechnen Sie das Betriebsergebnis.*

Aufgabe 263

Abgrenzungsrechnung mit BAB und Kostenträgerblatt

Die Ergebnistabelle der Körner GmbH weist folgende Aufwendungen und Erträge aus:

5000	Umsatzerlöse für eigene Erzeugnisse	880.000,00
5220	Erhöhung des Bestandes an fertigen Erzeugnissen	40.000,00
5431	Erträge aus Versicherungsentschädigungen	5.000,00
5440	Erlöse aus Anlagenverkäufen	20.000,00
5490	Periodenfremde Erträge	50.000,00
5500	Erträge aus Beteiligungen	20.000,00
5710	Zinserträge	15.000,00
6000	Aufwendungen für Rohstoffe	120.000,00
6020	Aufwendungen für Hilfsstoffe	25.000,00
6200	Löhne	220.000,00
6300	Gehälter	115.000,00
6400	Soziale Aufwendungen	52.000,00
6520	Abschreibungen auf Sachanlagen	80.000,00
6700	Mietaufwendungen	20.000,00
68..	Aufwendungen für Kommunikation	22.000,00
6900	Versicherungsbeiträge	3.000,00
6930	Verluste aus Schadensfällen	8.000,00
6979	Anlagenabgänge	10.000,00
70..	Betriebliche Steuern	25.000,00
7510	Zinsaufwendungen	2.000,00

Der Rohstoffverbrauch wird zu Verrechnungspreisen angesetzt 130.000,00

Die kalkulatorischen Zinsen für das betriebsnotwendige Kapital machen 20.000,00 € aus. Für Garantieverpflichtungen werden als kalkulatorische Wagnisse 15.000,00 € in Ansatz gebracht. Die kalkulatorischen Abschreibungen auf Sachanlagen betragen 75.000,00 €. Unter den Abschreibungen befinden sich 5.000,00 € Abschreibungen für eine still gelegte Anlage.

Erstellen Sie die Ergebnistabelle.

Grundlagen zur Aufstellung des BAB:

Kostenart	I Material	II FHS A	III FHS B	IV Verwaltung	V Vertrieb
Fertigungsmaterial	130.000,00	–	–	–	–
Fertigungslöhne	–	120.000,00	100.000,00	–	–
Hilfsstoffe	3.000,00	11.000,00	9.000,00	–	2.000,00
Gehälter	5.000,00	8.000,00	7.000,00	85.000,00	10.000,00
Soziale Aufwendungen	2.000,00	14.000,00	11.000,00	22.000,00	3.000,00
Abschreibungen	5.000,00	30.000,00	25.000,00	10.000,00	5.000,00
Mieten/Pachten:					
Raumgröße	100 m²	350 m²	250 m²	200 m²	100 m²
Kommunikationsaufw.	1.000,00	3.000,00	2.000,00	12.000,00	4.000,00
Versicherungen:					
Vers.-Werte	*1.000.000,00*	*1.750.000,00*	*1.250.000,00*	*2.000.000,00*	–
Kalkulat. Wagnisse	2 :	2 :	2 :	1 :	3
Betriebsteuern	2 :	7 :	5 :	8 :	3
Kalkulat. Zinsen	2.000,00	7.000,00	8.000,00	2.000,00	1.000,00

1. *Erstellen Sie nach obigen Angaben den BAB.*
2. *Errechnen Sie die Ist-Zuschlagssätze.*

Der Betrieb hat im gleichen Monat mit folgenden Normalzuschlagssätzen kalkuliert:

Materialgemeinkosten .... 15 %
Fertigungsgemeinkosten FHS A .... 80 %
Fertigungsgemeinkosten FHS B .... 75 %
Verwaltungsgemeinkosten .... 25 %
Vertriebsgemeinkosten .... 6 %

1. *Führen Sie die Kostenrechnung mit Normalzuschlägen durch.*
2. *Tragen Sie die verrechneten Normalgemeinkosten in den BAB ein und ermitteln Sie die Kostenüber- bzw. -unterdeckungen in den einzelnen Kostenbereichen und insgesamt.*

Aufstellung des Kostenträgerblattes nach folgenden Angaben:

Bezeichnung	insgesamt	Anteile der Erzeugnisse X	Anteile der Erzeugnisse Y
Fertigungsmaterial	130.000,00	80.000,00	50.000,00
Fertigungslöhne FHS A	120.000,00	70.000,00	50.000,00
Fertigungslöhne FHS B	100.000,00	60.000,00	40.000,00
Gemeinkosten	lt. BAB		
Unfertige Erzeugnisse:			
Anfangsbestand	120.000,00	80.000,00	40.000,00
Endbestand	150.000,00	100.000,00	50.000,00
Fertige Erzeugnisse:			
Anfangsbestand	160.000,00	100.000,00	60.000,00
Endbestand	170.000,00	120.000,00	50.000,00
Umsatzerlöse	880.000,00	550.000,00	330.000,00

1. *Stellen Sie fest, in welcher Höhe die Erzeugnisgruppen X und Y am Umsatzergebnis beteiligt und wie hoch die Umsatzergebnisraten sind.*
2. *Ermitteln Sie im Kostenträgerblatt das Betriebsergebnis und stimmen Sie es mit dem in der Ergebnistabelle ausgewiesenen Betriebsergebnis ab.*
3. *Ermitteln Sie den Prozentanteil der Kostenträger X und Y am Umsatzergebnis.*
4. *Bestimmen Sie die Wirtschaftlichkeitskoeffizienten der einzelnen Kostenträger nach der Formel von Seite 252.*
5. *Bewerten Sie die Ergebnisse dieser Kostenrechnung.*

4.5 Maschinenstundensatzrechnung

4.5.1 Grundlagen der Maschinenstundensatzrechnung

Situation

Für das Geschäftsjahr 02 plant die Wernick GmbH die veraltete Lackier- und Trockeneinrichtung durch eine automatische Lackier- und Trockenanlage zu ersetzen. Diese **kapitalintensive Anlage** soll als **selbstständige Fertigungshauptstelle**, als sog. **Maschinenplatz**, eingerichtet werden. Durch diese Maßnahme verändern sich die Gemeinkosten gegenüber dem vorjährigen Betriebsabrechnungsbogen (vgl. BAB von S. 239 mit BAB von S. 265).

Gründe für die Einrichtung des Maschinenplatzes als Kostenstelle

Von den Fertigungsgemeinkosten werden nur wenige **direkt von den Fertigungslöhnen beeinflusst**. Die meisten Fertigungsgemeinkosten weisen **eine geringe oder gar keine Abhängigkeit** von den Fertigungslöhnen auf. Sie werden vielmehr **durch den Einsatz von Maschinen verursacht** (z. B. Platzkosten, Abschreibungen, kalkulatorische Zinsen, Reparaturen) und **von der Maschinenlaufzeit beeinflusst** (z. B. Betriebsstoff- und Energiekosten).

Allgemein gilt, dass

- mit fortschreitender Mechanisierung und Automatisierung der Fertigungsprozesse die **Fertigungsgemeinkosten zunehmen**,
- der **Anteil der Fertigungslöhne** an den Fertigungskosten **ständig zurückgeht**. So ist es zu erklären, dass Industriebetriebe teilweise mit 300 % oder 400 % Zuschlag für die Fertigungsgemeinkosten auf die Fertigungslöhne rechnen müssen,
- die **Fertigungsgemeinkosten in Abhängigkeit zum Maschineneinsatz** geraten.

Merke

- **Die Fertigungsgemeinkosten werden in zunehmendem Maße durch den Maschineneinsatz verursacht.**
- **Je weniger die Fertigungslöhne Ursache für die Fertigungsgemeinkosten sind, umso ungeeigneter und ungenauer sind sie als Zuschlagsgrundlage für den Fertigungsgemeinkostenzuschlag.**

Maschinenplatz als Fertigungshauptstelle

In der Kostenrechnung geht man dazu über, den Standort einer **kostenintensiven** Maschine als **Fertigungshauptstelle** und die für diesen Maschinenplatz in einer Abrechnungsperiode anfallenden Fertigungsgemeinkosten genau zu erfassen.

Aufteilung der Fertigungsgemeinkosten

Da nicht alle für den Maschinenplatz ermittelten Gemeinkosten durch den Maschineneinsatz verursacht werden, ist es zweckmäßig, die **Fertigungsgemeinkosten aufzuteilen**:

Fertigungsgemeinkosten des Maschinenplatzes

maschinenabhängige Fertigungsgemeinkosten (vgl. S. 263)	**Restgemeinkosten** (vgl. S. 264)
Zuschlagsgrundlage: Maschinenlaufstunden	**Zuschlagsgrundlage: Fertigungslöhne**

Merke

- **Die Fertigungsgemeinkosten, die durch den Maschineneinsatz verursacht werden und von der Maschinenlaufzeit abhängen, heißen maschinenabhängige Fertigungsgemeinkosten; sie werden den Maschinenlaufstunden zugerechnet.**
- **Die nicht maschinenabhängigen Fertigungsgemeinkosten heißen Restgemeinkosten; sie werden den Fertigungslöhnen zugerechnet.**

4.5.2 Maschinenabhängige Fertigungsgemeinkosten

Beispiel

In der Wernick GmbH wird ein Teil der **jährlichen** maschinenabhängigen Fertigungsgemeinkosten für die FHS „Lackierautomat" nach folgenden Angaben ermittelt. Die restlichen Gemeinkosten werden im Beispiel vorgegeben.

1. **Betriebsstoffe:** Maschinenleistung 20 kW, Arbeitspreis 0,24 €/kWh, Grundgebühr 80,00 €/Monat. Sonstige Betriebsstoffkosten je Monat 750,00 €. Davon sind 250,00 € fix.
2. **Abschreibung:** Anschaffungskosten (AK) 1.200.000,00 €; Wiederbeschaffungskosten 1.350.000,00 €; Nutzungsdauer zehn Jahre; lineare Abschreibung.
3. **Platzkosten:** Standfläche der Anlage 80 m^2; kalkulatorische Gebäudeabschreibung 75,00 €/m^2 monatlich; Reparatur- und Wartungskosten jährlich 15.000,00 €; Werkzeugkosten jährlich 5.400,00 €.
4. **Zinsen:** 12 % jährliche kalkulatorische Verzinsung der AK. Um zu jährlich gleich hohen Zinskosten zu gelangen, werden die **halben AK** zugrunde gelegt.
5. **Maschinenlaufstunden:** In einer 40-stündigen Arbeitswoche läuft die Anlage durchschnittlich 37,5 Stunden; 2,5 Stunden sind erforderlich, um die Anlage umzurüsten und zu reinigen. 48 Wochen im Jahr wird die Anlage genutzt: 37,5 Std./Woche · 48 Wochen **= 1 800 Laufstunden** pro Jahr.

Erfassung der maschinenabhängigen Fertigungsgemeinkosten, soweit sie direkt in der Kostenstelle „Lackierautomat" anfallen (**ohne Kostenumlage**, vgl. BAB auf S. 265):

maschinenabhängige Fertigungsgemeinkosten	Gemeinkosten insgesamt	variable[1] Gemeinkosten	fixe[1] Gemeinkosten
Hilfsstoffe	110.000,00 €	110.000,00 €	–
Betriebsstoffe	18.600,00 €	14.640,00 €	3.960,00 €
Hilfslöhne	66.000,00 €	30.000,00 €	36.000,00 €
Arbeitgeberanteil/SV	26.000,00 €	12.360,00 €	13.640,00 €
Kalkulatorische Abschreibungen:			
Lackierautomat	135.000,00 €	–	135.000,00 €
Platzkosten:			
Gebäudeabschreibung	72.000,00 €	–	72.000,00 €
Reparaturen/Wartung	15.000,00 €	–	15.000,00 €
Werkzeuge	5.400,00 €	–	5.400,00 €
Bürokosten	3.000,00 €	2.000,00 €	1.000,00 €
Werbung	2.000,00 €	1.000,00 €	1.000,00 €
Betriebliche Steuern	8.000,00 €	1.000,00 €	7.000,00 €
Kalkulatorische Zinsen			
Lackierautomat	72.000,00 €	–	72.000,00 €
sonstiges Kapital	61.000,00 €	–	61.000,00 €
Fertigungsgemeinkosten insges.	**594.000,00 €**	**171.000,00 €**	**423.000,00 €**

Bei der Erfassung der maschinenabhängigen Fertigungsgemeinkosten achtet der Unternehmer darauf, dass er sie nach variablen und fixen Gemeinkosten einteilt, weil er dann den Maschinenstundensatz flexibel an veränderte Beschäftigungen (= Laufstunden) anpassen kann (vgl. S. 266).

Merke

Die am Maschinenplatz anfallenden Fertigungsgemeinkosten werden so genau und vollständig wie möglich erfasst. Die Unterteilung in fixe und variable Fertigungsgemeinkosten ist zweckmäßig, um den Maschinenstundensatz an veränderte Beschäftigungsgrade anpassen zu können.

1 Vgl. hierzu auch S. 285 f.

4.5.3 Restgemeinkosten

Beispiel
Fortsetzung

In der Fertigungshauptstelle „Lackierautomat" werden **zusätzlich** zu den maschinenabhängigen Fertigungsgemeinkosten folgende **lohnabhängige Fertigungsgemeinkosten** (= Restgemeinkosten) ermittelt (ohne Kostenumlage, vgl. BAB auf S. 264):

Gehälter	32.000,00 €
Arbeitgeberanteil/SV	49.000,00 €
Kalkulatorische Abschreibungen	15.000,00 €
Bürokosten	5.000,00 €
Werbung	5.000,00 €
Betriebliche Steuern	2.000,00 €
Restgemeinkosten insgesamt	**108.000,00 €**

Die **Fertigungslöhne** der Kostenstelle „Lackierautomat" betragen **448.000,00 €**; sie bilden die **Zuschlagsgrundlage für den Restgemeinkostenzuschlagssatz.**

Zuschlagssatz für Restgemeinkosten =

$$\frac{\textbf{(Restgemeinkosten + Umlage}^{1}\textbf{)}}{\textbf{Kostenstellenlöhne}} = \frac{(108.000{,}00\ € + 4.000{,}00\ €)}{448.000{,}00\ €} = 0{,}25 = \mathbf{25\ \%}$$

4.5.4 Berechnung des Maschinenstundensatzes im BAB

Beispiel
Fortsetzung

Der **nebenstehende BAB** zeigt, wie der **Maschinenplatz** „Lackierautomat" in die **Betriebsabrechnung** einbezogen wird, wie hoch der **Maschinenstundensatz** ist und welche **Veränderungen sich in der Kostenstruktur** ergeben.

Der Maschinenplatz wird als **Fertigungshauptstelle** im BAB, unterteilt in „Maschinenabhängige Fertigungsgemeinkosten" sowie „Restgemeinkosten", geführt. **Er ersetzt die bisherige Fertigungshauptstelle „III Lackieren"** (vgl. BAB auf S. 239).

Die Fertigungskosten des Maschinenplatzes (mit Kostenumlage, vgl. BAB auf S. 265) setzen sich aus maschinenabhängigen FGK und lohnabhängigen Fertigungskosten zusammen:

	Maschinenabhängige FGK, **variabel** (vgl. S. 263)	171.000,00 €	
+	Maschinenabhängige FGK, **fix** (vgl. BAB S. 265)	459.000,00 €	**630.000,00 €**
	Fertigungslöhne (FL) d. Masch.-Pl. (vgl. obiges Beispiel)	448.000,00 €	
+	Restgemeinkosten (= **25 %** d. FL, vgl. BAB auf S. 265)	112.000,00 €	**560.000,00 €**
=	**Fertigungskosten des Maschinenplatzes**		**1.190.000,00 €**

Maschinenstundensatz

Bei einer Beschäftigung von **1 800 Maschinenstunden im Jahr** beträgt der **Maschinenstundensatz**, d. h. der Geldbetrag, mit dem der **einstündige Betrieb** des Lackierautomaten in der Kalkulation berücksichtigt werden muss:

$$\text{Maschinenstundensatz} = \frac{\textbf{maschinenabhängige FGK}}{\textbf{Maschinenstunden}} = \frac{630.000{,}00\ €}{1\ 800\ \text{Stunden}} = \mathbf{350{,}00\ €/Std.}$$

Lohnabhängige Fertigungskosten

Zusätzlich zu den maschinenabhängigen FGK sind in der Kalkulation die **lohnabhängigen Fertigungskosten** zu berücksichtigen.

Auswertung des BAB: Die Investition bedingt einen **höheren Einsatz** an Betriebsstoffen, Abschreibungen und Zinsen; sie verursacht **geringere** Hilfsstoffaufwendungen und Arbeitgeberanteile zur Sozialversicherung.

Bei den **Einzelkosten** fällt die deutliche **Verminderung der Fertigungslöhne** in der Kostenstelle „Lackierautomat" von 630.000,00 € auf 448.000,00 € auf. Dies ist auf die Reduzierung der Arbeitsplätze zurückzuführen. Insgesamt haben sich die Fertigungskosten in der Fertigungshauptstelle III **um 45.000,00 € verringert.**

1 Vgl. BAB auf S. 265.

6946264

Mehrstufiger Betriebsabrechnungsbogen mit Maschinenplatz als Kostenstelle

Gemeinkostenarten	Zahlen der BER	AKS: Fuhrpark	Materialstelle	Arbeitsvorbereitung	Fertigungshauptstellen I	Fertigungshauptstellen II	III Lackierautomat masch.-abh. FGK variabel	III Lackierautomat masch.-abh. FGK fix	III Lackierautomat Restgemeinkosten	IV	Verwaltungsstelle	Vertriebsstelle
H.-Stoffe	745.000	40.000	–	20.000	210.000	150.000	110.000	–	–	130.000	–	85.000
B.-Stoffe	49.600	15.000	–	–	5.000	4.000	14.640	3.960	–	3.000	2.000	2.000
Hilfslöh.	66.000	–	–	–	–	–	30.000	36.000	–	–	–	–
Gehälter	512.000	25.000	50.000	10.000	20.000	20.000	–	–	32.000	20.000	270.000	65.000
AG-Ant.	570.000	30.000	10.000	15.000	135.000	95.000	12.360	13.640	49.000	85.000	115.000	10.000
Abschr.	700.000	50.000	35.000	20.000	150.000	100.000	–	135.000	15.000	95.000	65.000	35.000
Platzk.	92.400	–	–	–	–	–	–	92.400	–	–	–	–
Bürok.	56.000	2.000	4.000	1.000	3.000	2.000	2.000	1.000	5.000	2.000	30.000	4.000
Werbung	208.000	5.000	–	10.000	7.000	4.000	1.000	1.000	5.000	5.000	140.000	30.000
Steuern	188.000	10.000	28.000	–	10.000	10.000	1.000	7.000	2.000	10.000	93.000	17.000
Zins./A.	72.000	–	–	–	–	–	–	72.000	–	–	–	–
So. Zins.	946.000	63.000	136.000	24.000	180.000	135.000	–	61.000	–	120.000	105.000	122.000
Summe	**4.205.000**	240.000	263.000	100.000	720.000	520.000	**171.000**	**423.000**	**108.000**	470.000	820.000	370.000
Umlage: Fuhrpark		→	40.000	–	40.000	20.000	–	20.000	–	–	60.000	60.000
Zwischensumme			303.000	100.000	760.000	540.000	171.000	443.000	108.000	470.000	880.000	430.000
Umlage: Arbeitsvorbereitung			–	→	30.000	30.000	–	16.000	4.000	20.000	–	–
Stellengemeinkosten			**303.000**	**–**	**790.000**	**570.000**	**171.000**	**459.000**	**112.000**	**490.000**	**880.000**	**430.000**
Zuschlagsgrundlagen			**2.940.000 FM**		**735.000 FL**	**525.000 FL**	**1800 Maschinenstunden**		**448.000 FL**	**510.000 FL**	**7.813.000 Herstellkosten des Umsatzes**	
Ist-Zuschlagssätze			**10,31 %**		**107,48 %**	**108,57 %**	**350,00 € Maschinenstundensatz**		**25 %**	**96,08 %**	**11,26 %**	**5,5 %**

Berechnung der Herstellkosten des Umsatzes als Zuschlagsgrundlage für die Verwaltungs- und Vertriebsgemeinkosten:

Kalkulationsschema		
Fertigungsmaterial	2.940.000,00 €	
+ Materialgemeinkosten (MGK)	303.000,00 €	
= **Materialkosten**		3.243.000,00 €
Fertigungslöhne FHS I	735.000,00 €	
+ Fertigungsgemeinkosten (FGK) I	790.000,00 €	
= **Fertigungskosten I**		1.525.000,00 €
Fertigungslöhne FHS II	525.000,00 €	
+ Fertigungsgemeinkosten (FGK) II	570.000,00 €	
= **Fertigungskosten II**		1.095.000,00 €
Maschinenabhängige FGK	**630.000,00 €**	
+ Fertigungslöhne des Maschinenplatzes	**448.000,00 €**	
+ Restgemeinkosten	**112.000,00 €**	
= **Fertigungskosten III (Maschinenplatz)**		**1.190.000,00 €**
Fertigungslöhne FHS IV	510.000,00 €	
+ Fertigungsgemeinkosten (FGK) IV	490.000,00 €	
= **Fertigungskosten IV**		1.000.000,00 €
= **Herstellkosten der produzierten Menge** (HK der Erzeugung)		8.053.000,00 €
– Mehrbestand an fertigen Erzeugnissen		240.000,00 €
= **Herstellkosten der abgesetzten Menge** (HK des Umsatzes)		**7.813.000,00 €**

4.5.5 Abhängigkeit des Maschinenstundensatzes von der Maschinenlaufzeit

Maschinenstunden bei Normalbeschäftigung[1]

Der Maschineneinsatz wird in einem Industriebetrieb so **geplant**, dass die Zahl der Ruhestunden **möglichst gering** ist. Von den **maximal** zur Verfügung stehenden Arbeitsstunden sind die Zeiten abzuziehen, in denen die Maschine **betriebsbedingt stillsteht.** Solche Ausfallzeiten können **maschinenbedingt** (Wartungs-, Reparaturzeiten), **auftragsbedingt** (Umrüst-, Einrichtzeiten) oder **personalbedingt** (Betriebsurlaub, Krankheit) sein. Im obigen Beispiel wurden für betriebsbedingte Ausfallzeiten 2,5 Stunden pro Woche angesetzt; die Normalbeschäftigung beträgt damit 37,5 Stunden (von maximal 40 Stunden) ≙ 93,75 %.

Abweichungen von der Normalbeschäftigung treten bei besonders günstiger oder ungünstiger wirtschaftlicher Lage auf. Die geplante Laufzeit wird dann über- oder unterschritten.

- Sie wird **überschritten** (z. B. durch Überstunden oder die Einrichtung einer zweiten Schicht), wenn die Auftragseingänge steigen.
- Sie wird **unterschritten** (z. B. durch Kurzarbeit), wenn in einer wirtschaftlichen Krise die Auftragseingänge rückläufig sind.

Weichen die **tatsächlichen** von den **geplanten** Maschinenlaufstunden ab, so hat das bei **vollem Kostenersatz** Auswirkungen auf die Höhe des Maschinenstundensatzes.

Folgende Fälle ergeben sich:

1. Fall: Geplante Maschinenlaufzeit 1 800 Stunden/Jahr:

	Variable Maschinenkosten je Maschinenstunde (vgl. S. 263)	95,00 €
+	Fixe Maschinenkosten je Maschinenstunde, vgl. BAB auf S. 265 (459.000 : 1 800 =)	255,00 €
=	**Maschinenstundensatz** (bei Normalbeschäftigung)	**350,00 €**

2. Fall: Tatsächliche Maschinenlaufzeit 3 600 Stunden/Jahr (zweite Schicht):

	Variable Maschinenkosten je Maschinenstunde (siehe oben)	95,00 €
+	Fixe Maschinenkosten je Maschinenstunde (459.000 : 3 600 =)	127,50 €
=	**Maschinenstundensatz** (bei Überbeschäftigung)	**222,50 €**

Das Sinken des Maschinenstundensatzes von 350,00 €/Std. auf 222,50 €/Std. ist darauf zurückzuführen, dass sich die fixen Maschinenkosten auf eine höhere Laufzeit verteilen.

3. Fall: Tatsächliche Maschinenlaufzeit 1 200 Stunden/Jahr (Kurzarbeit):

	Variable Maschinenkosten je Maschinenstunde (siehe oben)	95,00 €
+	Fixe Maschinenkosten je Maschinenstunde (459.000 : 1 200 =)	382,50 €
=	**Maschinenstundensatz** (bei Unterbeschäftigung)	**477,50 €**

Das Steigen des Maschinenstundensatzes von 350,00 €/Std. auf 477,50 €/Std. ist darauf zurückzuführen, dass sich die fixen Maschinenkosten auf eine niedrigere Laufzeit verteilen.

Merke

- **Eine Erhöhung der Maschinenlaufzeit gegenüber der Normalbeschäftigung verringert den Maschinenstundensatz bei vollem Kostenersatz.**
- **Eine Verringerung der Maschinenstundenzahl gegenüber der Normalbeschäftigung erhöht den Maschinenstundensatz entsprechend.**
- **In Zeiten wirtschaftlicher Rezession ist zu prüfen, ob der Maschinenstundensatz unter Verzicht auf teilweisen Ersatz der fixen Kosten gesenkt werden soll.**

1 Siehe auch Band 1, HF 1, AS 1.1, Kapitel 1.2.1

Aufgabe 264

Die Fertigungshauptstelle „Drehautomat“ wird neu eingerichtet:

Anschaffungskosten der Maschine 320.000,00 €, Wiederbeschaffungskosten 344.000,00 €; betriebsgewöhnliche Nutzungsdauer zwölf Jahre.

Kalkulatorische Zinsen 8 % von den halben Anschaffungskosten.

Für Instandsetzung und Wartung werden bei einer Beschäftigung von 150 Std./Monat jährlich 12.000,00 € veranschlagt.

Die Platzkosten betragen 120,00 € je m^2 und Monat bei einer beanspruchten Fläche von 15 m^2.

Energiekosten: 50,00 € Grundgebühr je Monat; Maschinenleistung 32 kW zu je 0,25 €/kWh; Werkzeugkosten monatlich 600,00 €.

Die Kosten für Instandsetzung und Wartung sind bei einer Beschäftigung von 150 Std./Monat zu 30 % variabel; als variabel gelten auch die Kosten für den Stromverbrauch. Alle anderen Kosten sind fix.

1. *Berechnen Sie die monatlichen fixen und variablen Maschinenkosten.*
2. *Berechnen Sie den Maschinenstundensatz bei einer Beschäftigung von 150 Stunden/Monat.*
3. Die wirtschaftliche Rezession zwingt zu einer Verkürzung der Beschäftigung um 30 %. *Mit welchem Maschinenstundensatz muss nun* ***bei vollem Ersatz der fixen Kosten*** *kalkuliert werden?*
4. Gerade in der Rezessionsphase soll mit dem geplanten Maschinenstundensatz kalkuliert werden. *Wie viel Euro fixe Kosten können dann nicht mehr ersetzt werden?*
5. *Wie hoch wäre der Maschinenstundensatz beim Zweischichtbetrieb mit 280 Stunden/Monat?*

Aufgabe 265

In einem Industriebetrieb werden die Fertigungshauptstellen neu organisiert:

Es soll zusätzlich eine Kostenstelle für eine automatische Bandschneidemaschine eingerichtet werden. Die monatlichen Maschinenplatzkosten sind aus folgenden Angaben zu berechnen:

Anschaffungskosten der Maschinenanlage 520.000,00 €; Wiederbeschaffungskosten 710.000,00 €; betriebsgewöhnliche Nutzungsdauer zehn Jahre.

Die jährliche Nutzungszeit wird mit 1 920 Maschinenstunden angesetzt.

Die kalkulatorische Abschreibung ist linear von den Wiederbeschaffungskosten zu bestimmen.

Für die kalkulatorischen Zinsen sind 9 % von den halben Anschaffungskosten zugrunde zu legen.

Für Instandsetzung und Reparatur sind lt. Belegen 62.400,00 € im Jahr zu veranschlagen.

Der Platzbedarf der Maschine beträgt 30 m^2, der Raumkostensatz 102,00 € je m^2 im Jahr.

Die Leistung der Maschine beträgt 20 kW bei einem Strompreis von 0,25 € je kWh, an Grundgebühr fallen monatlich 80,00 € an.

Lohnabhängige Gemeinkosten der Kostenstelle im Abrechnungsmonat:

Hilfslöhne	18.000,00
Soziale Aufwendungen	8.000,00
Allgemeine Betriebskosten	14.000,00

Die Fertigungslöhne der Kostenstelle werden mit 30.000,00 € ermittelt.

1. *Berechnen Sie die monatlichen Maschinenplatzkosten und den Maschinenstundensatz.*
2. Die Kosten für Instandsetzung und Reparatur gelten zu 40 % als variabel; die Kosten des Stromverbrauchs sind in voller Höhe variabel. Alle anderen Platzkosten sind fix. Um in Zeiten wirtschaftlicher Rezession durch Zusatzaufträge die geplante Maschinenlaufzeit halten zu können, soll der Maschinenstundensatz unter Verzicht auf 40 % der fixen Kosten gesenkt werden. *Berechnen Sie den Maschinenstundensatz.*

Aufgabe 266

Der Betriebsabrechnungsbogen eines anlageintensiven Industriebetriebes weist nach der Verteilung der Gemeinkosten auf die Kostenstellen folgende Stellengemeinkosten aus:

Betriebsabrechnungsbogen					
Materialstelle	**Fertigungshauptstellen**			**Verwaltungsstelle**	**Vertriebsstelle**
	Maschine I	Maschine II	Übrige Fertig.-Stellen		
320.000,00	120.000,00	145.000,00	96.000,00	265.000,00	110.000,00

1. *Berechnen Sie die Gemeinkostenzuschlagssätze und die Maschinenstundensätze nach folgenden Angaben:*
   Materialstelle hat als Zuschlagsgrundlage: 800.000,00 € Fertigungsmaterial,
   FHS Maschine I hat als Zuschlagsgrundlage: 1 500 Maschinenstunden,
   FHS Maschine II hat als Zuschlagsgrundlage: 1 650 Maschinenstunden,
   übrige Fertigungsstellen haben als Zuschlagsgrundlage: 120.000,00 € Fertigungslöhne.
   Die Verwaltungs- und Vertriebsgemeinkosten werden auf die Herstellkosten des Umsatzes bezogen. Hierbei ist ein Mehrbestand von 24.000,00 € zu berücksichtigen.
2. *Berechnen Sie die Selbstkosten der Abrechnungsperiode.*
3. Der Beschäftigungsrückgang zwingt zu einer Verkürzung der Maschinenlaufzeit auf 1 200 Stunden (Maschine I) und 1 500 Stunden (Maschine II).
   Erläutern Sie die Auswirkungen auf die Maschinenstundensätze.

Aufgabe 267

Vervollständigen Sie den Betriebsabrechnungsbogen.

Kostenart	Zahlen der BER	Materialstelle	Abrichtanlage: Maschinenabhängige Fertigungsgemeinkosten fix	Abrichtanlage: Maschinenabhängige Fertigungsgemeinkosten variabel	Abrichtanlage: Restgemeinkosten	Übrige Fertig.-Stellen	Verwaltungsstelle	Vertriebsstelle
Allg. Betriebskosten	8.000,00	1 :			3 :	4		
Energie	3.000,00	300,00	80,00	600,00		1.400,00	500,00	120,00
Betr.-Stoffkosten	6.000,00			1.000,00		5.000,00		
Gehälter	20.000,00	2.000,00	2.500,00			4.500,00	11.000,00	
Hilfslöhne	35.000,00	3.000,00			7.000,00	21.500,00		3.500,00
Soz. Aufwend.	19.000,00	1.200,00			3.000,00	9.400,00	4.000,00	1.400,00
Kalk. Zinsen	5.000,00	500,00	800,00			2.600,00	600,00	500,00
Abschreibg. auf Anlagen	9.000,00	200,00	2.500,00			5.500,00	500,00	300,00
Abschreibg. auf Gebäude	18.000,00	1.800,00	3.500,00			9.000,00	2.200,00	1.500,00
Reparaturkosten	6.500,00		770,00	1.200,00		4.200,00		330,00
Sonstige Kosten	7.000,00	2 :				8 :	3 :	1
Fertigungslöhne					10.400,00	47.400,00		
Fertigungsmaterial		88.000,00						
Maschinenlaufstunden			250					

1. *Berechnen Sie die Zuschlagssätze und den Maschinenstundensatz.*
2. *Ermitteln Sie die Selbstkosten der Abrechnungsperiode.*
3. *Mit welchem Maschinenstundensatz muss bei vollem Kostenersatz in Zukunft kalkuliert werden, wenn mit einem Beschäftigungsrückgang um 20 % gerechnet wird?*
4. *Wie viel Euro fixe Kosten könnten nicht ersetzt werden, wenn trotz Beschäftigungsrückgang mit dem unter 1. berechneten Maschinenstundensatz kalkuliert wird?*

Aufgabe 268

In einem Industriebetrieb bilden drei Stanzen eine Fertigungshauptstelle. Für jede Stanze wird der Maschinenstundensatz nach folgenden Angaben gesondert berechnet:

	Stanze I	Stanze II	Stanze III
Anschaffungskosten	84.000,00 €	150.000,00 €	240.000,00 €
Betriebsübliche Nutzungsdauer	15 Jahre	14 Jahre	14 Jahre
Lineare Abschreibung von den Wiederbeschaffungskosten	105.000,00 €	175.000,00 €	280.000,00 €
Kalk. Zinsen auf halbe Anschaffungskosten	9 %	9 %	9 %
Maschinenleistung	15 kW	30 kW	60 kW
Strompreis je kWh	0,24 €	0,24 €	0,24 €
Grundgebühr monatlich	60,00 €	80,00 €	100,00 €
Kosten für Instandsetzung und Wartung pro Jahr	4.000,00 €	8.000,00 €	10.000,00 €
Stand- und Arbeitsfläche	20 m²	25 m²	30 m²
Platzkosten je m²	40,00 €	40,00 €	40,00 €
durchschnittl. Werkzeugkosten je Monat	150,00 €	200,00 €	400,00 €
Betriebsstoffkosten je Monat	40,00 €	50,00 €	70,00 €

Die maschinenunabhängigen Fertigungskosten werden für den Monat Oktober für die gesamte Kostenstelle in folgender Höhe ermittelt:

Fertigungslöhne	7.500,00
Hilfslöhne	8.000,00
Soziale Aufwendungen	3.500,00
Allgemeine Betriebskosten	2.000,00

1. *Berechnen Sie die Maschinenstundensätze für jede Stanze bei geplanten Beschäftigungen je Monat von:*

	Stanze I	Stanze II	Stanze III
Laufstunden	150 Stunden	120 Stunden	100 Stunden

2. *Ermitteln Sie den Restgemeinkostenzuschlagssatz.*

Aufgabe 269

In einem Industriebetrieb bildet die Reparaturwerkstatt mit einer Bohrmaschine, einer Drehmaschine und einer Fräsmaschine eine Kostenstelle. Für jede Maschine wurde ein eigener Maschinenstundensatz errechnet, und zwar für

Bohrmaschine	45,00
Drehmaschine	68,00
Fräsmaschine	52,00

Zusätzlich fallen in dieser Kostenstelle maschinenunabhängige Fertigungsgemeinkosten für Reinigung, Montage und Kontrolle an:

Hilfslöhne	4.000,00
Gehälter	5.400,00
Soziale Aufwendungen	3.000,00
Allgemeine Betriebskosten	2.000,00

Die Fertigungslöhne betragen in der Abrechnungsperiode 12.000,00 €.

Berechnen Sie den Restgemeinkostenzuschlagssatz und die Periodenkosten für 150 Stunden.

Aufgabe 270

In einer Weberei werden für den Monat September folgende Kosten ermittelt:

Kostenarten		€
variable Kosten	1. Fertigungsmaterial 2. Fertigungslöhne	400.000,00 200.000,00
teilfixe Kosten	3. Hilfsstoffaufwand 4. Hilfslöhne 5. Soziale Aufwendungen 6. Energieaufwand 7. Reparaturen	40.000,00 100.000,00 120.000,00 60.000,00 30.000,00
fixe Kosten	8. Gehälter 9. Kalkulatorische Abschreibungen 10. Kalkulatorische Zinsen	170.000,00 100.000,00 60.000,00

Im BAB werden folgende **Kostenstellen** geführt:

I. Materiallager
II. Fertigungshauptstelle Webautomat
III. Fertigungshauptstelle Färberei
IV. Fertigungshauptstelle Veredlung
V. Verwaltung
VI. Vertrieb

Der Betriebsabrechnungsbogen ist nach folgenden Angaben zu erstellen:

Kosten-art	Kostenstellen							
	Material	Webautomat			Färberei	Ver-edlung	Ver-waltung	Vertrieb
		Masch.-Gemeinkost.		Restgem.-Kosten				
		fix	variabel					
1.	400.000							
2.				60.000	100.000	40.000		
3.	–	–	–	20.000	15.000	5.000	–	–
4.	15.000	–	–	25.000	40.000	20.000	–	–
5.	5.000	–	–	30.000	20.000	10.000	40.000	15.000
6.	–	5.000	25.000	–	10.000	5.000	15.000	–
7.	–	5.000	15.000	–	5.000	5.000	–	–
8.	10.000	10.000	–	–	–	–	110.000	40.000
9.	2 :	6 :	–	–	4 :	3 :	3 :	2
10.	–	3 :	–	–	1 :	1 :	1 :	–

Zuschlagsgrundlagen

1. Für Materialstelle → Fertigungsmaterial
   Für Hauptstelle Webautomat:
2. Maschinengemeinkosten → 480 Maschinenstunden (3-Schicht-Betrieb)
3. Restgemeinkosten → Fertigungslöhne der Kostenstelle II
4. Für Hauptstelle Färberei → Fertigungslöhne der Kostenstelle III
5. Für Hauptstelle Veredlung → Fertigungslöhne der Kostenstelle IV
6. Für Verwaltungs- und Vertriebsstelle → Herstellkosten des Umsatzes

Bei der Berechnung der Herstellkosten des Umsatzes ist ein Mehrbestand von 25.000,00 € zu berücksichtigen. *Berechnen Sie die Zuschlagssätze und die Herstellkosten des Umsatzes.*

Aufgabe 271

In der Fertigungshauptstelle „Drehautomat“ (vgl. Aufgabe 264, S. 267) werden zusätzlich folgende lohnabhängige Gemeinkosten ermittelt: Hilfslöhne 4.500,00 €, Lohnnebenkosten 6.300,00 €, Allgemeine Betriebskosten 3.450,00 €.

Die Fertigungslöhne betragen im Abrechnungsmonat 12.800,00 €.

1. *Bestimmen Sie den Restgemeinkostenzuschlagssatz.*
2. *Ermitteln Sie die gesamten Fertigungskosten der Kostenstelle.*
3. Für einen Auftrag werden 3 ½ Maschinenstunden (vgl. Aufgabe 264.2) und 195,00 € Fertigungslöhne kalkuliert. *Berechnen Sie die Maschinenkosten.*

4.6 Kostenträgerstückrechnung in Betrieben mit Serienfertigung

Mithilfe der Kostenträgerstückrechnung, auch **Kalkulation** genannt, werden vor allem die **Selbstkosten** für einzelne Kostenträger (Erzeugnis, Serie oder Auftrag) berechnet. Im Einzelnen bedient sich der Unternehmer dieser Rechnung, um

Aufgaben

- **Angebotspreise** für seine Erzeugnisse zu **berechnen.** Man spricht hier von **Vorkalkulation.**
- zu prüfen, ob ein zu Normalkosten kalkulierter Auftrag im Rahmen dieser Kosten verwirklicht werden konnte. In diesem Fall spricht man von **Nachkalkulation.**
- die **Annahme von Aufträgen** zu vorgegebenen Marktpreisen **entscheiden** zu können. In der Regel wird ein Auftrag nur angenommen, wenn der Preis wenigstens die variablen Kosten deckt (vgl. Kapitel „**Deckungsbeitragsrechnung**", S. 284 f.).
- die **liquiditätsorientierte Preisuntergrenze** bestimmen zu können. Bei angespannter Absatzlage ist für den Unternehmer die Kenntnis der Liquiditätspreisuntergrenze wichtig. Hierbei werden die Kosten im Hinblick auf ihre **Ausgabenwirksamkeit** in **stark und schwach ersatzbedürftig** unterteilt. Stark ersatzbedürftige Kosten (z. B. Gehälter, Löhne, Mieten, Steuern) führen kurzfristig zu Geldausgaben und müssen über die Umsatzerlöse „verdient" werden.

Arten

Produktionsprogramm und Fertigungsverfahren bestimmen das zweckmäßigste Kalkulationsverfahren. In der Praxis gebräuchlich sind **Zuschlagskalkulation**, **Divisionskalkulation** (vgl. S. 282) und **Äquivalenzziffernkalkulation** (vgl. S. 280).

4.6.1 Zuschlagskalkulation

Die Zuschlagskalkulation stellt in Betrieben mit **Serienfertigung** das geeignete Kalkulationsverfahren dar. Sie geht von den **Einzelkosten** des Kostenträgers (= **Fertigungsmaterial** und **Fertigungslöhne**) aus (vgl. S. 273) und führt durch **schrittweise Einrechnung** der anteiligen Gemeinkosten über **Gemeinkostenzuschlagssätze** (z. B. Normalzuschlagssätze, Ist-Zuschlagssätze aus dem BAB) zu den **Selbstkosten.** In stark mechanisierten Betrieben wird sie durch die Maschinenstundensatzrechnung ergänzt.[1]

Schema der Zuschlagskalkulation

Die Selbstkostenkalkulation für den einzelnen Kostenträger entspricht in ihrem Aufbau dem aus der **Kostenträgerzeitrechnung bekannten Schema:**

Kalkulationsschema	
1.	Fertigungsmaterial lt. Stückliste
2.	+ ... % Materialgemeinkosten
3.	**= Materialkosten (1. + 2.)**
4.	Fertigungslöhne FHS I lt. Arbeitsplan
5.	+ ... % Fertigungsgemeinkosten
6.	**= Fertigungskosten FHS I (4. + 5.)**
7.	Fertigungslöhne FHS II lt. Arbeitsplan
8.	+ ... % Fertigungsgemeinkosten
9.	**= Fertigungskosten FHS II (7. + 8.)**
10.	**= Herstellkosten (3. + 6. + 9.)**
11.	+ ... % Verwaltungsgemeinkosten
12.	+ ... % Vertriebsgemeinkosten
13.	**= Selbstkosten des Kostenträgers (10. + 11. + 12.)**

Merke

Die Zuschlagskalkulation passt sich in ihrem Aufbau der Hauptkostenstellengliederung des Betriebsabrechnungsbogens an.

1 Zu den Einzelkosten werden auch die Sondereinzelkosten der Fertigung und des Vertriebs gerechnet. Während die Sondereinzelkosten des Vertriebs (Zölle, Frachten, Verpackung, Provisionen) den einzelnen Kostenträgern zurechenbar sind, ist dies bei den Sondereinzelkosten der Fertigung problematisch. Entwicklungs- und Forschungskosten z. B. lassen sich nur ungenau einem bestimmten Produkt zuordnen. Bei Kosten für Spezialwerkzeuge wäre dies möglich.

4.6.2 Ermittlung der Einzelkosten aus Stückliste und Arbeitsplan

Stückliste[1]

Die Stückliste wird aufgrund der Konstruktionszeichnung zusammengestellt. Sie enthält das für ein Stück aufzuwendende Fertigungsmaterial.

Beispiel

Die – mit €-Beträgen bewertete – Stückliste für ein Gehäuse Typ G I hat folgendes Aussehen:

Gehäuseunterteil: Stahlblech 450 · 350 · 0,5 mm	
Gehäuseoberteil: Stahlblech 600 · 300 · 0,5 mm	
Frontabdeckung: Stahlblech 450 · 150 · 0,5 mm	
Rohgewicht insgesamt 5,0 kg zu 210,00 €/100 kg (vgl. S. 212)	10,50 €
Lack (0,1 kg Grundierung, 0,1 kg Decklack); 10,00 €/kg	2,00 €
4 rutschfeste Gummifüße	1,00 €
Kleinmaterial (Blechschrauben, Aufkleber)	0,50 €
Werkstoffe insgesamt	**14,00 €**

Arbeitsplan

Der Arbeitsplan[2] (auch Laufkarte genannt) stellt sicher, dass die geplante Arbeitsfolge eingehalten wird. Er macht Angaben über den Arbeitsvorgang, den Arbeitsplatz und die Kostenstelle sowie die Arbeitszeit. Verkürzt sieht er folgendermaßen aus:

Beispiel

Die Produktion eines Gehäuses Typ G I ist an folgenden Durchlauf gebunden. Die Arbeitsstunde wird – einschließlich der gesetzlichen Lohnnebenkosten – mit unterschiedlichen Sätzen (siehe unten) berechnet. Es handelt sich durchweg um angelernte Tätigkeiten.

FHS (vgl. BAB auf S. 239)	Arbeitsfolgen in den einzelnen Fertigungshauptstellen	Bearbeitungszeit in Minuten je Gehäuse		Lohnkosten
I	**Gehäuse aus Blechplatten stanzen:**			
	Material zuführen, Teile ausstanzen und weiterleiten	1,2		
	Rüstzeiten (zum Wechseln der Stanzwerkzeuge)	0,1		
	Gehäuseteile in Form pressen:			
	Material zuführen, Teile pressen und weiterleiten	2,5		
	Rüstzeiten (zum Wechseln der Presswerkzeuge)	0,2	4,0	
	Lohnkosten bei 55,50 €/Std. Lohnsatz = 4/60 · 55,50 € =			3,70 €
II	Montagelöcher in Rückwand u. Seitenwände bohren	1,5		
	Schnittkanten entgraten und abrunden	1,5	3,0	
	Lohnkosten bei 52,00 €/Std. Lohnsatz = 3/60 · 52,00 € =			2,60 €
III	Teile in Tauchbad entfetten	0,2		
	Teile in Tauchbad grundieren	0,3		
	Teile lackieren und trocknen	3,0	3,5	
	Lohnkosten bei 54,85 €/Std. Lohnsatz = 3,5/60 · 54,85 € =			3,20 €
IV	Frontabdeckung und Füße montieren	2,0		
	Vormontierte Teile und Kleinmaterial verpacken	1,0	3,0	
	Lohnkosten bei 50,00 €/Std. Lohnsatz = 3/60 · 50,00 € =			2,50 €
	Lohnkosten je Gehäuse			12,00 €

Merke

- **Die Einzelkosten für Werkstoffe und Lohn werden mithilfe der betriebsintern erstellten Kalkulationsunterlagen (Stückliste und Arbeitsplan) gewonnen.**
- **Das eingesetzte Material wird hierbei mit einem Verrechnungspreis bewertet.**
- **Die Lohnkosten ergeben sich aus den für die Arbeitsgänge ermittelten Arbeitszeiten und den für die Kostenstellen geltenden Lohnsätzen.**

1 Siehe auch Band 1, HF 3, AS 3.2, Kapitel 2.1.

2 Siehe auch Band 1, BWL, HF 3, Kapitel 4.

6946272

4.6.3 Zuschlagskalkulation als Angebotskalkulation

Die **Angebots- oder Vorkalkulation** soll bereits bei Abschluss eines Kaufvertrages eine **verbindliche Aussage über den Verkaufspreis** machen. Sie liegt also **zeitlich vor dem Produktionsprozess** und basiert auf **Normalkosten.** In einem ersten Schritt ermittelt sie die **Selbstkosten für den einzelnen Kostenträger.** **Selbstkostenkalkulation**

Situation

In der Wernick GmbH wird der Selbstkostenpreis für ein Blechgehäuse des Typs G I nach folgenden Angaben kalkuliert (vgl. auch die Angaben von S. 272, angenommene Herstellungsmenge 87 500 Gehäuse):

Fertigungsmaterial (Werkstoffe) lt. Stückliste, siehe S. 272	**14,00 €**
Fertigungslöhne der Fertigungshauptstelle I (lt. Arbeitsplan)	3,70 €
Fertigungslöhne der Fertigungshauptstelle II (lt. Arbeitsplan)	2,60 €
Fertigungslöhne der Fertigungshauptstelle III (lt. Arbeitsplan)	3,20 €
Fertigungslöhne der Fertigungshauptstelle IV (lt. Arbeitsplan)	2,50 €
Lohnkosten je Gehäuse, siehe S. 272	**12,00 €**

Die **Normalzuschlagssätze** sind im Kalkulationsschema eingetragen.

Kalkulationsschema		
Fertigungsmaterial	14,00 €	
+ 11 % Materialgemeinkosten	1,54 €	
= Materialkosten		**15,54 €**
Fertigungslöhne FHS I	3,70 €	
+ 108 % Fertigungsgemeinkosten	4,00 €	
= Fertigungskosten FHS I		**7,70 €**
Fertigungslöhne FHS II	2,60 €	
+ 110 % Fertigungsgemeinkosten	2,86 €	
= Fertigungskosten FHS II		**5,46 €**
Fertigungslöhne FHS III	3,20 €	
+ 98 % Fertigungsgemeinkosten	3,14 €	
= Fertigungskosten FHS III		**6,34 €**
Fertigungslöhne FHS IV	2,50 €	
+ 96 % Fertigungsgemeinkosten	2,40 €	
= Fertigungskosten FHS IV		**4,90 €**
= Herstellkosten		**39,94 €**
+ 12 % Verwaltungsgemeinkosten		4,79 €
+ 5,5 % Vertriebsgemeinkosten		2,20 €
= Selbstkosten für ein Gehäuse, Typ G I		**46,93 €**

Die Selbstkostenkalkulation wird durch **Einrechnung des Gewinns** sowie von **Skonto** (ggf. Provision) **und Rabatt** zur **Angebotskalkulation** erweitert. **Angebotskalkulation**

Der **Betriebsgewinn** muss so hoch ausfallen, dass er – nach Erstattung **aller Kosten** über die Umsatzerlöse – das **allgemeine Unternehmerrisiko abdeckt** und **Finanzmittel für zukünftige Neuinvestitionen** (vgl. S. 217) bereitstellt. **Gewinn**

Einen angemessenen Gewinn erzielt man in der Kalkulation dadurch, dass man **den Selbstkosten einen Zuschlag** (in %) **für den Gewinn zurechnet.** **Gewinnzuschlagssatz**

Beispiel

Aus dem **Kostenträgerblatt** der Wernick GmbH (vgl. S. 256) lassen sich folgende Zahlen für die **Berechnung des durchschnittlichen Gewinnzuschlagssatzes** entnehmen:

Umsatzergebnis (zu Normalkosten) .... 1.235.502,50 €,
Selbstkosten des Umsatzes (zu Normalkosten) .... 9.284.497,50 €.

$$\text{Gewinnzuschlagssatz} = \frac{\textbf{Umsatzergebnis}}{\textbf{Selbstkosten des Umsatzes}} = \frac{1.235.502{,}50\ €}{9.284.497{,}50\ €} = 0{,}1331 = 13{,}31\ \%$$

Angebotspreis

Nach Einrechnung der Zuschläge für Skonto (evtl. Provision) und Rabatt in den Barverkaufspreis ergibt sich der Angebotspreis des Kostenträgers.

Sondereinzelkosten des Vertriebs

Sofern beim Verkauf Nebenkosten entstehen, die sich **unmittelbar dem Kostenträger** zurechnen lassen (z. B. Transport- und Verpackungskosten, Provision), werden diese Nebenkosten in den Barverkaufspreis eingerechnet. In manchen Fällen sind die Nebenkosten zunächst aufgrund bestimmter Prozentsätze zu berechnen (z. B. Transportversicherung, Vertriebsprovision). Hierbei ist zu beachten, dass die Zuschlagsgrundlage (≙ 100 %) für diese Nebenkosten der **Zielverkaufspreis** ist, nicht der Barverkaufspreis.

Kundenskonto/ Kundenrabatt

Kundenskonto und Kundenrabatt sind im Angebotspreis enthalten. Sie kommen dem Kunden entweder für Zahlung innerhalb bestimmter Fristen (Kundenskonto) oder für die Abnahme bestimmter Mengen (Mengenrabatt) zugute. Kundenskonto wird in den Barverkaufspreis, Kundenrabatt in den Zielverkaufspreis eingerechnet. Hierbei ist zu beachten, dass die Zuschlagsgrundlage (≙100 %) für Kundenskonto der Zielverkaufspreis, für Kundenrabatt der Angebotspreis ist. Kundenrabatte werden bereits bei der Rechnungserstellung in Abzug gebracht.

Beispiel

In der Wernick GmbH wird der Angebotspreis für ein Blechgehäuse Typ G I – ausgehend von den Selbstkosten – aufgrund folgender Angaben kalkuliert:

Gewinnzuschlag, aufgerundet	13,5 %	Vertriebsprovision	3 %
Kundenskonto	2 %	Kundenrabatt	12 %

	Selbstkosten für ein Gehäuse (vgl. S. 273)	46,93 €			
+	13,5 % Gewinn	6,34 €			
=	**Barverkaufspreis**	53,27 €	≙ 95 %		
+	2 % Kundenskonto	1,12 €	≙ 2 %		
+	3 % Vertriebsprovision	1,68 €	≙ 3 %		
=	**Zielverkaufspreis (= Rechnungspreis)**	56,07 €	≙ 100 %	≙ 88 %	
+	12 % Kundenrabatt	7,65 €		≙ 12 %	
=	**Angebotspreis (= Listenpreis)**	63,72 €		≙ 100 %	

Herr Wernick könnte den Angebotspreis für ein Gehäuse G I auf **63,70 €** festsetzen.

Berechnung der Verkaufszuschläge:

$$\textbf{Kundenskonto} = \frac{53{,}27\ € \cdot 2\ \%}{95\ \%} = 1{,}12\ € \qquad \textbf{Kundenrabatt} = \frac{56{,}07\ € \cdot 12\ \%}{88\ \%} = 7{,}65\ €$$

$$\textbf{Vertriebsprovision} = \frac{53{,}27\ € \cdot 3\ \%}{95\ \%} = 1{,}68\ €$$

Merke

- **Im kalkulatorischen Gewinn werden das allgemeine Unternehmerrisiko abgedeckt und Finanzmittel für zukünftige Neuinvestitionen bereitgestellt.**
- **Zuschlagsgrundlage für den Gewinn sind die Selbstkosten.**
- **Die Summe aus Selbstkosten und Gewinn ergibt den Barverkaufspreis.**
- **Der Barverkaufspreis wird um Zuschläge für Skonto, Provision und Rabatt (i. H.) erhöht, um den Angebotspreis zu erhalten.**

Aufgabe 272

Der BAB einer Möbelfabrik enthält für den Monat Mai folgende Angaben:

Materialgemeinkosten	36.850,00	Verwaltungsgemeinkosten	281.573,00
Fertigungsgemeinkosten	716.880,00	Vertriebsgemeinkosten	140.786,50

An Einzelkosten fallen an:

Fertigungsmaterial	670.000,00	Fertigungslöhne	477.920,00

1. *Berechnen Sie die Ist-Zuschlagssätze (ohne Bestandsveränderungen).*
2. Das Unternehmen kalkuliert mit folgenden Normalzuschlagssätzen: Material 6 %, Fertigung 160 %, Verwaltung 15 %, Vertrieb 6 %.

   Errechnen Sie die Selbstkosten eines Auftrags, für den folgende Einzelkosten veranschlagt werden:
   Fertigungsmaterial .... 650,00 Fertigungslöhne 21 Stunden zu je ... 42,00

Aufgabe 273

Eine Schlösserfabrik will 50000 Vorhängeschlösser eines bestimmten Typs in Fertigung geben. Es werden folgende Kosten geplant:

Fertigungsmaterial	32.000,00
Fertigungslöhne in Fertigungshauptstelle I	8.000,00
Fertigungslöhne in Fertigungshauptstelle II	5.800,00
Fertigungslöhne in Fertigungshauptstelle III	4.400,00

Die Normalzuschlagssätze betragen:

Material 5 %, Fertigung I 180 %, Fertigung II 200 %, Fertigung III 160 %, Verwaltung 15 %, Vertrieb 8 %, Gewinnzuschlag 18 %.

Berechnen Sie die geplanten Selbstkosten insgesamt und je Stück sowie den Barverkaufspreis für ein Schloss.

Aufgabe 274

Eine Werkzeugfabrik kalkuliert mit folgenden Normalzuschlagssätzen:

Material 12 %, Fertigung I 160 %, Fertigung II 200 %, Verwaltung 10 %, Vertrieb 8 %.

Für einen Auftrag über 500 Feilen wird mit einem Materialverbrauch von 750,00 € und einem Lohnaufwand von

7 Stunden zu je 42,50 € in Fertigungshauptstelle I und
9 Stunden zu je 40,50 € in Fertigungshauptstelle II

gerechnet.

Gewinnzuschlag 15 %, Skonto 3 %, Vertriebsprovision 4 %.

Erstellen Sie die Vorkalkulation für eine Feile.

Aufgabe 275

Eine Maschinenfabrik errechnet zur Abgabe eines Angebots für eine Abfüllmaschine den Listenverkaufspreis. Es wird mit folgenden Kosten kalkuliert:

Verbrauch Fertigungsmaterial	25.000,00 €
Fertigungslöhne	21.500,00 €
Sondereinzelkosten der Fertigung	1.700,00 €
Sondereinzelkosten des Vertriebs	1.040,00 €

Es gelten folgende Normalzuschlagssätze:
Material 8 %, Fertigung 120 %, Verwaltung 15 %, Vertrieb 6 %

Es gelten folgende Daten zur Angebotskalkulation:
Gewinnzuschlag 15 %, Vertriebsprovision 6 %, Einführungsrabatt 7 %, Skonto 2 %

Erstellen Sie die Vorkalkulation zur Abgabe des Angebots.

Aufgabe 276

Für eine Werkzeugmaschine sind die Selbstkosten nach folgenden Angaben zu kalkulieren:

Fertigungsmaterial	12.500,00 €
Fertigungslöhne Dreherei	2.950,00 €
Fertigungslöhne Fräserei	1.410,00 €

Normalzuschlagssätze:

Material	15 %
Fertigungshauptstelle Dreherei	115 %
Fertigungshauptstelle Fräserei	120 %
Verwaltung	15 %
Vertrieb	5 %

Das Erzeugnis wird unter Einrechnung von 3 % Kundenskonto und 8 % Kundenrabatt zum Preis von 38.660,00 € angeboten.

Wie hoch ist der erzielbare Gewinn in Euro und Prozent?

Aufgabe 277

Die Kostenrechnungsabteilung eines Industriebetriebes kalkuliert den Listenpreis für ein Gerät, das neu in das Produktionsprogramm aufgenommen werden soll, aufgrund folgender Unterlagen:

Fertigungsmaterial lt. Stückliste:

Gehäuse	je Stück	4,00 €
Armatur	je Stück	12,00 €

Fertigungslöhne lt. Zeitvorgabe:

I.	Schneiden	je 100	Stück	450 Minuten
II.	Schweißen	je	Stück	3 Minuten
III.	Lackieren	je 100	Stück	270 Minuten
IV.	Montieren	je	Stück	2 Minuten

Die Arbeitsstunde wird einheitlich mit 30,00 € verrechnet.

Die Normalzuschlagssätze betragen:
Material 5 %, Fertigung I 100 %, Fertigung II 140 %, Fertigung III 90 %, Fertigung IV 110 %, Verwaltung 20 %, Vertrieb 6 %.

Folgende Verkaufszuschläge sind zu berücksichtigen:
Gewinn 15 %, Skonto (i. H.) 2 %, Rabatt (i. H.) 10 %.

1. *Wie viel Euro beträgt der Listenpreis je Gerät?*
2. Das entsprechende Gerät wird von Konkurrenzunternehmen zum Barverkaufspreis von 43,00 € auf dem Markt angeboten.

   Lohnt sich die Produktion? Wie hoch wäre der tatsächliche Stückgewinn?

Aufgabe 278

Erstellen Sie die Vorkalkulation für einen Reparaturauftrag unter Berücksichtigung folgender Angaben:

Reparaturmaterial:	45,00 €,	
Materialgemeinkostenzuschlag:	8 %,	
Fertigungslöhne:	1,5 Stunden zu je 31,50 €,	
Maschineneinsatz:	Bohren	0,25 Std.,
	Drehen	0,75 Std.,
	Fräsen	0,50 Std.

Der Maschineneinsatz wird mit 45,40 € je Stunde kalkuliert.

Verwaltungs- und Vertriebsgemeinkostenzuschlag: 20 %.

Gewinnzuschlag: 15 %.

6946276

4.6.4 Zuschlagskalkulation als Nachkalkulation

Die Nachkalkulation zeigt, ob der zu **Normalkosten kalkulierte** und angenommene Auftrag im Rahmen dieser Kosten verwirklicht werden konnte. Sie wird **nach Beendigung der Produktion** als Zuschlagskalkulation aufgrund der **tatsächlich entstandenen Einzelkosten** und der **Ist-Zuschläge aus dem BAB** durchgeführt. Aus der Gegenüberstellung mit der Vorkalkulation werden Abweichungen ersichtlich.

Beispiel

Auf der Grundlage der Istzuschlagssätze (BAB, S. 239) und der Ist-Einzelkosten für Material und Löhne (vgl. S. 273) entsteht die folgende Nachkalkulation.

Fertigungsmaterial (Ist = Normal)	14,00 €
Fertigungslöhne FHS I	3,67 €
Fertigungslöhne FHS II	2,63 €
Fertigungslöhne FHS III	3,15 €
Fertigungslöhne FHS IV	2,55 €

Kalkulationsschema	Vorkalkulation		Nachkalkulation	
Fertigungsmaterial		14,00 €		14,00 €
+ Materialgemeinkosten	11,0 %	1,54 €	10,31 %	1,44 €
= **Materialkosten**		**15,54 €**		**15,44 €**
Fertigungslöhne FHS I		3,70 €		3,67 €
+ Fertigungsgemeinkosten	108,0 %	4,00 €	107,48 %	3,94 €
= **Fertigungskosten FHS I**		**7,70 €**		**7,61 €**
Fertigungslöhne FHS II		2,60 €		2,63 €
+ Fertigungsgemeinkosten	110,0 %	2,86 €	108,57 %	2,86 €
= **Fertigungskosten FHS II**		**5,46 €**		**5,49 €**
Fertigungslöhne FHS III		3,20 €		3,15 €
+ Fertigungsgemeinkosten	98,0 %	3,14 €	96,03 %	3,02 €
= **Fertigungskosten FHS III**		**6,34 €**		**6,17 €**
Fertigungslöhne FHS IV		2,50 €		2,55 €
+ Fertigungsgemeinkosten	96,0 %	2,40 €	96,08 %	2,45 €
= **Fertigungskosten FHS IV**		**4,90 €**		**5,00 €**
= **Herstellkosten**		**39,94 €**		**39,71 €**
+ Verwaltungsgemeinkosten	12 %	4,79 €	11,2 %	4,45 €
+ Vertriebsgemeinkosten	5,5 %	2,20 €	5,47 %	2,17 €
= **Selbstkosten** für ein Gehäuse		**46,93 €**		**46,33 €**
+ Gewinn	13,5 %	6,34 €	14,98 %	6,94 €
= **Barverkaufspreis**		**53,27 €**	→	**53,27 €**
+ Kundenskonto	2,0 %	1,12 €		
+ Vertriebsprovision	3,0 %	1,68 €		
= **Zielverkaufspreis**		**56,07 €**		
+ Kundenrabatt	12,0 %	7,65 €		
= **Angebotspreis**		**63,72 €**		

Auswertung der Nachkalkulation

Im obigen Beispiel **fallen** die tatsächlichen Selbstkosten um 0,60 € je Gehäuse **niedriger aus** als die vorkalkulierten Normalselbstkosten. Da der Angebotspreis verbindlich vorgegeben war, führt die **Kostenüberdeckung** zu einem entsprechend höheren **Gewinn** um 0,60 € je Gehäuse. Eine genaue Analyse zeigt, dass die **Ist-Gemeinkostenzuschläge** in fast allen Kostenstellen unter **den Normalzuschlagssätzen** liegen (Ausnahme: Fertigungshauptstelle IV). In der Materialstelle, in den Fertigungshauptstellen I und II und in der Verwaltungs- und Vertriebsstelle liegen die **Istgemeinkostenzuschläge unter den Normalzuschlägen**; sie zeigen hier **Kostenüberdeckungen** an.

Beschäftigungsabweichungen (vgl. S. 253)

Besonders ausgeprägt sind die Abweichungen in den Fertigungshauptstellen I und II sowie im Verwaltungsbereich. Hierbei handelt es sich offenbar um **Beschäftigungsabweichungen.** Es ist zu erwarten, dass bei einer **Beschäftigungserhöhungen** die **Ist-Zuschlagssätze** in diesem Bereich weiter **zurückgehen** werden, weil in diesem Bereichen **überwiegend fixe Kosten** anfallen, die sich bei der Beschäftigungserhöhung nicht verändern und zu sinkenden Zuschlagssätzen führen. Eine umgekehrte Entwicklung wäre bei einem Beschäftigungsrückgang zu erwarten.

Preis- und Verbrauchsabweichungen (vgl. S. 253)

Gehen wir davon aus, dass keine Preisabweichungen vorliegen, da verstärkt mit kalkulatorischen Kosten und Verrechnungspreisen gearbeitet wird, dann sind **Verbrauchsabweichungen bei den Einzelkosten** mit die Ursache für die Kostenüberdeckung in der Nachkalkulation. Im Einzelnen ist festzustellen:

- Beim **Fertigungsmaterial** ergibt sich **keine Abweichung** zwischen Vor- und Nachkalkulation.
- Bei den **Fertigungslöhnen** sind sowohl **Über- als auch Unterdeckungen** in den einzelnen Fertigungshauptstellen feststellbar. Hier muss der Betriebsleiter nach den Ursachen forschen.

Merke

- **Die Nachkalkulation ist eine Kontrollrechnung, die den Normalkosten der Vorkalkulation die tatsächlichen Kosten (Istkosten) gegenüberstellt.**
- **Die Nachkalkulation misst im Vergleich mit den Normalkosten der Vorkalkulation den tatsächlichen Erfolg eines Kostenträgers.**
- **Die Abweichungen zwischen Ist- und Normalkosten bedürfen einer Analyse:**
  - **Beschäftigungs- und Preisabweichungen lassen sich leicht ausschalten.**
  - **Verbrauchsabweichungen hat der Betriebsleiter zu verantworten.**

Aufgabe 279

Zur Aufgabe 273, Seite 275, ist eine Nachkalkulation aufzustellen.

Nach Durchführung der Produktion steht fest, dass der Materialverbrauch eingehalten wurde, der Lohnaufwand betrug jedoch

in Fertigungshauptstelle I:	7,5	Stunden zu je 43,50 €,
in Fertigungshauptstelle II:	10	Stunden zu je 38,40 €.

Der BAB des Abrechnungsmonats weist folgende Ist-Zuschlagssätze aus:

Material 10 %; Fertigung I 150 %; Fertigung II 180 %; Verwaltung 12,5 %; Vertrieb 10 %.

1. *Welche Kostenarten und -stellen sind zu überprüfen?*
2. *Wie erklären Sie den erheblichen Unterschied zwischen normierter und verbrauchter Arbeitszeit in der Fertigungshauptstelle II?*

Aufgabe 280

1. *Worin unterscheiden sich Vor- und Nachkalkulation?*
2. *Wie werden Normalzuschlagssätze errechnet?*
3. Die Zuschlagssätze für die Fertigungsgemeinkosten liegen in zwei aufeinander folgenden Betriebsabrechnungsbögen über dem Normalzuschlagssatz.
   Worauf kann das zurückzuführen sein? Was müsste ggf. veranlasst werden?

6946278

Aufgabe 281

Erstellen Sie die Vor- und Nachkalkulationen für folgenden Auftrag:

	Vorkalkulation	Nachkalkulation
Fertigungsmaterial	520,00 €	535,00 €
Materialgemeinkostenzuschlag	5,0 %	5,5 %
Maschinenkosten: Laufzeit	20 Stunden	19,5 Stunden
Stundensatz	24,75 €	25,20 €
Fertigungslöhne: Fertigungsstunden	22 Stunden	22 Stunden
Stundensatz	23,00 €	22,60 €
Verwaltungsgemeinkostenzuschlag	12,5 %	12,7 %
Vertriebsgemeinkostenzuschlag	8,0 %	7,6 %
Gewinnzuschlag	12,0 %	
Kundenskonto	3,0 %	
Kundenrabatt	6,0 %	

1. *Errechnen Sie den tatsächlichen Gewinn.*
2. *Begründen Sie die Abweichungen.*

Aufgabe 282

Kalkulieren Sie auf der Grundlage der Aufgabe 268, Seite 269, die Herstellkosten (gesamt und je Stück) für folgende Aufträge:

Auftrag A: Stanzen von 5000 Behälterböden auf Stanze II.
Stahlblech: 1.100,00 €,
Materialgemeinkostenzuschlag: 4 %,
Fertigungslöhne: 70 Stunden zu je 24,50 €,
Maschinenstunden: 70 Stunden,
Sondereinzelkosten der Fertigung: 500,00 €.

Auftrag B: Stanzen von 8000 Ventildeckeln auf Stanze I.
Stahlblech: 800,00 €,
Materialgemeinkostenzuschlag: 4 %,
Fertigungslöhne: 40 Stunden zu je 24,50 €,
Maschinenstunden: 40 Stunden,
Sondereinzelkosten der Fertigung: 200,00 €.

Auftrag C: Stanzen von 4000 Mantelblechen auf Stanze III.
Stahlblech: 3.200,00 €,
Materialgemeinkostenzuschlag: 4 %,
Fertigungslöhne: 100 Stunden zu je 24,50 €,
Maschinenstunden: 100 Stunden,
Sondereinzelkosten der Fertigung: 400,00 €.

Nach Abschluss der Produktion zeigen sich folgende Abweichungen:

Auftrag A: Stahlblech: 10%ige Erhöhung der Anschaffungskosten.
Fertigungslöhne: 73 Stunden zu je 24,50 €,
Maschinenstundensatz: 5%ige Verringerung gegenüber der Norm.

Auftrag B: Stahlblech: 70,00 € Mehrverbrauch,
Fertigungslöhne: 40 Stunden zu je 25,10 €,
Maschinenstundensatz: 3%ige Erhöhung gegenüber der Norm.

Auftrag C: Materialgemeinkostenzuschlag: 4,3 %,
Sondereinzelkosten der Fertigung: 10 %ige Verringerung gegenüber der Norm.

Stellen Sie die Nachkalkulationen auf.

4.7 Vollkostenrechnung in Betrieben mit Sortenfertigung (Äquivalenzziffernkalkulation)

Situation

Das Unternehmen Wernick GmbH möchte einen **schnellen Überblick** (ohne BAB und Kostenträgerblatt) über die **Selbstkosten jedes Gehäusetyps** mithilfe der **Äquivalenzziffernkalkulation** gewinnen.

Voraussetzungen für die Anwendung der Äquivalenzziffernrechnung:

- Die **Erzeugnisse** müssen **artgleich** sein (= Sorten; vgl. S. 223), z. B. Ziegel, Biersorten, Bausteine, Zigaretten usw.
- Die **Erzeugnisse** müssen **in einem festen Kostenverhältnis** zueinander stehen.

Es kann unterstellt werden, dass diese Bedingungen für die im Unternehmen Wernick GmbH produzierten Gehäusetypen im Wesentlichen erfüllt sind.

Äquivalenzziffern

Unterschiede in den Selbstkosten je Erzeugniseinheit können nur dadurch verursacht werden, dass die einzelnen Erzeugnisgruppen die Produktionsstätten verschieden stark beanspruchen. Das **Kostenverhältnis**, das die unterschiedlich starke Beanspruchung angibt, wird durch Beobachtung und Messung festgestellt. Hierbei setzt man das **Haupterzeugnis gleich 1** und bringt die anderen Erzeugnisgruppen durch einen die Kostenverursachung ausdrückenden Zuschlag oder Abschlag in Beziehung zu 1. Die sich ergebenden Zahlen heißen **Äquivalenzziffern**.

Situation
Fortsetzung

Aufgrund der Arbeitspläne verschafft man sich in der Wernick GmbH einen Überblick darüber, in welchem Ausmaß die verschiedenen Gehäusetypen die Betriebsabteilungen belasten: Gehäusetyp G I wird in durchschnittlich 26,7 Minuten gefertigt, Gehäusetyp G II in 24 Minuten, Gehäusetyp G III in 35 Minuten. Zusätzlich wird das Verhältnis, in dem Material- und Lohneinsatz je Stück zueinander stehen, berücksichtigt, wobei aufgrund der **größten Produktionsmenge** das Gehäuse **Typ G I als Hauptsorte mit der Ziffer 1** festgesetzt wird. Hieraus ermittelt man die **Äquivalenzziffern** der Gehäusetypen G I, G II, G III mit **1 : 0,9 : 1,3**.

Aus dem Kostenträgerblatt von Seite 251 lassen sich die Selbstkosten des Umsatzes mit 9.168.000,00 € ablesen. Die Absatzmengen (vgl. S. 251) betrugen für Typ G I 85698 Stück, für Typ G II 62115 Stück und für Typ G III 47085 Stück.

Typ	Absatzmengen	Äquivalenzziffern	Umrechnungszahlen	Selbstkosten je Gehäuse	Selbstkosten je Typ (gerundet)
G I	85698 ·	1,0 =	85698	46,93 €	3.873.900,00 €
G II	62115 ·	0,9 =	55904	42,24 €	2.527.100,00 €
G III	47085 ·	1,3 =	61211	61,01 €	2.767.300,00 €
			202813		9.168.000,00 €
Berechnung der Selbstkosten je Gehäuse		9.168.000 € :	202813 =	45,2042 € ≈	45,20 €
		0,9 ·	45,2042 € =	40,6838 € ≈	40,69 €
		1,3 ·	45,2042 € =	58,7655 € ≈	58,77 €
Berechnung der Selbstkosten je Typ		85698 Stück	·	45,2042 =	3.873.910,00 €
		62115 Stück	·	40,6838 =	2.527.073,00 €
		47085 Stück	·	58,7655 =	2.766.972,00 €

Vergleichen Sie diese Ergebnisse mit denen im Kostenträgerblatt von Seite 251.

Merke

Die Äquivalenzziffernkalkulation ist bei Sortenfertigung anwendbar. Sie vereinfacht die verursachungsgerechte Zuordnung der Kosten zu den Kostenträgern.

Aufgabe 283

Die Novalux GmbH kalkuliert die Selbstkosten ihrer Energiesparlampen nach folgenden Angaben: Die Einzelkosten (Fertigungsmaterial, Fertigungslöhne) werden für jede Sorte getrennt erfasst, die Gemeinkosten in einer Summe.

Sorte	Produktionsmenge	Fertigungsmaterial	Fertigungslöhne	Äquivalenzziffern	Gemeinkosten
7 W	6000000	900.000,00 €	750.000,00 €	0,8	
11 W	8000000	1.100.000,00 €	1.300.000,00 €	1,0	5.148.000,00 €
15 W	2000000	350.000,00 €	400.000,00 €	1,4	

1. *Berechnen Sie die Gemeinkosten je Sorte, die Einzelkosten je Sorte und die Stückkosten jeder Sorte.*
2. *Berechnen Sie die Selbstkosten jeder Sorte.*

Aufgabe 284

Eine Ziegelei stellt vier Sorten Ziegel her.

Sorte	Äquivalenzziffern	Produktionsmenge	Gesamtkosten
I	0,75	400000 Stück	
II	1,00	800000 Stück	669.600,00 €
III	1,20	300000 Stück	
IV	1,60	250000 Stück	

1. *Berechnen Sie die Stückkosten jeder Sorte.*
2. *Berechnen Sie die Selbstkosten jeder Sorte.*

Aufgabe 285

Die Merkheimer OHG hat sich auf die Herstellung von hochwertigen Aktentaschen aus Leder spezialisiert. Sie stellt zurzeit drei Typen (A, B, C) von Aktentaschen her, die sich vor allem in der Größe und in der Innenausstattung voneinander unterscheiden. Eine durchgeführte Kostenanalyse hat ergeben, dass die Tasche Typ A als Hauptsorte einzustufen ist und dass zwischen den Sorten A, B und C ein Kostenverhältnis von 1 : 0,9 : 1,25 besteht.

Für den abgelaufenen Monat liegen folgende Zahlen vor:

Sorte	Produktionsmenge	gesamte Selbstkosten
A	4000 Stück	
B	2500 Stück	1.976.250,00 €
C	1200 Stück	

Berechnen Sie aufgrund der Angaben die Selbstkosten je Stück und je Sorte.

Aufgabe 286

Die Pons GmbH stellt in einem Zweigwerk auf einer abgesonderten Fertigungsanlage Türbeschläge her. Für den Monat September liegen folgende Zahlen vor:

Typ	Produktionsmenge	Äquivalenzziffern	ges. Selbstkosten	Umsatzerlöse
I	15000 Stück	0,9		270.000,00 €
II	20000 Stück	1,0		400.000,00 €
III	12500 Stück	0,8	1.581.602,00 €	312.500,00 €
IV	8500 Stück	1,4		340.000,00 €
V	10000 Stück	1,2		300.000,00 €

1. *Bestimmen Sie die Selbstkosten je Stück und je Typ.*
2. *Berechnen Sie den Gewinn je Stück, je Typ und insgesamt.*
3. *Welche Schlussfolgerungen könnten aus der Gewinnsituation gezogen werden?*

4.8 Vollkostenrechnung in Betrieben mit Massenfertigung (Divisionskalkulation)

Massenfertigung

Die Divisionskalkulation findet Anwendung in Unternehmungen, die ein **einheitliches** Produkt herstellen (Massenfertigung, vgl. S. 223). In diesen Unternehmungen gibt es kein verzweigtes Produktionsprogramm mit unterschiedlicher Belastung der Kostenstellen durch die Kostenträger. Somit entfällt bei Anwendung der Divisionskalkulation die Aufteilung der Kosten in Einzel- und Gemeinkosten und die umständliche Aufschlüsselung der Gemeinkosten auf die Kostenstellen.

Einfache Divisionskalkulation

Die einfache Divisionskalkulation ist anwendbar, wenn ein Unternehmen nur eine Erzeugnisart herstellt (z. B. Elektrizitätswerk, Ziegelei, Brauerei usw.). Die Selbstkosten für den einzelnen Kostenträger ergeben sich aus der Division der Gesamtkosten einer Abrechnungsperiode durch die Produktionsmenge der gleichen Periode.

$$\textbf{Selbstkosten des Kostenträgers} = \frac{\textbf{Gesamtkosten der Periode}}{\textbf{Produktionsmenge der Periode}}$$

Beispiel

Es soll angenommen werden, dass die Wernick GmbH nur **einen Gehäusetyp** fertigt. Im abgelaufenen Geschäftsjahr wurden 200 000 Gehäuse produziert, dabei entstanden Kosten in Höhe von 9.408.000,00 € (siehe Ergebnistabelle S. 296). Das Unternehmen kalkuliert mit einem Gewinnzuschlag von 13,5 % (siehe S. 274).

Selbstkosten je Gehäuse = $\frac{9.408.000{,}00\ €}{200\,000\ \text{Stück}}$ =	47,04 €
+ 13,5 % Gewinn	6,35 €
= Barverkaufspreis	53,39 €

Für die Angebotskalkulation werden bei diesem Verfahren **normierte Selbstkosten** verwendet, die man als **arithmetisches Mittel** aus den Stückselbstkosten vergangener Abrechnungsperioden berechnet.

Mehrfache Divisionskalkulation

Nicht immer wird ein Unternehmen alle in einer Abrechnungsperiode hergestellten Erzeugnisse auch in der gleichen Periode absetzen können. Am Ende der Abrechnungsperiode befindet sich ein Teil der Produktion vorübergehend im Lager. Unter dieser Bedingung führt die einfache Divisionskalkulation zu **nicht verursachungsgerechten Selbstkosten**, da sie auch die noch nicht verkauften Erzeugnisse mit anteiligen Vertriebskosten belastet. Um zu genauen Ergebnissen zu gelangen, teilt man zunächst die Gesamtkosten in **Herstellkosten und Vertriebskosten** auf. Die Herstellkosten werden dann auf die hergestellte Menge umgelegt, die Vertriebskosten nur auf die abgesetzte Menge. Die Selbstkosten je Kostenträger ergeben sich aus der Summe von Herstellkosten je Kostenträger und Vertriebskosten je Kostenträger.

$$\textbf{Selbstkosten je Kostenträger} = \frac{\textbf{Herstellkosten}}{\textbf{Produktionsmenge}} + \frac{\textbf{Vertriebskosten}}{\textbf{Absatzmenge}}$$

Zuordnung der Verwaltungsgemeinkosten

Verwaltungsgemeinkosten können in der mehrfachen Divisionskalkulation entweder den **Herstellkosten**, den **Vertriebskosten oder anteilig beiden Kostenbereichen** zugeordnet werden. Je nachdem, für welche Lösung man sich entscheidet, werden die Selbstkosten **unterschiedlich hoch** ausfallen.

Aufgabe 287

1. *Unter welchen Produktionsbedingungen ist die einfache Divisionskalkulation anwendbar?*
2. *Worin unterscheidet sich die einfache Divisionskalkulation von der mehrfachen Divisionskalkulation?*
3. *Wie werden die Verwaltungskosten in der mehrfachen Divisionskalkulation behandelt?*

Aufgabe 288

In einem Betrieb mit Massenfertigung entstanden im Monat März folgende Kosten:

Rohstoffverbrauch	380.000,00
Hilfsstoffverbrauch	165.000,00
Fertigungslöhne	357.000,00
Fertigungsgemeinkosten	734.000,00
Verwaltungskosten	422.000,00
Vertriebskosten	186.000,00

1. *Wie hoch sind die Selbstkosten für eine Produktionseinheit bei einer Produktion von 336 000 Stück?*
2. *Errechnen Sie die Selbstkosten unter der Bedingung, dass ein Lagerbestand von 36 000 Stück verbleibt und die Verwaltungskosten im Verhältnis 3 : 1 den Herstell- und Vertriebskosten zugewiesen werden.*
3. *Wie hoch wären die Selbstkosten für den Fall, dass sich ein Minderbestand von 24 000 Stück ergibt und die Verwaltungskosten im Verhältnis 3 : 1 den Herstell- und Vertriebskosten zugewiesen werden?*
4. *Wie hoch sind die Selbstkosten, wenn man dazu übergeht, die Verwaltungskosten in voller Höhe dem Vertriebsbereich zuzuordnen?*
   a) Es soll ein Mehrbestand von 36 000 Stück vorliegen.
   b) Es soll sich ein Minderbestand von 24 000 Stück ergeben.

Aufgabe 289

Eine Kiesgrube arbeitet monatlich mit folgenden Kosten:

Betriebsstoffkosten	8.420,00
Energiekosten	4.300,00
Lohnkosten	48.500,00
Abschreibungen	12.600,00
Verwaltungskosten	10.400,00
Vertriebskosten	9.800,00

Es wird eine Menge von 200 t Kies ständig im Vorratsbehälter gelagert, sodass die Fördermenge nicht der Absatzmenge entspricht. Die Förderung betrug 3 800 t, die Absatzmenge 3 600 t.

Wie hoch sind die Selbstkosten für 1 t, wenn die Verwaltungskosten
a) voll den Herstellkosten zugerechnet werden,
b) je zur Hälfte den Herstell- und Vertriebskosten zugerechnet werden?

Aufgabe 290

Ein Kunststeinwerk ermittelt die monatlichen Kosten mit:

Material	55.500,00
Löhne	96.800,00
Fertigungsgemeinkosten	140.200,00
Verwaltungskosten	81.600,00
Vertriebskosten	36.000,00

1. *Errechnen Sie die Selbstkosten und den Nettoverkaufspreis für 1 000 Steine (Herstellmenge 800 000 Stück, Gewinnzuschlag 15 % auf die Selbstkosten).*
2. *Wie hoch sind die Selbstkosten und der Nettoverkaufspreis für 1 000 Steine, wenn 20 % der Produktion nicht im gleichen Monat abgesetzt werden konnten?* Die Verwaltungskosten gelten in voller Höhe als Vertriebskosten.

HF 7 / AS 7.1 / ZF 8

5 Deckungsbeitragsrechnung als Teilkostenrechnung

5.1 Vergleich zwischen Vollkosten- und Teilkostenrechnung

Die **Vollkostenrechnung** erfasst **alle** Kostenarten **periodengerecht** und **weist sie den einzelnen Kostenträgern** zu. Ihre Aufgabe erfüllt sie gut, wenn auf dem Markt die mithilfe der Zuschlagskalkulation errechneten Preise akzeptiert werden.

Nachteile der Vollkostenrechnung

Die Vollkostenrechnung kann **nicht** angewandt werden, wenn unternehmerische Entscheidungen zur **Verbesserung der Beschäftigung**[1] **oder des Betriebserfolgs** zu treffen sind. Im Einzelnen weist sie folgende **Nachteile** auf:

- Die **Abhängigkeit der Gemeinkosten von der Beschäftigung** wird nicht untersucht. Zum Teil verhalten sich die Gemeinkosten bei Beschäftigungsänderungen fix, zum Teil variabel. Die Verteilung der fixen Kosten auf die Kostenstellen führt bei Beschäftigungsänderungen zu **nicht verursachungsgerechten** Kostenbelastungen (= Proportionalisierung der fixen Kosten über Gemeinkostenzuschlagssätze).
- **Bei der Berechnung von Zuschlagssätzen** für die Material-, Fertigungs-, Verwaltungs- und Vertriebsgemeinkosten wird unterstellt, dass zwischen den Gemeinkosten und der gewählten Zuschlagsgrundlage **eine Abhängigkeit besteht**. Das trifft aber nur bedingt zu, so hängt z. B. die Höhe der Fertigungsgemeinkosten nicht von der Höhe der Fertigungslöhne ab.

Zu den Nachteilen der Vollkostenrechnung kommt hinzu, dass Unternehmen aufgrund der Marktentwicklungen (Wandel von Verkäufermärkten zu i. d. R. Käufermärkten) gezwungen sind, sich den Bedingungen des Marktes anzupassen. So muss etwa bei fallenden Marktpreisen entschieden werden, ob auch noch zu einem nicht mehr kostendeckenden Preis produziert werden soll. Um derartige Entscheidungen treffen zu können, muss das Kostenrechnungssystem angepasst werden.

Verkäufermärkte (Angebotsmenge < Nachfragemenge)	**Käufermärkte** (Angebotsmenge > Nachfragemenge)
Verkäufer können hohe Preise gegenüber dem Käufer durchsetzen. Die Kosten sind Grundlage der Kalkulation und bestimmen den Preis.	Käufer bewirken u. a. einen Preiswettbewerb der Verkäufer. Der Marktpreis ist Grundlage der Kalkulation. Kosten müssen marktfähig aufgestellt werden.
System der Vollkostenrechnung	**System der Teilkostenrechnung**

Teilkostenrechnung

Die Teilkostenrechnung ermöglicht marktorientierte Entscheidungen, weil nur die entscheidungsrelevanten Kosten berücksichtigt werden. Hierzu wird eine **Kostenauflösung** bezüglich des Verhaltens der Kosten bei Beschäftigungsschwankungen vorgenommen. D. h., es werden in der Teilkostenrechnung von den Umsatzerlösen der einzelnen Erzeugnisgruppen zunächst **nur die auf sie entfallenden variablen Kosten** (vgl. S. 287) abgezogen. Denn sie fallen für eine konkrete Unternehmensentscheidung kurzfristig zusätzlich an (z. B. Rohstoffkosten bei Annahme eines Zusatzauftrages). Die den Erzeugnisgruppen nicht genau zurechenbaren Gemeinkosten (= **fixe Kosten**, vgl. S. 289) erfasst man gesondert in einem Block, weil sie unabhängig von einer kurzfristigen Unternehmensentscheidung anfallen (z. B. Monatsgehälter für angestelltes Personal).

Merke

- **Für kurzfristig zu treffende marktorientierte Entscheidungen liefert die Vollkostenrechnung keine geeigneten Unterlagen.**
- **Langfristig ist die Vollkostenrechnung die erforderliche Grundlage für die Kostenkontrolle und die Betriebsergebnisrechnung.**
- **Der Einsatz der Teilkostenrechnung im Rechnungswesen eines Industriebetriebes setzt voraus, dass eine Kostenauflösung in variable Kosten und fixe Kosten erfolgt.**

1 Definition siehe S. 285.

5.2 Abhängigkeit der Kosten von der Beschäftigung – variable und fixe Kosten

Beschäftigung[1]

Unter Beschäftigung verstehen wir die tatsächliche Ausnutzung des **Leistungsvermögens** – ausgedrückt in den Produktionszahlen – **je Zeiteinheit** (z. B. Monat oder Jahr), das ein jedes Unternehmen aufgrund seines **Betriebsmittelbestandes (= Maximalkapazität)** hat. Jede Produktionsanlage besitzt eine **technische Kapazität**, auf die sie **konstruktionsmäßig** ausgelegt ist, und eine **wirtschaftliche Kapazität**, die die **kostengünstigste Auslastung** angibt. In der Regel wird das Unternehmen die wirtschaftliche Kapazität anstreben und nicht die technische Kapazität.

Als Beschäftigungsgrad (= Kapazitätsausnutzungsgrad) wird das prozentuale Verhältnis aus **tatsächlicher Ausnutzung** des Leistungsvermögens und der **technischen Kapazität** bezeichnet:

$$\textbf{Beschäftigungsgrad} = \frac{\textbf{tatsächliche Produktion}}{\textbf{technische Maximalproduktion}}$$

Beispiel

Die Metallverarbeitung Wernick GmbH rechnet aufgrund der guten Auftragslage im nächsten Jahr mit einer Zunahme der Absatzmenge. Im abgelaufenen Geschäftsjahr wurden insgesamt **200 000 Gehäuse** unterschiedlicher Größe und Form hergestellt. 194 898 Gehäuse wurden abgesetzt. Hierbei konnten die Arbeitskräfte und die technischen Anlagen zu **80 %** ausgelastet werden. Eine größere Produktionsmenge ist also ohne zusätzliche Investitionen und Neueinstellung von Arbeitskräften produzierbar.

Die Wernick GmbH plant, die Produktion im nächsten Jahr auf insgesamt **225 000 Gehäuse** zu erhöhen.

Ist diese Produktion im Rahmen der bestehenden technischen Anlagen zu realisieren? Wie hoch werden die Kosten dieser Produktion sein?

Die technische Maximalkapazität beträgt im obigen Beispiel bei einer **tatsächlichen Produktion von 200 000 Gehäusen** und einem **Beschäftigungsgrad von 80 %**:

200 000 Gehäuse : 0,8 = 250 000 Gehäuse maximale Produktion/Jahr

Die geplante Produktion von 225 000 Gehäusen lässt sich also mit den vorhandenen Arbeitskräften und technischen Anlagen durchführen; diese Produktion würde den **Beschäftigungsgrad wie folgt erhöhen**:

$$\textbf{Beschäftigungsgrad in \% für 225 000 Gehäuse} = \frac{225\,000 \text{ Gehäuse}}{250\,000 \text{ Gehäuse}} = 0{,}90 = \textbf{90 \%}$$

Kostenplanung auf der Grundlage von Durchschnittskosten

Die Frage nach den Kosten der erhöhten Produktion im nächsten Geschäftsjahr lässt sich **vereinfacht auf der Grundlage der Durchschnittskosten** beantworten:

1. Die Produktion von 200 000 Gehäusen verursachte Kosten von insgesamt 9.408.000,00 € (vgl. Ergebnistabelle S. 216); das sind pro Gehäuse:

   $$\textbf{Stückkosten} = \frac{9.408.000{,}00\ €}{200\,000 \text{ Gehäuse}} = \textbf{47,04 €.}$$

2. Die Kosten der geplanten Produktion von 225 000 Gehäusen betragen ca.:
   Kosten für 225 000 Gehäuse = 47,04 €/Stück · 225 000 = **10.584.000,00 €.**

Verhalten der Kosten bei Beschäftigungsänderung

Die obige Rechnung führt zu einem **nur näherungsweise richtigen Ergebnis**: Zwar werden die Kosten im kommenden Jahr wegen der steigenden Beschäftigung höher ausfallen müssen als im abgelaufenen Jahr; es ist aber zu prüfen, **ob sich alle Kosten bei dieser Beschäftigungsänderung proportional** – also im gleichen Verhältnis wie die Beschäftigung – **verändern**, wie es in der obigen Rechnung unterstellt worden ist.

1 Siehe auch Band 1, HF 1, AS 1.1, Kapitel 1.2.1

Verhalten der fixen Kosten

Am Beispiel der **kalkulatorischen Abschreibung** kann leicht eingesehen werden, dass sich diese Kostenart bei Änderung der Beschäftigung **nicht** verändert: In der Wernick GmbH wird sich im kommenden Jahr trotz der Produktionserhöhung der Bestand an technischen Anlagen nicht verändern, **sodass kein Anlass besteht, die kalkulatorischen Abschreibungen zu erhöhen.** Ebenso wenig werden sich die übrigen kalkulatorischen Kosten verändern. Kosten, die von **Beschäftigungsänderungen unbeeinflusst** bleiben, heißen **fixe Kosten (= K_f).**

Verhalten der variablen Kosten

Andere Kostenarten **verändern sich bei Beschäftigungsänderungen entweder proportional oder sogar progressiv.** Typische Beispiele hierfür sind die Roh- und Hilfsstoffe: Der Materialeinsatz kann als **proportional zur Produktionsmenge** angesehen werden. Kosten, die sich bei Änderung des Beschäftigungsgrades ebenfalls ändern, heißen **variable Kosten (= K_v).**

Verhalten der Mischkosten

Eine Reihe von Kostenarten enthält **sowohl fixe als auch variable Kostenanteile.** Dies ist z. B. der Fall, wenn – wie beim Energieverbrauch – zusätzlich zu einer festen Grundgebühr verbrauchsabhängige Kosten anfallen. Kosten dieser Art heißen **Mischkosten**; sie sind in fixe und variable Kosten aufzuteilen.

Kostenfunktionen

Die Gesamtkosten einer bestimmten Produktionsmenge (= Beschäftigung) setzen sich in der Regel aus **variablen und fixen Kosten** zusammen. Wird die Beschäftigung verändert, so verändern sich auch die Kosten. Welches **Ausmaß** diese Kostenänderung annimmt, hängt davon ab, wie hoch der **Anteil der variablen und der fixen Kosten an den Gesamtkosten** ist (vgl. S. 293). Diese **Abhängigkeit der Kosten von der Beschäftigung** lässt sich in Form der **linearen Kostenfunktion** wie folgt beschreiben:

$$K(x) = K_v + K_f$$

K(x) bezeichnet die Gesamtkosten in Abhängigkeit von der Produktionsmenge x, **K_v** bezeichnet den Anteil der variablen Kosten, **K_f** bezeichnet den Anteil der fixen Kosten. Mithilfe dieser Rechenvorschrift lassen sich die Kosten für **unterschiedliche Produktionsmengen** bestimmen.

Beispiel

Unternehmer Wernick ermittelt die Kosten der gesamten Gehäuseproduktion in Abhängigkeit von der Beschäftigung nach folgender Gleichung. Er unterstellt dabei fixe Kosten in Höhe von 3.700.000,00 € sowie variable Kosten von insgesamt 5.708.000,00 € für 200 000 Gehäuse.

$$K(x) = 28{,}54 \cdot x + 3.700.000$$

Kosten für die Produktionsmenge von 225 000 Gehäusen:

Durch die Funktionsvorschrift wird die Kostensituation wie folgt beschrieben: Für die Produktion sind **3.700.000,00 € fixe Kosten** aufzuwenden, die unabhängig von der Beschäftigung als Kosten der Betriebsbereitschaft anfallen. Zusätzlich entstehen **variable Kosten in Höhe von 28,54 € für jedes produzierte Gehäuse.**

$$K\,(225\,000) = 28{,}54 \cdot 225\,000 + 3.700.000 = \mathbf{10.121.500{,}00\ €}$$ [1]

Beachten Sie den Unterschied zur groben Kostenschätzung von Seite 285.

Aufgabe 291

Bei der Fertigung eines Drehteils fallen monatlich 220.000,00 € fixe Kosten an. Zusätzlich entstehen proportionale Kosten von 3,20 € je Stück.

1. *Geben Sie die Kostenfunktion an.*
2. *Berechnen Sie die Selbstkosten für eine Produktion von 50 000 Stück monatlich.*
3. Der Unternehmer möchte erreichen, dass die Durchschnittskosten auf 7,00 € je Stück gesenkt werden. Die technische Kapazität der Drehmaschine beträgt 70 000 Stück/Monat. *Wie viel Stück müssten monatlich gefertigt werden?*

1 Eine genauere Analyse folgt auf Seite 293.

6946286

5.2.1 Abhängigkeit der variablen Kosten von der Beschäftigung

Auf Veränderungen der Marktlage muss ein Unternehmen – auch über die Preisfestsetzung – **flexibel reagieren** können. Das ist nur möglich, wenn darüber Kenntnis besteht, **welche Kosten** sich der veränderten Beschäftigung **anpassen** lassen und welche Kosten **konstant** bleiben.

Variable Kosten als proportionale Kosten

Beispiel

Für die Herstellung eines Gehäuses wird u. a. eine Platine im Wert von 10,00 € verwendet. Bei unterschiedlichen Produktionsmengen ergeben sich folgende **Materialkosten**:

Produktionsmenge in Stück	Proportionale Kosten in €	
	insgesamt	je Stück
0	0	0
1 000	10.000,00	10,00
2 000	20.000,00	10,00
3 000	30.000,00	10,00
4 000	40.000,00	10,00
5 000	50.000,00	10,00
6 000	60.000,00	10,00
.	.	.
.	.	.
.	.	.

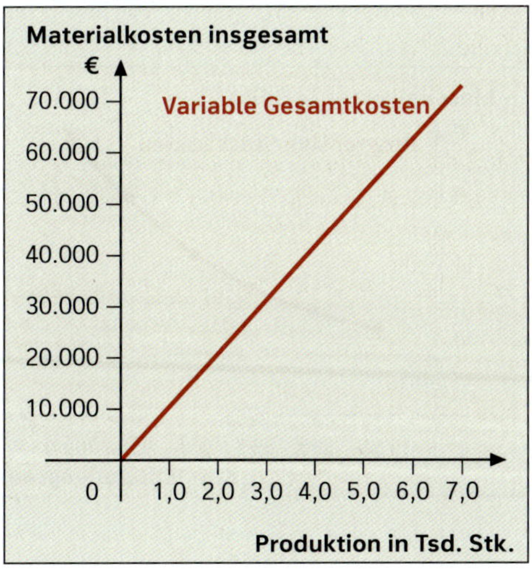

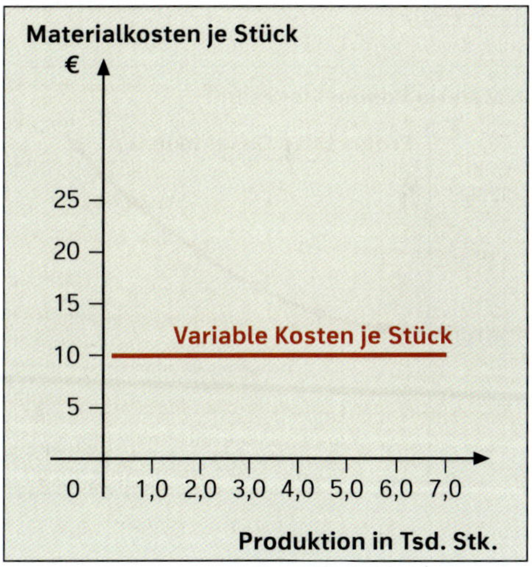

Neben dem Fertigungsmaterial sind auch die **Hilfsstoffe** und z. T. die **Fertigungslöhne** proportionale Kosten.

Merke

- **Die gesamten Materialkosten nehmen mit steigender Produktionsmenge proportional, also im gleichen Verhältnis, zu. Sie verringern sich im gleichen Verhältnis, wie die Produktion zurückgeht.**
- **Die auf ein Stück umgerechneten Materialkosten bleiben bei schwankender Beschäftigung konstant.**
- **Einzelkosten sind variable Kosten.**

Variable Kosten als progressive Kosten

Ein progressiver Kostenverlauf liegt dann vor, wenn die prozentuale Kostenänderung größer ist als die prozentuale Änderung der Beschäftigung, z. B. kann eine 5%ige Beschäftigungszunahme eine 10%ige Kostenzunahme bewirken. Solche Situationen können eintreten, wenn Maschinen im Bereich ihrer Maximalkapazität genutzt werden, was zu erhöhten Reparaturkosten und zu vermehrtem Ausschuss führt, oder wenn bei den Fertigungslöhnen Überstunden- und Feiertagszuschläge gezahlt werden.

Beispiel

Auf einer Stanze werden Gehäuseaussparungen gestanzt. Bei einer wirtschaftlichen Kapazität von 75 % beträgt der Ausschuss 2 % der gefertigten Menge. Um jeweils 1 000 Gehäuse herzustellen, sind also rund 1 020 Rohlinge einzusetzen. Bei einem Einkaufspreis von 10,00 € je Rohling beträgt der Materialeinsatz 10.200,00 €. Würde man den Beschäftigungsgrad steigern, so würde der Materialeinsatz nach folgender Tabelle überproportional zunehmen:

Beschäftigungsgrad in %	Ausschuss in %	Materialeinsatz für 1 000 Gehäuse		
		in Stück	in € ges.	in €/Stück
75	2,0	1 020	10.200,00	10,20
80	3,8	1 040	10.400,00	10,40
85	6,5	1 070	10.700,00	10,70
90	9,9	1 110	11.100,00	11,10
95	13,8	1 160	11.600,00	11,60
100	18,0	1 220	12.200,00	12,20

In der folgenden Grafik ist die Abhängigkeit des Materialeinsatzes vom Beschäftigungsgrad dargestellt.

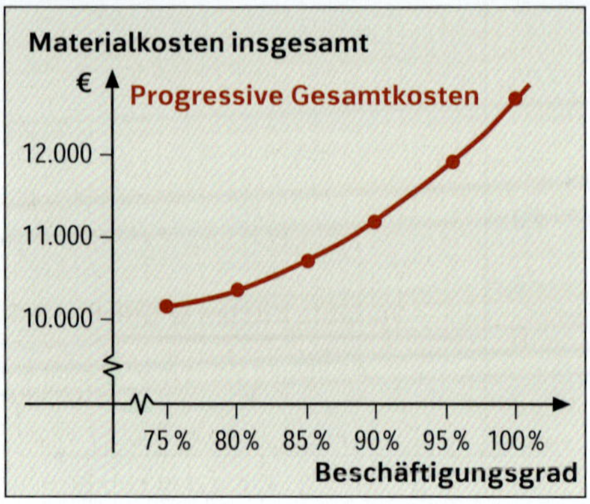

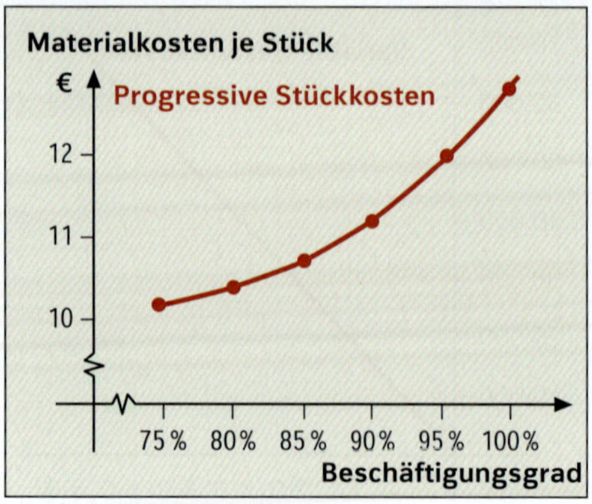

Merke

- **Die Materialkosten nehmen mit steigendem Beschäftigungsgrad überproportional zu. Sie verringern sich entsprechend überproportional bei rückläufiger Produktion.**
- **Die auf ein fehlerfreies Stück umgerechneten Materialkosten verhalten sich bei schwankender Beschäftigung progressiv.**

Aufgabe 292

Es gibt auch Vorgänge, die zu degressiven Kosten führen: Mit steigenden Bestellmengen für Rohstoffe (= steigende Beschäftigung) nehmen die Mengenrabatte zu, also die Bezugspreise ab.

Verdeutlichen Sie sich den Zusammenhang zwischen Bestellmengen und Bezugspreisen an einem selbst gewählten Beispiel.

5.2.2 Abhängigkeit der fixen Kosten von der Beschäftigung

Kosten der Betriebsbereitschaft

Alle Kosten, die von Abrechnungsperiode zu Abrechnungsperiode in annähernd gleicher Höhe **unabhängig von der Produktionsmenge** anfallen, heißen **fixe Kosten** oder **Kosten der Betriebsbereitschaft.**

Beispiel

Das Blech für ein Gehäuse wird auf einer Stanze ausgestanzt. Die monatlichen Abschreibungen dieser Maschine betragen 3.000,00 €. Dieser Betrag soll gleichmäßig auf die in einem Monat hergestellte Stückzahl verteilt werden.

Produktionsmenge in Stück	Fixe Kosten in €	
	insgesamt	je Stück
1	3.000,00	3.000,00
1 000	3.000,00	3,00
2 000	3.000,00	1,50
3 000	3.000,00	1,00
4 000	3.000,00	0,75
5 000	3.000,00	0,60
6 000	3.000,00	0,50
.	.	.
.	.	.
.	.	.

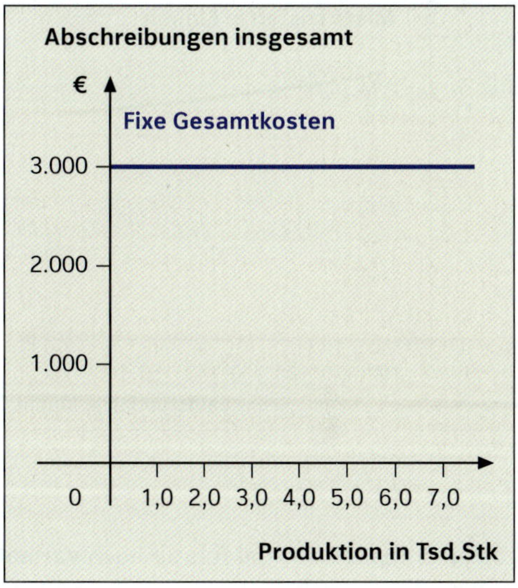

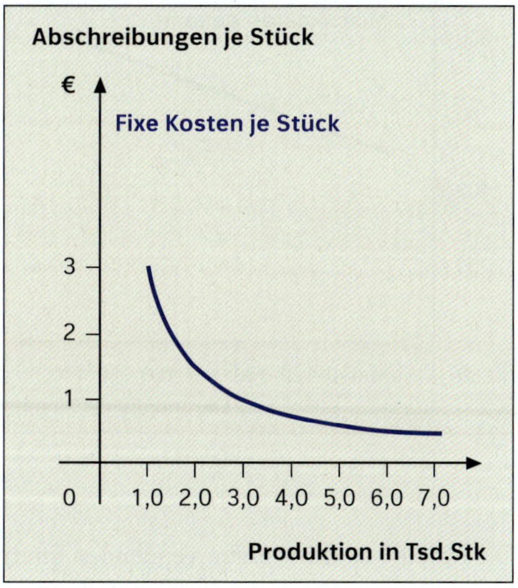

Außer Abschreibungen gelten z. B. Gehälter, Steuern, Beiträge, Miete als fixe Kosten.

Merke

- **Die Abschreibungen verändern sich mit steigender oder sinkender Produktion nicht. Sie treten in jeder Abrechnungsperiode unverändert auf.**
- **Die auf ein Stück umgerechneten Abschreibungen verringern sich mit steigender Produktion und erhöhen sich bei rückläufiger Produktion.**
- **Gemeinkosten sind überwiegend fixe Kosten.**

5.2.3 Abhängigkeit der Mischkosten von der Beschäftigung

Beispiel

Die für die Bearbeitung des Rohmaterials eingesetzte Stanze hat eine Maschinenleistung von 15 kW. Der Strompreis beträgt 0,24 € je kWh zuzüglich einer monatlichen Grundgebühr von 150,00 €. Bei unterschiedlichen Laufzeiten (= Beschäftigung) je Monat ergeben sich folgende Kosten:

Laufstunden je Monat	Fixe Kosten in €		Variable Kosten in €		Mischkosten in €	
	gesamt	je Std.	gesamt	je Std.	gesamt	je Std.
100	150,00	1,50	360,00	3,60	510,00	5,10
110	150,00	1,36	396,00	3,60	546,00	4,96
120	150,00	1,25	432,00	3,60	582,00	4,85
130	150,00	1,15	468,00	3,60	618,00	4,75
140	150,00	1,07	504,00	3,60	654,00	4,67
150	150,00	1,00	540,00	3,60	690,00	4,60
160	150,00	0,94	576,00	3,60	726,00	4,54
170	150,00	0,88	612,00	3,60	762,00	4,48
.	.	.	.	.	.	.
.	.	.	.	.	.	.
.	.	.	.	.	.	.

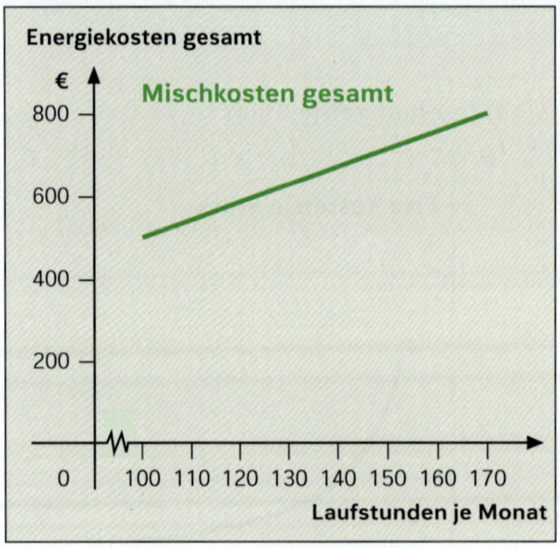

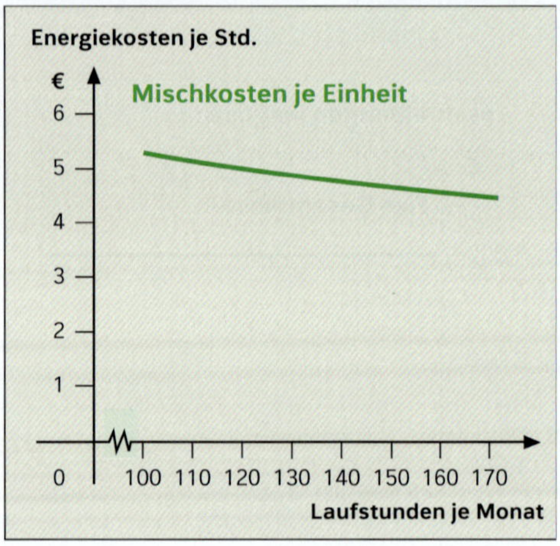

Die für die Maschine aufzuwendenden **Energiekosten** enthalten sowohl **fixe** als auch **variable** Kostenanteile: Die Grundgebühr fällt in jedem Monat in gleicher Höhe an; sie stellt den Fixkostenanteil dar. Der Stromverbrauch der Maschine variiert mit der Laufzeit; die verbrauchsbedingten Stromkosten sind also variabel.

Merke

- **Die Energiekosten nehmen mit steigender Produktion insgesamt proportional zu. Sie zeigen ein Verhalten wie die proportionalen Gesamtkosten (vgl. S. 287).**
- **Die auf eine Einheit (Stunde) umgerechneten Energiekosten verringern sich mit steigender Produktion (Stromverbrauch). Sie zeigen ein Verhalten wie die fixen Kosten je Stück.**
- **Ein Teil der Kostenarten enthält zugleich fixe und variable Kostenanteile.**

Aufgabe 293

1. *Grenzen Sie variable und fixe Kosten voneinander ab.*
2. *Warum ist es richtig, das Gehalt eines Meisters im Produktionsbetrieb als fixe Kosten zu betrachten?*
3. *Ordnen Sie folgende Kostenarten den variablen und/oder fixen Kosten zu:*

   Kalkulatorische Abschreibungen, Gewerbesteuer, soziale Aufwendungen, Energiekosten, Entwicklungskosten, Transportkosten, Werbekosten, Sondereinzelkosten des Vertriebs.

4. *Begründen Sie, warum Lohnkosten nicht eindeutig zu den variablen Kosten zu rechnen sind.*
5. *Wie verhalten sich die Durchschnittskosten* $k = \frac{K(x)}{x}$ *der Kostenfunktion* $K(x) = 40 \cdot x + 50.000$ *bei Beschäftigungszunahme von 1 000 Stück auf 1 500 Stück?*

Aufgabe 294

Das Fertigungsmaterial soll in der Kostenrechnung zum festen Verrechnungspreis angesetzt werden. *Der Verrechnungspreis ist als gewogener Durchschnittspreis aus folgenden Lieferungen des vergangenen Quartals zu bestimmen:*

Lieferdatum	Liefermenge in kg	Bezugspreis je kg
..-01-15	12500	80,00 €
..-01-23	8500	76,00 €
..-02-18	10000	82,00 €
..-03-05	7000	85,00 €

Aufgabe 295

In einem Möbelwerk werden Tischplatten hergestellt. Zur Fertigung einer Tischplatte benötigt man 1 m^2 Spanplatten zum Bezugspreis von 75,00 €. In drei aufeinander folgenden Monaten werden unterschiedlich viele Platten hergestellt:

Monat	Beschäftigung in Stück
März	4000
April	5200
Mai	4800

Bestimmen Sie die Kosten des eingesetzten Fertigungsmaterials und stellen Sie die Abhängigkeit der Materialkosten von der Stückzahl grafisch dar.

Aufgabe 296

1. *Aus welchem Grund können die fixen Kosten nicht direkt auf das einzelne Erzeugnis umgerechnet werden?*
2. *Warum gehören die Sondereinzelkosten nicht eindeutig zu den variablen Kosten?*
3. *Erklären Sie das unterschiedliche Verhalten der Mischkosten bei Beschäftigungsänderungen:* Die gesamten Mischkosten verhalten sich variabel, während sich die auf eine Einheit umgerechneten Mischkosten wie fixe Stückkosten verhalten.
4. Ein Betrieb mit hohem Anteil der variablen Kosten an den Gesamtkosten kann sich einer veränderten Beschäftigung leicht anpassen. *Begründen Sie diese Aussage.*
5. *Warum wird ein Industriebetrieb mit hohem Anteil der fixen Kosten an den Gesamtkosten darauf achten, dass stets mit guter Auslastung der Anlagen gearbeitet wird?*
6. *Aus welchem Grund wird ein moderner Industriebetrieb einen relativ hohen Anteil fixer Kosten an den Gesamtkosten haben?*
7. *Begründen Sie, warum Wartungskosten, Energiekosten, Telekommunikationskosten typische Mischkosten sind.*

Aufgabe 297

Die Abschreibungen betragen in einem Industriebetrieb monatlich 36.000,00 €. Die Verteilung auf die Kostenträger soll so vorgenommen werden, dass auf jedes produzierte Stück der gleiche Kostenanteil entfällt:

Monat	Beschäftigung in Stück
August	32 000
September	30 000
Oktober	38 000

Bestimmen Sie den auf ein Stück entfallenden Abschreibungsbetrag und stellen Sie die Abhängigkeit der Abschreibung von der Beschäftigung grafisch dar.

Aufgabe 298

Ein Büromaschinenhersteller rechnet bei der Produktion des Druckers Typ „Profiprinter" mit fixen Kosten in Höhe von 120.000,00 € je Abrechnungsperiode. Die proportionalen Kosten belaufen sich auf 220,00 € je Drucker.

1. *Errechnen Sie die Gesamt- und Stückkosten für die Produktionsmengen 500, 800, 1 000, 1 200 und 1 500. Stellen Sie die Ergebnisse tabellarisch nach folgendem Muster dar.*

Produktionsmenge	Fixe Kosten in €		Proport. Kosten in €		Gesamtkosten	Stückkosten
	gesamt	je Stück	gesamt	je Stück		

2. *Stellen Sie die Ergebnisse grafisch dar.*

Aufgabe 299

In einem Industriebetrieb mit Serienproduktion wird für eine bestimmte Serie mit fixen Kosten in Höhe von 42.000,00 € und mit proportionalen Kosten nach folgender Tabelle gerechnet:

Beschäftigung in Stück	Proportionale Kosten in €
10 000	55.000,00
12 000	62.400,00
14 000	70.000,00
16 000	80.000,00
18 000	95.400,00
20 000	116.000,00

1. *Errechnen Sie die Gesamt- und Stückkosten für die einzelnen Produktionsmengen.*
2. *Stellen Sie die Gesamt- und Stückkosten jeweils in einem grafischen Bild dar und schildern Sie in einer kurzen Niederschrift den Verlauf beider Kurven.*

Aufgabe 300

Ein Unternehmer kalkuliert mit variablen Kosten je Stück von 35,00 € und fixen Kosten von insgesamt 65.000,00 €/Periode.

Wie viel Stück muss er in einer Periode mindestens produzieren, um bei einem Verkaufspreis von 61,00 €/Stück keinen Verlust zu erleiden?

5.2.4 Kostenplanung bei linearem Kostenverlauf – direkte Kostenauflösung

Beispiel

Zur Beantwortung der Frage nach den geplanten Kosten für die erhöhte Produktionsmenge (vgl. Beispiel S. 285) erstellt Unternehmer Wernick aufgrund einer Kostenanalyse aus den Zahlen der Ergebnistabelle von Seite 216 folgende Übersicht über die variablen und fixen Kosten. Die Aufteilung der Mischkosten erfolgt direkt aufgrund von Berechnungen und Schätzungen. Alle variablen Kosten sollen **proportionale Kosten** sein. Die fixen Kosten verändern sich bis zur Erreichung der Maximalkapazität nicht.

Kostenart	Kostenbetrag	Mischkosten variabel/fix	Variable Kosten	Fixe Kosten
Rohstoffaufw.	2.940.000,00		2.940.000,00	
Hilfsstoffaufw.	795.000,00		795.000,00	
Betr.-Stoffaufw.	35.000,00		35.000,00	
Löhne	2.400.000,00	60 %/40 %	1.440.000,00	960.000,00
Gehälter	500.000,00			500.000,00
Arbeitg.-Anteil/SV	600.000,00	30 %/70 %	180.000,00	420.000,00
Abschreibungen	660.000,00			660.000,00
Büromaterial	50.000,00	40 %/60 %	20.000,00	30.000,00
Werbung	205.000,00	40 %/60 %	82.000,00	123.000,00
Betr. Steuern	188.000,00	60 %/40 %	113.000,00[1]	75.000,00[1]
Kalk. Zinsen	1.035.000,00			1.035.000,00
insgesamt	**9.408.000,00**	–	**5.605.000,00**	**3.803.000,00**

Variable Stückkosten

Bei einer Produktion von 200 000 Gehäusen entstehen 5.605.000,00 € variable Kosten. Auf ein Stück umgerechnet sind das

$$\frac{5.605.000{,}00\ €}{200\,000\ \text{Stück}} = \mathbf{28{,}025\ €}\ \text{variable Kosten je Gehäuse}$$

Die Gesamtkosten für die geplante Produktion von 225 000 Stück belaufen sich dann auf:

	Variable Kosten (K_v) 225 000 Stück · 28,025 €/Stück	6.305.625,00 €
+	Fixe Kosten (K_f)	3.803.000,00 €
=	**Gesamtkosten (K_g)** der geplanten Produktion	10.108.625,00 €

Kostenfunktion

Die Lösung ist einfacher mithilfe der Kostenfunktion $K(x) = K_v + K_f$ (vgl. S. 286) zu finden, wobei an die Stelle von x beliebige Mengen gesetzt werden können. Für das obige Beispiel ergibt sich die folgende Kostenfunktion:

$$K(x) = 28{,}025 \cdot x + 3.803.000$$

Hieraus lassen sich die Kosten für die Produktion von **225 000 Gehäusen** berechnen:

$$K(225\,000) = 28{,}025 \cdot 225\,000 + 3.803.000 = \mathbf{10.108.625}$$

Gegenüber der Kostenprognose von Seite 286 (= 10.121.500,00 €) ergibt sich ein um **12.875,00 € geringerer Kostenbetrag**, der auf die ungenaue Erfassung von variablen und fixen Kosten zurückzuführen ist.

Merke

- **Eine genaue Kostenplanung in Abhängigkeit von der Beschäftigung setzt die Aufteilung der einzelnen Kostenarten in ihre variablen und fixen Kostenanteile voraus.**
- **Diese Aufteilung ermöglicht die Aufstellung von Kostenfunktionen zur schnellen Berechnung von Gesamtkosten für alternative Produktionsmengen.**

1 gerundete Zahlen

Beispiel

Um die Aussagefähigkeit der Rechnung zu erhöhen, sollen die Kostenfunktion K(x) und die Umsatzfunktion E(x) grafisch dargestellt werden.

Die Kostenfunktion lautet **K(x) = 28,025 · x + 3.803.000** (vgl. S. 293). Für die Aufstellung der Umsatzfunktion verwendet die Wernick GmbH den **Durchschnittspreis**, der sich aus den Umsatzerlösen (= 10.520.000,00 €) und der Absatzmenge (= 194 898 Stück) ergibt. Der Durchschnittspreis beträgt hiernach ca. 53,98 €; also lautet die Umsatzfunktion **E(x) = 53,98 · x.**

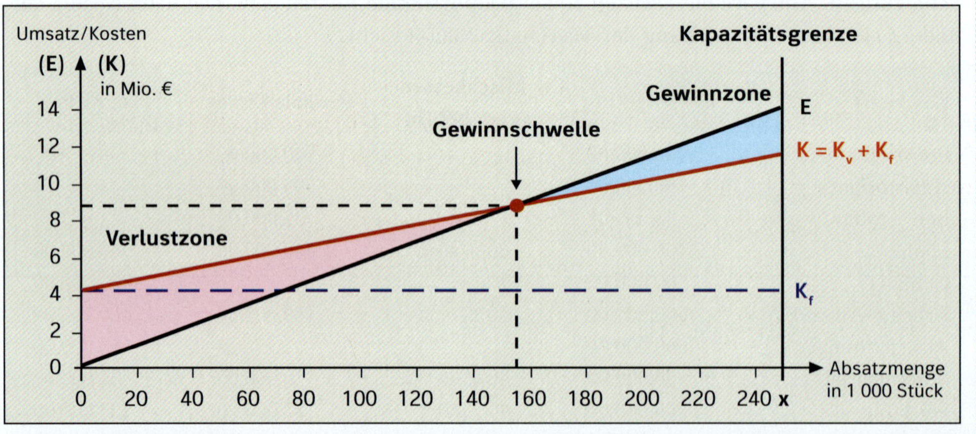

Erläuterung zur Grafik:

Verlauf der Kostenfunktion

- Für den Fall, dass **kein Absatz** erzielt wird, fallen dennoch die fixen Kosten in Höhe von 3.803.000,00 € an (diese Kosten verändern sich über den gesamten Absatzbereich nicht). Die Kostenfunktion beginnt also an der Stelle x = 0 mit dem Wert 3.803.000. Für jedes abgesetzte Gehäuse beträgt der **Kostenzuwachs 28,025 €** variable Kosten (= Steigung der Kostenfunktion). Die Kostenfunktion verläuft also linear bis zur Kapazitätsgrenze (= 250 000 Gehäuse) mit der Steigung 28,025.

Verlauf der Umsatzfunktion

- Der Durchschnittspreis von 53,98 € je Gehäuse wird als konstant über den gesamten Absatzbereich angenommen. Die Umsatzfunktion beginnt also bei einer Absatzmenge von x = 0 mit E = 0. Jedes verkaufte Gehäuse bringt einen **Erlöszuwachs von 53,98 €** (= Steigung der Umsatzfunktion). Die Umsatzfunktion verläuft also linear vom Ursprung bis zur Kapazitätsgrenze mit der Steigung 53,98.

Gewinnschwelle (= Break-even-Point)

- Der Schnittpunkt von Kosten- und Umsatzfunktion markiert diejenige Absatzmenge (ca. 146 523 Stück), bei der **Kosten und Umsatz gleich hoch** sind; bei dieser Absatzmenge wird also **kein Gewinn** erzielt.

Verlustzone

- Ist die Absatzmenge **geringer** als 146 523 Stück, so decken die Umsatzerlöse nicht die Kosten; es entstehen Verluste.

Gewinnzone

- Steigt die Absatzmenge **über** 146 523 Stück, so werden mehr Umsatzerlöse erzielt, als Kosten entstehen; das Unternehmen arbeitet mit Gewinn.

Kapazitätsgrenze

- Mit zunehmender Absatzmenge verbessert sich das Betriebsergebnis bis zum Auftreten sog. sprungfixer Kosten. Das wird aus dem sich vergrößernden Abstand zwischen Umsatz- und Kostenfunktion deutlich. An der **Kapazitätsgrenze** ist der Abstand zwischen Umsatz- und Kostenfunktion – und damit der **Betriebsgewinn – am größten.**

Merke

- **Die Gewinnschwelle wird bei derjenigen Absatzmenge erreicht, bei der Umsatzerlöse = Gesamtkosten sind: E(x) = K(x).**
- **Die Verlustzone liegt im Bereich Umsatzerlöse < Gesamtkosten.**
- **Die Gewinnzone liegt im Bereich Umsatzerlöse > Gesamtkosten.**
- **Der Betriebsgewinn ist bei linearem Verlauf der Kosten- und Umsatzfunktion an der Kapazitätsgrenze am größten.**

Aufgabe 301

Für die Ersatzinvestition einer Maschine liegen zwei Angebote vor. Die angebotenen Maschinen weisen unterschiedliche Kapazitäten und Kostenverläufe auf:

	Variable Kosten/Stück	Fixe Kosten/Monat	Maximalkapazität
Maschine I	41,00 €	4.400,00 €	200 Stück
Maschine II	54,00 €	2.450,00 €	250 Stück

1. *Ab welcher Monatsproduktion wird sich der Unternehmer für die Maschine I entscheiden?*
2. *Wie viel Prozent beträgt der Beschäftigungsgrad beider Maschinen bei dieser Menge?*

Aufgabe 302

Eine Maschinenanlage mit einer Maximalkapazität von jährlich 50 000 Mengeneinheiten verursacht fixe Kosten in Höhe von 400.000,00 €/Jahr. Die variablen Kosten belaufen sich auf 40,00 € je Mengeneinheit. Das auf der Maschinenanlage hergestellte Gut kann zu einem Stückpreis von 55,00 € verkauft werden.

Für das nächste Jahr rechnet der Unternehmer mit einer Auslastung der Anlage von 80 %.

Er kann einen zusätzlichen Auftrag über 5 000 Mengeneinheiten erhalten, wenn er bereit ist, den Preis auf 45,00 € je Mengeneinheit zu reduzieren. Durch den Zusatzauftrag würden sich die fixen Kosten nicht verändern.

1. *Berechnen Sie die Gesamtkosten, die Umsatzerlöse und den Gewinn ohne den Zusatzauftrag.*
2. *Weisen Sie nach, dass es für den Unternehmer günstiger ist, den Zusatzauftrag anzunehmen.*

Aufgabe 303

Aufgrund einer Marktanalyse ergibt sich, dass ein Unternehmer den Absatz eines Elektrogerätes deutlich erhöhen kann, wenn er den Preis geringfügig senkt. Den größeren Absatz kann er aber nur realisieren, wenn er eine Kapazitätserweiterung vornimmt. Dafür hat er zwei Alternativen:

Modernisierung und Erweiterung der bisherigen Werkstattfertigung oder Umstellung der Produktion auf die Fließfertigung. Die Entscheidung soll aufgrund folgender Daten getroffen werden:

	Variable Kosten	Fixe Kosten
Werkstattfertigung	540,00 € je Stück	4.000,00 €/Monat
Fließfertigung	480,00 € je Stück	16.000,00 €/Monat

Ab welcher Menge lohnt sich die Umstellung auf die Fließfertigung?

Aufgabe 304

Die Unternehmung Bottmer KG hat sich auf die Herstellung von Gartenmöbeln spezialisiert. Sie stellt in einer räumlich abgesonderten Werkstatt Gartenstühle des Typs „Markant" aus Stahlrohr her. Folgende Angaben liegen aus der Betriebsbuchhaltung und aus der Fertigungsplanung vor:

a) Für Roh-, Hilfs- und Betriebsstoffe sind aufgrund der Konstruktionszeichnung und der Stückliste für je einen Stuhl aufzuwenden:
3,20 m Rechteckrohr, 40 x 20 mm, Verrechnungspreis 1,50 € je m,
3,70 m Rundrohr, 20 mm Durchmesser, Verrechnungspreis 1,20 € je m.
Sitzfläche und Rückenlehne werden als Kunststoff-Fertigteile bezogen; Sitzfläche und Lehne kosten komplett für einen Stuhl im Einkauf 5,20 €.
Lack: 0,050 kg Grundierung für einen Stuhl zum Kilopreis von 3,00 €,
0,050 kg Weißlack für einen Stuhl zum Kilopreis von 4,00 €.

b) Aufgrund des Arbeitsplanes liegen die Arbeitsgänge mit den jeweiligen Arbeitszeiten zur Herstellung eines Stuhles fest:

I	Trennen nach Schablone	2,0 Min.	V	Entfetten	0,5 Min.
II	Biegen nach Schablone	1,5 Min.	VI	Lackieren	2,0 Min.
III	Entgraten	0,5 Min.	VII	Montieren	0,5 Min.
IV	Hartlöten	4,0 Min.	VIII	Verpacken	1,0 Min.

Die Arbeitsstunde – mit Nebenkosten – wird mit 40,00 € kalkuliert.

c) Zusätzlich zum Materialeinsatz und den Lohnkosten sollen folgende Kosten in der Kalkulation berücksichtigt werden:

Abschreibung auf Gebäude und Maschinen (bezogen auf die Werkstatt) je Monat	3.000,00
Zinsen für das durchschnittlich eingesetzte Kapital je Monat	1.000,00
anteilige Kosten für Verwaltung und Vertrieb je Monat	500,00

In der Werkstatt können monatlich maximal 2500 Stühle hergestellt werden.

1. *Bestimmen Sie die Kostenfunktion für diese Produktion.*
2. *Stellen Sie die Funktion bis zur Maximalkapazität grafisch dar.*
3. *Berechnen Sie die Gesamt- und Durchschnittskosten bei einem Beschäftigungsgrad von 80 %.*

Aufgabe 305

In der Kostenrechnungsabteilung einer Unternehmung werden die im Monat November angefallenen Produktionszahlen für elektronische Bohrmaschinen zusammengestellt:

Fertigungsmaterial (Rohstoffaufwendungen)	120.000,00
Fertigungslöhne	280.000,00
Gehälter für Meister und Vorarbeiter	90.000,00
Soziale Aufwendungen	112.000,00
Energiekosten	25.000,00
Wartungskosten	8.000,00
Kalkulatorische Zinsen	12.000,00
Kalkulatorische Abschreibungen	55.000,00

1. *Entscheiden Sie, welche Kosten eindeutig variabel oder fix sind und bei welchen Kosten keine eindeutige Zuordnung getroffen werden kann.*
2. Für die Kosten, die Sie nicht eindeutig zuordnen können, soll gelten, dass sie zu 40 % fix und zu 60 % variabel sind. *Stellen Sie unter dieser Bedingung fest, wie hoch die gesamten variablen und fixen Kosten der Produktion sind.*
3. Die Monatsproduktion betrug 4060 Stück, das entsprach einem Beschäftigungsgrad von 75 %.
   a) *Wie hoch sind die Durchschnittskosten?*
   b) *Wie lautet die Kostenfunktion?*
4. Für den kommenden Monat rechnet das Unternehmen mit einem Rückgang der Beschäftigung auf 60 %.
   a) *Wie hoch sind dann die Durchschnittskosten?*
   b) *Welche Schlussfolgerungen ziehen Sie aus dieser Situation hinsichtlich der Preisgestaltung?*

Aufgabe 306

In einem Zweigwerk produziert die Möbelbau AG Küchentische in Massenproduktion. Bei der Entscheidung über eine Reinvestition verbrauchter Anlagen stehen zwei neue Anlagen zur Wahl:

	Anlage A	Anlage B
Fixe Kosten/Monat	24.000,00 €	82.000,00 €
Variable Kosten je Stück	185,00 €	160,00 €

1. *Stellen Sie die Kostenfunktionen auf.*
2. *Bestimmen Sie die Produktionsbereiche, in denen die Maschinenanlage A bzw. die Anlage B kostengünstiger arbeitet.*
3. Die Geschäftsleitung rechnet für das Jahr der Ersatzinvestition mit einem Absatz von 2200 Stück pro Monat und in den darauf folgenden Jahren mit Absatzsteigerungen um jeweils 10 %/Jahr.

   Für welche der Maschinenanlagen sollte sich die Geschäftsleitung entscheiden?

Aufgabe 307

Das mittelständische Industrieunternehmen Bergmeister GmbH produziert in einem angemieteten Gebäude elektronische Steuerungen für Industrieanlagen. Im vergangenen Monat wurden an einen Kunden 120 Steuerungen ausgeliefert. Die Abteilung war damit zu 70 % ausgelastet. Die Kostenrechnungsabteilung stellt die dabei angefallenen Kosten zusammen:

Rohstoffaufwendungen	130.000,00
Hilfsstoffaufwendungen	26.500,00
Betriebsstoffaufwendungen	4.500,00
Zeitlöhne	84.000,00
Gehälter für Angestellte und Meister	56.000,00
Soziale Aufwendungen	38.000,00
Mietaufwendungen	25.000,00
Energiekosten	6.300,00
Aufwendungen für Kommunikation	2.700,00
Kalkulatorische Abschreibungen	12.400,00
Kalkulatorische Zinsen	6.700,00

1. *Entscheiden Sie, welche Kosten eindeutig variabel oder fix sind und bei welchen Kosten keine eindeutige Zuordnung getroffen werden kann.*
2. Für die Kosten, die Sie nicht eindeutig zuordnen können, soll gelten, dass sie zu 60 % fix und zu 40 % variabel sind.
   Stellen Sie unter dieser Bedingung fest, wie hoch die gesamten variablen und fixen Kosten der Produktion sind.
3. *Berechnen Sie die Durchschnittskosten.*
4. Für den kommenden Monat rechnet das Unternehmen mit einer Zunahme der Beschäftigung auf 85 %.
   Wie hoch sind dann die Durchschnittskosten? Welche Schlussfolgerung ziehen Sie aus dieser Situation – im Vergleich zu 3. – hinsichtlich der Preisgestaltung?

Aufgabe 308

Aufgrund einer Kostenanalyse hat ein Unternehmer für die Produktion eines Erzeugnisses folgende Kostensituation ermittelt:

Die fixen Kosten betragen je Abrechnungsperiode 10.000,00 €.

Die variablen Kosten entwickeln sich bei Beschäftigungsänderungen wie folgt:

Beschäftigung in Stück	500	600	700	800
Variable Kosten in €	15.000,00	18.000,00	21.000,00	24.000,00

1. *Erläutern Sie die Kostenentwicklung in Abhängigkeit von der Beschäftigung.*
2. Der Unternehmer kann das Erzeugnis zu einem Preis von 40,00 € je Stück absetzen.
   Welche Produktionsmenge muss er wählen, um Gewinn zu erzielen?

Aufgabe 309

Für den Monat Juli ermittelt ein Unternehmer, der Zubehörteile für den Fahrzeugbau herstellt, für die Produktion eines bestimmten Kühlergrilltyps folgende Zahlen:

produzierte und verkaufte Menge	110 000 Stück
fixe Kosten gesamt	1.538.500,00 €
proportionale Kosten gesamt	1.650.000,00 €
Umsatzerlöse	3.520.000,00 €

1. *Geben Sie die Kostenfunktion an.*
2. *Geben Sie die Erlösfunktion $E = p \cdot x$ für den Fall konstanter Preise an.*
3. *Mit welchem Beschäftigungsgrad arbeitete der Betrieb im Monat Juli, wenn die technische Kapazität je Monat 135 000 Stück beträgt?*
4. *Bei welcher monatlichen Produktion decken die Erlöse gerade alle Kosten?*
5. Der Unternehmer könnte bei einer Preissenkung um 1,00 € je Stück die Kapazität auf 130 000 Stück monatlich ausdehnen. *Lohnt sich – gemessen am Gewinn – diese Maßnahme?*

5.3 Deckungsbeitragsrechnung als Kostenträgerrechnung

Maßgeblichkeit der variablen Kosten für den Betriebserfolg

Der Betriebserfolg wird entscheidend von den variablen Kosten (vgl. Kapitel F, 5.2.1, S. 287) beeinflusst, da sie auf die Kostenhöhe i. d. R. proportional zur Beschäftigung einwirken. Die **fixen Kosten** sind in der Regel unvermeidbar. Sie fallen also auch dann an, wenn die Beschäftigung Schwankungen unterworfen ist oder der Betrieb gar nicht mehr produziert.

Deckungsbeitrag

Um festzustellen, in welchem Umfang ein Kostenträger am Betriebserfolg beteiligt ist, werden von den Umsatzerlösen dieses Kostenträgers dessen variable Kosten subtrahiert. Die Differenz stellt den **Bruttoerfolg** dar und wird **Deckungsbeitrag** genannt.

	Umsatzerlöse
–	**variable Kosten**
=	**Bruttoerfolg = Deckungsbeitrag (DB)**

5.3.1 Deckungsbeitragsrechnung als Kostenträgerstückrechnung

Situation

Im Unternehmen Wernick GmbH wird das Ergebnis des Geschäftsjahres auf der Grundlage der Deckungsbeitragsrechnung analysiert. Hierfür verwendet Herr Wernick die Zahlen der Ergebnistabelle von Seite 216. Zusätzlich liegt ihm die Aufteilung der Produktionskosten in variable und fixe Kosten vor (vgl. Kapitel F, 5.2.4, S. 293 f.). Um die variablen und fixen Kosten der **verkauften** Erzeugnisse zu erhalten, zieht Herr Wernick von den Produktionskosten die Kosten des Mehrbestandes (240.000,00 €) ab. Folgende Kostenaufstellung fertigt er an:

	gesamt	variable Kosten	fixe Kosten
FM (200 000 Stück)	2.940.000,00 €	2.940.000,00 €	–
FL (200 000 Stück)	2.400.000,00 €	1.440.000,00 €	960.000,00 €
Gemeinkosten	4.068.000,00 €	1.225.000,00 €	2.843.000,00 €
Zwischensumme	9.408.000,00 €	5.605.000,00 €	3.803.000,00 €
– Kosten des Mehrbestandes (5 102 St.)	240.000,00 €	137.000,00 €[1]	103.000,00 €[1]
Kosten der verkauften Erzeugnisse (194 898 Gehäuse)	**9.168.000,00 €**	**5.468.000,00 €**	**3.700.000,00 €**

Deckungsbeitrag je Stück (= db)

Umsatzerlös je Stück (= Preis, p)	10.520.000,00[2] : 194 898 = 53,98 €
– Variable Stückkosten (= k_v)	5.468.000,00 : 194 898 = 28,06 €
= Stückdeckungsbeitrag (= db)	5.052.000,00 : 194 898 = **25,92 €**

Der Deckungsbeitrag je Stück (= db) in Höhe von 25,92 € trägt zur Deckung der ohnehin anfallenden fixen Kosten bei oder führt zu Betriebsgewinnen, sobald die fixen Kosten gedeckt sind. Allgemein gilt: **Ein positiver Stückdeckungsbeitrag verbessert die Erfolgssituation.**

Bestimmung der Gewinnschwellenmenge (Break-even-Point)

Die Gewinnschwellenmenge kennzeichnet die Produktionsmenge, bei der die **Summe der Stückdeckungsbeiträge** (= **DB**) gerade zur Deckung der fixen Kosten (= K_f) ausreicht, d. h., der **Betriebsgewinn** (G) beträgt bei dieser Menge x **0 €**, d. h. G(x) = 0. Übersteigt die Produktionsmenge diese **kritische Menge**, so ergibt sich ein Gewinn [G(x) > 0], im umgekehrten Fall ein Verlust [G(x) < 0]; allgemein gilt also die funktionale Beziehung (vgl. Grafik S. 299):

$$G(x) = db \cdot x - K_f \qquad \text{Für } G(x) = 0 \text{ gilt: } 0 = db \cdot x - K_f \qquad x = \frac{K_f}{db}$$

1 geschätzte Zahlen
2 Siehe Ergebnistabelle auf S. 216.

Beispiel

Die Gewinnschwellenmenge ist bei einem Stückdeckungsbeitrag von 25,92 € und fixen Kosten von 3.700.000,00 € zu bestimmen. Für G(x) = 0 folgt:

$$db \cdot x = K_f$$

$$x = \frac{K_f}{db}$$

$$25{,}92\ € \cdot x = 3.700.000{,}00\ €$$

$$x = \frac{3.700.000{,}00}{25{,}92} \approx 142\,747 \text{ Stück}$$

Allgemein gilt:

Gewinnschwellenmenge = K_f : db

Grafisch liegt die **Gewinnschwellenmenge** im **Schnittpunkt** der Gewinnfunktion G(x) = 25,92 · x – 3.700.000 mit der x-Achse.

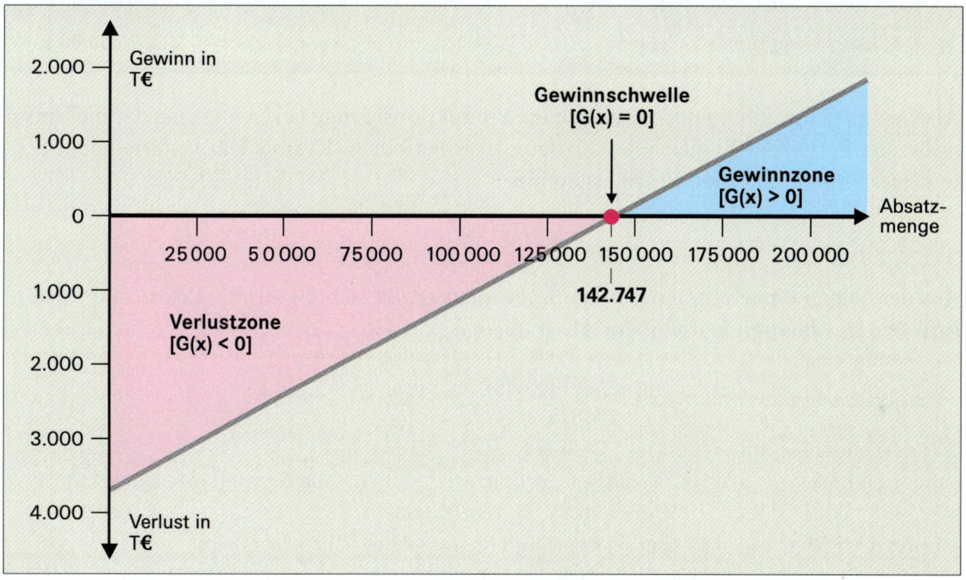

Auswirkung von Preisänderungen

Preiserhöhungen bewirken bei unveränderter Kostenlage eine **Erhöhung des Stückdeckungsbeitrags.** Dadurch wird die Deckung der fixen Kosten bereits bei einer **geringeren Ausbringungsmenge** erreicht.

Der Verkaufspreis der Gehäuse wird von 53,98 € auf 55,43 €, also um 1,45 € je Gehäuse, erhöht. Der Stückdeckungsbeitrag beträgt nunmehr 27,37 €. Die Gewinnschwellenmenge wird erreicht bei:

$$\frac{\text{fixe Kosten}}{\text{db}} = \frac{3.700.000{,}00\ €}{27{,}37\ €} = 135\,185 \text{ Stück Gewinnschwellenmenge}$$

In der grafischen Darstellung würde sich die Preiserhöhung durch einen **stärkeren Anstieg** der Gewinnfunktion bemerkbar machen. Das bewirkt bei unverändertem Kostenverlauf eine Verringerung der Gewinnschwellenmenge.

Merke

Durch eine Preiserhöhung (-senkung) wird die Gewinnschwellenmenge bei unveränderten Kosten verringert (erhöht).

5.3.2 Deckungsbeitragsrechnung als Kostenträgerzeitrechnung im Einproduktunternehmen

Um den Betriebserfolg im Einproduktunternehmen zu ermitteln, werden die **fixen Kosten** einer Periode **in einer Summe** vom gesamten Deckungsbeitrag subtrahiert.

Situation

Die Wernick GmbH analysiert das Ergebnis des Geschäftsjahres 01 auf der Grundlage der Deckungsbeitragsrechnung. Hierfür verwendet sie die Zahlen der Ergebnistabelle (vgl. S. 216) sowie die Ausführungen zu Kapitel F, 5.2.4 (S. 293) einschließlich der **grafischen Darstellung** des Kosten- und Umsatzverlaufs.

Deckungsbeitrag und Betriebsergebnis der Abrechnungsperiode

Umsatzerlöse der Periode (= E)	194 898 St. · 53,98 € ≈ 10.520.000,00 €
– variable Kosten des Absatzes (= K_v)	194 898 St. · 28,06 € ≈ 5.468.000,00 €
= **Deckungsbeitrag der Periode (= DB)**	194 898 St. · 25,92 € ≈ **5.052.000,00 €**
– fixe Kosten der Periode (= K_f)	3.700.000,00 €
= **Betriebsgewinn (umsatzbezogen)**	**1.352.000,00 €**

Bestimmung der Gewinnschwellenmenge (Break-even-Point), vgl. S. 298 f.

Als Gewinnschwellenmenge wird auch die Produktionsmenge bezeichnet, bei der die Umsatzerlöse der Periode (= E) gleich den Kosten dieser Periode (= K) sind. Das Unternehmen erzielt in dieser Situation **keinen Betriebsgewinn.**

Beispiel

Aus der obigen Berechnung des Betriebsgewinnes ergibt sich jeweils die **Erlös- und Kostenfunktion in Abhängigkeit von der Absatzmenge „x“:**

Für die **Erlösfunktion** gilt: $E(x) = \frac{10.520.000{,}00\ €}{194\,898\ \text{Stück}} \cdot x = 53{,}98 \cdot x$

Für die variablen Kosten gilt: $K_v = 28{,}06 \cdot x$,

die fixen Kosten sind mit 3.700.000,00 € anzusetzen. Also lautet die **Gesamtkostenfunktion:**

$$K_g(x) = 28{,}06 \cdot x + 3.700.000$$

Unter der Bedingung, dass **Umsatzerlöse und Kosten gleich** sein sollen, folgt:

$$53{,}98 \cdot x = 28{,}06 \cdot x + 3.700.000$$
$$25{,}92 \cdot x = 3.700.000$$
$$x \approx 142\,747$$

Die **Gewinnschwellenmenge** wird also bei einer Produktionsmenge von 142 747 Gehäusen erreicht.

Grafisch liegt die **Gewinnschwellenmenge** im **Schnittpunkt** von Erlös- und Gesamtkostengerade. Bei dieser Menge sind **Erlöse und Gesamtkosten gleich hoch** (vgl. S. 301):

Erlöse = Kosten.

Gewinnzone

Produziert das Unternehmen **mehr** als 142 747 Gehäuse, so arbeitet es mit Gewinn:

Erlöse > Kosten.

Verlustzone

Produziert das Unternehmen **weniger** als 142 747 Gehäuse, so gerät es in die Verlustzone:

Erlöse < Kosten.

Aus der grafischen Darstellung (vgl. S. 301) geht anschaulich hervor, dass bei dem derzeitigen Absatz von 194 898 Gehäusen die Gewinnschwelle überschritten wurde. Eine Ausweitung der Produktion und des Absatzes vergrößert den Gewinn.

6946300

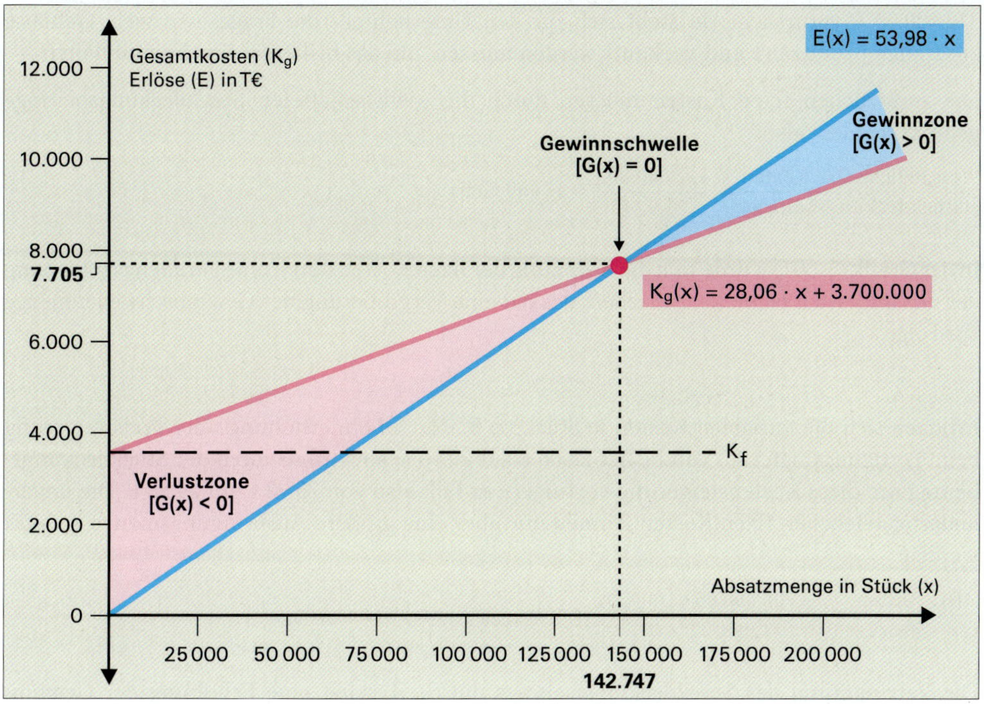

Erläuterung zur Grafik:

Die variablen Kosten der Abrechnungsperiode (K_v) werden durch Multiplikation der variablen Stückkosten (k_v) mit der Produktionsmenge (x) errechnet. Da für jedes zusätzlich hergestellte Gehäuse der Kostenzuwachs im Beispiel 28,06 € beträgt, ergibt sich die Abhängigkeit der variablen Gesamtkosten von der Produktionsmenge nach der Funktionsgleichung:

$K_v = k_v \cdot x = 28{,}06\ x$

Die Gesamtkosten der Abrechnungsperiode (K_g) ergeben sich aus der Summe von variablen Kosten und fixen Kosten.

Gesamtkosten	**=**	**variable Kosten**	**+**	**fixe Kosten**
K_g	=	K_v	+	K_f

Unabhängig von der Produktionsmenge werden im Beispiel die variablen Kosten um jeweils 3.700.000,00 € fixe Kosten erhöht. In der Grafik verlaufen die fixen Kosten im Abstand 3.700.000 vom Ursprung parallel zur x-Achse. Die Gesamtkosten setzen im Abstand 3.700.000 an und steigen mit dem Ausmaß der variablen Stückkosten (= 28,06) linear an.

$K_g(x) = 28{,}06\ x + 3.700.000$

Die Erlösgerade (E) verdeutlicht die bei einer bestimmten Produktionsmenge erzielbaren Nettoumsatzerlöse. Sie sagt aus, dass für jedes produzierte Stück 53,98 € Erlöse entstehen. Bei einem Absatz von 10000 Stück sind das 539.800,00 €, bei einem Absatz von 20000 Stück entsprechend 1.079.600,00 € Erlöse usw., also

$E(x) = 53{,}98\ x$

Der Graph dieser Funktion verläuft linear – vom Ursprung des Koordinatennetzes ausgehend – mit dem Anstieg m = 53,98.

Auswirkung von Erweiterungsinvestitionen

Wird eine Erweiterungsinvestition geplant, die zusätzliche fixe Kosten in Höhe von z. B. 312.600,00 € verursacht, so stellt sich für den Unternehmer die Frage, wie viele Gehäuse **zusätzlich produziert und verkauft** werden müssen, um das bisherige Ergebnis zu halten.

Die zusätzlichen fixen Kosten müssen durch die erwirtschafteten Stückdeckungsbeiträge gedeckt werden; also:

$$\frac{\text{zusätzliche fixe Kosten}}{\text{Stückdeckungsbeitrag}} = \frac{312.600{,}00\ €}{25{,}92\ €} = 12\,060 \text{ Gehäuse}$$

In der Grafik (S. 301) würde sich die Erhöhung der fixen Kosten durch eine Parallelverschiebung der Gesamtkosten bemerkbar machen; das hat eine Vergrößerung der Gewinnschwellenmenge zur Folge.

Auswirkung von Kostenänderungen

Erhöhen sich die variablen Kosten je Stück (z. B. durch Lohnerhöhung oder Preissteigerung beim Fertigungsmaterial) von bisher 28,06 € auf 29,10 €, so wird dadurch der Stückdeckungsbeitrag um diese Kostensteigerung verringert; er fällt also von 25,92 € auf 24,88 €. Die unverändert gebliebenen fixen Kosten können nur über eine größere Ausbringungsmenge gedeckt werden:

$$\frac{\text{fixe Kosten}}{\text{db}} = \frac{3.700.000{,}00\ €}{24{,}88\ €} = 148\,714 \text{ Stück Gewinnschwellenmenge}$$

Die **Verringerung** des Stückdeckungsbeitrags um ca. 4 % hat eine **Erhöhung** der Gewinnschwellenmenge um 4,2 % zur Folge. In der Grafik würde sich die Erhöhung der variablen Stückkosten durch einen stärkeren Anstieg der Gesamtkosten bemerkbar machen; das bedingt eine Vergrößerung der Gewinnschwellenmenge.

Merke

- **Gewinnschwellenmenge = K_f : db**
- **Deckungsbeitrag > fixe Kosten = Betriebsgewinn**
- **Deckungsbeitrag < fixe Kosten = Betriebsverlust**
- **Durch Erhöhung der fixen Kosten wird die Gewinnschwelle erst bei einer größeren Menge erreicht.**
- **Die Erhöhung der variablen Stückkosten hat eine Verringerung des Stückdeckungsbeitrags zur Folge. Die Deckung der fixen Kosten ist dann über eine Erhöhung der Gewinnschwellenmenge möglich.**
- **Eine Senkung der variablen Stückkosten hat die entgegengesetzte Wirkung auf den Stückdeckungsbeitrag und die Gewinnschwellenmenge.**

Aufgabe 310

Beurteilen Sie die Erfolgssituation eines Industriebetriebes, dessen Teilkostenrechnung für ein bestimmtes Produkt folgende Ergebnisse ausweist:

1. Stückdeckungsbeitrag (= db) = 0,
2. Nettoverkaufspreis < variable Stückkosten,
3. Nettoverkaufspreis > variable Stückkosten,
4. Nettoverkaufspreis = variable Stückkosten.

6946302

Aufgabe 311

Die Baustoff-GmbH stellt in einem Zweigwerk Wandfliesen in vier unterschiedlichen Qualitäten A, B, C und D her. Aufgrund der starken Konkurrenz auf dem Baustoffmarkt will die Baustoff-GmbH durch eine aktive Preispolitik ihren Marktanteil verteidigen. Die hierzu erforderlichen Daten sollen mithilfe der Deckungsbeitragsrechnung ermittelt werden.

Für den Monat April lagen folgende Angaben vor:

	Fliese A	Fliese B	Fliese C	Fliese D	insgesamt
Verkaufspreis je Stück	2,20 €	2,45 €	3,10 €	3,80 €	
Variable Stückkosten	1,50 €	1,90 €	2,65 €	3,20 €	
Fixe Kosten insgesamt					286.000,00 €
Absatzmengen in Stück	80 000	110 000	145 000	65 000	

1. *Berechnen Sie das Betriebsergebnis des Monats April für die abgesetzten Mengen.*
2. *Bestimmen Sie die Stückdeckungsbeiträge und geben Sie aufgrund dieser Zahlen eine Rangfolge der „erfolgreichen" und der „weniger erfolgreichen" Fliesensorten an.*
3. *Ermitteln Sie die (kurzfristige) Preisuntergrenze (vgl. S. 310) für jede Fliesensorte.*
4. Zur Verbesserung der Erfolgssituation und zum Abbau freier Kapazitäten plant die Unternehmensleitung zusätzlich eine Bodenfliese mit monatlich 40 000 Stück zu produzieren. Diese Fliese würde zusätzlich 26.000,00 € fixe Kosten und 2,05 € variable Stückkosten verursachen. Sie ließe sich zu einem Preis von 2,65 € je Stück absetzen.
   Lohnt sich für das Unternehmen die Erweiterung der Produktion?

Aufgabe 312

In einem Zweigwerk der ELMO-AG werden elektrische Heizlüfter in vier unterschiedlichen Ausführungen (HL I, HL II, HL III, HL IV) gefertigt.

Für den zurückliegenden Monat wurden folgende Daten ermittelt:

	HL I	HL II	HL III	HL IV	insgesamt
Verkaufspreis je Stück	45,00 €	36,00 €	54,00 €	62,00 €	
Variable Stückkosten	24,75 €	21,00 €	30,50 €	35,10 €	
Fixe Kosten insgesamt					82.500,00 €
Absatzmenge in Stück	3 200	850	1 450	1 200	

1. *Berechnen Sie den Betriebserfolg für den betreffenden Monat.*
2. *Bestimmen Sie die Stückdeckungsbeiträge je Kostenträger sowie die Preisuntergrenzen (vgl. S. 310).*
3. Zur Verbesserung der schlechten Absatzsituation bei dem Kostenträger HL II plant die Unternehmensleitung eine Preissenkung um 35 %.
   a) *Leistet dieser Kostenträger dann noch einen Beitrag zur Deckung der fixen Kosten?*
   b) Durch diese Maßnahme steigt der Absatz im kommenden Monat um 40 % (die Absatzsituation soll bei den anderen Kostenträgern als konstant angenommen werden).
   Wie wirkt sich diese Steigerung auf den Betriebserfolg aus?

Aufgabe 313

Die Bauelemente-AG stellt in einem Zweigwerk genormte Fenster aus Aluminium mit Dreifachverglasung her. Der Wettbewerb zwingt zur Festsetzung des Verkaufspreises auf 750,00 € je Fenster. Die technische Kapazität beträgt 300 Fenster je Monat; sie ist zurzeit zu 70 % ausgelastet. Das Unternehmen ermittelt die variablen Stückkosten mit 400,00 € je Fenster und die fixen Kosten mit 80.000,00 € je Monat.

Werten Sie diese Situation hinsichtlich des Stückdeckungsbeitrags, der Preisuntergrenze (vgl. S. 310) und des Betriebserfolgs aus.

Aufgabe 314

Machen Sie sich die Auswirkungen von Kostensenkungen im Bereich der fixen und variablen Kosten sowie die Auswirkungen von Preissenkungen auf die Gewinnschwellenmenge an selbst gewählten Beispielen deutlich.

Aufgabe 315

Bei einer Produktion von 3 000 Stück, Gesamtkosten in Höhe von 75.000,00 €, darunter fixe Kosten in Höhe von 30.000,00 €, ergab sich in einem Unternehmen ein Verlust von 12.000,00 €.

Ermitteln Sie rechnerisch und grafisch die Gewinnschwelle.

Aufgabe 316

Aus den Zahlen der Kostenrechnung ergibt sich, dass für die Produktion des Tischrechners „Minitron“ fixe Kosten in Höhe von 400.000,00 € je Rechnungsperiode anfallen und die variablen Kosten nach folgender Abhängigkeit von der Beschäftigung verlaufen.

Beschäftigung in Stück	Variable Kosten in €
5000	125.000,00
6000	150.000,00
7000	175.000,00
8000	200.000,00
9000	225.000,00
10000	250.000,00

1. *Errechnen Sie die Gesamt- und Stückkosten für die einzelnen Produktionsmengen.*
2. *Bestimmen Sie den Deckungsbeitrag und den Betriebserfolg für die unterschiedlichen Produktionsmengen bei einem Nettoverkaufspreis von 80,00 € je Stück.*
3. *Berechnen Sie die Gewinnschwellenmenge.*
4. *Stellen Sie die Gesamtkosten und die Umsatzerlöse in einem grafischen Bild dar.*
5. *Welche Auswirkung hat eine Preissenkung um 5,00 € je Stück auf die Gewinnschwellenmenge?*

Aufgabe 317

Die Kosten- und Leistungsrechnung eines Industrieunternehmens weist folgende Zahlen aus:

Rechnungsperiode	Produktion in Stück	Gesamtkosten	Variable Kosten je Stück	Nettoverkaufspreis
Oktober	20000	700.000,00 €	25,00 €	40,00 €
November	24000	800.000,00 €	25,00 €	40,00 €

1. *Berechnen Sie die variablen Gesamtkosten, die fixen Gesamtkosten und die fixen Stückkosten für die Monate Oktober und November.*
2. *Ermitteln Sie den Betriebserfolg für die Monate Oktober und November unter der Voraussetzung, dass die gesamte Produktion abgesetzt werden konnte.*
3. *Bestimmen Sie rechnerisch und grafisch die Gewinnschwelle.*
4. *Welche Auswirkung auf die Gewinnschwellenmenge hat eine Erhöhung der variablen Stückkosten auf 30,00 €?*
5. Eine geplante Erweiterungsinvestition verursacht zusätzliche fixe Kosten in Höhe von 40.000,00 €.

   Wie viele Erzeugnisse müssen zusätzlich produziert und abgesetzt werden, um bei 25,00 € variablen Stückkosten das Betriebsergebnis des Monats November zu halten?

Aufgabe 318

Eine Möbelfabrik stellt in einem Zweigwerk Bürostühle her. Im zurückliegenden Geschäftsjahr wurden 6 500 Stühle produziert und zum Stückpreis von 450,00 € verkauft. Die fixen Kosten beliefen sich auf 550.000,00 €, der Betriebsgewinn auf 425.000,00 € in der Periode.

1. *Berechnen Sie die variablen Kosten insgesamt und je Stuhl.*
2. *Ermitteln Sie rechnerisch, ab welcher Menge die Gewinnschwelle erreicht wird.*
3. Um sich gegen Konkurrenzprodukte behaupten zu können, soll der Verkaufspreis um 10 % gesenkt werden. Das Unternehmen rechnet aufgrund dieser Maßnahme mit einer Zunahme der Absatzmenge auf 7 000 Stühle.
   Welche Auswirkungen ergeben sich hieraus auf den Betriebsgewinn?

Aufgabe 319

Das Unternehmen „Wohnideal KG“ stellt in einer Niederlassung Holzregale her. Die Kapazität beträgt 1 200 Regale je Monat. Die fixen Kosten belaufen sich monatlich 64.000,00 €, die variablen Kosten wurden mit 110,00 € je Stück ermittelt. Zurzeit wird für jedes Regal ein Nettoverkaufspreis von 180,00 € erzielt.

1. *Bei welcher Monatsproduktion erreicht das Unternehmen die Gewinnschwelle?*
2. *Welchem Beschäftigungsgrad entspricht die Gewinnschwellenmenge?*
3. *Ermitteln Sie das Betriebsergebnis, wenn das Unternehmen mit einem Beschäftigungsgrad von 85 % arbeitet.*

Aufgabe 320

Für das abgelaufene Geschäftsjahr hat ein Kunststoffverarbeitungsbetrieb für sein Produkt „Abfallsortierer“ folgende Zahlen ermittelt:

Produktions-(= Absatz-)Menge	120 000	Stück
Variable Gesamtkosten (K_v)	900.000,00	€
Fixe Gesamtkosten (K_f)	340.000,00	€
Nettoverkaufspreis	12,00	€

1. Langfristig rechnet der Unternehmer mit einem Absatzrückgang um 25 %. Die Produktion soll unter dieser Bedingung nur aufrechterhalten werden, wenn der Stückgewinn mindestens 0,70 € beträgt.
   Untersuchen Sie die Situation daraufhin, ob die Bedingung eingehalten werden kann.
2. *Bis zu welcher Menge ließen sich Produktion und Absatz zurückführen, um gerade noch volle Kostendeckung zu erreichen?*
3. Aufgrund einer Marktuntersuchung erwägt der Unternehmer die Produktion rationeller zu gestalten, um die Monatsproduktion erhöhen und zugleich den Verkaufspreis senken zu können. Bei einem Preis von 9,50 € je Abfallsortierer könnte er den Absatz auf 160 000 Stück steigern. Die hierzu erforderliche Umstellung der Produktion würde die variablen Stückkosten auf 7,20 € verändern und die fixen Kosten um 25.000,00 €/Monat erhöhen.
   Würden Sie dem Unternehmer zu einer entsprechenden Produktionsänderung raten?

Aufgabe 321

Begründen Sie, warum ein Industriebetrieb mit überwiegend variablen Kosten bei der kurzfristigen Preisgestaltung wenig Spielraum hat.

Aufgabe 322

Wie beurteilen Sie die Situation eines Betriebes, dessen Kostenrechnung folgende Ergebnisse ausweist:

1. Deckungsbeitrag > Fixe Kosten
2. 0 < Deckungsbeitrag < Fixe Kosten
3. Deckungsbeitrag < 0?

5.3.3 Deckungsbeitragsrechnung als Kostenträgerzeitrechnung im Mehrproduktunternehmen

Situation

Aus den Zahlen von Seite 251 soll im Unternehmen Wernick GmbH entschieden werden, ob der Gehäusetyp G II wegen des Verlustes **von 34.624,00 €** im Produktionsprogramm bleibt oder (zur Gewinnsteigerung) herauszunehmen ist.

Kostenträgerblatt (BAB II) auf Istkostenbasis[1]					
	Kalkulationsschema	Istkosten insgesamt	Kostenträger		
			Geh. G I	Geh. G II	Geh. G III
	Fertigungsmaterial	2.940.000,00	1.225.000,00	750.000,00	965.000,00
+	10,31 % Materialgemeinkosten	303.000,00	126.250,00	77.296,00	99.454,00
=	**Materialkosten**	**3.243.000,00**	**1.351.250,00**	**827.296,00**	**1.064.454,00**
	Fertigungslöhne FHS I	735.000,00	321.500,00	191.400,00	222.100,00
+	107,48 % Fertigungsgemeinkosten	790.000,00	345.558,00	205.722,00	238.720,00
=	**Fertigungskosten FHS I**	**1.525.000,00**	**667.058,00**	**397.122,00**	**460.820,00**
	Fertigungslöhne FHS II	525.000,00	229.700,00	136.700,00	158.600,00
+	108,57 % Fertigungsgemeinkosten	570.000,00	249.389,00	148.417,00	172.194,00
=	**Fertigungskosten FHS II**	**1.095.000,00**	**479.089,00**	**285.117,00**	**330.794,00**
	Fertigungslöhne FHS III	630.000,00	275.600,00	164.100,00	190.300,00
+	96,03 % Fertigungsgemeinkosten	605.000,00	264.664,00	157.588,00	182.748,00
=	**Fertigungskosten FHS III**	**1.235.000,00**	**540.264,00**	**321.688,00**	**373.048,00**
	Fertigungslöhne FHS IV	510.000,00	223.200,00	132.800,00	154.000,00
+	96,08 % Fertigungsgemeinkosten	490.000,00	214.447,00	127.592,00	147.961,00
=	**Fertigungskosten FHS IV**	**1.000.000,00**	**437.647,00**	**260.392,00**	**301.961,00**
=	**Herstellkosten der Erzeugung**	**8.098.000,00**	**3.475.308,00**	**2.091.615,00**	**2.531.077,00**
–	Mehrbestand an fertigen Erzeugn.	240.000,00	84.115,00	18.190,00	137.695,00
=	**Herstellkosten des Umsatzes**	**7.858.000,00**	**3.391.193,00**	**2.073.425,00**	**2.393.382,00**
+	11,2 % Verwaltungsgemeinkosten	880.000,00	379.772,00	232.198,00	268.030,00
+	5,47 % Vertriebsgemeinkosten	430.000,00	185.570,00	113.461,00	130.969,00
=	**Selbstkosten des Umsatzes**	**9.168.000,00**	**3.956.535,00**	**2.419.084,00**	**2.792.381,00**
	Umsatzerlöse	10.520.000,00	4.696.820,00	2.384.460,00	3.438.720,00
	Betriebsergebnis	1.352.000,00	740.285,00	– 34.624,00	646.339,00

Produktionsentscheidung auf der Basis der Vollkostenrechnung

Die Produktion des Gehäuses Typ G II wird eingestellt. Hierdurch würden sich die Kosten um 2.419.084,00 €, die Umsatzerlöse nur um 2.384.460,00 € verringern, sodass sich der Betriebsgewinn um 34.624,00 € erhöhen würde.

Die aufgrund der **Vollkostenrechnung** getroffene Maßnahme wäre **nur dann richtig, wenn alle Kosten variabel sind.** Die Einstellung der Produktion verringert dann tatsächlich die Selbstkosten um 2.419.084,00 €. Da die Vollkostenrechnung aber **keine Aussage über das Verhalten der Kosten bei Beschäftigungsänderungen macht, lässt sie eine Entscheidung im obigen Sinn gar nicht zu.**

Produktionsentscheidung auf der Basis der Deckungsbeitragsrechnung

In der Deckungsbeitragsrechnung werden die Kosten **sorgfältig in variable und fixe Kosten** unterteilt. Erst auf dieser Grundlage ist eine Produktionsentscheidung möglich.

Situation

Variable und fixe Kosten sollen sich für **alle** Gehäusetypen so zueinander verhalten, wie es in der Rechnung auf Seite 298 dargestellt ist. Danach fallen für den Absatz von insgesamt 194898 Gehäusen 5.468.000,00 € variable Kosten und 3.700.000,00 € fixe Kosten an; **59,642 % der Gesamtkosten sind also variabel, 40,358 % sind fix.**

1 Vgl. Seite 251

6946306

Die **Selbstkosten des Gehäuses G II** wären danach **aufzuteilen** in

variable Selbstkosten = 59,642 % von 2.419.084,00 € ≈ **1.442.784,00 €** (gerundet)
fixe Selbstkosten = 40,358 % von 2.419.084,00 € ≈ **976.300,00 €** (gerundet).

Durch Produktionseinstellung könnten also **nur die variablen Kosten abgebaut** werden, die **fixen Kosten bleiben** in voller Höhe **bestehen**.

Beispiel

Mithilfe der einstufigen Deckungsbeitragsrechnung berechnet Herr Wernick den Betriebserfolg für die beiden Fälle „**a) Das Gehäuse G II scheidet aus der Produktion aus**" und „**b) Das Gehäuse G II scheidet nicht aus der Produktion aus**". Es soll gelten, dass sich die Selbstkosten des Umsatzes von 9.168.000,00 € in 5.468.000,00 € (= 59,642 %) **variable Kosten** und 3.700.000,00 € (= 40,358 %) **fixe Kosten** aufteilen lassen.

a) Das Gehäuse G II scheidet aus der Produktion aus:

Ergebnisrechnung	Kostenträger insg.	Geh. Typ G I	Geh. Typ G II	Geh. Typ G III
Umsatzerlöse	8.135.540 €	4.696.820 €	–	3.438.720 €
– variable Kosten	4.025.220 €[1]	2.359.770 €[1]	–	1.665.450 €[1]
= Deckungsbeitrag	4.110.320 €	2.337.050 €	–	1.773.270 €
– fixe Kosten	3.700.000 €	–	–	–
= **Betriebsgewinn**	**410.320 €**			

Die Selbstkosten der Abrechnungsperiode können nur um die variablen Kosten des Gehäuses G II (= 1.442.784,00 €) verringert werden. Die fixen Kosten bleiben beim Ausscheiden des Gehäuses G II **in voller Höhe** bestehen und müssen nunmehr allein von den Deckungsbeiträgen der Gehäuse G I und G III getragen werden. Die verbliebenen Deckungsbeiträge reichen noch zur Erzielung eines Betriebsgewinnes aus, der jedoch deutlich niedriger ausfällt als in der ursprünglichen Situation (vgl. S. 306). Durch die Herausnahme des Gehäuses G II verschlechtert sich also die betriebliche Erfolgslage.

b) Das Gehäuse G II scheidet nicht aus der Produktion aus:

Ergebnisrechnung	Kostenträger insg.	Geh. Typ G I	Geh. Typ G II	Geh. Typ G III
Umsatzerlöse	10.520.000 €	4.696.820 €	2.384.460 €	3.438.720 €
– variable Kosten	5.468.000 €	2.359.770 €[1]	1.442.780 €[1]	1.665.450 €[1]
= Deckungsbeitrag	5.052.000 €	2.337.050 €	941.680 €	1.773.270 €
– fixe Kosten	3.700.000 €	–	–	–
= **Betriebsgewinn**	**1.352.000 €**			

Die Umsatzerlöse von Gehäuse G II liegen um 941.680,00 € **über dessen variablen Kosten**. Dieser **Mehrbetrag** kann für die **Deckung der fixen Gesamtkosten** mit herangezogen werden. Es entsteht dadurch ein **Betriebsgewinn** in der ausgewiesenen Höhe von 1.352.000,00 €.

Produktionsentscheidung bei mehrstufiger Deckungsbeitragsrechnung

Deckungsbeitrag I (= DB I)

Das Beispiel verdeutlicht, dass die Produktionsentscheidung im Mehrproduktunternehmen von den Deckungsbeiträgen der einzelnen Kostenträger abhängt. Diese Deckungsbeiträge ergeben sich als **Differenz aus den Umsatzerlösen minus den variablen Kosten**, sie heißen **Deckungsbeitrag I.**

Erzeugnisfixe Kosten

Die fixen Kosten wurden im Beispiel keiner näheren Betrachtung unterzogen, sondern **als Block von der Summe der Deckungsbeiträge subtrahiert**. In der Praxis wird jedoch **ein Teil der fixen Kosten den einzelnen Kostenträgern direkt zurechenbar** sein; es handelt sich hierbei um die so genannten **erzeugnisfixen Kosten.**

Beispiele hierfür sind u. a. Kosten der Produktionsanlagen, die nur für bestimmte Erzeugnisse genutzt werden, Patente, Forschungs- und Entwicklungskosten, Werkzeugkosten.

1 gerundete Zahlen

Deckungsbeitrag II (= DB II)

Subtrahiert man von den Deckungsbeiträgen I der einzelnen Kostenträger deren erzeugnisfixe Kosten, erhält man den **Deckungsbeitrag II.** Er zeigt den Beitrag der Kostenträger zur Deckung der Restfixkosten an, die **nicht kostenträgerbezogen** sind.

Erzeugnisgruppenfixe Kosten

Sofern fixe Kosten **nicht einem bestimmten Kostenträger**, sondern nur **mehreren Kostenträgern gemeinsam** zugerechnet werden können (z. B. Erzeugnisgruppe), spricht man von **erzeugnisgruppenfixen Kosten.**

Deckungsbeitrag III (= DB III)

Subtrahiert man von den **gruppenweise** zusammengefassten Deckungsbeiträgen II die erzeugnisgruppenfixen Kosten, so erhält man den **Deckungsbeitrag III.** Er gibt die Fixkostendeckung durch die Erzeugnisgruppen an.

Unternehmensfixe Kosten

Unternehmensfixe Kosten bilden den restlichen Fixkostenblock, **der für das Unternehmen insgesamt** angefallen ist und nicht mehr verursachungsgerecht einem Kostenträger oder einer Kostenträgergruppe zugerechnet werden kann. **Beispiele** hierfür sind u. a. Kosten der kaufmännischen und betrieblichen Verwaltung und der Unternehmensleitung. Unternehmensfixe Kosten werden von der Summe der Deckungsbeiträge III subtrahiert; die Differenz stellt das **Betriebsergebnis der Rechnungsperiode** dar.

Beispiel

Die fixen Kosten in Höhe von 3.700.000,00 € sollen wie folgt aufteilbar sein:

	Geh. Typ G I	Geh. Typ G II	Geh. Typ G III
Erzeugnisfixe Kosten	756.790,00 €	637.590,00 €	796.790,00 €
Erzeugnisgruppenfixe Kosten	598.850,00 €		–
Unternehmensfixe Kosten	909.980,00 €		

Deckungsbeitragsrechnung mit stufenweiser Fixkostendeckung

Ergebnisrechnung	Gehäuse Typ G I	Gehäuse Typ G II	Gehäuse Typ G III	Kostenträger insgesamt
Umsatzerlöse	4.696.820 €	2.384.460 €	3.438.720 €	10.520.000 €
– variable Kosten	2.359.770 €	1.442.780 €	1.665.450 €	5.468.000 €
= Deckungsbeitrag I	2.337.050 €	941.680 €	1.773.270 €	5.052.000 €
– erzeugnisfixe Kosten	756.790 €	637.590 €	796.790 €	2.191.170 €
= Deckungsbeitrag II	1.580.260 €	304.090 €	976.480 €	2.860.830 €
– erzeugnisgruppenfixe K.	598.850 €		–	598.850 €
= Deckungsbeitrag III	1.285.500 €		976.480 €	2.261.980 €
– unternehmensfixe Kosten	–		–	909.980 €
= Betriebsgewinn				**1.352.000 €**

Auswertung: Es stellt sich die Frage, **ob das Gehäuse Typ G II zugunsten einer höheren Produktion der Gehäuse Typ G I und Typ G III aus der Produktion ausscheiden soll. Dafür spricht der geringe DB II.** Zudem wären **erzeugnisfixe Kosten** von 637.590,00 € **abbaufähig.** Der geringe DB II sagt aber nichts darüber aus, **wie viel Deckungsbeitrag das einzelne Gehäuse** erbringt. Erst diese Aussage ist für die Entscheidung maßgeblich:

DB je Stück	Gehäuse Typ G I	Gehäuse Typ G II	Gehäuse Typ G III
$\frac{\text{DB II}}{\text{Absatzmenge}} = \text{db}$	$\frac{1.580.260\ €}{85\,698\ \text{St.}} = 18,44\ €$	$\frac{304.090\ €}{62\,115\ \text{St.}} = 4,90\ €$	$\frac{976.480\ €}{47\,085\ \text{St.}} = 20,74\ €$

Nach dieser Rechnung hat das **Gehäuse G III Vorrang** vor den Gehäusen G I und G II. Gehäuse G II wird nur noch zur **Abrundung des Produktionsprogramms** weiterproduziert oder es befindet sich gerade in einer Anlauf- und Aufbauphase und verbleibt aus diesem Grund im Sortiment.

Merke

- **Solange ein Kostenträger einen positiven Deckungsbeitrag erzielt, ist es unwirtschaftlich, diesen Kostenträger aus der Produktion herauszunehmen.**
- **Die Deckungsbeiträge II und III sind für Produktionsentscheidungen von großer Bedeutung, da sie Einblick in die abbaufähigen fixen Kosten geben.**

Aufgabe 323

Die Kostenrechnung liefert für den Monat November folgende Zahlen:

	Erzeugnis A	Erzeugnis B
Produktions- und Absatzmenge	600 Stück	1 000 Stück
Preis je Stück	520,00 €	390,00 €
Variable Kosten je Stück	240,00 €	160,00 €
Erzeugnisfixe Kosten	80.000,00 €	120.000,00 €
Unternehmensfixe Kosten	130.000,00 €	

Bestimmen Sie die Deckungsbeiträge I und II sowie das Betriebsergebnis.

Aufgabe 324

Aus dem Vormonat stehen folgende Zahlen zur Verfügung:

	Erzeugnis A	Erzeugnis B	Erzeugnis C
Produktions- und Absatzmenge	4 000 Stück	2 400 Stück	8 000 Stück
Preis je Stück	105,00 €	80,00 €	45,00 €
Variable Kosten je Stück	53,00 €	61,00 €	24,00 €
Erzeugnisfixe Kosten	54.000,00 €	48.000,00 €	80.000,00 €
Erzeugnisgruppenfixe Kosten	41.000,00 €		
Unternehmensfixe Kosten	115.500,00 €		

1. *Bestimmen Sie die Deckungsbeiträge I, II und III sowie das Betriebsergebnis.*
2. *Notieren Sie Vorschläge zur Verbesserung des Betriebsergebnisses.*

Aufgabe 325

In einem Industriebetrieb werden vier Erzeugnisse A, B, C, D in zwei Produktionsstufen I und II hergestellt. Die Erzeugnisarten A und B durchlaufen beide Produktionsstufen, die Erzeugnisarten C und D durchlaufen nur die erste Produktionsstufe.

Die fixen Kosten betragen insgesamt 1.000.000,00 € je Rechnungsperiode und lassen sich wie folgt aufteilen:

	Erzeugnisarten			
	A	B	C	D
Erzeugnisfixe Kosten der Stufe I	125.000,00 €	140.000,00 €	80.000,00 €	105.000,00 €
Erzeugnisgruppenfixe Kosten der Stufe I	160.000,00 €		40.000,00 €	
Die fixen Kosten der Produktionsstufe II belaufen sich auf 130.000,00 € und gelten als erzeugnisgruppenfixe Kosten. Die unternehmensfixen Kosten betragen 220.000,00 €.				

Für die Betriebsergebnisrechnung liegen die folgenden Angaben vor:

	A	B	C	D
Verkaufspreis je Stück	150,00 €	220,00 €	180,00 €	200,00 €
Produktions- und Absatzmenge in Stück	4 000	3 500	3 200	3 000
Variable Kosten je Stück	80,00 €	140,00 €	110,00 €	120,00 €

1. *Berechnen Sie die Deckungsbeiträge I, II und III sowie den Betriebserfolg.*
2. *Welche Maßnahmen verbessern das Betriebsergebnis?*

5.4 Deckungsbeitragsrechnung als Grundlage für marktorientierte Entscheidungen

5.4.1 Bestimmung der Preisuntergrenze

Die Preisuntergrenze gibt den Verkaufspreis an, den das Unternehmen für sein Erzeugnis fordern muss, um **kurzfristig** oder **langfristig** zu bestehen.

In wirtschaftlich schlechten Zeiten, die durch Absatzeinbußen gekennzeichnet sind, wird die Unternehmensleitung gezwungen sein die Verkaufspreise zu senken, um den Absatzrückgang aufzuhalten. Man muss dann aber wissen, **in welchem Ausmaß** die Preissenkung vorgenommen werden kann, **ohne Verluste** zu erleiden.

langfristige Preisuntergrenze

Die langfristige Preisuntergrenze legt den Preis fest, der zu **kostendeckenden Erlösen** führt. Die Produktion kann in dieser Situation über längere Zeit fortgesetzt werden, da Ersatzinvestitionen durchführbar sind. Zur Erhaltung der Arbeitsplätze und zur Stabilisierung des Absatzes wird die Unternehmensleitung diese Preisuntergrenze anstreben.

Situation

Es soll angenommen werden, dass der Absatz des Gehäuses Typ G II, von dem in der abgelaufenen Periode 62115 Stück verkauft wurden, rückläufig ist. Bei den Gehäusen G I und G III sind keine Absatzeinbußen zu verzeichnen.

Um den Absatz bei Gehäuse Typ G II auf dem bisherigen Stand zu halten, soll **der Preis so weit gesenkt werden, dass der DB II dieses Gehäuses auf 0,00 € fällt**; die Umsatzerlöse sollen also die variablen Kosten und die erzeugnisfixen Kosten gerade noch decken.

Der DB II kann demnach **um 304.090,00 € niedriger** ausfallen (vgl. S. 308). Dies wird durch **Verminderung der Umsatzerlöse um den Betrag von 304.090,00 €** erreicht:

	Früherer Nettoverkaufspreis von Gehäuse G II	= (2.384.460 € : 62115 St.)	= 38,39 €
–	**Preissenkung** bei Gehäuse G II	= (304.090 € : 62115 St.)	= 4,90 €
=	**Neuer Nettoverkaufspreis** von Gehäuse G II		= 33,49 €

Ergebnisrechnung	Gehäuse Typ G I	Gehäuse Typ G II	Gehäuse Typ G III	Kostenträger insgesamt
Umsatzerlöse	4.696.820 €	2.080.370[1] €	3.438.720 €	10.215.910 €
– variable Kosten	2.359.770 €	1.442.780 €	1.665.450 €	5.468.000 €
= Deckungsbeitrag I	2.337.050 €	637.590 €	1.773.270 €	4.747.910 €
– erzeugnisfixe Kosten	756.790 €	637.590 €	796.790 €	2.191.170 €
= Deckungsbeitrag II	1.580.260 €	**0 €**	976.480 €	2.556.740 €
– erzeugnisgruppenfixe K.	598.850 €		–	598.850 €
= Deckungsbeitrag III	981.410 €		976.480 €	1.957.890 €
– unternehmensfixe Kosten	–		–	909.980 €
= Betriebsgewinn				1.047.910 €

Im obigen Beispiel wurde der Preis für das Gehäuse Typ G II auf die **langfristige Preisuntergrenze** festgesetzt. Über die Umsatzerlöse fließen dem Unternehmen genau so viele Finanzmittel zu, dass die **variablen Kosten und die direkt zurechenbaren fixen Kosten** gedeckt werden. Der Kostenträger ist nicht mehr an der Deckung der erzeugnisgruppenfixen und der unternehmensfixen Kosten beteiligt. Die Deckung dieser Kosten wird von den übrigen Kostenträgern voll übernommen.

kurzfristige Preisuntergrenze

Die kurzfristige Preisuntergrenze **(= absolute Preisuntergrenze)** legt den Preis fest, der genau **die variablen Kosten** des Kostenträgers **deckt**. Der Verkaufspreis ist in diesem Fall also **gleich den variablen Stückkosten.** In Höhe der **gesamten fixen Kosten** (= Kosten der Betriebsbereitschaft) ergibt sich dann ein **Betriebsverlust.**

1 gerundet

Beispiel

Die kurzfristigen Preisuntergrenzen für die Kostenträger lauten:

Kurzfristige Preisuntergrenze	Geh. Typ G I	Geh. Typ G II	Geh. Typ G III
Variable Kosten / Absatz (Stück)	2.359.770 € / 85 698 Stück = 27,54 €	1.442.780 € / 62 115 Stück = 23,23 €	1.665.450 € / 47 085 Stück = 35,37 €

liquiditätsorientierte Preisuntergrenze

Die Ausrichtung der Verkaufspreise nach der kurzfristigen Preisuntergrenze kann ein Unternehmen in **Liquiditätsschwierigkeiten** bringen. Da in der kurzfristigen Preisuntergrenze nur die variablen Kosten erfasst werden, bleiben die **fixen Kosten, die kurzfristig zu Ausgaben führen**, unberücksichtigt; das sind insbesondere Mietaufwendungen, betriebliche Steuern, Gehälter, Zeitlöhne, Soziale Aufwendungen, Versicherungsbeiträge. Die liquiditätsorientierte Preisuntergrenze wird nach folgender Rechnung festgelegt:

$$\text{liquiditätsorientierte Preisuntergrenze} = \frac{\text{variable Kosten + ausgabewirksame fixe Kosten}}{\text{Absatzmenge}}$$

Merke

- **Reichen die Umsatzerlöse insgesamt aus, um alle anfallenden Kosten zu decken, so hat der Verkaufspreis die langfristige Preisuntergrenze erreicht.**
- **Die kurzfristige oder absolute Preisuntergrenze ist erreicht, wenn der Nettoverkaufspreis gerade die variablen Stückkosten des Erzeugnisses deckt. Auf den Ersatz der ohnehin anfallenden fixen Kosten wird vorübergehend verzichtet.**

Aufgabe 326

1. *Definieren Sie die Begriffe kurzfristige, langfristige und liquiditätsorientierte Preisuntergrenze.*
2. *Begründen Sie, warum ein Industriebetrieb langfristig nicht existieren kann, wenn die Umsatzerlöse gerade die gesamten Kosten decken, er aber kurzfristig durchaus die liquiditätsorientierte Preisuntergrenze anstreben kann.*

Aufgabe 327

In einem Industriebetrieb wird ein Erzeugnis zu variablen Stückkosten in Höhe von 45,00 € und fixen Kosten je Abrechnungsperiode in Höhe von 120.000,00 € produziert. Die monatliche Produktionsmenge beträgt 5 000 Stück.

Geben Sie die langfristige und kurzfristige Preisuntergrenze an.

Aufgabe 328

Ein Mehrproduktunternehmen fertigt drei Erzeugnisse. Die BER liefert folgende Unterlagen:

	Erzeugnis I	Erzeugnis II	Erzeugnis III
Verkaufspreis	62,50 €	36,00 €	40,00 €
Variable Stückkosten	40,00 €	20,00 €	25,00 €
Erzeugnisfixe Kosten	50.000,00 €	80.000,00 €	110.000,00 €
Unternehmensfixe Kosten		220.000,00 €	
Produktions- und Absatzmenge	8 000 Stück	10 000 Stück	20 000 Stück

1. *Bestimmen Sie die Deckungsbeiträge I und II sowie das Betriebsergebnis.*
2. Beim Produkt II liegen Absatzschwierigkeiten vor. Der Preis dieses Erzeugnisses soll so weit gesenkt werden, dass dessen Erlöse gerade noch die variablen Kosten und die erzeugnisfixen Kosten decken. *Zu welchem Preis muss das Erzeugnis angeboten werden?*
3. Der Unternehmer strebt die langfristige Preisuntergrenze an, um den Absatz des Erzeugnisses II halten zu können. *Bei welchem Preis wird die langfristige Preisuntergrenze erreicht, wenn Preise und Kosten der übrigen Erzeugnisse unverändert bleiben?*

5.4.2 Annahme von Zusatzaufträgen

Situation

Im Unternehmen Wernick GmbH liegt für das abgelaufene Geschäftsjahr folgende Produktions- und Absatzsituation vor (vgl. auch S. 251/308/311):

	Gehäuse G I	Gehäuse G II	Gehäuse G III	insgesamt
Verkaufspreis[1]	54,81 €	38,39 €	73,03 €	
Variable Stückkosten	27,54 €	23,23 €	35,37 €	
Erzeugnisfixe Kosten	756.790,00 €	637.590,00 €	796.790,00 €	
Erz.-gruppenfixe Kosten	598.850,00 €		–	
Unternehmensfixe Kosten				909.980,00 €
Absatzmenge	85 698 Stück	62 115 Stück	47 085 Stück	
Kapazität	105 000 Stück	80 000 Stück	65 000 Stück	

Im kommenden Geschäftsjahr rechnet Herr Wernick mit einer **unveränderten Produktions- und Absatzsituation.** Es besteht allerdings die Möglichkeit, einen **Zusatzauftrag** von einem bisher nicht belieferten Kunden über **10 000 Gehäuse Typ G II** zu erhalten, wenn ein Verkaufspreis von **30,00 € je Gehäuse** akzeptiert wird.

Welche Erfolgssituation ergibt sich für das Unternehmen Wernick GmbH a) ohne Berücksichtigung des Zusatzauftrags und b) einschließlich des Zusatzauftrags?

Zusatzaufträge

Alle Aufträge, die zu Preisen unterhalb der derzeitigen Verkaufspreise angenommen werden, heißen Zusatzaufträge. Durch Zusatzaufträge sollen

- die zurzeit nicht ausgelasteten **Produktionsanlagen optimal genutzt** und
- das **Betriebsergebnis verbessert** werden.

Auf dem Markt lässt sich diese Strategie nur durchsetzen, wenn sich die Abnehmer untereinander nicht kennen. Das ist auf den Gütermärkten in der Regel der Fall.

a) Ergebnisrechnung ohne Berücksichtigung des Zusatzauftrags (vgl. S. 308)

Ergebnisrechnung	Gehäuse Typ G I	Gehäuse Typ G II	Gehäuse Typ G III	Kostenträger insgesamt
Umsatzerlöse	4.696.820 €	2.384.460 €	3.438.720 €	10.520.000 €
– variable Kosten	2.359.770 €	1.442.780 €	1.665.450 €	5.468.000 €
= Deckungsbeitrag I	2.337.050 €	941.680 €	1.773.270 €	5.052.000 €
– erzeugnisfixe Kosten	756.790 €	637.590 €	796.790 €	2.191.170 €
= Deckungsbeitrag II	1.580.260 €	304.090 €	976.480 €	2.860.830 €
– erzeugnisgruppenfixe K.	598.850 €		–	598.850 €
= Deckungsbeitrag III	1.285.500 €		976.480 €	2.261.980 €
– unternehmensfixe Kosten	–		–	909.980 €
= Betriebsgewinn				1.352.000 €

Merke

- **Ein Zusatzauftrag liegt vor, wenn ein Auftrag zu Preisen unterhalb der derzeitigen Verkaufspreise angenommen wird.**
- **Die Annahme eines Zusatzauftrags empfiehlt sich immer dann, wenn sein Preis über den variablen Stückkosten liegt, also bei positivem Deckungsbeitrag.**

1 Verkaufspreis = Umsatzerlöse = Absatzmenge

b) Ergebnisrechnung einschließlich des Zusatzauftrags

Ergebnisrechnung	Gehäuse Typ G I	Gehäuse Typ G II	Gehäuse Typ G III	Kostenträger insgesamt
Umsatzerlöse aus laufender Produktion	4.696.820 €	2.384.460 €	3.438.720 €	10.520.000 €
+ **Umsatzerlöse** aus dem Zusatzauftrag	–	300.000 €	–	300.000 €
= **Umsatzerlöse** insgesamt	4.696.820 €	2.684.460 €	3.438.720 €	10.820.000 €
– **variable Kosten** der laufenden Produktion	2.353.770 €	1.442.780 €	1.665.450 €	5.468.000 €
– **variable Kosten** des Zusatzauftrags	–	232.300 €	–	232.300 €
= **Deckungsbeitrag I**	2.337.050 €	1.009.380 €	1.773.270 €	5.119.700 €
– **erzeugnisfixe Kosten**	756.790 €	637.590 €	796.790 €	2.191.170 €
= **Deckungsbeitrag II**	1.580.260 €	371.790 €	976.480 €	2.928.530 €
– **erzeugnisgruppenfixe K.**	598.850 €		–	598.850 €
= **Deckungsbeitrag III**	1.353.200 €		976.480 €	2.329.680 €
– **unternehmensfixe Kosten**	–		–	909.980 €
= **Betriebsgewinn**				**1.419.700 €**

Die Annahme des Zusatzauftrags empfiehlt sich unbedingt: Der Zusatzauftrag erbringt einen positiven Stückdeckungsbeitrag von 30,00 € – 23,23 € = (+) 6,77 €. Jedes zusätzlich produzierte und verkaufte Gehäuse hilft also bei der Deckung der fixen Kosten bzw. erhöht den Betriebsgewinn um 6,77 €. Auch im Fall eines vorher bestehenden Betriebsverlustes lohnt sich die Annahme dieses Zusatzauftrages, da der zusätzlich erzielbare Gewinn den Betriebsverlust verringert.

Aufgabe 329

Ein Unternehmen, das Spritzgussteile herstellt, ist auf eine Kapazität von 10000 Stück je Monat ausgelegt. Die Kostenrechnung schloss im Monat Juni mit folgenden Zahlen ab:

Produktion	Variable Gesamtkosten	Fixe Gesamtkosten
8 400 Stück	126.000,00 €	84.000,00 €

Es wird damit gerechnet, dass in Zukunft eine Produktion von 7 500 Stück zum Preis von 30,00 € je Stück abgesetzt werden kann.

1. *Errechnen Sie den Betriebserfolg bei der erwarteten Absatzlage.*
2. *Begründen Sie, ob sich die Hereinnahme eines Zusatzauftrags über 1500 Stück lohnt, der zum Preis von 22,00 € je Stück abgerechnet werden muss?*
3. *Zu welchem kostendeckenden Preis könnten 7500 Stück angeboten werden?*
4. *Wie hoch ist die absolute Preisuntergrenze?*

Aufgabe 330

Ein Uhrenhersteller produziert zwei Uhren, Typ A und Typ B, unter folgenden Bedingungen:

Typ	Monatliche Produktion	Kapazitätsgrenze	Variable Stückkosten	Erzeugnisfixe Kosten	Untern.-fixe Kosten	Verkaufspreis
A	6000	8000	35,00 €	50.000,00 €	210.000,00 €	75,00 €
B	4000	5000	56,00 €	80.000,00 €		120,00 €

1. *Errechnen Sie den Deckungsbeitrag I und II sowie den Betriebsgewinn.*
2. *Bestimmen Sie, ob sich die Annahme eines Zusatzauftrags über 500 Uhren vom Typ A zum Preis von 40,00 € je Uhr lohnt.*
3. Um Absatzeinbußen bei der Uhr von Typ B zu vermeiden, will der Unternehmer den Betriebsgewinn vorübergehend auf 50.000,00 € senken. *Ermitteln Sie den Verkaufspreis, zu dem eine Uhr unter dieser Bedingung angeboten werden kann.*

5.4.3 Optimales Produktionsprogramm

Zweck

Unter optimalem Produktionsprogramm versteht man die **Ausrichtung der Produktion** in einem Mehrproduktunternehmen **auf die rentabelsten Erzeugnisgruppen**, wobei sich die **Rangfolge**, in der die Erzeugnisse hergestellt werden, nach der Höhe der von ihnen erwirtschafteten **absoluten** oder **relativen Deckungsbeiträge** richtet.

Produktionsprogramm nach absoluten Deckungsbeiträgen

Unter der Voraussetzung ausreichender Produktionskapazität hängt die Produktionsrangfolge **von der Höhe der Deckungsbeiträge je Stück ab.**

Situation 1

Es wird angenommen, dass das Unternehmen Wernick GmbH **vier** Gehäusetypen (G I, G II, G III, G IV) zu folgenden Bedingungen produziert (vgl. S. 312):

Gehäusetyp	Nettoverkaufspreis	Variable Stückkosten	Deckungsbeitrag je Stück
G I	54,81 €	27,54 €	27,27 €
G II	38,39 €	23,23 €	15,16 €
G III	73,03 €	35,37 €	37,66 €
G IV	44,50 €	27,80 €	16,70 €

Die Rangfolge, in der die einzelnen Gehäusetypen bei der Produktionsentscheidung berücksichtigt werden, lautet demnach:

G III – G I – G IV – G II

Produktionsprogramm nach relativen Deckungsbeiträgen

In der Praxis wird es in jedem Industriebetrieb **Engpässe** geben, die die Produktionsmenge in einer bestimmten Abteilung beschränken. Die Produktionsrangfolge wird dann von den **Produktionsbedingungen dieses Engpasses** bestimmt.

Situation 2

Die vier Gehäusetypen G I, G II, G III und G IV durchlaufen die **gleiche Montageabteilung.** Diese Abteilung bildet mit **16 000 Stunden/Monat** den betrieblichen Engpass. Für die Montage der Gehäusetypen werden folgende Zeiten je Gehäuse aufgewendet:

	Typ G I	Typ G II	Typ G III	Typ G IV
Montagezeit in Minuten	5	3	6	4

Relativer Deckungsbeitrag

Im betrieblichen Engpass wird die Produktion vorrangig auf jene Produkte gelegt, die die höchsten Ertragszuwächse erbringen. Als Maßzahl für den Ertragszuwachs gelten die **Stückdeckungsbeiträge je Produktionsminute**, die auch relative Deckungsbeiträge genannt werden.

Beispiel

Das Gehäuse G I hat einen **Deckungsbeitrag** von (54,81 € Verkaufspreis – 27,54 € variable Stückkosten =) 27,27 € **je Stück** erzielt. Es erfordert eine Montagezeit von **fünf Minuten je Stück.** Auf eine Minute umgerechnet ergibt das einen relativen Deckungsbeitrag von:

$$\text{Relativer Deckungsbeitrag} = \frac{27{,}27\ \text{€ Stückdeckungsbeitrag}}{\mathbf{5\ Minuten}\ \text{Montagezeit}} = 5{,}454\ \text{€/min.}$$

Merke

- **Die Rangfolge, in der die Erzeugnisgruppen produziert werden, richtet sich bei ausreichender Produktionskapazität nach der Höhe der erzielten (absoluten) Deckungsbeiträge je Stück und bei Engpässen nach der Höhe der relativen Deckungsbeiträge je Mengen- oder Zeiteinheit.**
- **Der auf eine Minute umgerechnete Stückdeckungsbeitrag heißt „relativer Deckungsbeitrag".**

In der folgenden Aufstellung sind für alle Gehäusetypen die relativen Deckungsbeiträge aufgeführt:

Gehäusetyp	Stückdeckungsbeitrag (db)	Montagezeit in Minuten	relativer Deckungsbeitrag (€/min.)
G I	27,27 €	5	5,454 €/min.
G II	15,16 €	3	5,053 €/min.
G III	37,66 €	6	6,277 €/min.
G IV	16,70 €	4	4,175 €/min.

Die Produktionsentscheidung richtet sich nunmehr nach der **Höhe der relativen Deckungsbeiträge.** Die vier Gehäusetypen werden in der Rangfolge

G III – G I – G II – G IV

produziert. Von der **Kapazität des Engpasses** und der **Absatzsituation** hängt es ab, ob **alle Gehäusetypen in den absetzbaren Mengen auch hergestellt werden.** Unter der Annahme bestimmter **monatlicher Absatzmengen** (vgl. nachfolgendes Beispiel und S. 251) wird folgende **Produktionsentscheidung** getroffen:

Rang	Gehäusetyp	absetzbare Menge		Montagezeit je Stück		Montagezeit insgesamt in Minuten	Montagezeit in Stunden
I	G III	47 085 Stück	·	6 Minuten	=	282 510 Min.	4 708,50 Std.
II	G I	85 698 Stück	·	5 Minuten	=	428 490 Min.	7 141,50 Std.
III	G II	62 115 Stück	·	3 Minuten	=	186 345 Min.	3 105,75 Std.
							14 955,75 Std.
IV	G IV	15 663 Stück	·	4 Minuten	=	62 655 Min. ⟵	1044,25 Std.
							16 000,00 Std.

Auswertung und Erläuterung: Die auf den Rängen I bis III stehenden Gehäusetypen G III, G I und G II können im Umfang ihrer absetzbaren Mengen produziert werden. Im betrieblichen Engpass „Montage“ werden hierfür insgesamt 14 955,75 Arbeitsstunden verbraucht. Für das im letzten Rang stehende Gehäuse G IV verbleiben noch 1 044,25 Montagestunden; diese Zeit entspricht 62 655 Montageminuten. Bei einer Montagezeit von vier Minuten je Stück können somit innerhalb der verbleibenden Arbeitszeit (62 655 Minuten : 4 Minuten =) 15 663 Gehäuse G IV hergestellt werden.

Aufgabe 331

Errechnen Sie zu obigem Beispiel den gesamten Deckungsbeitrag und das Betriebsergebnis, wenn die fixen Kosten 3.700.000,00 € (vgl. S. 298) betragen.

Aufgabe 332

In einem Industrieunternehmen werden fünf unterschiedliche Erzeugnisse unter folgenden Bedingungen hergestellt:

Erzeugnisgruppe	Nettoumsatz je Stück	Variable Stückkosten	Fixe Gesamtkosten
A	3,50 €	1,90 €	
B	2,80 €	1,10 €	
C	5,20 €	3,10 €	52.200,00 €
D	7,40 €	3,80 €	
E	4,10 €	2,20 €	

In der gemeinsamen Engpassstufe können monatlich maximal 6400 Fertigungsstunden geleistet werden.

Der Zeitbedarf in dieser Stufe beträgt je Stück:

A	B	C	D	E
10 Min.	5 Min.	12 Min.	15 Min.	10 Min.

Die absetzbare Stückzahl beträgt:

A	B	C	D	E
9000	12000	8000	8000	15000

Ermitteln Sie das optimale Produktionsprogramm und berechnen Sie das Betriebsergebnis.

Aufgabe 333

Wie lautet die Lösung zu Aufgabe 331, wenn in der Engpassstufe nicht mit der maximalen Leistung von 6400 Fertigungsstunden gearbeitet wird, sondern mit optimaler Leistung, die 90 % der maximalen Leistung beträgt?

Aufgabe 334

Ein Industrieunternehmen produziert drei verschiedenartige Erzeugnisse A, B und C unter folgenden Bedingungen:

Erzeugnisgruppe	Variable Stückkosten	Nettoumsatz je Stück	Fixe Gesamtkosten
A	124,00 €	165,00 €	
B	86,00 €	121,00 €	125.000,00 €
C	105,00 €	128,00 €	

1. *Wie hoch ist das Betriebsergebnis, wenn von jedem Produkt monatlich 2000 Stück absetzbar sind und keine betrieblichen Engpässe vorliegen?*
2. *Ermitteln Sie das optimale Produktionsprogramm und das Betriebsergebnis, wenn auf einer gemeinsamen Fertigungsstufe ein Engpass mit monatlich 6440 Fertigungsstunden vorliegt und die Fertigungszeiten in dieser Stufe bei Produkt A 1,5 Stunden, bei B 1,0 Stunde und bei C 1,2 Stunden betragen.* Es sollen wiederum von jedem Produkt 2000 Stück absetzbar sein.

Aufgabe 335

Die Montageabteilung eines Industriebetriebes soll die Fertigung eines neuen Gerätes Typ G übernehmen, obwohl sie bereits an der Kapazitätsgrenze arbeitet. Bisher werden in dieser Abteilung drei Geräte montiert:

Gerät	Fertigungszeit Min./Stück	Deckungsbeitrag
Typ C	12 Min./Stück	25,00 €
Typ D	15 Min./Stück	31,00 €
Typ E	10 Min./Stück	19,00 €

Das Gerät Typ G benötigt eine Montagezeit von 7,5 Minuten je Stück, es kann zu einem Nettoverkaufspreis von 41,00 € abgesetzt werden und verursacht variable Stückkosten von 26,00 €.

Lohnt es sich, vorübergehend die Fertigung eines Gerätes zugunsten des neuen Gerätes einzuschränken? Welches Gerät wird ggf. mit geringeren Stückzahlen produziert?

Aufgabe 336

1. *Erklären Sie die Begriffe „absoluter Deckungsbeitrag“ und „relativer Deckungsbeitrag“.*
2. *Wovon hängt die Produktionsentscheidung beim Kalkulieren mit relativen Deckungsbeiträgen ab?*

Aufgabe 337

Ein Unternehmen stellt u. a. Graugussteile her. Die Kapazität ist auf 10000 Stück je Monat ausgelegt.

Für den Monat März lieferte die Kostenrechnung folgende Zahlen:

Produktion	Variable Gesamtkosten	Fixe Gesamtkosten	Umsatzerlöse
8500 Stück	244.800,00 €	180.200,00 €	510.000,00 €

1. Die Absatzentwicklung der letzten Monate lässt für den kommenden Monat einen Rückgang des Absatzes auf 7500 Stück befürchten.
   a) *Zu welchem Preis müsste die Produktion bei unveränderten fixen Kosten abgesetzt werden? (unveränderter Gewinnzuschlag: 20 %)*
   b) *Welche Preisfestsetzungen könnte die Unternehmensleitung kurzfristig beschließen, wenn sich der unter a) errechnete Preis nicht auf dem Markt durchsetzen lässt?*
2. Besondere absatzpolitische Maßnahmen haben die unter 1. befürchtete Entwicklung nicht eintreten lassen. Die Unternehmensleitung rechnet nun für den Folgemonat mit Aufträgen über 8000 Stück, die zum gleichen Preis abgesetzt werden können. Zusätzlich kann die Unternehmung einen Auftrag über 1000 Stück erhalten, wenn ein Stückpreis von 30,00 € akzeptiert wird.
   a) *Untersuchen Sie, ob sich die Annahme des Zusatzauftrags lohnt.*
   b) *Welche Auswirkung auf das Betriebsergebnis ergäbe sich, wenn der Auftrag angenommen wird?*
3. Langfristig rechnet die Unternehmensleitung mit einem Rückgang des Absatzes auf 5000 Stück. Unter dieser Annahme wird geplant, die Produktion der Graugussteile aus dem Produktionsprogramm zu streichen. Hierdurch könnten die Fixkosten um 40.000,00 € abgebaut werden.

   Lohnt sich die Herausnahme des Produktes aus dem Produktionsprogramm?
4. Wegen der schlechten Absatzlage bei Graugussteilen stellt das Unternehmen die Produktion auf Kunststoff-Spritzgussteile um. Drei Erzeugnisse werden unter folgenden Bedingungen produziert und angeboten:

Erzeugnis	Variable Stückkosten	Nettoverkaufspreis	Fixe Gesamtkosten (Monat)
A	2,40 €	2,70 €	
B	1,60 €	1,85 €	90.000,00 €
C	2,00 €	2,40 €	

   a) *Bestimmen Sie das Betriebsergebnis, wenn von A 150000 Stück, von B 200000 Stück und von C 120000 Stück monatlich absetzbar sind und kein betrieblicher Engpass vorliegt.*
   b) Die Produkte werden in Serie auf getrennten Gussanlagen gefertigt; sie durchlaufen gemeinsam eine Kontroll-, Prüf- und Verpackungsabteilung, die mit 12400 Stunden je Monat belastet werden kann. Für das Produkt A werden 2,4 Min./Stück, für B 1,5 Min./Stück und für C 1,8 Min./Stück verbraucht.

      Bestimmen Sie unter den genannten Bedingungen das optimale Produktionsprogramm.

Aufgabe 338

Ein Betrieb hatte in der vergangenen Abrechnungsperiode 2000 Stück eines Erzeugnisses hergestellt. Die Gesamtkosten beliefen sich auf 124.000,00 €. In der laufenden Abrechnungsperiode werden 2250 Stück zu Gesamtkosten von 135.250,00 € produziert.

1. *Berechnen Sie bei proportionalem Verlauf der variablen Kosten die Fixkosten.*
2. *Mit welchen Gesamtkosten ist bei einer Produktion von 2400 Stück zu rechnen? Stellen Sie den Kostenverlauf grafisch dar.*

5.4.4 Eigenfertigung oder Fremdbezug

Die Frage, ob ein Produkt **selbst hergestellt** oder **von Zulieferern bezogen** werden soll, stellt sich aus **vielfältigen Gründen**, wie z. B.

- **Kosten** der Eigenfertigung oder des Fremdbezugs,
- **Beschäftigungsgrad** der eigenen Anlagen,
- **Qualität** der eigenen oder fremdbezogenen Erzeugnisse,
- **technisches Wissen** und technisches **Können**,
- **Abhängigkeit** von Zulieferern.

In den folgenden Ausführungen wird von der Annahme ausgegangen, dass nur die Aspekte „Kosten“ und „Beschäftigungsgrad“ entscheidungsrelevant sind. Damit lassen sich die Überlegungen auf **zwei grundsätzliche Situationen** reduzieren:

1. Das Unternehmen verfügt über freie Kapazitäten an Betriebsmitteln und Arbeitskräften und plant, bisher fremdbezogene Erzeugnisse selbst herzustellen (vgl. **Situation 1**).
2. Das Unternehmen möchte Kapazitäten für andere Erzeugnisse frei machen und plant, selbst hergestellte Erzeugnisse in Zukunft von Zulieferern zu beziehen (vgl. **Situation 2**).

Situation 1

Das Unternehmen Wernick GmbH kann von einem Zulieferer Blechgehäuse zu folgenden Bedingungen beziehen: Listeneinkaufspreis 45,00 € je Stück mit 10 % Rabatt. Zahlungsbedingungen: 10 Tage mit 2 % Skonto oder 30 Tage ohne Abzug. Die Bezugskosten werden mit 1 % des Bareinkaufspreises pauschal verrechnet.

Eigenfertigung: Rohstoffaufwendungen 5,50 €/Stück. Löhne für Stanzen, Pressen, Bohren, Lackieren und Montieren 18,00 €/Stück (die Facharbeiter sind bei **vollem Lohnausgleich** unterbeschäftigt).

An Gemeinkosten werden verrechnet:
Material 8 % (die Materialgemeinkosten sind **zu 25 % variabel),**
Fertigung 180 % (die Fertigungsgemeinkosten sind **zu 40 % variabel).**

Kalkulation des Fremdbezugs	
Listeneinkaufspreis	45,00 €
– 10 % Rabatt	4,50 €
= Rechnungspreis	40,50 €
– 2 % Skonto	0,81 €
= Bareinkaufspreis	39,69 €
+ 1 % Bezugskosten	0,40 €
= Bezugspreis je Stück	**40,09 €**

Kalkulation der Eigenfertigung auf Vollkostenbasis	
Rohstoffaufwand	5,50 €
+ 8 % Materialgemeinkosten	0,44 €
+ Fertigungslöhne	18,00 €
+ 180 % Fertigungsgemeink.	32,40 €
= Herstellkosten je Stück	**56,34 €**

Auf der Grundlage der **obigen** Vollkostenrechnung würde die Entscheidung **zugunsten des Fremdbezugs** ausfallen. Das ist **falsch**, weil in der Vollkostenkalkulation auch fixe Kosten angesetzt wurden, die durch die bisherige Beschäftigung bereits in voller Höhe erfasst waren. **Fixe Kosten bleiben unberücksichtigt.** Auch **Fertigungslöhne werden nicht eingerechnet**; sie sind in den bisherigen Fertigungskosten enthalten (vgl. Situation 1, voller Lohnausgleich).

Kalkulation der Eigenfertigung auf der Grundlage variabler Kosten	
Rohstoffaufwand	5,50 €
+ 2 % var. MGK (25 % v. 8 %)	0,11 €
+ 72 % var. FGK (v. 18,00 €)	12,96 €
= variable Herstellkosten	**18,57 €**

Merke

Bei der Berechnung der Herstellkosten für die Eigenfertigung werden nur die zusätzlich anfallenden variablen (proportionalen) Kosten berücksichtigt. Die fixen Kosten bleiben außer Ansatz.

Situation 2

Das Unternehmen Wernick GmbH stellt Stahlblech**gehäuse** Typ G I selbst her, während es die Gehäuse**deckel** Typ G I von einem Zulieferer zum Bezugspreis von 6,50 €/Stück bezieht. Die Geschäftsleitung plant, die Deckel Typ G I auf vorhandenen Stanzen und Pressen selbst herzustellen. Diese Maschinen sind derzeit mit der Produktion von Deckeln Typ G II ausgelastet. Die Deckel Typ G II haben einen (angenommenen) Verkaufspreis von 6,50 € je Stück.

Die **Fertigungsplanung** liefert folgende Zahlen:

Maschinenstundensätze:	Stanze (proportional)	25,00 €
	Presse (proportional)	31,00 €
einheitlicher **Lohnstundensatz** (proportional)		30,00 €
Fertigungsgemeinkostenzuschlag (proportional)		14 %
Deckel G I:	Rohstoffaufwand je Stück	1,40 €
	Materialgemeinkosten (proportional)	3,5 %
	Bearbeitungszeit **je Stück und Maschine**	1,2 Minuten
Deckel G II:	Rohstoffaufwand je Stück	1,73 €
	Materialgemeinkosten (proportional)	3,5 %
	Bearbeitungszeit **je Stück und Maschine**	1,5 Minuten

Opportunitätskosten

In diesem Fall konkurrieren Deckel Typ G I und Deckel Typ G II in der Produktion miteinander. Auf die Höhe der fixen Kosten hat dies keinen Einfluss; sie bleiben unberücksichtigt. Werden Deckel Typ GI produziert, so entstehen zunächst die variablen (= proportionalen) Kosten dieser Produktion. **Zusätzlich** sind die durch diese Produktion **verdrängten „Vorteile der Deckelproduktion Typ G II“** (= Opportunitätskosten **= relativer Deckungsbeitrag)** einzurechnen.

Kosten der Eigenfertigung von Deckeln Typ G I:

1. Variable Kosten	Deckel Typ G I	Deckel Typ G II
Rohstoffaufwand je Stück	1,40 €	1,73 €
+ 3,5 % Materialgemeinkosten	0,05 €	0,06 €
+ proportionale Maschinenkosten: Stanze	0,50 €	0,63 €
Presse	0,62 €	0,78 €
+ Fertigungslöhne je Stück	0,60 €	0,75 €
+ 14 % proportionale Fertigungsgemeinkosten	0,08 €	0,11 €
= variable Herstellkosten je Stück	**3,25 €**	**4,06 €**
2. Opportunitätskosten		
Verkaufspreis (fiktiv)		6,50 €
– variable Stückkosten		4,06 €
= Deckungsbeitrag je Stück		**2,44 €**
Deckungsbeitrag je Minute (2,44 : 1,5 Min.)		**1,63 €**
Opportunitätskosten (1,63 · 1,2 Min.)	**1,96 €**	
3. Gesamtkosten je Stück	**5,21 €**	
4. Ergebnis der Entscheidung		
Bezugspreis je Stück bei Fremdbezug	6,50 €	
– Kosten der Eigenfertigung je Stück	5,21 €	
= Vorteil der Eigenfertigung je Stück	**1,29 €**	

Merke

Wenn Produktionsalternativen bei ausgelasteter Kapazität zu entscheiden sind, müssen neben den variablen Kosten der jeweiligen Produktion auch die entgangenen Deckungsbeiträge der jeweils anderen Produktion (= Opportunitätskosten) berücksichtigt werden. Die fixen Kosten bleiben außer Ansatz.

Aufgabe 339

Ein Maschinenbauunternehmen hat bisher Messingventile, die in eigene Erzeugnisse eingebaut werden, zu folgenden Bedingungen fremdbezogen: Listeneinkaufspreis je Stück 52,00 €; bei Abnahme von mehr als 5000 Stück werden 15 % Mengenrabatt gewährt. Zahlungsbedingungen: bei Zahlung innerhalb von 10 Tagen 2 % Skonto, innerhalb von 30 Tagen ohne Abzug. Die Bezugskosten (Fracht, Verpackung) werden mit 0,70 € je Stück kalkuliert.

Das Unternehmen hat freie Kapazitäten zur Verfügung, die es ihm gestatten, die Ventile unter folgenden Bedingungen selbst zu fertigen:

Fertigungsmaterial je Stück 9,50 €; Löhne für Schneiden, Drehen, Fräsen, Bohren und Gewindeschneiden je Stück 35,50 € (die Arbeiter sind bei vollem Lohnausgleich unterbeschäftigt). An Gemeinkosten werden verrechnet: 12 % Materialgemeinkosten, davon gelten 30 % als variabel; 220 % Fertigungsgemeinkosten, davon gelten 45 % als variabel.

Entscheiden Sie, ob die Eigenfertigung günstiger ist als der Fremdbezug.

Aufgabe 340

Ein Unternehmen, das Elektrogeräte herstellt, bezieht die Gehäuse für das Gerät „Maximus II“ zum Bezugspreis von 64,50 € je Stück. Die technischen Einrichtungen des Unternehmens gestatten es, dieses Gehäuse selbst zu fertigen. Die Eigenfertigung würde folgende Kosten verursachen: Fertigungsmaterial je Gehäuse 17,20 €. Die Fertigungslöhne werden mit einem Stundensatz von 31,00 € verrechnet; die Fertigungszeit für ein Stück beträgt 24 Minuten. Da der Betrieb Kurzarbeit eingeführt hat, fallen bei Erhöhung des Beschäftigungsgrades die Fertigungslöhne als variable Kosten an. Die Materialgemeinkosten sind mit einem proportionalen Anteil von 4 %, die Fertigungsgemeinkosten mit einem proportionalen Anteil von 80 % zu berücksichtigen.

Untersuchen Sie, ob sich die Eigenfertigung aus Kostensicht lohnt.

Aufgabe 341

Ein Maschinenbauunternehmen bezieht einen stufenlosen elektronischen Regler von einem Zulieferer zum Bezugspreis von 102,50 € je Stück. Die Geschäftsleitung plant, diesen Regler selbst herzustellen. Wegen der ausgelasteten Kapazität müsste aber die Produktion einer Schaltung eingestellt und diese Schaltung fremdbezogen werden. Die Schaltung hat einen (fiktiven) Verkaufspreis von 60,80 €.

Die Fertigungsplanung liefert folgende Zahlen:

Fertigungslöhne:	einheitlicher Lohnstundensatz (proportional)	27,50 €
	proportionale Fertigungsgemeinkosten	60 %
Regler:	Fertigungsmaterial	32,00 €
	proportionale Materialgemeinkosten	4 %
	Fertigungszeit je Regler	30 Minuten
Schaltung:	Fertigungsmaterial	18,00 €
	proportionale Materialgemeinkosten	4 %
	Fertigungszeit je Schaltung	20 Minuten

1. *Entscheiden Sie, ob die Reglerproduktion zugunsten der Schalterproduktion aufgenommen werden soll.*
2. *Wie wäre zu entscheiden, wenn der fiktive Verkaufspreis für einen Schalter 70,00 € beträgt? Argumentieren Sie in diesem Fall nicht nur unter Kostengesichtspunkten.*

Aufgabe 342

1. *Welche Gesichtspunkte sind bei der Entscheidung „Eigenfertigung oder Fremdbezug“ zu berücksichtigen?*
2. *Erläutern Sie den Begriff „Opportunitätskosten“.*

6946320

Aufgabe 343

Die Bauelemente-AG stellt in einem Zweigwerk genormte Fenster aus Aluminium mit Dreifachverglasung für Großbauten her. Der harte Wettbewerb zwingt die Unternehmung, den Marktpreis von derzeit 450,00 € je Fenster als gegeben anzusehen. Die Monatskapazität des Unternehmens beträgt 300 Fenster; diese Kapazität ist zurzeit zu 70 % ausgelastet. Das Unternehmen ermittelt die variablen Stückkosten mit 200,00 € je Fenster und die fixen Kosten mit 60.000,00 € je Monat.

1. *Werten Sie diese Situation aufgrund folgender Fragen aus:*
   a) *Wie hoch ist der monatliche Betriebserfolg?*
   Unter den fixen Kosten befinden sich 20.000,00 € ausgabewirksame fixe Kosten.
   b) *Besteht für das Unternehmen die Gefahr der Illiquidität?*
   c) *Wie hoch müsste der Absatz sein, damit das Unternehmen in die Gewinnzone gelangt?*
2. Durch verstärkte Marketingbemühungen gelingt es der Bauelemente-AG, ein großes Bauunternehmen als zusätzlichen Dauerkunden zu gewinnen, der eine monatliche Abnahme von 150 Fenstern unter der Bedingung garantiert, dass der Verkaufspreis 360,00 € je Fenster beträgt. Falls die Bauelemente-AG auf diese Bedingung eingeht, sind Neuinvestitionen erforderlich, die zusätzliche fixe Kosten von 12.000,00 € verursachen.

   Zeigen Sie, ob sich die Annahme dieses Zusatzauftrages lohnt.

Aufgabe 344

Die Berger Lederwaren-GmbH stellt zurzeit Damen-Lederjacken „Elegance" und Damen-Ledermäntel „Exquisite" her. Für die zurückliegende Rechnungsperiode wurden folgende Daten ermittelt:

	„Elegance"	„Exquisite"	insgesamt
Verkaufspreis je Stück	900,00 €	1.500,00 €	
Variable Stückkosten	650,00 €	950,00 €	
Fixe Kosten insgesamt			520.000,00 €
Produktionsmenge	2500 Stück	1000 Stück	
Nähzeit je Stück	45 Minuten	75 Minuten	

Die gesamte Produktion konnte abgesetzt werden.

Die Kapazität des Unternehmens ist zurzeit nicht ausgelastet. In der Engpassabteilung „Näherei" stehen insgesamt 4600 Arbeitsstunden zur Verfügung. Die freie Kapazität könnte für die Produktion einer Herren-Lederjacke „Markant" genutzt werden. Für dieses Produkt liegen folgende Plandaten vor:

Verkaufspreis	700,00 €	Absatzmenge	2000 Stück
Variable Stückkosten	525,00 €	Nähzeit je Stück	60 Minuten

Für die Unternehmensleitung ergeben sich hieraus folgende Alternativen:

a) Verzicht auf die Produktion der Herrenjacken, da die Kapazität nicht für die möglichen Absatzmengen aller drei Produkte ausreicht.

b) Aufnahme der Produktion auch für Herrenjacken unter Ausrichtung des Produktionsprogrammes nach den relativen Deckungsbeiträgen unter maximaler Ausnutzung der Kapazität in der Abteilung „Näherei".

c) Aufnahme der Produktion für Herrenjacken unter Erweiterung der Kapazität in der Näherei auf 5400 Stunden. Durch diese Kapazitätserweiterung könnten alle Produkte mit ihren Absatzmengen produziert werden, sie hätte aber die Erhöhung der fixen Kosten um 180.000,00 € zur Folge.

1. *Bestimmen Sie für jede Alternative das Betriebsergebnis.*
2. *Erläutern Sie, welche Alternative unter kurzfristigen und langfristigen Gewinnerwartungen vorzuziehen ist.*

6 Ökobilanz

Situation

In der Wernick GmbH gilt der **Grundsatz:**

„Wir wenden umweltschonende Produktionsverfahren zur Herstellung umweltschonender Produkte an."

Um diesen Grundsatz zu realisieren, sind Herr Wernick und die Mitarbeiterinnen und Mitarbeiter bestrebt, das Unternehmen umweltbewusst auszurichten. Die Wernick GmbH will sich dazu freiwillig an einer Umweltbetriebsprüfung auf der Grundlage des **Umweltauditgesetzes** von 2011 (UAG) beteiligen und sich nach den EMAS-Richtlinien zertifizieren lassen (EMAS = Eco-Management and Audit Scheme).

Öko-Bilanz

Eine Öko-Bilanz ist das Ergebnis einer Umweltbetriebsprüfung. Sie kann produktbezogen oder betriebsbezogen durchgeführt werden und umfasst in ihrer vollständigen Form nach der Norm ISO 14040 folgende Aspekte:

- Definition von **Zielen** und Festlegung des Untersuchungsrahmens
- Erstellung einer **Sachbilanz** auf der Grundlage wichtiger **Umweltproblemfelder**
- **Wirkungsabschätzung.** Durch sie werden die Auswirkungen, die eine Unternehmung auf die Umwelt ausübt, beurteilt.
- **Auswertung** der Ergebnisse

Beispiel

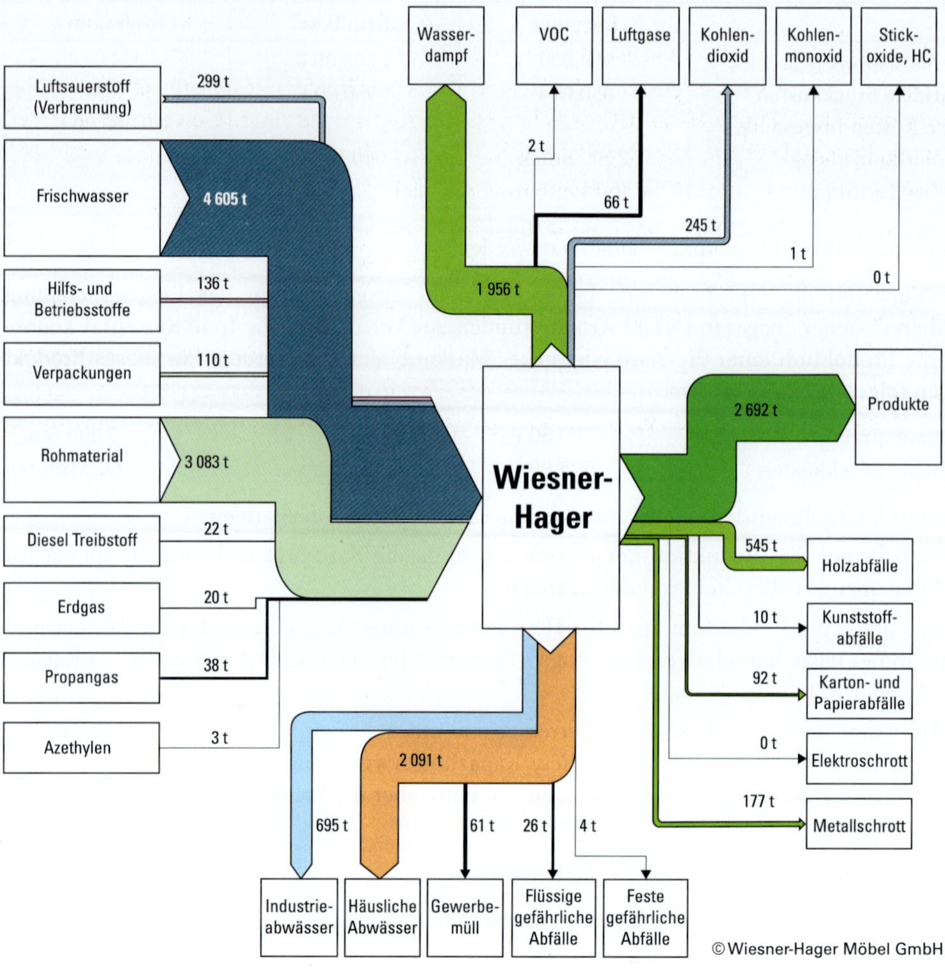

Für die praktische Durchführung einer **Umweltbetriebsprüfung** sind folgende Schritte vorgesehen:

Umweltbetriebsprüfung

- Betriebsinterne Festlegung der **Umweltschutzziele** und der Verfahrensgrundsätze
- Beschreibung der **Ist-Situation** anhand ausgewählter Umweltproblemfelder (z. B. Werkstoffeinsatz, Energieverbrauch, Produktionsverfahren, Abfall, Recycling, Emissionen, Lärmbelästigung)
- Erstellung einer ersten **Schwachstellenanalyse**
- Interne **Umweltbetriebsprüfung** auf der Grundlage eines Soll-Ist-Vergleichs der Betriebsabläufe.
- Formulierung einer internen **Umwelterklärung,** in der die bisherigen Verfahren und Ergebnisse dokumentiert werden
- **Überprüfung** und gegebenenfalls Gültigkeitserklärung dieser Umwelterklärung durch einen externen Umweltgutachter
- **Registrierung** der Umwelterklärung bei der zuständigen Stelle (IHK, Handwerkskammer)
- Aushändigung einer **Teilnahmeerklärung,** die für Werbezwecke bei Kunden, Lieferanten und Behörden verwendet werden kann.

Die geprüfte Umwelterklärung ist für drei Jahre gültig; danach erfolgt eine erneute Prüfung nach dem obigen Schema.

Um die Fülle an Aspekten einer solchen Umweltbetriebsprüfung organisatorisch bewältigen zu können, bedarf es eines Umweltmanagementsystems, an das folgende Forderungen gestellt sind:

Umweltmanagementsystem

- Ständige Verbesserung von Umweltbelastungen
- Einhaltung von Umweltgesetzen (z. B. Abwasserverordnung, Bioabfallverordnung, Bundesimmissionsschutzgesetz, Chemikaliengesetz, Altölverordnung, Gewerbeabfallverordnung, Erneuerbare-Energie-Gesetz, Arbeitsschutzgesetz u. a.)
- Festlegung und Überprüfung umweltbezogener Ziele
- Einbeziehung der Mitarbeiter in umweltpolitische Zielsetzungen und Maßnahmen
- Überwachung der Zielerreichung und gegebenenfalls Korrekturmaßnahmen
- Dokumentation aller Maßnahmen im Bereich des Umweltmanagements
- Bewertung des Umweltmanagements hinsichtlich Eignung und Wirkung der Maßnahmen
- Dialog mit der betroffenen und interessierten Öffentlichkeit (Kunden, Lieferanten, Gebietskörperschaften) über die Auswirkungen geplanter und durchgeführter Umweltmaßnahmen

7 Zusammenfassende Aufgabe zur Kosten- und Leistungsrechnung

Aufgabe 345

Die Möbelfabrik Schneider GmbH, Karlsruhe, unterhält seit Beginn des Jahres 01 in Pforzheim ein Zweigwerk, in dem ausschließlich Schreibtische für ein großes Versandhaus hergestellt werden. Dieses Zweigwerk führt eine eigene Betriebsabrechnung. Zum Ende des Geschäftsjahres 01 lagen folgende Angaben vor:

Im Geschäftsjahr hatte die Schneider GmbH im Zweigwerk durchschnittlich **520.000,00 € Eigenkapital** gebunden.

Die **Jahresproduktion** betrug im Geschäftsjahr insgesamt 12 150 Schreibtische, das entsprach einem durchschnittlichen Beschäftigungsgrad von 82,5 %. Von den produzierten Schreibtischen konnten 10 700 Stück zu einem durchschnittlichen Preis von 120,00 €/Stück abgesetzt werden. 1 450 Schreibtische verblieben zu einem Wertansatz (= Herstellungskosten) von 80,00 €/Stück auf Lager.

Folgende Erträge und Aufwendungen wurden während der Abrechnungsperiode erfasst:

50..	Umsatzerlöse für eigene Erzeugnisse und sonstige Leistungen	?
5220	Mehrbestand an fertigen Erzeugnissen	?
5431	Erträge aus Versicherungsentschädigungen	24.000,00
5440	Erlöse aus Anlagenverkäufen	26.000,00
5490	Periodenfremde Erträge	60.000,00
6000	Aufwendungen für Rohstoffe	280.000,00
6020	Aufwendungen für Hilfsstoffe	30.000,00
6030	Aufwendungen für Betriebsstoffe	10.000,00
6160	Fremdinstandsetzung	17.000,00
6200	Löhne	380.000,00
6300	Gehälter	260.000,00
6400	Soziale Aufwendungen	140.000,00
6520	Abschreibungen auf Sachanlagen	60.000,00
66..	Sonstige Personalaufwendungen	10.000,00
6850	Reisekosten	12.000,00
6979	Anlagenabgänge	16.000,00
70..	Betriebliche Steuern	45.000,00
7510	Zinsaufwendungen	10.000,00

Zur vollständigen Erfassung der Kosten sind folgende Angaben zu berücksichtigen:

1. Die Umsatzerlöse enthalten 24.000,00 Erträge aus der Vermietung eines Gebäudes.
2. Aufwendungen für das vermietete Gebäude wurden über die FB abgewickelt und sind daher in der GuV-Rechnung enthalten. Im Einzelnen handelt es sich um folgende Posten:

Abschreibungen	10.000,00
Grundsteuer	5.000,00
Hausmeisterlohn	35.000,00
Arbeitgeberanteil zur Sozialversicherung	8.000,00
Malerarbeiten (vgl. Fremdinstandsetzung)	5.000,00

3. In der Position „Sonstige Personalaufwendungen“ sind Nachzahlungen für das vergangene Geschäftsjahr enthalten 4.000,00
4. Die kalkulatorischen Zinsen sind aufgrund folgender Angaben zu berechnen:

Anlagevermögen (nach kalkulatorischen Restwerten) insgesamt	1.130.000,00
Kalkulatorischer Restwert eines brach liegenden Grundstücks	100.000,00
Umlaufvermögen (zu Mittelwerten)	610.000,00
In den Verbindlichkeiten a. LL sind zinslose Kredite enthalten	40.000,00

Der Zinssatz für das betriebsnotwendige Kapital beträgt 7,5 %.

6946324

5. Den kalkulatorischen Abschreibungen sind folgende Angaben zugrunde zu legen:
   Nutzungsdauer: Gebäude 25 Jahre, übriges Anlagevermögen zehn Jahre,
   Wiederbeschaffungskosten: Gebäude 750.000,00
   Maschinen 450.000,00
   Andere Sachanlagen 150.000,00

Eine im laufenden Geschäftsjahr durchgeführte Kostenanalyse ergab folgende Abhängigkeit der Kosten von der Beschäftigung:

Kostenart	Abhängigkeit von der Beschäftigung
Aufwendungen für Rohstoffe	variabel
Aufwendungen für Hilfsstoffe	variabel
Aufwendungen für Betriebsstoffe	variabel
Fremdinstandsetzung	60 % variabel/40 % fix
Löhne	60 % variabel/40 % fix
Gehälter	10 % variabel/90 % fix
Soziale Aufwendungen	30 % variabel/70 % fix
Kalkulatorische Abschreibungen	fix
Sonstige Personalaufwendungen	80 % variabel/20 % fix
Reisekosten	70 % variabel/30 % fix
Betriebliche Steuern	60 % variabel/40 % fix
Kalkulatorische Zinsen	fix

1. *Die obigen Daten sind aufzubereiten, auszuwerten und zu analysieren. Folgende Fragen sollen hierfür Anhaltspunkte geben:*
   a) *Welche Kosten sind in welcher Höhe angefallen?*
   b) *Wie hoch war der Betriebsgewinn am Ende der Abrechnungsperiode?*
   c) *Hat sich für die Schneider GmbH die Produktion im Zweigwerk Pforzheim – gemessen an der Rentabilität und der Wirtschaftlichkeit – gelohnt?*
   d) *Inwieweit ist im Zweigwerk die Gewinnschwelle bereits erreicht oder überschritten worden?*
   e) *Welchen Preisspielraum hätte das Unternehmen bei der derzeitigen Absatzlage aufgrund der Kosten- und Umsatzfunktion?*
   f) Das Unternehmen plant, nach der guten Absatzlage des abgelaufenen Jahres die Produktion auf durchschnittlich 90 % der Kapazitätsgrenze zu steigern. *Welche Auswirkung hätte diese Maßnahme auf die Durchschnittskosten, auf die Gesamtkosten bei unveränderter Abhängigkeit der Kosten von der Beschäftigung und auf den Gewinn bei unverändertem Durchschnittspreis?*
   g) *Unterstützen Sie Ihre Analysen so weit wie möglich durch grafische Darstellungen.*

Im Zweigwerk der Schneider GmbH werden die **Kostenarten für die Betriebsabrechnung** in Einzel- und Gemeinkosten eingeteilt: Das Fertigungsmaterial und die Fertigungslöhne gelten hierbei als Einzelkosten, alle übrigen Kostenarten als Gemeinkosten.

Um die verursachungsgerechte Verteilung der Kosten zu den Kostenstellen zu erreichen, führt der Kostenrechner eine Betriebsabrechnung mit folgenden **Kostenstellen** durch:

st- und **Normalkostenbasis** berücksichtigt der
ei Grundtypen von Schreibtischen gefertigt
le Zahlen vor:

rd"	„Jugend"	„Luxus"
ück	3 650 Stück	1 250 Stück
ück	3 250 Stück	950 Stück
tück	38,75 €/Stück	160,00 €/Stück
00 €	70.000,00 €	55.000,00 €
00 €	30.750,00 €	33.000,00 €
00 €	25.000,00 €	25.000,00 €
00 €	20.000,00 €	21.000,00 €
00 €	296.400,00 €	220.600,00 €

lgssituation der einzelnen Grundtypen.

auf der Grundlage der obigen Einzelkosten,
Gewinnzuschlags von 6 %.

rgleich zu den tatsächlich erzielten Umsatzer-
undtypen es Abweichungen gab und wie diese

rechnung um die einstufige Deckungsbei-
nmt die in der Kostenanalyse ausgewiesene
ir alle drei Grundtypen.

der Deckungsbeitragsrechnung:
und je Stück für die drei Grundtypen aus?
p „Luxus" im Vergleich zur Erfolgssituation in

lick auf die kurz- und langfristigen Preisunter-

Unternehmer festlegen, wenn er plant, die Pro-
zitätsgrenze auszudehnen, in der Fertigungs-
er ein betrieblicher Engpass mit 28 800 Stun-
ilung mit folgenden Fertigungszeiten belasten?
gesamt 144 Minuten Fertigungszeit/Stück.
gesamt 120 Minuten Fertigungszeit/Stück.
gesamt 180 Minuten Fertigungszeit/Stück.
mer rechnen, falls es ihm gelingt, die geplante

HF 7 / AS 7.1 / ZF 1–6

G Jahresabschluss einer Kapitalgesellschaft

1 Grundlagen des Jahresabschlusses

1.1 Jahresabschlussarbeiten im Überblick

Bestandteile des Jahresabschlusses

Nach den handelsrechtlichen Vorschriften ist für den Schluss des Geschäftsjahres der Jahresabschluss aufzustellen. Bei **Einzelunternehmen** (e. K., e. Kfm., e. Kffr.; Befreiung § 241a HGB; siehe S. 23), und **Personengesellschaften** (OHG, KG) besteht der Jahresabschluss aus der **Bilanz** und der **Gewinn- und Verlustrechnung** (§ 242 [3] HGB). **Kapitalgesellschaften** (AG, KGaA, GmbH) und **bestimmte Personengesellschaften** (z. B. GmbH & Co KG; § 264a HGB) haben den Jahresabschluss **um einen Anhang zu erweitern**, der mit der Bilanz und der Gewinn- und Verlustrechnung eine Einheit bildet (§ 264 [1] HGB). **Kleinstkapitalgesellschaften** (§ 267a HGB) sind von der Verpflichtung zur Aufstellung eines Anhangs befreit, wenn sie bestimmte Angaben unter der Bilanz machen (§ 264 [1] Satz 5 HGB).[1]

- **Die Schlussbilanz** ist eine **Zeitpunktrechnung**. Sie weist die Höhe des Vermögens, des Eigen- und Fremdkapitals **zum Abschlussstichtag** (z. B. 31. Dezember) aus und soll somit unter Beachtung der Grundsätze ordnungsmäßiger Buchführung ein den tatsächlichen Verhältnissen entsprechendes Bild der **Vermögens-, Finanz- und Ertragslage** des Unternehmens vermitteln. Die **Bilanzgliederung** sollte deshalb auch **§ 266 HGB** (siehe S. 389 und Anhang des Lehrbuches) entsprechen, die zwar nur für Kapitalgesellschaften verbindlich vorgeschrieben ist, jedoch auch von Personenunternehmen beachtet werden sollte.
- **Die Gewinn- und Verlustrechnung** ist dagegen eine **Zeitraumrechnung**. Sie weist alle **Aufwendungen und Erträge des Geschäftsjahres** aus und gewährt damit Einblick in die **Quellen des Jahreserfolges. Personenunternehmen** erstellen die GuV-Rechnung in der Regel in **Kontoform. Kapitalgesellschaften** müssen die zu veröffentlichende GuV-Rechnung in **Staffelform** gemäß **§ 275 HGB** (siehe S. 392 f. und Anhang des Lehrbuches) aufstellen.
- **Der Anhang** hat u. a. die Aufgabe, die **Posten der Bilanz und der Gewinn- und Verlustrechnung** einer Kapitalgesellschaft zu **erläutern** und zu **ergänzen (siehe S. 387).** Als **Erläuterungsbericht** enthält er z. B. Angaben zur Methode der Abschreibungen auf das Anlagevermögen.

Aufgaben des Jahresabschlusses

Der Jahresabschluss dient vor allem der

- **Rechenschaftslegung und Information** für Eigentümer, Behörden und Gläubiger, als
- **Grundlage der Gewinnverwendung** und der **Steuerermittlung** sowie als
- **Beweismittel** für mögliche Interessenkonflikte.

Vorarbeiten zur Aufstellung des Jahresabschlusses

Die Erstellung des Jahresabschlusses ist eine umfassende und schwierige Aufgabe. Sie bedarf einer sorgfältigen **Planung** (Sachplan, Terminplan, Arbeitsplan) und **Organisation**, denn die **Salden der Bestands- und Erfolgskonten** können **nicht ohne Prüfung und Inventur** in die Schlussbilanz und die GuV-Rechnung übernommen werden.

Die wichtigsten Jahresabschlussarbeiten sind:

- **Zeitraumrichtige Erfassung und Abgrenzung der Aufwendungen und Erträge,** damit der **Erfolg** des Geschäftsjahres **periodengerecht** ausgewiesen wird.
- **Inventur der Vermögensteile und Schulden vor Abschluss der Konten.** So sind beispielsweise noch Abschreibungen auf Anlagegüter und zweifelhafte Forderungen vorzunehmen und Bestandsveränderungen zu buchen. **Inventurdifferenzen** (z. B. Kassenfehlbetrag, Wertminderungen im Vorratsvermögen) müssen buchmäßig noch erfasst werden. Schulden sind mit ihrem Höchstwert (z. B. Fremdwährungsverbindlichkeiten) zu ermitteln.
- **Abschluss der Unterkonten über die entsprechenden Hauptkonten.** Bezugskosten, Nachlässe, Erlösberichtigungen, Vorsteuer/Umsatzsteuer u. a. sind entsprechend umzubuchen.
- **Ordnungsmäßige Gliederung der Bilanz und der Gewinn- und Verlustrechnung.**

Merke

Der Jahresabschluss soll Anteilseignern und Gläubigern Einblick in die tatsächliche Vermögens-, Finanz- und Ertragslage eines Unternehmens gewähren.

1 Kleinstkapitalgesellschaften nach § 267a HGB stellen einen vereinfachten Jahresabschluss auf: vereinfachte Bilanz ohne Anhang, verkürzte GuV-Rechnung, Verzicht auf Offenlegung.

Fuhrpark
Materiallager
: Arbeitsvorbereitung/Planung
e I: Zurichten/Sägen
e II: Bohren/Fräsen/Schleifen
e III: Montieren/Lackieren/Verpacken
Verwaltung
Vertrieb

ostenarten angefallenen Kosten werden vom Kostenrechner nach fol-
lie Kostenstellen verteilt:

FHS I: 10.000,00 €; FHS II: 15.000,00 €; FHS III: 5.000,00 €
Allg. KSt: 4.000,00 €; FHS I–III: je 2.000,00 €
Allg. KSt: 5.800,00 €; FHS I: 4.000,00 €; Vertrieb: 2.200,00 €
Allg. KSt: 16.000,00 €; Mat.-St.: 16.500,00 €; F.-Hilfs-St.: 16.000,00 €; FHS I–III: je 32.500,00 €; Verw.-St.: 99.000,00 €; Vertr.-St.: 15.000,00 €
3 : 2 : 2 : 6 : 6 : 5 : 4 : 2
Allg. KSt: 180.000,00 €; Mat.-St.: 220.000,00 €; FHS I: 360.000,00 €; FHS II: 320.000,00; FHS III: 280.000,00 €; Verw.-St.: 100.000,00 €; Vertr.-St.: 40.000,00 €
0 : 0 : 0 : 1 : 1 : 0 : 4 : 0
F.-Hilfs-St.: 1.200,00 €; FHS III: 1.300,00 €; Verw.-St.: 6.900,00 €; Vertr.-St.: 2.600,00 €
1 : 2 : 0 : 1 : 1 : 1 : 4 : 0
Allg. KSt: 120.000,00 €; Mat.-St.: 340.000,00 €; F.-Hilfs-St.: 40.000,00 €; FHS I: 240.000,00 €; FHS II: 220.000,00 €; FHS III: 240.000,00 €; Verw.-St.: 260.000,00 €; Vertr.-St.: 40.000,00 €

telle gibt ihre Stellengemeinkosten nach dem Schlüssel 2 : 1 : 2 : 2 : 3 :
tenstellen ab.

n der Fertigungshilfsstelle werden im Verhältnis 3 : 2 : 1 auf die Ferti-
legt.

r Zuschlagssätze für die Hauptkostenstellen ist zu berücksichtigen,
erial die Zuschlagsgrundlage für die Materialgemeinkosten darstellt.
lten als Zuschlagsgrundlage für die Fertigungshauptstellen. Für die
ptstellen wurden folgende Lohnanteile ermittelt:

...	143.750,00 €
...	115.000,00 €
I ...	86.250,00 €

alkulation verwendete der Kostenrechner folgende aus einer vorläufi-
andene **Normalzuschlagssätze:**

r die Materialgemeinkosten	25 %
r die Fertigungsgemeinkosten der FHS I	100 %
r die Fertigungsgemeinkosten der FHS II	115 %
r die Fertigungsgemeinkosten der FHS III	125 %
r die Verwaltungsgemeinkosten	20 %
r die Vertriebsgemeinkosten	6 %

bsabrechnung im Betriebsabrechnungsbogen einschließlich des Ausweises
gen und Kostenunterdeckungen. Werten Sie die Brauchbarkeit der Normal-
ünftige Kalkulationen.

1.2 Erfassung von Inventurdifferenzen

Inventurdifferenzen

Die Inventur dient vor allem dem Abgleich von **Soll-Beständen** der Finanzbuchhaltung mit den **Ist-Beständen** der Inventur, um Inventurdifferenzen in den Bestandskonten und deren Ursachen festzustellen. Ursachen für Inventurdifferenzen können sein:

- **Buchungsfehler** (falsche Konten und Beträge, ausgelassene Buchungen, Doppelbuchungen);
- **nicht erfasste Mengenänderungen** in den Werkstoff- und Erzeugnisbeständen durch Schwund, Verderb, Diebstahl, nicht gebuchte Belege;
- **nicht erfasste Wertminderungen**, z. B. nicht erfasste Abschreibungen auf Anlagen (siehe S. 168 f.) und Forderungen, Nichtbeachtung des Niederst- bzw. Höchstwertprinzips.

Berichtigung der Inventurdifferenzen

Inventurdifferenzen, die sich in den Bestandskonten nach Buchung des Inventurschlussbestandes ergeben, **bedingen entsprechende Berichtigungsbuchungen. Buchungsfehler** werden u. a. durch Rückbuchung (Stornierung), Neu- oder Nachbuchung korrigiert. **Mengen- und Wertminderungen** sind auf den betreffenden Aufwands- und Bestandskonten zu erfassen. So sind Werkstoffminderungen im jeweiligen Werkstoffaufwands- und Werkstoffbestandskonto zu buchen. Nach den Berichtigungsbuchungen entsprechen die Bestandskonten der Inventur.

Beispiel

Das Kassenkonto der Wernick GmbH weist zum 31. Dez. im Soll eine Summe von 35.850,00 € und im Haben 24.400,00 € aus. Der Soll-Bestand beträgt somit 11.450,00 €. Lt. Kassenprotokoll ergab die körperliche Inventur des Kassenbestandes einen Ist-Bestand von **1.** 11.360,00 € und **2.** 11.539,25 €.

1. Nach Buchung des Inventurbestandes von 11.360,00 € **(Fall 1)** ergibt sich im Kassenkonto ein **Fehlbetrag von 90,00 €**, der auf einen nicht aufgedeckten Diebstahl zurückzuführen ist.

Buchung des Inventurbestandes:

8010 Schlussbilanzkonto	an	**2880 Kasse**	**11.360,00**

Berichtigungsbuchung:

6940 Sonstige Aufwendungen	an	**2880 Kasse**	**90,00**

S	2880 Kasse		H
...	38.850,00	...	24.400,00
		8010	11.360,00
		6940	90,00

S	8010 Schlussbilanzkonto		H
2880	11.360,00		

S	6940 Sonstige Aufwendungen		H
2880	90,00		

2. Nach Buchung des Inventurbestandes von 11.539,25 € **(Fall 2)** ergibt sich im Kassenkonto ein **Überschuss von 89,25 €**, der
   a) nicht geklärt werden konnte;
   b) daraus resultiert, dass der Barverkauf eines Ersatzteils nicht gebucht wurde: 75,00 € netto + 14,25 € USt = 89,25 €.

Buchung des Inventurbestandes:

8010 Schlussbilanzkonto		an	**2880 Kasse**	**11.539,25**

Berichtigungsbuchung:

a) 2880 Kasse		an	**5430 And. sonst. betriebl. Erträge**	**89,25**
b) 2880 Kasse	**89,25**	an	**5000 Umsatzerlöse für eigene Erzeugnisse** ..	**75,00**
		an	**4800 Umsatzsteuer**	**14,25**

Richten Sie für den Fall 2 die Konten ein und buchen Sie darauf.

6946329

1.3 Erfassung der Bestandsveränderungen an fertigen und unfertigen Erzeugnissen

Fertige und unfertige Erzeugnisse

Bisher haben wir unterstellt, dass alle in einem Geschäftsjahr hergestellten Erzeugnisse auch im gleichen Jahr verkauft wurden. Bestände an **fertigen** (absatzfähigen) sowie **unfertigen** (noch in Arbeit befindlichen) **Erzeugnissen** lagen weder zu Beginn noch am Ende des Geschäftsjahres vor. In diesem Fall lässt sich der **Erfolg des Industriebetriebes** einfach ermitteln, indem man den **Herstellungsaufwendungen** des Geschäftsjahres die **Umsatzerlöse** dieser Rechnungsperiode gegenüberstellt.

Beispiel 1

Die Wernick GmbH hat in ihrem 1. Geschäftsjahr u. a. 1 000 Gehäuse Lux 100 hergestellt. Die Herstellungsaufwendungen betragen je Gehäuse 100,00 €. Bis zum 31. Dezember wurden alle Gehäuse zum Stückpreis von 150,00 € verkauft.

Soll	8020 Gewinn- und Verlustkonto		Haben
Herstellungsaufwand des GJ		**Umsatzerlöse des GJ**	
für 1000 Stück	100.000,00	für 1000 Stück	150.000,00
Gewinn	?		

Merke

Stimmen in einem Geschäftsjahr (GJ) Herstellungs- und Verkaufsmenge der Erzeugnisse überein, errechnet sich der Betriebserfolg durch bloße Gegenüberstellung der Herstellungsaufwendungen und Umsatzerlöse dieses Geschäftsjahres.

Bestandsveränderungen

In der Regel werden jedoch in einem Industriebetrieb Produktions- und Absatzmenge eines Geschäftsjahres **nicht** übereinstimmen. Diese Unternehmen haben dann in diesem Jahr entweder mehr Erzeugnisse hergestellt als verkauft oder mehr Erzeugnisse verkauft als hergestellt. Im ersten Fall führt das zum **Jahresschluss im Lager** zu einem **Mehrbestand**, im zweiten zu einem **Minderbestand** an Erzeugnissen. Diese **Bestandsveränderungen** müssen bei der Erfolgsermittlung berücksichtigt werden.

Beispiel 2

Im 2. Geschäftsjahr stellt die Wernick GmbH 2 000 Gehäuse her, von denen bis zum 31. Dezember jedoch nur 1 500 Stück verkauft wurden. 500 Gehäuse mussten daher auf Lager genommen werden. Der Schlussbestand an Gehäusen zum 31. Dezember beträgt somit 50.000,00 € (500 Stück zu 100,00 €/Stück).

Buchung des Schlussbestandes zum 31. Dezember:

❶	**8010 Schlussbilanzkonto**	an **2200 Fertige Erzeugnisse**	**50.000,00**

Im zweiten Geschäftsjahr wurden also 500 Gehäuse **mehr hergestellt als verkauft.** Deshalb ist der **Schlussbestand** an Gehäusen (500 Stück) **größer als** der **Anfangsbestand** (0 Stück).

Merke

Herstellungsmenge > Absatzmenge → SB > AB = Bestandsmehrung

Mehrbestand

Im Konto „2200 Fertige Erzeugnisse" ergibt sich somit **als Saldo** ein **Mehrbestand** in Höhe von 50.000,00 € (500 Gehäuse je 100,00 €). Da das GuV-Konto jedoch im Soll die Herstellungsaufwendungen für 2 000 Gehäuse ausweist, im Haben aber die Erlöse für nur 1 500 Gehäuse, wird der auf Lager produzierte **Mehrbestand** an Erzeugnissen zum Ausgleich **als Ertragsposten** (bewertet zu Herstellungsaufwendungen) auf die Haben-Seite des GuV-Kontos übertragen und damit den gesamten Herstellungsaufwendungen gegenübergestellt. Das **GuV-Konto** weist nun im Haben die **Gesamtleistung** des Industriebetriebes aus: die Umsatzerlöse als **Umsatzleistung** und die Bestandsmehrung als **Lagerleistung**.

S	2200 Fertige Erzeugnisse (FE)		H
AB	0,00	SB	50.000,00
Mehrbestand	50.000,00		
	50.000,00		50.000,00

❶ ⟷

S	8010 Schlussbilanzkonto	H
FE	50.000,00	

❷

S	8020 Gewinn- und Verlustkonto		H
Herstellungsaufwand (2 000 Stück) ..	200.000,00	Umsatzerlöse (1 500 Stück)	225.000,00
Gewinn	?	Mehrbestand (500 Stück)	50.000,00

Merke

Eine Bestandsmehrung entsteht, wenn in einem Geschäftsjahr mehr Erzeugnisse hergestellt als verkauft wurden. Der Mehrbestand wird im GuV-Konto als Ertrag den entsprechenden Herstellungsaufwendungen gegenübergestellt.

Beispiel 3

Im 3. Geschäftsjahr stellt die Wernick GmbH 3 000 Gehäuse her. Im gleichen Zeitraum werden jedoch 3 400 Gehäuse verkauft. 400 Gehäuse wurden somit aus dem Lagerbestand des Vorjahres (500 Stück) verkauft. Der Schlussbestand beträgt daher zum 31. Dezember 100 Stück je 100,00 €/Stück = 10.000,00 €.

Buchung: ❶ **8010 Schlussbilanzkonto** ..... an **2200 Fertige Erzeugnisse** **10.000,00**

Im dritten Geschäftsjahr wurden also 400 Gehäuse mehr verkauft als hergestellt. Somit ist der Schlussbestand an Gehäusen (100 Stück) kleiner als der Anfangsbestand (500 Stück).

Merke

Absatzmenge > Herstellungsmenge → AB > SB = Bestandsminderung

Minderbestand

Im **Konto „2200 Fertige Erzeugnisse"** zeigt sich **als Saldo** ein **Minderbestand** von 40.000,00 € (400 Gehäuse zu je 100,00 €). Im GuV-Konto muss nun den Umsatzerlösen der 400 Gehäuse, die aus Lagerbeständen des Vorjahres verkauft wurden, auch der **Minderbestand** im Herstellungswert von 40.000,00 € **als Aufwandsposten** auf der Soll-Seite des GuV-Kontos gegenübergestellt werden.

S	2200 Fertige Erzeugnisse (FE)		H
AB	50.000,00	SB	10.000,00
		Minderbestand	40.000,00
	50.000,00		50.000,00

❶ ⟷

S	8010 Schlussbilanzkonto	H
FE	10.000,00	

❷

S	8020 Gewinn- und Verlustkonto			H
Herstellungsaufwand	(3 000 Stück)	300.000,00	Umsatzerlöse (3 400 Stück)	510.000,00
Minderbestand	(400 Stück)	40.000,00		
Gewinn		?		

Merke

Eine Bestandsminderung entsteht, wenn in einem Geschäftsjahr mehr Erzeugnisse verkauft als hergestellt wurden. Der Minderbestand muss dann im GuV-Konto als Aufwand den Umsatzerlösen der aus dem Vorjahresbestand verkauften Erzeugnisse gegenübergestellt werden.

Konto „Bestandsveränderungen“

Zum Jahresabschluss haben Industriebetriebe in der Regel sowohl Bestände an **fertigen** als auch **unfertigen** Erzeugnissen, für die **gesonderte Bestandskonten** einzurichten sind. Die **Mehr- und Minderbestände** an unfertigen und fertigen Erzeugnissen werden aus Gründen der Übersichtlichkeit nicht unmittelbar auf dem GuV-Konto gebucht, sondern zunächst auf einem besonderen Erfolgskonto **„5200 Bestandsveränderungen“**[1] gesammelt.

Dieses **Sammelkonto** erfasst **im Soll** die **Minderbestände** und **im Haben** die **Mehrbestände** der Erzeugnisse. Nach Eintragung der Schlussbestände lt. Inventur in den Konten „2100 Unfertige Erzeugnisse“ (UE) und „2200 Fertige Erzeugnisse“ (FE) – Buchungssatz: Schlussbilanzkonto an UE und FE – ergeben sich folgende

Umbuchungen bei Bestandsmehrungen:

2100 Unfertige Erzeugnisse	an 5200 Bestandsveränderungen
2200 Fertige Erzeugnisse	an 5200 Bestandsveränderungen

Umbuchungen bei Bestandsminderungen:

5200 Bestandsveränderungen	an 2100 Unfertige Erzeugnisse
5200 Bestandsveränderungen	an 2200 Fertige Erzeugnisse

Auf dem Konto „Bestandsveränderungen“ werden nun die **Mehr- und Minderbestände** der unfertigen und fertigen Erzeugnisse miteinander **verrechnet**. Der **Saldo** wird auf das **GuV-Konto** übertragen.

Abschlussbuchung

bei Minderbestand:	8020 Gewinn- und Verlustkonto	an 5200 Bestandsveränderungen
bei Mehrbestand:	5200 Bestandsveränderungen	an 8020 Gewinn- und Verlustkonto

Beispiel 4

Am Schluss des 4. Geschäftsjahres beträgt der Endbestand an fertigen Gehäusen lt. Inventur 2.000,00 €, bewertet zum Herstellungswert. Der Herstellungswert des Schlussbestandes an noch nicht fertig gestellten Gehäusen beträgt lt. Inventur 48.000,00 €. Nach Buchung dieser Schlussbestände (SBK an FE und UE) ergibt sich der Abschluss der Konten: *Nennen Sie die Buchungssätze zu ❶ bis ❺.*

S 2200 Fertige Erzeugnisse (FE) H

S		H	
AB	10.000,00	SB ❶	2.000,00
		BV ❸	8.000,00
	10.000,00		10.000,00

S 2100 Unfertige Erzeugnisse (UE) H

S		H	
AB	0,00	SB ❷	48.000,00
BV ❹	48.000,00		
	48.000,00		48.000,00

S 5200 Bestandsveränderungen (BV) H

S		H	
Minderbestand (FE) ❸	8.000,00	Mehrbestand (UE) ❹	48.000,00
GuV ❺	40.000,00		
	48.000,00		48.000,00

S 8020 Gewinn- und Verlustkonto H

S		H	
Aufwendungen	700.000,00	Umsatzerlöse	760.000,00
Gewinn	100.000,00	Mehrbestand (BV) ❺	40.000,00
	800.000,00		800.000,00

Merke

Wenn Herstellungs- und Absatzmenge in einer Rechnungsperiode nicht übereinstimmen, ergibt sich der Erfolg des Industriebetriebes erst unter Berücksichtigung der Bestandsveränderungen an unfertigen und fertigen Erzeugnissen.

1 Nach dem Schulkontenrahmen NRW können die Bestandsveränderungen auch auf getrennten Konten gebucht werden: „5210 Bestandsveränderungen an unfertigen Erzeugnissen“ und „5220 Bestandsveränderungen an fertigen Erzeugnissen“.

Merke

Die Konten „2100 Unfertige Erzeugnisse“ und „2200 Fertige Erzeugnisse“ weisen in der Regel nur drei Posten aus:

- **den Anfangsbestand,**
- **den Schlussbestand lt. Inventur und**
- **die Bestandsveränderung (Mehrung oder Minderung).**

Aufgabe 346

Führen Sie folgende Konten: 2100 Unfertige Erzeugnisse, 2200 Fertige Erzeugnisse, 5200 Bestandsveränderungen, 8020 Gewinn- und Verlustkonto, 8010 Schlussbilanzkonto.

Anfangsbestände

Unfertige Erzeugnisse	12.000,00 €	Fertige Erzeugnisse	18.000,00 €
Die Aufwendungen betragen im GuV-Konto insgesamt			85.000,00 €
Die Umsatzerlöse betragen im GuV-Konto insgesamt			120.000,00 €

Schlussbestände

Unfertige Erzeugnisse	16.000,00 €	Fertige Erzeugnisse	26.000,00 €

1. *Buchen Sie die Schlussbestände an UE und FE.*
2. *Buchen und erläutern Sie jeweils die Bestandsveränderung an UE und FE.*
3. *Ermitteln Sie buchhalterisch den Erfolg des Industriebetriebes.*
4. *Wie hoch wäre der Erfolg ohne Berücksichtigung der Bestandsveränderungen?*
5. *Wie wirken sich demnach Bestandsmehrungen auf den Erfolg aus?*

Aufgabe 347

Übernehmen Sie den Kontenplan der Aufgabe 345.

Anfangsbestände

Unfertige Erzeugnisse	10.200,00 €	Fertige Erzeugnisse	22.400,00 €
Die Aufwendungen betragen insgesamt			62.840,00 €
Die Umsatzerlöse betragen insgesamt			96.920,00 €

Schlussbestände

Unfertige Erzeugnisse	8.000,00 €	Fertige Erzeugnisse	10.200,00 €

1. *Schließen Sie die Konten unter Angabe der Buchungssätze ab und ermitteln Sie den Erfolg des Industriebetriebes.*
2. *Wie wirken sich Bestandsminderungen auf den Erfolg aus?*

Aufgabe 348

Übernehmen Sie den Kontenplan der Aufgabe 345.

Anfangsbestände

Unfertige Erzeugnisse	20.000,00 €	Fertige Erzeugnisse	60.000,00 €
Die Aufwendungen betragen insgesamt			280.000,00 €
Die Umsatzerlöse betragen insgesamt			330.000,00 €

Schlussbestände

Unfertige Erzeugnisse	5.000,00 €	Fertige Erzeugnisse	90.000,00 €

Schließen Sie die Konten unter Angabe der Buchungssätze ab und ermitteln Sie den Erfolg.

Aufgabe 349

1. *Begründen Sie, warum der Minderbestand an Erzeugnissen auf der Soll-Seite des Gewinn- und Verlustkontos auszuweisen ist.*
2. *Warum ist entsprechend der Mehrbestand an Erzeugnissen auf der Haben-Seite des Gewinn- und Verlustkontos auszuweisen?*
3. *Erklären Sie:* Erlöse + Mehrbestände > Aufwendungen = ?
   Erlöse < Aufwendungen + Minderbestände = ?
4. *Woraus setzt sich die Gesamtleistung des Industriebetriebes zusammen?*

Aufgabe 350

Der Summenbilanz eines Industriebetriebes entnehmen wir folgende Konten:

Konten	Soll	Haben
2000 Rohstoffe	32.200,00	–
2020 Hilfsstoffe	23.500,00	–
2100 Unfertige Erzeugnisse (Anfangsbestand)	13.100,00	–
2200 Fertige Erzeugnisse (Anfangsbestand)	22.300,00	–
2600 Vorsteuer	25.600,00	–
3000 Gezeichnetes Kapital	–	255.000,00
3400 Jahresüberschuss/Jahresfehlbetrag	–	–
4800 Umsatzsteuer	–	44.802,00
5000 Umsatzerlöse für eigene Erzeugnisse	–	235.800,00
5200 Bestandsveränderungen	–	–
6000 Aufwendungen für Rohstoffe	51.300,00	–
6020 Aufwendungen für Hilfsstoffe	14.100,00	–
6200 Löhne	54.600,00	–
6300 Gehälter	36.200,00	–
6520 Abschreibungen auf Sachanlagen	16.400,00	–
6700 Mietaufwendungen	28.000,00	–
6870 Werbeaufwendungen	1.600,00	–
8010 Schlussbilanzkonto	–	–
8020 Gewinn- und Verlustkonto	–	–

Abschlussangaben

Schlussbestände lt. Inventur:	Rohstoffe	33.700,00
	Hilfsstoffe	22.300,00
	Unfertige Erzeugnisse	16.000,00
	Fertige Erzeugnisse	10.400,00

1. *Eröffnen Sie die Konten.*
2. *Buchen Sie zunächst die Schlussbestände lt. Inventur und nennen Sie jeweils den entsprechenden Buchungssatz.*
3. *Nennen Sie die Buchungssätze für die erforderlichen Umbuchungen.*
4. *Führen Sie den Abschluss der Konten unter Angabe der Buchungssätze durch.*
5. *Nennen Sie die Verfahren zur Ermittlung des Werkstoffverbrauchs und deren Vor- bzw. Nachteile.*
6. *Welche grundsätzliche Wirkung hat in diesem Falle die Bestandsveränderung?*

Aufgabe 351

Anfangsbestände

0700 Technische Anlagen und Maschinen	210.000,00
2000 Rohstoffe	53.600,00
2020 Hilfsstoffe	18.300,00
2030 Betriebsstoffe	5.100,00
2100 Unfertige Erzeugnisse	11.900,00
2200 Fertige Erzeugnisse	28.600,00
2400 Forderungen a. LL	44.400,00
2800 Bank	27.200,00
2880 Kasse	14.900,00
3000 Gezeichnetes Kapital	300.000,00
4400 Verbindlichkeiten a. LL	114.000,00

Kontenplan

Bestandskonten: 0700, 2000, 2020, 2030, 2100, 2200, 2400, 2600, 2640, 2800, 2880, 3000, 3400, 4400, 4800, 4830, 8010

Erfolgskonten: 5000, 5200, 5710, 6000, 6020, 6030, 6140, 6150, 6160, 6200, 6300, 6400, 6520, 6700, 6850, 8020

Geschäftsfälle

1.	Kauf von Rohstoffen lt. ER 806	19.800,00	
	von Hilfsstoffen lt. ER 807	3.400,00	
	+ Umsatzsteuer	4.408,00	27.608,00
2.	Zielverkauf von eigenen Erzeugnissen lt. AR 1206, brutto		34.510,00
3.	Barabhebung von der Bank		1.900,00
4.	SV-Bankeinzug durch die Krankenkasse		4.035,00
5.	Lt. KA Zahlung von Löhnen durch Überweisung, brutto		6.800,00
	Steuern		580,00
	Sozialversicherung		740,00
	netto		5.480,00
	Arbeitgeberanteil zur Sozialversicherung		710,00
6.	Verkauf von eigenen Erzeugnissen auf Ziel lt. AR 1207		
	ab Werk	25.400,00	
	+ Umsatzsteuer	4.826,00	30.226,00
7.	Unsere Überweisung für Vertreterprovision lt. KA, einschließlich USt		1.130,50
8.	Kunden begleichen lt. KA Rechnung durch Überweisung		24.276,00
9.	Überweisung für Gehälter lt. KA, brutto		9.400,00
	Steuern		940,00
	Sozialversicherung		1.320,00
	netto		7.140,00
	Arbeitgeberanteil zur Sozialversicherung		1.265,00
10.	Überweisung für eine Maschinenreparatur lt. KA, einschließlich USt		2.320,50
11.	Barausgaben für Reisekosten		490,00
12.	Zielverkauf von eigenen Erzeugnissen lt. AR 1208 frei Haus, brutto		10.591,00
13.	Ausgangsfracht hierauf bar, brutto		297,50
14.	Unsere Überweisung für Lagerraummiete lt. KA		700,00
15.	Lt. KA Gutschrift der Bank für Zinsen		800,00

Abschlussangaben

1.	Abschreibung auf Technische Anlagen und Maschinen		24.400,00
2.	Inventurbestände:	Rohstoffe	44.800,00
		Hilfsstoffe	15.700,00
		Betriebsstoffe	3.200,00
		Unfertige Erzeugnisse	11.600,00
		Fertige Erzeugnisse	35.300,00

3. Im Übrigen entsprechen die Buchwerte der Inventur.

Aufgabe 352

1. *In welchem Fall entsteht*
   a) ein Mehrbestand und
   b) ein Minderbestand an Erzeugnissen?
2. *Wie lautet der Abschlussbuchungssatz des Kontos „5200 Bestandsveränderungen"*
   a) bei Mehrbeständen und
   b) bei Minderbeständen?
3. *Wie wirken sich*
   a) Mehrbestände und
   b) Minderbestände auf den Gewinn der Abrechnungsperiode aus?
4. *Erläutern Sie kritisch die beiden bestandsrechnerischen Verfahren zur Ermittlung des Werkstoffverbrauchs.*

1.4 Zeitliche Abgrenzung der Aufwendungen und Erträge

Notwendigkeit der periodengerechten Erfolgsermittlung

Bisher haben wir Aufwendungen und Erträge in der Periode gebucht, in der sie gezahlt wurden. Würde man z. B. die Dezembermiete, die erst im Januar des neuen Geschäftsjahres von uns überwiesen wird, auch erst im neuen Jahr als Aufwand buchen, würde der Erfolg sowohl des alten als auch des neuen Geschäftsjahres falsch ausgewiesen. Will man den **Jahreserfolg zeitraumrichtig ermitteln**, ist es erforderlich, **Aufwendungen und Erträge dem Geschäftsjahr zuzuordnen**, zu dem sie **wirtschaftlich** gehören, und zwar **unabhängig vom Zeitpunkt ihrer Ausgabe bzw. Einnahme** (§ 252 [1] Nr. 5 HGB).

Nur so kann ein **periodengerechter Erfolg des Geschäftsjahres** ermittelt werden.

1.4.1 Sonstige Forderungen und Sonstige Verbindlichkeiten

Wenn Aufwendungen und Erträge des **alten** Geschäftsjahres erst im **neuen** Jahr **zu Ausgaben** bzw. **Einnahmen** führen, müssen sie **zum Jahresschluss** erfasst werden als

Sonstige Verbindlichkeiten (Konto 4890) bzw.

Sonstige Forderungen (Konto 2690).

Diese Posten bezeichnet man als **„antizipative Posten"** (lat. anticipere = vorwegnehmen).

Beispiel 1

Die Lagermiete für Dezember überweist die Wernick GmbH erst im Januar n. J.: 1.500,00 €.

Die Dezembermiete ist **Aufwand des alten Jahres**, der erst **im neuen Jahr** zu einer **Ausgabe** führt. Aus Gründen einer **periodengerechten** Erfolgsermittlung ist sie noch in der GuV-Rechnung des alten Jahres zu erfassen und zugleich als **„Sonstige Verbindlichkeit"** gegenüber dem Vermieter in der Schlussbilanz auszuweisen.

Buchungen zum 31. Dezember des alten Jahres:

❶	6700 Mietaufwendungen	an 4890 Sonstige Verbindlichkeiten	1.500,00
❷	8020 GuV-Konto	an 6700 Mietaufwendungen	1.500,00
❸	4890 Sonstige Verbindlichkeiten	an 8010 Schlussbilanzkonto	1.500,00

S	6700 Mietaufwendungen		H
❶	1.500,00	❷	1.500,00

S	4890 Sonstige Verbindlichkeiten		H
❸	1.500,00	❶	1.500,00

S	8020 GuV-Konto		H
❷	1.500,00		

S	8010 Schlussbilanzkonto		H
		❸	1.500,00

Buchungen im neuen Jahr:

Nach Eröffnung des Kontos „4890 Sonstige Verbindlichkeiten" ist die Mietausgabe zu buchen:

❶	8000 Eröffnungsbilanzkonto	an 4890 Sonstige Verbindlichkeiten	1.500,00
❷	4890 Sonstige Verbindlichkeiten	an 2800 Bank	1.500,00

S	2800 Bank		H
...	50.000,00	❷	1.500,00

S	4890 Sonstige Verbindlichkeiten		H
❷	1.500,00	❶ 8000	1.500,00

Merke

Aufwendungen des alten Jahres, die erst im neuen Jahr zu Ausgaben führen, sind auf dem Konto „4890 Sonstige Verbindlichkeiten" zu erfassen.

Buchung: Aufwandskonto an Sonstige Verbindlichkeiten

Beispiel 2

Die Wernick GmbH erhält von einem Mieter die Dezembermiete erst im Januar n. J.: 800,00 €.

Die Dezembermiete stellt einen **Ertrag des alten Geschäftsjahres** dar, der erst **im neuen Jahr** zu einer **Einnahme** führt. Der Mietertrag ist deshalb der Erfolgsrechnung des alten Jahres zuzurechnen und zugleich als **„Sonstige Forderung"** zu erfassen.

6946336

Beispiel 2 (Fortsetzung)

Buchungen zum 31. Dezember des alten Geschäftsjahres:

❶ 2690 Sonstige Forderungen	an	5081 Mieterträge	800,00
❷ 5081 Mieterträge	an	8020 GuV-Konto	800,00
❸ 8010 Schlussbilanzkonto	an	2690 Sonstige Forderungen	800,00

S	2690 Sonstige Forderungen		H
❶	800,00	❸	800,00

S	5081 Mieterträge		H
❷	800,00	❶	800,00

S	8010 Schlussbilanzkonto		H
❸	800,00		

S	8020 GuV-Konto		H
		❷	800,00

Buchung im Januar des neuen Jahres nach Eröffnung des Kontos „2690 Sonstige Forderungen":
Mieteingang:

2800 Bank an **2690 Sonstige Forderungen** 800,00

S	2690 Sonstige Forderungen		H
8000	800,00	2800	800,00

S	2800 Bank		H
2690	800,00		

Merke

Erträge des alten Jahres, die erst im neuen Jahr zu Einnahmen führen, werden zum Jahresschluss auf dem Konto „2690 Sonstige Forderungen" gebucht.

Buchung: Sonstige Forderungen an Ertragskonto

Beispiel 3

Die Wernick GmbH hat einem Kunden am 1. September 01 ein Darlehen in Höhe von 10.000,00 € zu 6 % Zinsen gewährt. Die halbjährlich zu zahlenden Darlehenszinsen sind nachträglich fällig, erstmals am 1. März 02: 300,00 €.

Von der am 1. März des neuen Jahres fälligen Zinszahlung sind ertragsmäßig 200,00 € dem alten und 100,00 € dem neuen Geschäftsjahr zuzurechnen.

Buchung zum 31. Dezember: **2690 Sonstige Forderungen** an **5710 Zinserträge** 200,00

S	2690 Sonstige Forderungen		H
5710	200,00	8010	200,00

S	5710 Zinserträge		H
8020	200,00	2690	200,00

S	8010 Schlussbilanzkonto		H
2690	200,00		

S	8020 GuV-Konto		H
		5710	200,00

Buchung im neuen Jahr:
Am 1. März 02 ist der gesamte Zinsbetrag als Einnahme zu buchen:

2800 Bank	300,00	an	**2690 Sonstige Forderungen** (Zinsertrag des alten J.)	200,00
		an	**5710 Zinserträge** (Ertragsanteil des neuen Jahres)	100,00

S	2690 Sonstige Forderungen		H
8000	200,00	2800	200,00

S	2800 Bank		H
2690/5710	300,00		

S	5710 Zinserträge		H
		2800	100,00

Buchen Sie das 3. Beispiel aus der Sicht des Kunden.

Merke

Aufwendungen und Erträge, die teils das alte und teils das neue Geschäftsjahr betreffen, sind den einzelnen Geschäftsjahren entsprechend zuzuordnen.

Aufgabe 353

Bilden Sie für nachstehende Geschäftsfälle die Buchungssätze

a) beim Jahresabschluss zum 31. Dezember,

b) nach Eröffnung der Konten im neuen Jahr für den Geldeingang und Geldausgang.

1.	Die Dezembermiete für Geschäftsräume wird erst im Monat Januar beglichen	2.800,00
2.	Ein Mieter zahlt die Miete für Dezember erst im Januar	1.650,00
3.	Eine Rechnung für Büromaterial steht am Jahresende noch aus	300,00
	+ Umsatzsteuer[1]	57,00
4.	Die vierteljährlichen Zinsen (November bis Januar) für ein Darlehen werden erst Ende Januar gezahlt	1.500,00
5.	Ein Darlehensschuldner hat die lt. Vertrag zu zahlenden Jahreszinsen (Darlehensjahr: 1. April bis 31. März) am 31. März des folgenden Jahres zu zahlen	2.400,00
6.	Ein Darlehensschuldner zahlt für das Halbjahr 1. Juli bis 31. Dezember die Zinsen erst im Januar	700,00
7.	Der Handelskammerbeitrag für das letzte Vierteljahr Oktober bis Dezember wird erst im Monat Januar gezahlt	1.800,00
8.	Für die Lohnwoche vom 28. Dezember bis 3. Januar sind 4.500,00 € Fertigungslöhne zu zahlen (Zahltag 3. Januar). Hiervon entfallen auf die Zeit vom 28. Dezember bis 31. Dezember	2.500,00
	Im neuen Jahr werden durch die Bank ausgezahlt	3.800,00
9.	Die Zinsgutschrift der Bank für die Zeit vom 1. Oktober bis 31. Dezember steht noch aus und wird erst im Januar eingehen	315,00
10.	Die Provision des Handelsvertreters für Dezember wird erst im Januar überwiesen, netto	750,00
	+ Umsatzsteuer	142,50
	Die Provisionsabrechnung (Beleg) ist am 29. Dezember erstellt worden.[2]	

Aufgabe 354

Bilden Sie für nachstehende Geschäftsfälle jeweils die Buchungssätze

a) zum Abschlussstichtag (31. Dezember),

b) bei Zahlungseingang bzw. Zahlungsausgang (Bank) im neuen Jahr.

1. Die Miete für eine gemietete Lagerhalle beträgt monatlich 2.000,00 €. Bei Erstellung des Jahresabschlusses wird festgestellt, dass die Dezembermiete erst im Januar überwiesen wurde.
2. Die Stromabrechnung für den Monat Dezember liegt zum 31. Dezember noch nicht vor. Die Rechnung geht Mitte Januar über 8.200,00 € zuzüglich Umsatzsteuer[1] ein.
3. Die Bank schreibt am 31. März die Zinsen für die Monate Oktober bis März gut: 600,00 €.
4. Die Garagenmiete für die Monate November, Dezember und Januar in Höhe von 300,00 € wird lt. Vertrag nachträglich am 5. Februar des nächsten Jahres an den Vermieter gezahlt.
5. Darlehenszinsen werden jeweils zum 1. März und 1. September nachträglich für sechs Monate in Höhe von 2.400,00 € an das Kreditinstitut gezahlt.
6. Für einen Wartungsvertrag, der für Büromaschinen abgeschlossen worden ist, sind vierteljährlich nachträglich 400,00 € zuzüglich Umsatzsteuer zu zahlen. Die Rechnung für das letzte Jahresquartal liegt zum 31. Dezember noch nicht vor.

1 Die Vorsteuer darf noch nicht verrechnet werden, da zum 31. Dezember noch keine Rechnung vorliegt.
2 Der Vorsteuerabzug ist möglich, da die Leistung erbracht und die Abrechnung (Rechnung) vorliegt.

1.4.2 Aktive und Passive Rechnungsabgrenzungsposten

Auf den Konten „**4890 Sonstige Verbindlichkeiten**“ und „**2690 Sonstige Forderungen**“ haben wir **Aufwendungen und Erträge** des **alten** Geschäftsjahres erfasst, die erst im **neuen** Jahr zu **Ausgaben und Einnahmen** werden. Es handelt sich dabei um **echte** Verbindlichkeiten und Forderungen, die durch eine **Zahlung im neuen Jahr** beglichen werden.

Werden dagegen bereits **Zahlungen im alten Jahr für Aufwendungen und Erträge des neuen Jahres** geleistet, sind die **Aufwands- und Ertragskonten** zum Jahresabschluss mithilfe folgender Konten zu **berichtigen**:

2900 Aktive Rechnungsabgrenzung (ARA)

4900 Passive Rechnungsabgrenzung (PRA)

Aktive Rechnungsabgrenzung

Hierunter fallen **Aufwendungen**, die bereits im abzuschließenden Geschäftsjahr **im Voraus bezahlt und gebucht** wurden, aber entweder nur zum Teil oder auch ganz **wirtschaftlich dem neuen Geschäftsjahr zuzurechnen** sind, wie z. B. **von uns geleistete Vorauszahlungen** für Versicherungen, Zinsen, Mieten u. a. Zum Abschlussstichtag sind die betreffenden Aufwandskonten durch eine „Aktive Rechnungsabgrenzung (ARA)“ zu berichtigen. Sie stellt praktisch eine **Leistungsforderung** dar. So begründet z. B. unsere Mietvorauszahlung einen Anspruch auf Nutzung der gemieteten Räume im neuen Jahr.

Passive Rechnungsabgrenzung

Hierunter gehören **Erträge**, die im abzuschließenden Geschäftsjahr **bereits als Einnahme gebucht** worden sind, aber mit einem Teil oder auch ganz als Ertrag dem **neuen** Geschäftsjahr zuzuordnen sind, wie z. B. **im Voraus erhaltene** Miete, Pacht, Zinsen u. a. Zum Jahresabschluss sind die betreffenden Ertragskonten durch Vornahme einer entsprechenden „Passiven Rechnungsabgrenzung (PRA)“ zu korrigieren. Die PRA stellen **Leistungsverbindlichkeiten** dar. Eine an uns geleistete Zinsvorauszahlung begründet z. B. unsere Verpflichtung auf weitere Überlassung des gewährten Darlehens im neuen Jahr.

Transitorische Posten

Mithilfe der aktiven und passiven Rechnungsabgrenzungsposten werden die im alten Geschäftsjahr **im Voraus gezahlten Aufwendungen** und **vereinnahmten Erträge** über die Schlussbilanz in die Erfolgsrechnung des neuen Geschäftsjahres **übertragen**. Man nennt sie deshalb auch „transitorische Posten“ (lat. transire = hinübergehen).

Periodengerechte Erfolgsermittlung

Die Rechnungsabgrenzungsposten dienen ebenso wie die Sonstigen Forderungen und Sonstigen Verbindlichkeiten der zeitraumrichtigen Abgrenzung der Aufwendungen und Erträge, damit das **Gesamtergebnis** einer Unternehmung **periodengerecht** zum Jahresabschluss **ermittelt** werden kann.

Merke

Nach § 250 HGB dürfen als Rechnungsabgrenzungsposten nur ausgewiesen werden:

- **auf der Aktivseite Ausgaben vor dem Abschlussstichtag, soweit sie Aufwand für eine bestimmte Zeit nach diesem Tag darstellen: Aktive Rechnungsabgrenzung (ARA)**
- **auf der Passivseite Einnahmen vor dem Abschlussstichtag, soweit sie Ertrag für eine bestimmte Zeit nach diesem Tag darstellen: Passive Rechnungsabgrenzung (PRA)**

Beispiel 1

Am 1. Dezember hat die Wernick GmbH Lagerräume für eine Monatsmiete von 1.500,00 € gemietet. Laut Vertrag ist die Miete **vierteljährlich** mit 4.500,00 € **im Voraus zu zahlen.**

Buchung der Mietvorauszahlung am 1. Dezember:

6700 Mietaufwendungen .... an **2800 Bank** 4.500,00

Der **Mietaufwand von 4.500,00 €** ist zum Abschlussstichtag (z. B. 31. Dezember) **periodengerecht abzugrenzen:** 1.500,00 € entfallen auf Dezember des Abschlussjahres, 3.000,00 € auf Januar und Februar des Folgejahres. Das Konto „6700 Mietaufwendungen" ist daher im Haben um 3.000,00 € mithilfe des Kontos „2900 Aktive Rechnungsabgrenzung" zu berichtigen. Die Mietvorauszahlung beinhaltet die Überlassung des Lagers im neuen Jahr, also eine **Leistungsforderung,** die auf der Aktivseite der Bilanz als **Aktive Rechnungsabgrenzung** (ARA) auszuweisen ist.

Buchungen zum 31. Dezember des Abschlussjahres:

❶ **2900 Aktive Rechnungsabgrenzung** .... an **6700 Mietaufwendungen** 3.000,00
❷ **8020 GuV-Konto** .... an **6700 Mietaufwendungen** 1.500,00
❸ **8010 Schlussbilanzkonto** .... an **2900 Aktive Rechnungsabgr.** 3.000,00

S	6700 Mietaufwendungen		H
2800	4.500,00	2900	3.000,00 ❶
		8020	1.500,00 ❷

S	2900 Aktive Rechnungsabgrenzung		H
6700	3.000,00	8010	3.000,00 ❸

S	8020 GuV-Konto		H
6700	1.500,00		

S	8010 Schlussbilanzkonto		H
2900	3.000,00		

Buchungen zum 1. Januar des Folgejahres:

Nach Eröffnung ist das Konto „2900 ARA" über das betreffende Aufwandskonto aufzulösen.

❶ **2900 Aktive Rechnungsabgrenzung** .... an **8000 Eröffnungsbilanzkonto** 3.000,00
❷ **6700 Mietaufwendungen** .... an **2900 Aktive Rechnungsabgr.** 3.000,00

Das Konto „6700 Mietaufwendungen" weist nun die Miete für Januar und Februar des neuen Jahres periodengerecht aus. Das Konto „2900 ARA" hat seine **„transitorische"** Aufgabe erfüllt:

S	2900 Aktive Rechnungsabgrenzung		H
8000	3.000,00	6700	3.000,00

S	6700 Mietaufwendungen		H
2900	3.000,00		

Direkte Rechnungsabgrenzung

Ausgaben des laufenden Geschäftsjahres, die Aufwendungen des nächsten Jahres betreffen, können bereits direkt bei Zahlung entsprechend zeitlich abgegrenzt werden. Dadurch erübrigt sich zum Jahresabschluss eine besondere Überprüfung aller Ausgaben auf ihre periodengerechte Abgrenzung.

Buchung bei direkter Periodenabgrenzung am 1. Dezember:

6700 Mietaufwendungen 1.500,00
2900 Aktive Rechnungsabgrenzung 3.000,00 an **2800 Bank** 4.500,00

S	6700 Mietaufwendungen		H
2800	1.500,00		

S	2900 Aktive Rechnungsabgrenzung		H
2800	3.000,00		

S	2800 Bank		H
		6700/2900	4.500,00

Nennen Sie die Abschlussbuchungen.

Merke

Das Konto „2900 Aktive Rechnungsabgrenzung" (ARA) erfasst zum Jahresabschluss alle Ausgaben des alten Geschäftsjahres, die wirtschaftlich Aufwand des nächsten Jahres sind.

Buchung: **ARA an Aufwandskonto (bei Abgrenzung zum Abschlussstichtag)**
ARA an Bank (Kasse) (bei direkter Abgrenzung)

Beispiel 2

Für ein vermietetes Gebäude erhält die Wernick GmbH am 1. Dezember die **Vierteljahresmiete** (Dezember – Februar) in Höhe von insgesamt 2.400,00 € **im Voraus.**

Buchung der Mieteinnahme am 1. Dezember:

2800 Bank	an	**5081 Mieterträge**	**2.400,00**

Der gesamte **Mietertrag** in Höhe von 2.400,00 € ist zum 31. Dezember (Abschlussstichtag) **periodengerecht abzugrenzen:** 800,00 € entfallen auf das Abschlussjahr, 1.600,00 € dagegen auf das neue Geschäftsjahr. Das Konto „5081 Mieterträge" muss daher auf seiner Soll-Seite um 1.600,00 € durch Bildung einer „Passiven Rechnungsabgrenzung" (PRA) berichtigt werden, da seitens der Wernick GmbH eine Verpflichtung zur Überlassung der Räume im nächsten Geschäftsjahr besteht, die auf der Passivseite der Bilanz auszuweisen ist.

Buchungen zum 31. Dezember des Abschlussjahres:

❶	**5081 Mieterträge**	an	**4900 Passive Rechnungsabgrenzung**	**1.600,00**
❷	**5081 Mieterträge**	an	**8020 GuV-Konto**	**800,00**
❸	**4900 Passive Rechnungsabgrenzung**	an	**8010 Schlussbilanzkonto**	**1.600,00**

S	4900 Passive Rechnungsabgrenzung		H
8010	1.600,00	5400	1.600,00

S	5081 Mieterträge		H
4900	1.600,00	2800	2.400,00
8020	800,00		

S	8010 Schlussbilanzkonto		H
		4900	1.600,00

S	8020 GuV-Konto		H
		5400	800,00

Buchungen zum 1. Januar des Folgejahres:

❶	**8000 Eröffnungsbilanzkonto**	an	**4900 Passive Rechnungsabgrenzung**	**1.600,00**
❷	**4900 Passive Rechnungsabgrenzung**	an	**5081 Mieterträge**	**1.600,00**

Das Konto „4900 PRA" ist zu Beginn des neuen Jahres über das entsprechende Ertragskonto aufzulösen. Nach der **Umbuchung** des passiven Rechnungsabgrenzungspostens weist das Konto „5081 Mieterträge" nun den **periodengerechten Mietertrag** für die Monate Januar und Februar des neuen Jahres aus:

S	5081 Mieterträge		H
		4900	1.600,00

S	4900 Passive Rechnungsabgrenzung		H
5400	1.600,00	8000	1.600,00

Bei direkter Rechnungsabgrenzung ist am 1. Dezember zu buchen:

2800 Bank	**2.400,00**	an	**5081 Mieterträge**	**800,00**
		an	**4900 Passive Rechnungsabgrenzung**	**1.600,00**

Buchen Sie die direkte Periodenabgrenzung auf den genannten Konten.

Merke

- **Das Konto „4900 Passive Rechnungsabgrenzung" (PRA) erfasst zum Bilanzstichtag alle Einnahmen des alten Jahres, die wirtschaftlich Erträge des nächsten Jahres sind.**

Buchung:	**Ertragskonto**	**an**	**PRA (bei Abgrenzung zum Abschlussstichtag)**
	Bank (Kasse)	**an**	**PRA (bei direkter Abgrenzung)**

- **Die Posten der Rechnungsabgrenzung werden zu Beginn des neuen Geschäftsjahres aufgelöst, indem sie auf das entsprechende Erfolgskonto umgebucht werden:**

Buchung:	**Aufwandskonto**	**an**	**ARA**
	PRA	**an**	**Ertragskonto**

Merke

Die zeitliche Abgrenzung der Aufwendungen und Erträge bezweckt eine periodengerechte Ermittlung des Jahreserfolgs. Man unterscheidet vier Fälle:

Geschäftsfall:	Vorgang im alten Jahr:	Vorgang im neuen Jahr:	Buchung zum Abschlussstichtag:
Noch zu zahlender Aufwand	Aufwand	Ausgabe	Aufwandskonto an Sonst. Verbindlichk.
Noch zu vereinnahmender Ertrag	Ertrag	Einnahme	Sonstige Forderungen an Ertragskonto
Im Voraus bezahlter Aufwand	Ausgabe	Aufwand	Aktive Rechnungsabgr. an Aufwandskonto
Im Voraus vereinnahmter Ertrag	Einnahme	Ertrag	Ertragskonto an Pass. Rechnungsabgr.

Aufgabe 355

a) Buchen Sie die folgenden Geschäftsfälle zunächst auf Konten.
b) Nehmen Sie danach die zeitliche Abgrenzung zum Abschlussstichtag 31. Dezember vor.
c) Welche Buchungen ergeben sich im neuen Jahr?

1. Die Kraftfahrzeugsteuer für die Geschäftswagen wird am 1. Juli für ein Jahr im Voraus vom Bankkonto abgebucht: 600,00 €.
2. Am 1. Dezember erhält die Wernick GmbH die Miete für vermietete Geschäftsräume für Dezember, Januar und Februar im Voraus durch Banküberweisung: 4.500,00 €.
3. Für die EDV-Anlage besteht mit dem Lieferanten ein Wartungsvertrag. Am 2. Mai wird der Jahresbetrag lt. Rechnung ER 345 überwiesen: 1.200,00 € + 228,00 € Umsatzsteuer = 1.428,00 €.
4. Am 1. Oktober werden die Jahreszinsen für ein einem Kunden gewährtes Darlehen im Voraus auf das Bankkonto überwiesen: 960,00 €.
5. Die Gebäudeversicherung für Geschäftsgebäude wird am 1. November durch die Bank für ein Jahr im Voraus abgebucht: 3.600,00 €.
6. Bankgutschrift der Januarmiete für vermietete Lagerräume am 22. Dezember: 2.500,00 €.

Aufgabe 356

*Nennen Sie die Buchungssätze für die Geschäftsfälle der vorhergehenden Aufgabe bei **direkter zeitlicher Abgrenzung**.*

Aufgabe 357

Bilden Sie zu den nachfolgenden Geschäftsfällen die Buchungssätze zum Abschlussstichtag 31. Dez.:

1. Die Dezembermiete für angemietete Garagen wird erst am 3. Januar des folgenden Geschäftsjahres durch Banküberweisung beglichen: 300,00 €.
2. Die Vierteljahreszinsen (November bis Januar) für ein aufgenommenes Darlehen werden vereinbarungsgemäß nachträglich Ende Januar gezahlt: 900,00 €.
3. Der Darlehensnehmer hat die Zinsen für das erste Quartal des neuen Geschäftsjahres bereits am 15. Dezember des Abschlussjahres überwiesen: 850,00 €.
4. Ein Mieter hat am 1. Dezember für Dezember bis einschließlich Februar des nächsten Jahres eine Mietvorauszahlung von 3.600,00 € geleistet.
5. Am 1. November wurde die Kraftfahrzeugsteuer für die Geschäftswagen für ein Jahr im Voraus abgebucht: 600,00 €.
6. Der Handelskammerbeitrag für das letzte Quartal des Abschlussjahres wird erst Anfang Januar überwiesen: 2.400,00 €.
7. Die Zinsgutschrift der Bank für die Zeit vom 1. Oktober bis 31. Dezember steht zum Bilanzstichtag noch aus: 450,00 €.
8. Die Halbjahresmiete (Oktober bis März) für eine vermietete Lagerhalle zahlt der Mieter im Voraus: 9.000,00 €.
9. Die Haftpflichtversicherung für das Betriebsgebäude wurde am 1. November für ein Jahr im Voraus bezahlt: 2.400,00 €.
10. Dem Handelsvertreter wird die Dezemberprovision erst Anfang Januar überwiesen. Die bereits erstellte Provisionsabrechnung weist aus: 4.000,00 € Provision + 760,00 € Umsatzsteuer = 4.760,00 €.

6946342

Aufgabe 358

Auszug aus der vorläufigen Summenbilanz zum 31. Dezember ..	**Soll**	**Haben**
2600 Vorsteuer	134.000,00	–
2690 Sonstige Forderungen	8.800,00	–
2900 Aktive Rechnungsabgrenzung	–	–
4800 Umsatzsteuer	–	124.600,00
4890 Sonstige Verbindlichkeiten	–	5.700,00
4900 Passive Rechnungsabgrenzung	–	–
5081 Mieterträge	–	22.800,00
5710 Zinserträge	–	1.600,00
6150 Vertriebsprovisionen	12.000,00	–
6700 Mietaufwendungen	26.400,00	–
6810 Zeitungen und Fachliteratur	2.100,00	–
6900 Versicherungsbeiträge	16.200,00	–
6920 Beiträge zu Wirtschaftsverbänden	12.600,00	–
7030 Kraftfahrzeugsteuer	7.600,00	–
7510 Zinsaufwendungen	14.700,00	–

Zum 31. Dezember .. (Abschlussstichtag) sind noch folgende zeitliche Abgrenzungen vorzunehmen:

1. Die Feuerversicherungsprämie (Gebäude) für das kommende Kalenderjahr wurde am 27. Dezember durch Banküberweisung beglichen: 850,00 €.
2. Die Bezugskosten für diverse Fachzeitschriften wurden am 28. Dezember mit 260,00 € netto im Voraus für das folgende Geschäftsjahr bezahlt.
3. Die Kraftfahrzeugsteuer für den Lkw wurde am 1. Dezember für ein Jahr im Voraus durch Bankeinzug mit 660,00 € beglichen.
4. Der Handelskammerbeitrag für das letzte Quartal beträgt 750,00 €.
5. Vertreterprovision für Dezember über 1.700,00 € netto wird erst im Januar an den Handelsvertreter bei Rechnungserteilung überwiesen.
6. Die Dezember-Lagermiete über 2.850,00 € wird erst Anfang Januar überwiesen.
7. Ein Mieter begleicht die Miete für Büroräume für Dezember in Höhe von 1.850,00 € erst im neuen Jahr.
8. Am 28. Dezember gingen 1.900,00 € Vierteljahresmiete von einem Mieter für das neue Kalenderjahr auf dem Bankkonto ein.
9. Die fälligen Darlehenszinsen von 450,00 € für die Zeit vom 1. Oktober bis 31. Dezember sind am Jahresende noch nicht eingegangen.
10. Darlehenszinsen für ein aufgenommenes Darlehen in Höhe von 12.000,00 € für das Halbjahr 1. Juli bis 31. Dezember werden erst im Januar beglichen.

Bilden Sie die Buchungssätze für den Abschluss dieser Konten.

Aufgabe 359

Ordnen Sie den vier Arten der zeitlichen Abgrenzung jeweils für das alte und das neue Geschäftsjahr die folgenden Begriffe entsprechend zu:

a) Aufwand, c) Ausgabe und
b) Ertrag, d) Einnahme.

Altes Jahr	Neues Jahr	Abgrenzungsposten
?	?	Sonstige Forderungen
?	?	Sonstige Verbindlichkeiten
?	?	Aktive Rechnungsabgrenzung
?	?	Passive Rechnungsabgrenzung

Schreiben Sie bitte nicht in dieses Buch, wenn es Ihnen nicht gehört.

Aufgabe 360

Vervollständigen Sie folgende Aussagen:

1. Sonstige Verbindlichkeiten werden für Aufwendungen des ... Geschäftsjahres gebucht, die Ausgaben des ... Geschäftsjahres darstellen.
2. Aktive Rechnungsabgrenzungsposten werden für Ausgaben im ... Jahr gebildet, die Aufwand des ... Geschäftsjahres darstellen.
3. Sonstige Forderungen werden für Erträge des ... Jahres gebucht, die Einnahmen des ... Jahres darstellen.
4. Passive Rechnungsabgrenzungsposten werden für Einnahmen des ... Jahres gebildet, die Ertrag des ... Geschäftsjahres darstellen.

Aufgabe 361

1. *Begründen Sie die Notwendigkeit einer zeitlichen Abgrenzung der Aufwendungen und Erträge.*
2. *Nennen Sie die vier Möglichkeiten einer zeitlichen Abgrenzung.*
3. *Bei welcher Art der zeitlichen Abgrenzung liegt der Zahlungsvorgang a) im alten und b) im neuen Jahr?*
4. *Warum werden aktive und passive Rechnungsabgrenzungsposten auch als „Transitorische Posten" bezeichnet?*

Aufgabe 362

Im Metallwerk Thomas Berg GmbH liegen Ihnen folgende Belege zur Buchung vor. Die zeitliche (periodengerechte) Abgrenzung ist mit der Buchung der Zahlung vorzunehmen.

Nennen Sie die Buchungssätze.

Beleg 1

Kontoauszug Landesbank Baden-Württemberg LB≡BW

Konto-Nr.	Datum	Ausz.-Nr.	Blatt	Buchungstag	PN-Nr.	Wert	Umsatz
723 544 32	..-11-01	358	1				
GUTSCHRIFT				11-01	8364	11-01	4.500,00 H

ELEKTRO-VERTRIEBS-GMBH, STUTTGART
LAGERHALLENMIETE FÜR NOV., DEZ., JAN.

METALLWERK
THOMAS BERG GMBH
INDUSTRIESTRASSE 22 - 28
70565 STUTTGART

Konto | Soll | Haben
Gebucht:

Alter Saldo H 237.650,00 EUR
Neuer Saldo H 242.150,00 EUR

Beleg 2

€uro-Überweisung

LB≡BW Landesbank Baden-Württemberg

Nur für Überweisungen in Deutschland, in andere EU-/EWR-Staaten und in die Schweiz in Euro.
Bitte Meldepflicht gemäß Außenwirtschaftsverordnung beachten!

Angaben zum Begünstigten: Name, Vorname/Firma (max. 27 Stellen, bei maschineller Beschriftung max. 35 Stellen): Finanzamt Stuttgart
IBAN: DE87600501010064452080
BIC des Kreditinstituts (8 oder 11 Stellen): SOLADEST600
Betrag: Euro, Cent: 2400,00
Kunden-Referenznummer - Verwendungszweck, ggf. Name und Anschrift des Überweisenden - (nur für Begünstigten): Kfz-Steuer Lkw S-UM 500/Pkw
noch Verwendungszweck (insgesamt max. 2 Zeilen à 27 Stellen, bei maschineller Beschriftung max. 2 Zeilen à 35 Stellen): S-WN 367 ..11.01.-..10.31
Angaben zum Kontoinhaber: Name, Vorname/Firma, Ort (max. 27 Stellen, keine Straßen- oder Postfachangaben): Thomas Berg GmbH, Stuttgart
IBAN: DE14600501010072354432 16

€URO-ÜBERWEISUNG (SEPA)

Datum: ..-11-01
Unterschrift(en): Thomas Berg

1.4.3 Rückstellungen

Aus Gründen einer **periodengerechten Erfolgsermittlung** sind **zum Abschlussstichtag** auch solche **Aufwendungen** zu **erfassen**, die zwar ihrem Grunde nach, nicht aber ihrer **Höhe und/oder Fälligkeit nach bekannt** sind, die jedoch **wirtschaftlich dem Abschlussjahr** zugerechnet werden müssen. Für diese Aufwendungen sind die **Beträge zu schätzen** und jeweils als **Rückstellung** in Höhe des **Erfüllungsbetrages** zu **passivieren**, also auf der Passivseite der Bilanz auszuweisen (§ 253 [1] HGB). Die **Ungewissheit über Höhe und/oder Fälligkeit der Verbindlichkeiten unterscheidet** die **Rückstellungen von** den genau bestimmbaren **Verbindlichkeiten.**

Der Erfüllungsbetrag umfasst nicht nur den Rückzahlungsbetrag, sondern auch zukünftige Kosten- und Preissteigerungen, soweit sie „nach vernünftiger kaufmännischer Beurteilung" (§ 253 [1] HGB) eintreten werden. **Erfüllungsbetrag**

„Rückstellungen mit einer Restlaufzeit von mehr als einem Jahr sind abzuzinsen mit dem ihrer Restlaufzeit entsprechenden durchschnittlichen Marktzins [...]" (§ 253 [2] HGB). Die durchschnittlichen Marktzinssätze werden von der Deutschen Bundesbank veröffentlicht. **Abzinsung**

Nach § 249 (1) HGB **müssen** Rückstellungen gebildet werden für **Passivierungspflicht § 249 [1] HGB**

- **ungewisse Verbindlichkeiten** [z. B. zu erwartende Steuernachzahlungen für Betriebsteuern wie Gewerbesteuer, Prozesskosten, Garantieverpflichtungen, Pensionsverpflichtungen, Provisionsverbindlichkeiten, Inanspruchnahme aus Bürgschaften u. a.],
- **drohende Verluste aus schwebenden Geschäften**[1] (z. B. erheblicher Preisrückgang bereits gekaufter, jedoch noch nicht gelieferter Rohstoffe),
- **im Abschlussjahr unterlassene Instandhaltungsaufwendungen**, die im folgenden Geschäftsjahr **innerhalb von drei Monaten** nachgeholt werden,
- **Abraumbeseitigung**, die im folgenden Geschäftsjahr nachgeholt wird,
- **Gewährleistungen ohne rechtliche Verpflichtungen** (Kulanzgewährleistungen).

Für andere als die o. g. Zwecke dürfen Rückstellungen nicht gebildet werden. **§ 249 [2] HGB**

Da Rückstellungen Schulden sind, zählen sie in der Bilanz auch zum **Fremdkapital.** Rückstellungen sind nach § 266 HGB in der Bilanz auszuweisen als **Pensionsrückstellungen, Steuerrückstellungen** und **Sonstige Rückstellungen.** **Bilanzausweis**

Bei Bildung der Rückstellung wird zunächst das betreffende **Aufwandskonto** im Soll mit dem **geschätzten** periodengerechten Betrag belastet. Die Gegenbuchung wird auf dem entsprechenden **Rückstellungskonto** im Haben vorgenommen.

Buchung: Aufwandskonto an Rückstellungskonto

Da Rückstellungen für **Aufwendungen** gebildet werden, **vermindert** sich der **auszuschüttende Gewinn** und damit zugleich auch die zu zahlende **Ertragsteuer**, wie z. B. die Einkommensteuer bzw. die Körperschaftsteuer. Die Bildung von Rückstellungen hat deshalb **positive Auswirkungen auf** die flüssigen (liquiden) Mittel und somit auch auf die **Liquidität** des Unternehmens. **Auswirkung auf den Jahreserfolg**

Rückstellungen sind aufzulösen, soweit die Gründe hierfür entfallen sind. Da sie auf Schätzungen beruhen, sind drei Fälle möglich: **Auflösung von Rückstellungen**

- Die Rückstellung **entspricht** der Zahlung; eine Auflösung ist nicht erforderlich.
- Die Rückstellung ist **größer** als die Zahlung. Es ergibt sich ein Ertrag, zu erfassen auf Konto **5480 Erträge aus der Auflösung oder Herabsetzung von Rückstellungen.**[2]
- Die Rückstellung ist **kleiner** als die Zahlung. Es entsteht ein Aufwand, zu erfassen auf dem **zugehörigen Aufwandskonto.**

1 In der Steuerbilanz (steuerliche Gewinnermittlung) ist die Bildung von Rückstellungen für drohende Verluste aus schwebenden Geschäften nicht zulässig (§ 5 [4a] EStG).

2 Im Folgenden wird die Kurzform „5480 Erträge a. d. A. o. H. v. R." verwendet.

Beispiel

Zum Abschlussstichtag wird mit einer Gewerbesteuernachzahlung für das Abschlussjahr in Höhe von 4.500,00 € gerechnet.

Buchung bei Bildung der Rückstellung zum 31. Dezember:

❶ 7000 Gewerbesteuer[1] .... an 3800 Steuerrückstellungen 4.500,00

Abschlussbuchungen:

❷ 8020 GuV-Konto .... an 7000 Gewerbesteuer 4.500,00

❸ 3800 Steuerrückstellungen .... an 8010 Schlussbilanzkonto 4.500,00

S	7000 Gewerbesteuer		H
❶	4.500,00	❷ 8020	4.500,00

S	3800 Steuerrückstellungen		H
❸ 8010	4.500,00	❶	4.500,00

S	8020 GuV-Konto		H
❷	4.500,00		

S	8010 Schlussbilanzkonto		H
		❸	4.500,00

Die Gewerbesteuer wird im Juni nächsten Jahres überwiesen (Bank):

1. 4.500,00 €, 2. 4.000,00 €, 3. 5.100,00 €.

Zu Beginn des Geschäftsjahres wird das Rückstellungskonto eröffnet:

8000 Eröffnungsbilanzkonto (EBK) .... an **3800 Steuerrückstellungen** **4.500,00**

Buchung im Fall 1: Rückstellung = Zahlung: 4.500,00 €

3800 Steuerrückstellungen .... an **2800 Bank** **4.500,00**

S	2800 Bank		H
		3800	4.500,00

S	3800 Steuerrückstellungen		H
2800	4.500,00	8000	4.500,00

Buchung im Fall 2: Rückstellung > Zahlung: 4.000,00 €

3800 Steuerrückstellungen .... **4.500,00** an **2800 Bank** **4.000,00**

an **5480 Erträge a. d. A. o. H. v. R.**[2] .. **500,00**

S	2800 Bank		H
		3800	4.000,00

S	3800 Steuerrückstellungen		H
2800/5480	4.500,00	8000	4.500,00

S	5480 Erträge a. d. A. o. H. v. R.		H
		3800	500,00

Buchung im Fall 3: Rückstellung < Zahlung: 5.100,00 €

3800 Steuerrückstellungen **4.500,00**

7000 Gewerbesteuer[3] .... **600,00** an **2800 Bank** **5.100,00**

S	2800 Bank		H
		3800/7000	5.100,00

S	3800 Steuerrückstellungen		H
2800	4.500,00	8000	4.500,00

S	7000 Gewerbesteuer		H
2800	600,00		

1 Siehe Fußnote auf S. 91.

2 In der GuV-Rechnung erfolgt in diesem Fall eine Saldierung mit dem Gewerbesteueraufwand.

3 Evtl. zu buchen auf Unterkonto „7001 Gewerbesteuer – Vorjahr“

Drohende Verluste aus schwebenden Geschäften

Im Allgemeinen werden **schwebende** Rechtsgeschäfte – z. B. Kaufverträge, die noch **von keinem Vertragspartner erfüllt** sind, da Lieferung und Zahlung noch ausstehen – buchhalterisch überhaupt nicht erfasst. Ist aber **bei Bilanzaufstellung erkennbar**, dass dem Betrieb aus den Verträgen **Verluste** erwachsen (drohen), muss aus Gründen kaufmännischer **Vorsicht** eine **Rückstellung** in Höhe des zu **erwartenden Verlustes** gebildet werden (§ 249 [1] HGB).[1]

Beispiel

Am 28. November hat die Wernick GmbH einen Kaufvertrag über die Lieferung von 500 zugeschnittenen Blechplatten zu 80,00 € netto je Stück abgeschlossen. Der Gesamtnettopreis beträgt daher 40.000,00 €. Liefertermin: 15. Februar nächsten Jahres fix.

Bis zum Abschlussstichtag ist der Wiederbeschaffungswert (Tagespreis) der Blechplatten nachhaltig auf 70,00 € netto je Stück gesunken.

Rückstellung

Da die Wernick GmbH als Besteller an den vereinbarten Preis von 80,00 € je Blechplatte gebunden ist und im nächsten Jahr nur mit dem **niedrigeren** Wiederbeschaffungspreis von 70,00 € je Stück kalkulieren kann, **droht ihr ein Verlust von 5.000,00 €** (500 · 10,00 €), für den eine Rückstellung gebildet werden muss. Auf diese Weise wird der **Verlust** in **dem** Jahr erfasst, in dem er **verursacht** wurde:

Buchung der Rückstellung zum 31. Dezember:

6000 Aufwendungen für Rohstoffe .... an **3900 Sonstige Rückstellungen** 5.000,00

Nennen Sie jeweils die Abschluss- und Eröffnungsbuchung für das Konto 3900.

Buchung nach Rechnungseingang am 15. Februar des folgenden Jahres:

❶	**6000 Aufwend. für Rohstoffe** ..	40.000,00		
	2600 Vorsteuer	7.600,00	an **4400 Verbindlichkeiten a. LL**	47.600,00
❷	**3900 Sonst. Rückstellungen**		an **6000 Aufwend. für Rohstoffe**	5.000,00

S	6000 Aufwendungen für Rohstoffe	H
❶ 40.000,00		❷ 5.000,00

S	3900 Sonstige Rückstellungen	H
❷ 5.000,00		8000 5.000,00

S	2600 Vorsteuer	H
❶ 7.600,00		

S	4400 Verbindlichkeiten a. LL	H
		❶ 47.600,00

Nach Übertragung des Rückstellungsbetrages auf das Konto „Aufwendungen für Rohstoffe" stehen die eingekauften Blechplatten mit dem **niedrigeren Tageswert** von 35.000,00 € zu Buch Die Buchungen ❶ und ❷ können zusammengefasst werden:

3900 Sonstige Rückstellungen	5.000,00		
6000 Aufwend. für Rohstoffe	35.000,00		
2600 Vorsteuer	7.600,00	an **4400 Verbindlichkeiten a. LL**	47.600,00

Merke

- **Rückstellungen sind Schulden, die am Abschlussstichtag ihrem Grunde nach bekannt sind, deren Höhe und/oder Fälligkeit jedoch noch ungewiss sind. Sie dienen dem vollständigen Schuldenausweis sowie der periodengerechten Ermittlung des Jahreserfolgs.**
- **Rückstellungen sind nur in Höhe des zu erwartenden Erfüllungsbetrages anzusetzen, der nach vernünftiger kaufmännischer Beurteilung notwendig ist (§ 253 [1] HGB).**
- **Die Bildung von Rückstellungen mindert den Gewinn und damit auch die zu zahlenden Ertragsteuern (Einkommen-, Körperschaft-, Gewerbesteuer).**

Buchung: Aufwandskonto an Rückstellungen

1 Siehe Fußnote 1 auf S. 345.

Aufgabe 363

Das Metallwerk Thomas Berg GmbH rechnet zum 31. Dezember des Abschlussjahres mit einer Gewerbesteuernachzahlung[1] von 12.000,00 €.

1. *Bilden Sie den Buchungssatz zum 31. Dezember.*
2. *Wie wirkt sich die Bildung der Rückstellung handelsrechtlich auf a) den Gewinn bzw. b) den Verlust des Unternehmens aus?*
3. *Wie ist zu buchen, wenn der Industriebetrieb am 15. März des Folgejahres an das städtische Steueramt folgende Beträge durch die Bank überweist?*
   a) 12.000,00 €,
   b) 10.000,00 €,
   c) 15.000,00 €.

Aufgabe 364

Eine erforderliche Gebäudereparatur konnte im Dezember nicht mehr durchgeführt werden. Der Kostenvoranschlag für die Instandsetzungsarbeiten, die im Laufe des Monats Januar des nächsten Jahres durchgeführt werden sollen, liegt zum 31. Dezember vor: 25.000,00 €.

1. *Begründen Sie die Notwendigkeit einer Buchung und nennen Sie den Buchungssatz.*
2. *Nennen Sie die Abschlussbuchungen.*
3. *Nennen Sie für das Rückstellungskonto den Eröffnungsbuchungssatz zum 1. Januar.*
4. *Wie lautet der Buchungssatz, wenn Ende Januar nächsten Jahres nach erfolgter Instandsetzung des Gebäudes die folgende Rechnung durch Banküberweisung beglichen wird?*
   a) 28.000,00 € + Umsatzsteuer,
   b) 24.000,00 € + Umsatzsteuer.

Aufgabe 365

Für einen schwebenden Prozess rechnet die Wernick GmbH zum Abschlussstichtag mit Gerichtskosten in Höhe von 12.000,00 €. Der Gebührenbescheid des Gerichts am 20. April nächsten Jahres lautet über

a) 12.000,00 €,
b) 15.000,00 €,
c) 10.000,00 €.

Die Zahlung erfolgt durch Postbanküberweisung.

Nennen Sie den Buchungssatz zum Abschlussstichtag und am 20. April.

Aufgabe 366

Vervollständigen Sie folgende Sätze:

1. Rückstellungen sind ..., die ihrem Grunde nach ..., nicht aber nach ... und/oder ... .
2. Der Betrag der Rückstellung muss ... werden.
3. Rückstellungen dienen der ... Ermittlung des Jahreserfolgs.

Aufgabe 367

Die Bau-GmbH bestellt am 2. Dezember 3000 t Zement XR 304 zu 60,00 € je t + Umsatzsteuer. Lieferungstermin: 15. Februar nächsten Jahres. Am Abschlussstichtag (31. Dezember) beträgt der Tagespreis 55,00 € je t.

1. *Begründen Sie, dass es sich hierbei um ein schwebendes Geschäft handelt.*
2. *In welchem Fall sind schwebende Geschäfte im handelsrechtlichen Jahresabschluss zu berücksichtigen?*
3. *Buchen Sie a) zum 31. Dezember und b) nach Rechnungseingang im Februar nächsten Jahres.*

Aufgabe 368

Zum Abschlussstichtag rechnet die Wernick GmbH mit Steuerberatungskosten in Höhe von 3.200,00 € netto. Im April nächsten Jahres erhält sie die Rechnung des Steuerberaters über a) 3.500,00 € + Umsatzsteuer und b) 2.900,00 € + Umsatzsteuer.

1. *Buchen Sie zum Abschlussstichtag und geben Sie die Abschlussbuchungen an.*
2. *Nennen Sie die Eröffnungsbuchung für das Rückstellungskonto.*
3. *Wie lautet jeweils die Buchung nach Rechnungseingang?*

Aufgabe 369

1. *Was ist unter dem Begriff „Rückstellungen" zu verstehen?*
2. *Worin unterscheiden sich Rückstellungen und Verbindlichkeiten?*
3. *Haben Rückstellungen und Verbindlichkeiten einen gemeinsamen Zweck?*
4. *Für welche Sachverhalte müssen nach § 249 [1] HGB Rückstellungen gebildet werden?*
5. *Kann man durch Bildung von Rückstellungen den Gewinn beeinflussen?*
6. *Zu welchem Zeitpunkt sind Rückstellungen aufzulösen?*
7. *Wozu führt a) eine zu hohe und b) eine zu niedrige Schätzung der Rückstellung bei Zahlung?*

1 Siehe Fußnote auf S. 91.

6946348

Aufgabe 370

Kontenplan und vorläufige Saldenbilanz	Soll	Haben
0700 Technische Anlagen und Maschinen	1.260.000,00	–
0800 Betriebs- und Geschäftsausstattung	448.700,00	–
0891 GWG-Sammelposten	8.600,00	–
2000 Rohstoffe	135.000,00	–
2400 Forderungen a. LL	190.760,00	–
2600 Vorsteuer	154.380,00	–
2800 Bank	339.200,00	–
2880 Kasse	7.400,00	–
3000 Gezeichnetes Kapital	–	900.000,00
3400 Jahresüberschuss/Jahresfehlbetrag	–	–
3900 Sonstige Rückstellungen	–	10.000,00
4230 Darlehensschulden	–	133.600,00
4400 Verbindlichkeiten a. LL	–	170.000,00
4800 Umsatzsteuer	–	375.440,00
4890 Sonstige Verbindlichkeiten	–	110.000,00
5000 Umsatzerlöse für eigene Erzeugnisse	–	1.976.000,00
5710 Zinserträge	–	4.000,00
6000 Aufwendungen für Rohstoffe	626.000,00	–
6160 Fremdinstandsetzung	8.000,00	–
6700 Mietaufwendungen	145.300,00	–
6770 Rechts- und Beratungskosten	14.000,00	–
6940 Sonstige Aufwendungen	46.400,00	–
7510 Zinsaufwendungen	16.000,00	–
7800 Diverse Aufwendungen	279.300,00	–
Weitere Konten: 2900, 4900, 5420, 6520, 6541, 6550, 6940, 8010, 8020.	3.679.040,00	3.679.040,00

Angaben zum Abschlussstichtag

1. Außerplanmäßige Abschreibung:
   Eine EDV-Anlage, Buchwert 8.500,00 €, hat nur noch einen Wert von 500,00 €.
2. Planmäßige Abschreibungen:
   TA und Maschinen: 12,5 % linear von 2.520.000,00 € Anschaffungskosten;
   BGA: 20 % linear von 500.000,00 € Anschaffungskosten;
   20 % auf GWG-Sammelposten.
3. Bildung einer Prozesskostenrückstellung in Höhe von 32.800,00 € und einer Rückstellung für unterlassene Instandsetzungen über 68.000,00 €.
4. Die Dezembermiete für die gemietete Lagerhalle wird Anfang nächsten Jahres mit 15.000,00 € gezahlt.
5. Ein Kunde hatte für einen kurzfristigen Kredit die Halbjahreszinsen in Höhe von 600,00 € am 1. November im Voraus überwiesen.
6. Kassenfehlbetrag lt. Inventur 400,00 € (Ursache ungeklärt).
7. Am 1. Oktober wurden 17.100,00 € Halbjahres-Darlehenszinsen an das Kreditinstitut im Voraus gezahlt.
8. Der Tageswert des Inventurbestandes der Rohstoffe beträgt 132.000,00 €. Die durchschnittlichen Anschaffungskosten betragen 120.000,00 €.[1]

1. Erstellen Sie den Jahresabschluss. Gliedern Sie die Bilanz nach § 266 HGB (siehe S. 388 f. und Anhang des Lehrbuchs).

2. Ermitteln Sie in Prozent die Rentabilität des durchschnittlichen Eigenkapitals. Hat sich der Kapitaleinsatz gelohnt?

1 Beachten Sie: Nach dem Prinzip der kaufmännischen Vorsicht sind Vermögensgegenstände des Umlaufvermögens in der Jahresbilanz zum niedrigsten Wert (Niederstwertprinzip) auszuweisen (siehe auch S. 360 f.).

1.5 Abschluss in der Hauptabschlussübersicht

Hauptabschlussübersicht[1]

Vor dem endgültigen Abschluss aller Konten macht der Kaufmann in der Regel einen **Probeabschluss** in Form einer **tabellarischen Hauptabschlussübersicht,** die auch als **Abschlusstabelle oder Betriebsübersicht** bezeichnet wird. Das geschieht, um

- **die rechnerische Richtigkeit** der im Geschäftsjahr vorgenommenen Buchungen zu **überprüfen** (Buchungsfehler),
- **eine zusammenfassende Übersicht über alle Daten** der Bestands- und Erfolgskonten als **Informations- und Entscheidungsgrundlage** für die Unternehmensleitung zu gewinnen,
- **den Jahresabschluss vorzubereiten.** Viele vorbereitende Abschlussbuchungen bedürfen grundsätzlicher Vorüberlegungen **(Bewertungsfragen)** und damit der **Entscheidung der Geschäftsleitung,** z. B. über die Höhe der Abschreibungen, die Bildung von Rückstellungen, die Bewertung von Forderungen u. a. Es ist daher sinnvoll, den Jahresabschluss zunächst **außerhalb** der Buchführung **tabellarisch** vorzunehmen.

Aufbau

Die Hauptabschlussübersicht des Industriebetriebes umfasst in der Regel sechs Spalten:[1]

1. **Summenbilanz**

   Sie bildet den Ausgangspunkt und damit die **Grundlage** für die zu erstellende Hauptabschlussübersicht. Die Summenbilanz übernimmt deshalb alle im Geschäftsjahr geführten **Bestands- und Erfolgskonten** einzeln **mit den Summen ihrer Soll- und Haben-Seite,** die sich aus der Buchung der Anfangsbestände und aller Geschäftsfälle ergeben haben. Im Sinne der Bilanzgleichung muss die Summenbilanz im Endergebnis auf beiden Seiten die gleichen Summen aufweisen **(Probebilanz!)**; sie ist damit Beleg für die **rechnerische Richtigkeit** der Buchungen. In der Summenbilanz sind bereits wichtige Umschlagszahlen auf den Sachkonten zu erkennen, z. B. Umfang der entstandenen und ausgeglichenen Forderungen und Verbindlichkeiten, die Bewegungen auf den Finanzkonten u. a. m.

2. **Saldenbilanz I**

   Aus den Zahlen der Summenbilanz werden für die einzelnen Konten die Salden ermittelt und in die Saldenbilanz I eingetragen. Im Gegensatz zum Konto muss der Saldo in der Saldenbilanz jeweils **auf der größeren Seite** erscheinen. Sind die Salden richtig errechnet, so müssen Soll- und Haben-Seite auch in der Saldenbilanz summengleich sein.

3. **Umbuchungen**

   Diese Spalte nimmt die **vorbereitenden Abschlussbuchungen** auf:

   - Abschreibungen auf Anlagen und Umlaufvermögen
   - Bestandsveränderungen an Roh-, Hilfs- und Betriebsstoffen u. a.
   - Bestandsveränderungen an unfertigen und fertigen Erzeugnissen
   - Zeitliche Abgrenzungen
   - Ausgleich von Bestandsdifferenzen zwischen Buchbestand und Istbestand lt. Inventur
   - Bildung von Rückstellungen
   - Bewertungskorrekturen
   - Abschluss der Unterkonten über die entsprechenden Hauptkonten, z. B. Bezugskosten, Erlösberichtigungen, Nachlässe
   - Verrechnung der Konten „Vorsteuer“ und „Umsatzsteuer“

   Die Buchungen werden in der Umbuchungsspalte nach den Regeln der Doppik durchgeführt. Es empfiehlt sich jedoch, eine gesonderte **Umbuchungsliste als Beleg** anzufertigen, die alle Angaben und Daten ausweist.

1 Der „Summenbilanz“ können noch zusätzlich die Spalten „Eröffnungsbilanz“ und „Umsatzbilanz“ vorgeschaltet werden, aus deren Addition sich dann die „Summenbilanz“ ergibt (= achtspaltige Hauptabschlussübersicht).

6946350

Hauptabschlussübersicht (Betriebsübersicht)

Kto.-Nr.	Sachkonten der Chemiewerke Jörg Breuer e. K.	Summenbilanz		Saldenbilanz I		Umbuchungen		Saldenbilanz II		Schlussbilanz		Gewinn und Verlust	
		S	H	S	H	S	H	S	H	Aktiva	Passiva	Aufw.	Erträge
0700	TA und Maschinen	250.000	–	250.000	–	–	50.000	200.000	–	200.000	–	–	–
0800	BGA	80.000	–	80.000	–	–	16.000	64.000	–	64.000	–	–	–
2000	Rohstoffe	70.000	–	70.000	–	20.000	–	90.000	–	90.000	–	–	–
2100	Unfertige Erzeugnisse	10.000	–	10.000	–	38.000	–	48.000	–	48.000	–	–	–
2200	Fertige Erzeugnisse	45.000	–	45.000	–	–	26.000	19.000	–	19.000	–	–	–
2400	Forderungen a. LL	910.000	780.000	130.000	–	–	–	130.000	–	130.000	–	–	–
2600	Vorsteuer	35.000	30.000	5.000	–	–	5.000	–	–	–	–	–	–
2800	Bank	780.000	660.000	120.000	–	–	–	120.000	–	120.000	–	–	–
2880	Kasse	96.000	40.000	56.000	–	–	2.000	54.000	–	54.000	–	–	–
2900	ARA	25.000	25.000	–	–	8.000	–	8.000	–	8.000	–	–	–
3000	Gez. Kapital	–	520.000	–	520.000	–	–	–	520.000	–	520.000	–	–
4400	Verbindlichkeiten a. LL	330.000	400.000	–	70.000	–	–	–	70.000	–	70.000	–	–
4800	Umsatzsteuer	80.000	95.000	–	15.000	5.000	–	–	10.000	–	10.000	–	–
5000	Umsatzerlöse f. eig. Erzeugn.	–	876.000	–	876.000	25.000	–	–	851.000	–	–	–	851.000
5001	Erlösberichtigungen	25.000	–	25.000	–	–	25.000	–	–	–	–	–	–
5200	Bestandsveränderungen	–	–	–	–	26.000	38.000	–	12.000	–	–	–	12.000
5410	Provisionserträge	–	25.000	–	25.000	–	–	–	25.000	–	–	–	25.000
6000	Aufwendungen für Rohstoffe	280.000	–	280.000	–	5.000	20.000	265.000	–	–	–	265.000	–
6001	Bezugskosten	5.000	–	5.000	–	–	5.000	–	–	–	–	–	–
62/. .	Personalkosten	250.000	–	250.000	–	–	–	250.000	–	–	–	250.000	–
6520	AfA auf Sachanlagen	–	–	–	–	66.000	–	66.000	–	–	–	66.000	–
6700	Mietaufwendungen	180.000	–	180.000	–	–	8.000	172.000	–	–	–	172.000	–
6940	Sonstige Aufwendungen	–	–	–	–	2.000	–	2.000	–	–	–	2.000	–
		3.451.000	**3.451.000**	**1.506.000**	**1.506.000**	**195.000**	**195.000**	**1.488.000**	**1.488.000**	733.000	600.000	755.000	888.000
								Unternehmungsgewinn:			133.000	← 133.000	
										733.000	733.000	888.000	888.000

	Schlussbestand an Rohstoffen lt. Inventur	90.000,00 €
–	Anfangsbestand an Rohstoffen	70.000,00 €
=	Mehrbestand an Rohstoffen	20.000,00 €
Umbuchung: 2000 an 6000		**20.000,00 €**

	Gezeichnetes Kapital	**520.000,00 €**
+	Unternehmungsgewinn (Jahresüberschuss)	**133.000,00 €**
=	**Eigenkapital zum 31. Dezember**	**653.000,00 €**

4. **Saldenbilanz II**

   Aus der Saldenbilanz I und der Umbuchungsspalte ergeben sich nunmehr die **endgültigen Salden** in der Saldenbilanz II. Aus ihr werden die **Erfolgsrechnung und die Schlussbilanz** entwickelt.

5. **Schlussbilanz = Inventurbilanz**

   Sie übernimmt aus der Saldenbilanz II die **Salden aller Bestandskonten** und weist somit die **endgültigen** Bilanzansätze aus, die der **Inventur und Bewertung** entsprechen. **Aktiva und Passiva** sind in der Regel **nicht summengleich**. Der **Saldo bedeutet Gewinn oder Verlust**, je nachdem, welche Seite überwiegt. Dieser Saldo muss dem Saldo der Spalte 6 „Gewinn- und Verlustrechnung" entsprechen.

6. **Gewinn und Verlust = Unternehmungsergebnis (Jahresüberschuss/Jahresfehlbetrag)**

   Diese Spalte weist durch die Gegenüberstellung aller Aufwendungen und Erträge als Saldo **den Gewinn oder Verlust (Jahresergebnis) der Unternehmung** aus.

Beispiel

In der Umbuchungsspalte der **nebenstehenden** Hauptabschlussübersicht wurden aufgrund der folgenden **Abschlussangaben lt. Inventur** die nachstehenden **Umbuchungen** (vorbereitenden Abschlussbuchungen) vorgenommen:

Abschreibungen auf 0700: 50.000,00 €; auf 0800: 16.000,00 €:

Buchung:	6520 Abschreibungen auf Sachanlagen	66.000,00	
	an 0700 Technische Anlagen und Maschinen		50.000,00
	an 0800 BGA		16.000,00

Mehrbestand an Rohstoffen lt. Inventur: 20.000,00 € (siehe S. 351):

Buchung: 2000 Rohstoffe ... an 6000 Aufwendungen f. Rohstoffe ... 20.000,00

Mehrbestand an unfertigen Erzeugnissen lt. Inventur: 38.000,00 €:

Buchung: 2100 Unfertige Erzeugnisse ... an 5200 Bestandsveränderungen ... 38.000,00

Minderbestand an fertigen Erzeugnissen lt. Inventur: 26.000,00 €:

Buchung: 5200 Bestandsveränderungen ... an 2200 Fertige Erzeugnisse ... 26.000,00

Kassenfehlbetrag lt. Inventur: 2.000,00 € (Ursache ungeklärt):

Buchung: 6940 Sonstige Aufwendungen ... an 2880 Kasse ... 2.000,00

Konto 6700 enthält unsere Mietvorauszahlung für Januar n. J.: 8.000,00 €:

Buchung: 2900 ARA ... an 6700 Mietaufwendungen ... 8.000,00

Abschluss der Unterkonten bzw. Umbuchungen:

❶ 5000 Umsatzerlöse f. eig. Erzeugnisse	an 5001 Erlösberichtigungen	25.000,00
❷ 4800 Umsatzsteuer	an 2600 Vorsteuer	5.000,00
❸ 6000 Aufwendungen für Rohstoffe	an 6001 Bezugskosten	5.000,00

Kontenmäßiger Abschluss

Auf der Grundlage der Hauptabschlussübersicht werden zunächst die Umbuchungen auf den entsprechenden Konten vorgenommen. Sodann erfolgt der eigentliche kontenmäßige Abschluss der Bestands- und Erfolgskonten zum Gewinn- und Verlust- bzw. Schlussbilanzkonto.

Merke

- **Die Hauptabschlussübersicht (Betriebsübersicht) dient vor allem der Vorbereitung des kontenmäßigen Jahresabschlusses eines Unternehmens.**
- **Die Hauptabschlussübersicht vermittelt in tabellarischer Form eine Gesamtübersicht über das abgelaufene Geschäftsjahr und ist zugleich Informations- und Entscheidungsgrundlage.**

6946352

2 Bewertung der Vermögensteile und Schulden

2.1 Maßgeblichkeit der handelsrechtlichen Bewertung

Auswirkung der Bewertung

Zum Jahresabschluss sind alle Vermögensteile und Schulden nach den rechtlichen Vorgaben zu bewerten. Die **Bewertung** bzw. **Bilanzierung**, d. h. die **Bestimmung des Wertansatzes** für den einzelnen Vermögens- und Schuldposten, kann sich in entscheidendem Maße auf den **Jahresgewinn (Jahresverlust)** auswirken. Ein **Mehr oder Weniger im Wertansatz** hat ein **gleiches Mehr oder Weniger an Gewinn (Verlust)** zur Folge.

Beispiel

Das Metallwerk Matthias Hein e. Kfm. hat **Aktien** erworben und zu **Anschaffungskosten von 300.000,00 €** im Finanzanlagevermögen (Wertpapiere des Anlagevermögens) bilanziert. Am Bilanzstichtag ist der **Kurswert** der Aktien **vorübergehend auf 250.000,00 € gesunken**. Nach § 253 [3] HGB können die Aktien in der Handelsbilanz a) **auf den niedrigeren Börsenkurs abgeschrieben** oder b) weiterhin **mit den ursprünglichen Anschaffungskosten ausgewiesen werden**. Ohne Berücksichtigung der Fälle a) und b) beträgt der **Gewinn** des Unternehmens **200.000,00 €**. ***Erläutern Sie** in den Fällen a) und b) die **Auswirkung auf** den **Gewinn**.*

Bewertungsvorschriften

Falsche Bewertungen (z. B. überhöhte, zu niedrige oder unterlassene Abschreibungen und Rückstellungen) führen zu einer falschen Darstellung der Vermögens-, Schulden- und Erfolgslage des Unternehmens, vor der insbesondere die **Gläubiger** des Unternehmens **geschützt** werden müssen. Der Gesetzgeber hat deshalb **Bewertungsvorschriften** erlassen, **die willkürliche Über- und Unterbewertungen** der Vermögensteile und Schulden **unterbinden.** Es gibt **handels- und steuerrechtliche Bewertungsvorschriften** (unterschiedliche Zielsetzungen).

§§ 252–256a HGB

- **Die handelsrechtliche Bewertung** richtet sich nach dem **Handelsgesetzbuch (§§ 252–256a HGB).** Die handelsrechtlichen Bewertungsvorschriften gelten für **alle** Unternehmen, gleich welcher Rechtsform. Sie dienen der **Kapitalerhaltung** und damit auch dem **Schutz der Gläubiger.** Vermögen, Schulden und Erfolg des Unternehmens sind deshalb zum Jahresabschluss **vorsichtig** zu ermitteln, z. B. ist das Vermögen eher zu niedrig als zu hoch zu bewerten. Das **Prinzip der Vorsicht ist oberster Bewertungsgrundsatz.**

§§ 5–7 EStG

- **Die steuerrechtliche Bewertung** richtet sich nach **§§ 5–7 Einkommensteuergesetz.** Sie soll die **Ermittlung des Gewinns nach einheitlichen Grundsätzen** sicherstellen und damit eine **„gerechte“ Besteuerung** ermöglichen. So weisen z. B. die amtlichen **AfA-Tabellen** einheitlich die Nutzungsdauer der verschiedenen Anlagegüter aus.

Grundsatz der Maßgeblichkeit § 5 [1] EStG

Die nach den **handelsrechtlichen** Bewertungsvorschriften aufgestellte Bilanz heißt **„Handelsbilanz“**. Die in der Handelsbilanz ausgewiesenen Wertansätze für die Vermögensteile und Schulden sind grundsätzlich auch **verbindlich für** die dem Finanzamt einzureichende **„Steuerbilanz“, sofern die steuerlichen Vorschriften keine andere Bewertung zwingend vorschreiben** oder ein **Wahlrecht** gewähren. Dieser **„Grundsatz der Maßgeblichkeit der Handelsbilanz für die Steuerbilanz“** ergibt sich aus **§ 5 [1] Einkommensteuergesetz.** Danach haben buchführungs- und bilanzierungspflichtige **Gewerbetreibende** „[...] für den Schluss des Wirtschaftsjahres **das Betriebsvermögen anzusetzen** [...], das **nach den handelsrechtlichen Grundsätzen ordnungsmäßiger Buchführung auszuweisen** ist [...]“.

Beispiel

Die **Anschaffungskosten** der o. g. Aktien werden nach § 255 [1] HGB folgendermaßen ermittelt: **Anschaffungspreis** (Kurswert der Aktien) 295.275,59 € + **Anschaffungsnebenkosten** (1 % Bankprovision + 0,6 ‰ Maklergebühr) 4.724,41 € = **Anschaffungskosten** 300.000,00 €. Nach den **handelsrechtlichen Bewertungsvorschriften** für die Zugangsbewertung (§ 253 [1] HGB) müssen die Aktien mit diesem Wert aktiviert werden. Das **Steuerrecht** enthält in § 6 [1] Nr. 1 und 2 EStG ebenfalls die Vorschrift, dass Wirtschaftsgüter mit ihren **Anschaffungskosten** zu bewerten sind. Allerdings wird nicht gesagt, wie die Anschaffungskosten zu berechnen sind. Daher werden die **nach den handelsrechtlichen Vorschriften ermittelten Anschaffungskosten** der Aktien von 300.000,00 € **für steuerliche Zwecke übernommen.** Es gilt also die **Maßgeblichkeit der Handelsbilanz für die Steuerbilanz.**

Durchbrechung der Maßgeblichkeit

Der **Grundsatz der Maßgeblichkeit** der Handelsbilanz für die Steuerbilanz **wird durchbrochen**, wenn das **Steuerrecht zwingend eine andere Bewertung vorschreibt**. In diesen Fällen weichen Handelsbilanz und Steuerbilanz voneinander ab.

Beispiel

Für die **Bewertung der** o. g. **Aktien** (Beispiel S. 353 oben) erlaubt § 6 [1] Nr. 2 EStG eine **Abschreibung in der Steuerbilanz** auf den niedrigeren Börsenkurs von 250.000,00 € bei einer **voraussichtlich dauernden Wertminderung**. Da der Aktienkurs nur vorübergehend gesunken ist, müssen die Aktien in der Steuerbilanz mit den Anschaffungskosten von 300.000,00 € ausgewiesen werden. Das handelsrechtliche Abschreibungswahlrecht gilt also für die Steuerbilanz nicht. Es liegt eine **Durchbrechung des Grundsatzes der Maßgeblichkeit** vor.
Werden die Aktien in der Handelsbilanz auf 250.000,00 € abgeschrieben und in der Steuerbilanz weiterhin mit 300.000,00 € bilanziert, weichen die Bilanzen voneinander ab. Der Handelsbilanzgewinn ist somit um 50.000,00 € niedriger als der Steuerbilanzgewinn.

Steuerliche Wahlrechte

Auch **steuerliche Wahlrechte** können zu einer Abweichung zwischen Handels- und Steuerbilanz führen. Kann das Unternehmen nach dem Steuerrecht verschiedene Wertansätze wählen, darf der gewählte Wertansatz nach § 5 [1] EStG vom handelsrechtlichen Wertansatz abweichen: „Bei Gewerbetreibenden [...] ist für den Schluss des Wirtschaftsjahres das Betriebsvermögen anzusetzen[...], das nach den handelsrechtlichen Grundsätzen ordnungsmäßiger Buchführung auszuweisen ist, **es sei denn, im Rahmen der Ausübung eines steuerlichen Wahlrechts wird** [...] **ein anderer Ansatz gewählt.**“ Die Maßgeblichkeit der Handelsbilanz für die Steuerbilanz gilt nicht. **Steuerliche Wahlrechte** dürfen nur ausgeübt werden, wenn die **abweichend bewerteten Wirtschaftsgüter in einem besonderen Verzeichnis aufgeführt sind** (§ 5 [1] EStG).

Einheitsbilanz

Einzelunternehmen und kleinere Personengesellschaften stellen in der Regel nur **eine Bilanz** auf, die **zugleich Handels- und Steuerbilanz** ist. Das bedeutet, dass bereits bei den Jahresabschlussarbeiten die steuerrechtlichen Bewertungsmöglichkeiten berücksichtigt werden. Durch das BilMoG (Bilanzrechtsmodernisierungsgesetz) und die teilweise vom Handelsrecht abweichenden steuerlichen Vorschriften wird die Erstellung einer **Einheitsbilanz** erschwert.

Merke

- **Bewertung (Bilanzierung) bedeutet Bestimmung des Wertansatzes für die einzelnen Vermögensteile und Schulden in der Jahresschlussbilanz.**
- **Die Bewertung beeinflusst das im Jahresabschluss auszuweisende Vermögen, die Schulden und den Jahreserfolg.**
- **Handels- und steuerrechtliche Bewertungsvorschriften haben unterschiedliche Zielsetzungen.**
- **Allgemein gilt der „Grundsatz der Maßgeblichkeit der Handelsbilanz für die Steuerbilanz“. In § 5 [1] EStG ist geregelt, dass steuerliche Wahlrechte auch unabhängig von den handelsrechtlichen Bewertungsvorschriften genutzt werden können.**

Aufgabe 371

Die Metall-AG hat zu Beginn des Geschäftsjahres 2016 eine CNC-Drehmaschine erworben: AK 400.000,00 €, Nutzungsdauer zehn Jahre. Wegen des technischen Fortschritts soll die Maschine degressiv mit 25 % in der Handels- und Steuerbilanz abgeschrieben werden.

Ermitteln Sie den Wertansatz zum 31. Dez. 2016 für die Handelsbilanz und die Steuerbilanz.

Aufgabe 372

Die Chemiewerke GmbH hat im Geschäftsjahr .. geringwertige Wirtschaftsgüter für insgesamt 35.000,00 € (Nettowerte der GWG über 150,00 € bis 1.000,00 €) erworben, die im zu veröffentlichenden handelsrechtlichen Jahresabschluss aktiviert und nach der Nutzungsdauer abgeschrieben werden. Um den steuerpflichtigen Gewinn zu mindern, wurden die geringwertigen Wirtschaftsgüter in der beim Finanzamt eingereichten Steuerbilanz voll abgeschrieben.

1. *Welches Bilanzierungsrecht besteht steuerlich bei geringwertigen Wirtschaftsgütern?*
2. *Nehmen Sie kritisch Stellung zu der vorliegenden Bewertung in beiden Bilanzen.*
3. *Erläutern Sie die unterschiedliche Zielsetzung der handels- und steuerrechtlichen Bewertung.*
4. *Begründen Sie, inwiefern durch eine vorsichtige Bewertung in der Handelsbilanz dem Gläubigerschutz Rechnung getragen wird.*
5. *Nennen Sie mögliche Abweichungen zwischen Handels- und Steuerbilanz.*
6. *Welche Vor- und Nachteile hat jeweils eine a) niedrige und b) hohe Abschreibung?*

6946354

2.2 Allgemeine Bewertungsgrundsätze nach § 252 HGB

Die allgemeinen Bewertungsgrundsätze (Prinzipien) ergeben sich aus § 252 [1] **HGB**. Sie sind **für alle Kaufleute verbindlich:**

1. Grundsatz der Bilanzidentität (Bilanzgleichheit)

Bilanzidentität

Der Grundsatz der Bilanzidentität verlangt, dass die Posten der **Schlussbilanz** eines Geschäftsjahres **wertmäßig** mit den Posten der **Eröffnungsbilanz** des folgenden Geschäftsjahres **übereinstimmen**, also **identisch** sein müssen. Die **Schlussbilanz** ist **gleichzeitig** die **Eröffnungsbilanz des Folgejahres.**

Der Grundsatz der Bilanzidentität soll verhindern, dass beim Übergang auf das neue Geschäftsjahr nachträglich Wertveränderungen vorgenommen werden.

2. Grundsatz der Unternehmensfortführung (Going-concern-Prinzip)

Unternehmensfortführung

Bei der Bewertung ist grundsätzlich **von der Fortführung der Unternehmenstätigkeit auszugehen.** Die einzelnen Vermögensgegenstände dürfen **nicht mit ihren Liquidationswerten** (Einzelveräußerungspreis im Falle einer freiwilligen Auflösung des Unternehmens) in die Jahresbilanz eingesetzt werden, sondern nur zu dem Wert, der sich aus der angenommenen Unternehmensfortführung ergibt. Das sind z. B. bei abnutzbaren Anlagegütern die Anschaffungskosten abzüglich Abschreibungen.

Eine **Abweichung vom „Going-concern-Prinzip“** ist nur im Falle einer **Liquidation (freiwillige** Auflösung) oder einer **zwangsweisen** Auflösung eines Unternehmens im Rahmen eines Insolvenzverfahrens möglich.

3. Grundsatz der Einzelbewertung

Einzelbewertung

Grundsätzlich sind alle **Vermögensgegenstände und Schulden einzeln** zu **bewerten**. Allerdings sind **Bewertungsvereinfachungsverfahren** aus Gründen der Wirtschaftlichkeit gesetzlich zugelassen, wie z. B. eine **Gruppen- oder Sammelbewertung** der Werkstoffbestände nach Durchschnittswerten (§ 240 [4] HGB) u. a.

4. Grundsatz der Stichtagsbezogenheit (Stichtagsprinzip)

Stichtagsbezogenheit

Die **Bewertung** der einzelnen Vermögensgegenstände und Schulden hat sich **nach den Verhältnissen am Abschlussstichtag** zu richten. Dabei sind alle **Sachverhalte**, die am Abschlussstichtag (z. B. 31. Dezember 01) **objektiv** bestanden, zu berücksichtigen, auch wenn sie nach diesem Zeitpunkt, jedoch noch **vor dem Tag der Bilanzaufstellung** (z. B. 28. Januar 02), **bekannt werden** (so genannte **wertaufhellende Tatsachen).**

Beispiel

Am 31. Dezember 01 besteht eine Forderung gegenüber einem Kunden in Höhe von 11.900,00 €. Am 12. Januar 02, also noch vor Bilanzaufstellung (28. Januar 02), erfahren wir, dass der Kunde bereits am 27. Dezember 01 nach Abschluss eines Insolvenzverfahrens zahlungsunfähig war.

Die erlangte bessere Erkenntnis über den Wert der Forderung zum Abschlussstichtag muss bei der Bewertung berücksichtigt werden. Die Forderung ist zum 31. Dezember 01 abzuschreiben, da sie objektiv uneinbringlich war.

Vorgänge, die sich **nach** dem Abschlussstichtag ereignen und Tatsachen geschaffen haben, die am Abschlussstichtag objektiv noch nicht gegeben waren, **dürfen bei der Bewertung** zu diesem Zeitpunkt **nicht berücksichtigt werden.**

Beispiel

Am 31. Dezember 01 besteht gegenüber einem Kunden eine Forderung über 17.850,00 €. Wertmindernde Tatsachen waren zu diesem Zeitpunkt nicht gegeben. Am 15. Januar 02, also noch vor Bilanzaufstellung (28. Januar 02), brennt das Warenlager des Kunden ab. Mangels ausreichender Versicherungsleistung kommt es zu einem Insolvenzverfahren und damit zum Totalausfall der Forderung. Die durch Brand eingetretene Zahlungsunfähigkeit des Kunden ist ein **Vorgang im neuen Geschäftsjahr.** Eine Abschreibung der Forderung darf deshalb zum 31. Dezember 01 nicht vorgenommen werden.

Vorsichtsprinzip

5. Grundsatz der Vorsicht (Vorsichtsprinzip)

Der Kaufmann muss **vorsichtig** bewerten, indem er **alle vorhersehbaren Risiken und Verluste**, die bis zum Abschlussstichtag entstanden sind oder drohen, berücksichtigt. Das bedeutet, dass er die **Vermögensgegenstände** eher zu niedrig als zu hoch **(Niederstwertprinzip)** und die **Schulden** eher zu hoch als zu niedrig **(Höchstwertprinzip)** ansetzt.

Gewinne aufgrund von Wertsteigerungen dürfen nur dann ausgewiesen werden, wenn sie **durch Umsatz tatsächlich entstanden**, also **realisiert** sind **(Realisationsprinzip**; Ausnahme: kurzfristige Fremdwährungsverbindlichkeiten, vgl. S. 377 f.).

Das Vorsichtsprinzip soll **überhöhte Gewinnausschüttungen verhindern** und trägt deshalb zur **Erhaltung des Eigenkapitals** und damit der **Haftungssubstanz** gegenüber den Gläubigern **(Gläubigerschutz)** bei.

Periodenabgrenzung

6. Grundsatz der Periodenabgrenzung

Nach dem Grundsatz der Periodenabgrenzung sind **Aufwendungen und Erträge dem Geschäftsjahr zuzuweisen**, in dem sie **wirtschaftlich verursacht** wurden, ohne Rücksicht auf den Zeitpunkt der Ausgabe und Einnahme.

Die **zeitliche Abgrenzung der Aufwendungen und Erträge** in der Form der „Aktiven und Passiven Rechnungsabgrenzung" sowie „Sonstigen Forderungen und Sonstigen Verbindlichkeiten" sowie „Rückstellungen" **soll** eine **periodengerechte Erfolgsermittlung ermöglichen** (siehe S. 336 f.).

Bewertungsstetigkeit

7. Grundsatz der Bewertungsstetigkeit

Der Grundsatz der Bewertungsstetigkeit besagt, dass die einmal gewählten **Bewertungs- und Abschreibungsmethoden** grundsätzlich **beizubehalten** sind.

Die Bewertungsstetigkeit, auch **materielle Bilanzkontinuität** genannt, soll insbesondere einen willkürlichen Wechsel der Bewertungs- und Abschreibungsmethoden für dasselbe Wirtschaftsgut oder gleichwertige Wirtschaftsgüter verhindern, damit die **Vergleichbarkeit der Jahresabschlüsse** sichergestellt ist.

Zu berücksichtigen ist aber auch die **formale Bilanzkontinuität** (§ 265 [1] HGB), also eine **einheitliche Bezeichnung und Gliederung der Posten des Jahresabschlusses** in der **Bilanz** (§ 266 HGB) und **Gewinn- und Verlustrechnung** (§ 275 HGB).

Merke

- **Die allgemeinen Bewertungsgrundsätze nach § 252 [1] HGB gelten für alle Kaufleute und Unternehmensformen:**
  - **Einzelunternehmen (e. K., e. Kffr., e. Kfm.),**
  - **Personengesellschaften (OHG, KG),**
  - **Kapitalgesellschaften (AG, KGaA, GmbH) und**
  - **Genossenschaften (eG).**
- **Von den allgemeinen Bewertungsgrundsätzen darf nur in begründeten Ausnahmefällen abgewichen werden (§ 252 [2] HGB).**

Aufgabe 373

1. *Welche Bedeutung hat das Stichtagsprinzip für die Bewertung der Vermögensgegenstände und Schulden?*
2. *Welchen Einfluss haben „werterhellende Tatsachen" auf die Bewertung?*
3. *Unterscheiden Sie zwischen dem Grundsatz der Bilanzidentität und Bilanzkontinuität.*
4. Zum 31. Dezember 01 wurde für Prozesskosten eines schwebenden Prozesses eine Rückstellung in Höhe von 12.000,00 € gebildet. Noch vor Bilanzaufstellung am 10. März 02 geht der Prozess wider Erwarten zu unseren Gunsten aus. *Beurteilen Sie den Tatbestand.*
5. Am 31. Dezember 01 musste eine Forderung wegen Uneinbringlichkeit abgeschrieben werden. Vor Bilanzaufstellung am 25. Februar 02 wird der Schuldner durch eine Erbschaft wieder zahlungsfähig. *Wie ist die Forderung zum Abschlussstichtag zu bewerten?*

2.3 Wertmaßstäbe bei Vermögensgegenständen

Für die **Bewertung** sind insbesondere folgende Wertmaßstäbe von Bedeutung: **Anschaffungskosten** (AK), **Herstellungskosten** (HK), **Fortgeführte AK/HK**, **Tageswert** und **Teilwert**.

Anschaffungskosten
§ 255 [1] HGB

Anschaffungskosten sind nach § 255 [1] HGB „[...] die **Aufwendungen**, die geleistet werden, um einen **Vermögensgegenstand zu erwerben** und ihn in einen **betriebsbereiten Zustand zu versetzen**, soweit sie dem Vermögensgegenstand **einzeln** zugeordnet werden können“:

Anschaffungspreis	Netto-Kaufpreis
+ **Nebenkosten**	Bezugskosten, Zölle, Fundament, Montage, Zulassung, Grunderwerbsteuer, Notar, Makler
+ **nachträgliche Anschaffungskosten**	Erschließung, Straßenbau, Umbau, Ausbau, Zubehörteile für Anlagen u. a.
– **Anschaffungskostenminderungen**	Rabatte, Skonti, Gutschriften, Zuschüsse u. a.
= **Anschaffungskosten (AK)**	**Aktivierung**: handels- und steuerrechtlich

Herstellungskosten
§ 255 [2, 2a, 3] HGB

Herstellungskosten für im eigenen Betrieb erstellte Vermögensgegenstände (z. B. Erzeugnisse, selbst erstellte Anlagen, werterhöhende Großreparaturen) umfassen nach § 255 [2, 2a, 3] HGB die **Einzelkosten** (Fertigungsmaterial, Fertigungslöhne, Sonderkosten der Fertigung), die **Materialgemeinkosten** (z. B. Lagerhaltung, Materialprüfung, -transport), die **Fertigungsgemeinkosten** (z. B. Betriebsleitung, Vorbereitung und Kontrolle der Fertigung, Raumkosten) sowie den **fertigungsbedingten Werteverzehr** des Anlagevermögens (z. B. Abschreibungen auf Fertigungsanlagen). Für die Bewertung in der Handelsbilanz dürfen wahlweise weitere Kosten bis zur Herstellungskostenobergrenze angesetzt werden. Für die Bewertung in der Steuerbilanz sind diese Herstellungskostenbestandteile verpflichtend einzubeziehen (R 6.3 [1] EStR).

Handelsrechtliche und steuerrechtliche Herstellungskosten (HK)					
HGB: Pflicht Steuerrecht: Pflicht	 + + + + +	Fertigungsmaterial Fertigungslöhne Sondereinzelkosten der Fertigung Materialgemeinkosten Fertigungsgemeinkosten fertigungsbedingter Werteverzehr des Anlagevermögens	+ + + +	Allgemeine Verwaltungskosten[1] Aufwendungen für soziale Einrichtungen des Betriebs Aufwendungen für freiwillige soziale Leistungen Aufwendungen für betriebliche Altersversorgung	HGB: Wahlrecht Steuerrecht: Pflicht
	=	**Mindest-HK nach HGB**	=	**Höchste HK nach HGB bzw. HK nach Steuerrecht**	

Forschungs- und Vertriebskosten dürfen nicht, **Fremdkapitalzinsen** dürfen nur bei unmittelbarem Zusammenhang mit der Herstellung eines Vermögensgegenstands angesetzt werden.

Fortgeführte AK/HK

Fortgeführte Anschaffungs-/Herstellungskosten ergeben sich nach Abschreibungen:

Anschaffungskosten/Herstellungskosten abnutzbarer Anlagegüter
– planmäßige Abschreibungen
= fortgeführte Anschaffungskosten/Herstellungskosten

Tageswert

Tageswert, auch **Zeitwert oder Wiederbeschaffungswert** genannt, ist der (all-)gemeine Wert, der sich aus dem **Börsen- oder Marktpreis** ergibt. Falls ein Börsen- oder Marktpreis nicht festzustellen ist, gilt ein **geschätzter Wert**. Der Tageswert ist also lediglich als **Vergleichswert** anzuwenden bzw. anzusetzen.

Teilwert
§ 6 [1] Nr. 1 EStG

Teilwert ist ein steuerlicher Wertbegriff, dem hilfsweise die o. g. Wertmaßstäbe entsprechen:

„Teilwert ist der Betrag, den ein Erwerber des ganzen Betriebes im Rahmen des Gesamtkaufpreises für das einzelne Wirtschaftsgut ansetzen würde; dabei ist davon auszugehen, dass der Erwerber den Betrieb fortführt.“

Merke

Die Anschaffungs-/Herstellungskosten dürfen grundsätzlich nicht überschritten werden.

1 in der KLR Verwaltungsgemeinkosten

Aufgabe 374

Ein Industriebetrieb hat am 12. Januar 2010 eine automatische Verpackungsanlage erworben. Der Listenpreis beträgt 350.000,00 €. Die Lieferfirma gewährt hierauf einen Sonderrabatt von 10 %.

Außerdem wurden von der Lieferfirma in Rechnung gestellt: Transportkosten 3.000,00 €, Fundamentierungskosten 5.500,00 €, Montagekosten 1.500,00 €, zuzüglich Umsatzsteuer.

Der Rechnungsbetrag wurde mit 2 % Skonto durch Banküberweisung beglichen.

Zur Teilfinanzierung der Anlage wurde ein Darlehen aufgenommen: 150.000,00 €. Zinsen für das laufende Geschäftsjahr wurden mit 13.500,00 € unserem Bankkonto belastet.

1. *Erstellen Sie die Rechnung der Lieferfirma.*
2. *Buchen Sie den Eingang der Rechnung.*
3. *Ermitteln Sie die Anschaffungskosten der Verpackungsanlage.*
4. *Nennen Sie den Buchungssatz für den Rechnungsausgleich.*
5. Die Verpackungsanlage hat eine Nutzungsdauer von zehn Jahren. *Ermitteln Sie den Abschreibungsbetrag a) bei linearer und b) bei höchstmöglicher degressiver Abschreibung.*
6. *Ermitteln Sie für die Verpackungsanlage den Wertansatz in der Jahresbilanz zum 31. Dezember 2010 in den Fällen 5. a) und 5. b).*
7. *Welche Auswirkung hat jeweils die Bewertung in den Fällen 5. a) und 5. b) auf den Gewinn des Unternehmens?*
8. *Für welchen Wertansatz würden Sie sich entscheiden, wenn das Unternehmen a) mit Verlust und b) mit Gewinn abschließt? Begründen Sie.*

Aufgabe 375

Die Kosten- und Leistungsrechnung stellt für die Bewertung des Schlussbestandes an Fertigen Erzeugnissen folgende Zahlen zur Verfügung:

Fertigungsmaterial	50.000,00
Fertigungslöhne	200.000,00
Sondereinzelkosten der Fertigung (Lizenzgebühren)	12.000,00
Materialgemeinkosten	10.000,00
Fertigungsgemeinkosten	80.000,00
Fertigungsbedingter Werteverzehr des Anlagevermögens	3.000,00
Allgemeine Verwaltungskosten	30.000,00
Vertriebsgemeinkosten	25.000,00

1. *Ermitteln Sie den Wertansatz für den Inventurbestand der Erzeugnisse zum 31. Dezember 01*
   a) bei handels- und steuerrechtlich zulässiger höchstmöglicher Bewertung,
   b) bei handels- und steuerrechtlich zulässiger niedrigster Bewertung.
2. *Erläutern Sie jeweils die Gewinnauswirkung in den Fällen 1. a) und b).*

Aufgabe 376

Die Metall GmbH hat eine CNC-Maschine, Anschaffungskosten 300.000,00 €, in ihrer Handelsbilanz für das Geschäftsjahr 2010 linear mit 10 % abgeschrieben. In der dem Finanzamt eingereichten Steuerbilanz wurde die Maschine mit 25 % degressiv abgeschrieben.

Ermitteln und begründen Sie jeweils den Wertansatz für die Handels- und Steuerbilanz.

Aufgabe 377

Ein Industriebetrieb hat am 28. Dezember 01 Rohstoffe im Wert von 150.000,00 € zuzüglich USt erworben. Der Rechnungsbetrag wurde nach dem Abschlussstichtag (31. Dezember 01) am 10. Januar 02 unter Abzug von 2 % Skonto überwiesen.

Ermitteln und begründen Sie den Wertansatz für die Rohstoffe in der Jahresbilanz zum 31. Dezember 01.

Aufgabe 378

Ein Industriebetrieb hat zum 31. Dezember 01 für einen noch schwebenden Prozess eine Rückstellung in Höhe von 15.000,00 € gebildet. Noch vor Bilanzaufstellung am 15. März des Folgejahres kommt der Prozess zum Abschluss. Der Prozessgegner hat alle Kosten zu tragen.

Begründen Sie, warum in der Jahresbilanz zum 31. Dezember 01 keine Rückstellung gebildet werden darf.

Aufgabe 379

Die Kosten- und Leistungsrechnung der Furnierwerke GmbH liefert für die Bewertung einer selbst erstellten maschinellen Anlage die folgenden Daten für entstandene Einzelkosten:

Fertigungsmaterial lt. Materialentnahmescheine	85.000,00 €
Fertigungslöhne lt. Lohnzetteln	5.000,00 €
Fertigungsbedingter Werteverzehr des Anlagevermögens	125.000,00 €
TÜV-Abnahmegebühr	5.800,00 €

Die Zuschlagssätze für die entstandenen Gemeinkosten betragen:

Materialgemeinkosten	20 %
Fertigungsgemeinkosten	200 %

Allgemeine Verwaltungskosten sind in Höhe von 48.780,00 € angefallen.

1. *Ermitteln Sie die Bewertungsobergrenze der Herstellungskosten.*
2. *Berechnen Sie die Bewertungsuntergrenze der Herstellungskosten.*
3. *Wie lautet die Buchung zur Aktivierung der selbst erstellten Anlage?*
4. *Erläutern Sie die Auswirkungen auf den Gewinn der Gesellschaft, wenn in der Handelsbilanz die Herstellungskosten*
   a) mit der Bewertungsobergrenze und
   b) mit der Bewertungsuntergrenze
   angesetzt werden.

Aufgabe 380

Kauf eines bebauten Grundstücks für 800.000,00 € zu Beginn des Geschäftsjahres. Der Grundstücksanteil beträgt 200.000,00 €.

Die Grunderwerbsteuer beträgt 3,5 %. Im Übrigen fallen noch folgende Kosten an:

Maklergebühr 24.000,00 € + USt; Notariatskosten 5.000,00 € + USt und Grundbuchkosten in Höhe von 3.000,00 €.

Zur Finanzierung wurde ein Hypothekendarlehen von 500.000,00 € aufgenommen. Der Restbetrag wurde durch Banküberweisung beglichen.

1. *Ermitteln Sie jeweils die Anschaffungskosten*
   a) des Grundstücks und
   b) des Gebäudes.
2. *Wie lauten die Buchungen?*
3. Das Geschäftsgebäude hat eine Nutzungsdauer von 40 Jahren. *Ermitteln und buchen Sie die Abschreibung zum 31. Dezember.*

Aufgabe 381

Kauf einer CNC-Fräsmaschine ab Werk. Auf den Listenpreis von 400.000,00 € erhält das Unternehmen einen Sonderrabatt von 5 %. Die Transport- und Verpackungskosten werden mit 4.500,00 € berechnet. Nutzungsdauer zehn Jahre.

Die Fundamentierungs- und Montagekosten in Höhe von 5.500,00 € + USt werden ebenfalls von der Lieferfirma in Rechnung gestellt.

14 Tage nach Eingang und Buchung der Rechnung wird der Rechnungsbetrag abzüglich 2 % Skonto an die Lieferfirma überwiesen.

1. *Erstellen Sie die Rechnung der Lieferfirma.*
2. *Buchen Sie den Eingang der Rechnung.*
3. *Berechnen Sie die Anschaffungskosten der Maschine.*
4. *Buchen Sie den Rechnungsausgleich durch Banküberweisung.*
5. *Wie hoch ist die lineare Abschreibung zum 31. Dezember 01, wenn die Fräsmaschine am 1. April 01 angeschafft wurde?*
6. *Buchen Sie die Abschreibung für das 1. Nutzungsjahr.*

2.4 Besondere Bewertungsprinzipien[1]

Vorsichtsprinzip
§ 252 [1] Nr. 4 HGB

Das **Prinzip der Vorsicht** ist der **wichtigste** handelsrechtliche Bewertungsgrundsatz, der insbesondere der **Kapitalerhaltung** des Unternehmens und damit dem **Gläubigerschutz** dient. Vorsichtige Bewertung bedeutet, dass **bei Vermögensteilen stets der niedrigere** und **bei Schulden stets der höhere Wert anzusetzen** ist, wenn zum Bilanzstichtag mehrere Wertansätze zur Verfügung stehen. Darüber hinaus sollen alle **vorhersehbaren Risiken und Verluste** erfasst werden.

Konkrete Anwendung

Das Prinzip der Vorsicht (§ 252 [1] Nr. 4 HGB) findet seine konkrete Anwendung in den folgenden Bewertungsprinzipien: **Anschaffungswertprinzip, Niederstwertprinzip** und **Höchstwertprinzip.**

Anschaffungswertprinzip
§ 253 [1] HGB

Die Anschaffungskosten dürfen nicht überschritten werden!

Bei der Bewertung der Vermögensgegenstände zum Abschlussstichtag dürfen nach § 253 [1] HGB die **Anschaffungs- oder Herstellungskosten** nicht überschritten werden. Durch diese **Bewertungsobergrenze** wird sichergestellt, dass **nur die** am Abschlussstichtag **durch Verkauf oder Zahlung realisierten (entstandenen) Gewinne ausgewiesen** werden.

Beispiel

Der Wert eines zu 250.000,00 € erworbenen Grundstücks ist inzwischen auf 300.000,00 € gestiegen.

Solange das Grundstück nicht zu dem höheren Wert verkauft ist, spricht man von einer **stillen Reserve** oder einem nicht realisierten Gewinn. **Aus Gründen kaufmännischer Vorsicht sind nicht realisierte Gewinne noch keine Gewinne** und dürfen deshalb auch **nicht ausgewiesen** (und somit auch nicht ausgeschüttet) werden. Das Grundstück darf höchstens mit 250.000,00 € Anschaffungskosten in die Bilanz eingesetzt werden.

Niederstwertprinzip

Niederstwertprinzip für Gegenstände des Anlage- und Umlaufvermögens

Am Abschlussstichtag ist von zwei möglichen Wertansätzen – **Tageswert** (Börsen- oder Marktpreis) und **Anschaffungskosten** – grundsätzlich der **niedrigere** anzusetzen[2] (§ 253 [3, 4] HGB).

Beispiel

Der Wert eines mit 220.000,00 € aktivierten Baugrundstücks ist aufgrund einer amtlich verordneten Baubeschränkung auf 100.000,00 € gesunken.

Auch wenn das Grundstück noch nicht zu dem niedrigeren Wert verkauft ist, muss der Wert wegen der **dauerhaften** Wertminderung (§ 253 [3] HGB) um 120.000,00 € auf 100.000,00 € herabgesetzt werden. Das **Niederstwertprinzip** führt somit zum **Ausweis eines noch nicht realisierten Verlustes. Denn: Nicht realisierte Verluste sind aus Gründen kaufmännischer Vorsicht** Verluste und müssen deshalb **wie Verluste behandelt werden.**

§ 253 [3] HGB

Vermögensgegenstände des Anlagevermögens sind nach § 253 [3] HGB **planmäßig** nach ihrer Nutzungsdauer (z. B. linear) abzuschreiben. Daneben sind **bei voraussichtlich dauernder Wertminderung** auch **außerplanmäßige Abschreibungen** vorzunehmen, um die Anlagen mit dem niedrigeren Wert anzusetzen. Lediglich **Finanzanlagen** können auch bei voraussichtlich **nicht dauernder Wertminderung** außerplanmäßig abgeschrieben werden.

§ 253 [4] HGB

Bei **Vermögensgegenständen des Umlaufvermögens** sind ebenfalls **Abschreibungen** auf den jeweiligen niedrigeren Wert vorzunehmen, der sich aus einem Börsen- oder Marktpreis bzw. einem beizulegenden Wert am Abschlussstichtag ergibt.

Merke

- **Strenges Niederstwertprinzip: Von zwei möglichen Wertansätzen eines Vermögensgegenstandes muss stets der niedrigste Wert angesetzt werden. Dieses Prinzip gilt für das Umlaufvermögen, also auch bei einer nur vorübergehenden Wertminderung (§ 253 [4] HGB). Für alle Gegenstände des Anlagevermögens gilt es nur im Falle einer dauernden Wertminderung (§ 253 [3] Satz 3 HGB). Ausnahme: siehe § 256a HGB.**
- **Ein niedrigerer Wertansatz bei Vermögensgegenständen des Anlage- und Umlaufvermögens darf nicht beibehalten werden, wenn die Gründe dafür nicht mehr bestehen (§ 253 [5] HGB).**

1 § 252 HGB enthält die allgemeinen Bewertungsgrundsätze (siehe S. 355 f. und Anhang des Lehrbuches).
2 Ausnahme: Fremdwährungsforderungen mit einer Restlaufzeit bis zu einem Jahr (§ 256a HGB).

6946360

Höchstwertprinzip für die Bewertung der Schulden des Unternehmens

Zu den Schulden des Unternehmens zählen die Verbindlichkeiten und die Rückstellungen (vgl. hierzu auch S. 345 f. und S. 377 f.).

Verbindlichkeiten sind zu ihrem **Erfüllungsbetrag**, **Rückstellungen** „[...] in Höhe des nach vernünftiger kaufmännischer Beurteilung notwendigen Erfüllungsbetrages [...]" zu passivieren. Der Erfüllungsbetrag drückt aus, dass bei der Bewertung „[...] alle vorhersehbaren Risiken und Verluste, die bis zum Abschlussstichtag entstanden sind [...]", berücksichtigt werden müssen (§ 252 [1] Nr. 4 HGB). Das bedeutet, dass in die Bewertung zukünftige Preis- und Kostensteigerungen einfließen, sofern sie am Abschlussstichtag voraussehbar sind.

Höchstwertprinzip § 253 [1] HGB

Rückstellungen mit einer Restlaufzeit von **mehr als einem Jahr** sind „mit dem ihrer Restlaufzeit entsprechenden durchschnittlichen Marktzinssatz **abzuzinsen**". Die durchschnittlichen Marktzinssätze ermittelt die Deutsche Bundesbank monatlich und veröffentlicht sie auf ihrer Internetseite.

Abzinsungsgebot § 253 [2] HGB

Sofern für eine Verbindlichkeit am Abschlussstichtag zwei alternative Wertansätze wählbar sind, ist der höchste in der Bilanz anzusetzen. Dieser Fall tritt vor allem bei Verbindlichkeiten auf, die auf eine **Fremdwährung** lauten (zu kurzfristigen Fremdwährungsverbindlichkeiten vgl. die Beispiele auf S. 377 f.).

Anschaffungs-, Niederst- und Höchstwertprinzip bewirken, dass nicht realisierte Verluste ausgewiesen werden. Nicht realisierte Gewinne bleiben dagegen unberücksichtigt. Dieses Prinzip der ungleichen Behandlung von nicht realisierten Gewinnen und Verlusten bezeichnet man als Imparitätsprinzip (Ungleichheitsprinzip). Es ist Ausdruck kaufmännischer Vorsicht als dem obersten Bewertungsgrundsatz. Bei der Bewertung kurzfristig fälliger Fremdwährungsverbindlichkeiten wird dieser Grundsatz durchbrochen (vgl. S. 377 f.).

Imparitätsprinzip § 252 [1] Nr. 4 HGB

Sofern Gegenstände des Anlage- und Umlaufvermögens außerplanmäßig abgeschrieben wurden, und es stellt sich in einem späteren Geschäftsjahr heraus, dass die Gründe für die außerplanmäßige Abschreibung nicht mehr bestehen, ist eine **Zuschreibung** (= Wertaufholung) vorzunehmen, und zwar **höchstens** bis zu den – gegebenenfalls um die normalen Abschreibungen verminderten – Anschaffungs- oder Herstellungskosten.

Wertaufholungsgebot § 253 [5] HGB

Beispiel

Die Wernick GmbH kauft am 3. Januar 01 X-Aktien für 20.000,00 € zur kurzfristigen Vermögensanlage. Zum 31. Dezember 01 haben die X-Aktien gemäß strengem Niederstwertprinzip nur noch einen Bilanzwert von 15.000,00 €. Bis zum 31. Dezember 02 steigen die Aktien auf einen Wert von 23.000,00 €. In der Steuer- und Handelsbilanz der Wernick GmbH zum 31. Dezember 02 muss nun eine **Wertaufholung bzw. Zuschreibung** bis zu den ehemaligen Anschaffungskosten von 20.000,00 € erfolgen, wodurch eine **stille Reserve von 5.000,00 € ertragswirksam aufgelöst wird:**

Buchung:	2700 Wertpapiere des Umlaufvermögens	5.000,00	
	an 5960 Erträge aus Zuschreibungen zum Umlaufvermögen		5.000,00

Merke

- **Das Imparitätsprinzip ist Ausdruck kaufmännischer Vorsicht:**
  - **Nicht realisierte Gewinne dürfen grundsätzlich nicht ausgewiesen werden!**
  - **Nicht realisierte Verluste müssen ausgewiesen werden!**
- **Das Imparitätsprinzip findet seine Anwendung im Anschaffungs-, Niederst- und Höchstwertprinzip.**
- **Sowohl in der Handels- als auch in der Steuerbilanz besteht ein striktes Wertaufholungsgebot für Gegenstände des Anlage- und Umlaufvermögens (Ausnahme: entgeltlich erworbener Geschäfts- oder Firmenwert).**

2.5 Bewertung des Anlagevermögens

Im Hinblick auf die Bewertung des Anlagevermögens unterscheidet man zwischen **abnutzbaren Gegenständen des Anlagevermögens** und **nicht abnutzbaren Gegenständen des Anlagevermögens.**

2.5.1 Bewertung der abnutzbaren Anlagegegenstände

Planmäßige Abschreibung § 253 [3] HGB

Abnutzbare Anlagegegenstände[1] (z. B. Gebäude u. a.) sind in ihrer Nutzung zeitlich begrenzt. Sie sind deshalb nach § 253 [3] HGB **planmäßig** abzuschreiben, d. h. entweder **linear bzw. degressiv** nach ihrer Nutzungsdauer oder nach der beanspruchten **Leistung** (z. B. km). Zum Abschlussstichtag sind sie grundsätzlich mit den **fortgeführten** Anschaffungs- bzw. Herstellungskosten anzusetzen.

Beispiel

Anschaffung einer CNC-Drehmaschine am 10. Januar 01. Die Anschaffungskosten betragen 400.000,00 €. Die Nutzungsdauer wird mit zehn Jahren angesetzt. Die Maschine soll linear mit 40.000,00 € jährlich planmäßig abgeschrieben werden.

	Anschaffungskosten	400.000,00 €
–	planmäßige Abschreibung	40.000,00 €
=	**fortgeführte Anschaffungskosten zum 31. Dezember 01**	**360.000,00 €**

Außerplanmäßige Abschreibung § 253 [3] HGB

Außerordentliche und dauerhafte Wertminderungen (z. B. durch Schadensfall oder technischen Fortschritt) **bedingen** eine außerplanmäßige Abschreibung des abnutzbaren Anlagegutes auf den niedrigeren Tageswert. Nach § 253 [3] HGB besteht **Abschreibungspflicht** (strenges Niederstwertprinzip).

Beispiel

Die fortgeführten Anschaffungskosten der o. g. Maschine betragen am Ende des 6. Nutzungsjahres 160.000,00 €. Durch Produktionsumstellung kann diese Maschine nicht mehr genutzt werden. Der Tageswert beträgt 60.000,00 €.

	fortgeführte Anschaffungskosten zum 31. Dezember 06	160.000,00 €
–	Tageswert zum 31. Dezember 06	60.000,00 €
=	**außerplanmäßige Abschreibung**	**100.000,00 €**

Nennen Sie den Buchungssatz für die planmäßige und die außerplanmäßige Abschreibung.

Wertaufholung § 253 [5] HGB

Ein niedrigerer Wertansatz aufgrund einer außerplanmäßigen Abschreibung darf nicht beibehalten werden, wenn die Gründe dafür nicht mehr bestehen. Die Wertaufholung (= Zuschreibung) ist höchstens bis zu den (fortgeführten) Anschaffungs- oder Herstellungskosten möglich.

2.5.2 Bewertung der nicht abnutzbaren Anlagegegenstände

Anschaffungskosten

Nicht abnutzbare Anlagegegenstände[1] (z. B. Grundstücke, Finanzanlagen, wie Wertpapiere, die als Daueranlage angeschafft wurden, u. a.) sind zum Abschlussstichtag **höchstens** mit den **Anschaffungskosten** anzusetzen.

Niedrigerer Tageswert

Bei einer **dauerhaften Wertminderung muss** nach § 253 [3] HGB eine **außerplanmäßige Abschreibung** auf den niedrigeren Tageswert erfolgen (strenges Niederstwertprinzip).

Gemildertes Niederstwertprinzip § 253 [3] HGB

Auf Finanzanlagen trifft das Niederstwertprinzip in gemilderter Form zu: Finanzanlagen **können** auch bei **nicht dauernder** Wertminderung außerplanmäßig abgeschrieben werden (vgl. § 253 [3] HGB).

1 Siehe auch S. 168.

Beispiel

Die Wernick GmbH hat im Geschäftsjahr 01 ein Aktienpaket zum Kurswert von 250.000,00 € als dauerhafte Kapitalanlage erworben. Die Aktien, die noch mit ihren Anschaffungskosten bilanziert sind, haben am 31. Dez. 02 nur noch einen Kurswert von 200.000,00 €.

	Anschaffungskosten der Aktien	250.000,00 €
–	Tageswert zum 31. Dezember 02	200.000,00 €
=	**außerplanmäßige Abschreibung**	**50.000,00 €**

Buchung: **7400 Abschreibungen a. Finanzanlagen** an **1500 Wertpapiere d. AV** **50.000,00**

Wertaufholung

Sollte in Zukunft, z. B. im Geschäftsjahr 04, der Kurswert auf 260.000,00 € steigen, muss in der **Handelsbilanz der o. g. Kapitalgesellschaft** eine **Zuschreibung** (Wertaufholung) **höchstens bis zu den Anschaffungskosten**, also in Höhe von 50.000,00 €, gemäß § 253 [5] HGB erfolgen.[1]
Nennen Sie den Buchungssatz (siehe S. 361).

Merke

- **Nur abnutzbare Anlagegüter unterliegen einer planmäßigen Abschreibung. Die fortgeführten Anschaffungskosten/Herstellungskosten bilden den Wertansatz.**
- **Die Anschaffungskosten stellen i. d. R. den Wertansatz nicht abnutzbarer Anlagegüter dar.**
- **Alle Anlagegüter müssen bei einer voraussichtlich dauernden Wertminderung außerplanmäßig auf den niedrigeren Tageswert abgeschrieben werden (Ausnahme: Finanzanlagen).**

Aufgabe 382

Die Textilwerke GmbH hat im Geschäftsjahr 01 ein Aktienpaket zur langfristigen Anlage zum Kurswert von 150.000,00 € erworben.

a) Am 31. Dezember 01 beträgt der Kurswert 120.000,00 €.
b) Am 31. Dezember 02 ist der Kurswert wiederum auf 140.000,00 € gestiegen.
c) Am 31. Dezember 03 beträgt der Kurswert 200.000,00 €.

Ermitteln und begründen Sie die Wertansätze in den Fällen a), b) und c).

Aufgabe 383

Im Geschäftsjahr 01 hat die Textilwerke GmbH zur Erweiterung ein Baugrundstück zum Kaufpreis von 600.000,00 € erworben. Grunderwerbsteuer 3,5 %; Notariatskosten 5.000,00 € + USt; Maklergebühr 18.000,00 € + USt; Kanalanschlussgebühr 12.000,00 €; Grundbuchkosten 2.800,00 €. Alle Zahlungen erfolgen durch Banküberweisungen.

Im Laufe des folgenden Geschäftsjahres ergibt ein Gutachten, dass das Grundstück wegen eines sumpfigen Unterbodens nur unter beträchtlichem Aufwand bebaut werden kann. Die Wertminderung des Grundstücks beträgt lt. Gutachten 80.000,00 €.

1. *Ermitteln Sie die Anschaffungskosten des Grundstücks.*
2. *Nennen Sie die Buchungen zur Bilanzierung des Grundstücks.*
3. *Begründen Sie Ihre Bewertungsentscheidung zum 31. Dez. 02 und nennen Sie die Buchung.*

Aufgabe 384

Die Textilwerke GmbH hat im Januar des Geschäftsjahres 01 eine neue EDV-Anlage für 200.000,00 € angeschafft. Lineare Abschreibung bei einer Nutzungsdauer von fünf Jahren. Zum Schluss des 3. Geschäftsjahres ist die EDV-Anlage als wirtschaftlich und technisch überholt anzusehen, da die Lieferfirma ein verbessertes Nachfolgemodell zu einem erheblich günstigeren Preis anbietet. Der Tageswert der EDV-Anlage beträgt nur noch 20.000,00 €.

Ermitteln und begründen Sie jeweils den Wertansatz zum
a) 31. Dezember 01, b) 31. Dezember 02 und c) 31. Dezember 03.

Aufgabe 385

Die Textilwerke GmbH hat am 1. Juli 2010 einen computergesteuerten Stoffschneideautomaten in Betrieb genommen. Die Anschaffungskosten betrugen 350.000,00 €.

1. *Ermitteln Sie die handelsrechtlichen Wertansätze der neuen Anlage für die ersten drei Geschäftsjahre a) bei linearer und b) bei degressiver Abschreibung (25 %). Nutzungsdauer: zehn Jahre.*
2. *Führen Sie den Wechsel von der degressiven zur linearen Abschreibung durch.*

1 Siehe auch S. 361.

2.6 Bewertung des Umlaufvermögens

Zum Umlaufvermögen zählen nach § 266 HGB (siehe Bilanzgliederung im Anhang des Lehrbuches und auf S. 389) die folgenden Vermögensgruppen:

I. Vorräte
II. Forderungen und sonstige Vermögensgegenstände
III. Wertpapiere
IV. Kassenbestand, Bundesbankguthaben, Guthaben bei Kreditinstituten und Schecks

Strenges Niederstwertprinzip § 253 [4] HGB

Für die **Bewertung der Wirtschaftsgüter des Umlaufvermögens** gilt das **strenge Niederstwertprinzip.** Sie dürfen **höchstens** mit ihren **Anschaffungskosten (AK) oder Herstellungskosten** (HK) angesetzt werden. Liegt jedoch der Wert am Abschlussstichtag darunter, **muss** dieser **niedrigere Tageswert (TW)** nach § 253 [4] HGB in das Inventar und die Schlussbilanz eingesetzt werden.[1]

Wertaufholungsgebot § 253 [5] HGB

Eine Wertaufholung bis zu den Anschaffungs- bzw. Herstellungskosten ist **steuerrechtlich** grundsätzlich vorgeschrieben. Das gilt gemäß § 253 [5] HGB auch **verbindlich für die Handelsbilanz.**

Merke

- **Strenges Niederstwertprinzip bedeutet, dass von zwei am Abschlussstichtag möglichen Wertansätzen, dem Tageswert (TW) und den Anschaffungskosten (AK) oder Herstellungskosten (HK), stets der niedrigere Wert in das Inventar und die Schlussbilanz einzusetzen ist:**
  - **AK/HK > TW → Bewertung zum TW**
  - **AK/HK < TW → Bewertung zu AK/HK**
- **Die Anschaffungs- oder Herstellungskosten bilden grundsätzlich die absolute Wertobergrenze.**

2.6.1 Bewertung der Vorräte

Zum Vorratsvermögen eines Industriebetriebes, das im Umlaufvermögen an erster Stelle auszuweisen ist, zählen **folgende Bestände:**

1. **Roh-, Hilfs-, Betriebsstoffe, Fremdbauteile/Vorprodukte**
2. **Unfertige Erzeugnisse, unfertige Leistungen**
3. **Fertige Erzeugnisse und Waren**
4. **Geleistete Anzahlungen**

Inventur

Zum Abschlussstichtag sind die Gegenstände des Vorratsvermögens **körperlich** (mengenmäßig) zu **erfassen und** zu **bewerten.** Anstelle dieser **Stichtagsinventur** kann die Bestandsaufnahme auch in Form einer **permanenten oder verlegten Inventur** (siehe auch S. 27 f.) durchgeführt werden.

Ausgangswert für die Bewertung bilden

- bei **Werkstoffen, Fremdbauteilen und Handelswaren:** die **Anschaffungskosten,**
- bei **unfertigen und fertigen Erzeugnissen:** die **Herstellungskosten.**

Sammel- bzw. Gruppenbewertung

Wie für alle Vermögensteile und Schulden gilt auch für die **Bewertung der Vorräte** an Werkstoffen, Fremdbauteilen, eigenen Erzeugnissen und Handelswaren der **Grundsatz der Einzelbewertung,** d. h., **bei jedem Einzelposten** sind jeweils die ursprünglichen **Anschaffungskosten** (Herstellungskosten) **mit dem Tageswert am Abschlussstichtag zu vergleichen,** wobei der

1 Ausnahme: Fremdwährungsforderungen mit einer Restlaufzeit bis zu einem Jahr (§ 256a HGB).

niedrigere von beiden Werten anzusetzen ist.[1] Diese Einzelbewertung ist jedoch kaum möglich, wenn sich der zu bewertende Inventurbestand aus **verschiedenen Lieferungen und Preisen** zusammensetzt. Deshalb erlaubt der Gesetzgeber bei **gleichartigen** Vorräten eine **Sammel-** bzw. **Gruppenbewertung** in Form einer **Bewertung nach dem gewogenen Durchschnitt** (§ 240 [4] HGB) oder einer **Verbrauchsfolgebewertung** (§ 256 HGB).

2.6.1.1 Durchschnittsbewertung nach § 240 [4] HGB

Jährliche Durchschnittswertermittlung

Hierbei werden die **durchschnittlichen Anschaffungskosten** (Herstellungskosten) aus Anfangsbestand und Zugängen sowie Stückzahl ermittelt und mit dem **Tageswert am Abschlussstichtag** verglichen:

Beispiel

E-Schalter		Menge	Anschaffungskosten je Einheit	Gesamtwert
Anfangsbestand	1. Jan.	1000	5,00 €	5.000,00 €
Zugang	10. Jan.	2000	6,00 €	12.000,00 €
Zugang	15. Juli	4000	6,50 €	26.000,00 €
Zugang	20. Dez.	600	7,00 €	4.200,00 €
		7600		47.200,00 €

Bewertung: Die **durchschnittlichen Anschaffungskosten** betragen **6,21 €** (47.200 : 7600). Bei einem **Tageswert** zum 31. Dezember von **7,20 €** und einem Schlussbestand von 2000 Einheiten ergibt sich nach dem **strengen Niederstwertprinzip** folgender **Bilanzansatz:**

Inventurmenge	·	Wert je Einheit	=	Bilanzansatz
2000	·	6,21	=	**12.420,00 €**

Nennen Sie den Buchungssatz. Wie lauten Bilanzansatz und Buchung bei einem Tageswert (31. Dezember) von 5,80 €/Stück?

Permanente Durchschnittswertermittlung

Die permanente Durchschnittswertermittlung ist im Ergebnis **genauer**. Hierbei ermittelt man die durchschnittlichen Anschaffungskosten **laufend** (permanent) **nach jedem Lagerzugang und -abgang** anhand der Lagerbuchführung. Die Abgänge werden jeweils zum neuesten Durchschnittswert abgesetzt. Nach der letzten Lagerbestandsveränderung erhält man zum Abschlussstichtag die **durchschnittlichen Anschaffungskosten des Endbestandes**, die mit dem Tageswert zum 31. Dezember (Niederstwertprinzip!) verglichen werden.

Beispiel

	Anfangsbestand	1. Januar	1000 Einheiten zu 5,00 €	=	5.000,00 €
+	Zugang	10. Januar	2000 Einheiten zu 6,00 €	=	12.000,00 €
=	Bestand	11. Januar	3000 Einheiten zu 5,67 €	=	17.000,00 €
–	Abgang	13. Juni	1800 Einheiten zu 5,67 €	=	10.206,00 €
=	Bestand	14. Juni	1200 Einheiten zu 5,66 €	=	6.794,00 €
+	Zugang	15. Juli	4000 Einheiten zu 6,50 €	=	26.000,00 €
=	Bestand	16. Juli	5200 Einheiten zu 6,31 €	=	32.794,00 €
–	Abgang	17. September	3800 Einheiten zu 6,31 €	=	23.978,00 €
=	Bestand	18. September	1400 Einheiten zu 6,30 €	=	8.816,00 €
+	Zugang	20. Dezember	600 Einheiten zu 7,00 €	=	4.200,00 €
=	**Schlussbestand**	31. Dezember	**2000** Einheiten zu **6,51 €**	**=**	**13.016,00 €**

1 Ausnahme: Fremdwährungsforderungen mit einer Restlaufzeit bis zu einem Jahr (§ 256a HGB).

2.6.1.2 Verbrauchsfolgebewertung nach § 256 HGB

Die Bewertung **gleichartiger** Vorratsbestände kann zum Abschlussstichtag auch auf der Grundlage einer bestimmten **Verbrauchs- oder Veräußerungsfolge** vorgenommen werden. Nur die **Fifo- und Lifo-Methode** sind handelsrechtlich zulässig.[1] Für **steuerliche** Abschlüsse ist nur die **Lifo-Methode** erlaubt.[2]

Fifo-Methode

Die Fifo-Methode unterstellt, dass die **zuerst beschafften** (hergestellten) Güter auch **zuerst verbraucht** (verkauft) werden (**first in – first out**), sodass der **Endbestand** stets **aus den letzten Zugängen** stammt und deshalb auch jeweils zu deren Anschaffungs-/Herstellungskosten bzw. niedrigerem Tageswert bewertet wird.

Beispiel

E-Schalter		Menge	Anschaffungskosten je Einheit
Anfangsbestand	1. Jan.	1000	5,00 €
Zugang	10. Jan.	2000	6,00 €
Zugang	15. Juli	4000	6,50 €
Zugang	20. Dez.	600	7,00 €

Für den **Inventurbestand** von 2000 Schaltern ergibt sich folgender **Fifo-Wertansatz:**

600 Einheiten zu 7,00 €	=	4.200,00 €	
1400 Einheiten zu 6,50 €	=	9.100,00 €	
2 000 Einheiten **Endbestand**	=	**13.300,00 €**	**Bilanzansatz nach Fifo-Methode**

Wegen des strengen Niederstwertprinzips ist der Fifo-Wertansatz mit dem **Tageswert am Abschlussstichtag** zu vergleichen. Bei einem **Tageswert von 7,20 €/Stück** muss der Fifo-Wertansatz von 13.300,00 € bilanziert werden. Beträgt der Tageswert am Abschlussstichtag **6,40 €/Stück**, müsste **der Endbestand zum niedrigeren Tageswert von 12.800,00 €** bewertet werden.

Lifo-Methode

Die Lifo-Methode geht von der Annahme aus, dass die **zuletzt erworbenen** (hergestellten) Güter **als Erste verbraucht** (verkauft) werden (**last in – first out**). Somit setzt sich der **Endbestand aus dem Anfangsbestand und den ersten Zugängen** zusammen und ist zu deren Anschaffungs- oder Herstellungskosten bzw. zum niedrigeren Tageswert anzusetzen.

Beispiel

Für den o. g. **Inventurbestand** von 2000 Schaltern ergibt sich folgender **Lifo-Wertansatz:**

1000 Einheiten zu 5,00 €	=	5.000,00 €	
1000 Einheiten zu 6,00 €	=	6.000,00 €	
2000 Einheiten **Endbestand**	=	**11.000,00 €**	**Bilanzansatz nach Lifo-Methode**

Wie lautet der Bilanzansatz bei einem Tageswert von a) 7,00 €/Stück und b) 5,00 €/Stück?

Bei steigenden Preisen führt die **Lifo-Methode** zu einer niedrigen Bewertung des Endbestandes (= Bildung stiller Reserven), wobei der Werkstoffverbrauch zu hohen Preisen in die Kostenrechnung eingeht. **Bei fallenden Preisen** führt das Lifo-Verfahren zu einer Überbewertung des Endbestandes. Das hätte zur Folge, dass der Endbestand nach dem Niederstwertprinzip auf den niedrigeren Stichtagswert abgewertet werden müsste. Folglich findet die Lifo-Methode bei fallenden Preisen keine Anwendung.

Handelsrechtlich kann die Bewertung **gleichartiger** Vorratsbestände sowohl nach den **Durchschnittsmethoden** als auch nach der **Verbrauchsfolge** vorgenommen werden, sofern das **strenge Niederstwertprinzip** beachtet wird. **Steuerrechtlich** sind Durchschnitts- und Lifo-Methode zulässig. Wegen der einfachen Durchführung wird **in der Praxis überwiegend das Durchschnittsverfahren** angewandt.

Merke

- **Die Sammelbewertungsverfahren vereinfachen die Bewertung gleichartiger Güter, die zu unterschiedlichen Preisen und Zeitpunkten angeschafft wurden.**
- **Die Ergebnisse müssen jedoch mit dem Tageswert am Abschlussstichtag verglichen werden. Von beiden Werten ist dann der niedrigere anzusetzen (strenges Niederstwertprinzip).**

1 Vgl. § 256 HGB. 2 Vgl. § 6 [1] Nr. 2a EStG.

6946366

Aufgabe 386

Die Maschinenfabrik Badicke GmbH, Leverkusen, hat am Abschlussstichtag noch 280 t Stahl F 404 auf Lager. Die Anschaffungskosten betrugen 350,00 € je t.

a) Zum Abschlussstichtag beträgt der Tageswert 380,00 € je t.
b) Zum Abschlussstichtag beträgt der Tageswert 270,00 € je t.

1. *Begründen Sie Ihre Bewertungsentscheidung und ermitteln Sie den Bilanzansatz für den Rohstoffbestand. Wie lautet die Buchung?*
2. *Erklären Sie die Auswirkung auf den Erfolg.*

Aufgabe 387

Der Lagerbestand einer bestimmten Handelsware beträgt in einem Industriebetrieb lt. Inventur 300 Stück, die für 40,00 € je Stück angeschafft wurden. Zum Abschlussstichtag beträgt der Wiederbeschaffungswert 50,00 € je Stück. Der Buchhalter bewertet diesen Bestand mit 300 · 50 = 15.000,00 € Bilanzansatz.

1. *Nehmen Sie zu dieser Bewertungsentscheidung des Buchhalters Stellung und erklären Sie die Auswirkung auf die Erfolgsrechnung.*
2. *Ermitteln Sie gegebenenfalls den neuen Bilanzansatz, begründen und buchen Sie.*

Aufgabe 388

Ein Industrieunternehmen, das sich mit der Fertigung von Haushaltsmaschinen befasst, hat zum Abschlussstichtag lt. Inventur noch einen Bestand von 2500 Elektromotoren auf Lager. Diese Elektromotoren, die in Küchenmaschinen eingebaut werden, wurden während des Geschäftsjahres erworben, jedoch nicht nach Lieferungen getrennt gelagert.
Zum Abschlussstichtag ist somit nicht feststellbar, aus welchen Lieferungen die Elektromotoren stammen und zu welchen Preisen sie angeschafft wurden.

1. *Unterscheiden Sie zwischen Einzel- und Sammelbewertung.*
2. *Begründen Sie, warum im vorliegenden Fall eine Sammelbewertung rechtlich möglich ist.*
3. *Schlagen Sie ein sowohl handels- als auch steuerrechtlich zulässiges Sammelbewertungsverfahren vor.*

Aufgabe 389

Der Leiter des Rechnungswesens (Aufgabe 387) stellt Ihnen folgende Unterlagen für eine Sammelbewertung der Elektromotoren zum Abschlussstichtag zur Verfügung:

Anfangsbestand zum	1. Januar	2000 Stück zu je 45,00 € Anschaffungskosten
Zugänge	10. Februar	3000 Stück zu je 50,00 € Anschaffungskosten
	10. August	2000 Stück zu je 55,00 € Anschaffungskosten
	10. Oktober	1500 Stück zu je 58,00 € Anschaffungskosten

1. *Ermitteln Sie zum Abschlussstichtag die durchschnittlichen jährlichen Anschaffungskosten je Stück (gewogener Durchschnittspreis).*
2. *Errechnen Sie den zulässigen Abschlussansatz für den Schlussbestand von 2500 Stück,*
   a) *wenn die durchschnittlichen Anschaffungskosten dem Tageswert am Bilanzstichtag (31. Dezember) entsprechen,*
   b) *wenn der Tageswert 70,00 € je Stück beträgt,*
   c) *wenn der Tageswert zum Abschlussstichtag bei 50,00 € liegt.*

Aufgabe 390

Führen Sie nun aufgrund der Angaben in den Aufgaben 387 und 388 eine permanente Durchschnittsrechnung durch.
Folgende Abgänge liegen vor:
20. Jan.: 1000 Stück   15. Juli: 500 Stück   10. Sept.: 3500 Stück   15. Dez.: 1000 Stück

Aufgabe 391

Wie ist aufgrund der Angaben der Aufgaben 397 und 398 zu bewerten
a) *nach dem Fifo-Verfahren und*
b) *nach der Lifo-Methode?*

Aufgabe 392

1. *Inwiefern ist das Niederstwertprinzip Ausdruck kaufmännischer Vorsicht?*
2. *Welchen Vorteil hat der jeweils niedrigstmögliche Wertansatz?*
3. *Begründen Sie, weshalb die Anschaffungs- bzw. Herstellungskosten eines Wirtschaftsgutes stets die Bewertungsobergrenze (Höchstwert!) bilden.*
4. *Unterscheiden Sie zwischen a) Stichtagsinventur, b) permanenter Inventur und c) verlegter (vor- bzw. nachverlegter) Inventur. Beachten Sie dazu auch S. 27.*

2.6.2 Bewertung der Forderungen a. LL

2.6.2.1 Einführung

Bewertung zum Jahresabschluss

Zum Schluss des Geschäftsjahres sind die „Forderungen aus Lieferungen und Leistungen" hinsichtlich ihrer **Güte (Bonität)** zu überprüfen und zu **bewerten** (§ 253 [4] HGB). Dabei unterscheidet man **drei Gruppen: einwandfreie, zweifelhafte** und **uneinbringliche Forderungen.**

einwandfreie Forderungen

Einwandfrei sind Forderungen, wenn mit **ihrem Zahlungseingang in voller Höhe** gerechnet werden kann.

zweifelhafte Forderungen

Zweifelhaft ist eine Forderung, wenn der Zahlungseingang unsicher ist, also ein vollständiger oder teilweiser **Forderungsausfall erwartet wird**. Das ist beispielsweise der Fall, wenn ein Insolvenzverfahren[1] eröffnet wurde, der Kunde trotz Mahnungen nicht gezahlt hat oder sich erkennbar in wirtschaftlichen und/oder finanziellen Schwierigkeiten befindet. **Zweifelhafte Forderungen** werden auch als **„Dubiose Forderungen"** bezeichnet.

uneinbringliche Forderungen

Uneinbringlich ist eine Forderung, wenn der **Forderungsausfall endgültig** feststeht. Davon kann zum Beispiel ausgegangen werden, wenn ein Insolvenzverfahren mangels Masse abgewiesen wurde, fruchtlos gepfändet worden oder die Forderung verjährt ist.

Die Bewertung der Forderungen (§ 253 [4] HGB) entspricht dieser Einteilung:

- **einwandfreie** Forderungen sind mit dem **Nennbetrag** anzusetzen,
- **zweifelhafte** Forderungen sind mit ihrem **wahrscheinlichen Wert** zu bilanzieren,
- **uneinbringliche** Forderungen sind **voll abzuschreiben.**

Bewertungsverfahren

Für die Bewertung von Forderungen zum Bilanzstichtag gibt es **zwei Möglichkeiten:**

1. **Einzelbewertung** für das **spezielle Ausfallrisiko** (z. B. Insolvenz)
2. **Pauschalbewertung** für das **allgemeine Ausfallrisiko**

Abschreibung vom Nettowert der Forderung

Die Bewertung der Forderungen a. LL bedingt oft **Abschreibungen** auf Forderungen. Dabei ist zu beachten, dass die Abschreibung wegen eines zu erwartenden oder bereits eingetretenen Forderungsverlustes **stets nur vom Nettowert** der Forderung vorgenommen wird. Die in der Forderung enthaltene **Umsatzsteuer** wird bei Ausfall der Forderung vom Finanzamt in entsprechender Höhe erstattet.

Berichtigung der Umsatzsteuer

Die Berichtigung der Umsatzsteuer darf erst erfolgen, wenn der **Ausfall (Verlust) der Forderung endgültig feststeht** und somit „[...] das vereinbarte Entgelt für eine steuerpflichtige Lieferung, sonstige Leistung oder einen innergemeinschaftlichen Erwerb **uneinbringlich** geworden ist" (§ 17 [2] Nr. 1 UStG).

Die **Uneinbringlichkeit der gesamten Forderung** liegt im Zeitpunkt der **Insolvenzeröffnung** über das Vermögen eines Kunden vor, und zwar unabhängig von einer möglichen Insolvenzquote (A 17.1 [15] UStAE).[2] Wird die als uneinbringlich abgeschriebene Forderung zu einem späteren Zeitpunkt dennoch ganz oder teilweise vereinnahmt, ist die Umsatzsteuer erneut zu berichtigen.

Merke

- **Die Abschreibung wegen eines zu erwartenden oder bereits eingetretenen Forderungsausfalls darf nur vom Nettowert der Forderung erfolgen.**
- **Bei Abschreibungen auf Forderungen darf die Umsatzsteuer grundsätzlich erst berichtigt werden, wenn der Ausfall der Forderung endgültig feststeht.**

1 Für steuerliche Zwecke ist bereits bei der Eröffnung des Insolvenzverfahrens von der Uneinbringlichkeit der Forderung auszugehen. Vgl. BFH-Urteil V R 14/08 vom 22. Oktober 2009 zur Berichtigung der Umsatzsteuer.
2 Diese Regelung ist auf nach dem 31. Dezember 2011 eröffnete Insolvenzverfahren anzuwenden (BMF vom 9. Dezember 2011). Vor diesem Zeitpunkt wurde erst bei Abschluss des Insolvenzverfahrens von einem endgültigen Forderungsausfall ausgegangen.

2.6.2.2 Einzelbewertung von Forderungen

Spezielles Ausfallrisiko

Zum Jahresende werden alle Forderungen aus Lieferungen und Leistungen einzeln auf ihre Bonität oder Einbringlichkeit überprüft. Die **Einzelbewertung** (§ 252 [1] Nr. 3 HGB) berücksichtigt das **individuelle Ausfallrisiko** beim Kunden, wie z. B. die Eröffnung eines Insolvenzverfahrens.

Aus Gründen der Klarheit werden die ermittelten **zweifelhaften Forderungen von** den **einwandfreien** (vollwertigen) Forderungen buchhalterisch **getrennt.** Das geschieht durch **Umbuchung** der gefährdeten Einzelforderungen auf das Konto

2470 Zweifelhafte Forderungen.

2.6.2.2.1 Direkte Abschreibung von uneinbringlichen Forderungen

Beispiel 1

Über das Vermögen des Kunden Anton Pleite e. K. wurde am 10. Dezember der Antrag auf Eröffnung eines Insolvenzverfahrens gestellt. Unsere Forderung beträgt 2.380,00 € (2.000,00 € netto + 380,00 € USt). Vor Aufstellung der Bilanz zum 31. Dezember .. erfahren wir, dass das Insolvenzverfahren mangels Masse, also wegen fehlender Deckung der Verfahrenskosten, nicht eröffnet wurde.

Die gefährdete Forderung wird zunächst **kontenmäßig gesondert erfasst:**

Buchung: ❶ **2470 Zweifelhafte Forderungen** an **2400 Forderungen a. LL** 2.380,00

Werden zweifelhafte Forderungen teilweise oder vollständig **uneinbringlich**, wird der **Nettobetrag** des entsprechenden Forderungsausfalls **direkt abgeschrieben:**

6951 Abschreibungen auf Forderungen wegen Uneinbringlichkeit.[1]

Gleichzeitig ist die **Umsatzsteuer** im Soll des Kontos „4800 USt" zu **berichtigen**, da durch den Forderungsausfall eine Rückforderung an das Finanzamt entsteht.[1]

Buchung: ❷ **6951 Abschreibungen auf Forderungen**[1] 2.000,00
4800 Umsatzsteuer 380,00
an **2470 Zweifelhafte Forderungen** 2.380,00

S	2470 Zweifelhafte Forderungen		H
❶	2.380,00	❷	2.380,00

S	6951 Abschreibungen auf Forderungen		H
❷	2.000,00		

S	2400 Forderungen a. LL		H
...	119.000,00	❶	2.380,00

S	4800 Umsatzsteuer		H
❷	380,00		

Beispiel 2

Auf eine im vorigen Jahr als uneinbringlich abgeschriebene Forderung erhält die Wernick GmbH am 30. Dezember unerwartet 357,00 € (300,00 € netto + 57,00 € USt) durch Banküberweisung. Damit lebt die Umsatzsteuer wieder auf.

Buchung: **2800 Bank** 357,00 an **5455 Erträge aus abgeschriebenen Forderungen** 300,00
an **4800 Umsatzsteuer** 57,00

Merke

- **Uneinbringliche Forderungen sind direkt (6951 an 2470) abzuschreiben. Gleichzeitig ist die Umsatzsteuer auf Konto 4800 im Soll zu berichtigen.**
- **Bei Zahlungseingang einer abgeschriebenen Forderung lebt die Umsatzsteuer wieder auf.**

1 In der EDV-Fibu ist das Konto 6951 stets ein automatisches Konto. Nach Eingabe des Bruttobetrages wird die anteilige Umsatzsteuer automatisch herausgerechnet und gebucht (Umsatzsteuerverprobung!).

2.6.2.2.2 Einzelwertberichtigung (EWB) zweifelhafter Forderungen

Indirekte Abschreibung

Sind zum Abschlussstichtag bei Forderungen Verluste zu erwarten, so muss jeweils in Höhe des **vermuteten (geschätzten) Ausfalls** eine entsprechende Abschreibung vorgenommen werden. Diese **Abschreibung** erfolgt aus Gründen der Klarheit und Übersichtlichkeit in der Regel nicht direkt über das Konto „Zweifelhafte Forderungen“, sondern **indirekt** über ein **Wertberichtigungskonto**:

3670 Einzelwertberichtigungen zu Forderungen (EWB).

Das Wertberichtigungskonto ist ein **Passivkonto**, das nur zum Abschlussstichtag angepasst wird. Die Zuführung, also die Bildung der EWB, erfolgt über das **Aufwandskonto**

6952 Einstellung in EWB.

Beispiel

Der Kunde Wolfgang Kurz e. K. hat trotz Mahnungen die Forderung von 11.900,00 € (= 10.000,00 € netto + 1.900,00 € USt) nicht beglichen. Zum 31. Dezember 01 wird der Verlust auf 80 % von 10.000,00 € (= 8.000,00 €) geschätzt. Aus dem Vorjahr besteht noch eine andere zweifelhafte Forderung über 5.950,00 €, die zu 70 % (= 3.500,00 €) einzelwertberichtigt ist.

Umbuchung der zweifelhaft gewordenen Forderung zum 31. Dezember 01:

❶ 2470 Zweifelhafte Forderungen	**an 2400 Forderungen a. LL**	11.900,00

Indirekte Abschreibung des vermuteten Forderungsverlustes zum 31. Dezember 01:

❷ 6952 Einstellung in EWB	**an 3670 EWB zu Forderungen**	8.000,00

S	2400 Forderungen a. LL		H
...	238.000,00	❶ 2470	11.900,00
		8010	226.100,00

S	2470 Zweifelhafte Forderungen		H
...	5.950,00	8010	17.850,00
❶ 2400	11.900,00		

S	6952 Einstellung in EWB		H
❷ 3670	8.000,00	8020	8.000,00

S	3670 EWB zu Forderungen		H
8010	11.500,00	...	3.500,00
		❷ 6952	8.000,00

S	8010 Schlussbilanzkonto		H
2400 Forderungen a. LL	226.100,00	3670 EWB zu Forderungen	11.500,00
2470 Zweifelhafte Forderungen	17.850,00		

Nennen Sie den Abschlussbuchungssatz für die Bestandskonten 2400, 2470 und 3670.

Vorteile der indirekten Abschreibung

Der Bestand der zweifelhaften Forderungen wird zum Abschlussstichtag in voller Höhe ausgewiesen und stimmt mit dem Kontostand im Hauptbuch und im Kontokorrentbuch (Kundenkonten) überein, während die **„Wertberichtigungen“** zu den zweifelhaften Forderungen insgesamt die **Höhe des zu erwartenden Verlustes** ausweisen. Die indirekte Abschreibung auf Forderungen zum Bilanzstichtag entspricht somit dem **Grundsatz der Klarheit**. Zudem bewirkt sie eine **bessere Abstimmung der Kundenkonten mit den Sachkonten** „Forderungen a. LL“ und „Zweifelhafte Forderungen“.

In den Bilanzen werden zweifelhafte Forderungen nicht gesondert ausgewiesen. Wertberichtigungen sind bei Kapitalgesellschaften vorab aktivisch mit den Forderungen a. LL zu verrechnen (siehe Bilanz nach § 266 HGB auf S. 388 f. und im Anhang des Lehrbuches).

Merke

Zum Abschlussstichtag werden zweifelhafte Forderungen in Höhe des vermuteten Ausfalls indirekt in Form einer Einzelwertberichtigung (EWB) abgeschrieben.

Direkte Abschreibung des Forderungsausfalls

Zu Beginn des neuen Jahres werden die Konten 2470 und 3670 über „8000 EBK“ eröffnet:

2470 Zweifelhafte Forderungen	**an 8000 EBK**	**17.850,00**
8000 EBK	**an 3670 EWB zu Forderungen**	**11.500,00**

Der sich im neuen Jahr ergebende tatsächliche Ausfall der zweifelhaften Forderung wird **direkt** abgeschrieben über das Konto

6951 Abschreibungen auf Forderungen wegen Uneinbringlichkeit,

obwohl für diese Forderung bereits eine Wertberichtigung besteht. Auf diese Weise werden alle Umsatzsteuer mindernden Forderungsausfälle lediglich auf dem Konto 6951 erfasst, das, versehen mit einer **Umsatzsteuerautomatik**, eine EDV-gerechte Umsatzsteuerverprobung ermöglicht. Die für die zweifelhafte Forderung gebildete **Einzelwertberichtigung** bleibt deshalb bis zum Jahresende **unberührt.**

Beispiel

Über das Vermögen des Kunden Wolfgang Kurz e. K. (siehe Beispiel auf S. 371) ist im März 02 das Insolvenzverfahren eröffnet worden. In der Folge muss die Umsatzsteuer berichtigt werden (❶; siehe Seite 369). Im Dezember 02 überweist der Insolvenzverwalter nach Abschluss des Insolvenzverfahrens 2.380,00 €. Diese Gutschrift zieht eine erneute Berichtigung der Umsatzsteuer nach sich ❷. Die Restforderung in Höhe von 9.520,00 € (11.900,00 € – 2.380,00) ist endgültig verloren. Da die Umsatzsteuer bereits berichtigt worden ist, muss noch der Nettobetrag von 8.000,00 € abgeschrieben werden. ❸.

❶ **Buchung der Umsatzsteuerberechtigung:**

4800 Umsatzsteuer	**1.900,00**	
an **2470 Zweifelhafte Forderungen**		**1.900,00**

❷ **Buchung des Zahlungseingangs und der erneuten Umsatzsteuerberichtigung:**

2800 Bank	**2.380,00**	
an **2470 Zweifelhafte Forderungen**		**2.000,00**
an **4800 Umsatzsteuer**		**380,00**

❸ **Buchung des tatsächlichen Forderungsausfalls:**

6951 Abschreibungen auf Forderungen	**8.000,00**	
an **2470 Zweifelhafte Forderungen**		**8.000,00**

Anpassung der Einzelwertberichtigung

Das Konto „**3670 EWB zu Forderungen**" wird unterjährig nicht korrigiert, sondern nur **zum Abschlussstichtag angepasst**. Der Bestand an EWB zum 31. Dezember 01 (Vorjahr) wird verglichen mit der Summe der Einzelwertberichtigungen, die zum 31. Dezember 02 (Berichtsjahr) erforderlich ist. Dabei ergibt sich in der Regel ein Differenzbetrag. Sind für das Jahr 02 niedrigere EWB zu bilden als im Jahr 01, wird in Höhe der Differenz eine **Herabsetzung der EWB** zu Forderungen vorgenommen, die einen Ertrag darstellt. Müssen die EWB im Jahr 02 höher als im Jahr 01 sein, erfolgt eine **Erhöhung der EWB**, die zu Aufwand führt.

Beispiel

Die EWB zu Forderungen betrugen zum 31. Dez. 01: 11.500,00 € (siehe Beispiel S. 370). EWB zum 31. Dez. 02: ❶ 8.500,00 €, ❷ 12.500,00 €.

❶ **Neue EWB < bisherige EWB:** In Höhe des Differenzbetrages (8.500,00 € – 11.500,00 € = –3.000,00 €) erfolgt eine **Herabsetzung der EWB.** Es entsteht ein **Ertrag von 3.000,00 €.**

Buchung: 3670 EWB zu Forderungen	**3.000,00**	
an **5450 Erträge aus der Auflösung oder Herabsetzung von WB auf Forderungen**		**3.000,00**

S	5450 Erträge aus WB-Herabsetzung		H
8020	3.000,00	3670	3.000,00

S	3670 EWB zu Forderungen		H
5450	3.000,00	8000	11.500,00
8010	8.500,00		

❷ **Neue EWB > bisherige EWB:** In Höhe des Differenzbetrages (12.500,00 € – 11.500,00 € = 1.000,00 €) erfolgt eine **Erhöhung der EWB.** Es entsteht ein **Aufwand von 1.000,00 €.**

Buchung: 6952 Einstellung in EWB .... an **3670 EWB zu Forderungen** **1.000,00**

S	6952 Einstellung in EWB		H
3670	1.000,00	8020	1.000,00

S	3670 EWB zu Forderungen		H
8010	12.500,00	8000	11.500,00
		6952	1.000,00

Merke

- **Endgültige Ausfälle zweifelhafter Forderungen werden stets direkt abgeschrieben. Die hierfür gebildete EWB bleibt bis zum Jahresende unberührt.**
- **Zum Abschlussstichtag ist die EWB dem aktuellen Abschreibungsbedarf anzupassen.**

Aufgabe 393

Der Kunde Mathias Schneider e. K. hat am 8. Nov. beim zuständigen Amtsgericht das Insolvenzverfahren beantragt. Die Forderung beträgt einschließlich Umsatzsteuer 5.950,00 €.

1. *Buchen Sie auf den entsprechenden Konten. Wir erwarten den vollständigen Ausfall der Forderung*
2. *Begründen Sie die Trennung der zweifelhaften von den einwandfreien Forderungen.*
3. *Warum darf eine Wertberichtigung nur vom Nettowert der Forderung vorgenommen werden?*

Aufgabe 394

Der Kunde Hans Moog e. K. hat am 2. Dezember das Insolvenzverfahren beantragt. Die Forderung: 1.190,00 €. Das Verfahren kommt am 28. Dezember zum Abschluss. Die Erstattungsquote beträgt 50 % = 595,00 €. Die Bankgutschrift erfolgt noch zum 29. Dezember.
Buchen Sie auf den entsprechenden Konten.

Aufgabe 395

Über das Vermögen des Kunden Dirk Krämer e. K. ist im Geschäftsjahr 01 das Insolvenzverfahren eröffnet worden. Die Forderung beträgt einschließlich Umsatzsteuer 4.760,00 €. Wir rechnen mit dem Ausfall der Forderung. Am 15. Dezember 02 überweist der Insolvenzverwalter nach Abschluss des Insolvenzverfahrens a) 50 % und b) 70 %.

Bestand auf Konto 2400: 261.800,00 €, auf Konto 4800: 18.200,00 €.

1. *Buchen Sie auf den erforderlichen Konten für das Geschäftsjahr 01.*
2. *Wie lauten die Buchungen zum 15. Dezember 02 a) bei 50 % und b) bei 70 % Erstattungsquote?*
3. *Warum werden uneinbringliche Forderungen direkt abgeschrieben?*
4. *Warum ergeben sich in diesem Fall Korrekturen der Umsatzsteuer?*

Aufgabe 396

Im vergangenen Jahr war eine uneinbringlich gewordene Forderung von 3.570,00 € direkt in voller Höhe abgeschrieben worden. Unerwartet erhält die Wernick GmbH wir am 15. Mai des laufenden Jahres 1.785,00 € einschließlich USt auf das Bankkonto überwiesen.

1. *Buchen Sie.* 2. *Begründen Sie die Auswirkung des Falles auf die Umsatzsteuer.*

Aufgabe 397

Der Kunde Martin Ohnesorg e. K. befindet sich erkennbar in finanziellen Schwierigkeiten. Die Forderung beträgt 4.760,00 € (4.000,00 € netto + 760,00 € USt). Zum Abschlussstichtag wird mit einem Ausfall von 70 % der Forderung gerechnet. Das Konto „2400 Forderungen a. LL" weist einen Bestand von 357.000,00 € aus.

1. *Wie lautet die Buchung zum 31. Dezember 01?*
2. *Schließen Sie die Bestandskonten über das Schlussbilanzkonto ab und erläutern Sie den Aussagewert dieser Bilanzposten.*
3. *Wie wäre zum 31. Dezember 01 bei einem EWB-Anfangsbestand von a) 0,00 €, b) 3.500,00 € und c) 1.000,00 € zu buchen?*
4. *Vergleichen Sie die Aussagefähigkeit der Kundenkonten bei direkter und bei indirekter Abschreibung der zweifelhaften Forderungen.*
5. *Warum darf im vorliegenden Fall zum 31. Dezember noch keine Umsatzsteuerkorrektur erfolgen?*

Aufgabe 398

Die Bestandskonten der Aufgabe 396 sind mit ihren Beständen zum 1. Januar 02 zu eröffnen. Das Konto „4800 Umsatzsteuer" weist einen Bestand von 15.600,00 € aus.

Am 15. Februar des laufenden Geschäftsjahres werden der Wernick GmbH nach Abschluss des Insolvenzverfahrens folgende Beträge einschließlich Umsatzsteuer auf das Bankkonto überwiesen: a) 1.904,00 €; b) 952,00 €.

1. *Ermitteln Sie rechnerisch jeweils die Umsatzsteuerkorrektur.*
2. *Buchen Sie auf den entsprechenden Konten die Fälle a) und b).*
3. Bei der Bewertung der Forderungen zum Abschlussstichtag gilt – wie bei allen Wirtschaftsgütern – der Grundsatz der Einzelbewertung. *Begründen Sie das.*

2.6.2.3 Pauschalwertberichtigung (PWB) der Forderungen

Allgemeines Ausfallrisiko

Bei großem Kundenstamm ist eine Einzelbewertung aller Forderungen zum Abschlussstichtag zu zeitaufwendig. Erfahrungsgemäß ist aber auch bei einwandfreien Forderungen im Laufe des Geschäftsjahres mit Ausfällen zu rechnen. Kunden von an sich guter Bonität können durch nicht vorhergesehene Ereignisse in Zahlungsschwierigkeiten geraten. Ein Abschwächen der Konjunktur kann bei bisher zahlungsfähigen Kunden ebenfalls zu einem Liquiditätsengpass führen. Diesem nicht vorhersehbaren **allgemeinen Ausfall- bzw. Kreditrisiko** trägt man vorsorglich durch eine pauschale Abschreibung des Forderungsbestands, die **Pauschalwertberichtigung der Forderungen**, Rechnung.

Berechnung der Pauschalabschreibung

Aufgrund der betrieblichen **Erfahrungen** (Forderungsausfälle der letzten drei bis fünf Jahre) wird ein Prozentsatz ermittelt und auf den Bestand der Forderungen (Nettowert) angewandt. Dieser **Pauschalsatz** muss rechnerisch **nachweisbar** sein.

Indirekte Abschreibung

Die Pauschalabschreibung wird aus Gründen der Klarheit indirekt im Haben eines besonderen Wertberichtigungs- oder Korrekturkontos erfasst. Der Abschreibungsbetrag wird zunächst im Soll des Aufwandskontos

6953 Einstellung in Pauschalwertberichtigung

gebucht. Die entsprechende Haben-Buchung erscheint auf dem Passivkonto

3680 Pauschalwertberichtigung zu Forderungen (PWB).

Zum Jahresabschluss wird das Konto 6953 zum GuV-Konto, das Konto 3680 zum Schlussbilanzkonto abgeschlossen. **Im Schlussbilanzkonto** bildet somit die auf der Passivseite der Bilanz ausgewiesene **„PWB zu Forderungen"** einen **Korrekturposten zu** den **„Forderungen a. LL"** auf der Aktivseite der Bilanz.

Beispiel

	Gesamtbetrag der Forderungen zum 31. Dezember 01, brutto	238.000,00 €
–	Umsatzsteueranteil	38.000,00 €
=	**Nettoforderungen**, die der Pauschalbewertung unterliegen	200.000,00 €
	Hierauf 3 % Pauschalwertberichtigung	**6.000,00 €**

Buchungen zum 31. Dezember:

❶	**6953 Einstellung in PWB**	an	**3680 PWB zu Forderungen**	6.000,00
❷	**8020 GuV-Konto**	an	**6953 Einstellung in PWB**	**6.000,00**
❸	**8010 Schlussbilanzkonto**	an	**2400 Forderungen a. LL**	**238.000,00**
❹	**3680 PWB zu Forderungen**	an	**8010 Schlussbilanzkonto**	**6.000,00**

S	**6953 Einstellung in PWB**		H
❶	6.000,00	❷	6.000,00

S	**8020 GuV-Konto**		H
❷	6.000,00		

S	**2400 Forderungen a. LL**		H
...	238.000,00	❸	238.000,00

S	**3680 PWB zu Forderungen**		H
❹	6.000,00	❶	6.000,00

S	**8010 Schlussbilanzkonto**		H
2400 Forderungen a. LL	238.000,00	3680 PWB zu Forderungen	6.000,00

Aussagewert der Bilanz

Das Schlussbilanzkonto weist nun im Soll den Gesamtbetrag der Forderungen a. LL aus, im Haben dagegen den vermuteten Forderungsausfall in Höhe der Pauschalwertberichtigung. In der **Bilanz** wird die **Pauschalwertberichtigung** jedoch vorher von den Forderungen **aktivisch abgesetzt**. Siehe Bilanz (§ 266 HGB) auf S. 388 f. und im Anhang des Lehrbuches.

Buchungen während des Geschäftsjahres

Bei **Ausfall** einer Forderung **während** des Geschäftsjahres wird die **Pauschalwertberichtigung nicht in Anspruch genommen.** Der **Ausfall** wird **direkt über** das **Konto 6951** (mit Steuerberichtigung) gebucht.

Beispiel

Im März des neuen Geschäftsjahres wird ein Kunde zahlungsunfähig. Unsere Forderung in Höhe von 1.071,00 € (900,00 € + 171,00 € USt) ist uneinbringlich.

Buchung:	**6951 Abschreibungen auf Forderungen**	**900,00**	
	4800 Umsatzsteuer	**171,00**	
	an **2400 Forderungen a. LL**		**1.071,00**

Anpassung zum Abschlussstichtag

Die **Pauschalwertberichtigung** ist zum Jahresabschluss stets **dem neuen Forderungsbestand anzupassen.** Sie muss entweder **herauf- oder herabgesetzt** werden. Eine **Aufstockung** bedeutet eine **zusätzliche Neubildung** in Höhe des Unterschiedsbetrages zwischen dem Bestand der PWB und dem zu bildenden neuen Wert der Pauschalwertberichtigung. Eine **Herabsetzung** bedingt eine entsprechende Auflösung der PWB über das Konto

5450 Erträge aus der Auflösung oder Herabsetzung von WB auf Forderungen.

Beispiel

Die PWB hat im obigen Beispiel am 31. Dezember 02 einen Bestand von 6.000,00 €. Aufgrund des relativ geringen Forderungsausfalls im letzten Jahr setzen wir den Pauschalsatz von 3 % auf 2 % herab. Zwei Fälle sind möglich:

1. **Forderungsbestand zum 31. Dezember: netto 350.000,00 €; Pauschalsatz 2 %**

	2 % von 350.000,00 € Forderungsbestand zum 31. Dez. 02	7.000,00 €
–	Bestand der PWB des Vorjahres	6.000,00 €
=	**Heraufsetzung** der PWB zum 31. Dezember 02	**1.000,00 €**

Buchung: **6953 Einstellung in PWB** an **3680 PWB zu Forderungen** **1.000,00**

S	6953 Einstellung in PWB		H
3680	1.000,00		

S	3680 PWB zu Forderungen		H
8010	7.000,00	8000	6.000,00
		6953	1.000,00

2. **Forderungsbestand am 31. Dezember: netto 200.000,00 €; Pauschalsatz 2 %**

	2 % von 200.000,00 € Forderungsbestand zum 31. Dez. 02	4.000,00 €
–	Bestand der PWB des Vorjahres	6.000,00 €
=	**Auflösung** der PWB zum 31. Dezember 02	**2.000,00 €**

Buchung: **3680 PWB** an **5450 Erträge aus der Herabsetzung von WB a. F.** **2.000,00**

S	5450 Erträge aus WB-Herabsetzung		H
		3680	2.000,00

S	3680 PWB zu Forderungen		H
5450	2.000,00	8000	6.000,00
8010	4.000,00		

Merke

- **Die Pauschalwertberichtigung berücksichtigt lediglich das allgemeine Ausfallrisiko bei Forderungen.**
- **Während des Geschäftsjahres werden alle Forderungsausfälle zulasten des Kontos „6951 Abschreibungen auf Forderungen wegen Uneinbringlichkeit" gebucht.**
- **Zum Abschlussstichtag ist die Pauschalwertberichtigung lediglich dem neuen Forderungsbestand durch Aufstockung oder Herabsetzung anzupassen.**

Aufgabe 399

Die Netto-Forderungsbestände der letzten fünf Jahre betragen insgesamt 1.506.000,00 €, die entsprechenden Forderungsverluste 45.180,00 € netto.

1. *Ermitteln Sie den Prozentsatz für eine Pauschalwertberichtigung der Forderungen.*
2. *Bilden und buchen Sie die Pauschalwertberichtigung zum 31. Dezember des laufenden Jahres bei einem Forderungsbestand von 714.000,00 € und einem Anfangsbestand der PWB von a) 15.000,00 € und b) 25.000,00 €.*

Aufgabe 400

Zum 31. Dezember betragen die Forderungen a. LL insgesamt 333.200,00 €. Die Forderung an den Kunden B. Trug OHG in Höhe von 29.750,00 € gilt wegen wirtschaftlicher Schwierigkeiten als zweifelhaft. Die Wernick GmbH rechnet mit einem Ausfall von 50 % der Forderung.

Auf den Restbestand der Forderungen ist eine Pauschalwertberichtigung von 3 % zu bilden. Der Bestand auf dem Konto „3680 PWB zu Forderungen" beträgt a) 4.000,00 € und b) 10.650,00 €. Das Konto „3670 EWB zu Forderungen" weist einen Bestand von 7.000,00 € aus.

Führen Sie die notwendigen Berechnungen und Buchungen zum 31. Dezember durch.

Aufgabe 401

Im nächsten Jahr überweist der Kunde B. Trug OHG (Aufgabe 400) folgende Beträge:

a) 14.875,00 €, b) 17.850,00 € und c) 11.900,00 €.

Auf die restlichen Forderungen wird verzichtet. *Wie lauten die Buchungen zu a), b) und c)?*

Aufgabe 402

Auszug aus der Saldenbilanz		Soll	Haben
2400	Forderungen a. LL	530.740,00	–
2470	Zweifelhafte Forderungen	–	–
3670	Einzelwertberichtigung zu Forderungen	–	6.000,00
3680	Pauschalwertberichtigung zu Forderungen	–	24.000,00
3800	Steuerrückstellungen	–	–
3900	Sonstige Rückstellungen	–	35.000,00
4800	Umsatzsteuer	–	45.000,00
4890	Sonstige Verbindlichkeiten	–	26.000,00
5450	Erträge aus der Auflösung oder Herabsetzung von Wertberichtigungen auf Forderungen	–	5.000,00
5455	Erträge aus abgeschriebenen Forderungen	–	–
5480	Erträge aus der Auflösung von Rückstellungen	–	–
6700	Mietaufwendungen	33.000,00	–
6951	Abschreibungen auf Forderungen wg. Uneinbringlichkeit	14.000,00	–
6952	Einstellung in Einzelwertberichtigung	–	–
7700	Gewerbesteuer	22.000,00	–
8010	Schlussbilanzkonto	–	–
8020	Gewinn- und Verlustkonto	–	–

Zum Jahresschluss sind noch folgende Sachverhalte zu berücksichtigen:

1. Totalausfall der Forderung an den Kunden Bach GmbH: 2.380,00 €.
2. Im Rahmen der Einzelbewertung sind folgende Forderungen wegen eines speziellen Ausfallrisikos als zweifelhaft anzusehen:
   Forderung an den Kunden Willi Rüger e. K.: 19.040,00 €; geschätzter Ausfall: 40 %
   Forderung an die Kundin Rita Abel e. Kffr.: 14.280,00 €; geschätzter Ausfall: 50 %
3. Eine Rückstellung für Prozesskosten in Höhe von 8.600,00 € hat sich erübrigt.
4. Auf eine Forderung, die zu Beginn des Geschäftsjahres wegen Uneinbringlichkeit völlig abgeschrieben wurde, gehen unerwartet 2.142,00 € auf dem Bankkonto ein.
5. Die Dezembermiete für Lagerräume wird erst Anfang Januar des nächsten Jahres an den Vermieter überwiesen: 3.000,00 €.
6. Für die Gewerbesteuerabschlusszahlung wird ein Betrag von 24.000,00 € geschätzt.
7. Auf den verbleibenden Forderungsbestand ist eine PWB in Höhe von 3 % zu bilden.

Bilden Sie die Buchungssätze, buchen Sie auf den genannten Konten und schließen Sie diese ab.

2.6.2.4 Bewertung der Forderungen in ausländischer Währung (Valutaforderungen)

Situation

Die Metallverarbeitung Wernick GmbH konnte den Geschäftsbereich mithilfe des Internets auf die USA ausdehnen und verkaufte an die Boston Ltd., Chicago, aufgrund eines Fax-Angebotes vom 20. Dezember .. 5000 Stahlblechgehäuse G III zum Stückpreis von 65,20 US-$. Seinem Angebot legte Herr Wernick den aktuellen Devisenkassamittelkurs von 1,3614 USD/US-$/€[1] zugrunde. Boston Ltd. und Herr Wernick vereinbaren die Rechnungslegung auf Basis US-Dollar (US-$). Da die Ausfuhr von Erzeugnissen umsatzsteuerfrei ist (§ 4 UStG), erstellt K. Wernick am 20. Dezember eine Ausgangsrechnung über

Artikel	Stückpreis in US-$	Gesamtpreis in US-$
5000 Gehäuse G III, Standardausführung	65,20	326.000,00

((Schriftgröße ist i. O.))

Am 20. Dezember .. bucht K. Wernick diese Rechnung, nachdem er den entsprechenden Euro-Betrag auf der Basis des aktuellen Devisenkassamittelkurses ermittelt hat:

1,3614 US-$ ≙ 1 €
326.000,00 US-$ ≙ x €

$$x\ € = \frac{326.000,00}{1,3614} = 239.459,38\ €$$

Buchung: **2400 Forderungen a. LL** **239.459,38**
an **5000 Umsatzerlöse für eigene Erzeugnisse** **239.459,38**

Bewertung zum Jahresende

Zum Jahresende hat Herr Wernick diese Valutaforderungen zu bewerten. Er lässt sich den **Tageskurs** vom 31. Dezember von seiner Bank als Devisenkassamittelkurs in Höhe von 1,3825 US-$/€ geben.

§ 256a HGB

„Auf fremde Währung lautende Vermögensgegenstände und Verbindlichkeiten sind zum Devisenkassamittelkurs am Abschlussstichtag umzurechnen. Bei einer Restlaufzeit von einem Jahr oder weniger sind § 253 Abs. 1 Satz 1 und § 252 Abs. 1 Nr. 4 Halbsatz 2 nicht anzuwenden."

Im zweiten Satz des obigen Gesetzestextes wird darauf verwiesen,

- dass die Anschaffungs- oder Herstellungskosten als Obergrenze **nicht** zu beachten sind (§ 253 [1] Satz 1),
- dass in diesem Fall nicht realisierte Gewinne auszuweisen sind (§ 252 [1] Nr. 4 Halbsatz 2).

Für die Bewertung der Valutaforderung am Abschlussstichtag leitet sich daraus folgende Entscheidungsregel ab:

- Der Bewertung ist der Devisenkassamittelkurs am Abschlussstichtag zugrunde zu legen: 326.000,00 US-$/€ : 1,3825 US-$/€ = 235.804,70 €

Damit ergibt sich gegenüber der Buchung vom 20. Dezember ein um 3.654,68 EUR niedrigerer Wertansatz. Dieser **Kursverlust** wird als „Sonstiger Aufwand" gebucht:

Buchungen

❶ **8010 Schlussbilanzkonto** .... an **2400 Forderungen a. LL** **235.804,70**
❷ **6940 Sonstige Aufwendungen** .... an **2400 Forderungen a. LL** **3.654,68**

1 Währungskurse unterliegen ständigen und oft erheblichen Schwankungen. Sie entsprechen in den Beispielen nicht den aktuellen Notierungen. Kassakurse werden täglich an der Frankfurter Devisenbörse ermittelt. Aus Briefkurs und Geldkurs wird der Mittelwert bestimmt.

2.7 Bewertung der Verbindlichkeiten

Höchstwertprinzip

Verbindlichkeiten sind gemäß § 253 [1] HGB zum Abschlussstichtag mit ihrem Erfüllungsbetrag, d. h. mit ihrem höheren Rückzahlungsbetrag in der Bilanz anzusetzen, sofern überhaupt eine Wahlmöglichkeit zwischen einem niedrigeren und einem höheren Wert besteht. Das ist z. B. bei Fremdwährungsverbindlichkeiten, Anleihen und hypothekarisch gesicherten Darlehen der Fall.

Fremdwährungsverbindlichkeiten § 256a HGB

Vermehrt werden Geschäfte mit ausländischen Partnern in ausländischen Währungen abgeschlossen. Da die Buchführung in Euro zu führen ist, gewinnt damit die Umrechnung der auf ausländische Währungen lautenden Werte in Euro an Bedeutung. Dem trägt § 256a HGB Rechnung und legt fest, dass Währungsverbindlichkeiten bei ihrer Entstehung (= Zugang) und bei ihrer Bewertung zum Abschlussstichtag mit dem jeweils aktuellen Devisenkassamittelkurs umzurechnen sind.

Beispiel 1

Die Frankfurter Devisenbörse notiert täglich die Geld- und Briefkurse von Devisen. Geldkurs ist der Kurs, zu dem Banken Devisen von Kunden ankaufen; Briefkurs ist der Kurs, zu dem Banken Devisen an Kunden verkaufen. Der Devisenkassamittelkurs wird als arithmetisches Mittel aus Geld- und Briefkurs berechnet.

Am 30. Juni 01 notiert der US-Dollar zum Euro wie folgt:

Geldkurs	1,25 US-$/€
Briefkurs	1,35 US-$/€
Devisenkassamittelkurs = (1,25 + 1,35) : 2 =	**1,30 US-$/€**

Am 30. Juni 01 müsste also eine Fremdwährungsverbindlichkeit, die auf 39.000,00 US-Dollar lautet, zum Kurs von 1,30 US-$/€ in Euro umgerechnet werden:

39.000,00 US-$: 1,30 US-$ = 30.000,00 €

Die Umrechnungsvorschrift nach § 256a HGB macht es überflüssig zu prüfen, ob im Einzelfall der Geldkurs oder der Briefkurs anzuwenden ist.

Zugangsbewertung

Bei ihrer Entstehung (= Zugang) ist eine Fremdwährungsverbindlichkeit entsprechend § 256a HGB zum Devisenkassamittelkurs des Entstehungstages umzurechnen.

Bewertung zum Abschlussstichtag

§ 256 a HGB macht in der Bewertung einer Fremdwährungsverbindlichkeit zum Abschlussstichtag einen Unterschied danach, ob die Verbindlichkeit eine Restlaufzeit von mehr als einem Jahr oder bis zu einem Jahr hat:

- **Restlaufzeit mehr als ein Jahr**: Dann sind Wertansatz im Zugangszeitpunkt und Wertansatz zum Abschlussstichtag zu vergleichen und der **höhere** der beiden Werte ist anzusetzen. Das Imparitätsprinzip wird dadurch gewahrt (vgl. S. 361).

Durchbrechen des Imparitätsprinzips

- **Restlaufzeit bis zu einem Jahr**: Dann ist die Fremdwährungsverbindlichkeit ohne Rücksicht auf den Zugangswert zum Devisenkassamittelkurs am Abschlussstichtag zu bewerten. Damit wird das Imparitätsprinzip durchbrochen.

Beispiel 2

Die Gerbo AG, Düsseldorf, erhält von ihrer US-amerikanischen Muttergesellschaft am 30. Juni 01 ein mit 5 %/Jahr zu verzinsendes Darlehen über 100.000,00 US-$. Die Zinszahlung erfolgt jährlich nachträglich zum 30. Juni. Die Kurse des US-Dollars zum Euro sollen sich wie folgt entwickelt haben:

Datum	Devisenkassakurse US-$/€		
	Geldkurs	Briefkurs	Mittelkurs
30. Juni 01	1,25	1,35	1,30
31. Dez. 01	1,35	1,45	1,40

❶ **Zugangsbewertung des Darlehens zum 30. Juni:**
100.000,00 US-$: 1,30 US-$/€ = ... 76.923,08 €

❷ **Folgebewertung des Darlehens zum 31. Dezember 01:**
100.000,00 US-$: 1,40 US-$/€ = ... 71.428,57 €

❸ **Vergleich des Zugangswertes mit dem Wert am Abschlussstichtag:**
Die Fremdwährungsverbindlichkeit ist am 31. Dezember 01 mit dem **höheren** Zugangswert anzusetzen .... **76.923,08 €**

Buchung bei Darlehensaufnahme:
2800 Bank **76.923,08**
an **4230 Darlehensschulden** **76.923,08**

Buchung am Abschlussstichtag:
4230 Darlehensschulden **76.923,08**
an **8010 Schlussbilanzkonto** **76.923,08**

❹ **Berechnung und Buchung der Zinsen zum 31. Dezember 01:**
5 %/Jahr für ½ Jahr = 2,5 % von 100.000,00 US-$ = 2.500,00 US-$
Umrechnung zum Devisenkassamittelkurs (2.500,00 : 1,40 =) .... 1.785,57 €
7510 Zinsaufwendungen **1.785,57**
an **4890 Sonstige Verbindlichkeiten** **1.785,57**

Beispiel 3

Es soll gegenüber dem vorigen Beispiel eine Kurssteigerung des US-Dollars zum Euro angenommen werden:

Datum	Devisenkassakurse US-$/€		
	Geldkurs	Briefkurs	Mittelkurs
30. Juni 01	1,25	1,35	1,30
31. Dez. 01	1,15	1,25	1,20

❶ **Zugangswert der Fremdwährungsverbindlichkeit:**
Zugangswert des Darlehens (siehe oben) .... 76.923,08 €

❷ **Umrechnung der Fremdwährungsverbindlichkeit zum Devisenkassamittelkurs am 31. Dez. 01:**
100.000,00 US-$: 1,20 US-$/€ = ... 83.333,33 €

❸ **Wertansatz zum Höchstwert** .... **83.333,33 €**

❹ **Buchungen am Abschlussstichtag:**
4230 Darlehensschulden **83.333,33**
an **8010 Schlussbilanzkonto** **83.333,33**
6940 Sonstige Aufwendungen **6.410,25**
an **4230 Darlehensschulden** **6.410,25**

❺ **Berechnung und Buchung der Zinsen:**
Umrechnung zum Devisenkassamittelkurs (2.500,00 : 1,20 =) .... 2.083,33 €
7510 Zinsaufwendungen **2.083,33**
an **4890 Sonstige Verbindlichkeiten** **2.083,33**

Beispiel 4

Die Gerbo AG importiert von einem US-amerikanischen Lieferanten mit Rechnung vom 14. Dezember 01 Rohstoffe im Wert von 100.000,00 US-$. Der Rechnungsbetrag ist nach spätestens 40 Tagen ohne Abzug fällig. Zum 31. Dezember 01 ist die Fremdwährungsverbindlichkeit zu bilanzieren. Die Kurse sollen sich wie folgt entwickeln:

Datum	Devisenkassakurse US-$/€		
	Geldkurs	Briefkurs	Mittelkurs
14. Dez. 01	1,25	1,35	1,30
31. Dez. 01	1,30	1,40	1,35

6946378

❶ **Zugangsbewertung am 14. Dezember 01:**
100.000,00 US-$: 1,30 US-$/€ = ... 76.923,08 €

❷ **Folgebewertung am 31. Dezember 01:**
100.000,00 US-$: 1,35 US-$/€ = ... 74.074,07 €

❸ **Wertansatz zum 31. Dezember 01** .... **74.074,07 €**
Mit diesem Wertansatz wird ein nicht realisierter Gewinn ausgewiesen und somit das Imparitätsprinzip **durchbrochen.**

❹ **Buchung des Rohstoffzugangs am 14. Dezember 01:**

6000 Aufwendungen für Rohstoffe	**76.923,08**	
an **4400 Verbindlichkeiten a. LL**		**76.923,08**

Buchung der Verbindlichkeit am Abschlussstichtag 31. Dezember 01:

4400 Verbindlichkeiten a. LL	**74.074,07**	
an **8010 Schlussbilanzkonto**		**74.074,07**

Buchung des nicht realisierten Gewinns am 31. Dezember 01:

4400 Verbindlichkeiten a. LL	**2.849,01**	
an **5430 Andere sonstige betriebliche Erträge**		**2.849,01**

Beispiel 5

Das obige Beispiel 4 soll für den Fall einer Kurssteigerung durchgespielt werden:

Datum	Devisenkassakurse US-$/€		
	Geldkurs	Briefkurs	Mittelkurs
14. Dez. 01	1,25	1,35	1,30
31. Dez. 01	1,15	1,25	1,20

❶ **Zugangsbewertung am 14. Dezember 01:**
100.000,00 US-$: 1,30 US-$/€ = ... 76.923,08 €

❷ **Folgebewertung am 31. Dezember 01:**
100.000,00 US-$: 1,20 US-$/€ = ... 83.333,33 €

❸ **Wertansatz zum 31. Dezember 01** .... **83.333,33 €**
Mit diesem Wertansatz wird ein nicht realisierter Verlust ausgewiesen und somit das Imparitätsprinzip **gewahrt.**

❹ **Buchung des Rohstoffzugangs am 14. Dezember 01:**

6000 Aufwendungen für Rohstoffe	**76.923,08**	
an **4400 Verbindlichkeiten a. LL**		**76.923,08**

Buchung der Verbindlichkeit am Abschlussstichtag 31. Dezember 01:

4400 Verbindlichkeiten a. LL	**83.333,33**	
an **8010 Schlussbilanzkonto**		**83.333,33**

Buchung des nicht realisierten Verlustes am 31. Dezember 01:

6940 Sonstige Aufwendungen	**6.410,25**	
an **4400 Verbindlichkeiten a. LL**		**6.410,25**

Merke

- **Am Abschlussstichtag sind Fremdwährungsverbindlichkeiten grundsätzlich zum höheren Erfüllungsbetrag in der Bilanz anzusetzen (Höchstwertprinzip):**
  - **Devisenkassamittelkurs zum Abschlussstichtag < Devisenkassamittelkurs zum Anschaffungszeitpunkt: Ansatz zum Kurs am Abschlussstichtag**
  - **Devisenkassamittelkurs zum Abschlussstichtag > Devisenkassamittelkurs zum Anschaffungszeitpunkt: Ansatz zum Kurs am Anschaffungstag**
- **Ausnahme: Fremdwährungsverbindlichkeiten mit einer Restlaufzeit bis zu einem Jahr werden ohne Beachtung des Imparitätsprinzips zum Devisenkassamittelkurs am Abschlussstichtag bewertet.**
- **Das Höchstwertprinzip ist Ausdruck kaufmännischer Vorsicht.**

Disagio

Bei Hypothekenschulden ist der Erfüllungsbetrag (= 100 %) meist höher als der vereinnahmte Betrag. Der **Unterschiedsbetrag**, das so genannte **Abgeld**, auch **Damnum** oder **Disagio** genannt, **darf** nach § 250 [3] HGB unter die Rechnungsabgrenzungsposten der Aktivseite (Konto „2930 Disagio") aufgenommen werden (Aktivierungs**wahlrecht**). Das Disagio ist dann durch **planmäßige Abschreibungen** auf die gesamte Laufzeit des Hypothekendarlehens zu verteilen. **Steuerrechtlich** muss das Disagio aus Gründen einer periodengerechten Ermittlung des steuerpflichtigen Gewinns aktiviert und gleichmäßig abgeschrieben werden (Aktivierungs**pflicht**).

Beispiel

Zur Finanzierung einer Produktionshalle hat die Wernick GmbH bei der Bank ein Hypothekendarlehen von 500.000,00 € aufgenommen, das zu 96 % = 480.000,00 € ausgezahlt wurde. Das Disagio von 20.000,00 € ist als Zinsaufwand auf die zehnjährige Laufzeit des Darlehens planmäßig zu verteilen (abzuschreiben), also jährlich 2.000,00 €.

Buchung bei Aufnahme des Darlehens:

❶	**2800 Bank**	**480.000,00**		
	2930 Disagio	**20.000,00**	an **4250 Langfristige Verbindlichkeiten gegenüber Kreditinstituten**	**500.000,00**

Buchung zum 31. Dezember:

❷	**7590 Sonstige zinsähnliche Aufwendungen**	an **2930 Disagio**	**2.000,00**

Industrieobligationen

Anleihen (Industrieobligationen) werden von bedeutenden Industrieunternehmen meist in Form von Teilschuldverschreibungen ausgegeben. Um einen Kaufanreiz zu schaffen, erfolgt die **Ausgabe oft unter pari** (Nennwert = 100 %), also mit einem **Disagio.** Zuweilen verpflichten sich die Industriebetriebe diese Anleihen nach Ablauf einer bestimmten Zeit mit einem **höheren** Wert **(über pari)**, also mit einem **Aufgeld oder Agio**, zurückzuzahlen. Der **Unterschiedsbetrag** zwischen dem höheren Rückzahlungswert (Erfüllungsbetrag) und dem niedrigeren Ausgabebetrag der Anleihe **(Disagio + Rückzahlungsagio)** ist dann **aktiv abzugrenzen und** ebenfalls **planmäßig abzuschreiben.**

Beispiel

Ein Industriebetrieb gibt zur Finanzierung notwendiger Erweiterungsinvestitionen eine **Anleihe** mit einem Nennwert von 10 Millionen € aus. **Ausgabekurs 96 %** = 9.600.000,00 €; **Rückzahlungskurs 102 %** = 10.200.000,00 €. **Rückzahlung nach zehn Jahren.**

Buchung bei Ausgabe der Anleihe:

❶	**2800 Bank**	**9.600.000,00**		
	2930 Disagio	**600.000,00**	an **4100 Anleiheschulden**	**10.200.000,00**

Buchung zum 31. Dezember:

❷ **Planmäßige Abschreibung des Disagios und Rückzahlungsagios:**
600.000,00 : 10 = 60.000,00 € jährlich.

7590 Sonstige zinsähnliche Aufwendungen	an **2930 Disagio**	**60.000,00**

Merke

Bei Hypotheken- und Anleiheschulden werden Abgeld (Damnum bzw. Disagio) und Aufgeld (Rückzahlungsagio) auf dem Konto 2930 Disagio gesondert erfasst und durch planmäßige Abschreibungen (Konto 7590) auf die entsprechende Laufzeit verteilt.

Die übrigen Verbindlichkeiten, wie **Verbindlichkeiten a. LL, sonstige Verbindlichkeiten, Bankschulden u. a.**, werden in der Schlussbilanz mit ihrem **Nennwert (Nominalwert)** angesetzt.

Aufgabe 403

Die Elektrowerke GmbH bezieht aus den USA Elektrokabel. Rechnungseingang: 18. Dez. über 15.000,00 US-$ zum Devisenkassamittelkurs 1,3580 US-$/€. Zahlungsziel vier Wochen.

1. *Wie lautet die Buchung bei Rechnungseingang?*
2. *Wie ist die Auslandsverbindlichkeit zum 31. Dezember zu bewerten, wenn der Devisenkassamittelkurs a) 1,3580 US-$/€; b) 1,3450 US-$/€; c) 1,3760 US-$/€ beträgt? Begründen Sie Ihre Bewertung.*

Aufgabe 404

Die Metallbau GmbH importiert Fertigteile aus der Schweiz zum Rechnungsbetrag von 25.000,00 sfrs. Zahlungsziel vier Wochen. Rechnungseingang 22. Dezember. Devisenkassamittelkurs 1,6250 sfr/€.

1. *Buchen Sie den Rechnungseingang am 22. Dezember.*
2. *Bewerten Sie die Fertigteile zum 31. Dezember zum Devisenkassamittelkurs von a) 1,7550; b) 1,5450.*

Aufgabe 405

Ein Industriebetrieb hat am 2. Januar ein Hypothekendarlehen in Höhe von 300.000,00 € aufgenommen. Laufzeit zehn Jahre. Dem Bankkonto wurde der Auszahlungsbetrag von 282.000,00 € gutgeschrieben. 8 % Zinsen, jeweils zum 30. Juni und 31. Dezember, zuzüglich Tilgung.

1. *Buchen Sie bei Aufnahme des Darlehens.*
2. *Buchen Sie die halbjährlichen Zahlungen für Zinsen und Tilgung.*
3. *Buchen Sie zum 31. Dezember.*

Aufgabe 406

Im Konto „4400 Verbindlichkeiten a. LL" ist eine Rohstoffverbindlichkeit von 20.000,00 US-$ zum Devisenkassamittelkurs von 1,3495 US-$/€ enthalten. Am Abschlussstichtag beträgt der Devisenkassamittelkurs a) 1,3425 US-$/€; b) 1,3650 US-$/€. Die Restlaufzeit beträgt zwei Wochen.

1. *Ermitteln und begründen Sie den Bilanzansatz zum 31. Dezember.*
2. *Wie lautet die Buchung?*

Aufgabe 407

Die Wernick GmbH hat am 10. Januar ein Hypothekendarlehen von 900.000,00 €, Auszahlung zu 98 %, für einen Neubau aufgenommen. Laufzeit des Darlehens 20 Jahre.

1. *Buchen Sie a) bei Aufnahme des Darlehens und b) zum 31. Dezember.*
2. *Begründen Sie, weshalb steuerlich das Disagio gleichmäßig auf die Laufzeit verteilt wird.*

Aufgabe 408

Ein Industriebetrieb gibt zu Beginn des Geschäftsjahres eine Anleihe im Nennwert von 20 Millionen € aus. Ausgabekurs 97 %, Rückzahlungskurs 101 %; Rückzahlung nach zehn Jahren.

1. *Ermitteln Sie das Disagio und das Rückzahlungsagio.*
2. *Zu welchem Betrag muss die Anleiheschuld passiviert werden?*
3. *Buchen Sie a) bei Ausgabe der Anleihe und b) zum 31. Dezember.*

Aufgabe 409

Eine Dachreparatur konnte im Dezember nicht mehr durchgeführt werden und musste deshalb bis Mitte Januar aufgeschoben werden. Kostenvoranschlag: 5.800,00 € netto.

1. *Buchen Sie zum 31. Dezember.*
2. *Wie ist zu buchen, wenn im neuen Jahr nach Durchführung der Reparatur folgende Rechnungen durch Bank beglichen werden: a) 5.800,00 € + USt; b) 6.400,00 € + USt; c) 5.400,00 € + USt?*

Aufgabe 410

Bildung einer Rückstellung für die Gewerbesteuer über 18.600,00 €. Banküberweisung der Gewerbesteuer im März nächsten Jahres: a) 18.600,00 €; b) 17.200,00 €; c) 19.000,00 €.
Buchen Sie die Bildung und Auflösung der Gewerbesteuerrückstellung.

Aufgabe 411

Nennen Sie die Buchung: a) Am Jahresende werden der Pensionsrückstellung für unsere Belegschaftsmitglieder 150.000,00 € zugeführt. b) Pensionsrückstellungen in Höhe von 17.600,00 € werden wegen Kündigung von Belegschaftsmitgliedern aufgelöst.

Aufgabe 412

Die Wernick GmbH bestellt am 2. Dezember 6 000 kg Rohstoffe zu 30,00 €/kg. Lieferungstermin: 10. Februar nächsten Jahres. Der Wiederbeschaffungswert am 31. Dezember beträgt 20,00 €.

1. *Erklären Sie, inwiefern es sich hierbei um ein „schwebendes" Geschäft handelt.*
2. *In welchem Fall müssen schwebende Geschäfte bilanzmäßig berücksichtigt werden?*
3. *Buchen Sie a) zum 31. Dezember und b) nach Erhalt der Rohstoffe im neuen Jahr.*

Aufgabe 413

1. *Nennen Sie Verbindlichkeiten, die zum Nennwert zu passivieren sind.*
2. *Bei welchen Schulden ergibt sich oft ein Bilanzansatz zum höheren Erfüllungsbetrag?*
3. *Welcher Zusammenhang besteht zwischen Höchstwert- und Niederstwertprinzip?*

2.8 Diverse Aufgaben zur Bewertung der Wirtschaftsgüter

Aufgabe 414

Zum 31. Dezember 01 beträgt der Forderungsbestand der Wernick GmbH insgesamt 416.500,00 €. Darin ist eine Forderung an die Illiquid GmbH in Höhe von 35.700,00 € enthalten, über deren Vermögen am 28. Dezember das Insolvenzverfahren eröffnet worden ist. Vor Bilanzaufstellung am 12. Februar 02 teilt uns der Insolvenzverwalter mit, dass mit einem Verlust von 80 % zu rechnen sei.

1. *Führen Sie die Bewertung der Forderungen durch und buchen Sie zum 31. Dezember 01.*
2. *Erstellen Sie das Schlussbilanzkonto und die Bilanz gemäß § 266 HGB.*

Aufgabe 415

Auf eine im Geschäftsjahr 01 voll abgeschriebene Forderung gehen am 5. Januar 02, also noch vor der Aufstellung der Bilanz zum 31. Dezember 01, unerwartet 5.950,00 € ein.

Wie bewerten Sie diesen Fall im Jahresabschluss zum 31. Dezember 01? Nennen Sie gegebenenfalls die Buchung.

Aufgabe 416

Die Textil GmbH exportiert am 15. November 01 Waren in die USA. Abrechnung erfolgt auf Dollarbasis. Dem Kunden werden 200.000,00 US-$ in Rechnung gestellt, zahlbar am 15. Januar 02. Am Tag der Rechnungsstellung beträgt der Devisenkassamittelkurs 1,3650 US-$/€.

1. *Wie hoch sind die Anschaffungskosten der Forderung? Buchen Sie.*
2. *Mit welchem Wert muss die Forderung zum 31. Dezember 01 angesetzt werden, wenn der Devisenkassamittelkurs a) 1,3595 US-$/€ und b) 1,3750 US-$/€ beträgt? Begründen Sie Ihre Bewertung und nennen Sie, sofern erforderlich, die entsprechende Buchung zum 31. Dezember.*

Aufgabe 417

Kauf eines Betriebsgrundstücks für 300.000,00 €. Die Grunderwerbsteuer beträgt 3,5 %. Der Makler stellt 9.000,00 € + USt in Rechnung. Für ein Entwässerungsgutachten für das Grundstück wurden 2.000,00 € + USt gezahlt. Der Anschluss des Grundstücks an den Kanal verursachte Kosten in Höhe von 3.000,00 € + USt. Der Notar berechnet 1.500,00 € + USt. Die Grundbuchkosten belaufen sich auf 450,00 €. Alle Zahlungen erfolgen durch Banküberweisung.

Zur Finanzierung des Grundstücks musste bei der Sparkasse ein Hypothekendarlehen über 200.000,00 € bei 100%iger Auszahlung und 10 % Zinsen aufgenommen werden. Die Zinsen sind halbjährlich im Voraus, erstmalig am 1. Oktober, zu zahlen.

1. *Ermitteln Sie die Anschaffungskosten des Grundstücks.*
2. *Begründen Sie, welche Kosten im vorliegenden Fall nicht zu den Anschaffungskosten gehören.*
3. *Buchen Sie die Anschaffung des Grundstücks aufgrund der vorliegenden Rechnungen.*
4. *Nennen Sie den Buchungssatz zur Aufnahme des Darlehens.*
5. *Buchen Sie die Darlehenszinsen bei Zahlung am 1. Okt. Wie ist zum 31. Dez. zu buchen?*

Aufgabe 418

Das in Aufgabe 416 genannte Grundstück hat zum Abschlussstichtag des folgenden Geschäftsjahres einen Verkehrswert von 380.000,00 €.

1. *Nennen Sie den Wertansatz zum 31. Dezember.*
2. *Begründen Sie Ihre Bewertungsentscheidung unter Berücksichtigung der Ihnen bekannten Bewertungsprinzipien.*

Aufgabe 419

Es wird unterstellt, dass das in Aufgabe 416 genannte Grundstück nach fünf Jahren wegen Wegfalls der Hauptverkehrsanbindung nur noch einen Wert von 220.000,00 € hat.

1. *Nennen Sie den Wertansatz für die Jahresbilanz.*
2. *Begründen Sie ausführlich Ihre Bewertung.*
3. *Nennen Sie den Buchungssatz.*
4. *Erläutern Sie die Auswirkung auf den Jahreserfolg.*

Aufgabe 420

In der Elektronik GmbH beträgt der Inventurbestand 5 800 Einbauchips. Eine Einzelbewertung war nicht möglich. *(Nennen Sie Gründe.)* Die Anschaffungskosten werden aufgrund einer Durchschnittsrechnung ermittelt und betragen 156,00 € je Stück.

Der Tageswert zum 31. Dezember 01 beträgt a) 150,00 € und b) 162,00 €.

Begründen Sie den Wertansatz zum 31. Dezember 01.

Aufgabe 421

Ein Textilverarbeitungsbetrieb hat einen Posten Stoffe am 4. Dezember für 15.000,00 € netto ab Werk gekauft. An den Spediteur wurden für Transport und Versicherung 680,00 € netto gezahlt. Bei Bezahlung der Ware wurden 2 % Skonto abgezogen.

1. *Ermitteln Sie die Anschaffungskosten.*
2. *Wie ist die Ware zum 31. Dezember zu bewerten, wenn am Abschlussstichtag der Wiederbeschaffungswert*
   a) 15.800,00 € und
   b) 14.000,00 € beträgt?
3. *Begründen Sie jeweils Ihre Bewertungsentscheidung zu 2. a) und 2. b) und nennen Sie die Auswirkung auf den Jahreserfolg.*

Aufgabe 422

Im Konto „4400 Verbindlichkeiten a. LL" ist eine kurzfristige Rohstoffverbindlichkeit von 20.000,00 US-$ zum Devisenkassamittelkurs von 1,3550 US-$/€ enthalten. Am Abschlussstichtag beträgt der Devisenkassamittelkurs a) 1,3725 US-$/€ und b) 1,3495 US-$/€. Die Restlaufzeit beträgt zwei Wochen.

1. *Ermitteln Sie den Bilanzansatz zu a) und b).*
2. *Begründen Sie Ihre Bewertungsentscheidung auch im Hinblick auf den Jahreserfolg.*
3. *Wie lautet die Buchung zum 31. Dezember?*

Aufgabe 423

Ein Industriebetrieb hat zur kurzfristigen Anlage 50 Aktien zum Stückkurs von 150,00 € erworben. Die Bank berechnet insgesamt für Nebenkosten (Maklergebühr, Bankprovision) 1,06 % vom Kurswert.

Zum 31. Dezember des Anschaffungsjahres beträgt der Stückkurs
a) 160,00 € und b) 120,00 €.

1. *Ermitteln Sie die Anschaffungskosten.*
2. *Begründen Sie den Wertansatz zum 31. Dezember des Anschaffungsjahres zu a) und b).*
3. *Welche Wertansätze sind möglich, wenn der Kurs zum Abschlussstichtag des folgenden Jahres a) 140,00 € und b) 170,00 € beträgt?*
4. *Begründen Sie buchhalterisch, dass durch Wertaufholungen stille Reserven aufgelöst werden.*

Aufgabe 424

Die Textilwerke GmbH hat in der Handelsbilanz zum 31. Dezember 2010 eine im Januar zu 100.000,00 € Anschaffungskosten erworbene Maschine mit 10 % abgeschrieben.

In der dem Finanzamt eingereichten Steuerbilanz wurde die gleiche Maschine mit dem steuerlichen Höchstsatz degressiv mit 25 % abgeschrieben.

1. *Nennen Sie den Wertansatz a) für die Handelsbilanz und b) für die Steuerbilanz.*
2. *In welchen Fällen ist es einem Unternehmen erlaubt, unterschiedliche Wertansätze für die Handels- und die Steuerbilanz zu wählen?*

Aufgabe 425

Die Elektrowerke Horst Schneider e. K. haben zum 31. Dezember noch 80 Elektromotoren zum durchschnittlichen Anschaffungswert von 190,00 € auf Lager.

Die Wiederbeschaffungskosten betragen am Abschlussstichtag a) 210,00 € und b) 160,00 €.

Begründen Sie den Wertansatz a) und b) und erläutern Sie die Erfolgsauswirkung.

Aufgabe 426

Ein Industriebetrieb hat am 15. Januar 2010 eine Förderanlage erworben. Der Listenpreis beträgt 80.000,00 € netto. Die Lieferfirma gewährt hierauf 10 % Rabatt.

In Rechnung gestellt werden ferner: Transportkosten 2.000,00 €, Fundamentierungskosten 2.500,00 €, Montagekosten 3.500,00 €, zuzüglich Umsatzsteuer.

Der Rechnungsbetrag wurde mit 2 % Skonto durch Banküberweisung beglichen.

Zur Finanzierung der Anlage wurde ein Darlehen von 60.000,00 € aufgenommen. Die Zinsen für das laufende Geschäftsjahr wurden mit 5.600,00 € im Voraus überwiesen.

1. *Ermitteln Sie die Anschaffungskosten der Förderanlage.*
2. *a) Erstellen Sie die Rechnung der Lieferfirma. b) Buchen Sie den Eingang der Rechnung.*
3. *Nennen Sie die Buchung für den Rechnungsausgleich.*
4. Die Förderanlage hat eine Nutzungsdauer von zehn Jahren. *Ermitteln Sie a) den niedrigsten und b) den höchstmöglichen Abschreibungsbetrag zum 31. Dezember 2010.*
5. *Nennen Sie den Wertansatz für die Fälle 4. a) und 4. b).*
6. *Für welchen Wertansatz würden Sie sich entscheiden, wenn das Unternehmen a) mit Verlust und b) mit hohem Gewinn abschließt? Begründen Sie.*

Aufgabe 427

Der Wert einer Maschine mit Anschaffungskosten von 200.000,00 €, die linear über zehn Jahre abgeschrieben wird, sinkt im Jahr 04 infolge des technischen Fortschritts zusätzlich um 20 % der Anschaffungskosten.

1. *Begründen Sie Ihre Bewertungsentscheidung.*
2. *Ermitteln Sie die fortgeführten Anschaffungskosten zum 31. Dezember 04.*
3. *Nennen Sie den Buchungssatz zum 31. Dezember 04.*
4. *Ermitteln Sie die Abschreibung für die Restnutzungsdauer.*

Aufgabe 428

Eine GmbH hat in ihrer dem Handelsregister eingereichten Handelsbilanz die im Abschlussjahr mit Anschaffungskosten von 40.000,00 € erworbenen geringwertigen Wirtschaftsgüter im Konto „0891 GWG-Sammelposten“ aktiviert und mit 20 % linear abgeschrieben. In der dem Finanzamt eingereichten Steuerbilanz wurde eine Vollabschreibung der geringwertigen Wirtschaftsgüter vorgenommen.

1. *Welche Überlegungen standen im Vordergrund?*
2. *Begründen Sie die Entscheidung der Finanzverwaltung im vorliegenden Fall.*

Aufgabe 429

Die fortgeführten Anschaffungskosten einer Maschine betragen zum 31. Dezember .. 24.000,00 €. Der Wert (Teilwert) der Maschine ist infolge Preissteigerung auf 30.000,00 € gestiegen. Der Buchhalter möchte daher eine Zuschreibung in Höhe von 6.000,00 € vornehmen, die zu einem Wertansatz von 30.000,00 € führt.

Beraten Sie den Buchhalter und begründen Sie Ihre Auffassung.

Aufgabe 430

Rohstoffe wurden am 20. Dezember .. zu 5.000,00 € netto zuzüglich Bezugskosten 300,00 € netto angeschafft. Beim Rechnungsausgleich wurden 2 % Skonto abgezogen. Die Rohstoffe sind am 31. Dezember noch am Lager.

1. *Ermitteln Sie die Anschaffungskosten.*
2. *Wie sind die Rohstoffe zum 31. Dezember zu bewerten, wenn der Tageswert*
   a) 6.000,00 € und
   b) 4.600,00 €
   beträgt? Begründen Sie Ihre Entscheidung.

Aufgabe 431

Die in Aufgabe 429 genannten Rohstoffe wurden in der Bilanz zum 31. Dezember .. nach dem strengen Niederstwertprinzip mit 4.600,00 € bewertet. Es wird unterstellt, dass die Rohstoffe auch noch zum 31. Dezember des folgenden Jahres vorhanden sind und der Tageswert nunmehr 5.100,00 € beträgt.

1. *Nennen Sie den Wertansatz zum 31. Dezember des letzten Jahres.*
2. *Erläutern Sie die Auswirkungen auf den Gewinn.*

Aufgabe 432

Ein Industriebetrieb hat ein Grundstück erworben. Anschaffungskosten 150.000,00 €. Am Bilanzstichtag beträgt der Tageswert (Teilwert)
a) 180.000,00 € und
b) 100.000,00 €.

Im Fall b) handelt es sich um eine Wertminderung, die auf ein Bauverbot für das Grundstück zurückzuführen ist.

1. *Ermitteln und begründen Sie für die beiden Fälle den jeweiligen Wertansatz.*
2. *Mit welchem Wert ist das Grundstück zu bilanzieren, wenn nach vier Jahren das Bauverbot aufgehoben wird?*

Aufgabe 433

Im Geschäftsjahr .. wurde eine Beteiligung an einer Aktiengesellschaft für 10 Millionen € erworben. Zum 31. Dezember des gleichen Jahres ist der Wert geringfügig auf 9,7 Millionen € gesunken. Die Unternehmensleitung erwartet für das nächste Jahr wieder eine Wertsteigerung.

Welche Möglichkeiten der Bewertung bestehen nach § 253 [3] HGB?

Aufgabe 434

Ermitteln Sie die Herstellungskosten für den Bestand an fertigen Erzeugnissen zum 31. Dez. ..

1. *bei handels- und steuerrechtlich zulässiger höchster Bewertung,*
2. *bei handels- und steuerrechtlich zulässiger niedrigster Bewertung.*

Fertigungsmaterial	10.000,00
Materialgemeinkosten	2.000,00
Fertigungslöhne	15.000,00
Fertigungsgemeinkosten	44.000,00
Sondereinzelkosten der Fertigung	2.000,00
Fertigungsbedingter Werteverzehr des Anlagevermögens	1.000,00
Allgemeine Verwaltungskosten	8.000,00
Vertriebsgemeinkosten	6.000,00

Aufgabe 435

In der Maschinenbau GmbH wird ein Fließband für die eigene Fertigung erstellt. Die technische Abnahme erfolgt durch den TÜV, der 4.000,00 € netto in Rechnung stellt. Das Fließband wird am 18. Oktober in Betrieb genommen. Nutzungsdauer zehn Jahre. Die Kalkulation stellt folgende Zahlen zur Verfügung:

Fertigungsmaterial	60.000,00
Materialgemeinkosten	7.200,00
Fertigungslöhne	78.000,00
Fertigungsgemeinkosten	160.000,00
Fertigungsbedingter Werteverzehr des Anlagevermögens	2.000,00
Allgemeine Verwaltungskosten	5.000,00

1. *Ermitteln Sie unter Berücksichtigung aller Angaben die handels- und steuerrechtlichen Herstellungskosten a) bei niedrigster und b) bei höchster Bewertung (siehe S. 357).*
2. *Wie lautet die Buchung zur Aktivierung der selbst erstellten Anlage, wenn sich das Unternehmen für den niedrigeren Wertansatz entscheidet?*
3. *Welche Auswirkung hat die Aktivierung von Eigenleistungen auf den Gewinn?*
4. Der Buchhalter möchte in der Handelsbilanz linear abschreiben, in der Steuerbilanz jedoch die höchstmögliche Abschreibung vornehmen. *Beraten Sie den Buchhalter.*
5. *Ermitteln Sie a) den Abschreibungsbetrag bei linearer Abschreibung zum 31. Dezember und b) die fortgeführten Herstellungskosten.*
6. Am Ende des 4. Nutzungsjahres wird das Fließband wegen Produktionsumstellung wahrscheinlich nicht mehr benötigt. Zum 31. Dezember des 4. Jahres ist deshalb eine zusätzliche Wertminderung von 40 % der Herstellungskosten zu berücksichtigen. *Stellen Sie den entsprechenden Abschiebungsplan auf.*

Aufgabe 436

Ein Industriebetrieb hat am 15. November dieses Jahres 300 t Rohstoffe T 401 zu 700,00 €/t zur Lieferung am 28. Februar nächsten Jahres fix bestellt. Zum 31. Dezember dieses Jahres ist der Preis auf 550,00 €/t nachhaltig gefallen.

1. *Begründen Sie Ihren Vorschlag an den Buchhalter für den Jahresabschluss zum 31. Dezember d. J.*
2. *Wie lautet gegebenenfalls die erforderliche Buchung zum 31. Dezember d. J.?*
3. *Wie buchen Sie nach Eingang der Rohstoffe am 28. Februar n. J.?*
4. *Wie würden Sie den Fall behandeln, wenn der Preis am 31. Dezember d. J. 1.000,00 €/t beträgt?*

Aufgabe 437

1. *Nennen Sie die Zielsetzung a) der Handelsbilanz und b) der Steuerbilanz.*
2. *Was beinhaltet der „Grundsatz der Maßgeblichkeit der Handelsbilanz für die Steuerbilanz"?*
3. *Welche Unternehmen stellen sowohl eine Handels- als auch eine Steuerbilanz auf?*
4. *Erläutern Sie den Zusammenhang zwischen dem Prinzip der Vorsicht und dem Anschaffungswert, Niederstwert-, Höchstwert- und Imparitätsprinzip.*
5. *Unterscheiden Sie zwischen strengem und gemildertem Niederstwertprinzip.*
6. *Nennen Sie Ausnahmen des Grundsatzes der Einzelbewertung.*
7. *Nennen Sie mögliche Abweichungen in der Handels- und Steuerbilanz.*

Aufgabe 438

Vervollständigen Sie folgende Aussagen:

1. Nicht durch Umsatz realisierte Gewinne entstehen, wenn der ... am Abschlussstichtag ... ist als die Anschaffungskosten.
2. Nicht durch Umsatz realisierte Verluste ergeben sich, wenn der Tageswert am Abschlussstichtag ... ist als die ... .
3. Die handelsrechtlichen Bewertungsprinzipien sorgen dafür, dass keine nicht realisierten ... ausgewiesen werden, wohl aber nicht realisierte ... .
4. Wenn keine nicht realisierten Gewinne gebucht werden dürfen, können sie auch nicht an die Unternehmenseigner ... werden. Dadurch bleibt das Eigenkapital zum Schutz der ... .
5. Die handelsrechtlichen Bewertungsvorschriften bezwecken also eine ... Bewertung der Vermögens- und Schuldposten. Man spricht deshalb auch vom Prinzip der ... .
6. Die handelsrechtliche Bewertung ist ... für die steuerliche Gewinnermittlung, es sei denn, dass steuerliche Vorschriften etwas anderes ... .
7. Die steuerlichen Bewertungsvorschriften sollen aus Gründen der Steuer... eine ... Gewinnermittlung sicherstellen.
8. Die ungleiche Behandlung von nicht realisierten Gewinnen und Verlusten wird auch als ... prinzip bezeichnet.

Aufgabe 439

Kauf eines Geschäfts-Pkw am 1. Oktober. Die Lieferfirma stellt in Rechnung:

Listenpreis 60.000,00 €, 5 % Sonderrabatt auf den Listenpreis, Sonderzubehör 800,00 €, Überführungskosten 500,00 €, Nummernschilder 50,00 €, Zulassungskosten 60,00 €, + Umsatzsteuer.

Außerdem werden abgebucht: Kfz-Steuer für ein Jahr 440,00 €,
Kfz-Versicherung für sechs Monate 660,00 €.

Alle Zahlungen erfolgen durch Banküberweisung.

1. *Ermitteln Sie die Anschaffungskosten.*
2. *Erstellen Sie die Rechnung der Lieferfirma.*
3. *Buchen Sie aufgrund der Eingangsrechnung.*
4. *Buchen Sie den Rechnungsausgleich und die Abbuchung der Kfz-Steuer und der Kfz-Versicherung zum 1. Oktober.*
5. Die Nutzungsdauer des Pkw beträgt fünf Jahre. *Wie hoch ist der lineare Abschreibungsbetrag zum 31. Dezember?*
6. *Ermitteln Sie den Wertansatz zum 31. Dezember. Wie bezeichnet man den Wert, der sich bei abnutzbaren Anlagegütern nach Vornahme der Abschreibungen ergibt?*
7. *Wie lauten die Buchungen zum Jahresabschluss*
   a) für die planmäßige Abschreibung und
   b) für die zeitliche Abgrenzung der Kfz-Steuer und Kfz-Versicherung?

Aufgabe 440

Nennen Sie die Buchungssätze zu folgenden Geschäftsfällen:

1. Über das Vermögen des Kunden Dreilich wird das Insolvenzverfahren eröffnet. Die Forderung beträgt einschließlich Umsatzsteuer 33.796,00 €.
2. Die Erstattungsquote im Fall 1 beträgt nach Abschluss des Insolvenzverfahrens 20 %. Die Zahlung erfolgt durch Banküberweisung.
3. Auf eine im Vorjahr voll abgeschriebene Forderung gehen wider Erwarten 690,20 € ein.
4. Bei den Jahresabschlussarbeiten wird festgestellt, dass die Forderung an den Kunden Rainer Dirksen in Höhe von 11.900,00 € brutto voraussichtlich zu 50 % als verloren anzusehen ist.
5. Eine zweifelhafte Forderung in Höhe von 17.850,00 € ist uneinbringlich.

Aufgabe 441

1. Die Forderungen lassen sich in drei Gruppen einteilen. *Nennen Sie diese.*
2. *Begründen Sie die Notwendigkeit einer buchhalterischen Trennung der zweifelhaften von den einwandfreien Forderungen.*
3. *Warum darf bei einem geschätzten Forderungsausfall zum 31. Dezember die Umsatzsteuer noch nicht berichtigt werden? Begründen Sie.*
4. *Wann gilt eine Forderung als uneinbringlich?*
5. *Was versteht man unter einem „speziellen Ausfall- bzw. Kreditrisiko"?*
6. *Was versteht man unter der Einzelbewertung der Forderungen a. LL zum Jahresschluss?*

3 Jahresabschluss der Kapitalgesellschaften

HF 7 / AS 7.1 / ZF 1, 2

3.1 Publizitäts- und Prüfungspflicht

§§ 264, 266, 275, 284, 285 HGB

Kapitalgesellschaften und **bestimmte Personengesellschaften** (z. B. GmbH & Co. KG) haben den aus **Bilanz** und **GuV-Rechnung** bestehenden Jahresabschluss (§ 242 HGB) um einen **Anhang** zu erweitern und einen **Lagebericht** aufzustellen (§ 264 HGB). Kleine Kapitalgesellschaften (§ 267 [1] HGB) und Kleinstkapitalgesellschaften (§ 267a HGB) sind von der Aufstellung des Lageberichts befreit. Kleinstkapitalgesellschaften brauchen auch keinen Anhang zu erstellen, wenn sie bestimmte Angaben des Anhangs unter der Bilanz aufführen (§ 264 [1] Satz 5 HGB).

Anhang §§ 284, 285 HGB

- Der Anhang enthält Angaben, die die **Bilanz** und **Gewinn- und Verlustrechnung erläutern** und **ergänzen**, z. B. Bilanzierungs- und Bewertungsmethoden wie Abschreibungsmethoden, Zusammensetzung der Herstellungskosten, Anwendung von Sammel- oder Gruppenbewertung, Anlagenspiegel, Verbindlichkeiten mit Restlaufzeit von über fünf Jahren, nicht bilanzierte Verpflichtungen, Aufgliederung der Umsatzerlöse, durchschnittliche Zahl der Arbeitnehmer, Vergütungen der Geschäftsleitung, Beteiligungen u. a. m.

Lagebericht § 289 HGB

- Der Lagebericht beinhaltet Erläuterungen zum **Geschäftsverlauf** und **Geschäftsergebnis**, zur **Lage der Gesellschaft** sowie zur **voraussichtlichen Entwicklung** mit ihren Chancen und Risiken. Außerdem soll u. a. über **Vorgänge** von besonderer Bedeutung **nach dem Bilanzstichtag**, **finanzwirtschaftliche Risiken** (z. B. Preisänderungs-, Ausfall-, Liquiditätsrisiken), **Forschung** und **Entwicklung** sowie **Zweigniederlassungen** berichtet werden.

§ 264 [1] Satz 2 HGB

Kapitalmarktorientierte Kapitalgesellschaften[1] (§ 264d HGB) haben den Jahresabschluss um **Kapitalflussrechnung** und **Eigenkapitalspiegel** zu erweitern. Die Kapitalflussrechnung zeigt Auswirkungen von Geschäftsfällen sowie Investitions- und Finanzierungsvorgängen auf die Liquidität, der Eigenkapitalspiegel verdeutlicht die Eigenkapitalveränderungen des Jahres.

Prüfung und Offenlegung

Kapitalgesellschaften und **bestimmte Personengesellschaften** sind grundsätzlich **verpflichtet**, den **Jahresabschluss und** den **Lagebericht** durch unabhängige Abschlussprüfer **prüfen** zu lassen und zu **veröffentlichen**. Zum **Schutz** kleiner Unternehmen vor **Konkurrenzeinblick** richten sich jedoch die **Prüfungspflicht** sowie **Art und Umfang der Publizität** nach der **Größe** der Gesellschaft. **Für die Zuordnung** der Unternehmen zu einer Größenklasse **müssen zwei der drei Schwellenwerte** an zwei aufeinander folgenden Abschlussstichtagen **zutreffen**:[2]

Größenklassen § 267 HGB

Schwellenwerte	Bilanzsumme	Umsatzerlöse	Beschäftigte[3]
Kleinstkapitalgesellschaften	bis 350.000,00 €	bis 700.000,00 €	bis 10
Kleine Kapitalgesellschaften	bis 6.000.000,00 €	bis 12.000.000,00 €	bis 50
Mittelgroße Kapitalgesellschaften	bis 20.000.000,00 €	bis 40.000.000,00 €	bis 250
Große Kapitalgesellschaften	über 20.000.000,00 €	über 40.000.000,00 €	über 250

Die nachfolgende Tabelle zeigt die Veröffentlichung der Jahresabschlussbestandteile und des Lageberichts im elektronischen Bundesanzeiger (eBAnz) sowie die Prüfungspflicht.

§§ 316, 325, 326 HGB

Kapital-gesellschaften	Offenlegung (§§ 325, 326 HGB)					Prüfung (§ 316 HGB)
	Jahresabschluss			Lage-bericht	Pub-lizität	
	Bilanz	GuV	Anhang			
Kleinst	X	–	–	–	eBAnz[4]	–
Kleine	X	–	X	–	eBAnz	–
Mittelgroße	X	X	X	X	eBAnz	X
Große	X	X	X	X	eBAnz	X

1 Kapitalmarktorientiert sind Kapitalgesellschaften und bestimmte Personengesellschaften, wenn die von ihnen ausgegebenen Wertpapiere (z. B. Aktien, Anleihen) an der Börse gehandelt werden.
2 Kapitalmarktorientierte Gesellschaften gelten stets als große Gesellschaften (§ 267 [3] HGB).
3. Im Jahresdurchschnitt
4. Wahlweise darf die Bilanz bei dem Betreiber des eBAnz nur hinterlegt statt veröffentlicht werden.

3.2 Gliederung der Bilanz nach § 266 HGB

Kapitalgesellschaften haben die Jahresbilanz nach § 266 HGB zu gliedern. Die **Gliederungstiefe** richtet sich jedoch **nach der Größe** der Kapitalgesellschaft.

- **Große und mittelgroße Kapitalgesellschaften** müssen ihre Bilanzen unter Berücksichtigung des in § 266 [2, 3] HGB ausgewiesenen **vollständigen Gliederungsschemas**[1] aufstellen. Die Veröffentlichung erfolgt bei großen Kapitalgesellschaften ebenfalls in dieser detaillierten Darstellung der Bilanzposten und ermöglicht somit einen **tiefen Einblick in die Vermögens- und Finanzlage** des Unternehmens. Mittelgroße Gesellschaften können ihre Bilanzen in der für kleine Kapitalgesellschaften vorgeschriebenen **Kurzform** veröffentlichen, wenn sie in der Bilanz oder im Anhang bestimmte Posten zusätzlich angeben, wie z. B. Grundstücke und Gebäude, Technische Anlagen und Maschinen, Beteiligungen, Anleihen, Verbindlichkeiten gegenüber Kreditinstituten u. a. m. (§ 327 HGB).
- **Kleine Kapitalgesellschaften** brauchen nur eine **verkürzte Bilanz** (siehe unten) aufzustellen und zu veröffentlichen, in der die **mit Buchstaben und römischen Zahlen** bezeichneten Posten des Gliederungsschemas aufgeführt sind (§ 266 [1] HGB). Durch Straffung der Bilanzposten sind diese Bilanzen für Außenstehende nur **von geringem Aussagewert.**
- **Kleinstkapitalgesellschaften** sind ebenfalls nur zur Aufstellung und Veröffentlichung einer verkürzten Bilanz verpflichtet, die aus den mit Buchstaben bezeichneten Posten des Gliederungsschemas besteht. Statt einer Veröffentlichung ist auch die dauerhafte Hinterlegung der Bilanz bei dem Betreiber des elektronischen Bundesanzeigers möglich.

Bilanzschema kleiner Kapitalgesellschaften

Aktiva	Bilanzschema kleiner Kapitalgesellschaften Passiva
A. Anlagevermögen	A. Eigenkapital
I. Immaterielle Vermögensgegenstände	I. Gezeichnetes Kapital
II. Sachanlagen	II. Kapitalrücklage
III. Finanzanlagen	III. Gewinnrücklagen
B. Umlaufvermögen	IV. Gewinn-/Verlustvortrag
I. Vorräte	V. Jahresüberschuss/Jahresfehlbetrag
II. Forderungen und sonstige Vermögensgegenstände	B. Rückstellungen
III. Wertpapiere	C. Verbindlichkeiten
IV. Flüssige Mittel	D. Rechnungsabgrenzungsposten
C. Rechnungsabgrenzungsposten	E. Passive latente Steuern
D. Aktive latente Steuern	
E. Aktiver Unterschiedsbetrag aus der Vermögensverrechnung	

Bei der Veröffentlichung von Bilanzen ist zusätzlich noch Folgendes zu beachten:

- **Zu jedem Bilanzposten** ist der entsprechende **Vorjahresbetrag** anzugeben.
- **In der Bilanz** muss der **Betrag der Forderungen** mit einer **Restlaufzeit von mehr als einem Jahr** sowie der **Verbindlichkeiten** mit einer **Restlaufzeit bis zu einem Jahr** angegeben werden. Das verbessert den **Einblick in die Liquiditätslage** des Unternehmens.
- Im Anhang sind **Eventualverbindlichkeiten**, beispielsweise aus Bürgschaften oder Gewährleistungsverträgen, anzugeben (§§ 251, 268 [7] HGB).[1]

Merke

Art und Umfang der Veröffentlichung, Prüfungspflicht sowie Gliederung der Bilanz richten sich nach der Größe der Kapitalgesellschaft.

1 Siehe S. 389 und im Anhang des Lehrbuches auf der Rückseite des Kontenrahmens.

Gliederung der Jahresbilanz
nach § 266 [2, 3] Handelsgesetzbuch

Aktiva

A. Anlagevermögen

I. Immaterielle Vermögensgegenstände
1. Selbst geschaffene gewerbliche Schutzrechte und ähnliche Rechte und Werte
2. entgeltlich erworbene Konzessionen, gewerbliche Schutzrechte und ähnliche Rechte und Werte sowie Lizenzen an solchen Rechten und Werten
3. Geschäfts- oder Firmenwert
4. geleistete Anzahlungen

II. Sachanlagen
1. Grundstücke, grundstücksgleiche Rechte und Bauten einschließlich der Bauten auf fremden Grundstücken
2. technische Anlagen und Maschinen
3. andere Anlagen, Betriebs- und Geschäftsausstattung
4. geleistete Anzahlungen und Anlagen im Bau

III. Finanzanlagen
1. Anteile an verbundenen Unternehmen
2. Ausleihungen an verbundene Unternehmen
3. Beteiligungen
4. Ausleihungen an Unternehmen, mit denen ein Beteiligungsverhältnis besteht
5. Wertpapiere des Anlagevermögens
6. sonstige Ausleihungen

B. Umlaufvermögen

I. Vorräte
1. Roh-, Hilfs- und Betriebsstoffe
2. unfertige Erzeugnisse, unfertige Leistungen
3. fertige Erzeugnisse und Waren
4. geleistete Anzahlungen

II. Forderungen und sonstige Vermögensgegenstände
1. Forderungen aus Lieferungen und Leistungen
2. Forderungen gegen verbundene Unternehmen
3. Forderungen gegen Unternehmen, mit denen ein Beteiligungsverhältnis besteht
4. sonstige Vermögensgegenstände

III. Wertpapiere
1. Anteile an verbundenen Unternehmen
2. sonstige Wertpapiere

IV. Kassenbestand, Bundesbankguthaben, Guthaben bei Kreditinstituten und Schecks

C. Rechnungsabgrenzungsposten

D. Aktive latente Steuern

E. Aktiver Unterschiedsbetrag aus der Vermögensverrechnung

Passiva

A. Eigenkapital

I. Gezeichnetes Kapital

II. Kapitalrücklage

III. Gewinnrücklagen
1. gesetzliche Rücklage
2. Rücklage für Anteile an einem herrschenden oder mehrheitlich beteiligten Unternehmen
3. satzungsmäßige Rücklagen
4. andere Gewinnrücklagen

IV. Gewinnvortrag/Verlustvortrag

V. Jahresüberschuss/Jahresfehlbetrag

B. Rückstellungen
1. Rückstellungen für Pensionen und ähnliche Verpflichtungen
2. Steuerrückstellungen
3. sonstige Rückstellungen

C. Verbindlichkeiten
1. Anleihen,
   davon konvertibel
2. Verbindlichkeiten gegenüber Kreditinstituten
3. erhaltene Anzahlungen auf Bestellungen
4. Verbindlichkeiten aus Lieferungen und Leistungen
5. Verbindlichkeiten aus der Annahme gezogener Wechsel und der Ausstellung eigener Wechsel
6. Verbindlichkeiten gegenüber verbundenen Unternehmen
7. Verbindlichkeiten gegenüber Unternehmen, mit denen ein Beteiligungsverhältnis besteht
8. sonstige Verbindlichkeiten,
   davon aus Steuern
   davon im Rahmen der sozialen Sicherheit

D. Rechnungsabgrenzungsposten

E. Passive latente Steuern

3.3 Ausweis des Eigenkapitals in der Bilanz

Alle Posten des Eigenkapitals einer Kapitalgesellschaft werden in der Bilanz zu einer Gruppe **„A. Eigenkapital" zusammengefasst.**

Beispiel

Darstellung des Eigenkapitals in der Bilanz der X-GmbH für das
Berichtsjahr: Verlustvortrag und Jahres**überschuss** (Jahresgewinn)
Vorjahr: Gewinnvortrag und Jahres**fehlbetrag** (Jahresverlust)

Bilanz X-GmbH (Ausschnitt) — Passiva

A. Eigenkapital	Berichtsjahr		Vorjahr	
I. Gezeichnetes Kapital	800.000,00		800.000,00	
II. Kapitalrücklage	100.000,00		100.000,00	
III. Gewinnrücklage	250.000,00		250.000,00	
IV. Verlust-/Gewinnvortrag	150.000,00[1]		50.000,00	
V. Jahresüberschuss/-fehlbetrag	300.000,00	1.300.000,00	200.000,00	1.000.000,00

§ 272 [1] HGB

Gezeichnetes Kapital ist das im Handelsregister eingetragene Kapital, auf das die **Haftung der Gesellschafter** beschränkt ist. Bei der **GmbH** ist es das **Stammkapital** (mindestens 25.000,00 €), bei der **AG** das **Grundkapital** (mindestens 50.000,00 €). Es ist **auf der Passivseite** der Bilanz stets zum **Nennwert** auszuweisen. **Nicht eingeforderte ausstehende Einlagen** auf das gezeichnete Kapital müssen nach § 272 [1] HGB von dem Posten „Gezeichnetes Kapital" **offen abgesetzt werden**, wobei der verbleibende Betrag als „Eingefordertes Kapital" zu **passivieren** ist. **Ein eingeforderter**, aber **noch nicht eingezahlter Betrag** ist unter den Forderungen gesondert auszuweisen.

Beispiel

Bilanzausweis der „Ausstehenden Einlagen": Gezeichnetes Kapital 800.000,00 €; eingezahlte Einlagen 400.000,00 €; ausstehende Einlagen also 400.000,00 €; davon eingefordert 100.000,00 € und nicht eingefordert 300.000,00 €.

Bilanz der Y-GmbH

Aktiva		Passiva	
A. Anlagevermögen		A. Eigenkapital	
B. Umlaufvermögen		I. Gezeichnetes Kapital	800.000,00
II. Forderungen und sonst. Vermögensgegenstd.		– nicht eingeforderte ausstehende Einlagen	300.000,00
...			
4. Eingeforderte ausstehende Einlagen	100.000,00	= Eingefordertes Kapital ..	500.000,00

- **Der Gewinn-/Verlustvortrag** ist der Gewinn- bzw. Verlust**rest des Vorjahres.**
- **Der Jahresüberschuss/Jahresfehlbetrag** ist das in der Gewinn- und Verlustrechnung ermittelte **Ergebnis des Geschäftsjahres**, das in die Jahresbilanz einzustellen ist, sofern die Bilanz vor Verwendung des Jahresergebnisses aufgestellt wird, was bei der GmbH die Regel ist.[2]
- **Rücklagen sind getrennt ausgewiesenes Eigenkapital**, die es nur bei Kapitalgesellschaften gibt. Nach § 272 [2, 3] HGB unterscheidet man **Kapital- und Gewinnrücklagen.**
- **Kapitalrücklagen** entstehen durch ein **Aufgeld (Agio)**, das z. B. bei der **Ausgabe** von Anteilen (Stammanteile, Aktien) **über den Nennwert erzielt** wird, oder durch **Zuzahlungen** von Gesellschaftern **für** die Gewährung einer **Vorzugsdividende.**

Beispiel

Eine Aktiengesellschaft erhöht ihr „Gezeichnetes Kapital" durch Ausgabe junger Aktien: Nennwert 10.000.000,00 €, Ausgabekurs 150 % = 15.000.000,00 € (Bank). Das Agio ist der Kapitalrücklage zuzuführen.

Buchung: **2800 Bank**	**15.000.000,00**	an **3000 Gezeichnetes Kapital** ...	**10.000.000,00**
		an **3100 Kapitalrücklage**	**5.000.000,00**

1 200.000,00 € Jahresfehlbetrag des Vorjahres – 50.000,00 € Gewinnvortrag des Vorjahres = **150.000,00 € Verlustvortrag des Berichtsjahres**

2 Die Bilanz kann auch nach teilweiser oder vollständiger Verwendung des Jahresergebnisses gemäß § 268 [1] HGB aufgestellt werden.

6946390

Gewinnrücklagen

Gewinnrücklagen werden **aus dem versteuerten Jahresgewinn** (15 % KSt zzgl. 5,5 % SolZ) durch Einbehaltung (Nichtausschüttung) von Gewinnen gebildet (§ 272 [3] HGB). Man unterscheidet z. B. **gesetzliche, satzungsmäßige und andere (freie) Gewinnrücklagen:**

- **Gesetzliche Rücklagen** müssen **Aktiengesellschaften zur Deckung von Verlusten** bilden. Nach § 150 AktG sind jährlich 5 % des um einen Verlustvortrag geminderten **Jahresüberschusses** in die gesetzliche Rücklage einzustellen, bis die **gesetzliche Rücklage und die Kapitalrücklage zusammen mindestens 10 %** oder den in der Satzung bestimmten höheren Anteil **des Grundkapitals** erreichen. Solange die gesetzliche und die Kapitalrücklage die Mindesthöhe nicht übersteigen, müssen ein Gewinnvortrag aus dem Vorjahr und freie Rücklagen zur Verlustdeckung herangezogen werden. Bei der **GmbH** gibt es eine vergleichbare Vorschrift nur für so genannte Unternehmergesellschaften, deren gezeichnetes Kapital weniger als 25.000,00 € beträgt. Diese müssen 25 % des um einen Verlustvortrag geminderten Jahresüberschusses in eine gesetzliche Rücklage einstellen, bis die Gesellschaft ihr Stammkapital auf mindestens 25.000,00 € erhöht hat (§ 5a GmbHG).
- **Satzungsmäßige oder auf Gesellschaftsvertrag beruhende Rücklagen.**
- **Andere** (freie) **Gewinnrücklagen** können bei der Aktiengesellschaft und bei der GmbH aus dem Teil des Jahresüberschusses gebildet werden, der nicht für die Zuführung zu der gesetzlichen und/oder satzungsmäßigen Rücklage verwendet wurde (§ 58 AktG; § 29 GmbHG).[1] Sie können **für beliebige Zwecke verwendet** werden, z. B. zur Finanzierung von Investitionen. Da Gewinnrücklagen aus nicht ausgeschütteten Gewinnen gebildet werden, dienen sie der **Selbstfinanzierung** und der **Stärkung der Eigenkapitalbasis** des Unternehmens.

Beispiel

In einer Aktiengesellschaft werden aus dem Jahresüberschuss 60.000,00 € der gesetzlichen Rücklage und 140.000,00 € den anderen (freien) Rücklagen zugeführt.

Buchung (vereinfacht):	**8020 Gewinn- und Verlustkonto**	**200.000,00**	
	an **3210 Gesetzliche Rücklage**		**60.000,00**
	an **3240 Andere Gewinnrücklagen**		**140.000,00**

Offene Rücklagen

Kapital- und Gewinnrücklagen werden in der Bilanz offen als gesonderte Eigenkapitalposten ausgewiesen. Man spricht von „offenen" Rücklagen.

Stille Rücklagen (stille Reserven)

Stille Rücklagen (stille Reserven) sind im Gegensatz zu den offenen Rücklagen aus der Bilanz nicht zu ersehen. Sie entstehen in der Regel durch **Unterbewertung der Vermögenswerte** (z. B. durch überhöhte Abschreibungen) oder durch **Überbewertung von Rückstellungen**. Stille Reserven sind auch stets in den Erinnerungswerten von 1,00 € enthalten. Die gesetzlichen Bewertungsvorschriften engen allerdings den Spielraum zur Bildung stiller Reserven ein. Die **Vollabschreibung** geringwertiger Wirtschaftsgüter (zurzeit AK/HK bis 410,00 € netto, ab 2018 800,00 € netto; vgl. S. 171) im Jahr ihrer Anschaffung oder Herstellung ist z. B. eine gesetzlich erlaubte Möglichkeit zur Bildung von stillen Reserven. Da Wirtschaftsgüter höchstens zu ihren Anschaffungs- bzw. Herstellungskosten aktiviert werden dürfen, entstehen zwangsläufig stille Reserven, wenn die **Preise am Markt (Tageswert) steigen.** Beträgt z. B. der Wiederbeschaffungspreis eines Grundstücks 280,00 € je m^2, das 1950 mit umgerechnet 10,00 € je m^2 angeschafft und bilanziert worden ist, so ist die stille Reserve 270,00 € je m^2. Auch langfristige Fremdwährungsverbindlichkeiten enthalten oft stille Reserven.

Merke

- **Kapitalgesellschaften müssen das „Gezeichnete Kapital" stets zum Nennwert ausweisen. Gewinne, Verluste und Rücklagen sind deshalb in der Bilanz gesondert auszuweisen.**
- **Kapitalrücklagen entstehen durch Zuzahlungen der Gesellschafter oder Aktionäre, Gewinnrücklagen dagegen aus dem versteuerten Gewinn.**
- **Stille Rücklagen (Reserven) entstehen in der Regel durch Unterbewertung von Aktivposten und Überbewertung bestimmter Passivposten. Die Bildung stiller Reserven lässt den Gewinn und das Eigenkapital geringer erscheinen, als es der Wirklichkeit am Abschlussstichtag entspricht.**
- **Rücklagen stärken die Eigenkapitalbasis des Unternehmens.**

1 Bei der AG können bis zu 50 % des ggfs. um die Zuführung zur gesetzlichen Rücklage und einen Verlustvortrag verminderten Jahresüberschusses durch Vorstand und Aufsichtsrat, darüber hinausgehende Beträge durch die Hauptversammlung eingestellt werden.

3.4 Gliederung der GuV-Rechnung nach § 275 HGB

Kapitalgesellschaften müssen ihre Gewinn- und Verlustrechnung nach § 275 HGB in **Staffelform** unter Angabe der **Vorjahresbeträge** aufstellen. Die Staffelform ermöglicht einen schnellen **Überblick über Entstehung und Zusammensetzung des Jahresergebnisses.**

Die GuV-Gliederung basiert entweder auf dem in der Praxis häufiger anzutreffenden **Gesamtkostenverfahren** (§ 275 [2] HGB) oder auf dem insbesondere von börsennotierten und international tätigen Unternehmen angewandten **Umsatzkostenverfahren** (§ 275 [3] HGB):

Gesamtkostenverfahren

Beim Gesamtkostenverfahren werden zur **Ermittlung des Betriebsergebnisses** von den **gesamten Betriebserträgen** (Umsatzerlöse ± Bestandsveränderungen + aktivierte Eigenleistungen + sonstige betriebliche Erträge) die **gesamten Aufwendungen** des Geschäftsjahres abgezogen.

Umsatzkostenverfahren

Beim Umsatzkostenverfahren werden zur Ermittlung des Betriebsergebnisses von den **Umsatzerlösen die Selbstkosten des Umsatzes** (ohne kalkulatorische Kosten) abgezogen (siehe § 275 [3] HGB im Anhang des Lehrbuches). Die Erfolgsrechnung nach dem Umsatzkostenverfahren setzt eine **Kostenstellenrechnung** (siehe S. 225 f.) voraus.

Für ein Industrieunternehmen ergibt sich aus dem Gliederungsschema des **Gesamtkostenverfahrens** (§ 275 [2] HGB) folgender **kurz gefasster Aufbau** der Erfolgsrechnung:

1		Umsatzerlöse
2	±	Bestandsveränderungen
3	+	aktivierte Eigenleistungen
4	+	sonstige betriebliche Erträge
5	–	Materialaufwand
	=	Rohergebnis
6	–	Personalaufwand
7	–	Abschreibungen
8	–	sonstige betriebliche Aufwendungen
9 – 11	+	Erträge aus dem Finanzbereich
12 – 13	–	Aufwendungen aus dem Finanzbereich
14	–	Steuern vom Einkommen und vom Ertrag
15	=	Ergebnis nach Steuern
16	–	sonstige Steuern
17	=	Jahresüberschuss/Jahresfehlbetrag

Kleine und mittelgroße Kapitalgesellschaften dürfen in der Erfolgsrechnung die **Posten 1 bis 5 als Rohergebnis zusammenfassen. Kleinstkapitalgesellschaften** können ein auf **acht Posten** reduziertes Gliederungsschema für ihre GuV-Rechnung anwenden (§ 275 [5] HGB).

Merke

- **Der Jahresabschluss von Kapitalgesellschaften besteht aus drei Teilen: Bilanz, GuV-Rechnung und Anhang. Darüber hinaus ist ein Lagebericht zu erstellen. Es bestehen größenabhängige Erleichterungen für kleine und Kleinstkapitalgesellschaften.**
- **Kapitalgesellschaften müssen die Entwicklung der Posten des Anlagevermögens als Anlagenspiegel im Anhang darstellen (siehe S. 181 f. und Anhang des Lehrbuches).**
- **Zur Beurteilung der Liquidität ist in der Bilanz jeweils der Betrag der Forderungen mit einer Restlaufzeit von über einem Jahr und der Verbindlichkeiten bis zu einem Jahr zu vermerken.**
- **Die GuV-Rechnung kann nach dem Gesamtkosten- oder dem Umsatzkostenverfahren aufgestellt werden.**
- **Im Anhang müssen jeweils zu den Verbindlichkeiten der Bilanz der Gesamtbetrag mit einer Restlaufzeit von mehr als fünf Jahren sowie Art und Höhe der gewährten Sicherheiten (z. B. Grundschulden oder Hypotheken) angegeben werden.**

6946392

Gliederung der Gewinn- und Verlustrechnung nach dem Gesamtkostenverfahren (§ 275 [2] HGB)

1. Umsatzerlöse
2. Erhöhung oder Verminderung des Bestands an fertigen und unfertigen Erzeugnissen
3. Andere aktivierte Eigenleistungen (z. B. selbst erstellte Anlagen)
4. Sonstige betriebliche Erträge (z. B. Buchgewinne, Erträge aus der Auflösung von Rückstellungen u. a.)
5. Materialaufwand:
   a) Aufwendungen für Roh-, Hilfs- und Betriebsstoffe und für bezogene Waren
   b) Aufwendungen für bezogene Leistungen
6. Personalaufwand:
   a) Löhne und Gehälter
   b) Soziale Abgaben und Aufwendungen für Altersversorgung und für Unterstützung, davon für Altersversorgung
7. Abschreibungen:
   a) auf immaterielle Vermögensgegenstände des Anlagevermögens und Sachanlagen
   b) auf Vermögensgegenstände des Umlaufvermögens, soweit diese die in der Kapitalgesellschaft üblichen Abschreibungen überschreiten
8. Sonstige betriebliche Aufwendungen (z. B. Raumkosten, Buchverluste u. a.)
9. Erträge aus Beteiligungen[1]
10. Erträge aus anderen Wertpapieren und Ausleihungen des Finanzanlagevermögens[1]
11. Sonstige Zinsen und ähnliche Erträge[1]
12. Abschreibungen auf Finanzanlagen und auf Wertpapiere des Umlaufvermögens
13. Zinsen und ähnliche Aufwendungen[1]
14. Steuern vom Einkommen und vom Ertrag (Körperschaft-, Gewerbesteuer[2])

15. **Ergebnis nach Steuern (= Saldo aus 1–14)**

16. Sonstige Steuern (z. B. Grund-, Kfz-Steuer u. a.)

17. Jahresüberschuss/Jahresfehlbetrag

Erläuterungen (siehe auch Rückseite des Kontenrahmens):
Der Posten[1] Umsatzerlöse (§ 277 [1] HGB) enthält die Erlöse aus dem Verkauf von eigenen Produkten und Waren, der Erbringung von Dienstleistungen, der Vermietung oder Verpachtung von Produkten sowie Nebenerlöse wie Mieterträge aus Immobilien, Verkäufe von RHB, Lizenzerträge u. a. nach Abzug von Erlösschmälerungen, Umsatzsteuer und sonstigen mit dem Umsatz verbundenen Steuern (z. B. Verbrauchsteuern).
Die Posten 2–4 sowie 5–8 beinhalten die übrigen betrieblichen Erträge und Aufwendungen der Kapitalgesellschaft.
Die Posten 4/8 sind Sammelposten für alle nicht gesondert auszuweisenden Erträge und Aufwendungen (siehe nebenstehende Beispiele). Dazu gehören auch Beträge von außergewöhnlicher Größenordnung oder Bedeutung (früher: außerordentliche Erträge und außerordentliche Aufwendungen).[3]
Die Posten 9–13 sind Erträge und Aufwendungen des Finanzbereichs.

In der Regel weisen Bilanz und Gewinn- und Verlustrechnung als Jahresergebnis einen **Jahresüberschuss oder Jahresfehlbetrag aus.** Die Verwendung des Jahresergebnisses erfolgt dann im **nächsten** Geschäftsjahr. Wird jedoch die **Bilanz nach teilweiser Verwendung des Jahresüberschusses** durch Einstellungen in die Gewinnrücklagen aufgestellt, so tritt an die Stelle der Posten „Jahresüberschuss/Jahresfehlbetrag" und „Gewinn-/Verlustvortrag" der Posten **„Bilanzgewinn/Bilanzverlust"**:

Beispiel

	Jahresüberschuss	420.000,00 €
+	Gewinnvortrag des Vorjahres	30.000,00 €
–	Einstellung in Gewinnrücklagen	300.000,00 €
=	**Bilanzgewinn**	150.000,00 €

Merke

Große und mittelgroße Kapitalgesellschaften müssen die Gewinn- und Verlustrechnung in Staffelform veröffentlichen. Mittelgroße und kleine Kapitalgesellschaften dürfen dabei die Posten 1 bis 5 als Rohergebnis (§ 276 HGB) zusammenfassen.

1 In der Vorspalte ist jeweils anzugeben: ... davon aus (an) verbundene(n) Unternehmen ...
2 Siehe Fußnote auf S. 91.
3 Im Anhang sind Erträge und Aufwendungen von außergewöhnlicher Größenordnung oder Bedeutung anzugeben sowie die Erträge und Aufwendungen zu erläutern, die einem anderen Geschäftsjahr zuzurechnen sind (§ 285 Nr. 31 und 32 HGB).

Aufgabe 442

Das Schlussbilanzkonto der mittelgroßen Stahlbau GmbH (über 50 Arbeitnehmer) weist zum 31. Dezember folgende Zahlen aus:

Soll			8010 Schlussbilanzkonto		Haben
0500	Grundstücke	410.000,00	3000	Gezeichnetes Kapital	3.200.000,00
0510	Betriebsgebäude	2.400.000,00	3200	Gewinnrücklagen	450.000,00
0700	Technische Anlagen und Maschinen	1.380.000,00	3400	Jahresüberschuss	360.000,00
0860	Geschäftsausstattung	390.000,00	3900	Sonstige Rückstellungen	70.000,00
1500	Wertpapiere des Anlagevermögens	120.000,00	4250	Langfristige Bankverbindlichkeiten	1.730.000,00
2000	Rohstoffe	360.000,00	4400	Verbindlichkeiten a. LL	230.000,00
2020	Hilfsstoffe	130.000,00	4800	Umsatzsteuer	50.000,00
2200	Fertige Erzeugnisse	310.000,00	4900	Passive Rechnungsabgr.	10.000,00
2400	Forderungen a. LL	207.000,00			
2800	Bankguthaben	243.000,00			
2850	Postbankguthaben	90.000,00			
2880	Kasse	45.000,00			
2900	Aktive Rechnungsabgr.	15.000,00			
		6.100.000,00			6.100.000,00

1. *Erstellen Sie die Bilanz nach dem Gliederungsschema auf Seite 389.*
2. *Wie hoch ist das Eigenkapital zum 31. Dezember?*
3. *Inwieweit deckt das Eigenkapital das Anlagevermögen?*

Aufgabe 443

Das Gewinn- und Verlustkonto der o. g. Stahlbau GmbH weist zum 31. Dezember folgende Zahlen aus:

Soll			8020 Gewinn- und Verlustkonto		Haben
6000	Aufw. für Rohstoffe	2.100.000,00	5000	Umsatzerlöse f. eig. Erz.	4.800.000,00
6020	Aufw. für Hilfsstoffe	260.000,00	5081	Mieterträge[1]	116.000,00
6160	Fremdinstandsetzung	140.000,00	5200	Bestandsveränderungen	450.000,00
6200	Löhne	940.000,00	5710	Zinserträge	78.000,00
6300	Gehälter	456.000,00			
6400	Arbeitgeberanteil zur SV	224.000,00			
6520	Abschreib. auf SA	184.000,00			
6700	Mietaufwendungen	16.000,00			
6800	Büromaterial, Telekommunikation, Porto	84.000,00			
6870	Werbung	126.000,00			
7000	Betriebliche Steuern	174.000,00			
7510	Zinsaufwendungen	86.000,00			
7710	Körperschaftsteuer	294.000,00			
3400	Jahresüberschuss	360.000,00			
		5.444.000,00			5.444.000,00

1. *Erstellen Sie die Gewinn- und Verlustrechnung nach dem Schema des Gesamtkostenverfahrens auf Seite 393. Ermitteln Sie das Rohergebnis, das Ergebnis nach Steuern und den Jahresüberschuss.*
2. *Richten Sie für den Abschluss des Gewinn- und Verlustkontos das Konto „3400 Jahresüberschuss/Jahresfehlbetrag" ein. Wie lautet im vorliegenden Fall die Abschlussbuchung des Gewinn- und Verlustkontos?*
3. *Nennen Sie die Abschlussbuchung für das Konto „3400".*
4. *Ermitteln Sie die Rentabilität des Eigenkapitals.*

1 Mieterträge sind nach § 277 [1] HGB n. F. in der Gewinn- und Verlustrechnung unter den Umsatzerlösen auszuweisen.

Aufgabe 444

Die Druckpapier GmbH weist zum 31. Dezember folgende Daten aus:

Saldenbilanz zum 31. Dezember ..	Soll	Haben
0700 Technische Anlagen und Maschinen	720.000,00	–
0840 Fuhrpark	65.000,00	–
0860 Geschäftsausstattung	70.000,00	–
1500 Wertpapiere des Anlagevermögens	145.000,00	–
2000 Rohstoffe	950.000,00	–
2020 Hilfsstoffe	280.000,00	–
2030 Betriebsstoffe	68.000,00	–
2200 Fertige Erzeugnisse	352.000,00	–
2400 Forderungen a. LL	360.000,00	–
2800 Bankguthaben	250.000,00	–
2880 Kasse	28.000,00	–
2900 Aktive Rechnungsabgrenzung	12.000,00	–
3000 Gezeichnetes Kapital	–	1.300.000,00
3200 Gewinnrücklagen	–	350.000,00
3310 Gewinnvortrag	–	10.000,00
3400 Jahresüberschuss	–	330.000,00
3900 Sonstige Rückstellungen	–	50.000,00
4250 Langfristige Bankverbindlichkeiten	–	670.000,00
4400 Verbindlichkeiten a. LL	–	575.000,00
4900 Passive Rechnungsabgrenzung	–	15.000,00
5000 Umsatzerlöse für eigene Erzeugnisse	–	8.000.000,00
5081 Mieterträge[1]	–	10.000,00
5200 Bestandsveränderungen	–	160.000,00
5430 Andere sonstige betriebliche Erträge	–	70.000,00
5710 Zinserträge	–	30.000,00
6000 Aufwendungen für Rohstoffe	5.570.000,00	–
6020 Aufwendungen für Hilfsstoffe	540.000,00	–
6030 Aufwendungen für Betriebsstoffe	110.000,00	–
6200 Löhne	540.000,00	–
6300 Gehälter	190.000,00	–
6400 Arbeitgeberanteil zur Sozialversicherung	90.000,00	–
6520 Abschreibungen auf Anlagevermögen	290.000,00	–
6800 Bürokosten	180.000,00	–
6870 Werbung	65.000,00	–
6940 Sonstige Aufwendungen	60.000,00	–
7000 Betriebliche Steuern	80.000,00	–
7510 Zinsaufwendungen	75.000,00	–
7700 Steuern vom Einkommen und Ertrag	150.000,00	–
8020 GuV-Konto (Saldo = Jahresüberschuss)	330.000,00	–
	11.570.000,00	11.570.000,00

1. *Erstellen Sie die Bilanz gemäß § 266 HGB.*
2. *Erstellen Sie die Gewinn- und Verlustrechnung in Staffelform nach dem Schema des Gesamtkostenverfahrens auf Seite 393, indem Sie bestimmte Aufwands- und Ertragsposten zusammenfassen und folgende Zwischenergebnisse ausweisen:*
   a) Rohergebnis,
   b) Ergebnis nach Steuern und
   c) Jahresüberschuss.
3. *Wie hoch ist das gesamte Eigenkapital des Unternehmens zum 31. Dezember?*
4. *Beurteilen Sie die Kapitalausstattung des Unternehmens, indem Sie das Verhältnis zwischen Eigen- und Fremdkapital ermitteln.*

1 Mieterträge sind nach § 277 [1] HGB n. F. in der Gewinn- und Verlustrechnung unter den Umsatzerlösen auszuweisen.

3.5 Jahresabschluss der Gesellschaft mit beschränkter Haftung

Die Aufstellung des Jahresabschlusses und des Lageberichtes erfolgt **durch** die **Geschäftsführer** der Gesellschaft mit beschränkter Haftung. Die **Aufstellungsfrist** beträgt für **große und mittelgroße** Unternehmen **drei Monate**, für **kleine und Kleinstkapitalgesellschaften sechs Monate nach Ablauf des Geschäftsjahres** (§ 264 [1] HGB).

Prüfung durch Abschlussprüfer

Jahresabschluss und Lagebericht großer und mittelgroßer Kapitalgesellschaften müssen unverzüglich nach ihrer Aufstellung durch besondere Abschlussprüfer (Wirtschaftsprüfer, vereidigte Buchprüfer) geprüft werden. **Für kleinere Unternehmen** besteht **keine Prüfungspflicht** (siehe auch S. 387).

Prüfung durch Aufsichtsrat

Hat die Gesellschaft einen Aufsichtsrat, so muss dieser zunächst noch den **Jahresabschluss**, den **Lagebericht** sowie den **Prüfungsbericht** der Abschlussprüfer prüfen und über das Ergebnis der Prüfung einen Bericht erstellen. Die Geschäftsführer haben sodann alle Unterlagen den **Gesellschaftern zur Beschlussfassung (Feststellung)** vorzulegen (§ 42a [1] GmbHG).

Beschlussfassung durch die Gesellschafter

Die Gesellschafter haben nun spätestens bis zum Ablauf von **acht Monaten** oder, wenn es sich um eine **kleine** oder **Kleinstkapitalgesellschaften** handelt, bis zum Ablauf von **elf Monaten** über die **Feststellung des Jahresabschlusses** und die **Verwendung des Ergebnisses** in der Gesellschafterversammlung zu beschließen (§ 42a [2] GmbHG).

Offenlegung §§ 325–328 HGB

Nach der Feststellung des Jahresabschlusses haben die Geschäftsführer folgende Unterlagen beim Betreiber des elektronischen Bundesanzeigers einzureichen und in diesem bekannt machen zu lassen (§ 325 [1, 2] HGB):

- **Jahresabschluss**
- **Bestätigungsvermerk der Abschlussprüfer**
- **Lagebericht**
- **Bericht des Aufsichtsrates**
- **Vorschlag über die Verwendung des Ergebnisses**
- **Beschluss über die Ergebnisverwendung**

Kleine GmbH müssen nur die Bilanz und den Anhang (ohne GuV-Angaben) offenlegen. **Mittelgroße GmbH** dürfen die Bilanz in der für kleine Kapitalgesellschaften vorgeschriebenen Form veröffentlichen, wenn die in § 327 HGB genannten Bilanzposten gesondert in der Bilanz oder im Anhang aufgeführt werden (siehe S. 388). **Kleinstkapitalgesellschaften** müssen nur ihre Bilanz offenlegen oder beim Betreiber des elektronischen Bundesanzeigers hinterlegen. Die eingereichten Unterlagen werden an das elektronisch geführte **Unternehmensregister** übermittelt, in das jeder zu Informationszwecken Einsicht nehmen kann.

Darstellung der Ergebnisverwendung

In der Regel wird der Jahresabschluss der GmbH **vor** Verwendung des Ergebnisses aufgestellt. **Bilanz und Gewinn- und Verlustrechnung weisen** deshalb einen **Jahresüberschuss oder** einen **Jahresfehlbetrag** als Ergebnis des Geschäftsjahres **aus.** Die **Verwendung des Gewinns**, also die Einstellung eines bestimmten Betrages in die Gewinnrücklage oder die Ausschüttung einer Dividende an die Gesellschafter, aber auch die Deckung des Verlustes durch entsprechende Auflösung von Rücklagen, kann in folgender Weise dargestellt und als **Ergebnisverwendungsbeschluss** veröffentlicht werden (§ 325 [1] HGB):

	Jahresüberschuss/Jahresfehlbetrag
(±)	**Gewinnvortrag/Verlustvortrag** aus dem Vorjahr
(+)	**Entnahmen aus der Kapitalrücklage**
(+)	**Entnahmen aus Gewinnrücklagen**
(–)	**Einstellungen in Gewinnrücklagen**
(–)	**Gewinnausschüttung** (Dividende)
=	Gewinnvortrag/Verlustvortrag

Die erforderlichen Buchungen erfolgen **nach** Aufstellung des Jahresabschlusses.

Beispiel

Die X-GmbH (S. 390) weist zum 31. Dez. in der Schlussbilanz folgende Zahlen aus:

A. Eigenkapital	Berichtsjahr	
I. Gezeichnetes Kapital	800.000,00	
II. Kapitalrücklage	100.000,00	
III. Gewinnrücklagen	250.000,00	
IV. Verlustvortrag	150.000,00	
V. Jahresüberschuss	300.000,00	1.300.000,00

Im neuen Jahr soll auf Beschluss der Gesellschafterversammlung der **Gewinn wie folgt verwendet werden:**

1. 60.000,00 € werden den Gewinnrücklagen zugeführt.
2. Die Gesellschafter erhalten 10 % Gewinn auf ihren Stammanteil unter Abzug von 25 % Kapitalertragsteuer und 5,5 % Solidaritätszuschlag:

Ausschüttung (10 % von 800.000,00 €)	80.000,00 €
– 25 % Kapitalertragsteuer	20.000,00 €
– 5,5 % Solidaritätszuschlag von 20.000,00 €	1.100,00 €
= **Netto-Ausschüttung**	**58.900,00 €**

Darstellung der Gewinnverwendung:		
Jahresüberschuss	**300.000,00 €**	
– Verlustvortrag aus dem Vorjahr	150.000,00 €	**150.000,00 €**
– Einstellung in die Gewinnrücklagen		60.000,00 €
– Gewinnausschüttung (Dividende)		80.000,00 €
= **Gewinnvortrag auf neue Rechnung**		**10.000,00 €**

Buchungen:

Eröffnung der Konten „3400 Jahresüberschuss" und „3310 Verlustvortrag":

❶ **8000 Eröffnungsbilanzkonto**		an **3400 Jahresüberschuss**	**300.000,00**
3310 Verlustvortrag		an **8000 Eröffnungsbilanzkonto**	**150.000,00**

Übernahme des Jahresüberschusses auf das Konto „3300 Ergebnisverwendung":

❷ **3400 Jahresüberschuss**		an **3300 Ergebnisverwendung**	**300.000,00**

Deckung des Verlustvortrags:

❸ **3300 Ergebnisverwendung**		an **3310 Verlustvortrag**	**150.000,00**

Einstellung in die Gewinnrücklagen:

❹ **3300 Ergebnisverwendung**		an **3240 Gewinnrücklagen**	**60.000,00**

Ausschüttung der Dividende und Einbehaltung der Kapitalertragsteuer sowie des SolZ:

❺ **3300 Ergebnisverwendung**	**80.000,00**	an **4830 Sonst. Verbindlichkeiten gg. Finanzbehörden**	**21.100,00**
		an **4870 Verbindlichkeiten gegenüber Gesellschaftern**	**58.900,00**

Übernahme des Gewinnrestes auf das Gewinnvortragskonto:

❻ **3300 Ergebnisverwendung**		an **3310 Gewinnvortrag**	**10.000,00**

Die Buchungen ❹ bis ❻ können auch zusammengefasst werden. Das **Gewinnvortragskonto** ist **als Bestandskonto** zum 31. Dezember des laufenden Geschäftsjahres über das **Schlussbilanzkonto** abzuschließen und **unter „A. Eigenkapital" auszuweisen.** Nach der Gewinnverwendung setzt sich das **bilanzielle Eigenkapital** wie folgt zusammen:

Gezeichnetes Kapital	800.000,00 €
+ Kapitalrücklage	100.000,00 €
+ Gewinnrücklagen	310.000,00 €
+ Gewinnvortrag	10.000,00 €
= **Eigenkapital**	**1.220.000,00 €**

Merke

Die Geschäftsführer erstellen den Jahresabschluss der GmbH. Die Gesellschafter der GmbH beschließen die Feststellung des Jahresabschlusses und die Verwendung des Ergebnisses (Jahresüberschuss/Jahresfehlbetrag).

Aufgabe 445

Die Metallbau GmbH weist zum 31. Dezember des Berichtsjahres und des Vorjahres folgende zusammengefasste Bilanzposten aus:

Bilanzposten zum 31. Dezember	Berichtsjahr	Vorjahr
Sachanlagen	850.000,00	680.000,00
Finanzanlagen	150.000,00	120.000,00
Vorräte an Rohstoffen, Erzeugnissen u. a.	1.640.000,00	1.720.000,00
Forderungen a. LL	360.000,00	280.000,00
davon mit einer Restlaufzeit über ein Jahr	(20.000,00)	(10.000,00)
Wertpapiere	45.000,00	–
Bankguthaben	215.000,00	240.000,00
Kasse	30.000,00	40.000,00
Aktive Rechnungsabgrenzung	10.000,00	20.000,00
Gezeichnetes Kapital	1.200.000,00	1.000.000,00
Gewinnrücklage	450.000,00	250.000,00
Gewinnvortrag aus dem Vorjahr	10.000,00	20.000,00
Rückstellungen	45.000,00	60.000,00
Verbindlichkeiten gegenüber Kreditinstituten	675.000,00	800.000,00
davon mit einer Restlaufzeit bis zu einem Jahr	(80.000,00)	(70.000,00)
Verbindlichkeiten a. LL	570.000,00	680.000,00
davon mit einer Restlaufzeit bis zu einem Jahr	(570.000,00)	(680.000,00)
Passive Rechnungsabgrenzung	20.000,00	10.000,00

1. *Ermitteln Sie den Jahresüberschuss als Saldo zwischen Aktiv- und Passivseite und weisen Sie ihn in der Bilanz entsprechend aus.*
2. *Erstellen Sie für das mittelgroße Unternehmen (150 Beschäftigte, 12,5 Mio. € Umsatz) eine ordnungsgemäß gegliederte Jahresbilanz für das Berichtsjahr (vgl. S. 387, 389 und Anhang des Lehrbuches).*
3. *Warum müssen Rücklagen in der Bilanz einer Kapitalgesellschaft gesondert ausgewiesen werden?*
4. *Wie hoch ist das Mindeststammkapital einer GmbH?*
5. *Unter welcher Bezeichnung und zu welchem Wert ist das Stammkapital in der Bilanz der GmbH auszuweisen?*
6. *Worauf führen Sie die Veränderung in den Posten „Gezeichnetes Kapital“ und „Gewinnrücklage“ zurück?*
7. *Beurteilen Sie die Veränderungen in der Finanzierung des Unternehmens mit Eigen- und Fremdkapital im Berichtsjahr.*
8. *Welche Veränderungen erscheinen Ihnen auf der Aktivseite von Bedeutung?*

Aufgabe 446

Die Sachanlagen der Metallbau GmbH (Aufgabe 444) wiesen zum 31. Dezember des Vorjahres Anschaffungs- und Herstellungskosten in Höhe von 1.280.000,00 € aus. Die gesamten Abschreibungen betrugen zum gleichen Zeitpunkt 600.000,00 €.

Für das Abschlussjahr sind Zugänge (Investitionen) von 400.000,00 € Anschaffungskosten, Abgänge von 50.000,00 € und Abschreibungen von 210.000,00 € zu berücksichtigen. Auf die Abgänge waren bis zum Abgangszeitpunkt Abschreibungen von 30.000,00 € vorgenommen worden.

Zuschreibungen und Umbuchungen liegen nicht vor.

1. *Erstellen Sie für das Sachanlagevermögen einen Anlagenspiegel nach dem Schema auf Seite 181.*
2. *Welche Unternehmen müssen einen Anlagenspiegel erstellen?*
3. *Wo muss der Anlagenspiegel ausgewiesen werden?*
4. *Worin sehen Sie die besondere Bedeutung des Anlagenspiegels?*
5. *Wie viel Prozent der Anlageinvestitionen (Zugänge) wurden durch Abschreibungen im Abschlussjahr finanziert?*

6946398

Aufgabe 447

Die Buchwerte des Finanzanlagevermögens der Metallbau GmbH für das Berichts- und Vorjahr sind der Aufgabe 444 zu entnehmen. Bis zum 31. Dezember des Vorjahres wurden Gesamtabschreibungen in Höhe von 10.000,00 € vorgenommen. Im Abschlussjahr waren keine Abschreibungen erforderlich. Allerdings sind Neuanschaffungen von 35.000,00 € und Abgänge von 5.000,00 € zu berücksichtigen. Auf die Abgänge waren keine Abschreibungen vorgenommen worden.

1. *Ermitteln Sie den Anschaffungswert der Finanzanlagen zum 31. Dezember des Vorjahres.*
2. *Stellen Sie die Entwicklung der Finanzanlagen in einem Anlagenspiegel dar.*
3. *Was ist im Einzelnen im Finanzanlagevermögen eines Unternehmens auszuweisen?*
4. *Unterscheiden Sie zwischen Wertpapieren des Anlage- und Umlaufvermögens.*

Aufgabe 448

Die Metallbau GmbH (Aufgabe 444) stellt aus ihrer Erfolgsrechnung folgende zusammengefasste Aufwands- und Ertragsposten für das Berichtsjahr zur Verfügung:

Umsatzerlöse	12.500.000,00
Mehrbestand an Erzeugnissen	20.000,00
Sonstige betriebliche Erträge	60.000,00
Materialaufwand	9.150.000,00
Personalkosten	1.320.000,00
Abschreibungen auf Sachanlagen	180.000,00
Sonstige betriebliche Aufwendungen	1.300.000,00
Zinserträge	5.000,00
Zinsaufwendungen	75.000,00
Steuern vom Einkommen und Ertrag	144.000,00
Sonstige Steuern	86.000,00

1. *Erstellen Sie die Gewinn- und Verlustrechnung in Staffelform nach dem Gesamtkostenverfahren gemäß § 275 [2] HGB (siehe S. 393 und Anhang des Lehrbuches).*
2. *Stellen Sie die Erfolgsrechnung in der Kurzfassung der Staffelform (vgl. S. 392) dar und ermitteln Sie*
   a) die betrieblichen Erträge,
   b) das Rohergebnis,
   c) das Ergebnis nach Steuern und
   d) das Jahresergebnis (Jahresüberschuss/Jahresfehlbetrag).
3. *Worin liegen die Vorteile der Gewinn- und Verlustrechnung in Staffelform?*
4. *Warum erlaubt der Gesetzgeber mittleren Unternehmen in der zu veröffentlichenden Gewinn- und Verlustrechnung lediglich das „Rohergebnis" auszuweisen?*
5. Das Gewinn- und Verlustkonto der Metallbau GmbH weist als Ergebnis des Abschlussjahres einen Jahresüberschuss in Höhe von 330.000,00 € aus, der zunächst auf das Konto „3400 Jahresüberschuss" zu übertragen ist. *Wie lautet dann der Buchungssatz?*
6. Das Konto „3400 Jahresüberschuss" wird zum Schlussbilanzkonto abgeschlossen. *Nennen Sie den Abschlussbuchungssatz.*

Aufgabe 449

Die Gesellschafterversammlung der Metallbau GmbH beschließt mit Mehrheit die Feststellung des Jahresabschlusses sowie die folgende Verwendung des Jahresgewinns in Höhe von 330.000,00 € und des Gewinnvortrages aus dem Vorjahr von 10.000,00 €:

a) 140.000,00 € Einstellung in die Gewinnrücklage,
b) 15 % Gewinnausschüttung auf das Stammkapital von 1.200.000,00 €,
c) Vortrag des Restgewinns und
d) Darstellung der Gewinnverwendung im Anhang des Jahresabschlusses.

1. *Stellen Sie die Verwendung des Ergebnisses dar.*
2. Statt gesondert im Anhang darf die Ergebnisverwendung auch bereits in der zu veröffentlichenden Bilanz (§ 268 [1] HGB) dargestellt werden. *Was spricht für und was gegen die einzelne Möglichkeit der Ergebnisdarstellung?*

Aufgabe 450

Auf Beschluss der Gesellschafterversammlung der Metallbau GmbH werden 180.000,00 € Gewinn an die Gesellschafter ausgeschüttet. Kapitalertragsteuer 25 %, Solidaritätszuschlag 5,5 %.

1. *Ermitteln Sie die Netto-Ausschüttung.*
2. *Welcher buchhalterische Zusammenhang besteht zwischen Kapitalertrag- und Lohnsteuer?*
3. *Ermitteln Sie die Rentabilität, indem Sie den Jahresgewinn von 330.000,00 €*
   a) auf das Nominalkapital (1.200.000,00 € Gezeichnetes Kapital) und
   b) auf das Eigenkapital von 1.660.000,00 € zu Beginn des Abschlussjahres beziehen.
4. *Beurteilen Sie die Rentabilität des Eigenkapitals.*

Aufgabe 451

1. *Aufgrund der Angaben in den Aufgaben 448 und 449 sind folgende Buchungen im Rahmen der Gewinnverwendung vorzunehmen:*
   a) Eröffnung der Konten „3240 Gewinnrücklage", „3310 Gewinnvortrag" und „3400 Jahresüberschuss" durch Übernahme der Beträge aus der Schlussbilanz des Vorjahres (= Eröffnungsbilanz).
   b) Umbuchung des Gewinnvortrages und des Jahresüberschusses auf das Konto „3300 Ergebnisverwendung".
   c) Einstellung in die Gewinnrücklage.
   d) Gewinnausschüttung unter Einbehaltung der Steuern.
   e) Abschluss des Ergebnisverwendungskontos über das Konto „3310 Gewinnvortrag".
   f) Abschluss des Kontos „3310 Gewinnvortrag" am Ende des laufenden Geschäftsjahres.
   g) Banküberweisung der Netto-Dividende an die Gesellschafter.
2. *Ermitteln Sie nach Durchführung der Buchungen das Eigenkapital der Metallbau GmbH in der neuen Zusammensetzung.*

Aufgabe 452

Am Ende des laufenden Geschäftsjahres weist die Metallbau GmbH in ihrer Schlussbilanz und Gewinn- und Verlustrechnung einen Jahresfehlbetrag von 190.000,00 € aus. Auf Beschluss der Gesellschafterversammlung soll der Verlust durch den Gewinnvortrag des Vorjahres und durch Auflösung der Gewinnrücklage in Höhe von 150.000,00 € zum großen Teil gedeckt werden.

1. *Stellen Sie die Verwendung des Ergebnisses rechnerisch-tabellarisch dar.*
2. *Eröffnen Sie die Konten „3240 Gewinnrücklage", „3310 Gewinnvortrag" und „3400 Jahresfehlbetrag".*
3. *Nennen Sie die Buchung für die Übernahme*
   a) des Gewinnvortrages und
   b) des Jahresverlustes auf das Konto „3300 Ergebnisverwendung".
4. *Wie lauten die Buchungen aufgrund der Ergebnisverwendungsrechnung?*
5. *Schließen Sie das Ergebnisverwendungskonto über „3310 Gewinn-/Verlustvortrag" ab.*
6. *Ermitteln Sie nach Durchführung der Buchungen das Eigenkapital der Metallbau GmbH in der neuen Zusammensetzung.*

Aufgabe 453

Die Gesellschafterversammlung der Metallbau GmbH hat zur Stärkung der Eigenkapitalbasis eine Kapitalerhöhung von nominal 300.000,00 € beschlossen. Zum Ausgleich der im Unternehmen vorhandenen offenen und stillen Rücklagen soll der Stammanteil mit einem Aufgeld (Agio) von 50 % = 150.000,00 € ausgegeben werden. Ein Gesellschafter der Unternehmung übernimmt im Einvernehmen mit den übrigen Gesellschaftern den Anteil gegen Bankscheck.

1. *Wodurch ist die Kapitalerhöhung offenzulegen?*
2. *Wie viel Prozent beträgt die nominale Kapitalerhöhung?*
3. *In welche Rücklage ist das Aufgeld einzustellen?*
4. *Nennen Sie den Buchungssatz nach erfolgter Durchführung der Kapitalerhöhung.*
5. *Worin unterscheiden sich Kapital- und Gewinnrücklagen?*
6. *Unterscheiden Sie zwischen offenen und stillen Rücklagen.*
7. *Worin unterscheiden sich Rücklagen und Rückstellungen?*

6946400

Aufgabe 454

Saldenbilanz der Maschinenbau GmbH		Soll	Haben
0700	Technische Anlagen und Maschinen	680.000,00	–
0800	Betriebs- und Geschäftsausstattung	280.000,00	–
1500	Wertpapiere des Anlagevermögens	40.000,00	–
2000	Rohstoffe	240.000,00	–
2200	Fertige Erzeugnisse	120.000,00	–
2400	Forderungen aus Lieferungen und Leistungen	460.000,00	–
2600	Vorsteuer	131.880,00	–
2800	Bank	424.360,00	–
2880	Kasse	27.000,00	–
3000	Gezeichnetes Kapital	–	1.000.000,00
3240	Gewinnrücklagen	–	150.000,00
3310	Gewinnvortrag	–	10.000,00
3900	Sonstige Rückstellungen	–	58.000,00
4250	Hypothekenschulden	–	180.000,00
4400	Verbindlichkeiten aus Lieferungen und Leistungen	–	160.000,00
4800	Umsatzsteuer	–	360.240,00
4890	Sonstige Verbindlichkeiten	–	38.000,00
5000	Umsatzerlöse für eigene Erzeugnisse	–	1.896.000,00
5430	Sonstige betriebliche Erträge	–	40.000,00
5710	Zinserträge	–	2.000,00
6000	Aufwendungen für Rohstoffe	770.000,00	–
62–64	Personalaufwendungen	360.000,00	–
6700	Mietaufwendungen	160.000,00	–
6770	Rechts- und Beratungskosten	15.000,00	–
6900	Versicherungsbeiträge	20.000,00	–
6940	Sonstige Aufwendungen	24.000,00	–
7000	Gewerbesteuer	60.000,00	–
7510	Zinsaufwendungen	22.000,00	–
7710	Körperschaftsteuer	60.000,00	–
Weitere Konten: 2900, 3400, 5200, 5480, 6520, 6951, 8010, 8020.		3.894.240,00	3.894.240,00

Abschlussangaben zum 31. Dezember

1. Planmäßige Abschreibungen: TA und Maschinen: 136.000,00 €; BGA: 38.000,00 €.
2. Der Tageswert der Wertpapiere des Anlagevermögens beträgt 48.000,00 €.
3. Von einer Forderung über 1.190,00 € gehen nur 595,00 € auf unserem Bankkonto ein. Der Rest ist uneinbringlich.
4. Kfz-Versicherungen über 4.800,00 € wurden am 1. Oktober für ein Jahr im Voraus gezahlt.
5. Die Geschäftsmiete für Dezember wird erst am 2. Januar nächsten Jahres überwiesen: 9.875,00 €.
6. Kassenmehrbetrag lt. Inventur: 150,00 € (Ursache ungeklärt).
7. Eine Rückstellung für unterlassene Instandsetzung ist aufzulösen: 3.200,00 €.
8. Bildung einer Prozesskostenrückstellung in Höhe von 18.400,00 €.
9. Bestand an Erzeugnissen: Herstellungskosten: 150.000,00 €; Tageswert: 170.000,00 €.
10. Bestand an Rohstoffen: Anschaffungskosten: 240.000,00 €; Tageswert: 230.000,00 €.

a) Führen Sie den Abschluss durch. Übertragen Sie den Saldo des GuV-Kontos auf das Konto „3400 Jahresüberschuss". Das Konto 3400 wird danach zum Schlussbilanzkonto abgeschlossen.

b) Erstellen Sie eine nach § 266 HGB ordnungsgemäß gegliederte Jahresbilanz.

c) Erstellen Sie die GuV-Rechnung in Staffelform gemäß § 275 [2] HGB. Nicht gesondert ausgewiesene Aufwandsposten sind als „Sonstige betriebliche Aufwendungen" zusammenzufassen.

d) Stellen Sie rechnerisch die Gewinnverwendung dar: Rücklagenzuführung 100.000,00 €, 15 % Dividende. Nennen Sie die Buchungen für die Gewinnverwendung im Folgejahr.

3.6 Jahresabschluss der Aktiengesellschaft

Die Aufstellung des Jahresabschlusses erfolgt **durch** den **Vorstand** der AG in den ersten drei Monaten des neuen Geschäftsjahres (sechs Monate bei kleiner AG).

Ermittlung des Bilanzgewinns/ Bilanzverlustes

Während bei der GmbH (siehe S. 396 f.) die Schlussbilanz meist **vor** Verwendung des Jahresergebnisses aufgestellt wird, wird bei Aktiengesellschaften in der Regel bereits bei Aufstellung der Bilanz ein Teil des Jahresüberschusses den Gewinnrücklagen zugeführt oder ein Jahresfehlbetrag durch Auflösung von Rücklagen gedeckt. Bei einer solchen **teilweisen Verwendung des Jahresergebnisses vor Bilanzerstellung** tritt dann in der Schlussbilanz an die Stelle der Posten „Jahresüberschuss/Jahresfehlbetrag" und „Gewinnvortrag/Verlustvortrag" der Posten **„Bilanzgewinn/Bilanzverlust"** (§ 268 [1] HGB). Der **Bilanzgewinn** ist der Gewinn, den der Vorstand der Hauptversammlung **zur Ausschüttung** vorschlägt.

Jahresüberschuss/Jahresfehlbetrag	**A. Eigenkapital** (Bilanzausweis)
± **Gewinn-/Verlustvortrag des Vorjahres**	I. Gezeichnetes Kapital
+ **Entnahme aus Rücklagen**	II. Gesetzliche Rücklage
– **Einstellung in Gewinnrücklagen**	III. Andere Gewinnrücklagen
= **Bilanzgewinn/Bilanzverlust** ⟶	**IV. Bilanzgewinn/Bilanzverlust**

Beispiel

Die Maschinenbau AG (2.000.000,00 € Gezeichnetes Kapital; 200.000,00 € Gesetzliche Rücklage; 40.000,00 € andere Gewinnrücklagen; 20.000,00 € Gewinnvortrag) weist zum 31. Dezember in ihrer Gewinn- und Verlustrechnung einen **Jahresüberschuss von 380.000,00 €** aus. Vor Bilanzerstellung sollen **160.000,00 €** den anderen (freien) **Gewinnrücklagen** zugeführt werden.

Ermitteln Sie selbst den Bilanzgewinn.

Buchungen:

8020 GuV-Konto	an	**3400 Jahresüberschuss**	**380.000,00**
3400 Jahresüberschuss	an	**3300 Ergebnisverwendung**	**380.000,00**
3310 Gewinnvortrag	an	**3300 Ergebnisverwendung**	**20.000,00**
3300 Ergebnisverwendung	an	**3240 And. Gewinnrücklagen**	**160.000,00**
3300 Ergebnisverwendung	an	**3320 Bilanzgewinn**	**240.000,00**
3320 Bilanzgewinn	an	**8010 Schlussbilanzkonto**	**240.000,00**

Buchen Sie auf Konten und ermitteln Sie das Eigenkapital vor und nach Bilanzerstellung.

Verwendung des Bilanzgewinns

Die Verwendung des Bilanzgewinns ist Aufgabe der **Hauptversammlung**. Sie beschließt über die an die Aktionäre **auszuschüttende Dividende** und/oder weitere in **Gewinnrücklagen** einzustellende Beträge sowie den **Gewinnvortrag** auf neue Rechnung. Die Verteilungsbuchungen entsprechen denen der GmbH (siehe S. 397).

Bilanzgewinn
– **Dividende an Aktionäre**[1]
– **Einstellung in Gewinnrücklagen**
= **Gewinnvortrag**

Die Prüfung des Jahresabschlusses erfolgt durch **unabhängige Abschlussprüfer**, und zwar wie bei der GmbH nur bei großen und mittelgroßen Gesellschaften.

Die Feststellung (Billigung) des Jahresabschlusses und des Vorschlages zur Verwendung des Bilanzgewinns **obliegt dem Aufsichtsrat** (§§ 170 f. AktG).

Offenlegung

Jahresabschluss, Lagebericht und weitere Unterlagen (entsprechend der GmbH, siehe S. 396) werden beim elektronischen Bundesanzeiger eingereicht und dort veröffentlicht.

Merke

- **Der Bilanzgewinn ist der zur Ausschüttung vorgeschlagene Gewinn.**
- **Der Vorstand ermittelt, die Hauptversammlung verwendet den Bilanzgewinn.**

1 Mitglieder des Vorstandes und Aufsichtsrates sind nur selten am Jahresgewinn (§ 113 AktG) beteiligt. Ihre Tantiemen werden meist in den Personalkosten oder sonstigen Aufwendungen Gewinn mindernd erfasst.

Aufgabe 455

Eine neu gegründete Aktiengesellschaft hat ein voll eingezahltes Aktienkapital von 4.000.000,00 €. Zum 31. Dezember des Gründungsjahres weist das Gewinn- und Verlustkonto einen Jahresüberschuss von 600.000,00 € aus.

Vor Aufstellung der Bilanz werden auf Veranlassung des Vorstandes der gesetzlichen Rücklage der jährliche Mindestbetrag (siehe S. 391) und den anderen (freien) Gewinnrücklagen 200.000,00 € zugeführt.

1. *Ermitteln Sie den Bilanzgewinn zum 31. Dezember.*
2. *Stellen Sie die Posten der Gruppe „A. Eigenkapital" in der Bilanz zum 31. Dezember in der vorgeschriebenen Reihenfolge zusammen.*
3. *Wie lauten die Buchungen für die Zuführungen zu der „Gesetzlichen Rücklage" und den „Anderen (freien) Gewinnrücklagen" sowie den Bilanzgewinn?*
4. *Wie lautet die Buchung für die Übernahme des Bilanzgewinns in das Schlussbilanzkonto?*
5. *Buchen Sie die Fälle 3. und 4. auf folgenden Konten: Gewinn- und Verlustkonto, Ergebnisverwendung, Gesetzliche Rücklage, Andere Gewinnrücklagen, Bilanzgewinn, Schlussbilanzkonto.*

Aufgabe 456

Die Hauptversammlung der in Aufgabe 454 genannten Aktiengesellschaft beschließt im auf das Abschlussjahr folgenden Geschäftsjahr die Verwendung des Bilanzgewinns:

a) 8 % Dividende auf das Aktienkapital,
b) 40.000,00 € Zuführung in die Gesetzliche Rücklage.
c) Der Restgewinn ist auf neue Rechnung vorzutragen.

1. *Ermitteln Sie den Gewinnvortrag.*
2. *Ermitteln Sie a) die Bruttodividende, b) die einzubehaltende Kapitalertragsteuer einschließlich Solidaritätszuschlag und c) die Nettodividende.*
3. *Nennen Sie den Buchungssatz für die Eröffnung des Kontos „Bilanzgewinn" und die Übernahme des Bilanzgewinns auf das „Ergebnisverwendungskonto".*
4. *Wie lauten die Buchungssätze für die o. g. Verwendung des Bilanzgewinns? Buchen Sie auf folgenden Konten: Eröffnungsbilanzkonto, Bilanzgewinn, Ergebnisverwendung, Gesetzliche Rücklage, Verbindlichkeiten aus Steuern, Verbindlichkeiten gegenüber Gesellschaftern, Gewinnvortrag.*
5. *Wie lauten die Buchungen für die Auszahlung der Dividende und die Überweisung der Steuern an das Finanzamt (Bank)?*
6. *Ermitteln Sie nach Durchführung der Buchungen das bilanzielle Eigenkapital.*

Aufgabe 457

Eine AG hat ein Grundkapital von 10.000.000,00 €. Die gesetzliche Rücklage beträgt 1.110.000,00 €, die anderen Gewinnrücklagen 100.000,00 € und der Gewinnvortrag 10.000,00 €. Das Anlagevermögen beträgt zum Abschlussstichtag insgesamt 6.000.000,00 €, das Umlaufvermögen 9.500.000,00 €. Verbindlichkeiten mit einer Laufzeit von über fünf Jahren betragen 1.780.000,00 €, die kurzfristigen Verbindlichkeiten 900.000,00 €. Aus dem Jahresüberschuss werden bei Bilanzaufstellung 390.000,00 € den anderen Gewinnrücklagen zugeführt.

1. *Ermitteln Sie den Jahresüberschuss, den Bilanzgewinn und den Stand der Rücklagen.*
2. *Erstellen Sie eine ordnungsmäßig gegliederte Bilanz gemäß § 266 HGB.*
3. *Ermitteln Sie den Gewinnvortrag, wenn im neuen Jahr auf Beschluss der Hauptversammlung 12 % Dividende aus dem Bilanzgewinn auszuschütten sind.*
4. *Führen Sie die Buchungen wie in Aufgabe 455 durch.*
5. *Ermitteln Sie das bilanzielle Eigenkapital nach Durchführung der Gewinnverwendung.*

Aufgabe 458

Die in Aufgabe 455 genannte Aktiengesellschaft weist in ihrer Gewinn- und Verlustrechnung zum 31. Dezember des Folgejahres einen Jahresfehlbetrag in Höhe von 100.000,00 € aus, der bei Bilanzerstellung durch Entnahme von 70.000,00 € aus der gesetzlichen Rücklage und dem Gewinnvortrag von 20.000,00 € teilweise gedeckt wird.

1. *Ermitteln Sie den Bilanzverlust und danach das bilanzielle Eigenkapital.*
2. *Nennen Sie die Buchungssätze.*

HF 7 / AS 7.1 / ZF 4–6

4 Auswertung des Jahresabschlusses

Aus dem Jahresabschluss lassen sich wertvolle **Erkenntnisse über die Vermögens-, Finanz- und Ertragslage** des Unternehmens gewinnen, wenn man die Abschlusszahlen u. a. mithilfe von **Kennzahlen** auswertet. **Die betriebswirtschaftliche Auswertung des Jahresabschlusses umfasst** die **Aufbereitung (Bilanzanalyse)** und die **Beurteilung (Bilanzkritik)** des Zahlenmaterials.

Die Auswertung eines Jahresabschlusses wird durch einen **Zeitvergleich** und einen **Betriebsvergleich** aussagekräftiger:

- **Zeitvergleich:** Der aktuelle Jahresabschluss wird mit den Jahresabschlüssen der Vorjahre verglichen, sodass die betriebseigene Entwicklung erkennbar wird.
- **Betriebsvergleich:** Der Jahresabschluss wird mit den Zahlen branchengleicher Unternehmen verglichen, sodass die Stellung des Unternehmens innerhalb seiner Branche beurteilt werden kann.

4.1 Auswertung der Bilanz

4.1.1 Aufbereitung der Bilanz (Bilanzanalyse)

Umgliederung der Bilanzposten

Die Bilanzen müssen zunächst für eine kritische Beurteilung entsprechend aufbereitet werden. Die zahlreichen Bilanzposten sind daher nach bestimmten Gesichtspunkten umzugliedern und gruppenmäßig zusammenzufassen. Die Vermögensseite umfasst die beiden Hauptgruppen **„Anlagevermögen"** und **„Umlaufvermögen"**, die Kapitalseite **„Eigenkapital"** und **„Fremdkapital"**. Das Umlaufvermögen ist nach der **Flüssigkeit** in die Gruppen „Vorräte", „Forderungen" und „Flüssige Mittel" zu gliedern. Die Posten des Fremdkapitals sind nach der **Fälligkeit** in „Langfristiges Fremdkapital" und „Kurzfristiges Fremdkapital" zu ordnen. Aktive Rechnungsabgrenzungsposten werden den Forderungen, passive Rechnungsabgrenzungsposten den kurzfristigen Verbindlichkeiten zugeordnet.

Bilanzstruktur

Die Bilanzstruktur ist das Ergebnis der Aufbereitung der Bilanzposten. Sie lässt bereits deutlich den **Vermögens- und Kapitalaufbau** des Unternehmens erkennen:

Vermögen	**Bilanzstruktur**	Kapital
I. Anlagevermögen		**I. Eigenkapital**
II. Umlaufvermögen 1. Vorräte 2. Forderungen 3. Flüssige Mittel		**II. Fremdkapital** 1. langfristig 2. kurzfristig
Wie ist das Kapital angelegt? **Investierung**		*Woher stammt das Kapital?* **Finanzierung**

Zur besseren Vergleichbarkeit und Überschaubarkeit stellt man die **Bilanzstruktur** nicht nur in absoluten Zahlen, sondern auch **in Prozentzahlen** dar, wobei die **Bilanzsumme die Basis (≙100 %)** bildet. Damit wird auf einen Blick erkennbar, welches Gewicht die einzelnen Hauptgruppen innerhalb des Gesamtvermögens (Aktiva) und Gesamtkapitals (Passiva) haben. Vermögens- und Kapitalaufbau werden dadurch noch anschaulicher dargestellt (vgl. S. 33 f.).

Merke

Die aufbereiteten Bilanzen eines Unternehmens zeigen deutlich
- **die Finanzierung → Eigenkapital : Fremdkapital**
- **den Vermögensaufbau → Anlagevermögen : Umlaufvermögen**
- **die Anlagendeckung → Eigenkapital : Anlagevermögen**
- **die Zahlungsfähigkeit → flüssige Mittel : kurzfristige Verbindlichkeiten**

Beispiel

Die Wernick GmbH hat ihre Bilanzen nach einer **teilweisen Verwendung des Jahresgewinns** (Zuführung zu den Gewinnrücklagen) aufgestellt:

Jahresüberschuss – Einstellung in die Gewinnrücklage = Bilanzgewinn

Da der **Bilanzgewinn** auf Beschluss der Gesellschafter kurzfristig in voller Höhe als **Dividende** ausgeschüttet wird, ist er im Rahmen der Bilanzaufbereitung den **kurzfristigen Verbindlichkeiten** zuzuordnen. Die **Rückstellungen** sind **je zur Hälfte kurz- und langfristig.**

Die bereits teilweise aufbereiteten **Bilanzen der Wernick GmbH** lauten:

Aktiva	Berichtsjahr T€	Vorjahr T€	Passiva	Berichtsjahr T€	Vorjahr T€
Sachanlagen	1.660	1.420	Gezeichnetes Kapital	1.400	1.000
Finanzanlagen	260	200	Gewinnrücklagen	400	260
Vorräte:			Bilanzgewinn	110	30
Werkstoffe	110	740	Rückstellungen	80	60
Fertigerzeugnisse	1.090	810	langfr. Verbindl.	1.600	1.230
Forderungen a. LL	600	310	kurzfr. Verbindl.	410	1.020
Kassenbestand	35	18			
Bankguthaben	245	102			
	4.000	3.600		4.000	3.600

Die Aufbereitung der Bilanzen wird nach folgendem Schema vorgenommen:

Aktiva	Berichtsjahr		Vorjahr		Zu- oder Abnahme
	T€	%	T€	%	T€
Sachanlagen	1.660	41,5	1.420	39,4	+ 240
Finanzanlagen	260	6,5	200	5,6	+ 60
Anlagevermögen	**1.920**	48,0	**1.620**	45,0	+ 300
Vorräte	1.200	30,0	1.550	43,0	– 350
Forderungen a. LL	600	15,0	310	8,6	+ 290
Flüssige Mittel	280	7,0	120	3,4	+ 160
Umlaufvermögen	**2.080**	52,0	**1.980**	55,0	+ 100
Gesamtvermögen	4.000	100,0	3.600	100,0	+ 400

Passiva	Berichtsjahr		Vorjahr		Zu- oder Abnahme
	T€	%	T€	%	T€
Gezeichnetes Kapital	1.400	35,0	1.000	27,7	+ 400
Gewinnrücklagen	400	10,0	260	7,3	+ 140
Eigenkapital	**1.800**	45,0	**1.260**	35,0	+ 540
langfr. Rückstellungen	40	1,0	30	0,8	+ 10
langfr. Verbindlichkeiten	1.600	40,0	1.230	34,2	+ 370
Langfristiges Fremdkapital	**1.640**	41,0	**1.260**	35,0	+ 380
kurzfr. Rückstellungen	40	1,0	30	0,8	+ 10
kurzfr. Verbindlichkeiten	520	13,0	1.050	29,2	– 530
Kurzfristiges Fremdkapital	**560**	14,0	**1.080**	30,0	– 520
Gesamtkapital	4.000	100,0	3.600	100,0	+ 400

4.1.2 Beurteilung der Bilanz (Bilanzkritik)

Die aufbereiteten Bilanzen enthalten bereits die wichtigsten **Kennzahlen** und Angaben **zur Beurteilung der Kapitalausstattung** (Finanzierung), **der Anlagenfinanzierung** (Investition), **des Vermögensaufbaus** (Konstitution) und der **Zahlungsfähigkeit** (Liquidität) des Unternehmens. **Mithilfe dieser Kennzahlen** lassen sich **Lage und Entwicklung** des Unternehmens beurteilen.

4.1.2.1 Beurteilung der Kapitalausstattung (Finanzierung)

Grad der Unabhängigkeit

Bei der Beurteilung der Finanzierung oder Kapitalausstattung geht es vor allem um die Frage, ob das Unternehmen überwiegend mit eigenen oder fremden Mitteln arbeitet. Dabei ist wichtig zu wissen, dass das **Eigenkapital** zwei Aufgaben zu erfüllen hat, nämlich zum einen die **Haftungs- oder Garantiefunktion** gegenüber den Gläubigern und zum anderen die **Finanzierungsfunktion**, also die fristgerechte Finanzierung von Vermögensteilen, die langfristig im Unternehmen gebunden sind (Anlagendeckung).

Beispiel

Kennzahlen der Wernick GmbH	B	V
❶ Grad der finanziellen Unabhängigkeit = $\frac{\text{Eigenkapital}}{\text{Gesamtkapital}}$	0,45 = 45 %	0,35 = 35 %

Der Grad der finanziellen Unabhängigkeit des Unternehmens ❶, also der Anteil des Eigenkapitals am Gesamtkapital, hat sich im Berichtsjahr (B) gegenüber dem Vorjahr (V) sowohl absolut als auch relativ (von 35 % auf 45 %) **bedeutend verbessert**. Die Stärkung der Eigenkapitalbasis der Wernick GmbH ist einerseits auf eine **Erhöhung des „Gezeichneten Kapitals“** (Stammkapital) um nominal 400.000,00 € als auch auf **Gewinnzuführung in die Rücklagen** in Höhe von 140.000,00 € (siehe GuV-Rechnung S. 337) zurückzuführen.

Die Unternehmensleitung sowie die Gesellschafter sind bemüht, die Kapitalstruktur entscheidend zu verbessern.

Der Anteil des Eigenkapitals am Gesamtkapital wird daher auch weitgehend von der **Anlagenintensität** des Unternehmens bestimmt. Sehr anlagenintensive Unternehmen (z. B. Schwerindustrie, Bergbau u. a.) benötigen eine höhere Eigenkapitalausstattung als Unternehmen der verarbeitenden Industrie. Eine allgemein gültige Regel über das Verhältnis zwischen Eigen- und Fremdkapitalanteil kann es daher nicht geben (z. B. 1 : 1-Regel). Grundlegend kann aber gesagt werden, dass die wirtschaftliche und finanzielle Stabilität des Unternehmens umso größer ist, je höher der Eigenkapitalanteil ist. Hohes Eigenkapital macht das Unternehmen unabhängiger gegenüber Gläubigern und sicherer in Krisenzeiten. Der **Anteil des Eigenkapitals** am Gesamtkapital drückt somit den **Grad der finanziellen Unabhängigkeit** aus und ist zugleich Maßstab für die **Kreditwürdigkeit und Krisenfestigkeit** des Unternehmens.

Grad der Verschuldung

Der Grad der Verschuldung des Unternehmens kommt durch das Verhältnis von Fremdkapital zu Eigenkapital zum Ausdruck. Zu hohes Fremdkapital bedeutet eine erhebliche **Einengung der Selbstständigkeit** des Unternehmens, da mit jeder weiteren Kreditaufnahme stets der Nachweis der Kreditverwendung und ständige Kontrollen durch Gläubiger verbunden sind.

Für die Beurteilung der Finanzierung ist vor allem auch die Zusammensetzung des Fremdkapitals von Bedeutung. Ein relativ hohes kurzfristiges Fremdkapital bedingt eine kurzfristige Bereitstellung von entsprechend hohen flüssigen Mitteln und führt daher zu einer besonderen **Belastung der Liquidität** (Zahlungsfähigkeit) des Unternehmens. Denn unabhängig von der Ertragslage des Unternehmens sind die fälligen Tilgungs- und Zinszahlungen zu leisten.

Merke

- **Je größer das Eigenkapital im Verhältnis zum Fremdkapital ist, desto solider und krisenfester ist die Finanzierung und desto geringer ist die Abhängigkeit von den Gläubigern.**
- **Die Höhe des Eigenkapitals ist abhängig von der Anlagenintensität.**

Beispiel

Kennzahlen der Finanzierung (Kapitalstruktur)	B	V
❷ Grad der Verschuldung = $\frac{\text{Fremdkapital}}{\text{Eigenkapital}}$	1,222 = 122,2 %	1,857 = 185,7 %
❸ Anteil des langfristigen Fremdkapitals = $\frac{\text{lgfr. Fremdkapital}}{\text{Gesamtkapital}}$	0,41 = 41 %	0,35 = 35 %
❹ Anteil des kurzfristigen Fremdkapitals = $\frac{\text{kfr. Fremdkapital}}{\text{Gesamtkapital}}$	0,14 = 14 %	0,30 = 30 %

Der Grad der Verschuldung ❷ ist im Zusammenhang mit der Kennzahl ❶ entsprechend von 185,7 auf 122,2 zurückgegangen. Der im Vorjahr noch sehr hohe Anteil der kurzfristigen Fremdmittel ❹ konnte erheblich von absolut 1.080.000,00 € auf 560.000,00 € bzw. relativ von 30 % auf nunmehr 14 % abgebaut werden. Hier zeigt sich deutlich die positive Auswirkung der Erhöhung der eigenen Mittel. Die Absicht der Unternehmensleitung, die im Vorjahr noch angespannte Liquiditätslage durch Abbau der kurzfristigen Verbindlichkeiten zu verbessern, wird erkennbar. Das bestätigt auch die Kennzahl ❸. Der Anteil des langfristigen Fremdkapitals ist zulasten des kurzfristigen Fremdkapitals erfreulicherweise von 35 % auf 41 % gestiegen. Offensichtlich steht der Rückgang der kurzfristigen Fremdmittel auch im Zusammenhang mit einer Umschuldung (Umwandlung kurzfristiger in langfristige Schulden).

Grad der Selbstfinanzierung

Gewinnrücklagen werden bei Kapitalgesellschaften aus einbehaltenen Gewinnen **(Gewinnthesaurierung)** gebildet. Sie dienen vor allem der Selbstfinanzierung von Investitionen oder ganz allgemein der **Stärkung der Eigenkapitalbasis.** Setzt man die **Gewinnrücklagen ins Verhältnis zum Gesamtkapital**, kann man daraus den Grad der Selbstfinanzierung des Unternehmens ermitteln.

Beispiel

Kennzahlen der Finanzierung der Wernick GmbH (Kapitalstruktur)	B	V
❺ Grad der Selbstfinanzierung = $\frac{\text{Gewinnrücklagen}}{\text{Gesamtkapital}}$	0,10 = 10 %	0,07 = 7 %

Der Grad der Selbstfinanzierung ❺ hat sich von 7 % auf 10 % verbessert. Es ist lobenswert, dass das Unternehmen durch Einbehaltung von wesentlichen Teilen des Gewinns, also durch Bildung von Gewinnrücklagen, zur Selbstfinanzierung und damit zur Stärkung der Eigenkapitalbasis beiträgt. Das entspricht auch offensichtlich den Vorstellungen der Gesellschafter der Wernick GmbH, denn der auszuschüttende Bilanzgewinn ist recht bescheiden. Zusammenfassend kann die Finanzierung der Wernick GmbH im Berichtsjahr durchaus als solide und krisenfest beurteilt werden. Besonders positiv ist herauszustellen, dass die Unternehmensleitung im Berichtsjahr entscheidende Maßnahmen zur Verbesserung der Kapitalstruktur durchgeführt hat. Die Abhängigkeit gegenüber den Gläubigern des Unternehmens ist dadurch erfreulicherweise erheblich geringer geworden. Der Abbau der kurzfristigen Fremdmittel kann im Hinblick auf die Liquidität als besonders positiv bezeichnet werden. Dass die Gläubiger Vertrauen in das Unternehmen haben, beweist die Tatsache, dass im Berichtsjahr die langfristigen Verbindlichkeiten absolut und relativ zulasten der kurzfristigen Fremdmittel zugenommen haben.

Merke

- **Je größer das Eigenkapital im Verhältnis zum Fremdkapital ist, desto solider und krisenfester ist die Finanzierung und desto geringer ist die Abhängigkeit von den Gläubigern.**
- **Die Höhe des Eigenkapitals ist abhängig von der Anlagenintensität.**

4.1.2.2 Beurteilung der Anlagenfinanzierung (Investierung)

Die Deckung (Finanzierung) des Anlagevermögens durch Eigenkapital (Deckungsgrad I) und durch das **gesamte langfristige Kapital**, also durch Eigen- und langfristiges Fremdkapital (Deckungsgrad II), ist zugleich ein wichtiger **Maßstab zur Beurteilung der Kapitalausstattung** und damit der **finanziellen Stabilität** des Unternehmens.

$$\textbf{Deckungsgrad I} = \frac{\textbf{Eigenkapital}}{\textbf{Anlagevermögen}}$$

$$\textbf{Deckungsgrad II} = \frac{\textbf{langfristiges Kapital (Eigenkapital + langfr. Fremdkapital)}}{\textbf{Anlagevermögen}}$$

Goldene Bilanzregel

Das **Anlagevermögen** stellt in jedem Unternehmen **langfristig gebundenes Vermögen** dar. Es muss daher auch durch **entsprechend langfristiges Kapital** (Eigenkapital, Darlehen u. a.) **finanziert** werden. So müssen im Falle einer Krise keine Anlagegüter überstürzt veräußert werden (Notverkäufe), um den Tilgungsverpflichtungen termingerecht nachzukommen. Den **Grundsatz der Fristengleichheit** bezeichnet man auch als „Goldene Bilanzregel" oder „Goldene Bankregel".

Deckungsgrad I

Die **sicherste Deckung** des Anlagevermögens ist natürlich das Kapital, das von den Gläubigern nicht zurückgefordert werden kann: das **Eigenkapital**. Die Anlagendeckung ist daher als sehr gut zu beurteilen, wenn das Eigenkapital das Anlagevermögen **voll deckt**. Ausgezeichnet ist die Deckung, wenn das Eigenkapital darüber hinaus auch noch den **„eisernen Bestand" des Vorratsvermögens finanziert**. In der Praxis gibt es aber nur wenige Industriezweige, in denen das Anlagevermögen ganz durch Eigenkapital finanziert ist (z. B. Elektroindustrie).

Deckungsgrad II

Reicht das Eigenkapital zur Finanzierung des Anlagevermögens nicht aus, so darf zusätzlich **nur langfristiges Fremdkapital** herangezogen werden (Goldene Bilanzregel!). Der **Quotient der Anlagendeckung II** muss dann **mindestens 100 %** betragen, wenn eine volle Deckung durch langfristiges Kapital gegeben sein soll. Je mehr dieser Mindestwert überschritten wird, umso größer ist die finanzielle Stabilität des Unternehmens. In diesem Fall finanzieren die langfristigen Mittel dann noch einen **Teil des Umlaufvermögens**. In jedem Fall müsste noch der eiserne Bestand des Vorratsvermögens langfristig finanziert sein.

Beispiel

Kennzahlen der Anlagendeckung (Investierung)	Berichtsjahr	Vorjahr
Deckungsgrad I $= \frac{\text{Eigenkapital}}{\text{Anlagevermögen}}$	0,94 = 94 %	0,78 = 78 %
Deckungsgrad II $= \frac{\text{Langfristiges Kapital}}{\text{Anlagevermögen}}$	1,79 = 179 %	1,56 = 156 %

Die Anlagendeckung durch Eigenkapital hat sich im Berichtsjahr grundlegend durch die erwähnte Erhöhung des Eigenkapitals von 78 % auf 94 % **verbessert**. Diese Verbesserung muss noch höher bewertet werden, da das Anlagevermögen im Berichtsjahr zugleich durch erhebliche Investitionen (300 T€) zugenommen hat. Das Unternehmen strebt eine volle Anlagendeckung durch eigene Mittel an, um die finanzielle Stabilität für die Zukunft abzusichern. **Die Anlagendeckung durch langfristiges Kapital** (Deckungsgrad II) war schon im Vorjahr sehr günstig. Die **erhebliche Steigerung** im Berichtsjahr von 156 % auf 179 % ist auf die Zunahme der eigenen und auch der langfristigen Fremdmittel zurückzuführen. Diese Überdeckung (56 % bzw. 79 %) bedeutet, dass auch der größte Teil des Umlaufvermögens **langfristig** finanziert ist. **Zusammenfassend** kann gesagt werden, dass die oben als **gut beurteilte Finanzierung** des Unternehmens **durch** die **Anlagendeckung bestätigt** wird.

Die **Anlagendeckung kann in Staffelform** zu einer Deckungsrechnung des gesamten Vermögens ausgebaut werden:

Vermögens-Deckungsrechnung

Beispiel

Vermögens-Deckungsrechnung in T€	Berichtsjahr	Vorjahr	+/-
Eigenkapital (EK)	1.800	1.260	+ 540
– Anlagevermögen	1.920	1.620	+ 300
= Über- oder Unterdeckung durch EK	– 120	– 360	+ 240
+ langfristiges Fremdkapital	1.640	1.260	+ 380
= langfristiges Kapital zur Finanzierung des Umlaufvermögens	1.520	900	+ 620
– Umlaufvermögen	2.080	1.980	+ 100
= kurzfristiges Fremdkapital zur Finanzierung des Umlaufvermögens	560	1.080	- 520

Die Deckungsrechnung zeigt die Finanzierung der Vermögensteile besonders deutlich. Das **langfristige Kapital** hat sich zulasten des kurzfristigen Fremdkapitals **erhöht**, was sich auf die **Liquidität** des Unternehmens **günstig** auswirkt.

Merke

- **Die Anlagendeckung ist zugleich Maßstab zur Beurteilung der Finanzierung (Kapitalausstattung) des Unternehmens.**
- **Das Anlagevermögen und der eiserne Bestand des Vorratsvermögens sollten stets durch entsprechend langfristiges Kapital gedeckt (finanziert) sein..**

4.1.2.3 Beurteilung des Vermögensaufbaus (Konstitution)

Die Zusammensetzung (Struktur) des Vermögens, das Verhältnis zwischen Anlage- und Umlaufvermögen, wird entscheidend durch die **Branche** und den **Grad der Mechanisierung und Automatisierung bestimmt.** So sind z. B. Unternehmen der Grundstoff- und Schwerindustrie (Bergbau, Hüttenwerke u. a.) mit einem Anlagenanteil von 60 % bis 70 % besonders **anlagenintensiv**, im Gegensatz zu Betrieben der Elektroindustrie und des Maschinenbaus mit 25 % bis 35 %.

Anlagenintensität

Anlagen binden langfristig Kapital und verursachen erhebliche **fixe (feste) Kosten**, wie Abschreibungen, Instandsetzungen, Zinsen des investierten Kapitals u. a., die **unabhängig von der Beschäftigungs- und Ertragslage** des Unternehmens **anfallen.** Diese fixen Kosten zwingen das Unternehmen dauernd, **um volle Auslastung der Kapazität** und Absatzsteigerung bestrebt zu sein, damit die festen Kosten des Anlagevermögens auf eine möglichst große Anzahl von Erzeugnissen verteilt und deshalb je Erzeugnis (Stückkosten) möglichst niedrig gehalten werden. Es ist daher verständlich, dass eine **hohe Anlagenquote** auch die **Anpassungsfähigkeit** eines Unternehmens an Konjunkturschwankungen sowie Veränderungen in der Nachfrage **vermindert.** Je geringer die Anlagenquote ist, umso elastischer kann sich ein Unternehmen den veränderten Marktverhältnissen anpassen. Die **Anlagenintensität** ist daher zugleich ein **Maßstab für die Anpassungsfähigkeit** oder Flexibilität eines Unternehmens.

Umlaufvermögen

Das Umlaufvermögen setzt sich aus **Vorräten, Forderungen und flüssigen Mitteln** zusammen. Anhand der Entwicklung der hierfür ermittelten Quoten am Gesamtvermögen lassen sich wertvolle Erkenntnisse über die **Absatzlage** des Unternehmens gewinnen, wenn man sie mit den **Umsatzerlösen** vergleicht. Ein erhöhter Bestand an Forderungen bedeutet Absatzsteigerung, wenn zugleich die Umsatzerlöse entsprechend gestiegen sind. Eine Veränderung der **Vorratsquote** kann daher auch nur im Zusammenhang mit den Umsatzerlösen betrachtet werden.

Merke

- **Die Konstitution (AV : UV) wird weitgehend von der Branche und dem Grad der Mechanisierung und Automatisierung bestimmt.**
- **Die Anlagenintensität ist zugleich Maßstab für die Anpassungsfähigkeit und Flexibilität des Unternehmens.**
- **Vorrats- und Forderungsquoten geben Aufschluss über die Absatzlage des Unternehmens. Ein Vergleich mit den Umsatzerlösen ist notwendig.**

Beispiel

Kennzahlen der Konstitution (Vermögensstruktur)		B	V
❶ Anlagenintensität	$= \frac{\text{AV}}{\text{Gesamtvermögen}}$	0,48 = 48,0 %	0,45 = 45,0 %
❷ Ausnutzungsgrad der Sachanlagen	$= \frac{\text{Gesamtleistung}}{\text{Sachanlagen}}$	5,108 = 510,8 %	3,887 = 388,7 %
❸ Anteil des Umlaufvermögens	$= \frac{\text{UV}}{\text{Gesamtvermögen}}$	0,52 = 52,0 %	0,55 = 55,0 %
❹ Vorratsquote	$= \frac{\text{Vorräte}}{\text{Gesamtvermögen}}$	0,30 = 30,0 %	0,43 = 43,0 %
❺ Forderungsquote	$= \frac{\text{Forderungen}}{\text{Gesamtvermögen}}$	0,15 = 15,0 %	0,056 = 8,6 %
❻ Anteil der flüssigen Mittel	$= \frac{\text{Flüssige Mittel}}{\text{Gesamtvermögen}}$	0,07 = 7,0 %	0,034 = 3,4 %

Angaben lt. GuV-Rechnung:	Berichtsjahr	Vorjahr
Umsatzerlöse (vgl. S. 419)	8.200 T€	5.500 T€
Gesamtleistung (vgl. S. 419)	8.480 T€	5.520 T€

Die Anlagenintensität ❶ hat im Berichtsjahr absolut um 240 T€ (Sachanlagen) und relativ von 45 % auf 48 % zugenommen. Die Investitionen im Sachanlagenbereich deuten auf eine Kapazitätserweiterung hin, zumal die Gesamtleistung des Unternehmens ebenfalls beträchtlich von 5.520 T€ auf 8.480 T€ gestiegen ist.

Der Ausnutzungsgrad der Sachanlagen ❷ macht deutlich, dass die Kapazität des Unternehmens im Berichtsjahr besser ausgelastet ist. Hat das Unternehmen im Vorjahr mit 1 T€ Sachanlagen nur 3,9 T€ Gesamtleistung erzielt, so beträgt im Berichtsjahr die Gesamtleistung 5,1 T€ je 1 T€ Sachanlagen.

Die Vorratsquote ❹ ist sowohl absolut als auch relativ zurückgegangen. Ein Blick auf die Umsatzerlöse lässt erkennen, dass der Abbau der Vorräte im Zusammenhang mit einer beträchtlichen Absatzsteigerung der Erzeugnisse steht. Die Umschlagskennzahlen (vgl. S. 420) machen das besonders deutlich.

Die Quote der Forderungen ❺ **und der flüssigen Mittel** ❻ zeigt ebenfalls, dass sich das Unternehmen in einer außerordentlich guten Absatzlage befindet.

Zusammenfassend kann festgestellt werden, dass sich die **Vermögensstruktur** im Berichtsjahr **entscheidend verbessert** hat. Die höhere Auslastung der Kapazität muss sich zwangsläufig **günstig** auf die Kostenstruktur (fixe Kosten) auswirken.

6946410

4.1.2.4 Beurteilung der Zahlungsfähigkeit (Liquidität)

Liquidität ist die **Zahlungsfähigkeit** eines Unternehmens, die sich aus dem Verhältnis der flüssigen (liquiden) Mittel zu den **fälligen** Verbindlichkeiten ermitteln lässt. Es ist zu prüfen, ob die liquiden Mittel ausreichen, das kurzfristig fällige Fremdkapital zu decken. Denn **Zahlungsunfähigkeit** (Illiquidität) führt entweder zur **zwangsweisen Auflösung** eines Unternehmens im Rahmen eines **gerichtlichen Insolvenzverfahrens** oder in einen **außergerichtlichen Vergleich** (§ 17 Insolvenzverordnung).

Stichtagsliquidität

Der **externe** Bilanzkritiker kann lediglich die Stichtagsliquidität ermitteln, d. h. die **Zahlungsfähigkeit** des Unternehmens **zum Abschlussstichtag.** Diese hat nur begrenzten Aussagewert, da wichtige Daten der Liquiditätsberechnung aus den Abschlusszahlen nicht hervorgehen, wie **Fälligkeiten** der Verbindlichkeiten und Forderungen, **Kreditzusagen** der Banken, **laufende Ausgaben** für Personalkosten, Mieten, Steuern u. v. m. So kann sich die Liquiditätslage schon kurz nach dem Abschlussstichtag schlagartig verändern. Außerdem muss beachtet werden, dass Bilanzen in der Praxis erst weit nach dem Abschlussstichtag aufgestellt werden und deshalb lediglich eine **„historische" Analyse** der Liquiditätslage zulassen. Das Unternehmen selbst wird daher die Liquidität nicht stichtagsbezogen (statisch) aufgrund der Bilanz, sondern kurz- oder mittelfristig (dynamisch) anhand eines **Finanz- oder Liquiditätsplans** ermitteln, der auf zahlreichen Einzelplänen basiert, die den zu erwartenden Einnahmen- und Ausgabenstrom einschließlich geplanter Investitionen ausweisen. Wenn auch die bilanzmäßige Liquiditätsermittlung ungenau ist, so lassen sich aus einem Vergleich der Bilanzzahlen (Zeitvergleich) doch entsprechende Schlussfolgerungen über die **Liquiditätspolitik** des Unternehmens ziehen.

Liquiditätskennzahlen

Die Liquiditätskennzahlen berücksichtigen den Grad der Liquidität. Die **Liquidität I** (1. Grades), auch **Barliquidität** genannt, setzt die flüssigen Mittel (Kasse, Guthaben bei Kreditinstituten, börsenfähige Wertpapiere des Umlaufvermögens) ins Verhältnis zu den kurzfristigen Fremdmitteln. Die **Liquidität II**, auch **einzugsbedingte Liquidität** genannt, berücksichtigt zusätzlich die Forderungen. Die **umsatzbedingte Liquidität III** setzt schließlich das gesamte Umlaufvermögen zum **kurzfristigen Fremdkapital** in Beziehung. Nach einer Erfahrungsregel sollte mindestens die Liquidität II eine volle Deckung des kurzfristigen Fremdkapitals bringen. Die Liquidität III müsste nach einer amerikanischen Faustregel mindestens zu einer zweifachen Deckung (200 %) führen.

Merke

- **Liquidität bedeutet, dass die flüssigen Mittel ausreichen, die fälligen kurzfristigen Verbindlichkeiten zu decken.**
- **Die bilanzmäßigen Liquiditätskennzahlen sind nur unter Vorbehalt als Maßstab der Zahlungsfähigkeit des Unternehmens zu betrachten.**

Beispiel

Liquiditätskennzahlen	B	V
Liquidität I $= \frac{\text{flüssige Mittel}}{\text{kurzfristiges Fremdkapital}}$	0,50 = 50 %	0,11 = 11%
Liquidität II $= \frac{\text{(flüssige Mittel + Forderungen)}}{\text{kurzfristiges Fremdkapital}}$	1,57 = 157 %	0,40 = 40%
Liquidität III $= \frac{\text{Umlaufvermögen}}{\text{kurzfristiges Fremdkapital}}$	3,71 = 371 %	1,83 = 183%

Die Liquiditätslage des Unternehmens hat sich im Berichtsjahr gegenüber dem Vorjahr in allen drei Stufen ganz **entscheidend verbessert.** Im Vorjahr reichte die einzugsbedingte Liquidität II nicht aus, die kurzfristigen Verbindlichkeiten zu decken. Die auf den ersten Blick etwas angespannte Liquidität im Vorjahr kann aber unter Berücksichtigung der erheblichen Überdeckung durch das gesamte Umlaufvermögen (Liquidität III) noch als ausreichend bezeichnet werden. Die Verbesserung der Zahlungsfähigkeit ist auf die durchgeführte **Kapitalerhöhung** sowie **Umschuldung** und vor allem auf die erhebliche **Umsatzsteigerung** zurückzuführen. Der Bestand an sofort flüssigen Mitteln ist recht hoch. **Zur Vermeidung einer** unwirtschaftlichen **Überliquidität** müsste die Unternehmensleitung rechtzeitig entsprechende Überlegungen anstellen, wie z. B. **Abbau der Fremdmittel, Investitionen** u. a. Die dadurch eingesparten Zinsen müssten sich günstig auf die Rentabilität des Unternehmens auswirken.

Liquiditäts-Staffelrechnung

Die Liquiditätsstufen lassen sich auch anschaulich in Staffelform darstellen:

Beispiel

Liquiditäts-Staffelrechnung in T€	Berichtsjahr	Vorjahr
Flüssige Mittel	280	120
– Kurzfristiges Fremdkapital	560	1.080
= Unterdeckung (1. Stufe)	– 280	– 960
+ Forderungen	600	310
= Über- bzw. Unterdeckung (2. Stufe)	320	– 650
+ Vorräte	1.200	1.550
= Überdeckung (3. Stufe)	1.520	900

Zusammenfassende Beurteilung

Die Kennzahlen der Bilanzstruktur der Wernick GmbH zeigen im Hinblick auf die **Finanzierung, Anlagendeckung, Konstitution und Liquidität** im Vergleich zum Vorjahr (Zeitvergleich) eine sehr **positive Entwicklung**. Die entscheidenden Verbesserungen wurden offensichtlich durch die **Kapitalerhöhung** und **Gewinnthesaurierung** sowie den **Abbau der kurzfristigen Fremdmittel** eingeleitet. Hinzu kommt, dass sich das Unternehmen im konjunkturellen Aufwind befindet. Die Unternehmensleitung ist offensichtlich bestrebt, die finanzielle Stabilität in dieser Phase noch weiter zu festigen.

Aufgabe 459

Nach der Aufbereitung zeigt die Bilanz eines Industrieunternehmens die folgende Vermögens- und Kapitalstruktur:

Vermögen	T€	%	Aufbereitete Bilanz	T€	% (Kapital)
I. Anlagevermögen	2.400	30	I. Eigenkapital	4.800	60
II. Umlaufvermögen			II. Fremdkapital		
1. *nicht* flüssig (Vorräte)	3.300	70	1. *langfristig* (Hyp. und Darl.)	2.000	40
2. *bedingt* flüssig (Forderungen a. LL)	1.700		2. *kurzfristig* (Verbindl. a. LL u. a.)	1.200	
3. *sofort* flüssig (Kasse, Postbank, Bankguthaben)	600				
	8.000	100		8.000	100

Beurteilen Sie auch unter Berücksichtigung von Branchenrichtwerten ()

a) die Finanzierung oder Kapitalausstattung (35 : 65),

b) den Vermögensaufbau (25 : 75),

c) die Anlagenfinanzierung bzw. -deckung (Deckung I: 80 %; II: 120 %) sowie

d) die Zahlungsfähigkeit (Liquidität) des Unternehmens.

6946412

Aufgabe 460

Aktiva	Berichtsjahr T€	Vorjahr T€	Passiva	Berichtsjahr T€	Vorjahr T€
TA u. Maschinen	960	830	Gezeichnetes Kapital	1.160	1.160
Fuhrpark	130	160	Gewinnrücklage	340	120
BGA	610	390	Gewinnvortrag	100	–
Werkstoffe	350	720	Bilanzgewinn	200	100
Fertigerzeugnisse	800	1.100	Eigenkapital	1.800	1.380
Handelswaren	50	30	Rückstellungen	80	60
Forderungen a. LL	820	370	Darlehensschulden	1.600	1.230
Kasse	20	15	Verbindlichkeiten a. LL	520	1.150
Bank	260	205			
	4.000	3.820		4.000	3.820

Anmerkungen: Der Bilanzgewinn soll nicht ausgeschüttet, sondern auf neue Rechnung vorgetragen werden. Die Rückstellungen sind je zur Hälfte lang- und kurzfristig. Die **Gesamtleistung** (Umsatzerlöse ± Bestandsveränderungen + aktivierte Eigenleistungen) betrug lt. GuV im Berichtsjahr 7.800 T€, im Vorjahr 5.800 T€.

1. *Bereiten Sie die oben stehenden Bilanzen der Metallwerke Günter Heider GmbH entsprechend dem Aufbereitungsschema auf Seite 405 auf.*
2. *Ermitteln und beurteilen Sie die Kennzahlen a) der Finanzierung, b) der Anlagendeckung, c) der Liquidität und d) der Vermögensstruktur.*
3. *Worauf führen Sie die hohen Vorräte im Vorjahr zurück?*
4. *Fassen Sie das Ergebnis Ihrer Auswertung in einem Kurzbericht zusammen.*

Aufgabe 461

Die teilweise aufbereiteten Bilanzen der Textilveredlungsgesellschaft mbH lauten:

Aktiva	Berichtsjahr T€	Vorjahr T€	Passiva	Berichtsjahr T€	Vorjahr T€
Sachanlagen	4.350	3.550	Gezeichnetes Kapital	3.500	2.500
Finanzanlagen	650	500	Gewinnrücklage	1.450	650
Vorräte	2.800	3.875	Bilanzgewinn	325	75
Forderungen a. LL	1.500	775	Rückstellungen	200	150
Flüssige Mittel	700	300	langfr. Verbindlichkeiten	3.500	2.575
			kurzfr. Verbindlichkeiten	1.025	3.050
	10.000	9.000		10.000	9.000

Angaben lt. GuV-Rechnung (vgl. S. 430)	**Berichtsjahr**	**Vorjahr**
Gesamtleistung	21.700 T€	13.500 T€
Jahresgewinn	1.125 T€	475 T€
– Einstellung in die Gewinnrücklage	800 T€	400 T€
= Bilanzgewinn	325 T€	75 T€

Anmerkungen zur Bilanzaufbereitung: Die Rückstellungen sind je zur Hälfte kurz- und langfristig. Der Bilanzgewinn wird jeweils im März nächsten Jahres voll ausgeschüttet.

1. *Bereiten Sie die Bilanzen entsprechend dem Aufbereitungsschema auf Seite 405 auf und stellen Sie jeweils die Veränderungen der Vermögens- und Kapitalposten fest.*
2. *Errechnen Sie für die Vergleichsjahre jeweils die Kennzahlen a) der Finanzierung, b) der Anlagendeckung, c) der Konstitution, d) der Liquidität.*
3. *Führen Sie die Vermögens-Deckungsrechnung und Liquiditätsrechnung auch in Staffelform durch.*
4. *Beurteilen Sie die Entwicklung der Textilveredlungsgesellschaft mbH anhand der Kennzahlen in den beiden Vergleichsjahren und versuchen Sie die Ursachen der Veränderungen offenzulegen. Stellen Sie sich bei der Beurteilung stets folgende Fragen:*
   a) *Wie ist die Entwicklung in absoluten und relativen Zahlen?*
   b) *Worauf ist die positive oder negative Entwicklung zurückzuführen?*
   c) *Welche weiteren Maßnahmen zur Verbesserung der Finanzierung, Anlagendeckung, Vermögensstruktur und Liquidität würden Sie der Unternehmensleitung empfehlen?*

4.2 Bewegungsbilanz als Instrument zur Aufdeckung der Finanzierungs- und Investitionsvorgänge

Beständebilanz vs. Bewegungsbilanz

Die Bestände der Schlussbilanz zum Bilanzstichtag (= Beständebilanz) sagen nichts über die Finanzierungsvorgänge im Geschäftsjahr aus, d. h. woher die finanziellen Mittel stammen, die dem Unternehmen im Abrechnungszeitraum zugeflossen sind **(Mittelherkunft)**, und wofür diese Mittel im gleichen Zeitraum verwendet worden sind **(Mittelverwendung)**. Herkunft und Verbleib der Finanzierungsmittel im Geschäftsjahr werden erst dadurch offengelegt, dass man **zwei** aufeinander folgende **Bilanzen** miteinander **vergleicht** und die **Veränderungen (Bewegungen)** in den Bilanzposten (+ bzw. –) ermittelt (=Bewegungsbilanz).

Aus einem Vergleich der Vermögens- und Kapitalposten zweier aufeinander folgender Jahresbilanzen stellen wir **vier typische Veränderungen** auf der Aktiv- und Passivseite fest:

Mittelverwendung — **Bewegungsbilanz**	Mittelherkunft
■ **Erhöhung von Aktivposten** (z. B. Zunahme Technische Anlagen und Maschinen)	■ **Minderung von Aktivposten** (z. B. Abnahme von Forderungen)
■ **Minderung von Passivposten** (z. B. Abbau von Darlehensschulden)	■ **Erhöhung von Passivposten** (z. B. Zunahme Eigenkapital oder Fremdkapital)
Wohin sind die Mittel geflossen?	**Woher** stammen die Mittel?

Stellt man nun diese vier Veränderungen nach Mittelherkunft und Mittelverbleib gegenüber, erhält man die **Bewegungsbilanz**. Sie gewährt Einblick in den Umfang und die Art der **Zu- und Abflüsse der Finanzierungsmittel** während des Geschäftsjahres.

Beispiel

Die aufbereiteten Bilanzen der Wernick GmbH enthalten bereits die Veränderungen (+ bzw. –) der Vermögens- und Kapitalposten des Berichtsjahres gegenüber dem Vorjahr (vgl. S. 405). Daraus lässt sich die Bewegungsbilanz nach obigem Grundschema schnell erstellen:

Mittelverwendung			**Bewegungsbilanz in T€**		Mittelherkunft
I. Zunahme der Aktiva			**I. Zunahme der Passiva**		
1. Investitionen im AV			1. Eigenkapital		
Sachanlagen	240		Gezeichnetes Kapital	400	
Finanzanlagen	60	300	Rücklagen	140	540
2. Zugänge im UV			2. Fremdkapital		
Forderungen a. LL	290		langfristiges FK		380
Flüssige Mittel	160	450			
II. Abnahme der Passiva			**II. Abnahme der Aktiva**		
Rückzahlung kurzfr. FK		520	Vorräte		350
		1.270			1.270

Beurteilung

Die Bewegungsbilanz macht deutlich, dass der Wernick GmbH im Berichtsjahr insgesamt **1.270 T€ Finanzierungsmittel zur Verfügung standen.** Diese stammten vor allem aus der Kapitalerhöhung in Höhe von 400 T€ und der Einbehaltung von Gewinn im Betrag von 140 T€. Weitere Mittel in Höhe von 380 T€ flossen dem Unternehmen durch Erhöhung des langfristigen Fremdkapitals zu. Durch den Abbau (Verkauf) der Vorräte wurden darüber hinaus 350 T€ an Mitteln freigesetzt. Die Finanzierungsmittel wurden im Bereich des Anlage- und Umlaufvermögens **investiert.** Vor allem dienten die finanziellen Mittel dem **Abbau des kurzfristigen Fremdkapitals** in Höhe von 520 T€.

6946414

Merke

- **Die Bewegungsbilanz legt Herkunft und Verbleib der Finanzierungsmittel eines Geschäftsjahres offen. Sie ist ein Instrument zur Beurteilung der Finanzierung.**
- **Die Bewegungsbilanz unterscheidet sich von der Kapitalflussrechnung (engl.: cashflow statement). Während die Bewegungsbilanz Mittelherkunft und Mittelverwendung insgesamt untersucht und einen groben Rahmen für Finanzierungsvorgänge liefert, stellt die Kapitalflussrechnung die Liquidität in den Vordergrund, indem sie die zahlungswirksamen Veränderungen offenlegt.**

Finanzierung aus Abschreibungen

Abschreibungen werden als Kostenbestandteil in die Verkaufspreise der Erzeugnisse einkalkuliert. Sie fließen über die Erlöse wieder in das Unternehmen zurück und stehen somit zur Finanzierung von Ersatz- und Neuinvestitionen zur Verfügung. Die Bewegungsbilanz wird aussagefähiger, wenn man den Anlagenzugängen die Abschreibungen und Abgänge gegenüberstellt. Dadurch wird auf einen Blick erkennbar, in welcher Höhe Abschreibungen und Anlagenabgänge zur **Finanzierung der Anlageninvestitionen** beigetragen haben.

Beispiel

Der Anlagenspiegel der Wernick GmbH weist für das Berichtsjahr u. a. aus:

Anlagevermögen	Zugänge in T€	Abgänge in T€	Abschreibungen in T€
Sachanlagen	510	20	250
Finanzanlagen	70	–	10
Gesamtsumme	**580**	**20**	**260**

Unter Berücksichtigung der **Bruttozugänge** (580 T€) und der **Abschreibungen und Abgänge** (insgesamt 280 T€) ergibt sich die folgende noch aussagefähigere Bewegungsbilanz:

Mittelverwendung			**Bewegungsbilanz in T€**		Mittelherkunft
I. Investitionen im AV			**I. Finanzierung aus**		
1. Sachanlagen	510		1. Abgängen	20	
2. Finanzanlagen	70	580	2. Abschreibungen	260	280
II. Zugänge im UV			**II. Eigenkapitalmehrung**		540
1. Forderungen a. LL	290		**III. Langfristiges FK**		380
2. Flüssige Mittel	160	450	**IV. Mittelfreisetzung durch Abbau der Vorräte**		350
III. Tilgung von FK					
Kurzfristige Verbindl.		520			
		1.550			1.550

Investitionsfinanzierung aus Abschreibungen

Die Bewegungsbilanz lässt erkennen, dass 48 % der Anlageninvestitionen durch Abschreibungen und Abgänge finanziert wurden. Bezieht man die Abschreibungen auf die **Nettozugänge**, ergeben sich 46 %.

	Anlagenzugänge	580 T€
–	Abgänge	20 T€
=	Nettozugänge (Nettoinvestitionen)	560 T€
	Abschreibungen	260 T€
	Abschreibungen in Prozent der Nettozugänge	46 %

Merke

Die Abschreibungen auf das Anlagevermögen stellen ein bedeutendes Mittel der Finanzierung von Anlageninvestitionen dar.

Aufgabe 462

Aktiva	Berichtsjahr T€	Vorjahr T€	Passiva	Berichtsjahr T€	Vorjahr T€
I. Anlagevermögen			**I. Eigenkapital**	3.000	1.600
1. TA und Maschinen	1.480	1.000	**II. Fremdkapital**		
2. Fuhrpark	280	100	1. Darlehenssch.	1.530	1.200
3. BGA	500	200	2. Verbindlichkeiten a. LL	470	1.200
II. Umlaufvermögen					
1. Vorräte	1.400	1.650			
2. Forderg. a. LL	800	600			
3. Kassenbestand	20	10			
4. Guthaben bei Kreditinstituten	520	440			
	5.000	4.000		5.000	4.000

1. *Bereiten Sie die Bilanzen der Möbelfabrik Peter Möbs GmbH entsprechend dem Aufbereitungsschema auf Seite 405 auf und stellen Sie jeweils die Veränderungen der Vermögens- und Kapitalposten fest.*
2. *Ermitteln Sie die Kennzahlen zur Beurteilung der*
   a) Finanzierung, b) Anlagendeckung, c) Liquidität, d) Vermögensstruktur.
3. *Beurteilen Sie die Entwicklung des Unternehmens in den Vergleichsjahren aufgrund der Kennzahlen und versuchen Sie die Ursachen der Veränderungen offenzulegen. Stellen Sie sich dabei stets folgende Fragen:*
   a) Wie ist die Entwicklung in absoluten und relativen Zahlen?
   b) Worauf könnte die positive oder negative Entwicklung zurückzuführen sein?
   c) Welche weiteren Maßnahmen zur Verbesserung der Finanzierung, Anlagendeckung, Liquidität und Vermögensstruktur würden Sie der Unternehmensleitung empfehlen?

Aufgabe 463

1. *Erstellen Sie für die Möbelfabrik Peter Möbs GmbH (Aufgabe 461) anhand der Veränderungsspalte im Aufbereitungsschema eine Bewegungsbilanz.*
2. *Erläutern Sie die Mittelherkunft und Mittelverwendung im Berichtsjahr.*

Aufgabe 464

1. *Entwickeln Sie aus den Zahlen der aufbereiteten Bilanzen der Metallwerke Günter Heider GmbH (Aufgabe 459) eine Bewegungsbilanz für das Berichtsjahr.*
2. *Erläutern Sie anhand der Zahlen der Bewegungsbilanz die Finanzierungs- und Investitionsvorgänge des Unternehmens im Berichtsjahr.*

Aufgabe 465

Der Anlagenspiegel (Auszug) der Textilveredlungsgesellschaft mbH (Aufgabe 460) weist für das Berichtsjahr u. a. folgende Zahlen aus:

Anlagevermögen	Zugänge	Abgänge	Abschreibungen
Sachanlagen	1.800 T€	120 T€	880 T€
Finanzanlagen	170 T€	–	20 T€
Gesamt	1.970 T€	120 T€	900 T€

1. *Errechnen Sie die Nettozugänge (Nettoinvestitionen) im Anlagevermögen.*
2. *Stellen Sie den Nettozugängen die Abschreibungen gegenüber und ermitteln Sie den prozentualen Anteil der Abschreibungen zur Finanzierung der Nettoinvestitionen.*
3. *Wie beurteilen Sie im vorliegenden Fall die Investitionsfinanzierung durch Abschreibungen?*
4. *Begründen Sie, inwiefern der Abschreibungsrückfluss ein bedeutendes Mittel der Finanzierung des Unternehmens darstellt.*

6946416

Aufgabe 466

1. *Erstellen Sie für die Textilveredlungsgesellschaft mbH eine Bewegungsbilanz anhand der Zahlen der aufbereiteten Bilanzen (Aufgabe 460) und des Anlagenspiegels (Aufgabe 464).*

2. *Beurteilen Sie anhand der Bewegungsbilanz die Finanzierungsvorgänge (Mittelherkunft und Mittelverwendung) während des Berichtsjahres. Stellen Sie sich dazu folgende Fragen:*
   a) *Wie hoch war der Gesamtzufluss der Mittel im Berichtsjahr?*
   b) *Aus welchen Quellen stammen vor allem die finanziellen Mittel?*
   c) *In welcher Höhe ergaben sich Mittel aus der Selbstfinanzierung (Abschreibungen, Anlagenabgänge, Gewinnzuführung in die Rücklagen), der Eigenfinanzierung (Erhöhung des Gezeichneten Kapitals), der Fremdfinanzierung und der Mittelfreisetzung durch Abbau des Umlaufvermögens (Umfinanzierung)?*
   d) *Wie hoch waren die Investitionen im Anlagenbereich und im Bereich des Umlaufvermögens? In welcher Höhe wurden Fremdmittel abgebaut?*

Aufgabe 467

Die bereits teilweise aufbereiteten Bilanzen der Maschinenbau AG lauten:

Aktiva	**Berichtsjahr T€**	**Vorjahr T€**	**Passiva**	**Berichtsjahr T€**	**Vorjahr T€**
Anlagevermögen			**Eigenkapital**		
Sachanlagen	4.190	3.977	Gezeichnetes Kapital	2.000	2.000
Finanzanlagen	162	153	Gesetzliche Rücklage	400	400
Umlaufvermögen			Andere Gewinnrückl.	880	980
Roh-, Hilfsstoffe	2.270	1.920	Bilanzgewinn	230	410
Unfertige Erzeugnisse	1.780	1.810	**Rückstellungen**		
Fertige Erzeugnisse	1.208	391	Pensionsrückstellungen	970	790
Forderungen a. LL	1.355	1.570	Sonst. Rückstellungen	580	610
Sonst. Forderungen	100	280	**Langfristige Verbindl.**	1.320	1.360
Flüssige Mittel	110	102	**Kurzfristige Verbindl.**		
ARA	15	17	Verbindlichk. a. LL	2.800	2.390
			Bankschulden	1.060	450
			Sonstige Verbindl.	940	810
			PRA	10	20
	11.190	10.220		11.190	10.220

Anmerkungen zur Aufbereitung der Bilanzen: Pensionsrückstellungen gelten als langfristig. Sonstige Rückstellungen sind je zur Hälfte als lang- und kurzfristig anzusehen. Im Vorjahr wurde eine Dividende von 15 %, im Berichtsjahr von 11 % vom Aktienkapital ausgeschüttet.

Angaben lt. GuV-Rechnung (vgl. S. 430)	**Berichtsjahr**	**Vorjahr**
Umsatzerlöse	17.210 T€	18.720 T€
+ Bestandsmehrung an Erzeugnissen	787 T€	10 T€
= Gesamtleistung	17.997 T€	18.730 T€
Jahresüberschuss	20 T€	320 T€
+ Gewinnvortrag	110 T€	90 T€
	130 T€	410 T€
+ Entnahmen aus Rücklagen	100 T€	–
= Bilanzgewinn	230 T€	410 T€

1. *Bereiten Sie die Bilanzen für das Berichtsjahr und das Vorjahr unter Berücksichtigung der vorstehenden Angaben auf.*
2. *Errechnen Sie gleichzeitig die Veränderungen im Aufbereitungsschema.*
3. *Ermitteln Sie die Kennzahlen für die Beurteilung der*
   a) Finanzierung,
   b) Anlagendeckung einschließlich Deckungsrechnung in Staffelform,
   c) Konstitution,
   d) Liquidität einschließlich der Liquiditäts-Staffelrechnung.
4. *Wie beurteilen Sie die Kapitalausstattung in beiden Jahren?*
5. *Wie beurteilen Sie die Zusammensetzung des Fremdkapitals, d. h. das Verhältnis zwischen langfristigen und kurzfristigen Fremdmitteln? Welche Schlussfolgerungen ziehen Sie daraus?*
6. *Worauf führen Sie die absolute Abnahme des Eigenkapitals zurück?*
7. *Was kann über die Liquidität an den beiden Abschlussstichtagen gesagt werden?*
8. *Worauf führen Sie die Erhöhung der Vorräte im Berichtsjahr zurück? Beachten Sie in diesem Zusammenhang auch die Angaben zur Gewinn- und Verlustrechnung.*
9. *Wie beurteilen Sie die Anlagendeckung in beiden Jahren? Kann die Kapitalausstattung des Unternehmens unter Berücksichtigung der Anlagendeckung anders beurteilt werden?*
10. *Würden Sie eine Änderung der Kapitalausstattung für sinnvoll halten? Begründen Sie Ihre Meinung und machen Sie Verbesserungsvorschläge.*
11. *Halten Sie eine Dividendenausschüttung im Berichtsjahr in Höhe von 11 % vom wirtschaftlichen Standpunkt aus für gerechtfertigt? Schauen Sie sich in diesem Zusammenhang die Angaben zur Gewinn- und Verlustrechnung an, d. h. die Entwicklung vom Jahresgewinn zum Bilanzgewinn im Berichtsjahr.*
12. *Worauf führen Sie unter Beachtung der Angaben zur Erfolgsrechnung die negative Entwicklung vom Vorjahr zum Berichtsjahr vor allem zurück?*
13. *Fassen Sie das Ergebnis Ihrer Auswertung in einem kurzen Bericht zusammen und beurteilen Sie Lage und Entwicklung des Unternehmens. Machen Sie Vorschläge, wie die Kapitalausstattung und damit die Liquidität des Unternehmens entscheidend verbessert werden können.*

Aufgabe 468

Das Sachanlagevermögen der Maschinenbau AG entwickelte sich in den Vergleichsjahren wie folgt:

Sachanlagenentwicklung	Berichtsjahr	Vorjahr
Bestand 1. Januar zum Buchwert	3.977 T€	4.120 T€
+ Zugänge	613 T€	325 T€
	4.590 T€	4.445 T€
− Abgänge	10 T€	–
	4.580 T€	4.445 T€
− Abschreibungen	390 T€	468 T€
= Bestand 31. Dezember zum Buchwert	4.190 T€	3.977 T€

1. *Ermitteln Sie die Nettozugänge bzw. Nettoinvestitionen des Sachanlagevermögens.*
2. *Beurteilen Sie die Finanzierung der Nettoinvestitionen aus Abschreibungen. Errechnen Sie die Abschreibungen in Prozent der Nettozugänge.*

Aufgabe 469

1. *Erstellen Sie aufgrund der aufbereiteten Bilanzen und der Angaben über die Entwicklung des Sachanlagevermögens eine Bewegungsbilanz.*
2. *Erklären und begründen Sie anhand der Bewegungsbilanz, dass Ihre oben in Aufgabe 466 gemachten Aussagen über die Finanzierung und die Liquidität des Unternehmens durch die Mittelherkunfts- und Mittelverwendungsrechnung bestätigt werden.*

4.3 Auswertung der Erfolgsrechnung

Notwendigkeit

Zur Beurteilung der Lage und Entwicklung eines Unternehmens reichen die Bilanzen allein nicht aus. Sie weisen zwar auch die Höhe des Erfolges aus, erklären aber nicht das **Zustandekommen des Erfolges.** Das ist Aufgabe der **Gewinn- und Verlustrechnung.** Eine Bilanzkritik kann deshalb nur dann vollständig und aussagefähig sein, wenn sie die Zahlen der Erfolgsrechnung in die betriebswirtschaftliche Auswertung einbezieht. Nur so lassen sich Kennzahlen bilden, die Aufschluss über die **Wirtschaftlichkeit** des betrieblichen Leistungsprozesses und die **Rentabilität** des Kapitaleinsatzes geben. Im Rahmen der Erfolgsanalyse geht es daher vor allem um die Beantwortung folgender Fragen:

Hat der Betrieb im Vergleichszeitraum wirtschaftlich gearbeitet?

Hat sich der Einsatz des Kapitals gelohnt (Rentabilität)?

Die Staffelform der Gewinn- und Verlustrechnung zeigt übersichtlich die Entstehung des Jahresergebnisses, wenn man wichtige **Zwischenergebnisse** ermittelt, wie **Gesamtleistung, Jahresüberschuss/Jahresfehlbetrag** und den **Bilanzgewinn/Bilanzverlust.**

Beispiel

Grundlage für die in den folgenden Abschnitten dargestellten **Kennzahlen der Erfolgsanalyse** sind die Bilanzen (vgl. S. 405) und die Gewinn- und Verlustrechnungen des **Ausgangsbeispiels.** Die folgenden Erfolgsrechnungen wurden in einigen Positionen zusammengefasst:

Erfolgsrechnung der Wernick GmbH	Berichtsjahr		Vorjahr	
	T€	T€	T€	T€
1. Umsatzerlöse		8.200		5.500
2. + Bestandserhöhung an Erzeugnissen		280		20
3. Gesamtleistung (betriebliche Erträge)		8.480		5.520
4. Sonstige Erträge		+ 75		+ 53
5. Materialaufwand	5.168		3.036	
6. Personalaufwand	2.550		1.892	
7. Abschreibungen	260		170	
8. Sonstige Aufwendungen	180	– 8.158	140	– 5.258
9. Zinserträge	12		4	
10. Zinsaufwendungen	130	– 118	180	– 176
11. Steuern		– 29		– 19
12. Jahresüberschuss		250		120
13. Einstellung in andere Gewinnrücklagen		140		90
14. Bilanzgewinn		110		30

Durchschnittsbestände

Aus bestimmten Posten der Bilanz und GuV-Rechnung lassen sich **Umschlagskennzahlen** der Roh-, Hilfs- und Betriebsstoffe, der Forderungen a. LL und des Kapitals sowie **Rentabilitätskennzahlen** für das Eigen- und Gesamtkapital ermitteln. Um Zufallsschwankungen auszuschalten, rechnet man mit dem jeweiligen **Mittelwert** aus Anfangs- und Endbestand eines Jahres:

Durchschnittsbestand (z. B. Material, Forderungen a. LL, Eigen-/Gesamtkapital)

$$\text{Durchschnittsbestand} = \frac{\text{Anfangsbestand} + \text{Schlussbestand}}{2}$$

4.3.1 Umschlagskennzahlen

Maßstab der Wirtschaftlichkeit

Umschlagskennzahlen sind ein Maßstab zur Beurteilung und Kontrolle der Wirtschaftlichkeit des Betriebsprozesses, also des **Verhältnisses der Leistungen zu den Kosten**: Sie werden ermittelt, indem man **bestimmte Posten der Bilanz** (Materialbestände, Forderungen a. LL, Kapital) zum **Materialaufwand** bzw. zu den **Umsatzerlösen** in Beziehung setzt.

4.3.1.1 Lagerumschlag der Werkstoffbestände

Die Lagerumschlagshäufigkeit der Werkstoffbestände errechnet sich aus dem Verhältnis von Materialaufwendungen zum Durchschnittsbestand der Roh-, Hilfs- und Betriebsstoffe. Sie gibt an, **wie oft** in einem Jahr der **durchschnittliche Lagerbestand umgesetzt**, d. h. verbraucht und ersetzt wurde:

$$\textbf{Lagerumschlaghäufigkeit} = \frac{\textbf{Umsatzerlöse}}{\textbf{durchschnittlicher Werkstoffbestand}}$$

Die durchschnittliche Lagerdauer ergibt sich, indem man das Jahr mit 360 Tagen ansetzt und durch die Umschlagshäufigkeit dividiert:

$$\textbf{Durchschnittliche Lagerdauer} = \frac{360}{\textbf{Lagerumschlagshäufigkeit}}$$

Beispiel

Wernick GmbH	Berichtsjahr	Vorjahr
Roh-, Hilfs- und Betriebsstoffe Fertige Erzeugnisse Vorratsvermögen lt. Bilanz	110 T€ 1.090 T€ 1.200 T€	740 T€ 810 T€ 1.550 T€
Materialeinsatz lt. GuV-Rechnung	5.168 T€	3.036 T€
Durchschn. Werkstofflagerbestand	$\frac{110\text{ T€} + 740\text{ T€}}{2} = \mathbf{425\text{ T€}}$	$\frac{740\text{ T€} + 20\text{ T€}^{1}}{2} = \mathbf{380\text{ T€}}$
Lagerumschlagshäufigkeit	$\frac{5.168\text{ T€}}{425\text{ T€}} = \mathbf{12\text{-mal}}$	$\frac{3.036\text{ T€}}{380\text{ T€}} = \mathbf{8\text{-mal}}$
Durchschnittliche Lagerdauer	$\frac{360\text{ Tage}}{12} = \mathbf{30\text{ Tage}}$	$\frac{360\text{ Tage}}{8} = \mathbf{45\text{ Tage}}$

Lagerumschlagshäufigkeit und -dauer haben sich im Berichtsjahr ganz **entscheidend verbessert**. Die **hohe** Umschlagshäufigkeit trägt dazu bei, dass der **Kapitaleinsatz geringer** wird, da in **kürzeren** Abständen (30 statt 45 Tage) immer wieder **Kapital zurückfließt**. Dadurch werden **Zinsen und Lagerkosten geringer**, was sich **positiv auf** die **Wirtschaftlichkeit**, den **Gewinn** und die **Rentabilität** auswirkt.

Merke

Je höher die Umschlagshäufigkeit des Lagerbestandes ist, desto

- **kürzer ist die Lagerdauer,**
- **geringer sind der Kapitaleinsatz und das Lagerrisiko,**
- **geringer sind die Kosten für die Lagerhaltung (Zinsen, Schwund, Verwaltungskosten),**
- **höher ist die Wirtschaftlichkeit und**
- **höher ist letztlich der Gewinn und damit die Rentabilität.**

[1] 20 = Bestand vom 1. Januar des Vorjahres.

6946420

4.3.1.2 Umschlag der Forderungen

Die Kennzahlen des Forderungsumschlags sind zugleich ein Maßstab zur Beurteilung der Liquidität eines Unternehmens:

$$\textbf{Umschlagshäufigkeit der Forderungen} = \frac{\textbf{Umsatzerlöse}}{\textbf{durchschnittlicher Forderungsbestand}}$$

Daraus ergibt sich die **Laufzeit** der Forderungen, d. h. die von den Kunden durchschnittlich in Anspruch genommene **Kreditdauer (Zahlungsziel)**:

$$\textbf{Durchschnittliche Kreditdauer in Tagen} = \frac{\textbf{360 Tage}}{\textbf{Umschlagshäufigkeit der Forderungen}}$$

Beispiel

Wernick GmbH	Berichtsjahr	Vorjahr
Forderungen a. LL lt. Bilanz	600 T€	310 T€
Durchschnittlicher Forderungsbestand	$\frac{600\text{ T€} + 310\text{ T€}}{2} = 455\text{ T€}$	$\frac{310\text{ T€} + 790\text{ T€}^{1}}{2} = 550\text{ T€}$
Umsatzerlöse lt. GuV	8.200 T€	5.500 T€
Umschlagshäufigkeit	8.200 T€ : 455 T€ = **18-mal**	5.500 T€ : 550 T€ = **10-mal**
Durchschnittliche Kreditdauer	360 : 18 = **20 Tage**	360 Tage : 10 = **36 Tage**

Im Berichtsjahr nahmen die Kunden durchschnittlich ein **Zahlungsziel von 20 Tagen** gegenüber 36 Tagen im Vorjahr in Anspruch. Unterstellt man ein übliches Zahlungsziel von 30 Tagen, so wird dieses im Berichtsjahr von der Mehrzahl der Kunden weit unterschritten (Skonto!). **Der hohe Forderungsumschlag hat sich günstig auf die Liquidität ausgewirkt.**

Merke

Je rascher der Forderungsumschlag, desto

- **kürzer ist die durchschnittliche Kreditdauer,**
- **besser ist die eigene Liquidität,**
- **geringer sind Zinsbelastung und Ausfallrisiko,**
- **höher sind Wirtschaftlichkeit und Rentabilität.**

4.3.1.3 Kapitalumschlag

Zur Ermittlung der Kapitalumschlagshäufigkeit wird der Umsatz mit dem durchschnittlichen Eigen- oder Gesamtkapital (Eigen- und Fremdkapital) in Beziehung gesetzt:

$$\textbf{Umschlagshäufigkeit des Eigenkapitals} = \frac{\textbf{Umsatzerlöse}}{\textbf{durchschnittliches Eigenkapital}}$$

$$\textbf{Umschlagshäufigkeit des Gesamtkapitals} = \frac{\textbf{Umsatzerlöse}}{\textbf{durchschnittliches Gesamtkapital}}$$

$$\textbf{Durchschnittliche Kapitalumschlagsdauer} = \frac{\textbf{360 Tage}}{\textbf{Kapitalumschlagshäufigkeit}}$$

Die **Kapitalumschlagshäufigkeit** gibt an, **wie oft** das **Kapital über die Umsatzerlöse zurückgeflossen ist**. Je rascher der Umschlagsprozess vor sich geht, desto geringer ist der erforderliche Kapitaleinsatz, da in kürzeren Abständen immer wieder Kapital vom Markt zurückfließt. Bei **hoher Kapitalumschlagshäufigkeit** kann man deshalb mit einem verhältnismäßig **niedrigen Kapitaleinsatz** zu einer entsprechend hohen Rendite und infolge des raschen Kapitalrückflusses zu einer **günstigen Liquidität** gelangen.

1 790 = Bestand vom 1. Januar des Vorjahres.

Beispiel

Wernick GmbH	Berichtsjahr	Vorjahr
Eigenkapital am 1. Januar Eigenkapital am 31. Dezember	1.260 T€ 1.800 T€	1.170 T€[1] 1.260 T€
Durchschnittliches Eigenkapital	3.060 T€ : 2 = 1.530 T€	2.430 T€ : 2 = 1.215 T€
Umsatzerlöse lt. GuV	8.200 T€	5.500 T€
EK-Umschlagshäufigkeit	8.200 T€ : 1.530 T€ = **5,36**	5.500 T€ : 1.215 T€ = **4,53**
EK-Umschlagsdauer	360 Tage : 5,36 = **67 Tage**	360 Tage : 4,53 = **79 Tage**
Gesamtkapital 1. Januar Gesamtkapital 31. Dezember	3.600 T€ 4.000 T€	3.500 T€ 3.600 T€
Durchschnittliches Gesamtkapital	7.600 T€ : 2 = 3.800 T€	7.100 T€ : 2 = 3.550 T€
GK-Umschlagshäufigkeit	8.200 T€ : 3.800 T€ = **2,158**	5.500 T€ : 3.550 T€ = **1,549**
GK-Umschlagsdauer	360 Tage : 2,158 = **167 Tage**	360 Tage : 1,549 = **232 Tage**

Die Kapitalumschlagszahlen der Wernick GmbH **kennzeichnen** ebenfalls die **positive Entwicklung** des Unternehmens im Berichtsjahr.

Merke

Je höher die Kapitalumschlagshäufigkeit ist, desto

- **rascher fließt das Kapital über die Erlöse zurück,**
- **geringer ist der erforderliche Kapitaleinsatz,**
- **höher ist die Rentabilität,**
- **günstiger ist die Liquidität des Unternehmens.**

4.3.2 Kennzahlen der Rentabilität

Maßstab der Ertragskraft

Der Gewinn ist das Hauptziel jeder unternehmerischen Tätigkeit. Die absolute Höhe des Jahresgewinns allein ist allerdings ohne Aussagekraft. Erst wenn man den Gewinn zum durchschnittlich eingesetzten Kapital oder zum Umsatz in Beziehung setzt, erhält man Auskunft darüber, ob sich der Einsatz des Kapitals gelohnt hat. Die **Rentabilität**, also das **Verhältnis des Gewinns zum Eigenkapital, Gesamtkapital oder Umsatz**, ist ein wichtiger Maßstab zur Beurteilung der Ertragskraft eines Unternehmens. Man unterscheidet deshalb: **Rentabilität des Eigenkapitals (Unternehmerrentabilität), Rentabilität des Gesamtkapitals (Unternehmungsrentabilität) und Umsatzrentabilität (Umsatzverdienstrate).**

Jahresgewinn

Als Jahresgewinn wird der in der Gewinn- und Verlustrechnung ausgewiesene Jahresüberschuss zu Grunde gelegt, der sich aus der Differenz der Erträge zu den Aufwendungen und Steuern ergibt (siehe S. 419). Der so ermittelte Jahresgewinn wird zum durchschnittlich eingesetzten Kapital (Mittelwert aus Anfangs- und Schlusskapital) in Beziehung gesetzt.

Unternehmerlohn

Bei **Einzelunternehmen und Personengesellschaften** muss der **Jahresgewinn** noch **um** den **Unternehmerlohn** für die mitarbeitenden Inhaber **gekürzt** werden. Nur dann ist ein Vergleich mit einer Kapitalgesellschaft (z. B. GmbH) der gleichen Branche möglich, in der die Gehälter der geschäftsführenden Gesellschafter als Aufwand (Betriebsausgabe) erfolgswirksam gebucht werden.

1 1.170 T€ = Bestand vom 1. Januar des Vorjahres.

4.3.2.1 Rentabilität des Eigenkapitals (Unternehmerrentabilität)

Sie wird ermittelt, indem man den Jahresgewinn zum durchschnittlich eingesetzten Eigenkapital in Beziehung setzt:

Eigenkapitalrentabilität

$$= \frac{\text{Jahresgewinn}}{\text{durchschnittliches Eigenkapital}}$$

Die gekürzten Gewinn- und Verlustrechnungen der Wernick GmbH (vgl. S. 419) weisen folgende Werte aus:

Beispiel

Wernick GmbH	Berichtsjahr		Vorjahr	
Gesamtleistung	8.480 T€		5.520 T€	
+ sonstige Erträge	75 T€	8.555 T€	53 T€	5.573 T€
– Aufwendungen		8.276 T€		5.434 T€
– „Steuern"		29 T€		19 T€
= **Jahresgewinn**		**250 T€**		**120 T€**
Durchschnittliches Eigenkapital (S. 422)	1.530 T€		1.215 T€	
Eigenkapitalrentabilität	$\frac{250\ T€}{1.530\ T€} = 0{,}1634 = 16{,}34\ \%$		$\frac{120\ T€}{1.215\ T€} = 0{,}0988 = 9{,}88\ \%$	
– **Landesübl. Verzinsung** (unterstellt)		5,0 %		5,0 %
= **Risikoprämie**		**11,34 %**		**4,88%**

Risikoprämie

Vergleicht man die **Eigenkapitalrentabilität** mit dem **landesüblichen Zinssatz** für langfristig angelegte Gelder, so stellt der Überschuss der EK-Verzinsung die Prämie für das Risiko (Unternehmerwagnis) dar:

	Eigenkapitalrentabilität
–	**Zinssatz für langfristige Kapitalanlage**
=	**Risikoprämie (Unternehmerwagnisprämie)**

Die Eigenkapitalrentabilität der Wernick GmbH hat sich **von 9,88 % auf 16,34 %**, die Wagnisprämie von 4,88 % auf 11,34 % verbessert. Unterstellt man eine branchenübliche Risikoprämie von 7 % in dem betreffenden Wirtschaftszweig, so kann die Entwicklung der Wernick GmbH nur als **positiv** beurteilt werden.

Merke

Die Eigenkapitalrentabilität sollte über die landesübliche Verzinsung hinaus zumindest auch das Unternehmerrisiko (Risikoprämie) abdecken.

4.3.2.2 Rentabilität des Gesamtkapitals (Unternehmungsrentabilität)

Das Gesamtkapital der Unternehmung wird in Beziehung gesetzt zum **Gewinn zuzüglich** der als Aufwand gebuchten **Zinsen für das Fremdkapital.** Das Gesamtkapital „erwirtschaftet" nämlich nicht nur einen Gewinn auf das investierte Eigenkapital, sondern darüber hinaus auch die Zinsen für das Fremdkapital:

$$\text{Gesamtkapitalrentabilität} = \frac{(\text{Jahresgewinn} + \text{FK-Zinsen})}{\text{durchschnittliches Gesamtkapital}}$$

Beispiel

Wernick GmbH	Berichtsjahr		Vorjahr	
Durchschn. Gesamtkapital (vgl. S. 422)	3.800 T€		3.550 T€	
Jahresgewinn	250 T€		120 T€	
+ Zinsen lt. GuV	130 T€	380 T€	180 T€	300 T€
Gesamtkapitalrentabilität	$\frac{380\ T€}{3.800\ T€} = 0{,}10 = 10{,}0\ \%$		$\frac{300\ T€}{3.550\ T€} = 0{,}0845 = 8{,}45\ \%$	

Steigerung der Eigenkapitalrendite durch zusätzliches Fremdkapital

Die Rentabilität des Gesamtkapitals wird ermittelt, um festzustellen, ob es sich lohnt, **zusätzliches Fremdkapital** für bestimmte Investitionen aufzunehmen. Solange der zu zahlende Fremdkapitalzins unter der Gesamtkapitalrentabilität liegt, **erhöht** sich die **Eigenkapitalverzinsung** durch die Aufnahme zusätzlichen Fremdkapitals. In diesem Fall wirkt das zusätzliche Fremdkapital zugleich als **„Hebel"** zur Steigerung der Eigenkapitalrentabilität **(Leverageeffekt)**:

Beispiel

Die **Gesamtkapitalrentabilität** eines Unternehmens soll **9 %** betragen, der **Fremdkapitalzins** 5 %. Das **Gesamtkapital** setzt sich wie folgt zusammen:

Eigenkapital	600.000,00 €
Fremdkapital	400.000,00 €
Gesamtkapital	1.000.000,00 €

Aus den Angaben ist die Eigenkapitalrentabilität zu ermitteln:

Ertrag (Verzinsung) des Gesamtkapitals	90.000,00 € (9 % v. 1.000.000,00)
– Zinsen für das Fremdkapital	20.000,00 € (5 % v. 400.000,00)
= **Ertrag (Verzinsung) des Eigenkapitals**	**70.000,00 € (= 11,67 %)**

$$\textbf{Eigenkapitalrentabilität} = \frac{70.000,00}{600.000,00} = 0,1167 = \mathbf{11,67\ \%}$$

Werden bei konstanter Gesamtkapitalrentabilität **zusätzlich 200.000,00 € Fremdkapital** aufgenommen, **erhöht** sich die **Eigenkapitalrentabilität**:

Ertrag (Verzinsung) des Gesamtkapitals	108.000,00 € (9 % v. 1.200.000,00)
– Zinsen für das Fremdkapital	30.000,00 € (5 % v. 600.000,00)
= **Ertrag (Verzinsung) des Eigenkapitals**	**78.000,00 € (= 13 %)**

$$\textbf{Eigenkapitalrentabilität} = \frac{78.000,00}{600.000,00} = \mathbf{0,13} = \mathbf{13\ \%}$$

Im Beispiel der **Wernick GmbH** ergab sich eine **Gesamtkapitalrendite von 10,00 %** im Berichtsjahr. Das bedeutet, dass der Fremdkapitalzins in keinem Fall diesen Satz überschreiten darf. Unterstellt man im vorliegenden Fall einen **Fremdkapitalzins** von 5 %, so ist das Ergebnis als **sehr günstig** zu bezeichnen.

Merke

Die Rentabilität des Eigenkapitals wird grundsätzlich durch Aufnahme zusätzlichen Fremdkapitals erhöht, solange die zu zahlenden Zinsen für das Fremdkapital unter der Gesamtkapitalrentabilität liegen (Hebelwirkung = Leverageeffekt).

4.3.2.3 Umsatzrentabilität (Umsatzverdienstrate)

Diese Kennzahl zeigt, wie viel Prozent der Umsatzerlöse dem Unternehmen als Gewinn für Investitionszwecke und Gewinnausschüttung zugeflossen sind; oder: wie viel € je 100,00 € Umsatzerlöse verdient wurden **(Umsatzverdienstrate)**:

$$\textbf{Umsatzrentabilität} = \frac{\textbf{Jahresgewinn}}{\textbf{Umsatzerlöse}}$$

Die Umsatzverdienstrate wird noch aussagefähiger, wenn man den reinen Betriebsgewinn zu den Umsatzerlösen in Beziehung setzt.

Beispiel

Wernick GmbH	Berichtsjahr	Vorjahr
Umsatzrentabilität	$\frac{250\ T€}{8.200\ T€} = 0,0305 = 3,05\ \%$	$\frac{120\ T€}{5.500\ T€} = 0,0218 = 2,18\ \%$

Im Berichtsjahr wurden 3,05 € gegenüber 2,18 € je 100,00 € Umsatz verdient. Das bedeutet eine **erhebliche Steigerung der Ertragskraft** des Unternehmens.

4.3.3 Return on Investment (ROI-Analyse)

Über die **Rendite des eingesetzten Eigen- bzw. Gesamtkapitals** erfolgt jeweils der **Rückfluss des investierten Eigen- bzw. Gesamtkapitals.** Erweitert man beispielsweise die Formel der Eigenkapitalrentabilität der Wernick GmbH (siehe S. 423)

$$\textbf{Eigenkapitalrentabilität} = \frac{\textbf{Jahresgewinn}}{\textbf{durchschnittliches Eigenkapital}} = \frac{250\ T€}{1.530\ T€} = 16{,}34\ \%$$

jeweils im Zähler und Nenner um die **Umsatzerlöse** (8.200 T€), erhält man eine besonders aussagekräftige Kennzahl, den **„Return on Investment (ROI)"**, der nicht nur die **gleiche** Kapitalrendite als **Rückfluss** des investierten Eigenkapitals ausweist, sondern zugleich auch die **Ursachen für eine Verbesserung oder Verschlechterung dieser Rendite**, nämlich die **Umsatzrentabilität** (siehe S. 424) und/oder die **Kapitalumschlagshäufigkeit** (siehe S. 421 f.):

$$\text{ROI}\ (\%) = \frac{\text{Jahresgewinn}}{\text{Umsatzerlöse}} \cdot \frac{\text{Umsatzerlöse}}{\text{durchschnittliches Eigenkapital}}$$

$$\text{ROI} = \frac{250\ T€}{8.200\ T€} \cdot \frac{8.200\ T€}{1.530\ T€} = 16{,}34\ \%$$

ROI = Umsatzrentabilität · Kapitalumschlagshäufigkeit = 3,05 % · 5,36 = 16,34 %

Beispiel

Die Umsatzrentabilität und die Umschlagshäufigkeit des Kapitals sind **beeinflussbare Steuerungskomponenten** für die Kapitalrendite, wie die **ROI-Ermittlung** anhand der Zahlen der Wernick GmbH deutlich macht:

Jahr	Bereinigter Jahresgewinn	Ø Eigenkapital (EK)	EK-Rendite
Berichtsjahr	250 T€	1.530 T€	16,34 %
Vorjahr	120 T€	1.215 T€	9,88 %

Ermittlung der ROI-Kennzahl

Jahr	Umsatz-erlöse	Bereinigter Jahresgewinn	Ø EK	Umsatz-R.	·	EK-Umschlag	=	ROI
Berichtsjahr	8.200 T€	250 T€	1.530 T€	3,05 %	·	5,36	=	16,34 %
Vorjahr	5.500 T€	120 T€	1.215 T€	2,18 %	·	4,53	=	9,88 %

Beurteilung

Das Beispiel zeigt, dass **Eigenkapitalrentabilität und ROI** im Ergebnis in beiden Vergleichsjahren **zahlenmäßig übereinstimmen.** Beide Kennzahlen haben sich im Berichtsjahr um 6,46 Prozentpunkte verbessert. Die Ermittlung des ROI macht deutlich, dass die Steigerung der Rendite insbesondere auf den Anstieg der Umsatzrentabilität von 2,18 % im Vorjahr auf 3,05 % im Berichtsjahr zurückzuführen ist. Die Steigerung der Kapitalumschlagshäufigkeit war an dem guten Ergebnis ebenfalls deutlich beteiligt.

Merke

- **Der Rückfluss des investierten Kapitals (Eigen- bzw. Gesamtkapital) erfolgt über die entsprechende Kapitalrentabilität.**
- **Umsatzrentabilität und Kapitalumschlag beeinflussen die Höhe der Kapitalrendite.**
- **Die ROI-Kennzahl ist das Produkt aus Umsatzrentabilität und Kapitalumschlagshäufigkeit und legt damit die Ursachen einer Steigerung bzw. Verschlechterung der Kapitalrendite (Eigen- bzw. Gesamtkapitalrentabilität) offen.**

4.3.4 Cashflow-Analyse

Der Cashflow ist die **Messzahl für die Selbstfinanzierungskraft** des Unternehmens. Er gibt an, wie hoch die im Geschäftsjahr erwirtschafteten **Mittel für die Finanzierung von Investitionen, Schuldentilgung** und **Gewinnausschüttung** sind.

Der Cashflow eines Geschäftsjahres berechnet sich wie folgt:

Jahresüberschuss
\+ **nicht-zahlungswirksame Aufwendungen**
(z. B. Abschreibungen auf Anlagen, Zuführung zu langfristigen Rückstellungen[1], außerordentliche Aufwendungen)
– **nicht-zahlungswirksame Erträge**
(z. B. Auflösung von langfristigen Rückstellungen[1], außerordentliche Erträge)
= **Cashflow**

Nicht alle im Jahresabschluss aufgeführten Aufwendungen und Erträge sind von außen als eindeutig zahlungswirksam oder als eindeutig nicht-zahlungswirksam zu erkennen. Der Cashflow wird daher häufig vereinfacht ermittelt:

Vereinfachte Ermittlung des Cashflow

Jahresüberschuss
\+ **Abschreibungen auf Anlagen**
\+ **Erhöhung (= Zuführung/Auflösung) langfristiger Rückstellungen**
= **Cashflow**

Aussagefähigkeit

Aus Höhe und Entwicklung des Cashflow können Rückschlüsse auf die **Ertragskraft, Selbstfinanzierungskraft, Kreditwürdigkeit** und **Expansionsfähigkeit** gezogen werden. Der Cashflow ist deshalb aussagefähiger als die rein gewinnorientierten Rentabilitätskennzahlen.

Cashflow-Kennzahlen

Wird der Cashflow zu den Umsatzerlösen in Beziehung gesetzt, wird erkennbar, wie viel Prozent der **Umsatzerlöse** zur Selbstfinanzierung zur Verfügung stehen. Darüber hinaus kann der Cashflow auf das **Nominalkapital, Eigen-, Fremd- oder Gesamtkapital** bezogen werden.

$$\text{Cashflow-Umsatzverdienstrate} = \frac{\text{Cashflow}}{\text{Umsatzerlöse}}$$

Beispiel

Wernick GmbH	Berichtsjahr	Vorjahr
Jahresüberschuss lt. GuV (S. 419)	250 T€	120 T€
+ Abschreibungen auf Anlagen	260 T€	170 T€
+ Erhöhung lfr. Rückstellungen (S. 405)	10 T€	0 T€
= Cashflow	520 T€	290 T€
Umsatzerlöse lt. GuV	**8.200 T€**	**5.500 T€**
Cashflow-Umsatzverdienstrate	$\frac{520\text{ T€}}{8.200\text{ T€}}$ **= 0,0634 = 6,34 %**	$\frac{290\text{ T€}}{5.500\text{ T€}}$ **= 0,0527 = 5,27 %**

Im Berichtsjahr stehen somit der Wernick GmbH **6,34 % der Umsatzerlöse** gegenüber 5,27 % im Vorjahr an selbst erwirtschafteten Finanzierungsmitteln **frei zur Verfügung**. Das ist auf den gestiegenen Gewinn und die höheren Abschreibungen zurückzuführen.

Merke

Der Cashflow zeigt die Selbstfinanzierungskraft eines Unternehmens.

1 Rückstellungen stellen zwar juristisch Fremdkapital, wirtschaftlich jedoch eigenkapitalähnliche Mittel dar, da sie dem Unternehmen langfristig und zinslos zur Verfügung stehen.

6946426

4.3.5 Erfolgs- und Kostenstrukturanalyse

4.3.5.1 Die Erfolgsstruktur des Unternehmens

Die **Erfolgs- und Kostenstruktur** eines Unternehmens kann **im Rahmen einer externen Bilanzkritik nur annähernd** aufgrund der zur Verfügung stehenden (veröffentlichten) Gewinn- und Verlustrechnung **analysiert** werden. Die Erfolgsrechnungen lassen zwar die Gesamtleistung des Betriebes (Betriebserträge) erkennen, **nicht aber die genauen Kosten** (Betriebsaufwendungen).

Neutrales Ergebnis

Das Betriebsergebnis kann schätzungsweise ermittelt werden, indem man vom Jahresüberschuss die neutralen Ertragsposten abzieht und die als neutral unterstellten Aufwendungen hinzurechnet. Das so ermittelte Betriebsergebnis wird mit dem Jahresergebnis entsprechend verrechnet, um **das neutrale Ergebnis** des Unternehmens zu erhalten.

§ 277 [4] HGB

Zu den neutralen Aufwendungen rechnen insbesondere:

- **außerordentliche Aufwendungen** (Schadensfall, Anlagenverkauf unter Buchwert u. a.)
- **periodenfremde Aufwendungen** (Nachzahlung von Löhnen und Betriebsteuern)
- **sonstige Aufwendungen** (Aufwendungen aufgrund von Umstrukturierungen im Unternehmen, außerplanmäßige Abschreibung, Kursverluste bei Veräußerung von Wertpapieren)

Zu den neutralen Erträgen rechnen insbesondere:

- **außerordentliche Erträge** (Buchgewinne bei Veräußerung von Anlagegegenständen u. a.)
- **periodenfremde Erträge** (Steuererstattung für vergangene Geschäftsjahre u. a.)
- **sonstige Erträge** (betriebsfremde Erträge, wie z. B. Zinserträge)

Beispiel

Grundlage für die Ermittlung des Betriebsergebnisses der Wernick GmbH sind die GuV-Rechnungen auf Seite 419. Die „Sonstigen Aufwendungen“ (Position 8) sind im Berichtsjahr 60 T€ und im Vorjahr 40 T€ als neutral zu werten. Von der Position 11 „Steuern“ entfallen auf das Berichtsjahr 15 T€ und auf das Vorjahr 10 T€ auf Ertragsteuern (Körperschaftsteuer).

Betriebergebnisermittlung	Berichtsjahr		Vorjahr	
Jahresüberschuss		250 T€		120 T€
– **Neutrale Erträge:** (Positionen 4, 9)		87 T€		57 T€
		163 T€		63 T€
+ **Neutrale Aufwendungen:**				
Position 8: sonstige Aufwendungen	60 T€		40 T€	
Position 11: Steuern	15 T€	75 T€	10 T€	50 T€
= **Betriebsgewinn**		**238 T€**		**113 T€**

Daraus ergibt sich die **Erfolgsstruktur des Unternehmens:**

Erfolgsstruktur	Berichtsjahr		Vorjahr	
	T€	%	T€	%
Jahresüberschuss	250	100,0	120	100,0
– Betriebsgewinn	238	95,2	113	94,2
= **Neutraler Gewinn**	12	4,8	7	5,8

Die Erfolgsstrukturanalyse der Wernick GmbH zeigt deutlich, dass der **Jahresüberschuss** in beiden Jahren **in erster Linie auf** den Erfolg der eigentlichen Leistungserstellung und Leistungsverwertung, also **Produktion und Absatz** der Erzeugnisse, **zurückzuführen** ist. Im Berichtsjahr besteht der Jahresgewinn zu 95,2 % und im Vergleichsjahr zu 94,2 % allein aus betrieblichem Gewinn. Der neutrale Gewinn ist von untergeordneter Bedeutung. Die Erfolgsstruktur der Wernick GmbH kann daher als außerordentlich günstig beurteilt werden.

Merke

Die Erfolgsstrukturanalyse zeigt die Zusammensetzung des Jahreserfolges.

4.3.5.2 Die Kostenstruktur des Betriebes

Die wichtigsten Kostenartengruppen des Industriebetriebes sind:

- **Materialkosten** (Werkstoffverbrauch)
- **Personalkosten** (Löhne, Gehälter, Arbeitgeberanteil, Urlaubsgeld u. a.)
- **Abschreibungen auf das Anlagevermögen**
- **Betriebssteuern** (Gewerbesteuer, Verbrauchssteuern, sonstige Abgaben u. a.)
- **Zinsaufwendungen**
- **sonstige betriebliche Aufwendungen** (Verwaltungskosten, Mieten u. v. m.)

Berechnet man den Prozentanteil der wichtigsten Kostenartengruppen an den **Gesamtkosten,** wird die **Kostenstruktur** oder die jeweilige **Kostenartenintensität** erkennbar. Im Beispiel der Wernick GmbH wird unterstellt, dass die Zinsaufwendungen in voller Höhe betriebsnotwendig sind. Somit ergibt sich folgende Kostenstruktur:

Kostenartenstruktur/-intensität	Berichtsjahr		Vorjahr	
	T€	%	T€	%
Materialkosten	5.168	62,7	3.036	56,1
Personalkosten	2.550	30,9	1.892	35,0
Abschreibungen	260	3,2	170	3,2
Betriebsteuern	14	0,2	9	0,2
Zinsaufwendungen	130	1,6	180	3,3
Sonstige betriebliche Aufwendungen[1]	120	1,4	120	2,2
Gesamtkosten	**8.242**	**100,0**	**5.407**	**100,0**
Gesamtleistung lt. GuV	8.480	100,0	5.520	100,0
– **Gesamtkosten**	8.242	97,2	5.407	98,0
= **Betriebsgewinn**	**238**	**2,8**	**113**	**2,0**

Es handelt sich um einen **materialintensiven** Industriebetrieb. Die absolute Steigerung der Materialkosten steht im Zusammenhang mit der **Absatzerhöhung.** Die relative Veränderung von 56 % im Vorjahr auf nahezu 63 % im Berichtsjahr ist sehr wahrscheinlich auf **Materialpreiserhöhung** zurückzuführen. Nach den Angaben im Anhang des Jahresabschlusses ist die **Beschäftigtenzahl von 80 auf 100** Arbeitnehmer gestiegen. Die absolute **Steigerung der Personalkosten** ist darauf zurückzuführen. Aufschlussreich ist, wie sich die **Arbeitsproduktivität** entwickelt hat:

$$\textbf{Arbeitsproduktivität} = \frac{\textbf{Gesamtleistung}}{\textbf{Beschäftigtenzahl}}$$

Arbeitsproduktivität	Berichtsjahr	Vorjahr
Gesamtleistung	8.480 T€	5.520 T€
Beschäftigtenzahl	100	80
Arbeitsproduktivität je Beschäftigten	8.480 T€ : 100 = **84,8 T€/AN**	5.520 T€ : 80 = **69 T€/AN**

Die Arbeitsproduktivität ist im Berichtsjahr beachtlich um 15,8 T€ je Arbeitnehmer **gestiegen,** was offensichtlich auch auf **Rationalisierungsmaßnahmen** (vgl. Anlageinvestitionen) zurückzuführen ist. Die **Erhöhung der Abschreibungen** ist Folge der Anlagenzugänge. Erfreulich ist der **Rückgang der Zinsbelastung.** Der Anteil der Gesamtkosten an der Gesamtleistung ist relativ zurückgegangen, entsprechend hat sich das **Betriebsergebnis verbessert.**

Merke

Die Kostenstruktur zeigt die Zusammensetzung und Höhe der Kostenartengruppen.

1 Von den Aufwendungen laut GuV (Seite 419) sind 60 T€ im Berichtsjahr und 40 T€ im Vorjahr als neutrale Aufwendungen zu werten. Sie bleiben daher unberücksichtigt.

Aufgabe 470

Werkstoffbestände (Rohstoffe u. a.) 31. Dez.	**1. Jahr**	**2. Jahr**	**3. Jahr**
Anfangsbestand	80.000,00	120.000,00	140.000,00
Schlussbestand	120.000,00	140.000,00	100.000,00
Werkstoffaufwand (Materialverbrauch)	800.000,00	1.170.000,00	1.440.000,00

1. *Berechnen Sie jeweils a) den Durchschnittsbestand und b) die Lagerumschlagshäufigkeit und Lagerdauer. Beurteilen Sie die Entwicklung in den Vergleichsjahren.*
2. *Begründen Sie, inwiefern die Lagerumschlagshäufigkeit Kapitalbedarf, Kosten, Risiko, Wirtschaftlichkeit und damit die Rentabilität des Unternehmens beeinflusst.*

Aufgabe 471

Forderungen zum 31. Dez.	**1. Jahr**	**2. Jahr**	**3. Jahr**
Anfangsbestand	450.000,00	580.000,00	800.000,00
Schlussbestand	580.000,00	800.000,00	1.200.000,00
Umsatzerlöse	5.150.000,00	8.280.000,00	12.000.000,00

1. *Berechnen Sie für die einzelnen Jahre a) den durchschnittlichen Forderungsbestand, b) die Umschlagshäufigkeit der Forderungen, c) die durchschnittliche Laufzeit (Kreditdauer) der Außenstände. Beurteilen Sie die Entwicklung.*
2. *Begründen und erklären Sie den Zusammenhang zwischen der Umschlagshäufigkeit der Außenstände und der Liquidität, Wirtschaftlichkeit und Rentabilität.*

Aufgabe 472

Kapital (Mittelwerte in T€) 31. Dez.	**1. Jahr**	**2. Jahr**	**3. Jahr**
Eigenkapital	2.000	2.500	2.500
Fremdkapital	1.000	1.500	600
Umsatzerlöse	15.000	16.400	13.200

1. *Ermitteln Sie a) die Kapitalumschlagshäufigkeit des Eigen- und Gesamtkapitals und b) die Kapitalumschlagsdauer des Eigen- und Gesamtkapitals. Wie beurteilen Sie die Entwicklung?*
2. *Welcher Zusammenhang besteht zwischen Kapitalumschlagshäufigkeit einerseits und Kapitaleinsatz, Liquidität und Rentabilität andererseits?*

Aufgabe 473

Jahresabschlusszahlen (in T€)	**1. Jahr**	**2. Jahr**	**3. Jahr**
Durchschnittliches Eigenkapital	2.500	3.000	4.000
Durchschnittliches Gesamtkapital	4.000	6.000	6.500
Jahresüberschuss	450	650	780
Zinsaufwendungen	90	200	180
Umsatzerlöse	13.860	16.200	19.100

1. *Berechnen Sie die Rentabilität a) des Eigenkapitals, b) des Gesamtkapitals, c) des Umsatzes. Beurteilen Sie die Entwicklung.*
2. *Welchen Einfluss haben Umschlagskennzahlen auf die Rentabilität?*

Aufgabe 474

Jahresabschlusszahlen (in T€)	**1. Jahr**	**2. Jahr**	**3. Jahr**
Jahresüberschuss	560	620	680
Abschreibungen auf Anlagen	150	180	200
Erhöhung der Pensionsrückstellungen	10	20	30
Umsatzerlöse	8.400	9.300	10.500

1. *Ermitteln Sie den Cashflow und berechnen Sie die Cashflow-Umsatzverdienstrate.*
2. *Inwiefern sind Cashflow-Kennzahlen aussagefähiger als Rentabilitätskennzahlen?*
3. *Nennen Sie Möglichkeiten der Selbstfinanzierung der Investitionen.*
4. *Worauf führen Sie die Erhöhung der Abschreibungen zurück?*

Aufgabe 475

Erfolgsrechnungen der Textilveredlungs-GmbH (vgl. S. 413)	Berichtsjahr T€	Berichtsjahr T€	Vorjahr T€	Vorjahr T€
1. Umsatzerlöse		21.000		13.000
2. Mehrbestand an Erzeugnissen		+ 700		+ 500
3. Sonstige Erträge		+ 188		+ 125
		21.888		13.625
4. Materialaufwand	12.916		7.525	
5. Personalaufwand	5.975		4.150	
6. Abschreibungen	900		600	
7. Sonstige Aufwendungen	220	- 20.011	265	- 12.540
8. Zinserträge	30		10	
9. Zinsaufwendungen	- 310	- 280	- 340	- 330
10. Steuern		- 472		- 280
11. **Jahresüberschuss**		**1.125**		475
12. Einstellung in die Rücklage		800		400
13. **Bilanzgewinn**		325		75

Von der Position Steuern (13.) entfallen auf das Berichtsjahr 380 T€ und auf das Vorjahr 210 T€ Körperschaftsteuer. Beschäftigtenzahl: Berichtsjahr 140; Vorjahr 115.

1. *Ermitteln Sie Kennzahlen des Kapitalumschlags, der Rentabilität, des Cashflows und des ROI.*
2. *Stellen Sie jeweils die Erfolgs- und Kostenstruktur sowie die Arbeitsproduktivität dar.*
3. *Beurteilen Sie Lage und Entwicklung der Textilveredlungs-GmbH.*
4. *Was versteht man unter der Hebelwirkung des Fremdkapitals?*
5. *Inwiefern kann es steuerlich günstiger sein, Anlageinvestitionen durch Aufnahme zusätzlichen Fremdkapitals zu finanzieren?*

Aufgabe 476

Erfolgsrechnungen der Maschinenbau AG (vgl. S. 417)	Berichtsjahr T€	Berichtsjahr T€	Vorjahr T€	Vorjahr T€
1. Umsatzerlöse		17.210		18.720
2. Mehrbestand an Erzeugnissen		+ 787		+ 10
3. Sonstige Erträge		+ 160		+ 80
		18.157		18.810
4. Materialaufwand	7.135		7.290	
5. Personalaufwand	7.217		6.982	
6. Abschreibungen	390		468	
7. Sonstige Aufwendungen	2.320		2.402	
8. Zinsaufwendungen	198	- 17.260	138	- 17.280
9. Steuern		- 877		- 1.210
10. **Jahresüberschuss**		20		320
11. Gewinnvortrag		110		90
		130		410
12. Entnahmen aus Rücklagen		100		–
13. **Bilanzgewinn**		230		410

Anmerkungen: Beschäftigtenzahl in beiden Jahren 560. Von den Steuern entfallen auf das Berichtsjahr 40 T€ und auf das Vorjahr 260 T€ Körperschaftsteuer.

Ermitteln und beurteilen Sie die Erfolgsstruktur, die Kostenintensität und die Arbeitsproduktivität.

Aufgabe 477

Der Geschäftsbericht eines Industrieunternehmens enthält folgende Fünfjahresübersicht:

Zahlen in T€	1. Jahr	2. Jahr	3. Jahr	4. Jahr	5. Jahr
Vermögen					
Sachanlagen	2.390	2.270	2.373	2.559	2.608
Finanzanlagen	2.028	2.421	2.524	2.503	2.713
Anlagevermögen	4.418	4.691	4.897	5.062	**5.321**
Vorräte	860	818	861	1.365	1.212
Forderungen	1.270	1.156	1.528	1.727	1.481
Flüssige Mittel	569	599	686	678	413
Umlaufvermögen	2.699	2.573	3.075	3.770	**3.106**
Summe	7.117	7.264	7.972	8.832	**8.427**
Kapital					
Gezeichnetes Kapital	1.513	1.526	1.541	1.641	1.723
Rücklagen	1.809	1.836	1.929	1.991	2.081
Einbehaltener Gewinn	2	50	55	80	40
Eigenkapital	3.324	3.412	3.525	3.712	**3.844**
Rückstellungen	608	799	872	1.481	1.554
Langfristige Verbindlichkeiten	2.184	1.963	1.740	1.377	1.334
Kurzfristige Verbindlichkeiten	774	861	1.589	1.983	1.462
Bilanzgewinn (Dividende)	227	229	246	279	233
Fremdkapital	3.793	3.852	4.447	5.120	**4.583**
Summe	7.117	7.264	7.972	8.832	**8.427**
Umsatzerlöse	5.200	5.921	6.905	10.157	**8.394**
Jahresüberschuss	229	277	301	359	**273**
Sachanlageninvestitionen	315	385	620	784	**625**
Abschreibungen und Abgänge	525	505	517	597	**576**

1. *Stellen Sie die Bilanzstruktur in Prozent für jedes Jahr dar.* Die Rückstellungen sind je zur Hälfte lang- bzw. kurzfristig.
2. *Beurteilen Sie im Rahmen der Fünfjahresübersicht die Entwicklung der Finanzierung, Investierung und Vermögensstruktur. Worauf führen Sie wichtige Veränderungen zurück?*
3. *Beurteilen Sie die Finanzierung der Investitionen in Sachanlagen durch Abschreibungen und Abgänge.*
4. *Worauf führen Sie die im Verhältnis sehr hohen Finanzanlagen des zu beurteilenden Industriebetriebes zurück?*
5. *Nehmen Sie Stellung zur Entwicklung der Umsatzerlöse im Vergleichszeitraum. Hat sich die Steigerung der Erlöse auf den Gewinn ausgewirkt? Ermitteln Sie hierzu die Umsatzrentabilität in den einzelnen Jahren.*
6. *Ermitteln Sie den Cashflow für jedes Jahr und erläutern Sie die Entwicklung. Berechnen Sie auch die Cashflow-Umsatzverdienstrate (ohne Zuführungen zu langfristigen Rückstellungen).*
7. *Beurteilen Sie die Selbstfinanzierung (Verhältnis der Rücklagen zum Gezeichneten Kapital).*
8. *Berechnen Sie die Dividende in Prozent vom Aktienkapital.*
9. *Nennen Sie kurz- und langfristige Rückstellungen.*
10. *Inwiefern bezeichnet man Pensionsrückstellungen auch als eigenkapitalähnliche Mittel?*

Empfehlung: *Besorgen Sie sich von bekannten Aktiengesellschaften jeweils den aktuellen* ***Geschäftsbericht****, der auch oft in Klassensätzen abgegeben wird. Bereiten Sie die Bilanzen und Gewinn- und Verlustrechnungen für das Berichts- und Vorjahr auf und werten Sie diese – wie im vorliegenden Lehrbuch beschrieben – betriebswirtschaftlich aus.*

H Aufgaben zur Wiederholung und Vertiefung

Aufgabe 477

Welcher der nachstehenden Geschäftsfälle führt zu folgender Bilanzveränderung:

Aktivtausch (I), Passivtausch (II), Aktiv-Passivmehrung (III), Aktiv-Passivminderung (IV)

a) Rohstoffeinkauf auf Ziel
b) Unser Kunde überweist fälligen Rechnungsbetrag auf unser Bankkonto
c) Umwandlung einer Lieferantenverbindlichkeit in eine Darlehensschuld
d) Banklastschrift für Darlehenstilgung
e) Kauf von Handelswaren gegen Postbankscheck
f) Banküberweisung der Gehälter
g) Barentnahme durch den Geschäftsinhaber
h) Zinsgutschrift der Bank

Aufgabe 478

Bei den nachstehenden Geschäftsfällen ist zu prüfen, ob sie

(1) den Jahresgewinn erhöhen.
(2) den Jahresgewinn vermindern.
(3) den Jahresverlust erhöhen.
(4) den Jahresverlust vermindern.
(5) keinen Einfluss auf das Jahresergebnis haben.
(6) eine Bilanzverkürzung bewirken.
(7) eine Bilanzverlängerung bewirken.

Beachten Sie: Es können mehrere Ergebnisse zutreffen.

a) Kauf einer Maschine auf Ziel
b) Zahlung der Darlehenszinsen
c) Abschreibung auf Maschinen
d) Banküberweisung an den Lieferanten abzüglich Skonto
e) Aufnahme eines Darlehens bei der Bank
f) Lastschrift der Bank für Zinsen
g) Zinsgutschrift der Bank

Aufgabe 479

Nennen Sie die Buchungssätze:

a) Banküberweisung für Grundsteuer	800,00
Grunderwerbsteuer	4.000,00
Gewerbesteuer	5.000,00
b) Brandschaden im Rohstofflager (kein Versicherungsanspruch)	3.500,00
c) Der Kunde Schneider KG befindet sich in wirtschaftlichen Schwierigkeiten. Die Forderung beträgt	5.950,00

d) Im Fall c) wird zum 31. Dezember mit einem Verlust von 40 % gerechnet.

Aufgabe 480

Die Anschaffungskosten eines Lkw betragen 120.000,00 €.

1. *Wie hoch sind Abschreibungsbetrag und Buchwert am Ende des 2. Nutzungsjahres, wenn jährlich 20 % linear abgeschrieben werden?*
2. *Wie hoch sind Abschreibungsbetrag und Buchwert am Ende des 2. Jahres, wenn jährlich 25 % degressiv abgeschrieben werden?*

6946432

Aufgabe 481

Buchen Sie auf dem Konto „4200 Kurzfristige Verbindlichkeiten gegenüber Kreditinstituten", das im Haben einen Saldovortrag von 6.834,00 € ausweist, die folgenden Geschäftsfälle und ermitteln Sie den neuen Saldo.

a) Überweisung an Lieferanten	3.500,00
b) Zinslastschrift	800,00
c) Überweisungen der Kunden	2.800,00
d) Bonus des Lieferanten	5.800,00
e) Scheckgutschrift	2.280,00
f) Darlehenstilgungsrate	2.800,00
g) Inkasso eines Kundenschecks	1.725,00
h) Lastschrift für Bankspesen	90,00
i) Bareinzahlung	2.200,00

Aufgabe 482

Für einen schwebenden Prozess wurde zum 31. Dezember des abgelaufenen Geschäftsjahres eine Rückstellung in Höhe von 4.500,00 € gebildet. Im laufenden Geschäftsjahr endet der Prozess durch Vergleich. Die Kosten über 3.000,00 € zuzüglich Umsatzsteuer werden durch die Bank überwiesen. *Nennen Sie die Buchungssätze.*

Aufgabe 483

Eine zweifelhafte Forderung über 17.850,00 €, die bereits mit 5.000,00 € netto direkt abgeschrieben worden ist, wird in voller Höhe uneinbringlich.

1. *Mit welchem Wert steht die zweifelhafte Forderung zu Buch?*
2. *Wie lautet die Buchung bei voller Uneinbringlichkeit der Forderung?*

Aufgabe 484

Die Möbelwerke Schreiner GmbH haben von einer Geschäftsreise folgende Belege zu buchen:

HOTEL HUBERTUS
Landhotel

26160 Bad Zwischenahn-Dreibergen
Tel. 04403 8376
Fax 04403 8377
Steuer-Nr. 065 113 22869

Beleg Nr. 167

Rechnung 1 205 Datum: ..-06-28

4 Übernachtungen je 90,00 €	360,00 €
+ 7 % Umsatzsteuer	25,20 €
Rechnungsbetrag	385,20 €

Betrag durch Bankscheckkarte dankend erhalten.

TANK-STATION ILKA PETZOLD E. K.
RAIFFEISENSTR. 52, 26180 RASTEDE
TEL. 04402 82545
Steuer-Nr. 065 234 66257

Beleg Nr. 168

*SUPER E5 47,64 EUR *
* ZP 2 31,78 l *

ZWISCHENSUMME 47,64

UST-BRUTTOUMS. 47,64
19,00 % UST
BAR 47,64

BON	DATUM	BED	KASS
0282	..-06-29	0002	0001

Nennen Sie die erforderlichen Buchungen.

Aufgabe 485

Das Unternehmen Hans Lindner e. K. stellt Haushaltsgeräte her. Es hat zum 31. Dezember noch zwölf Kühlaggregate für Tiefkühltruhen auf Lager. Die Anschaffungskosten betrugen 150,00 €/Stück netto. Zum Jahresabschluss beträgt der Einstandswert je Aggregat gleicher Bauart

a) 130,00 € und b) 180,00 €.

Begründen Sie den Wertansatz für den Schlussbestand in den Fällen a) und b). Buchungssatz?

Aufgabe 486

Am 1. Juli eines Geschäftsjahres wurde ein Geschäfts-Pkw (Nutzungsdauer: fünf Jahre) angeschafft und durch Banküberweisung bzw. Bankeinzug bezahlt. Im Einzelnen:

Listenpreis, brutto	35.700,00	Nummernschilder, brutto	29,75
abzüglich 10 % Rabatt		Kfz-Versicherung für ein Jahr	600,00
Überführungskosten, brutto	357,00	Kfz-Steuer	180,00
Zulassungskosten	40,00		

1. *Wie hoch sind die Anschaffungskosten des Pkw?*
2. *Ermitteln Sie den Buchwert des Pkw zum 31. Dezember.*
3. *Buchen Sie die Anschaffung des Pkw, die Kfz-Versicherung und -Steuer.*
4. *Welche Buchungen sind im Einzelnen zum 31. Dezember erforderlich?*

Aufgabe 487

Worin unterscheiden sich Inventar und Bilanz? Nennen Sie mindestens drei Merkmale.

Aufgabe 488

Ergänzen Sie:

a) Erträge > Aufwendungen = ...
b) Vorsteuer > Umsatzsteuer = ...
c) Umsatzerlöse > Selbstkosten = ...
d) Aufwendungen > Erträge = ...
e) Umsatzsteuer > Vorsteuer = ...
f) Selbstkosten > Umsatzerlöse = ...
g) Herstellungsmenge > Absatzmenge = Gewinnauswirkung: + oder –?
h) Herstellungsmenge < Absatzmenge = Gewinnauswirkung: + oder –?

Aufgabe 489

Doppelte Buchführung bedeutet ... Ermittlung des Erfolges. Der Erfolg kann nämlich durch a) Vergleich ... und b) durch Gegenüberstellung der ... und ... ermittelt werden. *Ergänzen Sie.*

Aufgabe 490

1. *Was haben Rückstellungen und sonstige Verbindlichkeiten gemeinsam?*
2. *Worin unterscheiden sich Rückstellungen von sonstigen Verbindlichkeiten?*
3. *Für welche Fälle müssen Rückstellungen gebildet werden? Nennen Sie mindestens zwei Arten passivierungspflichtiger Rückstellungen.*
4. *Welchen Einfluss haben Rückstellungen auf Gewinn und Ertragsteuern?*
5. *Inwiefern beeinflusst die Bildung von Rückstellungen auch die Liquidität des Unternehmens?*
6. *Worin unterscheiden sich Rückstellungen und Rücklagen?*
7. *Wodurch entstehen stille Rücklagen (stille Reserven)?*

Aufgabe 491

1. *Nennen Sie Steuerarten, die den Gewinn des Unternehmens vermindern.*
2. *Welche Steuern sind vom Gewinn (aus dem Gewinn) zu zahlen?*
3. *Welche Steuer ist Bestandteil der Anschaffungskosten?*

Aufgabe 492

Bilden Sie für nachstehende Geschäftsfälle die Buchungssätze:

a) Die Darlehenszinsen für die Zeit vom 1. Mai bis 30. April sind am 30. April des nächsten Jahres fällig	4.800,00
b) Für eine im Januar des nächsten Jahres dringend durchzuführende Reparatur des Gebäudes beträgt der Kostenvoranschlag zum 31. Dez.	87.900,00
c) Die Kfz-Steuer in Höhe von	1.800,00
wurde am 1. April im Voraus abgebucht. Buchung zum 31. Dez.?	
d) Der Wert einer zweifelhaften Forderung in Höhe von	238.000,00
wird zum 31. Dezember auf 40 % geschätzt.	
e) SV-Bankeinzug durch gesetzliche Krankenkasse	1.870,00
f) Gehaltszahlung durch Banküberweisung:	
Bruttogehälter	4.800,00
– Einbehaltener Sozialversicherungsbeitrag	960,00
– Einbehaltene Lohn- und Kirchensteuer sowie SolZ	680,00
Banküberweisung (Nettogehälter)	3.160,00
Arbeitgeberanteil zur Sozialversicherung	910,00
g) Einem Kunden wurde der Umsatzbonus in Höhe von brutto	1.071,00
noch nicht gutgeschrieben.	

6946434

Aufgabe 493

Stellen Sie fest, ob es sich bei den unten stehenden Sachverhalten zum 31. Dez. jeweils um eine Aktive Rechnungsabgrenzung (I), Passive Rechnungsabgrenzung (II), Sonstige Forderung (III) oder Sonstige Verbindlichkeit (IV) handelt. Nennen Sie auch den entsprechenden Buchungssatz.

a) Die Miete für eine vermietete Lagerhalle steht am 31. Dezember noch aus: 2.500,00 €.
b) Die Kfz-Steuer wurde am 1. August für ein Jahr abgebucht: 480,00 €.
c) Die zugesicherte Provision haben wir noch nicht erhalten: 1.500,00 €.
d) Die Löhne für die Lohnwoche vom 28. Dezember bis 31. Dezember werden am 3. Januar nächsten Jahres überwiesen. Auf das alte Jahr entfallen 5.700,00 €.
e) Darlehenszinsen in Höhe von 4.800,00 € wurden am 1. Dezember für drei Monate im Voraus überwiesen.
f) Die Dezembermiete für eine angemietete Lagerhalle wird erst am 2. Januar nächsten Jahres überwiesen: 2.800,00 €.
g) Der Mieter der Werkshalle hatte mit der Dezembermiete am 1. Dezember auch bereits die Januarmiete überwiesen: insgesamt 6.000,00 €.

Aufgabe 494

Die Anschaffungskosten eines Schreibtischsessels betragen 480,00 €, die betriebsgewöhnliche Nutzungsdauer beträgt 12 Jahre.

Welche Aussage ist richtig?

a) Es ist nur eine Vollabschreibung im Anschaffungsjahr möglich.
b) Es ist lediglich eine Abschreibung nach der Nutzungsdauer möglich.
c) Der Schreibtischsessel ist 12 Jahre lang mit je $8^1/_3$ % linear abzuschreiben.
d) Die Abschreibung erhöht den Verlust.

Aufgabe 495

Welche Aussage kennzeichnet zutreffend die Folge einer nicht durchgeführten zeitlichen Abgrenzung in Form der „Aktiven Rechnungsabgrenzung“?

a) Die Erträge im alten Jahr sind zu niedrig.
b) Die Aufwendungen im alten Jahr sind zu niedrig.
c) Die Erträge im alten Jahr sind zu hoch.
d) Die Aufwendungen im alten Jahr sind zu hoch.

Aufgabe 496

Welche Geschäftsfälle wirken sich Gewinn erhöhend (I), Gewinn mindernd (II) und erfolgsneutral (III) aus?

a) Überweisung der Körperschaftsteuer an das Finanzamt.
b) Bildung einer Rückstellung für einen schwebenden Prozess.
c) Überweisung der Umsatzsteuerzahllast an das Finanzamt.
d) Verkauf eines nicht mehr benötigten Lkw zum Buchwert zuzüglich USt.
e) Bankgutschrift für Zinsen.
f) Eine Forderung über 5.000,00 € netto wird uneinbringlich.
g) Banküberweisung an den Lieferanten abzüglich Skonto.
h) Kunde überweist den Rechnungsbetrag abzüglich Skonto.
i) Auf eine im vergangenen Jahr abgeschriebene Forderung gehen unerwartet 595,00 € ein.
j) Überweisung der einbehaltenen Lohn- und Kirchensteuer und des Solidaritätszuschlags.
k) Abschreibung auf Maschinen.
l) Kauf eines Lieferwagens.
m) Im Konto Mietaufwendungen wird eine aktive Rechnungsabgrenzung vorgenommen.

Aufgabe 497

Eine Verpackungsmaschine, deren Buchwert zum Zeitpunkt des Ausscheidens 5.000,00 € beträgt, wird gegen Bankscheck verkauft für

a) 5.000,00 € + USt, b) 7.000,00 € + USt, c) 4.000,00 € + USt.

Wie lauten die Buchungen?

Aufgabe 498

Anschaffung einer maschinellen Anlage: 200.000,00 € netto + USt, 2.000,00 € Fracht + USt, 15.000,00 € Fundamentierungskosten + USt, 5.000,00 € Montagekosten + USt. Rechnungen werden unter Abzug von 2 % Skonto durch Banküberweisungen beglichen.

1. *Ermitteln Sie die Anschaffungskosten.*
2. *Nennen Sie die Buchungssätze.*

Aufgabe 499

Bilden Sie die Buchungssätze:

a) Das GuV-Konto weist einen Verlust aus.
b) Die Umsatzsteuer ist größer als die Vorsteuer.
c) Eine Forderung wird uneinbringlich.
d) Die Rückstellung für einen Prozess erübrigt sich.
e) Der Lieferant gewährt einen Bonus.
f) Kunde erhält von uns Preisnachlass wegen Mängelrüge.
g) Rücksendung beschädigter Rohstoffe an unseren Lieferanten.
h) Nachzahlung der Gewerbesteuer aufgrund einer Betriebsprüfung.
i) Barauszahlung eines Gehaltsvorschusses.

Aufgabe 500

Auszug aus der Summenbilanz	Soll	Haben
Rohstoffe	450.000,00	–
Bezugskosten	25.000,00	–
Nachlässe, brutto	–	23.800,00
Vorsteuer	18.000,00	–

1. *Ermitteln Sie die Steuerberichtigung.*
2. *Nennen Sie zu 1. den entsprechenden Buchungssatz.*
3. *Ermitteln Sie die Anschaffungskosten der Rohstoffe.*

Aufgabe 501

Auszug aus der vorläufigen Saldenbilanz	Soll	Haben
Vorsteuer	76.000,00	–
Umsatzsteuer	–	20.000,00
Nachlässe für Rohstoffe (brutto)	–	16.660,00
Erlösberichtigungen für eigene Erzeugnisse (brutto)	20.230,00	–

1. *Ermitteln Sie die Steuerberichtigungen.*
2. *Nennen Sie die Buchungssätze zu 1.*
3. *Wie hoch ist der Saldo nach Verrechnung der Beträge auf den Steuerkonten?*
4. *Wie lauten die Abschlussbuchungen für die Steuerkonten zum 31. Dezember?*

Aufgabe 502

Ein Kunde überweist den Rechnungsbetrag in Höhe von 5.950,00 € unter Abzug von 2 % Skonto durch die Bank.

1. *Nennen Sie den Buchungssatz bei Nettobuchung des Skontos.*
2. *Wie lautet die Buchung im Falle der Bruttobuchung?*
3. *Nennen Sie auch die Steuerberichtigungsbuchung im Fall 2.*

Aufgabe 503

In der Metallwerke GmbH beträgt der Bestand der Forderungen a. LL zum 31. Dezember 357.000,00 €. Die Inventur ergab, dass eine Forderung von 21.420,00 € an den Kunden Marc Schneider e. K. als uneinbringlich anzusehen ist.

Welche Buchungen ergeben sich zum 31. Dezember?

6946436

Aufgabe 504

Auf welchen Konten werden die folgenden Geschäftsfälle im Haben gebucht?

a) Zielverkauf von eigenen Erzeugnissen.
b) Kunde erhält Preisnachlass wegen Mängelrüge.
c) Unser Kunde löst Barscheck für Umsatzbonus ein.
d) Lastschrift unseres Rohstofflieferanten wegen unberechtigten Skontoabzugs.
e) Rohstoffeinkauf auf Ziel.
f) Zum 31. Dezember ergibt sich ein Vorsteuerüberhang.
g) Unser Rohstofflieferant gewährt Preisnachlass wegen Mängelrüge.
h) Wir erhalten Provision durch Banküberweisung.
i) Zum 31. Dezember ergibt sich eine Umsatzsteuerzahllast.

Aufgabe 505

Wie wirkt sich eine „Passive Rechnungsabgrenzung" auf den Erfolg des Abschlussjahres aus?

a) Der Jahresgewinn erhöht sich.
b) Der Jahresgewinn wird vermindert.
c) Der Jahresverlust erhöht sich.
d) Der Jahresverlust wird vermindert.

Aufgabe 506

Beurteilen Sie folgende Aussagen auf ihre Richtigkeit:

a) Aufwendungen und Erträge, die wirtschaftlich das Abschlussjahr betreffen, die jedoch erst im neuen Jahr zu Ausgaben bzw. Einnahmen führen, sind zum Abschlussstichtag als „Sonstige Verbindlichkeiten" bzw. „Sonstige Forderungen" zu erfassen.
b) Aktive Rechnungsabgrenzungen sind erforderlich, wenn Einnahmen im neuen Jahr gebucht werden, die aber wirtschaftlich das Abschlussjahr betreffen.
c) Auf dem Konto „Passive Rechnungsabgrenzung" werden Erträge auf Erfolgskonten erfasst, die als Einnahmen erst im neuen Jahr gebucht werden.
d) Aufwendungen des Abschlussjahres, die im neuen Jahr zu Ausgaben führen, müssen bereits zum 31. Dezember gebucht werden.
e) Das Konto „Aktive Rechnungsabgrenzung" fordert zum Abschlussstichtag von allen Erfolgskonten die Aufwendungen an, die bereits als Ausgaben gebucht wurden, wirtschaftlich jedoch zur Erfolgsrechnung des neuen Jahres gehören.
f) Erträge, die im Abschlussjahr bereits als Einnahmen gebucht wurden, jedoch wirtschaftlich in die Erfolgsrechnung des neuen Jahres gehören, werden auf dem Konto „Passive Rechnungsabgrenzung" erfasst.

Aufgabe 507

1. *Erläutern Sie den Begriff „Deckungsbeitrag".*
2. *Nennen Sie mindestens zwei Gründe für die Abschreibungen auf Anlagen.*
3. *Erläutern Sie die Begriffspaare*
   a) Ausgaben – Einnahmen,
   b) Aufwand – Ertrag,
   c) Kosten – Leistung.
4. *Nennen Sie jeweils ein Beispiel für 3. a) bis 3. c).*
5. *Unterscheiden Sie zwischen planmäßigen und außerplanmäßigen Abschreibungen.*
6. *Nennen Sie die drei Methoden der planmäßigen Abschreibung.*

Aufgabe 508

1. *Nennen Sie kalkulatorische Kostenarten.*
2. *Unterscheiden Sie zwischen Grundkosten und Zusatzkosten.*
3. *Nennen Sie Beispiele für Zusatzkosten.*
4. *Worin unterscheiden sich bilanzmäßige und kalkulatorische Abschreibungen?*
5. *Wie ermittelt man das betriebsnotwendige Kapital?*
6. *Welche kalkulatorischen Wagnisse gibt es?*
7. *Warum lässt sich das allgemeine Unternehmerwagnis nicht kalkulieren?*
8. *Welche Aufgabe hat die Abgrenzungsrechnung im Rahmen der Kosten- und Leistungsrechnung?*

Aufgabe 509

Man unterscheidet Ausgaben, Aufwendungen und Kosten.

Nennen Sie je ein Beispiel für

a) Kosten, die kein Aufwand sind,

b) Ausgaben, die keine Kosten sind,

c) Ausgaben, die sowohl Aufwendungen als auch Kosten sind.

Aufgabe 510

1. *Erläutern Sie, inwiefern die Deckungsbeitragsrechnung zur Sortimentgestaltung beitragen kann.*
2. *Begründen Sie, welche Auswirkungen die Verrechnung kalkulatorischer Kostenarten auf das Gesamtergebnis des Unternehmens hat.*
3. *Erläutern Sie kurz die Aufgaben der Kostenstellenrechnung und der Kostenträgerrechnung.*

Aufgabe 511

1. *Weshalb bildet man Rückstellungen?*
2. *Worin unterscheiden sich Rückstellungen und Rücklagen?*
3. *Warum werden steuerliche Höchstsätze für die jährliche Abschreibung vorgeschrieben?*
4. *Welche Gründe könnten dafür sprechen, in der Handelsbilanz ein Anlagegut degressiv statt linear abzuschreiben?*
5. Die Verkaufszahlen einer Handelsware gehen aufgrund einer schlechten konjunkturellen Lage zurück. *Welche Auswirkung hat das auf den Handlungskostenzuschlag in der Kalkulation?*

Aufgabe 512

Man unterscheidet Einnahmen, Erträge und Leistungen.

Nennen Sie je ein Beispiel für

a) Einnahmen, die sowohl Erträge als auch Leistungen darstellen,

b) Einnahmen, die weder Erträge noch Leistungen sind,

c) Erträge, die keine Leistungen darstellen.

Aufgabe 513

1. *Welche Bedeutung hat die Abgrenzungsrechnung für die Kosten- und Leistungsrechnung?*
2. *Unterscheiden Sie:*
   a) Gesamtergebnis,
   b) Neutrales Ergebnis,
   c) Betriebsergebnis.
3. Die Betriebsergebnisrechnung weist einen Verlust von 50.000,00 € aus, während die Gewinn- und Verlustrechnung der Finanzbuchhaltung einen Gesamtgewinn in Höhe von 120.000,00 € ausweist. *Wie erklären Sie sich das?*

Aufgabe 514

Ergänzen Sie:

1. Deckungsbeitrag je Stück > 0 = ...
2. Deckungsbeitrag je Stück = 0 = ...
3. Deckungsbeitrag je Stück < 0 = ...
4. Summe der Deckungsbeiträge > fixe Kosten = ...
5. Summe der Deckungsbeiträge < fixe Kosten = ...

Aufgabe 515

1. *Unterscheiden Sie zwischen kurzfristiger und langfristiger Preisuntergrenze.*
2. *Erläutern Sie den „Break-even-Point".*
3. *Wie hoch ist die Gewinnschwellenmenge, wenn der Stückdeckungsbeitrag 200,00 € beträgt und die fixen Kosten insgesamt 300.000,00 € ausmachen?*

Aufgabe 516

1. *Unterscheiden Sie zwischen Wirtschaftlichkeit und Rentabilität.*
2. *Welcher Zusammenhang besteht zwischen Wirtschaftlichkeit und Rentabilität?*

Aufgabe 517

Der folgende Kontoauszug der Möbelwerke Schreiner GmbH ist auszuwerten:

Kontoauszug — Sparkasse Nürnberg

Konto-Nr.	Datum	Ausz.-Nr.	Blatt	Buchungstag	PN-Nr.	Wert	Umsatz
119 233 815	..-12-30	68	1				
GUTSCHRIFT STADTWERKE NÜRNBERG RE 4 541 VOM 22. DEZ. .. - 2 % SKONTO (KONTO 10 004)				12-30	8744	12-30	9.621,15 H

PETER SCHREINER E. K.
MÖBELWERKE
HERZOGSTRASSE 56
90451 NÜRNBERG

Alter Saldo: H 259.019,80 EUR
Neuer Saldo: H 268.640,95 EUR

1. *Ermitteln Sie aus dem Überweisungsbetrag den Rechnungsbetrag der Ausgangsrechnung sowie die Umsatzerlöse und die Umsatzsteuer.*
2. *Bilden Sie den Buchungssatz zur Erfassung der Ausgangsrechnung.*
3. *Ermitteln Sie die Steuerkorrektur aufgrund der Skontoausnutzung.*
4. *Buchen Sie die Bankgutschrift bei Nettobuchung des Skontos.*

Aufgabe 518

Die Gehaltsliste der Möbelwerke Schreiner GmbH weist für Januar folgende Summen aus:

Brutto-gehälter	Steuerabzüge	Sozial-versicherung	Verrechnete Vorschüsse	Auszahlung (Bank)	Arbeitgeber-anteil zur SV
17.897,00	2.467,89	3.245,67	800,00	11.383,44	3.135,67

Das Konto „2650 Forderungen an Mitarbeiter“ weist einen Bestand von 4.800,00 € aus.

1. *Bilden Sie die Buchungssätze*
   a) für den SV-Bankeinzug durch die gesetzliche Krankenkasse,
   b) für die Zahlung der Gehälter durch Banküberweisung,
   c) für die Erfassung des Arbeitgeberanteils zur Sozialversicherung.
2. *Ermitteln Sie die gesamten Personalkosten des Monats Januar.*
3. *Buchen Sie aufgrund des folgenden Belegs die Überweisung der einbehaltenen Lohnsteuer, Solidaritätszuschläge und Kirchensteuer.*

Kontoauszug — Sparkasse Nürnberg

Konto-Nr.	Datum	Ausz.-Nr.	Blatt	Buchungstag	PN-Nr.	Wert	Umsatz
119 233 815	..-02-12	9	1				
FA NÜRNBERG, STEUER-NR. 065 136 34887 LT. LST-ANMELDUNG JANUAR ..				02-10	8744	02-10	2.467,89 S

PETER SCHREINER E. K.
MÖBELWERKE
HERZOGSTRASSE 56
90451 NÜRNBERG

Alter Saldo: H 214.966,40 EUR
Neuer Saldo: H 212.498,51 EUR

I Auszug aus den Rechnungslegungsvorschriften

1 Wesentliche Änderungen des HGB-Bilanzrechts durch BilRUG im Überblick

Mit dem **Gesetz zur Umsetzung der Bilanzrichtlinie 2013/34/EU (Bilanzrichtlinie-Umsetzungsgesetz – BilRUG)**, das am 23. Juli 2015 in Kraft getreten ist, sind nach der umfangreichen Reform des HGB-Bilanzrechts durch das Bilanzrechtsmodernisierungsgesetz[1] (BilMoG) aus dem Jahr 2009 sowie das Kleinstkapitalgesellschaften-Bilanzrechtsänderungsgesetz[1] (MicroBilG) aus dem Jahr 2012 erneut Änderungen bei den Rechnungslegungsvorschriften des HGB vorgenommen worden.

Die **Hauptziele** des BilRUG sind

- die Entlastung kleiner und mittelgroßer Unternehmen,
- die Harmonisierung von Abschlüssen, um eine bessere Vergleichbarkeit der Jahres- und Konzernabschlüsse von Kapitalgesellschaften und bestimmten Personenhandelsgesellschaften innerhalb der EU zu erreichen,
- die Festlegung von Transparenzanforderungen für Unternehmen im Rohstoffsektor sowie
- die Klärung von Zweifelsfragen und die Beseitigung redaktioneller Versehen aus früheren bilanzrechtlichen Änderungen, z. B. dem MicroBilG.

Das Bilanzrichtlinie-Umsetzungsgesetz ist erstmals anwendbar für Geschäftsjahre, die nach dem 31. Dezember 2015 beginnen.

§§ HGB	Auswahl wichtiger BilRUG-bedingter Vorschriften
§ 255 [1]	Die **Definition der Anschaffungskosten** wird im Satz 3 wie folgt präzisiert: „Anschaffungspreisminderungen, **die dem Vermögensgegenstand einzeln zugeordnet werden können**, sind abzusetzen.“
§ 267	Die **Schwellenwerte Bilanzsumme und Umsatzerlöse für die Bestimmung der Größenklasse** sind angehoben worden. Kapitalgesellschaften und Personenhandelsgesellschaften ohne natürliche Person als Vollhafter (bestimmte Personenhandelsgesellschaften) gelten als kleine Gesellschaften, wenn sie 6 Mio. € Bilanzsumme und 12 Mio. € Umsatzerlöse nicht überschreiten. Für mittelgroße Gesellschaften gelten 20 Mio. € Bilanzsumme und 40 Mio. € Umsatzerlöse als Obergrenzen.
§ 268 [7]	Kapitalgesellschaften und bestimmte Personenhandelsgesellschaften weisen **nicht bilanzierte finanzielle Verpflichtungen, Garantien oder Eventualverbindlichkeiten künftig zwingend im Anhang** und nicht mehr unter der Bilanz aus.
§ 275	Im **Gliederungsschema der Gewinn- und Verlustrechnung** nach dem Gesamtkostenverfahren und nach dem Umsatzkostenverfahren entfällt der gesonderte Ausweis des Ergebnisses der gewöhnlichen Geschäftstätigkeit, der außerordentlichen Posten sowie des außerordentlichen Ergebnisses. Als Zwischensumme wird das **Ergebnis nach Steuern** eingefügt.
§ 277	**Umsatzerlöse** beinhalten nun Erlöse aus dem Verkauf und der Vermietung oder Verpachtung von Produkten sowie aus der Erbringung von Dienstleistungen. Das Kriterium der gewöhnlichen Geschäftstätigkeit entfällt für den Ausweis als Umsatzerlöse, so dass künftig auch geschäftsuntypische Erträge z. B. Erlöse aus der Vermietung und Verpachtung von Grundstücken, aus dem Betreiben von Kantinen, aus Schrottverkäufen, aus Verkäufen von RHB dazu gehören.

1 Einen Überblick zu den wesentlichen Änderungen des HGB-Bilanzrechts durch das BilMoG und das MicroBilG finden Sie unter www.schmolke-deitermann.de.

§§ HGB	Auswahl wichtiger BilRUG-bedingter Vorschriften
§ 284 [3]	Der **Anlagenspiegel** ist künftig zwingend in den Anhang aufzunehmen. Das Wahlrecht des Ausweises in der Bilanz oder im Anhang ist durch das Aufheben des § 268 [2] entfallen.
§ 285	Als **zusätzliche Angaben im Anhang** wurden aufgenommen die Erläuterungen zu Erträgen und Aufwendungen von außergewöhnlicher Größenordnung oder außergewöhnlicher Bedeutung (Nr. 30), zu Aufwendungen und Erträgen, die einem anderen Geschäftsjahr zuzurechnen sind (Nr. 31), zu Vorgängen von besonderer Bedeutung nach dem Abschlussstichtag (Nr. 33) sowie zur Ergebnisverwendung (Nr. 34).
§ 288 [1]	Die **größenabhängigen Erleichterungen für die Anhangangaben** kleiner Gesellschaften wurden erweitert. Nicht mehr aufgeführt werden müssen z. B. der Anlagenspiegel, der Personalaufwand bei Anwendung des Umsatzkostenverfahrens, die Mitglieder der Geschäftsleitung und des Aufsichtsrats, der Anteilsbesitz, die Ergebnisverwendung usw.

2 HGB-Rechnungslegungsvorschriften[1]

Das Handelsgesetzbuch enthält in seinem Dritten Buch „Handelsbücher“ eine geschlossene Darstellung der handelsrechtlichen Rechnungslegungsvorschriften. Sie gliedern sich (siehe auch S. 23) in sechs Abschnitte:

- 1. Abschnitt: **Vorschriften für alle Kaufleute:** §§ 238 – 263 HGB
- 2. Abschnitt: **Vorschriften für Kapitalgesellschaften und bestimmte Personenhandelsgesellschaften:** §§ 264 – 335c HGB
- 3. Abschnitt: **Vorschriften für eingetragene Genossenschaften:** §§ 336 – 339 HGB
- 4. Abschnitt: **Vorschriften für Unternehmen bestimmter Geschäftszweige:** §§ 340 – 341y HGB
- 5. und 6. Abschnitt: **Privates Rechnungslegungsgremium; Rechnungslegungsbeirat; Prüfstelle für Rechnungslegung:** §§ 342 – 342e HGB

Wesentliche Vorschriften des ersten und zweiten Abschnitts, die im Lehrbuch in den entsprechenden Kapiteln zugrunde gelegt und auf den folgenden Seiten **zusammengestellt** werden, sollen den Lernerfolg mit dem Lehrbuch rechtlich noch vertiefen.[1]

Erster Abschnitt: Vorschriften für alle Kaufleute

§ 238 Buchführungspflicht

(1) Jeder Kaufmann ist verpflichtet, Bücher zu führen und in diesen seine Handelsgeschäfte und die Lage seines Vermögens nach den Grundsätzen ordnungsmäßiger Buchführung ersichtlich zu machen. Die Buchführung muss so beschaffen sein, dass sie einem sachverständigen Dritten innerhalb angemessener Zeit einen Überblick über die Geschäftsvorfälle und über die Lage des Unternehmens vermitteln kann. Die Geschäftsvorfälle müssen sich in ihrer Entstehung und Abwicklung verfolgen lassen.

(2) Der Kaufmann ist verpflichtet, eine mit der Urschrift übereinstimmende Wiedergabe der abgesandten Handelsbriefe (Kopie, Abdruck, Abschrift oder sonstige Wiedergabe des Wortlauts auf einem Schrift-, Bild- oder anderen Datenträger) zurückzubehalten.

§ 239 Führung der Handelsbücher

(1) Bei der Führung der Handelsbücher und bei den sonst erforderlichen Aufzeichnungen hat sich der Kaufmann einer lebenden Sprache zu bedienen. Werden Abkürzungen, Ziffern, Buchstaben oder Symbole verwendet, muss im Einzelfall deren Bedeutung eindeutig festliegen.

(2) Die Eintragungen in Büchern und die sonst erforderlichen Aufzeichnungen müssen vollständig, richtig, zeitgerecht und geordnet vorgenommen werden.

(3) Eine Eintragung oder eine Aufzeichnung darf nicht in einer Weise verändert werden, dass der ursprüngliche Inhalt nicht mehr feststellbar ist. Auch solche Veränderungen dürfen nicht

1 Einige Vorschriften können aus Platzgründen nur gekürzt wiedergegeben werden. Empfehlung: Handelsgesetzbuch, Beck-Texte im dtv.

vorgenommen werden, deren Beschaffenheit es ungewiss lässt, ob sie ursprünglich oder erst später gemacht worden sind.

(4) Die Handelsbücher und die sonst erforderlichen Aufzeichnungen können auch in der geordneten Ablage von Belegen bestehen oder auf Datenträgern geführt werden, soweit diese Formen der Buchführung einschließlich des dabei angewandten Verfahrens den Grundsätzen ordnungsmäßiger Buchführung entsprechen. Bei der Führung der Handelsbücher und der sonst erforderlichen Aufzeichnungen auf Datenträgern muss insbesondere sichergestellt sein, dass die Daten während der Dauer der Aufbewahrungsfrist verfügbar sind und jederzeit innerhalb angemessener Frist lesbar gemacht werden können. Absätze 1 bis 3 gelten sinngemäß.

§ 240 Inventar

(1) Jeder Kaufmann hat zu Beginn seines Handelsgewerbes seine Grundstücke, seine Forderungen und Schulden, den Betrag seines baren Geldes sowie seine sonstigen Vermögensgegenstände genau zu verzeichnen und dabei den Wert der einzelnen Vermögensgegenstände und Schulden anzugeben.

(2) Er hat demnächst für den Schluss eines jeden Geschäftsjahrs ein solches Inventar aufzustellen. Die Dauer des Geschäftsjahrs darf zwölf Monate nicht überschreiten. Die Aufstellung des Inventars ist innerhalb der einem ordnungsmäßigen Geschäftsgang entsprechenden Zeit zu bewirken.

[...]

(4) Gleichartige Vermögensgegenstände des Vorratsvermögens sowie andere gleichartige oder annähernd gleichwertige bewegliche Vermögensgegenstände und Schulden können jeweils zu einer Gruppe zusammengefasst und mit dem gewogenen Durchschnittswert angesetzt werden.

§ 241 Inventurvereinfachungsverfahren

(1) Bei der Aufstellung des Inventars darf der Bestand der Vermögensgegenstände nach Art, Menge und Wert auch mithilfe anerkannter mathematisch-statistischer Methoden aufgrund von Stichproben ermittelt werden. Das Verfahren muss den Grundsätzen ordnungsmäßiger Buchführung entsprechen. Der Aussagewert des auf diese Weise aufgestellten Inventars muss dem Aussagewert eines aufgrund einer körperlichen Bestandsaufnahme aufgestellten Inventars gleichkommen.

(2) Bei der Aufstellung des Inventars für den Schluss eines Geschäftsjahrs bedarf es einer körperlichen Bestandsaufnahme der Vermögensgegenstände für diesen Zeitpunkt nicht, soweit durch Anwendung eines den Grundsätzen ordnungsmäßiger Buchführung entsprechenden anderen Verfahrens gesichert ist, dass der Bestand der Vermögensgegenstände nach Art, Menge und Wert auch ohne die körperliche Bestandsaufnahme für diesen Zeitpunkt festgestellt werden kann.

(3) In dem Inventar für den Schluss eines Geschäftsjahrs brauchen Vermögensgegenstände nicht verzeichnet zu werden, wenn

1. der Kaufmann ihren Bestand aufgrund einer körperlichen Bestandsaufnahme oder aufgrund eines nach Absatz 2 zulässigen anderen Verfahrens nach Art, Menge und Wert in einem besonderen Inventar verzeichnet hat, das für einen Tag innerhalb der letzten drei Monate vor oder der ersten beiden Monate nach dem Schluss des Geschäftsjahrs aufgestellt ist, und
2. aufgrund des besonderen Inventars durch Anwendung eines den Grundsätzen ordnungsmäßiger Buchführung entsprechenden Fortschreibungs- oder Rückrechnungsverfahrens gesichert ist, dass der am Schluss des Geschäftsjahrs vorhandene Bestand der Vermögensgegenstände für diesen Zeitpunkt ordnungsgemäß bewertet werden kann.

§ 241a Befreiung von der Pflicht zur Buchführung und Erstellung eines Inventars

Einzelkaufleute, die an den Abschlussstichtagen von zwei aufeinander folgenden Geschäftsjahren nicht mehr als jeweils 600.000,00 Euro Umsatzerlöse und jeweils 60.000,00 Euro Jahresüberschuss aufweisen, brauchen die §§ 238 bis 241 nicht anzuwenden. Im Fall der Neugründung treten die Rechtsfolgen schon ein, wenn die Werte des Satzes 1 am ersten Abschlussstichtag nach der Neugründung nicht überschritten werden.

6946442

§ 242 Pflicht zur Aufstellung der Eröffnungsbilanz und des Jahresabschlusses

(1) Der Kaufmann hat zu Beginn seines Handelsgewerbes und für den Schluss eines jeden Geschäftsjahrs einen das Verhältnis seines Vermögens und seiner Schulden darstellenden Abschluss (Eröffnungsbilanz, Bilanz) aufzustellen. Auf die Eröffnungsbilanz sind die für den Jahresabschluss geltenden Vorschriften entsprechend anzuwenden, soweit sie sich auf die Bilanz beziehen.

(2) Er hat für den Schluss eines jeden Geschäftsjahrs eine Gegenüberstellung der Aufwendungen und Erträge des Geschäftsjahrs (Gewinn- und Verlustrechnung) aufzustellen.
(3) Die Bilanz und die Gewinn- und Verlustrechnung bilden den Jahresabschluss.
(4) Die Absätze 1 bis 3 sind auf Einzelkaufleute im Sinn des § 241a nicht anzuwenden. Im Fall der Neugründung treten die Rechtsfolgen nach Satz 1 schon ein, wenn die Werte des § 241a Satz 1 am ersten Abschlussstichtag nach der Neugründung nicht überschritten werden.

§ 243 Aufstellungsgrundsatz

(1) Der Jahresabschluss ist nach den Grundsätzen ordnungsmäßiger Buchführung aufzustellen.
(2) Er muss klar und übersichtlich sein.
(3) Der Jahresabschluss ist innerhalb der einem ordnungsmäßigen Geschäftsgang entsprechenden Zeit aufzustellen.

§ 244 Sprache. Währungseinheit

Der Jahresabschluss ist in deutscher Sprache und in Euro aufzustellen.

§ 245 Unterzeichnung

Der Jahresabschluss ist vom Kaufmann unter Angabe des Datums zu unterzeichnen. Sind mehrere persönlich haftende Gesellschafter vorhanden, so haben sie alle zu unterzeichnen.

§ 246 Vollständigkeit. Verrechnungsverbot

(1) Der Jahresabschluss hat sämtliche Vermögensgegenstände, Schulden, Rechnungsabgrenzungsposten sowie Aufwendungen und Erträge zu enthalten, soweit gesetzlich nichts anderes bestimmt ist. [...]
(2) Posten der Aktivseite dürfen nicht mit Posten der Passivseite, Aufwendungen nicht mit Erträgen, Grundstücksrechte nicht mit Grundstückslasten verrechnet werden. [...]

§ 247 Inhalt der Bilanz

(1) In der Bilanz sind das Anlage- und das Umlaufvermögen, das Eigenkapital, die Schulden sowie die Rechnungsabgrenzungsposten gesondert auszuweisen und hinreichend aufzugliedern.
(2) Beim Anlagevermögen sind nur die Gegenstände auszuweisen, die bestimmt sind, dauernd dem Geschäftsbetrieb zu dienen.

§ 249 Rückstellungen

(1) Rückstellungen sind für ungewisse Verbindlichkeiten und für drohende Verluste aus schwebenden Geschäften zu bilden. Ferner sind Rückstellungen zu bilden für
1. im Geschäftsjahr unterlassene Aufwendungen für Instandhaltung, die im folgenden Geschäftsjahr innerhalb von drei Monaten [...] nachgeholt werden,
2. Gewährleistungen, die ohne rechtliche Verpflichtung erbracht werden.

(2) Für andere als die in Absatz 1 bezeichneten Zwecke dürfen Rückstellungen nicht gebildet werden. Rückstellungen dürfen nur aufgelöst werden, soweit der Grund hierfür entfallen ist.

§ 250 Rechnungsabgrenzungsposten

(1) Als Rechnungsabgrenzungsposten sind auf der Aktivseite Ausgaben vor dem Abschlussstichtag auszuweisen, soweit sie Aufwand für eine bestimmte Zeit nach diesem Tag darstellen.
(2) Auf der Passivseite sind als Rechnungsabgrenzungsposten Einnahmen vor dem Abschlussstichtag auszuweisen, soweit sie Ertrag für eine bestimmte Zeit nach diesem Tag darstellen.
(3) Ist der Erfüllungsbetrag einer Verbindlichkeit höher als der Ausgabebetrag, so darf der Unterschiedsbetrag in den Rechnungsabgrenzungsposten auf der Aktivseite aufgenommen werden. Der Unterschiedsbetrag ist durch planmäßige jährliche Abschreibungen zu tilgen, die auf die gesamte Laufzeit der Verbindlichkeit verteilt werden können.

§ 251 Haftungsverhältnisse

Unter der Bilanz sind, sofern sie nicht auf der Passivseite auszuweisen sind, Verbindlichkeiten aus der Begebung und Übertragung von Wechseln, aus Bürgschaften, Wechsel- und Scheckbürgschaften und aus Gewährleistungsverträgen sowie Haftungsverhältnisse aus der Bestellung von Sicherheiten für fremde Verbindlichkeiten zu vermerken; sie dürfen in einem Betrag angegeben werden. [...]

§ 252 Allgemeine Bewertungsgrundsätze

(1) Bei der Bewertung der im Jahresabschluss ausgewiesenen Vermögensgegenstände und Schulden gilt insbesondere Folgendes:
1. Die Wertansätze in der Eröffnungsbilanz des Geschäftsjahrs müssen mit denen der Schlussbilanz des vorhergehenden Geschäftsjahrs übereinstimmen.
2. Bei der Bewertung ist von der Fortführung der Unternehmenstätigkeit auszugehen, sofern dem nicht tatsächliche oder rechtliche Gegebenheiten entgegenstehen.
3. Die Vermögensgegenstände und Schulden sind zum Abschlussstichtag einzeln zu bewerten.
4. Es ist vorsichtig zu bewerten, namentlich sind alle vorhersehbaren Risiken und Verluste, die bis zum Abschlussstichtag entstanden sind, zu berücksichtigen, selbst wenn diese erst zwischen dem Abschlussstichtag und dem Tag der Aufstellung des Jahresabschlusses bekannt geworden sind; Gewinne sind nur zu berücksichtigen, wenn sie am Abschlussstichtag realisiert sind.
5. Aufwendungen und Erträge des Geschäftsjahrs sind unabhängig von den Zeitpunkten der entsprechenden Zahlungen im Jahresabschluss zu berücksichtigen.
6. Die auf den vorhergehenden Jahresabschluss angewandten Bewertungsmethoden sollen beibehalten werden.

(2) Von den Grundsätzen des Absatzes 1 darf nur in begründeten Ausnahmefällen abgewichen werden.

§ 253 Zugangs- und Folgebewertung

(1) Vermögensgegenstände sind höchstens mit den Anschaffungs- oder Herstellungskosten, vermindert um die Abschreibungen nach den Absätzen 3 bis 5, anzusetzen. Verbindlichkeiten sind zu ihrem Erfüllungsbetrag und Rückstellungen in Höhe des nach vernünftiger kaufmännischer Beurteilung notwendigen Erfüllungsbetrages anzusetzen. [...]
(2) Rückstellungen mit einer Restlaufzeit von mehr als einem Jahr sind abzuzinsen mit dem ihrer Restlaufzeit entsprechenden durchschnittlichen Marktzinssatz, der sich im Falle von Rückstellungen für Altersversorgungsverpflichtungen aus den vergangenen zehn Geschäftsjahren und im Falle sonstiger Rückstellungen aus den vergangenen sieben Geschäftsjahren ergibt. Abweichend von Satz 1 dürfen Rückstellungen für Altersversorgungsverpflichtungen oder vergleichbare langfristig fällige Verpflichtungen pauschal mit dem durchschnittlichen Marktzinssatz abgezinst werden, der sich bei einer angenommenen Restlaufzeit von 15 Jahren ergibt. [...] Der nach den Sätzen 1 und 2 anzuwendende Abzinsungszinssatz wird von der Deutschen Bundesbank nach Maßgabe einer Rechtsverordnung ermittelt und monatlich bekannt gegeben. [...]
(3) Bei Vermögensgegenständen des Anlagevermögens, deren Nutzung zeitlich begrenzt ist, sind die Anschaffungs- oder die Herstellungskosten um planmäßige Abschreibungen zu ver-

mindern. Der Plan muss die Anschaffungs- oder Herstellungskosten auf die Geschäftsjahre verteilen, in denen der Vermögensgegenstand voraussichtlich genutzt werden kann. [...] Ohne Rücksicht darauf, ob ihre Nutzung zeitlich begrenzt ist, sind bei Vermögensgegenständen des Anlagevermögens bei voraussichtlich dauernder Wertminderung außerplanmäßige Abschreibungen vorzunehmen, um diese mit dem niedrigeren Wert anzusetzen, der ihnen am Abschlussstichtag beizulegen ist. Bei Finanzanlagen können außerplanmäßige Abschreibungen auch bei voraussichtlich nicht dauernder Wertminderung vorgenommen werden.
(4) Bei Vermögensgegenständen des Umlaufvermögens sind Abschreibungen vorzunehmen, um diese mit einem niedrigeren Wert anzusetzen, der sich aus einem Börsen- oder Marktpreis am Abschlussstichtag ergibt. Ist ein Börsen- oder Marktpreis nicht festzustellen und übersteigen die Anschaffungs- oder Herstellungskosten den Wert, der den Vermögensgegenständen am Abschlussstichtag beizulegen ist, so ist auf diesen Wert abzuschreiben.
(5) Ein niedrigerer Wertansatz nach Absatz 3 Satz 5 oder 6 und Absatz 4 darf nicht beibehalten werden, wenn die Gründe dafür nicht mehr bestehen. Ein niedrigerer Wertansatz eines entgeltlich erworbenen Geschäfts- oder Firmenwertes ist beizubehalten.

§ 255 Bewertungsmaßstäbe

(1) Anschaffungskosten sind die Aufwendungen, die geleistet werden, um einen Vermögensgegenstand zu erwerben und ihn in einen betriebsbereiten Zustand zu versetzen, soweit sie dem Vermögensgegenstand einzeln zugeordnet werden können. Zu den Anschaffungskosten gehören auch die Nebenkosten sowie die nachträglichen Anschaffungskosten. Anschaffungspreisminderungen, die dem Vermögensgegenstand einzeln zugeordnet werden können, sind abzusetzen.
(2) Herstellungskosten sind die Aufwendungen, die durch den Verbrauch von Gütern und die Inanspruchnahme von Diensten für die Herstellung eines Vermögensgegenstands, seine Erweiterung oder für eine über seinen ursprünglichen Zustand hinausgehende wesentliche Verbesserung entstehen. Dazu gehören die Materialkosten, die Fertigungskosten und die Sonderkosten der Fertigung sowie angemessene Teile der Materialgemeinkosten, der Fertigungsgemeinkosten und des Werteverzehrs des Anlagevermögens, soweit dieser durch die Fertigung veranlasst ist. Bei der Berechnung der Herstellungskosten dürfen angemessene Teile der Kosten der allgemeinen Verwaltung sowie angemessene Aufwendungen für soziale Einrichtungen des Betriebs, für freiwillige soziale Leistungen und für die betriebliche Altersversorgung einbezogen werden, soweit diese auf den Zeitraum der Herstellung entfallen. Forschungs- und Vertriebskosten dürfen nicht einbezogen werden.
(2a) Herstellungskosten eines selbst geschaffenen immateriellen Vermögensgegenstands des Anlagevermögens sind die bei dessen Entwicklung anfallenden Aufwendungen nach Absatz 2. Entwicklung ist die Anwendung von Forschungsergebnissen oder von anderem Wissen für die Neuentwicklung von Gütern oder Verfahren oder die Weiterentwicklung von Gütern oder Verfahren mittels wesentlicher Änderungen. Forschung ist die eigenständige und planmäßige Suche nach neuen wissenschaftlichen oder technischen Erkenntnissen oder Erfahrungen allgemeiner Art, über deren technische Verwertbarkeit und wirtschaftliche Erfolgsaussichten grundsätzlich keine Aussagen gemacht werden können. Können Forschung und Entwicklung nicht verlässlich voneinander unterschieden werden, ist eine Aktivierung ausgeschlossen.
(3) Zinsen für Fremdkapital gehören nicht zu den Herstellungskosten. Zinsen für Fremdkapital, das zur Finanzierung der Herstellung eines Vermögensgegenstands verwendet wird, dürfen angesetzt werden, soweit sie auf den Zeitraum der Herstellung entfallen; in diesem Falle gelten sie als Herstellungskosten des Vermögensgegenstands.
(4) Der beizulegende Zeitwert entspricht dem Marktpreis. [...]

§ 256 Bewertungsvereinfachungsverfahren

Soweit es den Grundsätzen ordnungsmäßiger Buchführung entspricht, kann für den Wertansatz gleichartiger Vermögensgegenstände des Vorratsvermögens unterstellt werden, dass die zuerst oder dass die zuletzt angeschafften oder hergestellten Vermögensgegenstände zuerst verbraucht oder veräußert worden sind. § 240 Abs. 3 und 4 ist auch auf den Jahresabschluss anwendbar.

§ 256a Währungsumrechnung

Auf fremde Währung lautende Vermögensgegenstände und Verbindlichkeiten sind zum Devisenkassamittelkurs am Abschlussstichtag umzurechnen. Bei einer Restlaufzeit von einem Jahr oder weniger sind § 253 Abs. 1 Satz 1 und § 252 Abs. 1 Nr. 4 Halbsatz 2 nicht anzuwenden.

§ 257 Aufbewahrung von Unterlagen. Aufbewahrungsfristen

(1) Jeder Kaufmann ist verpflichtet, die folgenden Unterlagen geordnet aufzubewahren:

1. Handelsbücher, Inventare, Eröffnungsbilanzen, Jahresabschlüsse, Einzelabschlüsse nach § 325 Abs. 2a, Lageberichte, Konzernabschlüsse, Konzernlageberichte sowie die zu ihrem Verständnis erforderlichen Arbeitsanweisungen und sonstigen Organisationsunterlagen,
2. die empfangenen Handelsbriefe,
3. Wiedergaben der abgesandten Handelsbriefe,
4. Belege für Buchungen in den von ihm nach § 238 Abs. 1 zu führenden Büchern (Buchungsbelege).

(2) Handelsbriefe sind nur Schriftstücke, die ein Handelsgeschäft betreffen.

(3) Mit Ausnahme der Eröffnungsbilanzen und Abschlüsse können die in Absatz 1 aufgeführten Unterlagen auch als Wiedergabe auf einem Bildträger oder auf anderen Datenträgern aufbewahrt werden, wenn dies den Grundsätzen ordnungsmäßiger Buchführung entspricht und sichergestellt ist, dass die Wiedergabe oder die Daten

1. mit den empfangenen Handelsbriefen und den Buchungsbelegen bildlich und mit den anderen Unterlagen inhaltlich übereinstimmen, wenn sie lesbar gemacht werden,
2. während der Dauer der Aufbewahrungsfrist verfügbar sind und jederzeit innerhalb angemessener Frist lesbar gemacht werden können.

Sind Unterlagen aufgrund des § 239 Abs. 4 Satz 1 auf Datenträgern hergestellt worden, können statt des Datenträgers die Daten auch ausgedruckt aufbewahrt werden; die ausgedruckten Unterlagen können auch nach Satz 1 aufbewahrt werden.

(4) Die in Absatz 1 Nr. 1 und 4 aufgeführten Unterlagen sind zehn Jahre, die sonstigen in Absatz 1 aufgeführten Unterlagen sechs Jahre aufzubewahren.

(5) Die Aufbewahrungsfrist beginnt mit dem Schluss des Kalenderjahrs, in dem die letzte Eintragung in das Handelsbuch gemacht, das Inventar aufgestellt, die Eröffnungsbilanz oder der Jahresabschluss festgestellt, der Einzelabschluss nach § 325 Abs. 2a oder der Konzernabschluss aufgestellt, der Handelsbrief empfangen oder abgesandt worden oder der Buchungsbeleg entstanden ist.

Zweiter Abschnitt: Ergänzende Vorschriften für Kapitalgesellschaften sowie bestimmte Personenhandelsgesellschaften

§ 264 Pflicht zur Aufstellung; Befreiung

(1) Die gesetzlichen Vertreter einer Kapitalgesellschaft haben den Jahresabschluss (§ 242) um einen Anhang zu erweitern, der mit der Bilanz und der Gewinn- und Verlustrechnung eine Einheit bildet, sowie einen Lagebericht aufzustellen. Die gesetzlichen Vertreter einer kapitalmarktorientierten Kapitalgesellschaft, die nicht zur Aufstellung eines Konzernabschlusses verpflichtet ist, haben den Jahresabschluss um eine Kapitalflussrechnung und einen Eigenkapitalspiegel zu erweitern, die mit der Bilanz, Gewinn- und Verlustrechnung und dem Anhang eine Einheit bilden; sie können den Jahresabschluss um eine Segmentberichterstattung erweitern. Der Jahresabschluss und der Lagebericht sind von den gesetzlichen Vertretern in den ersten drei Monaten des Geschäftsjahrs für das vergangene Geschäftsjahr aufzustellen. Kleine Kapitalgesellschaften (§ 267 Abs. 1) brauchen den Lagebericht nicht aufzustellen; sie dürfen den Jahresabschluss auch später aufstellen, wenn dies einem ordnungsgemäßen Geschäftsgang

entspricht; jedoch innerhalb der ersten sechs Monate des Geschäftsjahrs. Kleinstkapitalgesellschaften (§ 267a) brauchen den Jahresabschluss nicht um einen Anhang zu erweitern, wenn sie

1. die in § 268 Absatz 7 genannten Angaben,
2. die in § 285 Nummer 9 Buchstabe c genannten Angaben und
3. im Falle einer Aktiengesellschaft die in § 160 Absatz 3 Satz 2 des Aktiengesetzes genannten Angaben unter der Bilanz angeben. [...]

(2) Der Jahresabschluss der Kapitalgesellschaft hat unter Beachtung der Grundsätze ordnungsmäßiger Buchführung ein den tatsächlichen Verhältnissen entsprechendes Bild der Vermögens-, Finanz- und Ertragslage der Kapitalgesellschaft zu vermitteln. Führen besondere Umstände dazu, dass der Jahresabschluss ein den tatsächlichen Verhältnissen entsprechendes Bild im Sinne des Satzes 1 nicht vermittelt, so sind im Anhang zusätzliche Angaben zu machen. Macht eine Kleinstkapitalgesellschaft von der Erleichterung nach Absatz 1 Satz 5 Gebrauch, sind nach Satz 2 erforderliche zusätzliche Angaben unter der Bilanz zu machen. Es wird vermutet, dass ein unter Berücksichtigung der Erleichterungen für Kleinstkapitalgesellschaften aufgestellter Jahresabschluss den Erfordernissen des Satzes 1 entspricht. [...]

§ 265 Allgemeine Grundsätze für die Gliederung

(1) Die Form der Darstellung, insbesondere die Gliederung der aufeinander folgenden Bilanzen und Gewinn- und Verlustrechnungen, ist beizubehalten, soweit nicht in Ausnahmefällen wegen besonderer Umstände Abweichungen erforderlich sind. Die Abweichungen sind im Anhang anzugeben und zu begründen.

(2) In der Bilanz sowie in der Gewinn- und Verlustrechnung ist zu jedem Posten der entsprechende Betrag des vorhergehenden Geschäftsjahrs anzugeben. [...]

(5) Eine weitere Untergliederung der Posten und Zwischensummen ist zulässig; dabei ist jedoch die vorgeschriebene Gliederung zu beachten. Neue Posten und Zwischensummen dürfen hinzugefügt werden, wenn ihr Inhalt nicht von einem vorgeschriebenen Posten gedeckt wird.

§ 266 Gliederung der Bilanz

(1) Die Bilanz ist in Kontoform aufzustellen. Dabei haben mittelgroße und große Kapitalgesellschaften (§ 267 Abs. 2, 3) auf der Aktivseite die in Absatz 2 und auf der Passivseite die in Absatz 3 bezeichneten Posten gesondert und in der vorgeschriebenen Reihenfolge auszuweisen. Kleine Kapitalgesellschaften (§ 267 Abs. 1) brauchen nur eine verkürzte Bilanz aufzustellen, in die nur die in den Absätzen 2 und 3 mit Buchstaben und römischen Zahlen bezeichneten Posten gesondert und in der vorgeschriebenen Reihenfolge aufgenommen werden. Kleinstkapitalgesellschaften (§ 267a) brauchen nur eine verkürzte Bilanz aufzustellen, in die nur die in den Absätzen 2 und 3 mit Buchstaben bezeichneten Posten gesondert und in der vorgeschriebenen Reihenfolge aufgenommen werden.

(2) Gliederung der **Aktivseite**
(3) Gliederung der **Passivseite** } **siehe Rückseite des Kontenrahmens (Faltblatt).**

§ 267 Umschreibung der Größenklassen

(1) Kleine Kapitalgesellschaften sind solche, die mindestens zwei der drei nachstehenden Merkmale nicht überschreiten:

1. 6 000 000 Euro Bilanzsumme nach Abzug eines auf der Aktivseite ausgewiesenen Fehlbetrags (§ 268 Abs. 3).
2. 12 000 000 Euro Umsatzerlöse in den zwölf Monaten vor dem Abschlussstichtag.
3. Im Jahresdurchschnitt fünfzig Arbeitnehmer.

(2) Mittelgroße Kapitalgesellschaften sind solche, die mindestens zwei der drei in Absatz 1 bezeichneten Merkmale überschreiten und jeweils mindestens zwei der drei nachstehenden Merkmale nicht überschreiten:

1. 20 000 000 Euro Bilanzsumme nach Abzug eines auf der Aktivseite ausgewiesenen Fehlbetrags (§ 268 Abs. 3).
2. 40 000 000 Euro Umsatzerlöse in den zwölf Monaten vor dem Abschlussstichtag.
3. Im Jahresdurchschnitt zweihundertfünfzig Arbeitnehmer.

(3) Große Kapitalgesellschaften sind solche, die mindestens zwei der drei in Absatz 2 bezeichneten Merkmale überschreiten. Eine Kapitalgesellschaft im Sinn des § 264d gilt stets als große.

(4) Die Rechtsfolgen der Merkmale nach den Absätzen 1 bis 3 Satz 1 treten nur ein, wenn sie an den Abschlussstichtagen von zwei aufeinander folgenden Geschäftsjahren über- oder unterschritten werden. Im Falle der Umwandlung oder Neugründung treten die Rechtsfolgen schon ein, wenn die Voraussetzungen des Absatzes 1, 2 oder 3 am ersten Abschlussstichtag nach der Umwandlung oder Neugründung vorliegen. [...]

(4a) Die Bilanzsumme setzt sich aus den Posten zusammen, die in den Buchstaben A bis E des § 266 Absatz 2 aufgeführt sind. Ein auf der Aktivseite ausgewiesener Fehlbetrag (§ 268 Absatz 3) wird nicht in die Bilanzsumme einbezogen.

(5) Als durchschnittliche Zahl der Arbeitnehmer gilt der vierte Teil der Summe aus den Zahlen der jeweils am 31. März, 30. Juni, 30. September und 31. Dezember beschäftigten Arbeitnehmer einschließlich der im Ausland beschäftigten Arbeitnehmer, jedoch ohne die zu ihrer Berufsausbildung Beschäftigten.

[...]

§ 267a Kleinstkapitalgesellschaften

(1) Kleinstkapitalgesellschaften sind kleine Kapitalgesellschaften, die mindestens zwei der drei nachstehenden Merkmale nicht überschreiten:

1. 350 000 Euro Bilanzsumme
2. 700 000 Euro Umsatzerlöse in den zwölf Monaten vor dem Abschlussstichtag;
3. im Jahresdurchschnitt zehn Arbeitnehmer.

§ 267 Absatz 4 bis 6 gilt entsprechend.

(1a) In dem Jahresabschluss sind die Firma, der Sitz, das Registergericht und die Nummer, unter der die Gesellschaft in das Handelsregister eingetragen ist, anzugeben. Befindet sich die Gesellschaft in Liquidation oder Abwicklung, ist auch diese Tatsache anzugeben.

(2) Die in diesem Gesetz für kleine Kapitalgesellschaften (§ 267 Absatz 1) vorgesehenen besonderen Regelungen gelten für Kleinstkapitalgesellschaften entsprechend, soweit nichts anderes geregelt ist. [...]

§ 268 Vorschriften zu einzelnen Posten der Bilanz. Bilanzvermerke

(1) Die Bilanz darf auch unter Berücksichtigung der vollständigen oder teilweisen Verwendung des Jahresergebnisses aufgestellt werden. Wird die Bilanz unter Berücksichtigung der teilweisen Verwendung des Jahresergebnisses aufgestellt, so tritt an die Stelle der Posten „Jahresüberschuss/Jahresfehlbetrag“ und „Gewinnvortrag/Verlustvortrag“ der Posten „Bilanzgewinn/Bilanzverlust“; ein vorhandener Gewinn- oder Verlustvortrag ist in den Posten „Bilanzgewinn/Bilanzverlust“ einzubeziehen und in der Bilanz gesondert anzugeben. Die Angabe kann auch im Anhang gemacht werden.

(3) Ist das Eigenkapital durch Verluste aufgebraucht und ergibt sich ein Überschuss der Passivposten über die Aktivposten, so ist dieser Betrag am Schluss der Bilanz auf der Aktivseite gesondert unter der Bezeichnung „Nicht durch Eigenkapital gedeckter Fehlbetrag“ auszuweisen.

(4) Der Betrag der Forderungen mit einer Restlaufzeit von mehr als einem Jahr und der Betrag der Verbindlichkeiten mit einer Restlaufzeit von mehr als einem Jahr ist bei jedem gesondert ausgewiesenen Posten zu vermerken. Werden unter dem Posten „sonstige Vermögensgegenstände“ Beträge für Vermögensgegenstände ausgewiesen, die erst nach dem Abschlussstichtag rechtlich entstehen, so müssen Beträge, die einen größeren Umfang haben, im Anhang erläutert werden.

(5) Der Betrag der Verbindlichkeiten mit einer Restlaufzeit bis zu einem Jahr und der Betrag der Verbindlichkeiten mit einer Restlaufzeit von mehr als einem Jahr sind bei jedem gesondert ausgewiesenen Posten zu vermerken. Erhaltene Anzahlungen auf Bestellungen sind, soweit Anzahlungen auf Vorräte nicht von dem Posten „Vorräte“ offen abgesetzt werden, unter den Verbindlichkeiten gesondert auszuweisen. Sind unter dem Posten „Verbindlichkeiten“ Beträge

für Verbindlichkeiten ausgewiesen, die erst nach dem Abschlussstichtag rechtlich entstehen, so müssen Beträge, die einen größeren Umfang haben, im Anhang erläutert werden.

(6) Ein nach § 250 Abs. 3 in den Rechnungsabgrenzungsposten auf der Aktivseite aufgenommener Unterschiedsbetrag ist in der Bilanz gesondert auszuweisen oder im Anhang anzugeben.

(7) Für die in § 251 bezeichneten Haftungsverhältnisse sind

1. die Angaben zu nicht auf der Passivseite auszuweisenden Verbindlichkeiten und Haftungsverhältnissen im Anhang zu machen,
2. dabei die Haftungsverhältnisse jeweils gesondert unter Angabe der gewährten Pfandrechte und sonstigen Sicherheiten anzugeben und
3. dabei Verpflichtungen betreffend die Altersversorgung und Verpflichtungen gegenüber verbundenen oder assoziierten Unternehmen jeweils gesondert zu vermerken.

[...]

§ 270 Bildung bestimmter Posten

(2) Wird die Bilanz unter Berücksichtigung der vollständigen oder teilweisen Verwendung des Jahresergebnisses aufgestellt, so sind Entnahmen aus Gewinnrücklagen sowie Einstellungen in Gewinnrücklagen, die nach Gesetz, Gesellschaftsvertrag oder Satzung vorzunehmen sind oder aufgrund solcher Vorschriften beschlossen worden sind, bereits bei der Aufstellung der Bilanz zu berücksichtigen.

§ 271 Beteiligungen. Verbundene Unternehmen

(1) Beteiligungen sind Anteile an anderen Unternehmen, die bestimmt sind, dem eigenen Geschäftsbetrieb durch Herstellung einer dauernden Verbindung zu jenen Unternehmen zu dienen. Dabei ist es unerheblich, ob die Anteile in Wertpapieren verbrieft sind oder nicht. Als Beteiligung gelten im Zweifel Anteile an einer Kapitalgesellschaft, die insgesamt den fünften Teil des Nennkapitals dieser Gesellschaft überschreiten. [...]

§ 272 Eigenkapital

(1) Gezeichnetes Kapital ist das Kapital, auf das die Haftung der Gesellschafter für die Verbindlichkeiten der Kapitalgesellschaft gegenüber den Gläubigern beschränkt ist. Es ist mit dem Nennbetrag anzusetzen. Die nicht eingeforderten ausstehenden Einlagen auf das gezeichnete Kapital sind von dem Posten „Gezeichnetes Kapital" offen abzusetzen; der verbleibende Betrag ist als Posten „Eingefordertes Kapital" in der Hauptspalte der Passivseite auszuweisen; der eingeforderte, aber noch nicht eingezahlte Betrag ist unter den Forderungen gesondert auszuweisen und entsprechend zu bezeichnen.

(2) Als Kapitalrücklage sind auszuweisen

1. der Betrag, der bei der Ausgabe von Anteilen einschließlich von Bezugsanteilen über den Nennbetrag oder, falls ein Nennbetrag nicht vorhanden ist, über den rechnerischen Wert hinaus erzielt wird;
2. der Betrag, der bei der Ausgabe von Schuldverschreibungen für Wandlungsrechte und Optionsrechte zum Erwerb von Anteilen erzielt wird;
3. der Betrag von Zuzahlungen, die Gesellschafter gegen Gewährung eines Vorzugs für ihre Anteile leisten;
4. der Betrag von anderen Zuzahlungen, die Gesellschafter in das Eigenkapital leisten.

(3) Als Gewinnrücklagen dürfen nur Beträge ausgewiesen werden, die im Geschäftsjahr oder in einem früheren Geschäftsjahr aus dem Ergebnis gebildet worden sind. Dazu gehören aus dem Ergebnis zu bildende gesetzliche oder auf Gesellschaftsvertrag oder Satzung beruhende Rücklagen und andere Gewinnrücklagen.

(4) Für Anteile an einem herrschenden oder mit Mehrheit beteiligten Unternehmen ist eine Rücklage zu bilden. In die Rücklage ist ein Betrag einzustellen, der dem auf der Aktivseite der Bilanz für die Anteile an dem herrschenden oder mit Mehrheit beteiligten Unternehmen angesetzten Betrag entspricht. Die Rücklage, die bereits bei der Aufstellung der Bilanz zu bilden ist, darf aus vorhandenen frei verfügbaren Rücklagen gebildet werden. Die Rücklage ist aufzulösen, soweit die Anteile an dem herrschenden oder mit Mehrheit beteiligten Unternehmen veräußert, ausgegeben oder eingezogen werden oder auf der Aktivseite ein niedrigerer Betrag angesetzt wird. [...]

§ 275 Gliederung der Gewinn- und Verlustrechnung

(1) Die Gewinn- und Verlustrechnung ist in Staffelform nach dem Gesamtkostenverfahren oder dem Umsatzkostenverfahren aufzustellen. Dabei sind die in Absatz 2 oder 3 bezeichneten Posten in der angegebenen Reihenfolge gesondert auszuweisen.
(2) Gliederung nach dem **Gesamtkostenverfahren** } **siehe Rückseite des Kontenrahmens**
(3) Gliederung nach dem **Umsatzkostenverfahren** } **(Faltblatt).**
(4) Veränderungen der Kapital- und Gewinnrücklagen dürfen in der Gewinn- und Verlustrechnung erst nach dem Posten „Jahresüberschuss/Jahresfehlbetrag" ausgewiesen werden.
(5) Kleinstkapitalgesellschaften (§ 267a) können anstelle der Staffelungen nach den Absätzen 2 und 3 die Gewinn- und Verlustrechnung wie folgt darstellen:
1. Umsatzerlöse,
2. sonstige Erträge,
3. Materialaufwand,
4. Personalaufwand,
5. Abschreibungen,
6. sonstige Aufwendungen,
7. Steuern,
8. Jahresüberschuss/Jahresfehlbetrag.

§ 276 Größenabhängige Erleichterungen

Kleine und mittelgroße Kapitalgesellschaften (§ 267 Abs. 1, 2) dürfen die Posten § 275 Abs. 2 Nr. 1 bis 5 oder Abs. 3 Nr. 1 bis 3 und 6 zu einem Posten unter der Bezeichnung „Rohergebnis" zusammenfassen. [...]

§ 284 Anhang: Erläuterung der Bilanz und der Gewinn- und Verlustrechnung

(1) In den Anhang sind diejenigen Angaben aufzunehmen, die zu den einzelnen Posten der Bilanz oder der Gewinn- und Verlustrechnung vorgeschrieben sind; sie sind in der Reihenfolge der einzelnen Posten der Bilanz und der Gewinn- und Verlustrechnung darzustellen. Im Anhang sind auch die Angaben zu machen, die in Ausübung eines Wahlrechts nicht in die Bilanz oder in die Gewinn- und Verlustrechnung aufgenommen wurden.
(2) Im Anhang müssen
1. die auf die Posten der Bilanz und der Gewinn- und Verlustrechnung angewandten Bilanzierungs- und Bewertungsmethoden angegeben werden;
2. Abweichungen von Bilanzierungs- und Bewertungsmethoden angegeben und begründet werden; deren Einfluss auf die Vermögens-, Finanz- und Ertragslage ist gesondert darzustellen; [...]
4. Angaben über die Einbeziehung von Zinsen für Fremdkapital in die Herstellungskosten gemacht werden.

(3) Im Anhang ist die Entwicklung der einzelnen Posten des Anlagevermögens in einer gesonderten Aufgliederung darzustellen. Dabei sind, ausgehend von den gesamten Anschaffungs- und Herstellungskosten, die Zugänge, Abgänge, Umbuchungen und Zuschreibungen des Geschäftsjahrs sowie die Abschreibungen gesondert aufzuführen. Zu den Abschreibungen sind gesondert folgende Angaben zu machen:
1. die Abschreibungen in ihrer gesamten Höhe zu Beginn und Ende des Geschäftsjahrs,
2. die im Laufe des Geschäftsjahrs vorgenommenen Abschreibungen und
3. Änderungen in den Abschreibungen in ihrer gesamten Höhe im Zusammenhang mit Zu- und Abgängen sowie Umbuchungen im Laufe des Geschäftsjahrs.

Sind in die Herstellungskosten Zinsen für Fremdkapital einbezogen worden, ist für jeden Posten des Anlagevermögens anzugeben, welcher Betrag an Zinsen im Geschäftsjahr aktiviert worden ist.

§ 285 Sonstige Pflichtangaben im Anhang

Ferner sind im Anhang anzugeben:
1. zu den in der Bilanz ausgewiesenen Verbindlichkeiten
   a) der Gesamtbetrag der Verbindlichkeiten mit einer Restlaufzeit von mehr als fünf Jahren,
   b) der Gesamtbetrag der Verbindlichkeiten, die durch Pfandrechte oder ähnliche Rechte gesichert sind, unter Angabe von Art und Form der Sicherheiten;
8. bei Anwendung des Umsatzkostenverfahrens (§ 275 Abs. 3)
   a) der Materialaufwand des Geschäftsjahrs, gegliedert nach § 275 Abs. 2 Nr. 5,
   b) der Personalaufwand des Geschäftsjahrs, gegliedert nach § 275 Abs. 2 Nr. 6;

6946450

9. für die Mitglieder des Geschäftsführungsorgans, eines Aufsichtsrats, eines Beirats oder einer ähnlichen Einrichtung jeweils für jede Personengruppe
   a) die für die Tätigkeit im Geschäftsjahr gewährten Gesamtbezüge (Gehälter, Gewinnbeteiligungen, Bezugsrechte und sonstige aktienbasierte Vergütungen, Aufwandsentschädigungen, Versicherungsentgelte, Provisionen und Nebenleistungen jeder Art). [...]
10. alle Mitglieder des Geschäftsführungsorgans und eines Aufsichtsrats mit dem Familiennamen und mindestens einem ausgeschriebenen Vornamen. [...] Der Vorsitzende eines Aufsichtsrats, seine Stellvertreter und ein etwaiger Vorsitzender des Geschäftsführungsorgans sind als solche zu bezeichnen;
11. Name und Sitz anderer Unternehmen, von denen die Kapitalgesellschaft oder eine für Rechnung der Kapitalgesellschaft handelnde Person mindestens den fünften Teil der Anteile besitzt; [...]
12. Rückstellungen, die in der Bilanz unter dem Posten „sonstige Rückstellungen" nicht gesondert ausgewiesen werden, sind zu erläutern, wenn sie einen nicht unerheblichen Umfang haben. [...]

§ 289 Inhalt des Lageberichts

(1) Im Lagebericht sind zumindest der Geschäftsverlauf [...] und die Lage der Kapitalgesellschaft so darzustellen, dass ein den tatsächlichen Verhältnissen entsprechendes Bild vermittelt wird. [...] Ferner ist im Lagebericht die voraussichtliche Entwicklung mit ihren wesentlichen Chancen und Risiken zu beurteilen und zu erläutern; zugrunde liegende Annahmen sind anzugeben. [...]

(2) Im Lagebericht ist einzugehen auf:
1. a) die Risikomanagementziele und -methoden der Gesellschaft [...], sowie
   b) die Preisänderungs-, Ausfall- und Liquiditätsrisiken sowie
   die Risiken aus Zahlungsstromschwankungen, denen die Gesellschaft ausgesetzt ist,
   jeweils in Bezug auf die Verwendung von Finanzinstrumenten durch die Gesellschaft und so fern dies für die Beurteilung der Lage oder der voraussichtlichen Entwicklung von Belang ist;
2. den Bereich Forschung und Entwicklung;
3. bestehende Zweigniederlassungen der Gesellschaft; [...]

§ 316 Pflicht zur Prüfung

(1) Der Jahresabschluss und der Lagebericht von Kapitalgesellschaften, die nicht kleine im Sinne des § 267 Abs. 1 sind, sind durch einen Abschlussprüfer zu prüfen. Hat keine Prüfung stattgefunden, so kann der Jahresabschluss nicht festgestellt werden. [...]

§ 318 Bestellung und Abberufung des Abschlussprüfers

(1) Der Abschlussprüfer des Jahresabschlusses wird von den Gesellschaftern gewählt; den Abschlussprüfer des Konzernabschlusses wählen die Gesellschafter des Mutterunternehmens. [...]

§ 322 Bestätigungsvermerk

(1) Der Abschlussprüfer hat das Ergebnis der Prüfung in einem Bestätigungsvermerk zum Jahresabschluss oder zum Konzernabschluss zusammenzufassen. Der Bestätigungsvermerk hat Gegenstand, Art und Umfang der Prüfung zu beschreiben und dabei die angewandten Rechnungslegungs- und Prüfungsgrundsätze anzugeben; er hat ferner eine Beurteilung des Prüfungsergebnisses zu enthalten. [...]

(2) Die Beurteilung des Prüfungsergebnisses muss zweifelsfrei ergeben, ob
1. ein uneingeschränkter Bestätigungsvermerk erteilt,
2. ein eingeschränkter Bestätigungsvermerk erteilt,
3. der Bestätigungsvermerk aufgrund von Einwendungen versagt oder
4. der Bestätigungsvermerk deshalb versagt wird, weil der Abschlussprüfer nicht in der Lage ist, ein Prüfungsurteil abzugeben.

Die Beurteilung des Prüfungsergebnisses soll allgemein verständlich und problemorientiert unter Berücksichtigung des Umstandes erfolgen, dass die gesetzlichen Vertreter den Abschluss zu verantworten haben. Auf Risiken, die den Fortbestand des Unternehmens oder eines Konzernunternehmens gefährden, ist gesondert einzugehen. [...]

(3) In einem uneingeschränkten Bestätigungsvermerk (Absatz 2 Satz 1 Nr. 1) hat der Abschlussprüfer zu erklären, dass die von ihm nach § 317 durchgeführte Prüfung zu keinen Einwendungen geführt hat und dass der von den gesetzlichen Vertretern der Gesellschaft aufgestellte Jahres- oder Konzernabschluss aufgrund der bei der Prüfung gewonnenen Erkenntnisse des Abschlussprüfers nach seiner Beurteilung den gesetzlichen Vorschriften entspricht und unter Beachtung der Grundsätze ordnungsmäßiger Buchführung oder sonstiger maßgeblicher Rechnungslegungsgrundsätze ein den tatsächlichen Verhältnissen entsprechendes Bild der Vermögens-, Finanz- und Ertragslage des Unternehmens oder des Konzerns vermittelt. [...]
(4) Sind Einwendungen zu erheben, so hat der Abschlussprüfer seine Erklärung nach Absatz 3 Satz 1 einzuschränken (Absatz 2 Satz 1 Nr. 2) oder zu versagen (Absatz 2 Satz 1 Nr. 3). [...]

§ 325 Offenlegung

(1) Die gesetzlichen Vertreter von Kapitalgesellschaften haben für diese den Jahresabschluss beim Betreiber des elektronischen Bundesanzeigers elektronisch einzureichen. Er ist unverzüglich nach seiner Vorlage an die Gesellschafter, jedoch spätestens vor Ablauf des zwölften Monats des dem Abschlussstichtag nachfolgenden Geschäftsjahrs, mit dem Bestätigungsvermerk oder dem Vermerk über dessen Versagung einzureichen. Gleichzeitig sind der Lagebericht, der Bericht des Aufsichtsrats, die nach § 161 des Aktiengesetzes vorgeschriebene Erklärung und, soweit sich dies aus dem eingereichten Jahresabschluss nicht ergibt, der Vorschlag für die Verwendung des Ergebnisses und der Beschluss über seine Verwendung unter Angabe des Jahresüberschusses oder Jahresfehlbetrags elektronisch einzureichen. [...]

§ 326 Größenabhängige Erleichterungen für kleine Kapitalgesellschaften und Kleinstkapitalgesellschaften bei der Offenlegung

(1) Auf kleine Kapitalgesellschaften (§ 267 Abs. 1) ist § 325 Abs. 1 mit der Maßgabe anzuwenden, dass die gesetzlichen Vertreter nur die Bilanz und den Anhang einzureichen haben. Der Anhang braucht die die Gewinn- und Verlustrechnung betreffenden Angaben nicht zu enthalten.

(2) Die gesetzlichen Vertreter von Kleinstkapitalgesellschaften (§ 267a) können ihre sich aus § 325 Absatz 1 bis 2 ergebenden Pflichten auch dadurch erfüllen, dass sie die Bilanz in elektronischer Form zur dauerhaften Hinterlegung beim Betreiber des Bundesanzeigers einreichen und einen Hinterlegungsauftrag erteilen. [...]

§ 327 Größenabhängige Erleichterungen für mittelgroße Kapitalgesellschaften bei der Offenlegung

Auf mittelgroße Kapitalgesellschaften (§ 267 Abs. 2) ist § 325 Abs. 1 mit der Maßgabe anzuwenden, dass [...]

1. die Bilanz nur in der für kleine Kapitalgesellschaften nach § 266 Abs. 1 Satz 3 vorgeschriebenen Form beim Betreiber des elektronischen Bundesanzeigers einreichen müssen. In der Bilanz oder im Anhang sind jedoch die folgenden Posten des § 266 Abs. 2 und 3 zusätzlich gesondert anzugeben:

   Auf der Aktivseite[1]:

   Geschäfts- oder Firmenwert; Grundstücke, grundstücksgleiche Rechte und Bauten einschließlich der Bauten auf fremden Grundstücken; technische Anlagen und Maschinen; Betriebs- und Geschäftsausstattung; geleistete Anzahlungen und Anlagen im Bau; Anteile an verbundenen Unternehmen; Ausleihungen an verbundene Unternehmen; Beteiligungen; Ausleihungen an beteiligte Unternehmen.

   Auf der Passivseite[1]:

   Verbindlichkeiten gegenüber Kreditinstituten; Verbindlichkeiten gegenüber verbundenen Unternehmen; Verbindlichkeiten gegenüber Unternehmen, mit denen ein Beteiligungsverhältnis besteht.

1 gekürzt

Sachwortverzeichnis

6946454